# Le rapport du droit administratif national aux droits administratifs étrangers

## Les cas de la France et de l'Espagne

## Logiques Juridiques

*Fondée par Gérard Marcou*

*Dirigée par Jean-Claude Némery et Thomas Perroud*

Le droit n'est pas seulement un savoir, il est d'abord un ensemble de rapports et pratiques que l'on rencontre dans presque toutes les formes de sociétés. C'est pourquoi il a toujours donné lieu à la fois à une littérature de juristes professionnels, produisant le savoir juridique, et à une littérature sur le droit, produite par des philosophes, des sociologues ou des économistes notamment.

Parce que le domaine du droit s'étend sans cesse et rend de plus en plus souvent nécessaire le recours au savoir juridique spécialisé, même dans des matières où il n'avait jadis qu'une importance secondaire, les ouvrages juridiques à caractère professionnel ou pédagogique dominent l'édition, et ils tendent à réduire la recherche en droit à sa seule dimension positive. À l'inverse de cette tendance, la collection « Logiques juridiques » des éditions L'Harmattan est ouverte à toutes les approches du droit. Tout en publiant aussi des ouvrages à vocation professionnelle ou pédagogique, elle se fixe avant tout pour but de contribuer à la publication et à la diffusion des recherches en droit, ainsi qu'au dialogue scientifique sur le droit. Comme son nom l'indique, elle se veut plurielle.

**Dernières parutions**

Didier JAMOT, *Annuaire des engagements internationaux ayant fait l'objet d'une loi d'autorisation sous la V^e^ République*, 2019.
Sotirios LYTRAS, *Le phénomène disciplinaire dans le droit public héllenique contemporain,* 2019.
Claire AGUILON, *Justice constitutionnelle et subsidiarité. L'apport de l'expérience canadienne pour la construction européenne*, 2018.
Jackeline Patricia CESPEDES ARTEAGA, *La contribution de la CJUE dans la construction du droit de la Communauté andine*, 2018.
Michaël MARTINEZ, *Le train de vie en droit privé*, 2018.
Hafedh BOUAZIZ, *La conversion des actes juridiques,* 2018.
Gabriel ECKERT et Jean-Philippe KOVAR, *La régulation économique et financière face aux défis de l'information,* 2018.
Adil MOUSSEBBIH, *Le contentieux électoral dans la jurisprudence du Conseil constitutionnel marocain, Étude comparative*, 2018.
CLUB MARC BLOCH, *Citoyen !*, 2018.
Lamine TIRERA, *L'État stratège*, 2018.
Léa CASTELLON, *La place de la victime dans le procès pénal,* 2018.
Soror BAHBOUHI, *Le conflit d'intérêts du banquier*, 2018.
Tenile MASCOLO GIL, *Les droits de l'homme dans le Mercosur,* 2018.

Anna NEYRAT

# Le rapport du droit administratif national aux droits administratifs étrangers

## Les cas de la France et de l'Espagne

*Préface de Fabrice Melleray*

L'Harmattan

**5-7, rue de l'Ecole-Polytechnique, 75005 Paris**

http://www.editions-harmattan.fr

ISBN : 978-2-343-16682-7
EAN : 9782343166827

# Remerciements

Cette thèse n'aurait jamais pu voir le jour sans le soutien et le concours de nombreuses personnes. Qu'elles reçoivent dans ces quelques lignes le témoignage de toute ma gratitude.

Je tiens tout d'abord à remercier mon directeur de thèse, Monsieur le Professeur Fabrice Melleray, pour la confiance qu'il m'a accordée, la liberté qu'il m'a laissée et le soutien constant qu'il m'a apporté au cours de ces cinq années.

Ma reconnaissance s'adresse ensuite à l'ensemble des membres du C.E.R.C.C.L.E., et en particulier à son directeur, Monsieur le Professeur Ferdinand Melin-Soucramanien, pour ses encouragements réguliers, à Monsieur le Professeur Fabrice Hourquebie pour son aide face aux difficultés administratives de dernière minute, et à Madame Catherine Gauthier pour sa compatissance et son soutien indéfectible. Mille mercis également à Madame Martine Portillo, pour ses nombreuses attentions qui ont beaucoup compté pour moi. Que soient remerciés en outre les membres du personnel de la Bibliothèque universitaire pour la patience dont ils ont fait preuve à l'égard de mes nombreuses demandes de recherche bibliographique, parfois un peu saugrenues. Merci à Monsieur José Trullen, qui connaît jusqu'à la couleur de la couverture de la R.A.P.

J'ai également eu la chance d'être particulièrement bien accueillie par l'IE2IA, lors de mes quelques séjours de recherches. Merci à Madame Claude Fournier qui m'a grandement facilité la tâche.

Certaines personnes ont également accepté d'accorder de leur temps pour échanger sur mon sujet de thèse et ont ainsi contribué à faire grandir ma réflexion. A cet égard, il me faut remercier Madame la Professeure Elisenda Malaret García, ainsi que Monsieur Xavier Domino et Madame Aurélie Bretonneau.

Je ne saurais ensuite trouver tous les mots pour exprimer ce que je dois à mes ami-e-s. Merci à Baptiste pour avoir été l'architecte de mes frises, à Carla pour sa relecture enjouée, à Florian pour son coaching énergique et pour m'avoir permis de finir de rédiger dans un confortable bureau, à Grégori pour son aide précieuse, même à distance, à Marie pour sa très grande réactivité et son soutien, à Olivier pour ses conseils avisés, et sans qui je n'aurais pas été capable de rendre un document respectant les canons formels universitaires. Une mention spéciale doit être adressée à ce petit cerccle d'ami-e-s fidèles qui m'accompagne depuis de nombreuses années maintenant. Merci à Charles pour sa patience, les très nombreuses heures, voire jours, qu'il m'a généreusement accordés pour discuter de mon sujet, pour relire l'intégralité de ma thèse, et pour qu'elle se termine dans de bonnes conditions. Merci à Jean-Philippe pour son dévouement, avoir eu les mots justes pour me redonner de l'énergie dans les derniers jours, pour ses traits d'humour, même lorsqu'il s'agissait d'assumer des tâches ingrates de mise en page. Merci à Louis-Marie pour ses nombreux encouragements, y compris depuis Saint-Nazaire. Merci à Pauline pour son grand altruisme et son humanité, et pour avoir su parfaitement prendre les choses en main lorsque je perdais pied. Merci à Pierre pour sa présence constante et sa capacité à dédramatiser les choses. Merci à Léa, mon binôme, avec qui a commencé cette aventure universitaire et avec qui cette dernière s'achève également. Je ne pouvais espérer mieux pour m'accompagner ces cinq années.

Merci enfin à ma famille, à qui je dois beaucoup. Merci à mes parents et à ma sœur pour la patience dont ils ont fait preuve, à mon frère pour rendre la vie plus légère, à mes grands-parents qui croient en moi avec toujours autant de force.

# Sommaire

# Abréviations et sigles

| | |
|---|---|
| A.C.A Europe | Association des Conseils d'Etat et des Juridictions administratives suprêmes de l'Union européenne |
| A.F.D.A. | Association française pour la recherche en droit administratif |
| Aff. | Affaire |
| A.J.D.A. | Actualité juridique. Droit administratif |
| A.J.F.P. | Actualité juridique. Fonctions publiques |
| c/ | Contre |
| C.E. | Conseil d'Etat |
| C.E., Ass. | Assemblée du contentieux du Conseil d'Etat |
| C.E., Sect. | Section du contentieux du Conseil d'Etat |
| chron. | Chronique |
| CERDP | Centre européen de recherche et de documentation parlementaire |
| Cf. | Confer |
| C.J.C.E. | Cour de justice des Communautés européennes |
| C.J.U.E | Cour de justice de l'Union européenne |
| C.E.D.H. | Cour européenne des droits de l'Homme |
| C.N.R.S. | Centre National de la Recherche Scientifique |
| C.U.R.A.P.P. | Centre Universitaire de Recherches sur l'Action Publique et le Politique |
| dactyl. | Dactylographiée |
| DEC-NAT | Décisions nationales |
| dir. | Direction |
| éd. | édition |
| E.D.C.E. | Etudes et documents du Conseil d'Etat |
| fasc. | fascicule |

| | |
|---|---|
| G.A.J.A. | Les grands arrêts de la jurisprudence |
| G.I.P. | Groupement d'Intérêt Public |
| H.A.L.D.E. | Haute autorité de lutte contre les discriminations et pour l'égalité administrative |
| Ibid. | Ibidem |
| Id. | Idem |
| J.C.P. A. | La semaine juridique. Administrations et collectivités territoriales |
| J.C.P. G. | La semaine juridique. Edition générale |
| J.O.R.F. | Journal officiel de la République française |
| J.O.U.E. | Journal officiel de l'Union européenne |
| L.G.D.J. | Librairie générale de droit et de jurisprudence |
| L.P.A. | Les petites affiches |
| n° | numéro |
| O.N.U | Organisation des Nations Unies |
| p., pp. | page, pages |
| préc. | précité |
| P.U.A.M. | Presses universitaires d'Aix-Marseille |
| P.U.F. | Presses universitaires de France |
| P.U.R. | Presses universitaires de Rouen |
| R.D.P. | Revue du droit public et de la science politique en France et à l'étranger |
| Rec. | Recueil Lebon – Recueil des décisions du Conseil d'Etat statuant au contentieux, et du Tribunal de conflits |
| rééd. | réédition |
| réimpr. | réimpression |
| Req. | Requête |
| R.F.A.P. | Revue française d'administration publique |
| R.F.D.A. | Revue française de droit administratif |
| R.F.D.C. | Revue française de droit constitutionnel |
| R.G.A. | Revue générale d'administration |
| R.H.D. | Revue historique de droit français et étranger |
| R.I.D.C. | Revue internationale de droit comparé |
| R.T.D.E. | Revue trimestrielle de droit européen |

| | |
|---|---|
| R.T.D.H. | Revue trimestrielle des droits de l'homme |
| R.U.D.H | Revue universelle des droits de l'homme |
| S. | Recueil Sirey |
| spéc. | spécialement |
| trad. | Traduction |

# Abreviaturas y Acrónimos

| | |
|---|---|
| 1ª ed., 2ª ed., 3ª ed. ... | Primera, segunda, tercera edición... |
| A.N.A.B.A.D. | Asociación Española de Archiveros, Bibliotecarios, Museólogos y Documentalistas |
| A.T.S. | Auto del tribunal supremo |
| B.O.E. | Boletín Oficial del Estado |
| C.G.P.J. | Consejo General del Poder Judicial |
| Col. | Colección |
| Dir. | Director / Dirección |
| Excmo. Sr. D. | Excelentísimo Señor Don |
| IEA | Instituto de estudios administrativos |
| I.N.A.P. | Instituto Nacional de Administración pública |
| J.A.E | Junta de Ampliación de Estudios |
| N. S. | Nuestro señor |
| OPAS | Ofertas públicas de adquisición |
| p.; pp. | Página; páginas |
| R.A.P. | Revista de Administración Pública |
| R.E.D.A | Revista Española de derecho administrativo |
| Reed. | Reedición |
| Reimp. | Reimpresión |
| S.T.C. | Sentencia del Tribunal Constitucional |
| S.M. | Su Majestad |
| S.T.S. | Sentencia del Tribunal Supremo |
| S.T.S.J. C.V. | Sentencia del Tribunal Superior de Justicia Comunidad Valenciana |
| T. | Tomo |
| U.N.E.D. | Universidad nacional de educación a distancia |
| V.V.A.A. | Varios Autores |
| Vol. | Volumen |

# Préface

Le sujet de thèse de Mme Neyrat est né dans une bibliothèque bordelaise où étaient posés les deux volumes du *Curso de Derecho administrativo* d'Eduardo García de Enterría et Tomás-Ramón Fernández et les deux tomes du *Droit administratif général* de René Chapus. Alors que les premiers sont, sur de nombreuses questions, riches de références aux droits et auteurs étrangers (en particulier français), les seconds s'inscrivent dans une perspective quasi exclusivement nationale.

Ces ouvrages semblaient illustrer une opposition idéal-typique (on emprunte à dessein cette expression à Max Weber, la sociologie étant l'un des centres d'intérêt de Mme Neyrat) entre un droit « clos » et un droit « ouvert » (Rivero), une forme de « xénophobie juridique » et une forme de « xénophilie juridique » (Carbonnier), un droit « exportateur » et un droit « importateur ». Bref, et pour le dire avec les mots de l'auteure, au « chauvinisme » français s'opposerait le « syncrétisme » espagnol car, pour reprendre la formule de Villar Palasí qu'elle mentionne, « le droit administratif espagnol n'est ainsi pas exclusivement espagnol, car être exclusivement espagnol est contraire à la tradition espagnole ». Autrement dit, et alors même qu'ils appartiennent à la même « famille » (on ose à peine utiliser l'expression par crainte des critiques des spécialistes contemporains de droit comparé, malheureusement parfois davantage intéressés par la théorisation de la comparaison – et même de son impossibilité – que par la comparaison elle-même), les droits administratifs français et espagnol n'auraient pas le même « rapport » aux droits étrangers.

Il ne restait plus, façon de parler, qu'à trouver un candidat au doctorat maîtrisant les langues de Molière et de Cervantes et capable de mener une investigation comprenant inévitablement des aspects de technique juridique, mais portant nécessairement essentiellement sur l'analyse de la circulation des idées, des constructions, des notions, des catégories et des concepts entre droits nationaux. Mme Neyrat, avec la tranquille assurance de celle qui peut écrire que son étude « n'a pas de finalité pratique » (puisse l'Université française, qui mérite alors une majuscule, accueillir encore en son sein pendant longtemps de telles études !), a su relever le défi et a choisi de mener sa démonstration en envisageant le droit administratif à la fois comme un ensemble de normes et comme un discours savant sur ces normes. Et elle a résolument opté, sans doute par goût personnel, mais aussi parce que le sujet le justifiait voire l'imposait, pour une démarche historique, mettant ses pas dans ceux de quelques glorieux anciens dont bien sûr Jean Rivero.

Les obstacles étaient nombreux sur sa route. Elle les a franchis avec allant, parvenant à réunir une très solide documentation sur le droit espagnol (notamment grâce à l'accueil bienveillant de l'Institut d'études ibériques et ibérico-américaines de Pau et à plusieurs séjours en Espagne, en particulier à Barcelone) mais aussi sur le droit français (en exhumant de nombreuses références du XIX$^{\text{ème}}$ siècle, négligées voire ignorées) et a pu mettre à l'épreuve – et largement invalider – la première impression de son directeur de thèse. L'opposition entre un droit « exportateur » et un droit « importateur » est non seulement historiquement « exagérée » mais elle est même aujourd'hui « dépassée » eu égard au mouvement de « globalisation ». Telle peut être résumée en une phrase la thèse, solidement étayée et fort convaincante, de l'auteure.

« On nous change notre droit comparé » se serait peut-être exclamé le grand Hauriou s'il avait pu observer les évolutions contemporaines liées à la « globalisation ». Comme a pu l'écrire Hubert-Gérald Hubrecht, « le contexte n'est plus le même. Il n'est plus celui de la compétition d'Etats nations mais celui de la mise en concurrence globalisée de « bonnes pratiques » par des acteurs plus ou moins autonomes par rapport aux Etats nations. Ce contexte oblige à repenser au moins partiellement la manière de faire du droit administratif comparé ». Sans se perdre dans un discours théorico-théorique, Mme Neyrat s'inscrit, en étudiant le binôme franco-espagnol, dans une telle perspective.

Le lecteur a ainsi entre ses mains (ou sur son écran, rien n'arrêtant le progrès) un ouvrage mêlant une analyse historique et une appréhension contemporaine de l'attitude et du positionnement, pour l'écrire comme l'auteure, des « protagonistes » du droit administratif. Servi par une véritable érudition et une grande finesse d'analyse, modeste mais ferme, le propos a convaincu le jury de soutenance et a permis à Mme Neyrat d'entamer une carrière universitaire qu'on lui souhaite évidemment riche de satisfactions pédagogiques et intellectuelles. Il y a tout lieu de s'en réjouir tant le droit administratif, sauf à s'appauvrir, ne peut se réduire à une approche de pure dogmatique juridique et tant il est nécessaire qu'il se nourrisse d'approches différentes mais complémentaires.

Fabrice Melleray

Professeur des universités à l'école de droit de Sciences Po

# Introduction générale

**1.** En 1841, A. Chauveau, professeur de droit administratif à la faculté de droit de Toulouse, jugeait la législation administrative française « digne d'être offerte comme modèle aux peuples voisins »[1]. Deux ans plus tard, en 1843, A. Oliván, l'un des pères fondateurs du droit administratif espagnol, estimait que « les lois françaises, particulièrement celles relatives à l'Administration, peuvent être qualifiées de Code européen, car on les consulte partout, et elles servent de guide pour combler les lacunes de notre propre législation »[2].

**2.** Ces deux discours, d'un administrativiste français et d'un administrativiste espagnol, semblent dans un premier temps être parfaitement complémentaires. Dans un deuxième temps cependant, ils attirent l'attention en raison du fort contraste entre les esprits qui animent leurs auteurs. Ils se révèlent être le parfait reflet de la manière dont les juristes peuvent appréhender leurs homologues étrangers : les droits administratifs étrangers sont envisagés comme un terrain d'exportation ou, à l'inverse, perçus comme une source d'enrichissement du droit national. Faut-il néanmoins s'arrêter à une première conclusion qui identifierait chez les administrativistes français une tendance au chauvinisme et chez les administrativistes espagnols une propension au cosmopolitisme ? Des illustrations, au XX<sup>e</sup> siècle et même au XXI<sup>e</sup> siècle, pourront très certainement la corroborer. On pouvait ainsi lire sous la plume de G. Jèze en 1914 que « d'une manière générale, le Conseil d'Etat juge très bien ; peu de tribunaux au monde rivalisent avec notre haut tribunal administratif pour l'impartialité de ses décisions et la prudente

---

[1] CHAUVEAU (A.), *Principes de compétence et de juridiction administratives*, T. 1, Paris, Cotillon, Durand, 1841, p. XIII.

[2] « Las leyes francesas, especialmente en administración, pueden llamarse el código europeo, porque a ellas se consulta en todas partes, y ellas sirven de guía en los vacíos de la propia y domestica legislación ». OLIVÁN (A.), *De la Administración pública con relación a España*, Madrid, Imprenta Nacional 1843, p. 232.

hardiesse de ses innovations »[3]. Ceci laisserait supposer que G. Jèze, particulièrement satisfait de ce dont il disposait en France, ne ressentait nullement le besoin de s'intéresser aux droits étrangers, sauf à remarquer leur retard par rapport au droit français. Près d'un siècle plus tard, en 2007, E. García de Enterría pourrait bien nous conforter dans ce premier constat. Lors de l'hommage qui lui fut rendu par la Faculté de droit de l'Université *Complutense* à Madrid, pour commémorer sa cinquantième année comme professeur de droit administratif, il profita de la tribune qui lui était offerte pour évoquer sa rencontre avec le droit administratif, et plus précisément, avec les droits administratifs étrangers. Il avait pour ce faire sollicité des contacts à Paris et à Rome au moment de préparer le concours pour intégrer le Conseil d'Etat. Avec la liberté de ton que permet parfois ce genre d'occasions, il prononça les mots suivants :

> « De Paris, j'eus la grande chance de recevoir : le Précis de Maurice Hauriou de 1933 (sans doute, celui qui me séduisit le plus) ! Et les trois premiers volumes des Principes généraux du droit administratif de Gaston Jèze, un exemple de rigueur technique, bien qu'il n'ait pas, selon moi, le même sex appeal qu'Hauriou. De Rome, je reçus deux volumes du Corso di Diritto Amministrativo de Guido Zanobini, les Principi de Renato Alessi, ainsi qu'un autre texte de Santi Romano, auteur fondamental, par la citation duquel j'avais d'ailleurs commencé ma thèse doctorale, présentée en 1952. J'ai surtout été ébloui par Hauriou et Santi Romano. […] J'ai eu une grande chance, car j'ai rencontré deux séducteurs exceptionnels, deux des plus grands juristes du Droit Administratif contemporain : peut-être les esprits les plus lucides, les plus originaux, les plus admirables parmi tous ceux qui, à toutes les époques, se sont consacrés au Droit Administratif »[4].

---

[3] JÈZE (G.), « De l'utilité pratique des études théoriques de jurisprudence pour l'élaboration et le développement de la science du droit public. Rôle du théoricien dans l'examen des arrêts des tribunaux », *R.D.P.*, 1914, pp. 311-321, spéc. p. 312.

[4] « De París me llegó el gran golpe de fortuna: ¡el Précis de Maurice Hauriou de 1933 (sin duda, el que más me sedujo)!, y los tres primeros volúmenes de los Principios Generales de Derecho Administrativo de Gaston Jèze, un ejemplo de rigor técnico, aunque no tuviese para mí el mismo sex appeal que sentía en Hauriou. De Roma recibí dos volúmenes del Corso di Diritto Amministrativo de Guido Zanobini (que llegarían a ser seis), los Principi de Renato Alessi, más otro texto de Santi Romano, nombre fundamental, con cuya cita, por cierto, comenzaría ya mi tesis doctoral, presentada en 1952. Yo quedé deslumbrado sobre todo por Hauriou y por Santi Romano. […]. Tuve una gran fortuna, pues me encontré súbitamente con dos seductores excepcionales, dos de los más grandes juristas del Derecho

**3.** Néanmoins, il ne faut pas se fier totalement à ces apparences. Outre que des citations peuvent être isolées de leur contexte et ainsi conduire à plusieurs interprétations, entre le XIXe siècle et aujourd'hui, la réalité s'avère évidemment plus complexe. G. Jèze fut sans doute, parmi les administrativistes français, l'un des plus fins connaisseurs des droits étrangers, appelant régulièrement à des enrichissements mutuels entre les droits. E. García de Enterría a été par ailleurs l'un des plus grands représentants du droit administratif espagnol, voyageant à travers le monde pour sa diffusion. Ces apparents paradoxes invitent donc à une étude plus précise du rapport du droit administratif national aux droits administratifs étrangers.

**4.** A cet égard, l'utilisation inhabituelle de l'expression « rapport au droit » nécessite d'apporter des précisions terminologiques afin de mieux percevoir les raisons qui justifient le choix d'un tel objet d'étude (§1). Ces précisions faites, il est ensuite important d'expliquer pourquoi la France et l'Espagne ont été retenues comme cas de comparaison (§2). Les choix méthodologiques opérés pour réaliser cette étude comparative (§3) dépendent enfin « intimement » de « l'objectif poursuivi »[5] par la recherche (§4).

## §1) L'objet de la recherche : le rapport du droit administratif national aux droits administratifs étrangers

**5.** Envisager un droit administratif national et des droits administratifs étrangers, qui se définissent par opposition l'un aux autres[6], conduit nécessairement à étudier leur rapport.

---

Administrativo contemporáneo recién madurado: quizás las mentes más lúcidas, más originales, más admirables entre todas las que, en todas las épocas, se han dedicado al Derecho Administrativo », GARCÍA DE ENTERRÍA (E.), « Sobre la formación del derecho administrativo español contemporáneo », *R.A.P.*, 2007, n° 174, pp. 23-29.

[5] Cf. JALUZOT (B.), « Méthodologie du droit comparé : bilan et prospective », *R.I.D.C.*, 2005, n° 1, pp. 29-48, spéc. p. 45.

[6] Ce qui n'est pas national étant étranger.

**6.** L'expression « rapport à », choisie dans l'intitulé de cette étude, peut paraître inhabituelle. En effet, le terme de rapport est le plus fréquemment utilisé pour définir des rapports **entre** les droits. Ceux-ci peuvent par exemple être verticaux, tels que le rapport entre droit national et droit international. L'articulation du droit national et du droit international a toujours préoccupé les juristes, et ceci à plus forte raison lorsque se sont développés des systèmes supranationaux, à l'image de l'Union européenne. L'émergence de ces organisations internationales, intégratives ou non, a conduit à renouveler l'analyse classique des relations entre droit national et droit international[7]. Dans cette étude, le droit administratif étranger n'est cependant pas compris comme un droit externe (par opposition au droit interne) tel que le droit international classique ou le droit de l'Union européenne. Le droit administratif étranger ne se situe pas dans un rapport de verticalité avec le droit administratif national, mais sur le même plan, horizontal, que le droit national, car le droit étranger est tout simplement **un autre** droit national. Les rapports entre les droits peuvent donc être aussi des rapports horizontaux, à l'exemple de ceux régis par le droit international privé. Toutefois, il n'est pas non plus question, dans le cadre de cette étude, d'analyser leur relation conflictuelle, puisque conflit de lois et droit administratif sont théoriquement incompatibles en raison de l'importance du principe de territorialité en droit public[8]. Dès lors, l'objet de cette étude ne porte pas sur les relations normatives, ou les principes juridiques d'articulation, entre le droit administratif national et les droits administratifs étrangers.

**7.** Dans cette étude, il s'agit d'envisager le rapport du droit administratif national **aux** droits administratifs étrangers. L'analyse du « rapport **à** » est

[7] Cf. par exemple PESCATORE (P.), *Le droit de l'intégration*, Leiden, A. W. Sijthoff, 1972 ; TEBOUL (G.), « Ordre juridique international et ordre juridique interne. Quelques réflexions sur la jurisprudence du juge administratif », *R.D.P.*, 1999, n° 3, pp. 697-718, spéc. pp. 698-699 ; BERRAMDANE (A.), *La hiérarchie des droits. Droits internes et droits européen et international*, Paris L'Harmattan, 2002, pp. 17-28 ; BEN ACHOUR (R.), LAGHMANI (S.) (dir.), *Droit international et droits internes, développements récents*, Paris, Pedone 1998 ; MATHIEU (B.), « Les rapports normatifs entre le droit communautaire et le droit national », *R.F.D.C.*, 2007, n° 4, pp. 675-693 ; GAUTIER (M.), « Les normes communautaires », in GONOD (P.), YOLKA (P.), MELLERAY (F.), *Traité de droit administratif*, T. 1, Paris, Dalloz, 2011, pp. 455-489.

[8] Bien qu'il soit aujourd'hui possible de le relativiser, à l'heure de la globalisation du droit. A propos de cette incompatibilité théorique et sa relativisation dans la pratique juridictionnelle, cf. CHAMBON (M.), *Le conflit des lois dans l'espace et le droit* administratif, Paris, Mare & Martin, 2016. Cf. également GAUTIER (M.), « Le dépassement du caractère national de la juridiction administrative française : le contentieux Schengen », *Droit administratif*, 2005, n° 5, pp. 7-11 ; GAUTIER (M.), « Acte administratif transnational et droit de l'Union européenne », in AUBY (J.-B.), DUTHEIL DE LA ROCHÈRE (J.), *Traité de droit administratif européen*, Bruxelles, Bruylant, 2e éd., 2014, pp. 1303-1315.

peut-être inhabituelle dans la science juridique, mais elle est ordinaire dans d'autres sciences humaines et sociales. Sont ainsi des objets d'étude récurrents de la sociologie, mais aussi des sciences de l'éducation ou de l'histoire, le rapport à la culture[9], le rapport au savoir[10], ou, pour citer des exemples plus proches encore de la thématique abordée dans cette thèse, le rapport à l'étranger[11] ou au monde[12]. Objet classique de la sociologie, la perspective du « rapport à » peut par conséquent devenir objet de sociologie juridique. J. Carbonnier l'envisageait déjà dans les années 1970 en considérant que « l'emploi du droit comparé dans les sociétés contemporaines [...] peut susciter la curiosité sociologique »[13]. Il faisait notamment ce constat en observant qu'« il y a chez les individus des attitudes préalables plus ou moins favorables à la réception d'un modèle étranger. Il existe des phénomènes "d'ethnocentrisme" et de "xénophilie" juridique [...]. A l'inverse, il peut y avoir une attitude de xénophobie juridique »[14]. C'est d'ailleurs sous sa direction qu'une telle étude a été réalisée, portant sur « la réception des droits privés étrangers comme phénomène de sociologie juridique »[15]. L'auteur y adopte toutefois une approche plutôt restrictive du phénomène de réception, car il le limite à « une méthode législative qui permet au législateur de procéder à la restructuration du système juridique existant »[16] et n'envisage pas le sens plus extensif « qui embrasse tous les phénomènes de contact juridique »[17]. En tant que sociologue juriste, il ne vise ensuite pas les mêmes

---

[9] Cf. BOURDIEU (P.), PASSERON (J.-C.), *Les héritiers. Les étudiants et la culture*, Paris, Les éditions de Minuit, 1964 ; BOURDIEU (P.), *L'amour de l'art. Les musées d'art européens et leur public*, Paris, Les éditions de Minuit, 1969 ; BOURDIEU (P.), PASSERON (J.-C.), *La reproduction. Eléments pour une théorie du système d'enseignement*, Paris, Les éditions de Minuit, 1970 ; BOURDIEU (P.), *La distinction. Critique sociale du jugement*, Paris, Les éditions de Minuit, 1979.

[10] CHARLOT (B.), *Du rapport au savoir. Eléments pour une théorie*, Paris, Anthropos, 1997 ; PAIVANDI (S.), « La relation à l'apprendre à l'université », *Recherches sociologiques et anthropologiques*, 2011, n° 2, pp. 89-113.

[11] RAGI (T.), « L'étranger dans la ville ou le regard de l'autre sur soi », in C.U.R.A.P.P. (dir.), *Désordre(s)*, Paris, P.U.F., 1997, pp. 187-198 ; AUTANT-MATHIEU (M.-C.) (dir.), *L'étranger dans la littérature et les arts soviétiques*, Villeneuve d'Ascq, Presses Universitaires du Septentrion, 1ère éd., 2014.

[12] ROBERT (F.) « La France et son rapport au monde au XXe siècle », *Politique étrangère*, 2000, n° 3-4, pp. 827-839 ; « Dossier. Le rapport au monde de l'Italie de la première guerre mondiale à nos jours », *Cahiers de la Méditerranée*, 2014, n° 88, pp. 9-254.

[13] CARBONNIER (J.), *Sociologie juridique. D'après les notes prises en cours et avec l'autorisation de Monsieur Jean Carbonnier, 1972-1973*, Paris, Université de droit, d'économie et de sciences sociales de Paris II, 1973, pp. 83-84.

[14] *Idem*, p. 86.

[15] Cf. PAPACHRISTOS (A. C.), *La réception des droits privés étrangers comme phénomène de sociologie juridique*, Paris, L.G.D.J, 1975.

[16] *Idem*, p. 2.

[17] *Id.*, p. 3.

objectifs que ceux qu'il assigne au juriste comparatiste, à savoir l'amélioration du droit national ou l'unification des droits[18]. Le présent travail souhaite aborder, du point de vue de la science juridique, un objet identique dans le champ du droit administratif.

**8.** Rien n'interdit en effet au juriste de se penser comme un chercheur en sciences sociales[19], et, à ce titre, de considérer que la science juridique ne doit pas être complètement singularisée — encore moins isolée —, par rapport aux autres sciences humaines et sociales. Le droit est « un élément d'encadrement ou un enjeu des pratiques sociales »[20], en même temps qu'il peut être « une pratique sociale en lui-même »[21], et étudié comme tel. Ce type d'objets, à l'image de celui de cette étude, ne doit ni rester le monopole des sociologues, ni, à l'inverse, devenir l'apanage des juristes. A défaut d'être un objet réservé, il doit devenir un objet partagé.

**9.** De prime abord, l'expression « rapport à », utilisée pour le droit administratif, semble trahir une vision quelque peu anthropomorphique de ce dernier, car elle est en principe employée pour décrire l'attitude de sujets plutôt que d'objets. Cela revient en réalité à se placer du côté de l'analyse des discours des protagonistes du droit administratif. Par ces derniers, il faut entendre l'ensemble des personnes participant à la fabrique du droit administratif[22]. Autrement dit, il s'agit de s'intéresser aussi bien à ceux qui produisent le droit administratif positif, qu'à ceux qui contribuent à la science

---

[18] Il est cependant permis de s'interroger sur sa vision du comparatisme juridique qui paraît restreinte à une seule fonction normative, sans envisager sa possible fonction descriptive.

[19] Pour une analyse des proximités possibles, cf. AUDREN (F.), HALPÉRIN (J.-L.), « La science juridique entre politique et sciences humaines (XIX$^{e}$-XX$^{e}$ siècles) », *Revue d'histoire des sciences humaines*, 2001, n° 1, pp. 3-7. Plus généralement, un dossier a été consacré à la science juridique dans la *Revue d'histoire des sciences humaines* : « La science juridique entre politique et sciences humaines (XIXe-XXe siècles) », *Revue d'histoire des sciences humaines*, 2001, n° 1. Cf. également, CALAFAT (G.), FOSSIER (A.), THÉVENIN (P.), « Droit et sciences sociales : les espaces d'un rapprochement », *Tracés. Revue de Sciences humaines*, 2014, n° 2, pp. 7-19 ; et plus globalement, le numéro dans lequel s'insère cette présentation : « Penser avec le droit », *Tracés. Revue de Sciences humaines*, 2014, n° 2.

[20] LOCHAK (D.), « Présentation », in C.U.R.A.P.P., *Les usages sociaux du droit*, Paris, P.U.F., 1989, pp. 5-9, spéc. p. 6.

[21] *Ibidem*.

[22] En adoptant une démarche de science juridique, et non pas d'ethnologie ou de sociologie, à l'image des travaux de B. Latour ou de D. Schnapper. Cf. LATOUR (B.), *La fabrique du droit : une ethnographie du Conseil d'Etat*, Paris, La Découverte, 2002 ; SCHNAPPER (D.), *Une sociologue au Conseil Constitutionnel*, Paris, Gallimard, 2010.

du droit administratif, et d'analyser leur attitude, leur manière de se positionner face aux droits administratifs étrangers.

**10.** Dans la science juridique, les études envisageant la perspective du rapport du droit administratif national aux droits administratifs étrangers sont, en France comme en Espagne, relativement peu fréquentes, même si elles se sont développées ces dernières décennies. En France, on doit à J. Rivero d'avoir initié et largement investi ce champ d'études. Son article « Droit administratif français et droits administratifs étrangers »[23] paru en 1969 est clairement une réflexion générale sur ce rapport du droit national aux droits étrangers, l'amenant à examiner « la curiosité à l'égard des droits étrangers »[24] des administrativistes français, ou à mesurer « l'influence du droit administratif français »[25] sur les droits étrangers. Plus tard, celui consacré aux « phénomènes d'imitation des modèles étrangers en droit administratif »[26] participe de cette même réflexion, en restreignant néanmoins l'analyse à un aspect : l'imitation. D'autres études se sont inscrites dans ce sillon, à l'image de celle d'Y. Gaudemet portant sur « l'exportation du droit administratif français »[27], parue en 1999, ou encore de l'ouvrage, dirigé par F. Melleray en 2007, consacré à « l'argument de droit comparé en droit administratif »[28]. Plus nombreuses sont les monographies qui choisissent des objets circonscrits, en analysant l'exportation ou l'importation de théories doctrinales, d'une institution ou encore d'une règle[29].

---

[23] RIVERO (J.), « Droit administratif français et droits administratifs étrangers », in *Livre du centenaire de la société de législation comparée*, 1969, pp. 199-209, reproduit in DE LAUBADERE (A.), MATHIOT (A.), RIVERO (J.), VEDEL (G.), *Pages de doctrine*, T. 2, Paris, L.G.D.J., 1980, pp. 475-485.

[24] *Idem*, p. 477.

[25] *Id.*, p. 480.

[26] RIVERO (J.), « Les phénomènes d'imitation des modèles étrangers en droit administratif », in *Miscellanea W. J. Ganshof Van Der Meersch : studia ab discipulis amicisque in honorem egregii professoris edita*, Bruxelles, Bruylant, Paris, L.G.D.J., 1972, pp. 619-659.

[27] GAUDEMET (Y.), « L'exportation du droit administratif français. Brèves remarques en forme de paradoxe », in *Droit et politique à la croisée des cultures : Mélanges Philippe Ardant*, Paris, L.G.D.J., 1999, pp. 431-441.

[28] MELLERAY (F.) (dir.), *L'argument de droit comparé en droit administratif français*, Bruxelles, Bruylant, 2007.

[29] Par exemple, cf. LINDITCH (F.), « La réception de la théorie allemande de la personnalité morale de l'Etat dans la doctrine française », in BEAUD (O.), WACHSMANN (P.), *La science juridique française et la science juridique allemande de 1870 à 1918*, Strasbourg, Presses Universitaires de Strasbourg, 1997, pp. 179-217 ; ou encore, GÉLY (D.), « Le défenseur du peuple espagnol en modèle », *A.J.D.A.*, 2008, n° 27, pp. 1481-1482.

**11.** En Espagne, c'est sensiblement à la même époque, dans les années 1960, que fleurirent les premières études envisageant le rapport du droit administratif espagnol aux droits administratifs étrangers, en optant toutefois pour un point de vue restreint à l'influence des droits étrangers sur le droit administratif national. A. Nieto García publie ainsi en 1966 une étude consacrée aux « influences étrangères dans l'évolution de la science espagnole du droit administratif »[30]. Le champ est ensuite exploité par A. Gallego Anabitarte qui propose une série d'articles[31], dont, en particulier, celui portant sur « l'influence étrangère dans le droit administratif espagnol de 1950 à aujourd'hui »[32]. Cette question fait également l'objet de travaux plus récents tels que les dernières publications de la *Revista española de derecho constitucional*, lesquelles traitent plus largement du droit public[33].

**12.** C'est dans la perspective de ces travaux, français comme espagnols, que cette étude souhaite s'inscrire, en proposant une analyse d'ensemble, qui plus est sous l'angle de la comparaison. Il est cependant nécessaire de préciser les raisons qui ont justifié une comparaison des droits administratifs français et espagnol.

---

[30] NIETO GARCÍA (A.), « Influencias extranjeras en la evolución de la ciencia espanola del derecho administrativo », *Anales de la Facultad de derecho de la Laguna*, 1965-1966, pp. 43-68.

[31] Par exemple, GALLEGO ANABITARTE (A.), « Les facultés espagnoles et l'influence française, en particulier dans le domaine du droit public au XVIIIe et du XIXe siècles », *Revue d'histoire des facultés de droit et de la science juridique*, 1994, n° 15, pp. 113-148, spéc. pp. 137-138 ; GALLEGO ANABITARTE (A.), « Influencias nacionales y foráneas en la creación del derecho administrativo español », in *Posada Herrera y los orígenes del derecho administrativo español*, Seminario de Historia de la Administración, Madrid, I.N.A.P., 2001, pp. 31-76.

[32] GALLEGO ANABITARTE (A.), « La influencia extranjera en el derecho administrativo español desde 1950 a hoy », *R.A.P.*, 1999, n° 150, pp. 75-114.

[33] GOMEZ MONTORO (A. J.), SIMON YARZA (F.), « La influencia del derecho extranjero en el derecho publico español », *R.E.D.C.*, 2016, n° 106, pp. 73-118.

## §2) La justification de l'étude des cas français et espagnol

**13.** Toute « comparaison se fabrique »[34]. C'est pourquoi comparer les droits administratifs français et espagnol relève d'un choix qui doit être justifié. La validité des résultats de la démarche comparative dépend en effet, au préalable, de la question de savoir si les cas sélectionnés sont comparables[35] (A). Une fois cette condition remplie, la comparaison doit avoir un intérêt (B).

### A) Les droits administratifs français et espagnol : deux droits comparables

**14.** Selon L.-J. Constantinesco, la question de la comparabilité se joue sur « un double plan »[36] : celui de la comparabilité des termes à comparer (1), et celui des ordres juridiques à comparer (2).

#### *1) La comparabilité des termes à comparer*

**15.** Ce premier plan englobe « les particules juridiques élémentaires, c'est-à-dire les règles, les institutions juridiques, les fonctions ou les problèmes juridiques que l'on compare »[37]. Dans le cadre de cette étude, cette difficulté ne se pose pas réellement, car l'objet de la comparaison n'est justement pas « une particule juridique élémentaire » (comme le contrat, le Parlement, etc.), mais le rapport d'un droit à un autre. Les difficultés ne sont donc pas identiques à celles qui pourraient, à l'inverse, se présenter lorsque sont comparées des institutions juridiques qui, du point de vue sémantique, semblent similaires, mais recouvrent finalement des réalités différentes dans les pays envisagés. Elles pourraient cependant se présenter à propos de ce que recouvre le droit administratif. Les Français ou les Espagnols désignent-ils la même chose lorsqu'ils utilisent l'expression « droit administratif » ? Dans ces

---

[34] Cf. PONTHOREAU (M.-C.), *Droit(s) constitutionnel(s) comparé(s)*, Paris, Economica, 2010, p. 59.

[35] Cf. CONSTANTINESCO (L.-J.), *Traité de droit comparé*, T. 2, Paris, L.G.D.J., 1974, pp. 59-119.

[36] *Idem*, p. 59.

[37] *Ibidem*.

deux pays, le terme « droit » renvoie couramment, et de manière générale (le droit administratif ne faisant pas exception), à deux sens, non exclusifs l'un de l'autre[38]. Le premier s'inscrit dans une approche normative du droit alors que le second l'appréhende scientifiquement. Qu'il s'agisse ensuite de l'approche normative du droit administratif, ou de son approche scientifique, les définitions françaises et espagnoles du droit administratif sont très similaires[39].

**16.** En premier lieu, le droit administratif entendu au sens normatif, comme corps de règles, peut être appréhendé de manière large, en suivant une acception du terme proposée par C. Eisenmann, comme le droit qui s'applique à l'Administration. L'auteur considère qu'il regroupe « l'ensemble des règles de droit dont l'Administration est le sujet, soit actif, soit passif, ou qui valent pour l'Administration, dans une mesure quelconque »[40].

---

[38] Cf. CORNU (G.), « Droit », in *Vocabulaire juridique*, Paris, P.U.F., 11e éd., 2016, pp. 37-378, spéc. pp. 375-376; GAUDEMET (J.) *Les naissances du droit. Le temps, le pouvoir et la science au service du droit*, Paris, Montchrestien, 2006, p. 267.

[39] Bien que l'entreprise de définition du droit administratif n'ait jamais été chose aisée. Si les controverses portant sur la détermination d'un critère unique de définition appartiennent désormais au passé, les administrativistes, en France comme en Espagne ayant admis que cette quête était vaine, préciser le sens de l'expression « droit administratif » est toujours perçu comme une tâche délicate. Par exemple en France, C. Vautrot-Schwarz, à l'occasion d'un colloque consacré au droit administratif de C. Eisenmann, commençait son exposé par la confidence suivante : « ce n'est pas sans réticence ni scrupule qu'un "administrativiste" s'interroge sur la définition du droit administratif [...] ». Cf. VAUTROT-SCHWARZ (C.), « La définition du droit administratif dans les Cours de Charles Eisenmann », *R.D.P.*, 2016, n° 2, pp. 427-447, spéc. p. 427. Plus largement, « tous les ouvrages de droit administratif mis sur le marché depuis une vingtaine d'années [...] soulignent directement les difficultés de le définir ». Cf. LACHAUME (J.-F.), « La définition du droit administratif », in GONOD (P.), MELLERAY (F.), YOLKA (P.), *Traité de droit administratif*, T. 1, Paris, Dalloz, 2011, pp. 101-143, spéc. p. 112. Ce constat est identique en Espagne. O. Mir Puigpelat avertit en effet son lecteur dès l'introduction de son étude consacrée au concept de droit administratif, de la « complexité » de sa définition. Cf. MIR PUIGPELAT (O.), « El concepto de derecho administrativo desde una perspectiva lingüística y constitucional », *R.A.P.*, 2003, n° 162, pp. 47-87. Cette difficulté est d'ailleurs révélée par la récurrence des publications sur le sujet de la définition du droit administratif, ce qui prouve bien qu'elle n'a pas vraiment été surmontée. Cf. par exemple, MEILÁN GIL (J.-L.), *El proceso de la definición del Derecho administrativo*, Madrid, E.N.A.P., 1967; ALLI ARANGUREN (J.-C.), *La construcción del concepto de derecho administrativo español*, Madrid, Civitas, 2006.

[40] EISENMANN (C.), *Cours de droit administratif*, T. I, Paris, L.G.D.J., 1982, réimpr. Paris, L.G.D.J., 2014, pp. 95 ; 98. En Espagne, cette vision large du droit administratif semble d'emblée éliminée.

**17.** Nombre d'auteurs s'accordent néanmoins, en deçà et au-delà des Pyrénées, sur des éléments incontournables, ou « cardinaux »[41], constitutifs d'une acception plus restrictive du droit administratif. Les éléments de définition faisant consensus combinent approches organique, centrée sur l'Administration, et matérielle, centrée sur les missions qui lui incombent. Ils peuvent se résumer de la sorte : une activité administrative poursuivant un but d'intérêt général ; des règles spécifiques ; la présence directe ou indirecte de personnes publiques[42]. Quelques spécificités peuvent différencier les définitions françaises des définitions espagnoles, mais elles n'empêchent pas de retenir une définition univoque. En effet, le poids du dualisme juridictionnel en France conduit les auteurs français à insister, *a minima*, sur le rôle déterminant du juge administratif,[43] voire pour certains, à l'inclure dans la définition *stricto sensu* du droit administratif[44]. Cette particularité, révélatrice de l'approche contentieuse du droit administratif français, ne trouve pas son équivalent en Espagne où l'unité juridictionnelle domine bien qu'il existe une spécialisation des juges. Mais cette spécificité paraît secondaire au regard de la similarité des autres éléments de définition. Il est donc possible de considérer qu'il n'y a pas une définition du droit administratif français et une définition du droit administratif espagnol, mais une définition commune à ces deux pays. La définition française de P.-L. Frier et J. Petit, qui

[41] Pour reprendre l'expression de F. Garrido Falla. Cf. GARRIDO FALLA (F.), « El derecho administrativo y sus ideas cardinales », *R.A.P.*, 1952, n° 7, pp. 11-50.

[42] Pour la France, cf. par exemple, RIVERO (J.), *Droit administratif*, Paris, Dalloz, 1ère éd., 1960, réimpr. Paris, Dalloz, 2011, p. 18; BURDEAU (F.), « Droit administratif », in ALLAND (D.) et RIALS (S.), *Dictionnaire de la culture juridique*, Paris, Lamy, P.U.F., 2003, pp. 423-431., spéc. p. 423 ; DELVOLVÉ (P.), *Le droit administratif*, Paris, Dalloz, 6e éd., 2014 ; WALINE (J.), *Droit administratif*, Paris, Dalloz, 25e éd., 2014, p. 18 ; FRIER (P.-L.), PETIT (J.), *Droit administratif*, Paris, L.G.D.J., 10e éd., 2015, p. 45. Pour l'Espagne, cf. par exemple, GARRIDO FALLA (F.), *Tratado de derecho administrativo*, T. 1, Madrid, Instituto de estudios políticos, 1a ed., 1958, pp. 109-138, spéc. pp. 109-110 ; GARCÍA DE ENTERRÍA (E.), FERNÁNDEZ (T.-R.), *Curso de derecho administrativo*, T. 1, Madrid, Civitas, 1a ed., 1974, pp. 31-39 ; SÁNCHEZ MORÓN (M.), *Derecho administrativo. Parte general*, Madrid, Tecnos, 9a ed., 2013, pp. 39-42.

[43] J.-F. Lachaume le précise bien, « lorsque l'on tente de rassembler les éléments d'une définition du droit administratif, et **dès lors que l'on raisonne sur le système français**, il ne saurait être fait abstraction du rôle joué par le juge administratif et plus particulièrement par le Conseil d'Etat », insistant sur sa « large maîtrise sur le droit administratif et sur ce qui fait la particularité même de sa substance, à savoir sa spécificité par rapport au droit privé ». Cf. LACHAUME (J.-F.), « La définition du droit administratif », *préc.*, p. 107 (nous soulignons).

[44] J.-F. Lachaume lui-même adopte la définition suivante : « branche du droit public interne, regroupant les règles spécifiques relatives à l'accomplissement par les personnes publiques, ou sous leur contrôle, de missions qu'elles considèrent comme d'intérêt général, et qu'applique le juge administratif » en précisant qu'elle réclame quelques correctifs. *Idem*, pp. 101-143, spéc. p. 115. Cf. également MOREAU (J.), *Droit administratif*, Paris, P.U.F., 1989, p. 18.

envisage le droit administratif comme « l'ensemble des règles spéciales qui régissent l'activité administrative »[45], le concevant alors comme « le droit de la gestion publique »[46], convient également pour définir le droit administratif espagnol.

**18.** La France et l'Espagne se rejoignent également sur la nécessité d'envisager le droit administratif comme science. C'est par exemple le cas pour F. Burdeau, pour qui le droit administratif doit s'appréhender « sous sa double figure moderne de discipline particulière et de corps de règles de droit spécifiques »[47]. Cette présentation est par ailleurs justifiée au-delà de son intérêt pédagogique. Comme l'explique B. Plessix, l'étude et l'enseignement spécifique de ce droit semblent indispensables pour l'essor du droit administratif[48]. De même pour T. Fortsakis, la doctrine fait partie des « conditions essentielles de l'existence d'un droit administratif français »[49]. Le droit, pour exister, doit être « connaissable »[50]. C'est à cette condition aussi, celle d'être « divulgué »[51], que le droit administratif national peut entrer en relation avec des droits administratifs étrangers. Ceci explique que dans le cadre de cette étude, la double acception normative et scientifique soit retenue. Cette approche du droit administratif est courante en France, et apparaît régulièrement dans les présentations des manuels ou traités consacrés à la matière. C. Eisenmann, par exemple, s'il se distingue par sa définition large du corps de règles constituant le droit administratif, rejoint ses pairs en

---

[45] FRIER (P.-L.), PETIT (J.), *Droit administratif*, *préc.*, p. 45.

[46] *Ibidem*.

[47] BURDEAU (F.), « Naissance d'un droit », in *Nonagesimo anno. Mélanges en hommage à Jean Gaudemet,* Paris, P.U.F., 1999, pp. 521-540, spéc. p. 523.

[48] Il précise que « tant qu'il ne fût ni étudié ni enseigné, le droit administratif n'existait pas, au sens littéral du terme ; du jour où un corps de doctrine suffisamment homogène fut dégagé, il acquit ses lettres de reconnaissance, c'est-à-dire d'existence, alors que certaines de ses règles, aujourd'hui considérées comme essentielles, existaient déjà depuis deux siècles. En réalité, l'élaboration du droit administratif nécessitait un effort doctrinal tout particulier de rationalisation et systématisation ». Cf. PLESSIX (B.), *L'utilisation du droit civil dans l'élaboration du droit administratif*, Paris, Panthéon Assas, 2003, p. 313.

[49] FORTSAKIS (T.), *Conceptualisme et empirisme en droit administratif français*, Paris, L.G.D.J., 1987, p. 24.

[50] PLESSIX (B.), *L'utilisation du droit civil dans l'élaboration du droit administratif*, *préc.*, p. 310.

[51] Une référence est ici faite à la périodisation élaborée par M. Hauriou, qui distingue trois phases dans la formation du droit administratif, celle de la « divulgation » venant succéder à la période « d'élaboration secrète » (période qu'il estime commencer aux alentours de 1800 et ce jusqu'en 1818), et précédant la période « d'organisation » qui débute en 1860. Cf. HAURIOU (M.), « De la formation du droit administratif français depuis l'an VIII », *R.G.A.*, 1892, T. II, pp. 385- 403 ; *R.G.A.*, 1892, T. III, pp. 15-28.

envisageant, dans un deuxième temps, le droit administratif comme « discipline juridique [...] au sens, cette fois, de science du droit administratif [...] »[52]. Cette présentation du droit administratif est également classique en Espagne, comme en attestent le traité de J. Gascón y Marín publié au début du XXe siècle, puis celui de J.-A. Santamaría Pastor plus de 70 ans plus tard, dans lequel ce dernier examine successivement le droit administratif « comme système normatif »[53], puis « comme système scientifique »[54].

**19.** Cette similarité de définition du droit administratif n'est en réalité pas surprenante, car le deuxième plan sur lequel se joue la mesure de la comparabilité, celui des ordres juridiques, révèle une tradition commune.

### *2) La comparabilité des ordres juridiques à comparer*

**20.** En faisant le choix de comparer la France et l'Espagne, l'obstacle de l'incomparabilité des pays choisis aurait pu se présenter. Il est cependant rapidement dépassé[55], pour au moins trois raisons. D'abord, parce que, comme le rappelle M.-C. Ponthoreau, « la question de la comparabilité des systèmes juridiques étudiés ne se pose pas dans un cadre régional comme l'Europe communautaire, car la comparaison est justifiée (ou plus exactement postulée) par l'organisation supranationale (malgré les différentes traditions juridiques) »[56]. Ensuite, parce que cet éventuel tempérament, celui de la coexistence de différentes traditions juridiques au sein d'un espace régional,

---

[52] Cf. EISENMANN (C.), (C.), *Cours de droit administratif*, T. I, *préc.*, p. 15.

[53] « El derecho administrativo como sistema normativo », SANTAMARÍA PASTOR (J.-A.), *Fundamentos de derecho administrativo*, T. 1, Madrid, Ceura, 1988, pp. 48-59.

[54] « El derecho administrativo como sistema científico », *Idem*, pp. 60-68.

[55] L.-J. Constantinesco relativise en réalité très nettement le principe même de l'incomparabilité des ordres juridiques. Selon lui, « tous les ordres juridiques modernes et appartenant à l'ordre historique, sont comparables. Cela est exact, quelles que soient les différences de civilisation, de système juridique, de religion, de structure politique, d'idéologie ou de développement économique et social. Aucune de ces différences n'est suffisante pour légitimer l'absence de comparabilité. Bien entendu, le choix des ordres juridiques qu'on veut comparer dépend du but poursuivi par la comparaison ». Cf. *idem*, p. 110 ; pp. 118-119. De même, A. Gambaro, R. Sacco et L. Vogel rejettent l'obstacle de l'incomparabilité, estimant que « la comparaison dispose des instruments nécessaires pour analyser tous les systèmes quels qu'ils soient et en mesurer toutes les différences, grandes ou petites ». Cf. GAMBARO (A.), SACCO (R.), VOGEL (L.), *Le droit de l'Occident et d'ailleurs*, Paris, L.G.D.J., 2011, p. 2. Malgré cela, la justification de la comparabilité des ordres juridiques reste classique dans les études comparatives.

[56] PONTHOREAU (M.-C.), *Droit(s) constitutionnel(s) comparé(s)*, *préc.*, p. 78.

n'est pas valable ici, et éloigne *a fortiori* la menace de l'incomparabilité. En effet, dans une approche « globale des systèmes juridiques »[57], les droits français et espagnol sont classés dans le même ensemble. Ces études, qualifiées de macrocomparatives, sont le préalable nécessaire à toute microcomparaison[58]. En 1900, à l'occasion du Congrès international de droit comparé, parmi les quatre groupes que distinguait A. Esmein, le « groupe latin » contenait les droits français et espagnol[59]. C'est ensuite à partir des années 1950, avec R. David en particulier — dont les travaux ont trouvé écho au-delà des frontières françaises[60] — que la classification par familles de droit a été popularisée[61]. Combinant critères techniques et critères idéologiques, R. David concluait lui aussi à l'inclusion de la France et de l'Espagne au sein d'une même famille, la famille « romano-germanique »[62]. A la même période, les comparatistes espagnols adoptaient une présentation similaire, à l'instar de celle proposée par J. Castán Tobeñas[63], regroupant lui aussi la France et l'Espagne dans la catégorie des « droits latins ». Certes, depuis les années 1950, la classification par familles de droit a été largement discutée[64], qu'elle se voit opposer des typologies alternatives[65], ou que le principe même

---

[57] JALUZOT (B.), « Méthodologie du droit comparé : bilan et prospective », *préc.*, p. 46.

[58] Cf. DAVID (R.), GORÉ (M.), JAUFFRET-SPINOSI (C.), *Les grands systèmes de droit contemporains*, Paris, Dalloz, 12e éd., 2016, p. 14 ; JALUZOT (B.), « Méthodologie du droit comparé : bilan et prospective », *R.I.D.C.*, 2005, n° 1, pp. 29-48, spéc. p. 46 ; RAMBAUD (T.), *Introduction au droit comparé. Les grandes traditions juridiques dans le monde*, Paris, P.U.F., 2014, pp. 5 ; 45.

[59] ESMEIN (A.), « Le droit comparé et l'enseignement du droit », *Nouvelle revue historique de droit français et étranger*, 1900, pp. 489-498, spéc. p. 495.

[60] Pour exemple, il fut traduit en espagnol. Cf. DAVID (R.), *Los grandes sistemas jurídicos contemporáneos (derecho comparado). Traducción de la 2a edición francesa por Pedro Brava Gala*, Madrid, Aguilar, 1968. Il est par ailleurs largement cité dans les ouvrages consacrés au droit comparé. Cf. DE LA SIERRA (S.), *Una metodología para el Derecho Comparado europeo*, Madrid, Civitas, 2004, pp. 99-102.

[61] Cf. DAVID (R.), *Les grands systèmes de droit contemporains*, Paris, Dalloz, 1ère éd., 1964.

[62] Cf. DAVID (R.), GORÉ (M.), JAUFFRET-SPINOSI (C.), *Les grands systèmes de droit contemporains*, *préc.*, pp. 25-141.

[63] CASTÁN TOBEÑAS (J.), *Los sistemas jurídicos contemporáneos del mundo occidental*, Madrid, 1a ed., 1956.

[64] M. C. Ponthoreau précise en effet qu'« il est désormais admis que les classifications en familles de droit sont grossières et idéologiquement orientées ». Cf. PONTHOREAU (M.-C.), « Le droit comparé en question(s). Entre pragmatisme et outil épistémologique, *R.I.D.C.*, 2005, n° 1, pp. 7-27, spéc. p. 24. Pour plus de détails sur cette discussion, cf. HUSA (J.), « Classification of Legal Families Today. Is it time for a memorial hymn? », *R.I.D.C.*, 2004, n° 1, pp. 11-38 ; JALUZOT (B.), « Méthodologie du droit comparé : bilan et prospective », *préc.*, pp. 45-47.

[65] Par exemple, K. Zweigert et H. Kötz classent les droits français et espagnol dans la catégorie des droits romanistes. Cf. ZWEIGERT (K.), KÖTZ (H), *Introduction to comparative law*, Oxford, Clarendon Press, 2nd ed., 1992, pp. 69, 76-136.

d'une taxonomie des droits soit remis en cause[66]. Néanmoins, les oppositions, ou remises en question ne se cristallisent pas sur le constat de la proximité des droits français et espagnol. Au contraire, y compris dans les classifications modernisées[67] ou alternatives, analysant les droits par le prisme de la culture ou de la tradition[68], il y a une forme de consensus autour de leur rapprochement, au sein d'un ensemble romano-germanique[69] ou, plus largement désormais, occidental[70].

**21.** Enfin, la proximité des droits français et espagnol se prolonge dans leur droit administratif, ce qui explique nécessairement leur proximité de définitions. J. Rivero s'était ainsi interrogé sur la pertinence d'une systématisation propre aux droits administratifs[71]. S'il parvenait à isoler quelques spécificités de la taxonomie des droits administratifs[72], il concluait

---

[66] Notamment par l'approche dite postmoderne du droit comparé. Cf. par exemple GROSSWALD CURRAN (V.), « Cultural immersion, Difference and Categories in U.S. Comparative law », *The American Journal of Comparative Law*, 1998, n° 1, pp. 43-92.

[67] Cf. LEGEAIS (R.), *Grands systèmes de droit contemporains*, Paris, LexisNexis, 3e éd., 2016 ; FROMONT (M.), *Grands systèmes de droits étrangers*, Paris, Dalloz, 7e éd., 2013. Ou s'agissant de classifications plus restrictives, par exemple des droits constitutionnels, cf. PIERRÉ-CAPS (S.), *Droits constitutionnels étrangers*, Paris, P.U.F., 2e éd., 2015.

[68] Sur cette question, cf. GLENN (H. P.), « La tradition juridique nationale », *R.I.D.C.*, 2003, n° 2, pp. 263-278 ; RAMBAUD (T.), *Introduction au droit comparé. Les grandes traditions juridiques dans le monde*, *préc.*, pp. 1-3.

[69] Par exemple dans la classification adoptée par T. Rambaud. Cf. RAMBAUD (T.), *Introduction au droit comparé. Les grandes traditions juridiques dans le monde*, *préc.*, pp. 56-65. Selon M. Fromont cependant, l'appellation « droits romano-germaniques » devrait désormais être abandonnée au profit de « droits romanistes », car « les droits romanistes, qui se sont construits à partir de l'étude scientifique du droit romain du Bas-Empire, ont progressivement éliminé les règles d'origine germanique », ajoutant même que « le droit allemand est probablement le droit du continent européen qui a le moins de vestiges d'un passé germanique ». Cf. FROMONT (M.), « Réflexions sur l'objet et les méthodes du droit comparé », in *Liber amicorum. Mélanges en l'honneur de Camille Jauffret-Spinosi*, Paris, Dalloz, 2013, pp. 377-387, spéc. p. 384.

[70] GAMBARO (A.), SACCO (R.), VOGEL (L.), *Le droit de l'Occident et d'ailleurs*, *préc.*, pp. 277-309; BUDDANI (M.), MATTEI (U.), *Comparative Law*, Cambridge, Cambridge University Press, 2012.

[71] Il posait la question de la manière suivante : « les droits administratifs des divers pays s'organisent-ils, comme les droits privés, en grandes familles ? Existe-t-il, en un mot, des systèmes de droit administratif, comme il y a des systèmes de droit privé ? ». Cf. RIVERO (J.), *Cours de droit administratif comparé : diplôme d'études supérieures de droit public, 1954-1955, rédigé d'après les notes et avec l'autorisation de M. Rivero. Recherches sur la notion de système juridique appliquée au droit administratif comparé*, Paris, Les cours de droit, 1955, p. 14.

[72] D'abord parce que la première difficulté à laquelle est confronté le comparatiste en droit administratif est « qu'alors qu'en droit privé comparé, on rapproche des disciplines dont les contours généraux sont identiques, il est impossible ici de se fier à la seule étiquette : cela

tout de même à des systématisations relativement « parallèles »[73], autour de trois groupes : anglo-saxon, soviétique et de l'Europe continentale. Pour ce dernier, il prenait soin de préciser que « la systématisation est, dans le groupe continental, moins rigoureuse qu'elle ne l'est pour le droit privé »[74]. Malgré cette réserve, les droits administratifs français et espagnol sont tout à fait perçus comme des droits comparables, en raison de leur proximité[75]. Cette conclusion de J. Rivero à la fin des années 1960 est ensuite corroborée, et en même temps affinée, par les travaux de M. Fromont. Dans son ouvrage consacré aux *Droits administratifs des Etats européens* — le périmètre géographique est certes plus restreint —, il met en évidence une filiation entre les droits administratifs français et espagnol, filiation cependant non exclusive puisqu'il classe le droit espagnol dans un groupe autonome, « mi-français, mi-allemand »[76].

**22.** A l'issue de ces développements, la comparabilité des droits administratifs français et espagnol ne fait aucun doute. C'est alors la question de l'intérêt de leur comparaison qui se pose immédiatement.

---

conduirait à des matières qui n'ont ni la même étendue ni la même signification – c'est-à-dire qui ne sont pas comparables ; l'administrative law, notamment, [...] n'est pas l'équivalent du "droit administratif" continental, ni même soviétique, et ce n'est point sur de telles bases que la comparaison peut se fonder ». *Idem*, p. 31. Ensuite, certaines données historiques, et techniques, conduisent à ce que la classification ne soit pas identique entre le droit privé et le droit administratif, notamment parce que certaines familles sont ignorées en droit administratif. *Id.*, p. 151.

[73] *Id.*, p. 153.

[74] *Id.*, p. 154. Pour la raison suivante : « les divergences qui séparent les droits positifs sont considérables, et portent même sur des pièces essentielles ; on ne peut rien inférer d'un pays à un autre, il reste que les matériaux intellectuels et la méthode de pensée mise en œuvre procèdent de la même inspiration idéologique et technique ». *Id.*, p. 150.

[75] Pour illustrer la similarité des tables des traités de droit administratif du groupe de l'Europe continentale, il citait justement un traité espagnol, celui d'A. Royo-Villanova. Cf. *idem*, p. 25. Preuve supplémentaire, lorsque l'année suivante il procède à une comparaison à proprement parler de la puissance publique dans les principaux systèmes du droit administratif, il compare bien, au sein d'un même ensemble, droits français et espagnol. Cf. RIVERO (J.), *Cours de droit administratif comparé : diplôme d'études supérieures de droit public, 1956-1957, rédigé d'après les notes et avec l'autorisation de M. Rivero. Recherche sur la puissance publique dans les principaux systèmes de droit administratif*, Paris, Les cours de droit, 1957.

[76] Cf. FROMONT (M.), *Droit administratif des Etats européens*, Paris, P.U.F., 1ère éd., 2006, spéc. pp. 49-53.

## B) La comparaison des droits administratifs français et espagnol : un intérêt véritable

**23.** Comme le souligne L.-J. Constantinesco à propos des droits appartenant à une même famille, « c'est précisément avec des droits aussi rapprochés que la facilité de la comparaison se paie par la faiblesse de l'intérêt des résultats acquis pour le droit comparé. L'intérêt de la comparaison grandit au contraire à mesure que le comparatiste fait entrer dans son champ d'investigation des droits éloignés, donc à mesure qu'il met en présence des ordres juridiques appartenant à des systèmes différents »[77].

**24.** Dans cette perspective, il convient de démontrer l'intérêt indubitable de comparer les droits administratifs français et espagnol dans leur rapport aux droits administratifs étrangers. Bien que ces deux droits appartiennent à la même tradition juridique, ils représentent, *a priori*, les deux idéaux-types opposés du rapport qu'entretient le droit administratif national avec les droits administratifs étrangers. Ils présentent donc une différence qui attise la curiosité. D'un côté, le droit administratif français est classiquement présenté comme un droit exportateur, percevant les droits administratifs étrangers comme des réceptacles de son influence, voire des agents de son rayonnement. De l'autre côté, le droit administratif espagnol est traditionnellement présenté comme un droit importateur, envisageant les droits administratifs étrangers comme une source de son enrichissement. En France, J. Rivero adopte par exemple une telle présentation par sa distinction entre Etats à « droit administratif "clos" »[78] et ceux à « droit administratif ouvert aux influences »[79], la France appartenant à la première catégorie, quand l'Espagne fait partie de la seconde. En Espagne, A. Nieto García, en se limitant à la perspective de la science du droit, propose une opposition similaire de l'Espagne et de la France entre dogmatiques juridiques nationales « ouvertes »[80] et « fermées »[81].

---

[77] CONSTANTINESCO (L.-J.), *Traité de droit comparé*, *préc.*, pp. 66-67.

[78] Cf. RIVERO (J.), *Cours de droit administratif comparé : diplôme d'études supérieures de droit public, 1956-1957, rédigé d'après les notes et avec l'autorisation de M. Rivero. Recherche sur la puissance publique dans les principaux systèmes de droit administratif*, *préc.*, pp. 144-146.

[79] *Ibidem.*

[80] NIETO GARCÍA (A.), « Influencias extranjeras en la evolución de la ciencia espanola del derecho administrativo », *préc.*, p. 46.

[81] Ou encore « hermétiques ». *Ibidem.*

**25.** Comprendre les raisons qui expliquent leur rapport différent aux droits administratifs étrangers est donc l'intérêt d'une confrontation entre les droits administratifs français et espagnol. Pour mener cette étude comparative, des choix méthodologiques ont dû être opérés.

## §3) La méthodologie de l'étude

**26.** Annoncée dès le titre comme une comparaison dans l'espace, cette étude s'avère également être une comparaison dans le temps. La démarche diachronique conduisant à s'intéresser à l'évolution du rapport qu'entretient le droit national avec les droits étrangers s'est en effet imposée[82], afin de saisir le phénomène étudié dans toute sa complexité. La méthode historique est donc largement employée, en raison de sa fonction explicative. La « combinaison histoire-droit comparé » [83] n'est pas une excentricité, elle n'a rien d'exceptionnel, car elle « est [...] en quelque sorte consubstantielle »[84]. L'historien, ou comparatiste dans le temps, et le comparatiste dans l'espace, partagent les « mêmes attitudes d'esprit »[85] et se risquent au même effort réflexif sur leur propre droit.

**27.** Par ailleurs, si cette thèse relève de la discipline juridique, elle résulte aussi d'une analyse interdisciplinaire, au sens où elle vise à créer « des intersections et un enrichissement mutuel entre [des] disciplines »[86], et non pas seulement à juxtaposer des savoirs comme ce serait le cas dans une approche pluridisciplinaire[87]. Une telle démarche est induite par le choix d'une étude

---

[82] B. Plessix partageait cet impératif dans son étude de droit comparé interne, portant sur l'utilisation du droit civil dans l'élaboration du droit administratif. Cf. PLESSIX (B.), *L'utilisation du droit civil dans l'élaboration du droit administratif*, *préc.*, p. 53.

[83] DRAGO (R.), « Droit comparé », in ALLAND (D.), RIALS (S.), *Dictionnaire de la culture juridique*, Paris, P.U.F., 2003, pp. 453-457, spéc. p. 454.

[84] *Ibidem*. Pour un constat similaire, cf. CARBONNIER (J.), « L'apport du droit comparé à la sociologie juridique », in SOCIÉTÉ DE LÉGISLATION COMPARÉE, *Livre du centenaire de la Société de législation comparée*, T. 1, Paris, L.G.D.J., 1969, pp. 75-87, spéc. p. 75.

[85] DRAGO (R.), « Droit comparé », *préc.*, p. 454.

[86] PONTHOREAU (M.-C.), *Droit(s) constitutionnel(s) comparé(s)*, *préc.*, p. 226.

[87] De façon imagée, F. OST et M. VAN DE KERCHOVE rapprochent la pluridisciplinarité d'une « Babel scientifique », parce qu'elle consiste en la « simple coexistence de langages différents », la transdisciplinarité, qui vise à construire un nouveau savoir autonome, d'un « esperanto scientifique » et l'interdisciplinarité de l'articulation de savoirs débouchant sur « un dialogue ». Cf. OST (F.) et VAN DE KERCHOVE (M.),

comparative : « le comparatiste est conduit “naturellement” à s'intéresser à ce qui sort de son univers juridique ; ce qui le mène à pousser sa recherche jusqu'aux frontières disciplinaires »[88]. Ce dépassement des frontières disciplinaires est d'autant plus aisé que le juriste comparatiste ne se retrouvera pas en terres inconnues, faisant rapidement le constat que les autres sciences humaines peuvent partager avec lui des manières de raisonner identiques. Le juriste comparatiste peut ainsi ressentir un sentiment de familiarité lorsqu'il investit le champ de la sociologie, discipline pour laquelle la démarche comparative est la démarche scientifique par excellence. E. Durkheim pouvait en effet écrire que « la sociologie comparée n'est pas une branche particulière de la sociologie ; c'est la sociologie même »[89]. Au-delà de la prédisposition du comparatiste à quitter son territoire, l'objet même de cette étude réclamait une approche juridique ouverte sur les autres disciplines. Ne pas entreprendre cette démarche l'aurait rendue, pour reprendre la formule de J. Caillosse, « victime des “intégrismes” disciplinaires »[90]. Objet partagé avec la sociologie, le rapport du droit administratif national aux droits administratifs étrangers impose d'avoir une acception large de ce qui constitue l'objet de la science juridique. Il ne pouvait donc être abordé selon une démarche strictement positiviste dès lors que celle-ci restreint l'objet de la science du droit à la seule analyse du droit positif[91], « conçu comme un système logico-déductif fermé, autonome et indépendant »[92], et néglige ce qui se situe autour du droit.

**28.** S'intéresser aux protagonistes du droit administratif et à leur rapport aux droits administratifs étrangers suppose d'étudier leurs discours. Cela nécessite d'étudier tout d'abord le texte de loi, et plus généralement, tout texte ayant valeur de droit positif, comme le droit jurisprudentiel. Ce sont déjà des

---

« Comment concevoir aujourd'hui la science du droit ? », *Déviance et société*, 1987, n° 2, pp. 183-193, spéc. pp. 188-189. Cf. également LOISELLE (M.), « L'analyse du discours de la doctrine juridique. L'articulation des perspectives interne et externe », in *Les méthodes au concret : démarches, formes de l'expérience et terrains d'investigation en science politique*, Paris, P.U.F., 2000, pp. 187-209, spéc. pp. 207-209 ; PONTHOREAU (M.-C.), *Droit(s) constitutionnel(s) comparé(s)*, Paris, Economica, 2010, p. 226 ; CHAMPEIL-DESPLATS (V.), *Méthodologies du droit et des sciences du droit*, Paris, Dalloz, 2014, pp. 342-345.

[88] PONTHOREAU (M.-C.), *Droit(s) constitutionnel(s) comparé(s)*, *préc.*, pp. 225-226.

[89] DURKHEIM E., *Les règles de la méthode sociologique*, Paris, Felix Alcan, 1895, p. 169.

[90] CAILLOSSE (J.), « Droit et politique : vieilles lunes, nouveaux champs », *Droit et Société*, 1994, n° 26, pp. 127-154, spéc. p. 129.

[91] Cf. CHAMPEIL-DESPLATS (V.), *Méthodologies du droit et des sciences du droit*, *préc.*, p. 117.

[92] *Idem*, p. 108.

formes de discours[93], qui utilisent un langage prescriptif et, même s'il ne s'y manifeste que rarement, le rapport du droit national au droit étranger peut transparaître dans ces discours, que l'on pense par exemple à l'argument de droit comparé utilisé par les juges de tradition de *common law*. Ce « discours dans lequel on formule le droit »[94] ne révèle cependant pas toutes les potentialités du rapport aux droits étrangers de l'autorité normative. Essayer de le déceler à partir du seul « droit posé »[95], pour reprendre l'expression d'A.-J. Arnaud, c'était prendre le risque de l'extrapoler, faute d'aveu explicite, et de conclure trop rapidement à des emprunts d'un droit à l'autre, à partir du constat de l'antériorité et de la similitude de solutions de droit positif.

**29.** Il faut par conséquent admettre le caractère protéiforme du discours juridique[96], qui ne s'exprime pas uniquement dans un langage prescriptif. Le langage non prescriptif, celui du « droit conçu »[97], permet ensuite de mesurer pleinement ce rapport du droit administratif national aux droits administratifs étrangers. Il y transparaît en effet de manière plus visible que dans le discours prescriptif. Avant, ou même après, la concrétisation de leur discours prescriptif par la création d'une norme, les autorités normatives peuvent s'exprimer par l'intermédiaire de différents types de support, comme elles le font par exemple dans les travaux préparatoires de la norme législative ou de la décision de justice, dans les communiqués de presse ou encore, dans les présentations des institutions et de leurs missions sur leurs sites internet. Ce

---

93 LANDOWSKI (E.), « Introduction. Le discours juridique. Langage, signification et valeurs », *Droit et société*, 1988, n° 8, pp. 9-12, spéc. p. 10.

94 WROBLEWSKI (J.), « Les langages juridiques : une typologie », *Droit et société*, 1988, n° 8, pp. 13-27, spéc. p. 13.

95 Selon A.-J. Arnaud, le « droit posé » s'illustre par son caractère normatif, par sa juridicité. Relèvent de cette catégorie « la constitution, la législation, la réglementation, ceux des coutumes et usages qui sont légalement reconnus, la jurisprudence, ce qui, en un mot, est source officielle du droit dans notre système juridique ». ARNAUD (A.-J.), « Du bon usage du discours juridique », *Langages*, 1979, n° 53, pp. 117-124, spéc. pp. 117-118.

96 Pour une classification, cf. WROBLEWSKI (J.), « Les langages juridiques : une typologie », *préc.*

97 Selon A.-J. Arnaud, relèvent du « droit conçu », « l'imagination juridique, la pensée juridique, l'œuvre de la doctrine ». Il précise notamment que « toute loi est le choix, par le législateur, d'une conception, entre toutes celles qui peuvent se faire jour sur un point qu'il est apparu nécessaire de régler. De même, parmi les jugements, il en est qui rompent avec la manière classique de donner une solution à un litige. [...] Il y a donc, dans le cas de la législation, comme dans celui de la jurisprudence — les deux seules sources de droit officiellement admises chez nous —, à l'origine de la table sacrée, une conception qui a pris corps dans le cerveau d'hommes... », pour conclure alors que « le stade du droit conçu est donc extrêmement -important pour connaître et comprendre le droit posé ». Cf. ARNAUD (A.-J.), « Du bon usage du discours juridique », *préc.*, pp. 117-118.

sont autant de matériaux d'analyse permettant de comprendre le rapport du droit administratif national aux droits administratifs étrangers.

**30.** Enfin, le discours doctrinal, « dans lequel on parle du droit »[98], contient de nombreux éléments d'analyse du rapport du droit national aux droits étrangers. Le « récit doctrinal »[99], quels que soient les supports envisagés (articles ou essais, traités ou manuels, thèses et même préfaces), a toute son importance. La doctrine est en effet, « dans une large mesure, l'organe de transmission qui permet la circulation de modèles légaux et jurisprudentiels. C'est la doctrine qui diffuse — dans son pays — la connaissance des lois étrangères et des grands arrêts des pays voisins »[100]. Elle sert elle-même d'intermédiaire entre les autorités normatives du droit national et les droits étrangers[101].

**31.** L'interprétation des discours juridiques, que l'on conçoit donc pluriels, permettra d'identifier le rapport du droit administratif national aux droits administratifs étrangers. Afin de mener une telle analyse, des emprunts ponctuels aux méthodes des autres sciences sociales seront nécessaires. Se concentrer sur les protagonistes du droit administratif implique de s'intéresser à des individualités. Pour cette raison, l'emprunt à certaines méthodes de la sociologie est apparu comme la meilleure manière de comprendre ces discours. Il n'est cependant pas question d'« aller sur le terrain, provoquer le renseignement »[102]. Le matériau d'analyse reste celui, classique, du juriste : le

---

[98] WROBLEWSKI (J.), « Les langages juridiques : une typologie », *Droit et société*, 1988, n° 8, pp. 13-27, spéc. p. 13.

[99] YOLKA (P.) « Propos introductifs », in A.F.D.A., *La doctrine en droit administratif*, Paris, Litec, 2010, pp. XVII-XXIII, spéc. p. XX.

[100] SACCO (R.), « Droit commun de l'Europe et composantes du droit », in CAPPELLETTI (M.) (dir.), *New perspectives for a common law of Europe. Nouvelles perspectives d'un droit commun de l'Europe*, 1978, pp. 95-109, spéc. pp. 101-102. Cf. également DAVID (R.), *Le droit comparé. Droits d'hier, droits de demain*, Paris, Economica, 1982, p. 189.

[101] J. Rivero explique ainsi que « le droit d'un pays se perçoit d'abord à travers la représentation qu'en donnent ceux dont la mission est de le rendre intelligible en encadrant les solutions éparses dans des catégories abstraites, en reliant ces catégories par des liens logiques, en donnant ainsi, de l'ensemble, une image cohérente. ». Cf. RIVERO (J.), « Les phénomènes d'imitation des modèles étrangers en droit administratif », *préc.*, p. 629. Cf. également, RIVERO (J.), *Cours de droit administratif comparé : diplôme d'études supérieures de droit public, 1954-1955, rédigé d'après les notes et avec l'autorisation de M. Rivero. Recherches sur la notion de système juridique appliquée au droit administratif comparé, préc.*, p. 158 ; CASSESE (S.), *La construction du droit administratif. France et Royaume-Uni*, Paris, Montchrestien, 2000, p. 25.

[102] Cf. CARBONNIER (J.), « L'apport du droit comparé à la sociologie juridique », *préc.*, p. 86.

document, en bref le « savoir livresque »[103]. La démarche prosopographique — sans être non plus une étude prosopographique à proprement parler[104] — s'est par contre révélée particulièrement utile, pour dresser une histoire des parcours de plusieurs protagonistes du droit administratif, en utilisant pour ce faire des notices biographiques, ou encore des nécrologies.

**32.** Le rapport du droit national aux droits étrangers dépend également du contexte général du système juridique. Pour les interpréter, ces discours doivent être replacés dans leurs contextes historique et politique, afin de les appréhender dans une perspective plus globale. Pour le juriste français, cet effort de contextualisation est d'autant plus nécessaire s'agissant du discours juridique espagnol. La comparaison avec un droit étranger peut en effet s'avérer périlleuse sans un certain nombre de précautions[105]. L'écueil classique de l'ethnocentrisme peut être limité en s'astreignant à plusieurs règles. D'une part, sans prétendre avoir un regard équivalent à celui qu'un juriste espagnol porte sur son propre droit, il s'agit de s'en rapprocher en essayant de comprendre sa manière de raisonner. Cela suppose d'avoir non seulement une connaissance précise des éléments juridiques fondamentaux du système juridique observé, mais également des éléments extrajuridiques (culturel, politique, social) qui constituent l'environnement du droit[106], en recourant notamment à la lecture d'ouvrages d'histoire de l'Espagne ou en effectuant des séjours sur le terrain. D'autre part, sauf très rares exceptions, les sources mobilisées sur le droit espagnol sont toutes en langue originale[107]. Cela impose tout d'abord de ne pas recourir à la traduction par un Français d'un texte espagnol afin d'éviter les approximations potentielles qui peuvent

---

[103] *Ibidem.* Pour plus de détails sur l'opposition entre la recherche « sur documents » et la recherche « sur le terrain », cf. CARBONNIER (J.), *Sociologie juridique. D'après les notes prises en cours et avec l'autorisation de Monsieur Jean Carbonnier, 1972-1973*, *préc.*, p. 15.

[104] Cf. par exemple CHARLE (C.), *Les Élites de la République : 1880-1900*, Paris, Fayard, 1987.

[105] Cf. CONSTANTINESCO (L.-J.), *Traité de droit comparé*, T. 2, *préc.*, pp. 122-284.

[106] L.-J. Constantinesco confirme que « toute étude comparatiste limitée à la seule connaissance du droit positif, ou même du droit réel risque partiellement d'être inexacte ou même fausse. Pour comprendre réellement une institution étrangère, le comparatiste devra toujours connaître les éléments déterminants qui caractérisent l'ordre juridique concerné, descendre dans le milieu environnant, donc dans le monde, plus profond et moins précis, plus fluide et moins concret où se forment les sources réelles de la norme juridique. Il devra interroger le "pourquoi" social et humain, moral et religieux, historique et politique, économique et idéologique de l'ordre juridique ». CONSTANTINESCO (L.-J.), *Traité de droit comparé*, T. 2, *préc.*, p. 200.

[107] Les citations en langue espagnole ont été traduites par nos soins. Tout au long de cette étude, la traduction française apparaîtra dans le corps de texte, et la version originale dans les notes de bas de page.

en résulter. Cela impose ensuite de recourir, autant que faire se peut, à la version originale d'un texte même lorsqu'existe une traduction française réalisée par l'auteur espagnol lui-même. En effet, les textes écrits en français par des Espagnols, dans l'objectif de présenter les particularités de leur droit, supposent souvent une adaptation de l'auteur à son lecteur étranger. Il peut, par exemple, choisir de simplifier la présentation de son droit, en vue de le rendre compréhensible pour son interlocuteur étranger. Il peut encore recourir, grâce à la démarche comparative, à des référents qui sont familiers à son lecteur étranger, développements dont il s'abstiendrait s'il s'adressait à un Espagnol. Ces sources, bien qu'elles ne soient pas à négliger, sont trop marquées par une volonté d'acculturation.

**33.** En définitive, ces choix méthodologiques, s'ils traduisent certains invariants de toute démarche comparative, ont été déterminés avant tout par les enjeux de cette étude.

## §4) Enjeux et plan de l'étude

**34.** En raison de son objet même, cette étude n'a pas de finalité pratique[108]. Elle n'a pas vocation à « faire des propositions utiles »[109] comme pourrait le faire une étude « normative »[110] par la voie des approches « fonctionnelle »[111] ou « factuelle »[112] (qui prennent pour point de départ un problème juridique concret pour examiner la manière dont il est résolu dans

[108] B. Fauvarque-Cosson souligne en effet que « comparer pour prescrire : tel est sans doute l'un des principes directeurs les plus fédérateurs de l'art législatif contemporain, qui vient donner au droit comparé une nouvelle fonction, stratégique ». Cf. FAUVARQUE-COSSON (B.), « Le droit comparé : art d'agrément ou entreprise stratégique ? », in *De tous horizons. Mélanges Xavier Blanc-Jouvan*, Paris, Société de législation comparée, 2005, pp. 69-90, spéc. p. 73.

[109] JESTAZ (P.), JAMIN (C.), *La doctrine*, *préc.*, p. 212.

[110] PONTHOREAU (M.-C.), « L'argument fondé sur la comparaison dans le raisonnement juridique », in LEGRAND (P.) (dir.), *Comparer les droits, résolument*, Paris, P.U.F., 2009, pp. 537-560, spéc. p. 540.

[111] Cf. JALUZOT (B.), « Méthodologie du droit comparé : bilan et prospective », *préc.*, pp. 39-41. Cf. également, ANCEL (M.), *Utilité et méthodes du droit comparé*, Neuchatel, Editions Ides et Calendes, 1971, pp. 101-103 ; RAMBAUD (T.), *Introduction au droit comparé. Les grandes traditions juridiques dans le monde*, *préc.*, pp. 20-22.

[112] Cf. JALUZOT (B.), « Méthodologie du droit comparé : bilan et prospective », *préc.*, pp. 41-42.

les pays objets de comparaison), ou même « conceptuelle » [113] (qui à l'inverse adopte un point de départ abstrait, celui des concepts juridiques). Cette thèse ne prétend pas proposer des améliorations du droit administratif français grâce à l'éclairage du droit espagnol, en suggérant l'emprunt d'une institution, d'une technique, ou d'un concept doctrinal. Elle n'entend pas non plus renouer avec le « vieux rêve »[114] universaliste de R. Saleilles[115] et E. Lambert[116], celui d'un droit commun législatif, même sous sa version modernisée dans le contexte européen[117], qui promeut l'harmonisation plus que l'unification. La finalité de cette recherche est au contraire « exclusivement spéculative »[118], ou « descriptive »[119]. Cette étude s'inscrit dans une démarche de pure connaissance[120], qui consiste à « décrire ou plus exactement (re)construire, expliquer et comprendre »[121], en vue de « modifier sa façon de s'interroger »[122]. Plus généralement, elle s'insère dans une posture de science du droit, qui adopte un point de vue externe[123], par opposition au point de vue

---

[113] Cf. JALUZOT (B.), « Méthodologie du droit comparé : bilan et prospective », *préc.*, p. 39. Cf. également ANCEL (M.), *Utilité et méthodes du droit comparé*, Neuchatel, Editions Ides et Calendes, 1971, pp. 100-101.

[114] Pour reprendre l'expression de C. Jamin. Cf. JAMIN (C.), « Le vieux rêve de Saleilles et Lambert revisité. A propos du centenaire du Congrès international de droit comparé de Paris », *R.I.D.C.*, 2000, n° 4, pp. 733-751.

[115] SALEILLES (R.), « Conception et objet de la science du droit comparé », *Bulletin de la Société de législation comparée*, 1900, pp. 383-405.

[116] LAMBERT (E.), « Le droit comparé et la formation d'une conscience juridique internationale », *Revue de l'Université de Lyon*, 1929, pp. 441-463.

[117] Cf. par exemple GREWE (C.), RUIZ-FABRI (H.), *Droits constitutionnels européens*, Paris, P.U.F., 1995 ; et notamment dans le domaine des droits de l'homme. Cf. DELMAS-MARTY (M.), *Pour un droit commun*, Paris, Editions du Seuil, 1994.

[118] JESTAZ (P.), JAMIN (C.), *La doctrine*, *préc.*, p. 213.

[119] Cf. par exemple PONTHOREAU (M.-C.), « L'argument fondé sur la comparaison dans le raisonnement juridique », *préc.*, p. 540. Il est également possible de trouver le qualificatif « *désintéressé* », qui n'exprime pas un désintérêt scientifique, mais un désintérêt pratique. Cf. FAUVARQUE-COSSON (B.), « « Le droit comparé : art d'agrément ou entreprise stratégique ? », *préc.*, p. 71.

[120] SACCO (R.), *La comparaison juridique au service de la connaissance du droit*, Paris, Economica, 1991 ; GLENN (P. H.), « Aims of comparative law », in SMITH (J. M.) (dir.), *Elgar Encyclopedia of Comparative Law*, Northampton, Cheltenham, 1st ed., 2006, pp. 57-65, spéc. p. 58.

[121] PONTHOREAU (M.-C.), *Droit(s) constitutionnel(s) comparé(s)*, *préc.*, p. 90.

[122] FAUVARQUE-COSSON (B.), « « Le droit comparé : art d'agrément ou entreprise stratégique ? », *préc.*, p. 75.

[123] V. Champeil-Desplats explique que « les points de vue externes produisent des discours de type descriptif. Leurs énoncés formulent, analysent et expliquent ce que sont – selon les conceptions qu'à l'observateur de son objet – des faits, des normes, des méthodes utilisées par ceux qui adoptent le point de vue interne ». Cf. CHAMPEIL-DESPLATS (V.), *Méthodologies du droit et des sciences du droit*, *préc.*, p. 30.

interne qu'adopte une posture de doctrine[124]. Plus précisément, car le cloisonnement strict de ces deux points de vue est à relativiser[125], la démarche adoptée dans cette recherche se rapproche du « point de vue externe modéré »[126], qui consiste à emprunter « la position de l'observateur extérieur »[127], tout en se référant, « au moins dans un premier temps, aux textes juridiques et aux multiples représentations et discours qui les accompagnent dans la pratique des acteurs du monde juridique »[128].

**35.** L'objectif de connaissance de cette thèse est d'apporter une vue d'ensemble sur le rapport du droit administratif national aux droits administratifs étrangers à travers l'étude de deux cas : le droit administratif français et le droit administratif espagnol. En faisant le choix d'aborder ce sujet par le prisme des protagonistes du droit administratif, dans leur fabrique du droit administratif — aussi bien positif que scientifique —, cette étude a pour ambition d'offrir un regard différent sur la question du rapport du droit administratif national aux droits administratifs étrangers.

**36.** Porter un regard différent implique de connaître, au préalable, celui qui semble faire consensus. Cette thèse prend comme point de départ un présupposé qui ressort de la littérature juridique française comme espagnole : ces deux droits nationaux représentent les idéaux-types opposés d'un tel rapport, l'exportateur français d'une part, l'importateur espagnol d'autre part. Cependant, il s'agit seulement d'idéaux-types, qui, à ce titre, ne sont que des « constructions intellectuelles obtenues par accentuation délibérée de certains

---

[124] Comme le précise V. Champeil-Desplats, « les discours provenant du point de vue interne sont de type prescriptif au sens où ils "expriment et/ou répètent" des normes juridiques. Ce sont des énoncés provenant des praticiens, à savoir aussi bien d'autorités habilitées à produire des normes (parlements, juges, autorités administratives…) que de ceux qui cherchent à influer sur cette production ou expriment un discours évaluatif sur ce que devrait être leur contenu (avocats, avocats généraux, rapporteurs publics, auteurs proposant un discours dogmatique…) ». *Ibidem.*

[125] Cf. CHEVALLIER (J.), « Doctrine juridique et science juridique », *Droit et société*, 2002, n° 1, pp. 103-120, spéc. pp. 115-119

[126] Cf. OST (F.), VAN DE KERCHOVE (M.), « De la scène au balcon. D'où vient la science du droit ? », in CHAZEL (F.), COMMAILLE (J.) (dir.), *Normes juridiques et régulation sociale*, Paris, L.G.D.J., 1991, pp. 67-80, spéc. p. 74.

[127] *Ibidem.*

[128] *Ibid.* Sur cette question, cf. également LOISELLE (M.), « L'analyse du discours de la doctrine juridique. L'articulation des perspectives interne et externe », *préc.*

traits de l'objet considéré »[129]. Ils forment « une représentation purement conceptuelle d'un objet, en quelque sorte purifiée de variations contingentes empiriques »[130]. Ils ne doivent alors pas être confondus avec la réalité, mais au contraire évalués par rapport à cette réalité[131]. Cette recherche impose donc de ne pas s'arrêter à ces représentations des droits administratifs français et espagnol qui ont tendance à être considérées comme acquises, et ce faisant, ne sont plus questionnées.

**37.** La première interrogation porte dès lors sur la justification d'une telle présentation. Pourquoi le droit administratif français incarne-t-il le modèle de l'exportateur ? Qu'est-ce qui explique que le droit administratif espagnol soit cité en exemple pour évoquer la figure de l'importateur ? S'ensuit une deuxième interrogation qui est celle de l'exclusivité de chacune des deux postures. C'est ici que l'analyse diachronique révèle toutes ses potentialités. La question du rapport aux droits administratifs étrangers n'est-elle pas trop complexe pour être réduite à une simple alternative entre exportateur et importateur ? Ne conduit-elle pas à négliger le caractère nécessairement contingent de l'exportation et de l'importation ? En somme, cette étude conduit à poser la question suivante : les droits administratifs français et espagnols peuvent-ils véritablement être réduits à la posture de l'exportateur et de l'importateur ?

**38.** Pour y répondre, il convient d'abord de comprendre l'hypothèse de départ : les droits administratifs français et espagnol ont bien eu des rapports différents aux droits administratifs étrangers (**Partie 1**). Toutefois, si l'on peut trouver confirmation de cette hypothèse, nombreux sont les exemples qui permettent de la démentir. La frontière entre exportateur et importateur n'est donc pas aussi étanche que ce qu'elle laissait présager, à tel point que la présentation des rapports aux droits administratifs étrangers en termes d'exportation ou d'importation doit être remise en cause (**Partie 2**).

---

129 COENEN-HUTHER (J.), « Le type idéal comme instrument de la recherche sociologique », *Revue française de sociologie*, 2003, n° 3, pp. 531-547, spéc. p. 532. Il paraphrase en réalité WEBER (M.), *Essais sur la théorie de la science*, traduction française par Julien Freund, Paris, Plon, 1965, pp. 119-201.

130 ROCHER (G.), « Type idéal », in ARNAUD (A.-J.), *Dictionnaire encyclopédique de théorie et de sociologie du droit*, Paris, L.G.D.J., 2e éd., 1993, pp. 628-630, spéc. p. 629.

131 Il faut mesurer dans chaque cas, « combien la réalité se rapproche ou s'écarte de cette représentation idéale », COENEN-HUTHER (J.), « Le type idéal comme instrument de la recherche sociologique », préc. Il reprend une fois encore WEBER (M.), *Essais sur la théorie de la science*, préc., pp. 181-182.

# PARTIE 1. L'OPPOSITION DES DROITS ADMINISTRATIFS FRANÇAIS ET ESPAGNOL DANS LEUR RAPPORT AUX DROITS ADMINISTRATIFS ÉTRANGERS : EXPORTATEUR OU IMPORTATEUR

**39.** Classiquement, la caractérisation du rapport du droit national aux droits étrangers suppose deux hypothèses, opposées. Soit le droit national voit dans les droits administratifs étrangers un terrain pour s'exporter, soit, au contraire, il les envisage comme une source d'importation. Les droits administratifs français et espagnols sont, *a priori*, les illustrations topiques de ces deux postures : le droit administratif français est exportateur alors que le droit administratif espagnol est importateur.

**40.** De « brèves remarques »[132] s'imposent cependant pour souligner le paradoxe, désormais bien connu, du droit administratif français et de la figure de l'exportateur. Le droit administratif de manière générale, par essence lié à une histoire nationale[133], paraît peu enclin à être exporté[134]. Si l'on rajoute à cela les caractères empirique et jurisprudentiel[135] de sa construction, traits saillants du droit administratif français, il devient de moins en moins envisageable d'imaginer que le droit administratif français soit le candidat idéal pour l'exportation. Dire qu'il constitue même l'archétype de l'exportateur paraît presque impensable. Pourtant, c'est bien en tant que

---

[132] GAUDEMET (Y.), « L'exportation du droit administratif français. Brèves remarques en forme de paradoxe », in *Droit et politique à la croisée des cultures : Mélanges Philippe Ardant*, Paris, L.G.D.J., 1999, pp. 431-441.

[133] *Idem*, p. 432 ; GAUDEMET (Y.), *Droit administratif*, Paris, L.G.D.J., 21e éd., 2014, p. 24.

[134] La maxime de Montesquieu « Elles [les lois] doivent être tellement propres au peuple pour lequel elles sont faites, que c'est un très-grand hasard si celles d'une nation peuvent convenir à une autre », semble alors retentir particulièrement en droit administratif. Cf. MONTESQUIEU (C.), *De l'Esprit des Lois*, Livre 1, Genève, Barillot et fils, 1748, reproduit dans *Montesquieu, Œuvres complètes*, Paris, Editions du Seuil, 1964, p. 532

[135] Cf. RIVERO (J.), « Réflexions sur l'étude comparée des sources des droits administratifs », in *Mélanges en l'honneur du Professeur Michel Stassinopoulos*, Paris, L.G.D.J., 1974, pp. 135-146 ; CHAPUS (R.), *Droit administratif général*, Tome 1, Paris, Montchrestien, 15e éd., 2001, pp. 6-7 ; TRUCHET (D.), *Droit administratif*, Paris, P.U.F., 6e éd., 2015, pp. 12-13 ; GAUDEMET (Y.), *Droit administratif*, *préc.*, pp. 33-34 ; FRIER (P.-L.), PETIT (J.), *Précis de droit administratif*, Paris, Montchrestien, 10e éd., 2015, pp. 32-34. La codification et la théorisation préalable d'un droit le rendent en principe plus facilement exportable, or ce n'étaient pas les caractéristiques premières du droit administratif.

modèle que le droit administratif français a pu, quasiment dès sa naissance, s'imposer, à tel point que la France est parfois présentée comme « le pays du droit administratif »[136]. A l'opposé de son homologue français, le droit administratif espagnol semble illustrer parfaitement la figure de l'importateur de droit. Il s'agit en tout cas de la présentation classique qui en est faite[137]. Le droit administratif espagnol aurait été, tout au long de sa construction, à la recherche d'un modèle à transposer.

**41.** Il faut, dans un premier temps, rechercher les raisons de cette assimilation classique du droit administratif français au modèle de droit administratif par excellence, et du droit administratif espagnol à l'archétype de l'importateur (Titre I), avant, dans un second temps, de constater les manifestations de ces assimilations (Titre II).

136 GAUDEMET (Y), « L'exportation du droit administratif français. Brèves remarques en forme de paradoxe », *préc.*, p. 431.

137 RIVERO (J.), *Cours de droit administratif comparé : diplôme d'études supérieures de droit public, 1956-1957, rédigé d'après les notes et avec l'autorisation de M. Rivero. Recherche sur la puissance publique dans les principaux systèmes de droit administratif*, *préc.*, p. 145 ; NIETO GARCÍA (A.), « Influencias extranjeras en la evolución de la ciencia española del derecho administrativo », *préc.*, p. 46.

# TITRE 1. LES RAISONS DE L'OPPOSITION ENTRE DROIT ADMINISTRATIF FRANÇAIS EXPORTATEUR ET DROIT ADMINISTRATIF ESPAGNOL IMPORTATEUR

**42.** L'assimilation classique du droit administratif français au modèle de droit administratif par excellence réside dans « l'interaction fructueuse de facteurs politiques, techniques et culturels au profit d'un droit moderne qui, du fait de son adaptabilité et grâce à l'apport de la doctrine, s'est révélé facilement exportable »[138]. Il y a plus précisément des raisons objectives expliquant cette place particulière du droit administratif français. Le fait d'être l'un des plus anciens (même si l'on souligne bien souvent la jeunesse[139] des droits administratifs, par opposition aux droits civils, héritiers des droits romains et canoniques[140]) le positionne presque automatiquement en tant que précurseur. De même, la présentation traditionnelle du droit administratif espagnol comme importateur interroge. Il semble que sa naissance plus tardive, comparativement à ses homologues européens, explique que ses initiateurs se soient préalablement tournés vers les précurseurs étrangers en la matière. On le comprend, en France comme en Espagne, le facteur temporel trouve toute son importance pour expliquer le positionnement comme exportateur ou au contraire comme importateur (chapitre 1).

**43.** Ce facteur temporel, s'il est essentiel, n'est cependant pas une explication suffisante. La dimension culturelle est sans doute plus encore explicative. La subjectivité d'un discours, constamment réitéré, affirmant que le droit administratif français doit être considéré comme un modèle, quitte à être dans un registre hagiographique, finit par faire accepter effectivement qu'il en soit un. A l'inverse, la doctrine espagnole s'illustre par son syncrétisme, habituée à se tourner vers les autres. Le facteur culturel est alors le second élément déterminant (chapitre 2).

---

138 CONSEIL D'ETAT, *L'influence internationale du droit français*, Paris, La documentation française, 2001, p. 55.

139 Par exemple RIVERO (J.), *Droit administratif*, *préc.*, p. 25.

140 Certains auteurs identifient néanmoins aussi des sources d'inspiration romaines et canoniques dans le droit administratif. Cf. LE BRAS (G.), « Les origines canoniques du droit administratif », in *L'évolution du droit public : études offertes à Achille Mestre*, Paris, Sirey, 1956, pp. 395-412 ; TRUCHET (D.), *Droit administratif*, *préc.*, pp. 33-34; CASSESE (S.), « El surgimiento y el desarrollo del estado administrativo en Europa », in VON BOGDANDY (A.), MIR PUIGPELAT (O.), *Ius Publicum Europaeum. El derecho administrativo en el espacio jurídico europeo*, Valencia, Tirant Lo Blanch, 2013, pp. 25-57, spéc. p. 28.

# Chapitre 1: La raison temporelle

**44.** Des raisons dites objectives renseignent sur la construction d'un droit en tant que modèle ou à l'inverse sur sa dépendance vis-à-vis des autres. Parmi ces raisons objectives, le facteur temporel a une importance capitale.

**45.** Le droit administratif français eut ainsi l'indéniable avantage d'apparaître parmi les premiers, et de jouer le rôle du précurseur, ce qui explique son rayonnement (section 1). A l'opposé, le droit administratif espagnol a mis plus de temps à émerger dans sa forme moderne et a pâti de ce retard. Pour le combler, il a eu recours aux modèles étrangers (section 2).

## *Section 1: Un droit administratif français précurseur*

**46.** Le caractère précurseur du droit administratif français s'explique pour au moins deux raisons. Précurseur, il l'est d'abord par son ancienneté, liée à un contexte étatique singulier. En effet, « jusqu'à la période des grandes unités nationales, la France est à peu près seule à remplir les conditions qui permettent à un droit administratif de se développer »[141] (§1). Mais il l'est aussi parce qu'il est un de ceux à avoir poussé le plus loin la logique d'autonomie, compte tenu de l'étendue et de la profondeur des dérogations sur lesquelles il repose. Il offre, par voie de conséquence, plus de matière à imiter (§2).

---

[141] RIVERO (J.), « Droit administratif français et droits administratifs étrangers », *préc.*, p. 476.

## §1) L'apparition précoce du droit administratif français

**47.** La détermination de l'acte de naissance du droit administratif français révèle des clivages sur la définition même de ce droit. Malgré ces divergences, la plupart des recherches généalogiques convergent pour souligner l'ancienneté du droit administratif français par rapport à ses homologues européens. L'ancienneté de sa science notamment (B) est un facteur d'explication de son élévation au rang de modèle. Il fallait bien évidemment un objet préalable, un *corpus* de règles spécifiques organisé en système, que cette science pourrait étudier. A nouveau, l'ancienneté de la constitution de cet objet (A) explique la position du droit administratif français, entendu comme corps de règles spécifiques et science du droit étudiant ce corps de règles.

### A) L'ancienneté d'un corpus spécifique de règles appelé droit administratif

**48.** Un des premiers constats[142], unanimement partagés par la doctrine, est que la France était quasiment seule à réunir toutes les conditions propices à l'éclosion d'un droit administratif, faisant ainsi figure de « pionnière »[143] en la matière. L'avènement de l'Etat moderne en France à la fin du Moyen-Âge, confirmé ensuite par l'Ancien Régime, impliquant une centralisation et une unification du pouvoir, une administration organisée ainsi qu'une justice spécialisée, et supposant une certaine rationalité sont autant d'éléments favorables à la naissance d'un corpus spécifique qualifiable de droit administratif. Cette période, que l'on pourrait dénommer « préhistoire du droit administratif », pour reprendre l'expression de P. Weil[144], est celle de l'élaboration des fondements du droit administratif (1). La question de la détermination précise de son acte de naissance, au-delà de l'identification de la période où sont définis les jalons d'un futur droit administratif, paraît plus complexe, tant elle a été le fruit d'études doctrinales proposant des réponses diverses. En ayant déterminé quelle était la « préhistoire » du droit

---

142 *Ibidem.*

143 CONSEIL D'ETAT, *L'influence internationale du droit français*, *préc.*, p. 55.

144 WEIL (P.), POUYAUD (D.), *Le droit administratif*, Paris, P.U.F., 24ème éd., 2013, p. 6. L'expression ne désigne cependant pas la même période pour Prosper Weil, puisqu'il situe cette préhistoire entre 1789 et la fin du 2nd Empire.

administratif, un début de réponse est apporté, certains auteurs identifiant du droit administratif dès le XIe siècle. Ce n'est cependant pas l'orientation prise, la rupture révolutionnaire marquant un pas décisif pour la naissance du droit administratif (2). L'on connaît par ailleurs le retentissement qu'aura la Révolution française, à visée universaliste, dans les pays voisins. Il faut saisir alors l'incidence qu'a pu avoir ce contexte politique sur la construction du droit administratif français comme modèle.

### 1) *Des conditions favorables à l'émergence d'un droit administratif dès le Moyen-Âge et l'Ancien Régime*

**49.** En France, l'histoire du Moyen-Âge et de l'Ancien Régime est celle de la quête d'un Etat centralisé fort, cherchant à s'imposer face au pluralisme des pouvoirs[145]. Cette quête s'achève relativement tôt puisque l'on date l'avènement théorique et pratique de l'Etat moderne entre le XVIe siècle et le XVIIe siècle[146].

**50.** Nombreux sont les auteurs, historiens du droit public ou non, qui identifient du droit administratif au cours de cette période[147], ou du moins, un terreau suffisamment fertile pour qu'il puisse apparaître. Certains, à l'instar de K. Weidenfeld, partisans d'une histoire longue du droit administratif, remontent jusqu'au XIVe siècle pour montrer qu'il existait bien des règles que l'on peut considérer comme étant administratives, ainsi qu'une justice spécialisée en ce domaine. Elle souligne que « des règles techniques encadrant les rapports de pouvoir à sujétions ont pu éclore sans être organisées en un corpus cherchant sa cohérence dans la séparation des ordres de juridictions

---

[145] Cf. ELIAS (N.), *La Civilisation des mœurs*, Paris, Calmann-Lévy, 1973 ; *La dynamique de l'Occident*, Paris, Calmann-Lévy, 1976.

[146] Cf. HALPÉRIN (J.-L.), « Est-il temps de déconstruire les mythes de l'histoire du droit français ? », *Clio@Thémis*, n° 5, 2012, http://www.cliothemis.com/Est-il-temps-de-deconstruire-les, consulté le 05/07/2014.

[147] Cf. par exemple F. Saint-Bonnet et Y. Sassier qui considèrent que « nombre des traits caractéristiques de l'Etat moderne » sont nés entre le XIIIème et le XVème siècles et que « l'existence de l'Etat implique la présence, au-dessous des organes détenteurs de la puissance souveraine (organes de délibération), de services chargés à la fois d'aider à la décision (fonction d'analyse, de prévision et de mise en forme) et d'assumer une mission de pure exécution. L'étroite dépendance est remarquablement traduite dans les mots par le recours à la racine latine ministratio/ministerium désignant toute fonction subordonnée d'aide et de service (administration, ministère) » : SAINT-BONNET (F.), SASSIER (Y.), *Histoire des institutions avant 1789*, Paris, Montchrestien, 4e éd., 2011, p. 178.

administratives et judiciaires »[148]. J.-L. Mestre, quant à lui, revendiquant une démarche pragmatique consistant à « rechercher les racines des règles qui sont considérées comme "administratives" depuis que le droit administratif a fait expressément l'objet d'enseignements et de publications »[149], considère qu'il y a droit administratif à partir du moment où existent des « règles propres à la gestion des affaires publiques »[150]. Cela le conduit à envisager une histoire plus longue encore, rendant « son passé lointain au droit administratif français »[151]. Le régime seigneurial serait ainsi « à l'origine de maintes institutions actuelles du droit administratif, comme les diverses formes de réquisition ou d'imposition, l'expropriation, l'extraction des matériaux, la police administrative, l'alignement, le permis de construire, le monopole des services publics, assorti du paiement d'une redevance, mais tempéré par la garantie de la continuité du service et de l'égalité de traitement des usagers »[152]. Les critères définissant le droit administratif [153] seraient donc l'absence de gestion totalement arbitraire et l'application de règles différentes de celles usitées entre particuliers. A ces conditions, J.-L. Mestre estime qu'il n'est pas anachronique[154] d'identifier de telles règles dès le Moyen-Âge. L'expression « droit administratif » n'existe pourtant pas encore puisqu'elle s'est répandue seulement à partir du XIX^e^ siècle. C'est donc bien à la recherche d'un droit administratif matériel et non formel que J.-L. Mestre s'emploie ici.

---

148 WEIDENFELD (K.), *Histoire du droit administratif. Du XIV^e^ siècle à nos jours*, Paris, Economica, 2010, p. 4. ; WEIDENFELD (K.), *Les origines médiévales du contentieux administratif (XIV^e^-XV^e^ siècles)*, Paris, De Boccard, 2002.

149 MESTRE (J.-L.), « L'histoire du droit administratif », in GONOD (P.), MELLERAY (F.), YOLKA (P.), *Traité de droit administratif*, T. 1, Paris, Dalloz, 2011, pp. 4-58, spéc. p. 5.

150 *Ibidem.*

151 *Idem*, p. 6.

152 MESTRE (J.-L.), « Les fondements historiques du droit administratif français », *E.D.C.E.*, n° 34, 1982-1983, p. 65.

153 MESTRE (J.-L.), « L'histoire du droit administratif », *préc.*, p. 5.

154 Pour J.-L. Mestre, « que les juristes des temps anciens n'aient pas connu les qualifications actuelles des disciplines juridiques ne doit pas empêcher l'historien du droit de faire usage de celles-ci quand il dégage les évolutions des règles elles-mêmes, dès lors qu'il en avertit son lecteur. Il peut faire usage de ces qualifications actuelles d'abord pour une raison didactique, pour mieux se faire comprendre de son lecteur. Ensuite, parfois, pour une raison de fond : l'attribution à une branche du droit d'une qualification particulière ne coïncide pas forcément avec sa naissance. Elle peut traduire simplement la prise de conscience de l'originalité d'un ensemble de règles déjà existantes, d'un droit resté jusque-là innomé. Or, tel nous paraît bien être le cas du droit administratif français. », *Ibidem.*

**51.** Par ailleurs, les thèses défendant l'origine monarchique du droit administratif — et en réalité, de la justice administrative, dans la mesure où leurs histoires semblent intimement liées[155] — identifient durant la période de la « monarchie administrative » deux organes, le Conseil du Roi et les intendants, responsables de cette justice spécialisée, qui marquent le développement d'une bureaucratie exécutive[156]. Ces deux organes, au départ concurrencés sur le terrain du pouvoir de rendre la justice administrative par les juridictions seigneuriales et ecclésiastiques, mais également par les Parlements autonomes, finiront par obtenir le monopole de cette compétence[157]. Certains auteurs voient ainsi dans l'Edit de Saint-Germain-en-Laye du 18 février 1641, en tant qu'il consacrerait avant l'heure le principe de séparation des autorités administratives et judiciaires[158], une illustration probante de ce monopole. La généralisation de l'expression « administration publique » et l'institution d'un comité contentieux des finances, à la fin de l'Ancien Régime, ne feront que renforcer l'argumentaire selon lequel apparaît dès cette époque une justice administrative, et dès lors un droit administratif, témoignant également d'une certaine continuité entre Ancien Régime et Révolution[159].

---

[155] Cf. sur cette question, et plus largement sur celle de la naissance du droit administratif, l'analyse de FRACHON (H.), *Ecrire l'histoire du droit administratif*, Thèse, dactyl., Paris X, 2013, spéc. pp. 21-46.

[156] Pour une nuance, notamment en ce qui concerne l'incertitude des contours de cette Administration de l'Ancien-Régime, cf. BIGOT (G.), « La dictature administrative au XIXe siècle : théorie historique du droit administratif (Définir le droit administratif/2) », *R.F.D.A.*, 2003, n° 3, pp. 435-441, spéc. p. 436.

[157] Cette illustration est néanmoins relativisée par BURDEAU (F.), *Histoire du droit administratif*, Paris, P.U.F., 1ère éd., 1995, pp. 34-40.

[158] Cf. par exemple COHEN (D.) *La Cour de cassation et la séparation des autorités administrative et judiciaire*, Paris, Economica, 1987, p. 1. « Il y avait dans l'Ancien droit, une règle qui commandait aux juges de ne point juger l'Administration. C'était le principe de séparation des autorités administrative et judiciaire. Ce n'était pas son ancêtre ; c'était bien lui »

[159] TOCQUEVILLE (A.), *L'Ancien régime et la Révolution*, Paris, Michel Levy frères, 1856, réimpr., Paris, Gallimard, 1998 ; SAINT-BONNET (F.), SASSIER (Y.), *Histoire des institutions avant 1789*, *préc.*, p. 256 ; LEGENDRE (P.) « La facture historique des systèmes. Notations pour une histoire comparative du droit administratif français », *préc.*, p. 7.

**52.** Ces thèses sont toutefois contestées par les partisans d'une histoire plus courte, qui voient dans la Révolution française une rupture fondamentale et refusent de qualifier de droit administratif les règles existantes sous l'Ancien Régime, et à plus forte raison au Moyen-Âge.

**53.** Pour autant, il ne s'agit pas de nier d'éventuelles préfigurations avant 1789, ni par conséquent d'affirmer que le droit administratif aurait surgi *ex nihilo*[160]. Les interrogations sur l'acte de naissance du droit administratif révèlent en réalité des clivages sur la définition même de ce droit[161], dans la mesure où « le choix d'un point de départ n'engage pas seulement la compréhension de sa généalogie ; il met aussi en jeu l'idée que l'on a de ce droit et le sens qu'on lui attribue »[162]. G. Bigot se demande ainsi si l'exorbitance suffit à produire « un droit administratif avant la lettre »[163].

**54.** Dès lors, même si la thèse de l'existence d'un droit administratif avant 1789 n'est pas retenue, la période prérévolutionnaire ne doit pas être sous-estimée en tant que facteur explicatif du contexte d'émergence du droit administratif[164]. Réunir, peut-être plus tôt que ses voisins[165], toutes les

---

[160] BURDEAU (F.), « Droit administratif », *préc.*, p. 424-425 ; « Naissance d'un droit », *préc.*, p. 523 ; FRIER (P.-L.), PETIT (J.), *Précis de droit administratif*, *préc.*, pp. 24-26.

[161] On peut voir par exemple une opposition traditionnelle entre droit administratif au sens organique et droit administratif au sens matériel. Cf. MESTRE (J.-L.), « L'histoire du droit administratif », *préc.*, pp. 4-6.

[162] WEIDENFELD (K.), *Histoire du droit administratif. Du XIV^e^ siècle à nos jours, préc.*, p. 2

[163] BIGOT (G.), *Introduction historique au droit administratif depuis 1789*, *préc.*, p. 17. Et dans le même sens, F. Burdeau considère qu'« il ne suffit pas que les manifestations de la puissance publique visant à assurer la coexistence des régnicoles dans la paix et l'harmonie, ainsi qu'à faire valoir les droits du roi, soient assujetties à des normes. Encore faut-il que cette fonction se traduise par des actes nettement distingués des autres expressions de la, puissance et que les modalités de cette activité soient fixées par des règles censées s'inscrire dans une branche différenciée du droit ». Cf. BURDEAU (F.), « Naissance d'un droit », *préc.*, spéc. p. 523 ; « Droit administratif », *préc.*, p. 424.

[164] Grégoire Bigot insiste sur le fait que « l'avènement de l'Etat moderne sert dans tous les cas de grille de lecture. La remontée dans le temps s'attache à démontrer que le remplacement de la monarchie judiciaire de l'ère médiévale par une monarchie administrative propre à l'Ancien Régime **préparerait** les conditions d'un droit administratif autonome » (souligné par nous). Cf. BIGOT (G.), « La difficile distinction droit public/droit privé dans l'ancien droit : l'exemple du droit administratif », *Droits*, n° 38, 2003, pp. 97-111., spéc. p. 98.

[165] Il est ainsi souvent constaté que l'Allemagne, présenté traditionnellement comme le modèle concurrent de la France sur le terrain de l'exportation, a réuni tardivement ces conditions idéales d'éclosion d'un droit administratif unifié. Il lui faudra en effet attendre le dernier tiers du XIXe siècle. Pour une analyse du cheminement vers un droit administratif unifié,

conditions propices (un Etat fort, centralisé, organisé, rationnel, un encadrement de la puissance publique limitant l'arbitraire) à l'apparition d'un droit administratif sophistiqué, explique que la France ait été érigée très tôt en idéal-type.

**55.** Après avoir souligné la longue préhistoire du droit administratif, il faut également constater l'ancienneté même de son histoire, ce qui suppose de revenir sur la question de son acte de naissance[166].

### *2) L'apport de la rupture révolutionnaire*

**56.** Pour les partisans d'une datation plus récente du droit administratif, la rupture révolutionnaire est l'événement majeur. G. Bigot fait remarquer qu'auparavant « l'absence de séparation conceptuelle entre la justice et l'administration empêche la séparation fonctionnelle nécessaire à la naissance du droit administratif dans toute sa spécificité »[167]. Quant à ceux qui voient dans l'Edit de Saint-Germain le principe de séparation des autorités administratives et judiciaires, il leur oppose que « l'administration de l'Edit de Saint-Germain ne recouvre que la direction politique, le gouvernement de l'Etat ; elle ne concerne pas les attributions des intendants puisque celles-ci ne font que confirmer la symbiose entre justice et administration »[168]. S. Cassese développe un point de vue assez similaire lorsqu'il constate que :

> « la thèse de la continuité ne considère pas le fait que, dans l'Etat moderne, avant qu'il ne débouche, au XIX^e^ siècle, sur l'Etat national de droit, la centralisation et la monopolisation du pouvoir ont coexisté avec le pluralisme des pouvoirs, basé sur un corporatisme territorial, raison pour laquelle on ne distingue pas un pouvoir central

---

cf. STOLLEIS (M.), *Histoire du droit public en Allemagne. 1800-1914*, traduit de l'allemand par M.-A. Maillet et M.-A. Roy, Paris, Dalloz, 2014.

166 Une position a toutefois déjà été prise dans la mesure où la période prérévolutionnaire a été identifiée comme étant la préhistoire du droit administratif, alors que certains auteurs, comme souligné précédemment, y voient tout simplement l'histoire du droit administratif.

167 BIGOT (G.), *Introduction historique au droit administratif depuis 1789*, Paris, P.U.F., 2002, p. 25. Voir également BIGOT (G.), « La difficile distinction droit public/droit privé dans l'ancien droit : l'exemple du droit administratif », *préc.*, pp. 103-106.

168 BIGOT (G.), *Introduction historique au droit administratif depuis 1789*, *préc.*, p. 25. Voir dans le même sens SOLEIL (S.), « Le modèle juridique français : recherches sur l'origine d'un discours », *Droits*, n° 38, 2003, pp. 83-95, spéc. p. 91.

supérieur aux institutions intermédiaires, un pouvoir exécutif séparé du judiciaire, des règles stables, non fluctuantes, qui permettent à une discipline scientifique d'organiser les règles en système »[169].

**57.** Si l'on fait le choix de réfuter la thèse de l'existence d'un droit administratif avant 1789, en admettant le point de vue selon lequel l'exorbitance ne suffit pas à caractériser le droit administratif, et de considérer dès lors que la période d'avant la révolution constitue la préhistoire de ce droit, la question de l'acte de naissance du droit administratif demeure. Faut-il prendre comme point de départ la chute de l'Ancien Régime, la loi des 16-24 août 1790 le « moment napoléonien »[170] ou encore l'arrêt *Blanco* ? Il y a de nombreuses divergences d'opinion sur cette question de la datation précise de l'avènement du droit administratif français.

**58.** Il reste que la thèse d'une naissance du droit administratif à partir de l'an VIII, soit au moment de la création du Conseil d'Etat, semble majoritaire[171] parmi ceux qui refusent l'idée de l'origine monarchique du droit administratif. L'an VIII donc et non 1789, car si la Révolution est une rupture indéniable, elle ne fait que préparer « le terrain au droit administratif »[172] dans la mesure où elle « ne réalise qu'imparfaitement les conditions pour qu'un tel droit puisse être seulement conçu »[173]. J.-J. Gleizal résume cette thèse en des

---

169 CASSESE (S.), *La construction du droit administratif. France et Royaume-Uni*, *préc.*, p. 22 ; Cf. aussi HALPÉRIN (J.-L.), « Est-il temps de déconstruire les mythes de l'histoire du droit français ? », *préc.*, p. 7 et p. 10 ; MANNORI (L.), « Une histoire de la doctrine en droit administratif », in A.F.D.A., *La doctrine en droit administratif*, Paris, Litec, 2010, pp. 13-24, spéc. pp. 16-17.

170 BIGOT (G.) « La difficile distinction droit public/droit privé dans l'ancien droit : l'exemple du droit administratif », *préc.*, p. 108.

171 Voir BIGOT (G), *Introduction historique au droit administratif depuis 1789*, *préc.*, pp. 47-82 ; « La dictature administrative au XIX$^{e}$ siècle : théorie historique du droit administratif », *R.F.D.A.*, 2003, pp. 435-441; BURDEAU (F.), « Droit administratif », *préc.*, p. 425; RIVERO (J.), Droit administratif, *préc.*, pp. 18-20 ; GLEIZAL (J.-J.), *Le droit politique de l'Etat*, P.U.F., 1980, p. 33.

172 BIGOT (G.), *Introduction historique au droit administratif depuis 1789*, *préc.*, p. 41

173 *Ibidem*. G. Bigot explique qu'« en séparant les fonctions administratives et judiciaires, cette période introduit une innovation décisive pour l'avenir. L'administration est en effet désormais habilitée à produire- surtout à compter du Directoire- ses actes de façon discrétionnaire, indépendamment de la justice. Par l'invention et la révélation de l'acte administratif, la décennie révolutionnaire forge le socle du droit administratif qui n'est pas tant le droit de l'administration que le contrôle juridictionnel de ses actes. Or eu égard à cette seconde idée, la réalisation d'un droit administratif par la Révolution n'est

termes imagés : « si la Révolution française distribue les cartes, il va appartenir à l'Empire de fixer les règles du jeu »[174]. Pour G. Bigot[175], plus précisément encore, le droit administratif naît au moment où est instituée, par les décrets du 11 juin et du 22 juillet 1806, la commission du contentieux au sein du Conseil d'Etat ; dit autrement, le droit administratif émerge à partir du moment où administration active et contentieux sont officiellement séparés et où il existe une véritable justice administrative[176].

**59.** A l'inverse, la thèse d'une naissance beaucoup plus tardive, soutenue par ceux — un temps majoritaires — qui communient dans le « mythe des origines »[177], et voient dans la décision du Tribunal des Conflits *Blanco*[178] « l'acte de baptême »[179], du droit administratif, semble également devoir être écartée. Cette datation tardive, comme paradoxalement la datation précoce, « monarchique » (qui accrédite implicitement l'idée que la Révolution n'a finalement rien changé au cours de l'histoire), relève de même d'une reconstruction idéologique : la République instituée *sui generis*, la République génitrice de toutes les institutions modernes[180]. Les recherches en histoire du droit administratif, multipliées à partir des années 1980, paraissent invalider, désormais unanimement, cette hypothèse qui associe de façon sous-jacente le droit administratif à la République[181]. Le droit administratif est bien né avant.

---

qu'imparfaite ou inachevée. En confiant à l'administration active le soin de clore les difficultés contentieuses, les révolutionnaires n'ont pas conscience d'enfanter un « droit administratif » ; l'expression – à de rares exceptions près- n'est d'ailleurs toujours pas usitée ».

174 GLEIZAL (J.-J.), *Le droit politique de l'Etat*, *préc.*, p. 33

175 BIGOT (G.), *Introduction historique au droit administratif depuis 1789*, *préc.*, pp. 49-57.

176 R. Chapus insiste aussi particulièrement sur l'importance de cette date dans l'histoire du Conseil d'Etat et ainsi, pour l'histoire du droit administratif. Cf. CHAPUS (R.), *Droit du contentieux administratif*, Paris, Montchrestien, 13e éd., 2008, p. 71.

177 BIGOT (G.), « Les mythes fondateurs du droit administratif », *R.F.D.A.*, 2000, n° 3, pp. 527-536, spéc. p. 527. Egalement sur la relativisation de cette date comme acte de naissance du droit administratif, cf. CHAPUS (R.), *Responsabilité publique et responsabilité privée. Les influences réciproques des jurisprudences administrative et judiciaire*, Paris, L.G.D.J., 1954, réimpr., Paris, La Mémoire du Droit, pp. 85-92 ; TRUCHET (D.), *Droit administratif*, Paris, P.U.F., 5e éd., 2013, pp. 39-40.

178 T.C., 8 février 1873, *Blanco*, *Recueil Dalloz*, 1873, III, p. 21.

179 TRUCHET (D.), *Droit administratif*, *préc.*, p. 39.

180 BIGOT (G.), *Introduction historique au droit administratif depuis 1789*, *préc.*, p. 13.

181 Cf. sur cette question les développements de G. Bigot relatifs à la critique d'une histoire trop enchantée du droit administratif. Le droit administratif serait au départ simplement l'histoire de la recherche d'une « juste puissance ». Cf. BIGOT (G.), « La dictature administrative au XIXe siècle : théorie historique du droit administratif », *préc.*, p. 441. L'objectif est de tenter de « rendre supportable pour les administrés la puissance de l'Etat »,

**60.** Si l'ancienneté d'un *corpus* de règles spécifiques, réunissant les caractères essentiels que l'on attribue au droit administratif, est une condition nécessaire à la naissance d'un droit administratif, elle n'est cependant pas une condition suffisante.

## B) L'ancienneté de la science du droit administratif

**61.** La position adoptée, en reprenant le raisonnement de F. Burdeau, est de conditionner la naissance du droit administratif à son énonciation, rôle précisément assuré par la science. De la même façon que précédemment, il s'agit, pour souligner l'ancienneté de cette science du droit administratif, d'en déterminer l'acte de naissance. Certains, à l'instar de B. Plessix, voient dans la science de la police « la première forme d'une science française de droit administratif »[182]. Il relève ainsi une continuité très nette dans la méthode employée, notamment celle du répertoire[183]. Une science du droit administratif en France, dont le représentant principal serait N. Delamare[184], aurait donc existé dans le dernier siècle de la monarchie absolue[185]. Pour B. Plessix, la continuité résiderait alors « moins dans l'histoire du droit lui-même que dans celle de sa doctrine, de son organisation théorique ».[186]

**62.** Il faut tout de même se demander si la seule similarité de la méthode d'exposition suffit à attester qu'il s'agit bien de la même science. La science du droit administratif serait-elle effectivement née, comme le soutient B. Plessix, à la fin de la monarchie absolue ? Ou n'est-il pas plutôt possible de

cf. BIGOT (G.), *Introduction historique au droit administratif depuis 1789*, *préc.*, p. 115. Cf. dans le même sens BURDEAU (F.), « Droit administratif », *préc.*, p. 427 ; BIGOT (G.), « Le Conseil d'État, juge gouvernemental », in BLUCHE (F.)(dir.), *Le Prince, le peuple et le droit. Autour des plébiscites de 1851 et 1852*, Paris, P.U.F., 2000, pp. 171-188, spec. p. 188.

182 PLESSIX (B.), *L'utilisation du droit civil dans l'élaboration du droit administratif*, *préc.*, p. 336.

183 Selon B. Plessix, « les premiers essais du droit administratif du XIX$^{e}$ siècle ne sont rien d'autre que la continuation pure et simple des grands efforts d'inventaire entamés par les légistes de l'Ancien Régime et reposent, dans le droit fil de la méthode scolastique, sur l'indispensable tâche technique de connaissance des textes, sans laquelle le droit, comme science et comme pratique, ne peut pas même exister ». Cf. *idem*, p. 358.

184 PLESSIX (B.), « Nicolas Delamare ou les fondations du droit administratif français », *Droits*, n° 38, 2003, pp. 113-133.

185 PLESSIX (B.), *L'utilisation du droit civil dans l'élaboration du droit administratif*, *préc.*, p. 345.

186 *Idem*, p. 350.

considérer que ce que l'on appelle communément la « science de la police » relève davantage de la préhistoire que de l'histoire de la science du droit administratif ? B. Plessix semble d'ailleurs l'admettre puisqu'il souligne que cette première forme de science française de droit administratif ne « devait pas survivre au tremblement de terre révolutionnaire » [187] et qu'il qualifie ce droit d'« Ancien Droit administratif ». En qualifiant alors la science de la police de préhistoire de la science du droit administratif, on adopte ainsi un raisonnement parallèle à celui sur la qualification du droit, en tant que corps de règles spécifiques, sous l'Ancien Régime.

**63.** Par ailleurs, de nombreux auteurs abondent dans le sens d'une rupture entre la science de la Police et la science du droit administratif[188]. Ils situent la naissance de cette dernière au début du XIXe siècle, époque où se développe l'enseignement du droit administratif et où les écrits spécifiques à la matière se multiplient. L'identification, ensuite, des pères fondateurs de la science du droit administratif en les personnes de C.-J. Bonnin, J.-M. de Gerando, L.-M. de Lahaye de Cormenin, et L.-A. Macarel semble emporter l'adhésion[189], même à l'étranger[190]. Pour reprendre une fois encore l'expression de M. Hauriou, ce sont bien ces auteurs qui ont procédé à la « divulgation » du droit administratif. L'ouvrage de L.-A. Macarel[191], parmi les premiers

---

[187] PLESSIX (B.), *L'utilisation du droit civil dans l'élaboration du droit administratif*, *préc.*, p. 336.

[188] En particulier les contemporains de cette époque eux-mêmes, tels que L.-M. Cormenin, L.-A. Macarel ou J.-M. De Gerando, mais aussi J. Boulatignier, ou encore F. Laferrière. Cf. BOULATIGNIER (J.), « De l'origine, des progrès et de l'enseignement du droit administratif en France », *Revue étrangère et française de législation et d'économie politique*, 1839, pp. 81-95, spéc. p. 81 ; LAFERRIÈRE (F.), *Cours théorique et pratique de Droit Public et Administratif mis en rapport avec la Constitution de 1852, les lois organiques de l'Empire, la législation et la jurisprudence nouvelles sur le Conseil d'État, la Cour des Comptes, l'enseignement, les impôts, le contentieux, etc.*, Tome I, Paris, Cotillon, 5e édition, 1860, p. XXXVII. Mais également ceux qui écrivent aujourd'hui. Cf. FORTSAKIS (T.), *Conceptualisme et empirisme en droit administratif français*, *préc.*, p. 153 ; BURDEAU (F.), « Naissance d'un droit », *préc.*, p. 531.

[189] BOULATIGNIER (J.), « De l'origine, des progrès et de l'enseignement du droit administratif en France », *préc.* ; AUCOC (L.), *Conférences sur l'Administration et le droit administratif*, T. 1, Paris, Dunod, 1869, p. 4 ; AUCOC (L.), « Une page de l'histoire du droit administratif. M. Boulatignier », *Revue Critique de Législation et de jurisprudence*, 1895, pp. 302-313, spéc. p. 302 ; GUGLIELMI (G.), « Vu par ses pères fondateurs, le droit administratif », in C.U.R.A.P.P., *Le droit administratif en mutation*, Paris, P.U.F., 1993, pp. 41-49 ; BURDEAU (F.), « Droit administratif », *préc.*, p. 429.

[190] Voir par exemple MANNORI (L.), « Une histoire de la doctrine en droit administratif », *préc.*, p. 17 ; MUÑOZ MACHADO (S.), *Tratado de derecho administrativo y derecho público general*, Madrid, Iustel, 3[a] ed., 2011, p. 53.

[191] MACAREL (L.-A.), *Eléments de jurisprudence administrative*, Paris, Dondey-Dupré, 1818.

chronologiquement, de cette envergure et consacré spécifiquement au droit administratif[192], pourrait marquer ainsi la naissance officielle de cette science[193]. Bien évidemment, d'autres ouvrages suivront, dont on ne saurait ici faire la liste. Parmi les pionniers de cette science du droit administratif, on distingue cependant plusieurs générations.

**64.** La première, celle des pères fondateurs, a déjà été évoquée. Leur dessein principal était de diffuser la connaissance du droit administratif, en se fondant notamment sur la jurisprudence, entreprise facilitée par leur qualité de praticiens. Cette génération sera suivie par celle des libéraux, incarnée par E.-V. Foucart, A. Chauveau, F. Laferrière, D. Serrigny, ou S. Boulatignier et dont l'autre trait commun est qu'ils sont professeurs de droit[194]. Si l'enseignement du droit administratif a, à ses débuts, connu quelques errements[195], il s'enracine définitivement avec l'ordonnance du 19 juin 1828. C'est d'abord à Paris qu'une chaire est créée et occupée par J.-M. de Gerando, puis progressivement, à partir de la décennie 1830, ce sont les facultés de province qui se dotent de telles chaires. L'enseignement du droit administratif, en ce qu'il remplit l'objectif pédagogique de transmission du savoir, suppose une systématisation, et constitue pour cette raison un moteur certain du développement des écrits sur le droit administratif. L'essor des revues juridiques, même si elles ne sont pas encore spécialisées, durant les deux

---

[192] On cite aussi souvent le *Cours de législation administrative* de L. Portiez de l'Oise paru en 1808. Cf. MESTRE (J.-L.), « Aux origines de l'enseignement du droit administratif : le *Cours de législation administrative* de Portiez de l'Oise (1808) », *R.F.D.A.*, 1993, n° 2, pp. 239-246 ; GILBERT (S.), « Aux origines doctrinales du droit administratif : Portiez de l'Oise (1765-1810), *Revue Historique de Droit français et étranger*, 2007, n° 2, pp. 247-272. Ou encore les *Principes d'Administration Publique* de C.-J. Bonnin, parus en 1808 également.

[193] FORTSAKIS (T.), *Conceptualisme et empirisme en droit administratif français*, *préc.*, pp. 43-44.

[194] Toute classification a cependant le défaut de la simplification. Des praticiens ont pu, par exemple, enseigner le droit administratif, à l'instar J.-M. de Gerando, L.-A. Macarel ou encore L.-M. Cormenin, si bien que l'opposition praticien/professeur n'est pas tout à fait exacte.

[195] Un premier cours de droit administratif avait été institué à Paris en l'an VIII. Ce cours n'avait eu cependant qu'une durée éphémère puisque supprimé l'année suivante. Une deuxième tentative avait eu lieu avec un cours intitulé par la loi du 22 ventôse an XII « le droit civil dans ses rapports avec l'administration publique », et assuré un an plus tard par L. Portiez de l'Oise. Cette tentative s'était soldée également par un échec. Un troisième essai, réalisé par l'ordonnance royale du 24 mars 1819, prévoyait un cours de droit administratif français, assuré par de Gerando. Il fût cependant aboli en 1822. Ces errements traduisent en réalité un motif politique, de nombreux soupçons ayant pesé sur l'enseignement du droit administratif, vu comme « une mesure dangereuse, une victoire de l'esprit de subversion, une entreprise révolutionnaire qui ne peut remplir d'aise que libéraux et constitutionnels ». BERLIA (G.), *Gérando*, Paris, L.G.D.J., 1942, p. 42.

premiers tiers du XIXe siècle, vient également conforter le développement de cette science du droit administratif. La *Thémis*, créée en 1819, a ainsi offert une tribune constante, durant ses dix années d'existence, aux écrits de la pensée administrative. On cite enfin souvent, pour la même période, la *Revue de législation française et étrangère* de Foelix, éditée à partir de 1834, et la *Revue de législation* de Wolowski, à partir de 1835, qui ont aussi accueilli les réflexions sur le droit administratif. Une troisième génération de pionniers, représentée notamment par A. Batbie, L. Aucoc, R. Dareste, T. Ducrocq ou encore G. Dufour, clôt enfin ces deux premiers tiers du XIX^e^ siècle.

**65.** On reproche toutefois souvent à ces pionniers du droit administratif leur manque de scientificité et de n'avoir procédé qu'à de simples compilations indigestes des lois et de la jurisprudence administratives. Dans cette représentation, l'avènement d'une véritable science moderne du droit administratif aurait été l'œuvre d'un homme[196], E. Laferrière[197], avec la publication de son *Traité* en deux tomes, publiés en 1887 et 1888.

**66.** Mais cette prééminence d'E. Laferrière est aujourd'hui discutée. Plusieurs études récentes[198] ont ainsi un jugement moins sévère sur l'apport des trois générations de pionniers évoquées et leur reconnaissent même, si ce n'est une véritable méthode scientifique, à tout le moins la volonté de

---

196 HAURIOU (M.), « De la formation du droit administratif français depuis l'an VIII », *préc.* ; on retient souvent le « Enfin Laferrière vint » de G. Jèze. Cf. JEZE (G.), « De l'utilité pratique des études théoriques de jurisprudence pour l'élaboration et le développement de la science du droit public. Rôle du théoricien dans l'examen des arrêts des tribunaux », *R.D.P.*, 1914, p. 316 ; *Les principes généraux du droit administratif*, T. 1, Paris, V. Giard et E. Brière, 1914, p. VII ; BIENVENU (J.-J.), « Les origines et le développement de la doctrine », *R.A.*, 1997, n° spécial, p. 13-17, spéc. p. 13. Cf. cependant contra, BIGOT, (G.), *Introduction historique au droit administratif depuis 1789*, *préc.*, p. 189 : « l'explication qu'il offre de la compétence du juge administratif sur le fond le rattache incontestablement à la littérature de répertoire du XIX^e^ siècle. Le degré de théorisation demeure faible car Laferrière ne met pas en rapport le droit administratif avec une analyse de l'Etat et de la souveraineté comme le fera la doctrine dans le premier quart du XXème siècle. Laferrière reprend Aucoc, qui lui-même retranscrivait des auteurs plus anciens (essentiellement Macarel) […] ».

197 Pour une étude détaillée de l'œuvre d'E. Laferrière, cf. GONOD (P.), *Edouard Laferrière un juriste au service de la République*, Paris, L.G.D.J., 1997.

198 TOUZEIL-DIVINA (M.), *La doctrine publiciste 1800-1880*, Paris, La Mémoire du droit, 2009 ; FORTSAKIS (T.), *Conceptualisme et empirisme en droit administratif français*, *préc.*, p. 35, FRACHON (H.), *Ecrire l'histoire du droit administratif*, *préc.*, pp. 178-206 ; TOUZEIL-DIVINA (M.), « Maurice Hauriou, mystificateur ou héros mythifié », in TOUZEIL-DIVINA (dir.), *Miscellanées Maurice Hauriou*, Le Mans, éd. L'Epitoge, 2013, pp. 83-123.

s'inscrire dans une démarche scientifique[199], critère suffisant pour parler à ce titre de science du droit administratif. Par ailleurs, le nombre de traductions [200]de ces premiers auteurs témoigne d'une reconnaissance à l'étranger et conforte l'idée selon laquelle il faut tenir compte de ces deux premiers tiers du XIX^e^ siècle pour comprendre la position de modèle du droit administratif français. Ces traductions d'ailleurs, au-delà d'une reconnaissance scientifique particulière, semblent attester l'avance de la science française du droit administratif sur ses homologues étrangers. Tel est le sens en tout cas qu'il est possible de donner à la remarque finale de Robert Von Mohl, qui, dans un article consacré au droit administratif en France[201], et en s'appuyant sur l'examen des ouvrages de F. Laferrière, A. Chauveau, G. Dufour et L.-A. Macarel, soulignait que « si, tout compte fait, l'on arrivait à se convaincre que la littérature française sur le droit administratif est supérieure à la nôtre pour le nombre et pour le mérite de ses productions, ce ne serait pas un motif qui pût nous détourner de l'étudier, car nous en aurions que plus d'avantages à retirer de cette étude »[202].

**67.** La détermination d'un acte de naissance précis de la science du droit administratif relève, on le voit, de la quête infinie, de la même manière que Jean Rivero alertait sur la recherche vaine d'un critère unique du droit administratif[203]. Il reste que c'est une difficulté éprouvée dans toutes les disciplines. Chacun peut donc déterminer, selon l'importance qu'il accorde à tel ou tel critère — la première œuvre doctrinale, le premier enseignement consacré au droit administratif, la première revue spécifique sur cet objet — l'acte de naissance, au jour près, de la science du droit administratif, et donc, du droit administratif. Toujours est-il que même si l'on ne se risque pas à cette détermination précise, il est possible de considérer que la science du droit administratif naît au début du XIX^e^ siècle, en raison de cette effervescence scientifique, peu importe alors les canaux qu'elle emprunte. C'est bien l'accumulation de tous ces phénomènes qui montre l'importance du XIX^e^ siècle dans l'histoire de la science du droit administratif.

---

199 Cf. par exemple cette phrase d'A. Chauveau : « j'ai rêvé pour le droit administratif l'état de science véritable », CHAUVEAU (A.), *Principes de compétence et de juridiction administratives*, T. 1, Paris, Cotillon-Durand, 1841, p. CLXXIV.

200 Par exemple les traductions espagnoles. Cf. *infra*, n° 305-307.

201 Ce qui prouve déjà l'intérêt de cet auteur allemand pour la science du droit administratif français.

202 VON MOHL (R.), « Du droit administratif en France. Examen des ouvrages de MM. Laferrière, Chauveau, Dufour et Macarel », *Revue de législation et de jurisprudence*, 1845, T. II, pp. 365-388, spéc. p. 388.

203 RIVERO (J.), « Existe-t-il un critère du droit administratif ? », *R.D.P.*, 1953, pp. 279-296.

**68.** La position de précurseur, bien qu'apportant un avantage évident, ne peut toutefois suffire pour expliquer le statut de modèle du droit administratif français, ne serait-ce que du fait du nombre réduit d'années pendant lesquelles la France a été seule à pratiquer ce droit. L'Italie, pour ne citer qu'un exemple, a connu sensiblement, à quelques années près, les mêmes développements[204].

## §2) Le développement avancé du droit administratif français

**69.** Le critère de l'ancienneté ne suffisant pas, à lui seul, à expliquer la position de modèle qu'a acquis le droit administratif français, il fallait chercher une autre raison. L'idée selon laquelle le droit administratif français serait un modèle, aussi parce qu'il est un des plus avancés, en termes « d'étendue »[205], mais également de « profondeur des dérogations »[206] apportées au droit commun, est souvent mentionnée. Parce qu'il offrirait ce que d'autres n'ont pas, il constituerait un terreau fertile pour l'importation. Y. Gaudemet précise ainsi que la position de modèle du droit administratif français, expliquant que les emprunts au droit administratif français soient aussi nombreux, « tient, presque mécaniquement pourrait-on dire, au fait que le champ couvert par le droit administratif français est plus large certainement que partout ailleurs »[207]. Deux exemples illustrent particulièrement cette plus grande étendue du champ du droit administratif français. Il s'agit dans un premier temps d'une vision large des moyens d'action de l'administration, englobant le règlement et le contrat administratif (A), mais également de l'admission de la responsabilité extracontractuelle dans le champ du droit administratif (B).

---

[204] Cf. F. Burdeau qui rappelle que l'identification d'un droit administratif ne remonte pas au-delà des premiers années du XIX^e siècle et qu' « elle s'est produite sensiblement au même moment de chaque côté de Alpes », BURDEAU (F.), « Droit administratif », *préc.*, p. 424. Cf. plus généralement, SANDULLI (A.), « La tradition nationale du droit administratif en Italie », *R.F.D.A.*, 2012, n° 4, pp. 773-786.

[205] Voir RIVERO (J.), « Droit administratif et méthode comparative », *Revista de la facultad de derecho y ciencias sociales de Montevideo*, 1975, n° 3-4, pp. 375-380, spéc. pp. 376-377.

[206] *Ibidem.*

[207] GAUDEMET (Y.), « L'exportation du droit administratif français. Brèves remarques en forme de paradoxe », *préc.*, p. 440. Dans le même sens, AUBY (J.-B.), « Le droit administratif français vu du droit comparé », *A.J.D.A.*, 2013, pp. 407-410, spéc. p. 408.

## A) Une vision large des moyens d'action de l'administration

**70.** Exception faite de la France, dans la plupart des pays, les domaines mentionnés précédemment ne font pas l'objet « d'un contentieux typiquement administratif »[208], ni même de l'application du droit administratif (le droit constitutionnel s'applique pour le règlement, le droit civil pour ce qui est du contrat)[209]. Au mieux, lorsque ces domaines font partie du droit administratif, c'est seulement au titre de branches secondaires, ce qui tranche là encore avec la France pour qui le droit des contrats administratifs, pour citer cet exemple, constitue « l'un des plus beaux "fleurons" du droit administratif »[210].

**71.** Le droit administratif français a, tout d'abord, et depuis ses débuts, une vision large de l'acte administratif. L'acte juridique de l'administration est ainsi « un acte de volonté destiné à introduire un changement dans les rapports de droit qui existent au moment où il intervient »[211]. De cette définition très générale ressortent ensuite diverses classifications. L. Duguit a proposé de classer ces actes selon leur objet[212], conduisant à distinguer ceux ayant pour objet une disposition générale (acte-règle), les actes ayant pour objet une situation individuelle (acte subjectif) et ceux ayant pour objet l'application à un cas individuel d'un statut général (acte-condition). On peut aussi distinguer selon la formation de cet acte, à savoir s'il s'agit de l'œuvre d'une seule volonté (acte unilatéral), ou de plusieurs (acte bi ou plurilatéral). Mais que l'on distingue selon l'objet ou le mode de formation, le règlement est dans les deux cas compris comme acte administratif.

---

208 FROMONT (M.), *Droit administratif des Etats européens*, Paris, P.U.F., 1ère éd., 2006, p. 271.

209 *Idem*, p. 271.

210 BRENET (F.), « Les contrats administratifs », in GONOD (P.), MELLERAY (F.), YOLKA (P.), *Traité de droit administratif*, T. 2, Paris, Dalloz, 2011, pp. 217-281, spéc. p. 237. En parlant de « fleuron », il fait référence à LLORENS (F.), « Le droit des contrats administratifs est-il un droit essentiellement jurisprudentiel ? », in *Mélanges Max Cluzeau*, Toulouse, Presses I.E.P., 1985, pp. 377-378.

211 RIVERO (J.), *Droit administratif*, *préc.*, p. 75.

212 DUGUIT (L.), « Théorie générale de l'acte juridique », *R.D.P.*, 1919, pp. 313-337, spéc. pp. 320-324. Cf. également MELLERAY (F.), « Léon Duguit. L'Etat détrôné », in HAKIM (N.), MELLERAY (F.), *Le renouveau de la doctrine française*, Paris, Dalloz, 2009, pp. 215-262, spéc. pp. 256-257.

**72.** C'est sur cette inclusion et en permettant le recours direct contre ce type d'actes[213], quelle que soit l'autorité dont ils émanent, que le droit administratif français fait figure d'exception, élargissant ainsi son champ. Illustration supplémentaire de l'étendue du droit administratif et de la profondeur de ses dérogations, un recours peut également être introduit contre le refus, souvent implicite, de prendre un règlement ou de modifier un règlement existant[214]. Si la Belgique et l'Espagne ont suivi la solution française, ce n'est pas le cas de beaucoup d'autres pays. La doctrine allemande considère ainsi que l'acte administratif s'oppose à la norme juridique, générale et abstraite. Un acte administratif porte sur un « cas d'espèce » (« *einzelfall* »)[215], il constitue un acte d'application du règlement. Même s'ils opposent un rejet de principe du contentieux direct contre un acte réglementaire, la plupart des pays admettent cependant un recours indirect, appelé exception d'illégalité ou d'irrégularité, recours indirect que connaît par ailleurs le droit administratif français. Le droit administratif français fait donc bien figure d'exception en ce qui concerne l'admission de principe d'un recours direct devant le juge administratif contre le règlement, acte administratif comme un autre.

**73.** Un autre exemple illustrant le large champ couvert par le droit administratif français est celui des contrats administratifs, autre moyen d'action de l'administration. Le contrat n'est en effet pas envisagé comme un moyen d'action traditionnel de cette dernière, en principe plus habituée à la voie de l'unilatéralité. M. Fromont rappelle que tel était le point de vue dominant dans l'Europe du XIX^e^ siècle. Même si, dès cette époque, « l'administration concluait des contrats avec des personnes privées, soit pour se procurer des prestations pour elle-même, soit pour confier à une entreprise privée la fourniture de certaines prestations essentielles au public »[216], dans la mesure où le contrat représentait « l'archétype de l'acte juridique régi par le droit civil »[217], cela ne pouvait qu'entraîner, par extension, la soumission de principe des contrats de l'administration au droit civil.

---

[213] Par la voie du recours pour excès de pouvoir. Cf. C.E., 6 déc. 1907, *Chemins de fer de l'Est*, Rec. p. 913.

[214] C.E., 13 juill. 1962, *Kevers-Pascalis*, Rec. p. 475.

[215] Cf. AUTEXIER (C.), *Introduction au droit public allemand*, P.U.F., 1997, p. 240

[216] FROMONT (M.), *Droit administratif des Etats européens*, *préc.*, p. 297.

[217] *Ibidem.*

**74.** Cette vision traditionnelle de l'administration n'agissant qu'unilatéralement, a depuis évolué, puisque le recours au contrat entre personnes de droit public s'est développé. Ce développement s'est imposé, sans que cela ne soit d'ailleurs discuté, comme étant naturellement régi par le droit administratif. Mais il en est autrement pour l'hypothèse d'un contrat entre une personne de droit public et une personne de droit privé[218]. C'est sur cette question que le droit administratif français fait, là encore, figure d'exception[219]. Il admettait, par principe, la soumission de ce type de contrats au droit public à partir du moment où ils avaient pour but le service public[220]. Il faut désormais que certains critères, alternatifs, soient remplis[221]. Malgré cela, le droit administratif français a toujours une vision finaliste du contrat. Parce que l'administration doit assurer l'intérêt général, et qu'elle a décidé de le faire au moyen d'un contrat, cela justifie que les parties au contrat ne soient pas dans un rapport d'égalité[222]. L'illustration principale se trouve dans le bénéfice pour l'administration d'un certain nombre de prérogatives vis-à-vis de ses cocontractants[223], à l'instar du pouvoir de modification unilatéral.

**75.** Certains pays ont suivi le modèle français et consacré également un régime original pour le contentieux des contrats. Ils l'ont par ailleurs confié au juge administratif. Il s'agit par exemple de l'Espagne, du Portugal et de la

---

[218] On pense principalement aux contrats de marchés publics, aux conventions de délégations de service public ou aux concessions de travaux.

[219] La conception française, de par son caractère étendu, a donc été critiquée par les juristes étrangers. Cf. RICHER (L.), *Droit des contrats administratifs*, Paris, L.G.D.J., 9e éd., 2014, pp. 36-42. Mais il faut dire également que la France admet cette spécificité depuis longtemps, à l'image de la loi du 28 pluviôse an VIII qui disposait que relevaient de la compétence du juge administratif, les contrats ayant pour objet l'exécution de travaux publics, dont on a déduit par la suite le caractère administratif.

[220] C.E., 6 février 1903, *Terrier*, Rec. p. 94, G.A.J.A., 20e éd., 2015, n° 11 ; C.E., 4 mars 1910, *Thérond*, Rec. p. 193, G.A.J.A., 20e éd., 2015, n° 19.

[221] Le contrat passé entre la personne publique et la personne privée doit contenir des clauses exorbitantes, ce qui traduit la volonté de la puissance publique de se placer sur le terrain public. Cf. C.E., 31 juillet 1912, *Société des granits porphyroïdes des Vosges*, Rec. 909, G.A.J.A., 20e éd., 2015, n° 24. Sinon, il doit avoir pour objet l'exécution du service public. Cf. C.E., Sect., 20 avril 1956, *Epoux Bertin*, Rec. p. 167 et 168, G.A.J.A., 20e éd., 2015, n° 68.

[222] NOGUELLOU (R.), STELKENS (U.), *Droit comparé des Contrats Publics. Comparative Law on Public Contracts*, Bruxelles, Bruylant, 2010, p. 11.

[223] Cf. pour plus de précisions : NOGUELLOU (R.), STELKENS (U.), *Droit comparé des Contrats Publics. Comparative Law on Public Contracts*, *préc.*, pp. 11 et s.

Grèce[224] et, dans une moindre mesure, c'est-à-dire assorti de quelques adaptations, de l'Italie et de la Belgique[225].

**76.** Mais globalement, de nombreux systèmes étrangers considèrent que l'utilisation du contrat, qui est « une figure juridique de droit privé »[226], place nécessairement l'administration sur un plan d'égalité avec son cocontractant[227]. Le recours au contrat ne doit donc pas supposer l'application d'un régime spécifique. Dans ces systèmes, « le contrat de l'administration est appréhendé en tant qu'acte, indépendamment des finalités poursuivies par la personne publique »[228]. Dans le droit allemand par exemple, la notion de « contrat de droit public est très différente de la conception française [...], le contrat de droit public est une solution alternative à l'acte administratif »[229]. Cela s'explique en premier lieu par la tardiveté de l'admission de l'existence du contrat de droit public. Sa reconnaissance comme instrument d'action de « l'administration démocratique contemporaine »[230] se fera officiellement par la loi du 25 mai 1976 relative à la procédure administrative non contentieuse. Son champ d'utilisation est cependant beaucoup plus limité qu'en droit français[231], son recours n'étant par exemple pas possible en matière de marchés publics (régis par le droit privé), et ne concerne finalement que peu d'hypothèses de délégations de service public. Pour cette raison, M. Fromont préfère désigner l'hypothèse allemande de recours au contrat administratif par l'expression, plus restrictive, de « contrat substitutif »[232], puisqu'il s'agit en particulier du cas où « l'autorité administrative peut, au lieu d'édicter un acte

---

224 Les exemples sont donnés par FROMONT (M.), *Droit administratif des Etats européens*, *préc.*, p. 305.

225 *Idem*, p. 309.

226 BRENET (F.), « Les contrats administratifs », *préc.*, p. 237.

227 RICHER (L.), *Droit des contrats administratifs*, *préc.*, p. 36. Même si L. Richer précise que cette soumission de principe au droit commun connaît elle-aussi des exceptions. Cf. pp. 36-40.

228 BRENET (F.), « Les contrats administratifs », *préc.*, p. 238.

229 MARCOU (G.), « L'administration publique en France et en Allemagne. Des systèmes différents, des valeurs communes », *R.F.A.P.*, avril-juin 1996, n° 78, pp. 357-373, spéc. p. 362.

230 AUTEXIER (C.), *Introduction au droit public allemand*, *préc.*, p. 257.

231 Cf. E. Forsthoff explique que « le droit allemand est loin de posséder un système semblable à celui du contrat administratif qui, en France, regroupe tous les contrats dans lesquels les individus s'engagent à collaborer à l'accomplissement des tâches administratives en apportant leurs services ou leurs fournitures ». Cf. FORSTHOFF (E.), *Traité de droit administratif allemand*, traduit de l'allemand par M. Fromont, Bruxelles, Bruylant, 1969, p. 420.

232 FROMONT, (M.), *Droit administratif des Etats européens*, *préc.*, p. 315.

administratif, conclure un contrat de droit public avec celui auquel elle aurait, dans le cas contraire, adressé une décision administrative »[233]. C. Autexier souligne que derrière l'emprunt des « mots du droit français »[234] (la doctrine allemande s'étant initialement inspirée de la terminologie du droit français) se cache « une réalité différente »[235]. A partir du moment où « l'acte administratif s'oppose à la norme, le contrat de droit public est une alternative à l'acte administratif », on comprend que « le champ d'utilisation de l'une et de l'autre de ces formes d'action de l'administration est beaucoup plus étroit qu'en droit français »[236].

**77.** A l'opposé de la conception française, la Grande-Bretagne considère que les contrats de l'administration sont, par principe, soumis au droit privé, même s'il y a quelques exceptions[237].

**78.** Au-delà d'une conception large des moyens d'action de l'administration, le droit administratif français a très tôt étendu son champ en ayant également une vision large des conséquences de son action puisqu'il admet le contentieux des dommages causés par l'administration comme relevant de la compétence du juge administratif.

## B) La responsabilité de l'administration, contentieux typiquement administratif

**79.** La responsabilité de la puissance publique constitue le symbole de l'autonomie du droit administratif français[238], preuve de son importance.

---

233 §54 de la loi du 25 mai 1976 sur la procédure administrative, traduit par M. Fromont. *Idem*, pp. 315-316.

234 AUTEXIER (C.), *Introduction au droit public allemand*, *préc.*, p. 236.

235 *Ibidem*.

236 *Ibidem*.

237 FROMONT (M.), *Droit administratif des Etats européens*, *préc.*, p. 321-323.

238 RIVERO (J.), « Droit administratif français et méthode comparative », *Revista de la Facultad de Derecho y ciencias sociales*, n° 3-4, 1975, pp. 375-380, spéc. pp. 376-377.

**80.** Le principe dans la première moitié du XIXe siècle, largement partagé par la plupart des Etats européens, était cependant celui de l'irresponsabilité de l'Etat, corollaire de sa souveraineté[239]. Encore faut-il préciser que ce principe a été très tôt assorti de quelques exceptions en France, à l'instar des dommages causés par les travaux publics[240]. A la suite de quelques tentatives du juge judiciaire d'imposer à l'Etat de rendre des comptes pour les dommages qu'il a causés[241], en raison du contexte politique de l'époque, imprégnée de libéralisme[242], et devant la multiplication des dommages dus au développement croissant de l'activité administrative, le Conseil d'Etat a fini par s'arroger le contentieux de la responsabilité administrative, répondant ainsi à une « nécessité sociale »[243]. Par un arrêt *Rothschild* rendu en 1855[244], le Conseil d'Etat définit la responsabilité de l'administration, qui doit se voir appliquer des règles spécifiques[245] et dont le contentieux doit revenir à un juge

---

239 Justifié par le fait que « le propre de la souveraineté est de s'imposer à tous sans qu'on puisse réclamer d'elle aucune compensation ». Cf. LAFERRIERE (E.), *Traité de la juridiction administrative et des recours contentieux*, T. 2, Paris, Berger-Levrault, 2e éd., 1896, p. 13.

240 Cf. la loi du 28 pluviôse an VIII qui octroyait la compétence au juge administratif pour la réparation des dommages causés par les travaux publics.

241 Cf. par exemple C. Cass., ch. civ., *Depeyre*, 1er avril 1845, S. 1845, I, p. 363 : « Attendu, en droit, que les règles posées par les art. 1382, 1383 et 1384, Cod. Civ., sont applicables sans exception, dans tous les cas où un fait quelconque de l'homme cause à autrui un dommage produit par la faute de son auteur ; que l'État, représenté par les différentes branches de l'administration publique, est passible des condamnations auxquelles le dommage causé par le fait, la négligence ou l'imprudence de ses agents peut donner lieu ; Attendu que les tribunaux ordinaires sont seuls compétents pour statuer sur la réparation des dommages commis par le fait et la négligence des entrepreneurs de transport par terre et par eau ; qu'aucune loi ne soustrait à cette compétence les administrations publiques autorisées à exploiter des entreprises de cette nature ; Attendu que s'il est prescrit aux tribunaux de s'abstenir de tout examen et de toute critique des règlements et actes administratifs, et des ordres compétemment donnés par l'administration, il est incontestable qu'il appartient à l'autorité judiciaire d'apprécier, dans les cas prévus par les art. 1382, 1383 et 1384 Cod. Civ., les faits résultant de l'exécution plus ou moins intelligente, plus ou moins prudente, des règlements et ordres administratifs ».

242 J. Rivero rappelle que « la possibilité, pour les administrés, d'obtenir réparation des dommages imputables à la puissance publique est une pièce essentielle de l'Etat libéral », RIVERO (J.), *Droit administratif*, *préc.*, p. 222.

243 *Idem*, p. 224.

244 C.E., 6 déc. 1855, *Rothschild*, S., 1856, 2, p. 508.

245 Le Conseil d'Etat énonce ainsi que « c'est à l'administration seule qu'il appartient, sous l'autorité de la loi, de régler les conditions des services publics, dont elle est chargée d'assurer le cours ; qu'il lui appartient de déterminer les rapports qui s'établissent, à l'occasion de ces services, entre l'Etat, les nombreux agents qui opèrent en son nom et les particuliers, et, dès lors, de connaître et d'apprécier le caractère et l'étendue des droits et obligations réciproques qui en doivent naître ; que ces rapports, ces droits et ces obligations ne peuvent être réglés selon les principes et les dispositions du seul droit civil et comme ils le sont de particuliers à particuliers ; que, notamment, en ce qui touche la responsabilité de l'Etat en cas de faute, de négligence ou d'erreurs commises par un agent de l'administration,

spécial, le juge administratif. Par l'arrêt *Dekeister*[246] de 1861 ensuite, le Conseil d'Etat donne un fondement légal[247] à la compétence administrative, censé ainsi faire autorité. La consécration officielle[248] de l'autonomie de la responsabilité de l'administration, comme on a bien voulu la présenter rétrospectivement[249], se réalisera sous l'ère républicaine grâce au Tribunal des conflits et son célèbre arrêt Blanco[250] qui peut se résumer selon le triptyque suivant : « il existe une responsabilité de la puissance publique ; cette responsabilité est différente de celle que définit le Code civil ; il appartient au juge administratif d'en déterminer les règles »[251].

**81.** La France a ainsi été « pionnière »[252] dans l'affirmation du principe de responsabilité et sera longtemps la seule à confier le contentieux de la responsabilité administrative au juge administratif[253], délimitant ainsi un

---

cette responsabilité n'est ni générale, ni absolue, qu'elle se modifie suivant la nature et les nécessités de chaque service ».

246 C.E., 16 août 1861, *Dekeister*, Rec., p. 672.

247 « Vu les lois des 16-24 août 1790 ; 16 fructidor an III [...] ; considérant que les lois ci-dessus visées ont établi comme un principe constitutionnel que les fonctions judiciaires sont distinctes et doivent toujours demeurer séparées des fonctions administratives ; [...] comme conséquence de ce principe, [...] la juridiction a été donnée à cette autorité en vue de constituer, en dehors de l'autorité judiciaire, des juges pour prononcer sur les litiges qui s'élèveraient entre l'Etat et les particuliers, à l'occasion des actes faits par l'administration pour l'exécution des services publics ». *Ibidem*.

248 Bien qu'elle se borne essentiellement à retranscrire les considérants des arrêts *Rothschild* et *Dekeister*.

249 Sur le mythe fondateur de l'arrêt Blanco, cf. *supra*, n° 59.

250 T.C., 8 février 1873, *Blanco*, Rec. 1er supplt 61, G.A.J.A., 20e éd., 2015, n° 1.

251 DELAUNAY (B.), « Droit de la responsabilité administrative et droit comparé », in A.F.D.A., *La responsabilité administrative*, Paris, Litec, 2013, pp. 45-64, spéc., pp. 57-58.

252 DELAUNAY (B.), « Droit de la responsabilité administrative et droit comparé », *préc.*, spéc. p. 52.

253 Quelques rares exceptions viennent tempérer le principe, à l'instar des dommages causés par les véhicules de l'administration. Cf. Loi n° 57-1424, du 31 décembre 1957, *attribuant compétence aux tribunaux judiciaires pour statuer sur les actions en responsabilité des dommages causés par tout véhicule et dirigés contre une personne de droit public*, J.O.R.F., 5 janvier 1958, p. 196 ; Ou encore de la responsabilité des membres de l'enseignement public dont le contentieux est unifié au profit du juge judiciaire. Cf. Loi 3 du 5 avril 1937, *modifiant les règles de la preuve en ce qui concerne la responsabilité civile des instituteurs et l'art. 1384 (paragraphe 5 dernier al.) du code civil relatif à la substitution de la responsabilité de l'Etat à celle des membres de l'enseignement public*, J.O.R.F., du 6 avril 1937, p. 3923. Cf. BRÉCHON-MOULENES (C.), *Les régimes législatifs de responsabilité publique*, Paris, L.G.D.J., 1974. Ou pour un exemple jurisprudentiel, la théorie de la voie de fait qui a pour conséquence, lorsque l'administration s'est placée hors du droit, de confier le contentieux au juge judicaire. Cf. T.C., 2 décembre 1902, *Société Immobilière Saint-Just*, Rec. p. 713, *G.A.J.A.*, 20e éd., 2015, n° 10 ; T.C., 8 avril 1935, *Action Française*, Rec. p.

contentieux typiquement administratif. Les autres pays européens passeront du principe de l'irresponsabilité administrative à celui de la responsabilité au lendemain de la Seconde Guerre mondiale, la responsabilité administrative constituant alors « un élément essentiel de l'Etat de droit qu'il s'agit d'affirmer au sortir des régimes autoritaires ou totalitaires »[254].

**82.** Mais la plupart d'entre eux préféreront confier ce contentieux aux tribunaux civils. C'est notamment le cas des pays de *common law*, mais c'est également l'exemple suivi par l'Allemagne, quand bien même la responsabilité de l'administration serait régie par des règles spécifiques. Comme le rappelle M. Fromont, « le fait que le juge compétent soit un juge civil ou un juge administratif influe nécessairement sur le développement de cette branche du droit »[255]. Cela explique que le droit français de la responsabilité administrative soit particulièrement étendu et développé. D'autres opteront pour une solution intermédiaire consistant en une répartition de ce contentieux entre tribunaux civils (mais tout de même à l'avantage de ces derniers) et administratifs, à l'instar de la Belgique ou encore de l'Italie.

**83.** Cet exemple supplémentaire démontre donc que le droit administratif français s'étend bien au-delà de ce qui relève de son noyau traditionnel dans la plupart des pays européens.

**84.** Le fait d'être un des plus anciens, mais également d'offrir plus de substance susceptible d'être exportée, dans la mesure où il a poussé sans doute le plus loin la logique d'autonomie, participe donc au positionnement en tant que modèle du droit administratif français.

---

1226, *G.A.J.A.*, 19e éd., 2013, n° 46 ; T.C., 27 mars 1952, *Dame de la Murette*, Rec. p. 626. Même si les hypothèses ont été limitées récemment par T.C., 17 juin 2013, *Bergoend c/ société ERDF Annecy*, rec. p. 3911.

[254] DELAUNAY (B.), « Droit de la responsabilité administrative et droit comparé », *préc.*, p. 53.

[255] FROMONT (M.), *Droit administratif des Etats européens*, *préc.*, p. 326.

**85.** C'est encore ce facteur temporel, déterminant, qui explique le positionnement inverse, cette fois, du droit administratif espagnol. C'est la tardiveté de son émergence qui explique qu'il fut, tout au long de sa construction, à la recherche de modèles à imiter.

## *Section 2: Un droit administratif espagnol d'émergence tardive*

**86.** La comparaison entre le droit administratif espagnol et ses homologues étrangers doit également s'établir à un double niveau pour comprendre cette posture d'imitateur. Comme un « corps de règles spécifiques », le droit administratif espagnol émerge plus tardivement (§ 1). C'est encore plus vrai lorsque l'on s'intéresse au droit administratif espagnol considéré comme une discipline autonome[256] (§ 2).

### §1) Des techniques administratives au droit administratif : un long cheminement

**87.** La détermination de l'acte de naissance du droit administratif est particulièrement discutée par la doctrine espagnole et fait largement écho aux débats français sur la même question[257]. Le courant majoritaire dans l'étude de la construction historique du droit administratif, qualifié de doctrine classique, considère qu'il est né « avec ou, mieux encore, de la Révolution française »[258]. Le référent est donc un fait politique français dont les répercussions s'étendirent bien au-delà de ses frontières. A cela s'ajoute la

---

[256] Cf. GARRIDO FALLA (F.), « Sobre el derecho administrativo y sus ideas cardinales », *R.A.P.*, 1952, pp. 11-50, spéc. pp. 13-18; PAREJO ALFONSO (L.), « Introducción: surgimiento, desarrollo, consolidación y situación actual del derecho administrativo », in PAREJO ALFONSO (L.), JIMÉNEZ-BLANCO (A.), ORTEGA ÁLVAREZ (L.), *Manual de derecho administrativo*, vol. 1, Barcelona, Ariel, 5ª ed., 1998, pp. 1-32, spéc. p. 1.

[257] Cf. *supra*, n° 48-67.

[258] « Esta rama del Derecho nace con o, mejor dicho, de la Revolución Francesa », CHINCHILLA MARÍN (C.), « Reflexiones en torno a la polémica sobre el origen del derecho administrativo », in CHINCHILLA MARÍN (C.), LOZANO CUTANDA (B.), DEL SAZ (S.), *Nuevas perspectivas del derecho administrativo: tres estudios*, Madrid, Editorial Civitas, 1992, pp. 21-57, spéc. p. 21.

politique expansionniste napoléonienne[259] qui eut pour conséquence de répandre, en l'imposant à l'origine, le modèle français de droit administratif. Un certain nombre d'études récentes s'opposent cependant à cette vision et considèrent qu'un droit administratif espagnol existait durant la période de l'absolutisme monarchique. Toutefois, comme le rappelle J. L. Villar Palasí, il est opportun de distinguer les techniques administratives du droit administratif[260]. Sous l'angle des techniques administratives, l'ancienneté de la pratique juridique est avérée (A). Cependant, l'émergence d'un véritable droit administratif, répondant à un certain nombre de critères, est plus tardive en Espagne, et traduit un décalage temporel avec les pays européens proches[261] (B).

### A) L'ancienneté des techniques administratives

**88.** Un certain nombre d'auteurs ont contesté la doctrine classique qui voyait dans la Révolution française le fait générateur du droit administratif espagnol, lui reprochant d'importantes insuffisances historiographiques. A. Gallego Anabitarte, parmi les premiers à défendre l'existence d'un droit administratif sous l'absolutisme monarchique[262], considère ainsi qu'un certain nombre d'administrativistes méconnaissent « la réalité historico-juridique espagnole et utilisent des constructions conceptuelles étrangères sans se demander s'il y en a eu d'autres dans leur [notre] pays »[263]. Cette critique est partagée par J.-A. Santamaría Pastor qui pointe le risque pour le droit administratif de devenir « une science sans conscience historique »[264]. Cet auteur ne croit en effet pas à la thèse de la « "génération spontanée" [du] droit

---

259 Cf. *infra*, n° 148-150.

260 VILLAR PALASI (J. L.), *Derecho administrativo*, T. 1, Madrid, Facultad de derecho, 1968, pp. 91-97.

261 *Idem*, p. 212.

262 GALLEGO ANABITARTE (A.), *Administración y Jueces: Gubernativo y Contencioso. Reflexiones sobre el Antiguo Régimen y el Estado Constitucional, y los fundamentos del Derecho Administrativo español*, Madrid, I.E.A., 1971; GALLEGO ANABITARTE (A.), « Influencias nacionales y foráneas en la creación del derecho administrativo español », in *Posada Herrera y los orígenes del derecho administrativo español*, Madrid, I.N.A.P., 2001, pp. 31-76, spéc. pp. 33-46.

263 « De la realidad histórico-jurídica española, con utilización de conceptualismos extranjeros sin preguntarse si ha habido otros en nuestro país », GALLEGO ANABITARTE (A.), *Administración y Jueces: Gubernativo y Contencioso. Reflexiones sobre el Antiguo Régimen y el Estado Constitucional, y los fundamentos del Derecho Administrativo español*, *préc.*, p. 27.

264 « Una ciencia sin conciencia histórica », SANTAMARÍA PASTOR (J.-A.), *Sobre la génesis del derecho administrativo español en el siglo XIX (1812-1845)*, Madrid, Iustel, 2006, p. 19.

administratif qui paraît surgir, sans racines visibles, au cours de la décennie 1840, comme un produit importé en bloc du pays voisin »[265]. Il s'agit bien souvent, pour ce courant d'opposition, de lier l'histoire de l'Administration publique — qui aurait toujours existé[266] — à celle du droit administratif. Sous cet angle, il paraît en effet difficile de contester l'ancienneté d'une organisation administrative. Mais cela relève finalement plus ici d'une divergence sur la définition même du droit administratif.

**89.** Toutefois, même en admettant des présupposés de base à l'existence d'un droit administratif identiques à ceux utilisés par la doctrine classique – c'est-à-dire, une division des pouvoirs et la soumission de l'Etat et de l'Administration au droit[267] — certains auteurs trouvent sous l'Ancien Régime un droit administratif répondant à ces principes. En s'appuyant notamment sur le texte de la *Novísima Recopilación (1805)*, ils démontrent l'existence d'une séparation de l'administration et de la justice, ainsi que d'une juridiction administrative, notamment à travers la figure du *Corregidor*[268] qui assumait

---

[265] « La "generación espontánea" de nuestro Derecho Administrativo, que parece surgir, sin raíces visibles, en la década de 1840, como importado en bloque del país vecino », *Ibidem.*

[266] GARCÍA-TREVIJANO FOS (J.-A.), *Tratado de derecho administrativo*, T. 1, Madrid, Editorial Revista de Derecho Privado, 1964, p. 3. « A toutes les époques, il a existé l'Administration et " l'administration ". Pensez, par exemple, à ce que signifie en Egypte la construction des pyramides [...]. Il fallait planifier, il fallait se mettre d'accord. Il fallait recruter des gens. Il fallait les payer. A chaque époque, lorsqu'il existe plusieurs personnes formant un groupe, il existe une administration. C'est-à-dire qu'il faut distribuer les compétences. Il est certain qu'on ne peut parler, du point de vue politique, d'un concept d'Etat au sens moderne du terme. Un Etat oriental théocratique, par exemple en Perse ou en Egypte, n'est pas la même chose qu'un Etat actuel. Mais, [...] les problèmes qui se posaient étaient les mêmes qu'aujourd'hui, surtout le problème de la vie en commun. Il fallait trouver des formules pour que tout le monde puisse cohabiter. Par rapport à l'histoire de l'humanité, l'Administration joue un rôle important. Quelle que soit la forme politique, quelle que soit la forme de vie en commun, quelle que soit l'organisation sociale, il y a toujours un lien avec une forme d'Administration ».

[267] MOREY JUAN (A.), *Lecciones de derecho administrativo*, Valencia, Fundación universitaria San Pablo, C.E.U., 1998, pp. 15-16. ENTRENA CUESTA (R.), *Curso de derecho administrativo*, Madrid, Tecnos, 13ª ed., 1999, pp. 27-53.

[268] Agent de l'Administration royale dans les communes, premier officier de justice. Il est difficile de trouver un équivalent français. Pour L. Caillet, « le seul officier français à qui on puisse le comparer dans une certaine mesure est le bailli ou le sénéchal mais chacun sait que les pouvoirs de ce dernier sont considérablement réduits au XVIIIe siècle. En Espagne, en revanche, le corregidor est l'une des pièces maîtresses de l'administration ». Cf. CAILLET (L.), « Le modèle français et la réforme administrative de l'Espagne au XVIIIe siècle », in *Nonagesimo anno. Mélanges en l'honneur de Jean Gaudemet, textes réunis par Claude Bontems*, Paris, P.U.F., 1999, pp. 779-795, spéc., p. 793.

uniquement une fonction contentieuse[269]. La doctrine classique conteste cependant cette interprétation, estimant qu'il s'agit en réalité d'une apparence de séparation des pouvoirs plus que d'une séparation effective[270].

**90.** Enfin, en guise d'argument supplémentaire en faveur de l'existence d'un droit administratif sous l'Ancien Régime espagnol, ce courant d'opposition à la doctrine classique souligne qu'un certain nombre de règles administratives, particulièrement raffinées[271], étaient à l'œuvre dès cette époque, notamment dans deux domaines spécifiques. Le premier exemple, régulièrement invoqué, relève de la domanialité publique, avec l'institution des *propios y arbitrios*[272], ce qui témoigne de l'existence de prérogatives de puissance publique, justifiées au nom de l'intérêt général. Les textes prévoyaient notamment le caractère exécutoire de toutes les décisions en matière de *propios y arbitrios*[273], sans que l'introduction d'un recours n'en suspendît les effets. Pour A. Gallego Anabitarte, il s'agit à nouveau d'une illustration probante du « technicisme administratif le plus pur et le plus achevé »[274] existant sous l'Ancien Régime. Le deuxième exemple est celui des *pósitos*[275]. Les textes y afférant, en ce qu'ils prévoyaient expressément un

---

[269] Cf. GALLEGO ANABITARTE (A.), *Administración y Jueces: Gubernativo y Contencioso. Reflexiones sobre el Antiguo Régimen y el Estado Constitucional, y los fundamentos del Derecho Administrativo español*, *préc.*, p. 102; GALLEGO ANABITARTE (A.), « Influencias nacionales y foráneas en la creación del derecho administrativo español », préc., pp. 33-35; PARADA VÁZQUEZ (R.), « Réplica a Nieto sobre los orígenes del privilegio de decisión ejecutoria y el proceso contencioso-administrativo », *R.A.P.*, 1969, n° 59, pp. 41-70, spéc. pp. 65-70.

[270] CHINCHILLA MARÍN (C.), « Reflexiones en torno a la polémica sobre el origen del derecho administrativo », *préc.*, p. 44; GARCÍA DE ENTERRÍA (E.), « La formación histórica del principio de autotutela de la Administración », in Homenaje a don José Antonio Rubio Sacristán, *Moneda y Crédito: Revista de Economía*, 1974, n° 128, pp. 59-87.

[271] GALLEGO ANABITARTE (A.), *Administración y Jueces: Gubernativo y Contencioso. Reflexiones sobre el Antiguo Régimen y el Estado Constitucional, y los fundamentos del Derecho Administrativo español*, *préc.*, p. 79.

[272] Littéralement, les biens communaux et les taxes imposées, à défaut de biens, sur certains articles pour supporter les dépenses municipales.

[273] Real Decreto e Instrucción para la administración de sus propios y arbitrios en 30 de julio de 1760. *Colección de los reales Decretos, Instrucciones y Ordenes de S. M. para el establecimiento de la Contaduría general de propios y arbitrios del reyno*, 1773.

[274] GALLEGO ANABITARTE (A.), *Administración y Jueces: Gubernativo y Contencioso. Reflexiones sobre el Antiguo Régimen y el Estado Constitucional, y los fundamentos del Derecho Administrativo español*, *préc.*, p. 77.

[275] Littéralement « grenier communal », c'est à dire un dépôt municipal de céréales dont la fonction principale est d'offrir aux citoyens les plus nécessiteux des céréales à des prix modiques.

régime de recours devant le *Contador*[276], sont pour A. Gallego Anabitarte « la plus grande preuve de l'existence d'un droit administratif organisé sous l'Ancien Régime »[277]. L'essentiel de cette thèse peut finalement se résumer dans l'idée qu'il y avait en Espagne, bien avant la Révolution française[278], une limitation du pouvoir ; l'absolutisme n'était donc pas total. L'argument de la limitation de l'absolutisme monarchique est néanmoins vivement contesté : il ne pourrait à lui seul attester de l'existence d'un droit administratif[279].

**91.** L'importance de cette polémique sur l'origine révolutionnaire ou, au contraire, beaucoup plus ancienne du droit administratif — qui n'est pas propre à l'Espagne[280] — doit cependant être relativisée. Comme le remarque J.-L. Meilán Gil, « il s'agit d'une discussion qui n'a pas beaucoup de sens. On ne parle pas le même langage ; il manque un accord préalable sur le point de départ de la discussion [...]. Finalement, les deux postures sont tout aussi légitimes, parce qu'il ne s'agit pas tant de définir le Droit de manière exclusive, mais plutôt de se définir par rapport au Droit. En le faisant, on remplit la première obligation qui incombe au juriste »[281].

---

276 Désigne le comptable public.

277 « *La máxima prueba de un Derecho Administrativo excepcionalmente articulado en el Antiguo Régimen* ». GALLEGO ANABITARTE (A.), *Administración y Jueces: Gubernativo y Contencioso. Reflexiones sobre el Antiguo Régimen y el Estado Constitucional, y los fundamentos del Derecho Administrativo español*, *préc.*, p. 79.

278 Cf. ARIÑO ORTIZ (G.), « Derecho del rey, derechos del pueblo », in *Actos del II Simposium de Historia de Administración*, 1971, pp. 37-93; RODRÍGUEZ-ARANA MUÑOZ (J.), *La suspensión del acto administrativo (en vía de recurso)*, Madrid, Montecorvo, 1986, pp. 62-67; NIETO GARCÍA (A.), *Estudios históricos sobre Administración y Derecho Administrativo*, Madrid, I.N.A.P., 1986.

279 CHINCHILLA MARÍN (C.), « Reflexiones en torno a la polémica sobre el origen del derecho administrativo », *préc.*, p. 50-51.

280 En France par exemple, mais également en Italie avec GIANNINI (M. S.), « Profili storici della scienza del diritto amministrativo », *Studi Sassaresi*, 1940, pp. 189-195 ; ZANOBINI (G.), *Corso di Diritto Amministrativo*, T. I, Milano, A. Giuffré, 1958, p. 41 comme défenseurs de l'origine révolutionnaire. Cf. contra, VIGNA e ALIBERTI, « Eccesso di potere », in *Dizionario di Diritto Amministrativo*, vol. III, Torino, 1846, pp. 592-595.

281 « Esta es una discusión sin demasiado sentido. No se habla el mismo lenguaje; falta un previo acuerdo en el punto de partida de la discusión [...]. En último término, las dos posturas son igualmente legítimas, porque no se trata tanto de definir el Derecho de un modo excluyente, como de definirse ante el Derecho. Haciéndole, se cumple con la primera obligación que tiene el jurista ». MEILÁN GIL (J.-L.), *El proceso de la definición del Derecho administrativo*, Madrid, E.N.A.P., 1967, pp. 23-24. Cf. aussi SANTAMARÍA PASTOR (J.-A.), *Fundamentos de derecho administrativo*, T. 1, *préc.*, p. 71.

**92.** Ce débat n'a cependant pas été totalement inutile puisque, comme le fait remarquer J.-C. Alli Aranguren, il a eu le mérite d'ouvrir la voie à la méthode historique dans l'étude des institutions, proposant ainsi une alternative au « dogmatisme positiviste »[282]. Il faut en effet éviter l'excès consistant à ne pas prêter attention à l'histoire du droit administratif espagnol, au prétexte de sa jeunesse, en se concentrant uniquement sur l'étude du droit en vigueur.

**93.** Pour conclure, si l'on prend en compte ces techniques administratives, leur ancienneté est indéniable. Un embryon d'administration existe depuis longtemps, ainsi qu'un minimum de règles venant encadrer les prérogatives de la puissance publique. L'Espagne ne se distingue alors pas vraiment de ses voisins en ce qui concerne l'émergence d'une organisation administrative[283]. De fortes similarités sont à noter entre les différents « antécédents historiques »[284] des droits administratifs européens. Mais, une fois encore, il s'agit bien de la préhistoire du droit administratif — il ne surgit pas *ex nihilo* — et non de son histoire.

**94.** Ainsi, sans nier l'importance de cette préhistoire, un véritable droit administratif espagnol n'a émergé qu'en 1833, à partir du moment où était mis fin à l'Ancien Régime, soit quelques décennies après ses voisins européens.

---

[282] « Dogmatismo positivista ». ALLI ARANGUREN (J.-C.), *La construcción del concepto de derecho administrativo español*, *préc.*, p. 90.

[283] Bien qu'on puisse noter un temps de décalage par rapport à la France ou à l'Angleterre dans l'instauration d'une organisation administrative moderne. Elle coïncide en Espagne avec la période de la *Ilustración*, le processus d'affirmation du monarque face à la noblesse est ainsi plus tardif. Il faudra attendre l'avènement des Bourbons à la Couronne d'Espagne pour que les bases d'une Administration moderne, impliquant la centralisation du pouvoir, soient ancrées. Cf. LINDE PANIAGUA (E.), *Fundamentos de Derecho Administrativo. Del derecho del poder al derecho de los ciudadanos*, Madrid, Colex, 2009, pp. 47-48.

[284] « Antecedentes históricos ». CHINCHILLA MARÍN (C.), « Reflexiones en torno a la polémica sobre el origen del derecho administrativo », *préc.*, p. 56; MOREY JUAN (A.), *Lecciones de derecho administrativo*, *préc.*, p. 15.

## B) L'institutionnalisation lente d'un Etat moderne, source de l'émergence difficile d'un véritable droit administratif

**95.** La doctrine espagnole, majoritairement, considère la Révolution française comme un tournant essentiel en ce qu'elle eut des répercussions bien au-delà des frontières françaises. Pour J. Morey Juan, « le droit administratif est un droit jeune, qui a commencé à se constituer en tant que système il y a deux siècles, dans la période postérieure à la Révolution française »[285].

**96.** Les principes véhiculés par la Révolution française seraient ainsi à l'origine du droit administratif entendu au sens moderne du terme[286], c'est-à-dire intimement lié à la soumission de l'Etat au droit. Mais la modernité en la matière tient surtout à l'autonomie du droit à travers le régime administratif. Ce dernier n'est pour autant pas « automatiquement constitué »[287] avec le fait révolutionnaire et les principes qui en découlent. Un certain nombre d'institutions ont dû être créées pour ce faire, en France sous le règne de Napoléon Bonaparte. Partant de ce postulat, l'Espagne aurait été fortement influencée dans la construction de son droit administratif par son voisin du nord, spectatrice qu'elle était, aux premières loges, du théâtre révolutionnaire.

**97.** Il faut néanmoins nuancer l'idée d'une réception sans heurts des idées révolutionnaires françaises en Espagne, mythe pourtant souvent entretenu[288]. Si la Révolution y fut en effet un « référent omniprésent de tous les

---

[285] « El derecho administrativo es un derecho joven cuyos inicios, como tal, se remontan dos siglos atrás, al período posterior a la Revolución Francesa, en cuanto a su conformación como un sistema completo ». MOREY JUAN (A.), *Lecciones de derecho administrativo*, *préc.*, p. 13.

[286] En ce sens, cf. MOREY JUAN (A.), *Lecciones de derecho administrativo*, *préc.*, pp. 15-27; CHINCHILLA MARÍN (C.), « Reflexiones en torno a la polémica sobre el origen del derecho administrativo », *préc.*, pp. 50-57; GARCÍA DE ENTERRÍA, *Revolución francesa y Administración contemporánea*, Madrid, Taurus, 1981, pp. 20 et s.; LINDE PANIAGUA (E.), *Fundamentos de Derecho Administrativo. Del derecho del poder al derecho de los ciudadanos*, *préc.*, pp. 41-50. R. Entrena Cuesta rajoute que l'apparition de l'Etat de droit combiné à la séparation des pouvoirs sont les présupposés de base pour que surgisse un droit administratif, mais qu'il faut également la mise en œuvre d'un interventionnisme étatique, cause déterminante de la naissance du droit administratif. Cf. ENTRENA CUESTA (R.), *Curso de derecho administrativo*, *préc.*, pp. 27-53, spéc. p. 52.

[287] « Automáticamente constituido ». MOREY JUAN (A.), *Lecciones de derecho administrativo*, *préc.*, p. 16.

[288] BUSAAL (J.-B.), *Le spectre du jacobinisme. L'expérience constitutionnelle française et le premier libéralisme espagnol*, Madrid, Casa de Velázquez, 2012, p. 4.

mouvements patriotiques, libéraux et proconstitutionnels qui la suivirent »[289], elle s'accompagna d'un mouvement réactionnaire, défendant l'ordre traditionnel incarné dans la religion et l'autorité souveraine du roi. Craignant la « contagion révolutionnaire »[290], le comte J. de Floridablanca[291], ministre principal du roi Charles IV restreignit un certain nombre de libertés, telles que la liberté de la presse, d'expression, ou encore de circulation par un contrôle douanier renforcé[292].

**98.** On peut également interpréter l'adoption de la *Novísima Recopilación* en 1805 comme une manifestation d'hermétisme aux idées révolutionnaires et à l'influence française. Malgré les changements opérés depuis 1714 avec l'apparition d'une organisation administrative moderne et le processus d'affirmation du monarque face à la noblesse[293], E. Linde Paniagua fait remarquer qu'« en 1805, 16 ans après la prise de la Bastille, et coïncidant pratiquement avec l'apparition du Code civil napoléonien, était promulgué le texte de la Novísima recopilación, complètement empreint de médiévalisme »[294].

---

289 *Ibidem.*

290 *Idem*, p. 19.

291 S'il a été considéré comme réformateur parce qu'il avait « accueilli avec sérénité les premières manifestations parisiennes », cette sérénité ne dura pas longtemps et céda la place à la panique à partir de 1791 mais plus encore en 1792 avec le développement de la Terreur en France. Il invoquait notamment pour y faire face, l'institution d'un cordon sanitaire aux frontières. Cf. PEREZ (J.), *Histoire de l'Espagne*, Fayard, 1996, réimpr. Fayard, 2004, pp. 483-484.

292 Cf. BUSAAL (J.-B.), *Le spectre du jacobinisme. L'expérience constitutionnelle française et le premier libéralisme espagnol*, *préc.*, p. 19 ; PEREZ (J.), *Histoire de l'Espagne*, *préc.*, pp. 483-484.

293 LINDE PANIAGUA (E.), *Fundamentos de Derecho Administrativo. Del derecho del poder al derecho de los ciudadanos*, *préc.*, p. 47.

294 « [...] en 1805, dieciséis años después de la toma de la Bastilla, y coincidiendo prácticamente con la aparición del Code Civil napoleónico, se promulgaba la Novísima recopilación que rezuma medievalismo por los cuatro costados ». LINDE PANIAGUA (E.), *Fundamentos de Derecho Administrativo. Del derecho del poder al derecho de los ciudadanos*, *préc.*, p. 48.

**99.** Surtout, lorsque Napoléon s'imposa[295] en Espagne en 1808, en proposant une « régénération constitutionnelle »[296] par transposition d'une partie du modèle français d'institutions étatiques[297], rompant ainsi avec l'organisation d'Ancien Régime, il fut loin d'être accueilli unanimement. Le peuple se souleva le 2 mai 1808[298], l'Espagne refusait « d'être une annexe de l'Empire français »[299]. Certains Espagnols seulement, les *afrancesados*[300], se rallièrent à lui ; les autres se battaient contre l'envahisseur français et celui qu'ils dénommaient « le roi intrus ». La guerre d'indépendance fit rage en Espagne jusqu'en décembre 1813, date de la signature du traité de Valençay

[295] Il désigna quelques jours plus tard son frère Joseph pour occuper le trône et se présenta en Espagne comme le libérateur, comme en témoigne sa proclamation de Bayonne du 25 mai 1808 : « Espagnols ! Après une longue agonie, votre nation périssait. J'ai vu vos maux ; je vais y porter remède. Votre grandeur, votre puissance fait partie de la mienne. Vos princes m'ont cédé tous leurs droits à la couronne des Espagne. Je ne veux point régner sur vos provinces, mais je veux acquérir des titres éternels à l'amour et à la reconnaissance de votre postérité. Votre monarchie est vieille : ma mission est de la rajeunir. J'améliorerai toutes vos institutions et je vous ferai jouir des bienfaits d'une réforme sans froissements, sans désordres, sans convulsion. Espagnols, j'ai fait convoquer une assemblée générale des députations des provinces et des villes. Je veux m'assurer par moi-même de vos désirs et de vos besoins. Je déposerai alors tous mes droits, et je placerai votre glorieuse couronne sur la tête d'un autre moi-même, en vous garantissant une constitution qui concilie la sainte et salutaire autorité du souverain avec les libertés et les privilèges du peuple. Espagnols, souvenez-vous de ce qu'ont été vos pères ; voyez ce que vous êtes devenus. La faute n'en est pas à vous, mais à la mauvaise administration qui vous a régis. Soyez pleins d'espérance et de confiance dans les circonstances actuelles ; car je veux que vos derniers neveux conservent mon souvenir et disent : "il a été le régénérateur de notre patrie" » *Moniteur universel*, 18 juin 1808. Ce discours est une illustration supplémentaire de cette prétention à la supériorité du modèle français. Cf. *infra*, n° 156-167.

[296] BUSAAL (J.-B.), *Le spectre du jacobinisme. L'expérience constitutionnelle française et le premier libéralisme espagnol*, *préc.*, p. 33.

[297] Napoléon souhaitait procéder à cette régénération constitutionnelle en octroyant aux espagnols une nouvelle constitution, appelée Constitution de Bayonne. Elle instituait notamment un Conseil d'Etat et un Sénat calqués sur les institutions françaises du même nom. Mais cette constitution ne sera jamais appliquée en raison du soulèvement populaire qui a suivi sa promulgation.

[298] L'insurrection populaire fut cependant écrasée le soir même. Des dizaines d'insurgés furent fusillés le lendemain sur ordre de J. Murat, lieutenant-général de l'Empereur.

[299] PEREZ (J.), *Histoire de l'Espagne*, *préc.*, p. 396.

[300] La définition de ce terme est complexe et discutée, mais l'on peut adopter la définition large de J.-B. Busaal qui consiste à désigner par cette appellation les espagnols « qui ne se soulevèrent pas contre les Français et qui participèrent à quelque degré que ce soit à la société de l'Espagne Joséphine ». Cf. BUSAAL (J.-B.), *Le spectre du jacobinisme. L'expérience constitutionnelle française et le premier libéralisme espagnol*, *préc.*, p. 153. Pour plus de précisions, cf. pp. 153-200 ; ARTOLA GALLEGO (M.), *Los afrancesados*, Madrid, Sociedad de estudios y publicaciones, 1953, reimpr., Madrid, Alianza editorial, 2008. Cf. *infra*, n° 182-203.

par lequel Napoléon accepta que Ferdinand VII, le roi légitime, récupère la Couronne.

**100.** Il ne faut pas non plus avoir une vision trop simplificatrice de cette résistance à l'invasion napoléonienne en pensant qu'elle rassemblait des hommes et des femmes animés par les mêmes intentions. Contre l'envahisseur combattaient, certes, des nostalgiques de l'ordre traditionnel[301], mais également des libéraux, souhaitant débarrasser l'Espagne de certains de ses archaïsmes et limiter l'absolutisme, sans pour autant le faire de la même façon qu'en France. Ils rejetaient en effet le modèle napoléonien qu'ils jugeaient dictatorial et contraire aux principes mêmes de la Révolution. Les Espagnols étaient donc divisés en trois camps : les *afrancesados*, les absolutistes et les libéraux[302].

**101.** Dès lors, entre 1808 et 1833, l'Espagne oscilla entre ces trois tendances (même si finalement les absolutistes l'emportèrent), ce qui l'empêcha d'acquérir une certaine stabilité. Elle ne bénéficiait pas « d'appareil étatique digne de ce nom »[303], et le détenteur du pouvoir était parfois difficile à identifier, notamment durant la guerre d'indépendance[304], entre 1808 et 1814.

**102.** A partir des manifestations de mai 1808, des organes de substitution, les juntes patriotiques, s'étaient mis en place au niveau local, en réaction à l'occupation française et pour assurer la conduite de la guerre. Elles étaient coordonnées par une Junte centrale[305] qui réunissait là encore les représentants

---

301 SANTAMARÍA PASTOR (J. A.), « La ciencia del Derecho administrativo en España : una perspectiva histórica », in VON BOGDANDY (A.), MIR PUIGPELAT (O.), *El derecho administrativo en el espacio jurídico europeo*, Valencia, Tirant lo blanch, 2013, pp. 339-383, spéc. p. 346.

302 Cf. PEREZ (J.), *Histoire de l'Espagne*, Fayard, *préc.*, pp. 501-508.

303 « Careció de un aparato estatal digno de tal nombre ». SANTAMARÍA PASTOR (J. A.), « La ciencia del Derecho administrativo en España : una perspectiva histórica », *préc.*, p. 346.

304 Mais il s'agissait également d'une guerre civile dans la mesure où le peuple était divisé. Cf. NIETO GARCÍA (A.), *Los primeros pasos del Estado constitucional*, Barcelona, Ariel, 1996, pp. 23-24, p. 64.

305 Comme le souligne J. Perez, cette assemblée était toutefois essentiellement composée de notables, « peu portés aux innovations » et favorables au rétablissement de l'ordre légal bafoué par Napoléon. Cf. PEREZ (J.), *Histoire de l'Espagne*, *préc.*, p. 508. Cf. aussi SANTAMARÍA PASTOR(J. A.), « La ciencia del Derecho administrativo en España : una

de ces forces hétérogènes qui s'opposaient à l'invasion française. Les libéraux en firent une tribune pour débattre des principes constitutionnels. Les *Cortes*[306] furent convoqués en 1810 et tentèrent de supprimer tout ce qui évoquait l'Ancien Régime. Leurs travaux aboutirent à la Constitution de Cadix, promulguée le 19 mars 1812 et fortement inspirée de l'idéologie libérale[307]. L'objectif principal de cette Constitution était de renforcer l'unité de la nation espagnole, en remettant en cause le pluralisme juridique propre à la monarchie espagnole.

**103.** Leur victoire fut cependant de courte durée : l'Ancien Régime fut rapidement rétabli au retour de Ferdinand VII au pouvoir en 1814 et la Constitution de Cadix déclarée nulle[308]. La répression fit rage vis-à-vis des libéraux et des *afrancesados*, souvent conduits à l'exil. Malgré une seconde tentative entre 1820 et 1823[309], à la suite du *pronunciamiento*[310] de Riego, période durant laquelle Ferdinand VII s'inclina face aux libéraux en rétablissant la Constitution de Cadix, il ne fut définitivement mis fin à l'Ancien Régime qu'en 1833, à la mort de Ferdinand VII[311].

---

perspectiva histórica », *préc.*, pp. 345-347. J.-B. Busaal ajoute également que les juntes étaient loin d'être révolutionnaires. Cf. BUSAAL (J.-B.), *Le spectre du jacobinisme. L'expérience constitutionnelle française et le premier libéralisme espagnol*, *préc.*, pp. 211-212.

306 Désigne les chambres parlementaires.

307 Les opposants aux libéraux virent dans cette Constitution une reprise servile de la Constitution française de 1791. Les libéraux, en réponse, invoquèrent une tradition démocratique puisée dans l'Espagne du XVIème siècle, malmenée par la suite par l'arrivée des Habsbourgs au pouvoir. Cf. PEREZ (J.), *Histoire de l'Espagne*, *préc.*, pp. 309-310 ; et BUSAAL (J.-B.), *Le spectre du jacobinisme. L'expérience constitutionnelle française et le premier libéralisme espagnol*, *préc.*, pp. 313-321. Sur l'idée d'une tradition espagnole, cf. *infra*, n° 555-563.

308 Mais cette Constitution gardera malgré tout « une valeur symbolique et programmatique très forte dans la culture libérale ». Cf. RICHARD (E.), *L'Esprit de lois. Droit et sciences sociales à l'Académie royale des sciences morales et politiques d'Espagne (1857-1923)*, Thèse, dactyl., Paris 1, p. 36.

309 Période appelée « le *trienio liberal* ».

310 Le terme est désormais utilisé dans la langue française, et est « reconnu dans le vocabulaire politique international ». Il désigne les coups d'Etat militaire des pays hispaniques. Cf. LESELBAUM (C.), « Pronunciamiento », in *Universalis éducation [en ligne]. Encyclopædia Universalis*, consulté le 13/09/2016. Disponible sur http://www.universalis-edu.com/encyclopedie/pronunciamiento/.

311 La période qui précéda, appelée par les historiens espagnols *la ominosa década*, en référence à la terrible répression antilibérale qui fit à nouveau rage entre 1824 et 1833, s'acheva finalement par la victoire du libéralisme et la mise en place d'un gouvernement « résigné aux réformes ». Cf. PEREZ (J.), *Histoire de l'Espagne*, *préc.*, p. 527. E. GARCÍA DE ENTERRÍA insiste sur la « singularité de Ferdinand VII par rapport à ses homologues européens ». Il fut en effet « incapable de comprendre les énormes bénéfices que l'adoption du système

**104.** Ainsi, un appareil étatique instable, une rupture avec l'Ancien Régime beaucoup plus chaotique que celle qui eut lieu dans d'autres pays d'Europe et par conséquent, une installation plus tardive du libéralisme[312], expliquent sans aucun doute l'apparition retardée d'un véritable droit administratif en Espagne. Il ne bénéficiait en effet pas des conditions idéales à son éclosion avant 1833[313]. Avec la dissolution définitive de l'Ancien Régime, puis l'arrivée au pouvoir, dix ans plus tard, des modérés[314], le droit administratif

---

d'égalité et de liberté des modernes pouvait apporter à la Société et même à la monarchie elle-même, et que ses semblables se sont empressés de respecter ou d'instaurer dans toute l'Europe ». Il a « dédié toute son énergie à un retour pur et simple de l'Ancien Régime, qui s'est avéré particulièrement arbitraire voire grotesque. ». Cela explique le retard de la modernisation de l'Espagne. Cf. GARCÍA DE ENTERRÍA (E.), *La lengua de los derechos: la formación del derecho público europeo tras la revolución francesa*, Madrid, Civitas, 3ª ed., 2009, pp. 239-240. Il faut tout de même relever quelques légères inflexions à la toute fin de son règne.

312 Cf. SÁNCHEZ-MORÓN (M.), *Derecho administrativo*, Madrid, Tecnos, 9ª ed., 2013, p. 54.

313 Néanmoins, certains auteurs, à l'instar de J.-L. Villar Palasí, considèrent que l'on peut dater la naissance du droit administratif espagnol à compter de la promulgation de la Constitution de 1812, car « c'est dans ce texte que l'on trouve des garanties de contrôle des pouvoirs publics qui font que les privilèges commencent à devenir un instrument au service des citoyens ». Cf. VILLAR PALASÍ (J.-L.), « El fin del Antiguo Régimen y los orígenes del estado constitucional en España. La aparición del derecho administrativo », in *Posada Herrera y los orígenes del derecho administrativo español*, Seminario de Historia de la Administración, Madrid, I.N.A.P., 2001, pp. 17-28, spéc. p. 28. L. Cosculluela Montaner adopte le même point de départ : « l'origine du Droit Administratif espagnol date de l'approbation de la première Constitution en 1812, bien que les vicissitudes politiques de notre mouvementé XIXe siècle aient empêché sa consolidation jusqu'à la Constitution de 1837 ». Cf. COSCULLUELA MONTANER (L.), *Manual de derecho administrativo*, 21ª ed., Pamplona, Civitas, 2010, p. 41.

314 Il fallut attendre encore dix ans avant que l'Espagne n'acquière un peu de stabilité. La mort de Ferdinand VII provoqua une crise de succession ravageuse. Il avait, avant sa mort, désigné sa fille Isabelle II comme étant son successeur, dérogeant ainsi à la loi salique. Une régence libérale s'était alors mise en place sous l'égide de la reine Maria-Cristina. Cependant, la noblesse légitimiste soutenait le frère de Ferdinand VII, Don Carlos, de tendance beaucoup plus conservatrice et anti-libérale. S'ensuivit une véritable guerre civile entre partisans d'Isabelle II et les carlistes, si bien que jusqu'en 1839 coexistaient, de fait, deux Espagne car deux Etats : l'Etat carliste et l'Etat « Cristino ». Cf. NIETO GARCÍA (A.), *Los primeros pasos del Estado constitucional*, préc., pp. 29-41 ; PEREZ (J.), *Histoire de l'Espagne, préc.*, pp. 554-555 et 569-583. En guise d'élément de complexité supplémentaire, expliquant ces années de latence après la mort de Ferdinand VII, il faut aussi mentionner les discordes qui existaient parmi les libéraux eux-mêmes -entre les modérés et les progressistes- concernant la reconstruction d'un nouvel Etat. En étant un peu réducteur, on peut résumer cette opposition de la façon suivante : les progressistes, que l'on présente souvent comme les héritiers des libéraux exaltés, prônaient une rupture révolutionnaire avec le passé. Les modérés, quant à eux, défendaient une certaine continuité et une réforme de l'administration lente et progressive. Ces tendances alternèrent au pouvoir durant la période de régence, avec un avantage certain pour les modérés. Pour des précisions supplémentaires sur cette question, cf. NIETO GARCÍA (A.), *Los primeros pasos del Estado*

pouvait enfin se développer. Des structures étatiques centralisées, un découpage administratif du territoire, et un contrôle contentieux de l'Administration, opéré par des organes indépendants, furent mis en place. La conjoncture politique qui a amené les modérés au pouvoir, et la connaissance détaillée de l'expérience française, relayée par les élites, ont ainsi eu une réelle incidence sur le choix d'institutions inspirées du modèle administratif français[315].

**105.** L'argument d'une naissance plus tardive d'un véritable droit administratif espagnol ne suffit cependant pas en lui-même à expliquer la position d'imitateur du droit administratif espagnol. Il est en effet possible d'objecter que le retard constaté n'est que de quelques décennies. L'acception du terme « droit administratif » doit toujours être prise dans son double sens pour en avoir une vision complète. Il faut donc examiner à présent le sort de la science du droit administratif. C'est davantage sous cet angle que l'on mesure le retard de l'Espagne.

### §2) Le décalage de la science espagnole du droit administratif

**106.** Le décalage de la science espagnole du droit administratif se constate sur deux plans. Le droit administratif entendu comme ensemble de règles spécifique est né, on l'a vu, plus tard en Espagne que dans d'autres pays européens, ce qui a eu des répercussions directes sur l'émergence de la science spécifique qui étudie ce corps de règles. La science espagnole du droit administratif souffrait donc dès l'origine de ce décalage temporel (A). Celui-ci a, par la suite, changé de nature : la science du droit administratif montrant des difficultés à se développer et à s'autonomiser, le décalage est devenu qualitatif (B).

---

*constitucional*, *préc.*, pp. 25-29, pp. 69-72 ; PEREZ (J.), *Histoire de l'Espagne*, *préc.*, pp. 563-569.

[315] SANTAMARÍA PASTOR (J. A.), « La ciencia del Derecho administrativo en España : una perspectiva histórica », *préc.*, pp. 347-349.

## A) Un décalage temporel

**107.** On retrouve ici la même difficulté, propre à toute approche sociogénétique : établir le décalage dans la constitution d'une science espagnole du droit administratif suppose de déterminer précisément son acte de naissance. De la même façon qu'il existait des précédents au droit administratif, entendu comme un ensemble de règles spécifiques, il est également possible d'identifier une préhistoire de la science du droit administratif espagnol. Cette préhistoire est incarnée en Espagne, de même qu'en Europe, dans la science de la police, composante des sciences camérales, qui s'est développée de concert avec l'Etat absolutiste[316]. On dénombre ainsi quelques « "cultivadores" espagnols de la science de la police »[317] qui se sont attelés à la description du système absolutiste espagnol[318], inspirés en particulier par les ouvrages français de N. Delamarre ou allemands de J. H. Gottlob Von Justi.

**108.** A quelques exceptions près[319], cette science espagnole de la police ne s'est toutefois pas particulièrement illustrée en Europe. Elle n'a finalement eu « que quelques rares "cultivadores" »[320] n'ayant pas proposé de véritable systématisation[321]. Pour L. Jordana de Pozas, « l'apport espagnol à la science de la police est limité et peu original »[322]. A. Nieto García est encore plus

---

316 La science de la police portait en Espagne le nom de « gobierno político y económico ».

317 Pour reprendre le titre de la contribution de JORDANA DE POZAS (L.), « Los cultivadores españoles de la ciencia de la policía », in *Centenario de los iniciadores de la ciencia jurídico-administrativa española*, Madrid, Instituto de estudios de administración local, 1944, pp. 133-155. Le terme espagnol *cultivadores* est ici conservé car il est difficilement traduisible en français. L'expression « cultiver une science » est régulièrement utilisée en espagnol au sens figuré. Les *cultivadores* sont alors ceux qui se dédient à une science, à son développement. Si le terme « défricheur » aurait pu sembler adéquat à première vue, il n'a cependant pas été choisi car les auteurs espagnols n'ont pas forcément innové.

318 Il faut notamment citer J. Olmedar y Leon, P. J. Perez Valiente, V. de Foronda, Puig y Gelabert, J. A. Ibañez de la Rentería, T. Valeriola Riambau et surtout l'œuvre de R. L. de Dou y Bassols, qui a donné « une information exhaustive sur le système politique et administratif des dernières années de l'Etat absolutiste espagnol ». Cf. SANTAMARÍA PASTOR (J. A.), « La ciencia del Derecho administrativo en España : una perspectiva histórica », *préc.*, p. 351.

319 Comme par exemple R. L. de Dou y Bassols.

320 « Más que cultivadores muy contados ». SANTAMARÍA PASTOR (J.-A.), « La ciencia del Derecho administrativo en España: una perspectiva histórica », *préc.*, p. 353.

321 *Ibidem.*

322 « *La aportación española a la Ciencia de la Policía es escasa y poco original* ». JORDANA DE POZAS (L.), « Los cultivadores españoles de la ciencia de la policía », *préc.*, p. 141.

critique, en estimant que « les rares et médiocres auteurs de la Science de la Police sont passés sans laisser de trace »[323]. Il convient néanmoins d'expliquer ce constat : la crise que l'Etat absolutiste connaissait durant les trente premières années du XIX$^e$ siècle et l'instabilité institutionnelle qui en résultait, rendaient bien difficile le travail doctrinal. J. A Santamaría Pastor rappelle ainsi « qu'il est logiquement impossible de présenter le régime juridique d'une Administration virtuellement inexistante et, bien sûr, dépourvue de toute régulation normative et de systèmes de contrôle judiciaire ou de son équivalent »[324].

**109.** Au-delà de sa pauvreté évoquée par certains auteurs, cette science manquait surtout des fondements sur lesquels repose tout droit administratif, pour considérer qu'il s'agit d'autre chose que d'un antécédent de la science moderne du droit administratif[325]. E. Linde Paniagua estime que « la Constitution de Cadix en particulier, et le constitutionnalisme régnant en Europe, en général, auraient supposé une rupture systématique avec les cultivadores de la science de la police. C'est sous d'évidentes influences françaises que naîtra en Espagne un droit administratif »[326].

**110.** L'avènement du libéralisme, à la suite de la chute définitive de l'Ancien Régime en 1833, permettra enfin de reconnaître un véritable droit administratif[327]. Ce n'est qu'à partir de ce moment-là, c'est-à-dire une fois l'objet constitué[328] que, mécaniquement, les premiers écrits de la science du droit administratif purent apparaître, même si la Constitution de Cadix de 1812

---

323 « Los escasos y mediocres autores de la Ciencia de la Policía han pasado sin dejar rastro [...] ». NIETO GARCÍA (A.), « Influencias extranjeras en la evolución de la ciencia española del derecho administrativo », *préc.*, p. 47.

324 « Es lógicamente imposible exponer el régimen jurídico de una Administración virtualmente inexistente y, desde luego, carente de cualquier regulación normativa y de sistemas de control judicial o equivalente ». SANTAMARÍA PASTOR (J.-A.), « La ciencia del Derecho administrativo en España: una perspectiva histórica », *préc.*, p. 353.

325 Cf. MATILLA CORREA (A.), *Los primeros pasos de la ciencia del derecho administrativo en Cuba*, Madrid, Dykinson, 2011, p. 111.

326 « La Constitución de Cádiz en particular y, en general, el constitucionalismo imperante en Europa supondrá un corte sistemático en relación a los cultivadores de la ciencia de la policía. Con obvias influencias francesas tendrá lugar en España el alumbramiento del Derecho Administrativo ». LINDE PANIAGUA (E.), *Fundamentos de Derecho Administrativo. Del derecho del poder al derecho de los ciudadanos*, *préc.*, p. 69.

327 Cf. *Supra*, n° 104.

328 Cf. VILLAR PALASI (J. L.), *Derecho administrativo*, T. 1, *préc.*, p. 215.

et le triennat constitutionnel leur avaient ouvert la voie[329]. Dans la mesure où le droit administratif naissait plus tard que dans les pays voisins de l'Espagne, une science spécifiquement dédiée à cet objet ne pouvait que souffrir également de ce retard. Il faudra cependant attendre une dizaine d'années après la chute de l'Ancien Régime, pour que paraissent les premiers ouvrages de droit administratif espagnols[330]. Durant cet intervalle de dix ans, de nombreux ouvrages français, en lien avec la thématique administrative ou le droit public, furent toutefois traduits en espagnol et circulèrent, à l'instar de ceux de C. J.-B. Bonnin, ou de G. Bourbon-Leblanc[331], si bien qu'E. García de Enterría dira des années plus tard, qu'au cours de cette période, « la science administrative ne s'offre à notre pays que par de simples traductions »[332].

**111.** Certains auteurs se chargèrent d'assurer la transition scientifique entre la science de la police et une véritable science du droit administratif, à l'instar de P. Sáinz de Andino, mais surtout de J. De Burgos[333]. Pour M. Martinez Neira, « on cherchait une rupture avec la science de la police antérieure, et l'on a attribué à Javier de Burgos la fonction de clore ce chapitre afin d'en ouvrir un autre »[334]. Il fallait reconstruire l'Etat, et le contexte sociopolitique de l'Espagne caractérisé par de fortes tensions entre modérés, conservateurs

329 Cf. MATILLA CORREA (A.), *Los primeros pasos de la ciencia del derecho administrativo en Cuba*, Madrid, Dykinson, 2011, pp. 112-113.

330 NIETO GARCÍA (A.), « Influencias extranjeras en la evolución de la ciencia española del derecho administrativo », *préc.*, p. 47.

331 Cf. *infra*, n° 307-309.

332 « La ciencia administrativa se ofrece en nuestro país en simples traducciones ». GARCÍA DE ENTERRÍA (E.), « Prólogo », in OLIVÁN (A.), *De la Administración Pública en relación a España*, Madrid, Instituto de Estudios Políticos, 1954, p. 4.

333 Considéré comme le précurseur de la science du droit administratif. Cf. NIETO GARCÍA (A.), « Influencias extranjeras en la evolución de la ciencia española del derecho administrativo », *préc.*, p. 50 ; MESA SEGURA (A.), *Labor administrativa de Javier de Burgos*, Madrid, Publicaciones del Instituto de estudios de administración local, 1946., pp. 5-7; MESA SEGURA (A.), « De Javier de Burgos a Ortiz de Zúñiga. Iniciación de los estudios de derecho administrativo con carácter sistemático en España », in *Centenario de los iniciadores de la ciencia jurídico-administrativa española*, Madrid, Instituto de estudios de administración local, 1944, pp. 23-37; ALLI ARANGUREN (J.-C.), *La construcción del concepto de derecho administrativo español, préc.*, p. 159; MATILLA CORREA (A.), *Los primeros pasos de la ciencia del derecho administrativo en Cuba, préc.*, pp. 132-133.

334 « Se buscaba por ello una ruptura con la anterior ciencia de la policía, y se atribuyó a Javier de Burgos la función de cerrar un capítulo para abrir otro ». MARTINEZ NEIRA (M.), « Relevancia del derecho administrativo francés en la educación jurídica española », *Forum historiae iuris*, 27 mai 2005, http://www.forhistiur.de/zitat/0505neira.htm, consulté le 14/08/2014. Néanmoins, cf. contra GALLEGO ANABITARTE (A.), « Las asignaturas del derecho político y administrativo: el destino del derecho público español », *R.A.P.*, 1983, n° 100-102, pp. 705-804, spéc. pp. 707-727.

et progressistes qui alternaient au pouvoir durant cette période, explique ce temps de transition et même ce besoin de se tourner vers l'étranger pour chercher l'inspiration. J. A. Santamaría Pastor rappelle que

> « les études juridico-administratives n'étaient pas viables, tout simplement parce qu'on se trouvait dans un pays dont l'Administration était littéralement en train de se construire de toutes pièces, dans lequel les relations des citoyens avec l'Administration n'étaient pas considérées comme de simples relations juridiques, mais comme des relations de pouvoir et dans lequel, surtout, il n'existait pas de juridiction spéciale chargée de résoudre, en des termes juridiques, les conflits entre les particuliers et les pouvoirs publics »[335].

**112.** Ces auteurs ont tous un profil semblable, administrateurs ou politiques plus qu'universitaires, ils œuvrent à l'origine pour ce que l'on appellerait plutôt aujourd'hui la science administrative[336]. Comme le rappelle A. Nieto García, il s'agissait

> « d'hommes logiquement préoccupés par le droit administratif, mais bien plus encore par l'art d'administrer, ainsi, le centre de leurs réflexions ne se trouvait pas dans l'analyse des procès qui pouvaient intervenir entre les particuliers et l'Administration (c'est la conception que l'on a aujourd'hui du droit administratif : un droit pour les avocats). Cela les intéressait, naturellement, mais ce qui les intéressait surtout, c'était la recherche des formes les plus idoines de gouvernement et d'administration : en somme, une technique pour les responsables politiques et les administrateurs »[337].

---

[335] « Los estudios jurídico-administrativos no eran viables, sencillamente, en un país cuya Administración estaba literalmente construyéndose *ex novo*, en el que las relaciones de los ciudadanos con la Administración no se consideraban como simples relaciones jurídicas, sino como relaciones de poder y en el que, sobre todo, no existía una jurisdicción especial que resolviese en términos jurídicos, los conflictos entre los sujetos particulares y el poder público ». SANTAMARÍA PASTOR (J.-A.), « La ciencia del Derecho administrativo en España: una perspectiva histórica », *préc.*, p. 359

[336] DE BURGOS (J.), *Instrucción a los Subdelegados de Fomento de 30 de noviembre de 1833.*

[337] « Fueron hombres a quienes preocupaba lógicamente el Derecho Administrativo, pero mucho más el arte de administrar, de tal manera que el centro de sus reflexiones no se

**113.** Ils furent souvent critiques, dans leurs écrits, vis-à-vis de l'Etat absolutiste[338], influencés par les idées du despotisme éclairé, mais également par le modèle français[339]. Animés par une volonté de reconstruire l'Etat après

---

encontraba en el análisis de los pleitos que podían mediar entre los particulares y la Administración (que es el Derecho Administrativo que hoy corre entre nosotros: un Derecho para abogados). Esto les importaba, naturalmente, pero mucho más la indagación de las formas más idóneas de gobierno y administración: una técnica, en suma, para políticos y administradores ». NIETO GARCÍA (A.), *Los primeros pasos del Estado constitucional. Historia administrativa de la Regencia de María Cristina de Borbón*, Barcelona, Ariel, 1996, p. 5.

338 DE BURGOS (J.), *Exposición dirigida al señor don Fernando VII desde Paris en 24 de enero de 1826 sobre los males que aquejaban a España en aquella época y medidas que debía adoptar el Gobierno para remediarlas*, Cadix, Librería de Feros, 1834; SÁINZ DE ANDINO (P.), *Exposición al Rey N. S. sobre la situación política del Reino y medios de su restauración*, 1829. Ces deux auteurs écrivent cependant à la demande du roi lui-même. Cela peut paraître paradoxal, mais comme l'indique J.-P. Luis : « Les contre-révolutionnaires sont bien sûr dans une opposition totale, pourtant, c'est paradoxalement chez Ferdinand VII que l'on peut déceler une influence napoléonienne que l'on n'attendait pas. Il fut tout d'abord poussé dans la dernière décennie de son règne à accepter une politique réformatrice héritée des méthodes du despotisme éclairé et matinée de libéralisme qui avait indéniablement quelques accents napoléoniens ». LUIS (J.-P.), « L'influence du modèle napoléonien en Espagne (1814-1845) », *Annales historiques de la Révolution française* [en ligne], 336, avril-juin 2004, mis en ligne le 15 juillet 2007 ; consulté le 10/09/2014, disponible sur http://ahrf.revues.org/1732, pp. 1-16, *spéc.* p. 11. J.-P. Luis l'explique par le fait qu'apparaissent des « divisions de plus en plus profondes du camp absolutiste entre modérés et ultras. Les modérés recherchent l'appui d'hommes d'expérience, bien introduits auprès de la place de Paris, pour négocier les emprunts indispensables à un Trésor Royal aux abois. Sans jamais occuper des emplois de premier plan, mais plutôt des commissions temporaires, quelques dizaines d'afrancesados (Javier de Burgos, Alberto Lista, Pedro Sáinz de Andino, Sebastián de Miñano pour les plus connus) réapparaissent au sein de l'appareil d'État, ce qui déclenche la fureur des absolutistes ultras ». *Idem*, p. 3. Dans le même sens, cf. NIETO GARCÍA (A.), *Los primeros pasos del Estado constitucional*, préc., pp. 22-23, 70.

339 Bien qu'ils durent au départ dissimuler leurs affinités avec le modèle français, pour éviter les représailles. Cf. CHAMOCHO CANTUDO (M.-A.), « La circulation du modèle administratif français en Espagne : entre nationalisme juridique et fonds juridique commun », in LE YONCOURT (T.), MERGEY (A.), SOLEIL (S.), *L'idée de fonds juridique commun dans l'Europe du XIXème siècle. Les modèles, les réformateurs, les réseaux*, Rennes, P.U.R., 2014, pp. 125-161, spéc. pp. 134-135. P. Sáinz de Andino fut sous-préfet sous le régime joséphin et réintégra le ministère des Finances en 1828, dans l'objectif de rédiger le premier code de commerce espagnol. Dans son *Exposición al Rey N.S. sobre la situación política del Reino y medios de su restauración, hecha en el año de1829 de orden de S.M., por el Señor Don Pedro Sainz de Andino, de su Consejo y su Fiscal más antiguo en el Real y Supremo de Hacienda*, il prend une distance assez nette avec les idées des révolutionnaires français puisqu'il conseillait au Roi de se méfier de Paris, « centre du jacobinisme », « foyer des révolutions », car « c'est de Paris que sont partis les émissaires qui ont fomenté la rébellion de nos Amériques menant leurs habitants à la perte et nous apportant un grand préjudice […]. C'est à Paris que se trouve le grand réseau des relations des sociétés secrètes qui n'existent que pour conspirer contre les Trônes et pour envelopper le monde dans une anarchie universelle ». Exposé retranscrit dans GARCÍA MADARIA (J.), *El pensamiento administrativo de P. Sáinz de Andino 1829-1848. Introducción y notas*, Madrid, I.N.A.P.,

la mort de Ferdinand VII en 1833, ils étaient bien souvent fins connaisseurs de l'expérience institutionnelle et de la doctrine françaises qu'ils admiraient beaucoup[340]. Cela ne fut évidemment pas sans conséquence sur leurs actions professionnelles,[341] mais aussi, plus tard, sur leurs écrits, lorsqu'ils se consacrèrent plus spécifiquement au droit administratif[342].

**114.** La génération qui les suit immédiatement partage de nombreux points communs avec leurs devanciers, notamment d'être au service de l'Administration et d'avoir été influencée par les institutions et la doctrine françaises[343]. Ils considéraient ces dernières comme modèle dont il faut s'inspirer, pour éviter de commettre certaines erreurs. A. Oliván proposait ainsi en 1843 d'emprunter à l'expérience française « dont les vicissitudes forment un livre ouvert pour les nations qui sont à la recherche d'une expérience sans passer par les moments critiques inhérents au fait de la vivre par soi-même [...] »[344]. Cette génération s'inscrit en cela dans la continuité de

---

1982, pp. 53-269 et pp. 262-263 pour l'extrait cité. Cela ne l'empêcha cependant pas de s'inspirer du Code de commerce français de 1807 pour la rédaction du Code espagnol et de vanter l'universalité de l'administration française en 1847. Cf. CHAMOCHO CANTUDO (M.-A.), La circulation du modèle administratif français en Espagne : entre nationalisme juridique et fonds juridique commun », *préc.*, p. 137, note 64. Pour plus de détails sur ce personnage, cf. PELAEZ (M. J.), « L'influence juridique de la Troisième République dans le droit de l'Espagne », in STORA-LAMARRE (A.), HALPERIN (J.-L.), AUDREN (F.), *La République et son droit (1870-1930)*, Besançon, Presses universitaires de Franche-Comté, 2011, pp. 331-358, spéc. pp. 333-334 ; LUIS (J.-P.), « L'influence du modèle napoléonien en Espagne (1814-1845) », *préc.*, p. 6.

340 J. de Burgos, notamment, fit le lien entre la science administrative française et la science administrative espagnole, en diffusant en particulier la pensée de Bonnin, qu'il connaissait grâce à son séjour en France. Cf. *infra*, n° 186. On suppose ensuite que P. Sáinz de Andino lisait également les auteurs français. Cf. GARCÍA MADARIA (J.), *El pensamiento administrativo de P. Sainz de Andino 1829-1848. Introducción y notas*, préc., p. 50.

341 On retient ainsi souvent le nom de J. De Burgos pour la division du territoire espagnol en provinces et l'instauration d'un appareil central de gouvernement au niveau provincial.

342 SÁINZ DE ANDINO (P.), ARRAZOLA (L.), PUCHE Y BAUTISTA (M.) ROMERO GINER (J.), VALOR (V.), COLLADO (M. A.), NAVARRO ZAMORANO (R.) *Enciclopedia Española de Derecho y Administración*, Madrid, Tipografía general de D. Antonio Rius y Rossell, 1848; BURGOS (J. de), « Ideas de Administración », *La Alhambra. Periódico de Ciencias, Literatura y Bellas Artes*, 1841, pp. 37-41, 52-55, 61-66, 73-82, 109-117, 157-163, reproduit dans MESA SEGURA (A.), *Labor administrativa de Javier De Burgos*, Madrid, Instituto de Estudios de Administración Local, Imprenta C. Bermejo, 1946, pp. 220-280.

343 Cf. *Infra*, n° 187-191 ; 305-307.

344 « [...] cuyas vicisitudes son un libro abierto a las naciones que busquen la experiencia sin pasar por los duros trances que cuesta el adquirirla por sí ». OLIVÁN (A.), *De la Administración Pública con relación a España*, Madrid, Boix Editor, 1843, pp. 23-24.

la génération précédente[345]. Si la frontière entre écrits de science administrative et écrits de science du droit administratif est parfois ténue, toujours est-il que ces auteurs-là peuvent être considérés comme les « initiateurs » de la science du droit administratif et seront reconnus par la suite comme tels[346]. Leurs ouvrages surgissent tous au même moment, au cours de la décennie 1840, et constituent les premiers écrits de la science espagnole du droit administratif[347].

**115.** A. Nieto García a procédé à une classification en trois catégories de ces premiers auteurs[348]. Même si toute classification a ses limites, cela permet d'appréhender plus clairement la naissance et l'évolution de la science espagnole du droit administratif au cours de la décennie 1840-1850. La première catégorie, celle des « essayistes »[349], est représentée par F. A. Silvela, J. De Burgos et A. Oliván. Ils eurent le mérite de s'essayer les premiers au droit administratif, même si leurs travaux relevaient davantage de la science administrative. Ils étaient en effet fortement animés par la volonté d'offrir la meilleure administration possible à l'Espagne. Même si l'on considère ces auteurs comme œuvrant plus pour la science de l'Administration que pour celle du droit administratif, « cela ne signifie pas pour autant que leurs œuvres

---

[345] Cf. MESA SEGURA (A.), « De Javier De Burgos a Ortiz de Zuñiga. Iniciación de los estudios de derecho administrativo con carácter sistemático en España », in *Centenario de los iniciadores de la ciencia jurídico-administrativa española*, Madrid, Instituto de estudios de administración local, 1944, pp. 23-37.

[346] Cf. GASCÓN Y MARÍN (J.), *Discurso correspondiente a la apertura del curso académico 1944-1945 por el catedrático de derecho administrativo Excmo. Sr. D. José Gascón y Marín*, Madrid, Estades-Artes graficas, 1944, p. 26. Ces auteurs sont d'ailleurs présentés comme une génération miraculeuse pour la science du droit administratif, ainsi qu'en témoigne la commémoration de son centenaire en 1944. Cf. *Centenario de los iniciadores de la ciencia jurídico-administrativa española, préc.* Cf. *infra*, n° 558.

[347] SILVELA (F. A.), *Colección de proyectos, dictámenes, leyes orgánicas o estudios prácticos de Administración*, Madrid, Imprenta Nacional, 1839; DE BURGOS (J.), « Ideas de Administración », *préc.*; ORTIZ DE ZÚÑIGA (M.), *Elementos de Derecho administrativo*, Granada, 1842-1843; OLIVÁN (A.), *De la Administración Pública con relación a España*, Madrid, Boix Editor, 1843, reimpr. Madrid, Instituto de Estudios Políticos, 1954, POSADA HERRERA (J.), *Lecciones de Administración*, Madrid, Establecimiento Tipográfico calle del Sordo, 1843-1845, GÓMEZ DE LA SERNA (P.), *Instituciones de Derecho administrativo español*, Madrid, Imprenta de D. Vicente Zalama, 1843 et enfin COLMEIRO (M.), (M.), *Derecho administrativo español*, Madrid, Librerías de Don Ángel Calleja, 1ª ed., 1850.

[348] NIETO GARCÍA (A.), « Influencias extranjeras en la evolución de la ciencia española del derecho administrativo », *préc.*, spéc. pp. 47-60.

[349] « Ensayistas ».

n'ont pas incité à l'étude de cette branche juridique en Espagne [...] »[350]. La deuxième catégorie, celle des « systématisateurs »[351], est incarnée par P. Gómez de la Serna et M. Ortiz de Zúñiga. Ils procédèrent aux grandes systématisations du droit administratif espagnol, dont le besoin résultait sans doute de l'apparition des premiers enseignements spécifiques au droit administratif[352]. On peut, ici encore, relever les quelques années de décalage dans la consécration de l'enseignement du droit administratif en tant que matière universitaire en Espagne par rapport à ses plus proches voisins[353]. La troisième catégorie enfin, celle des « créateurs »[354], réunit J. Posada Herrera et M. Colmeiro. Ils firent cette fois véritable œuvre doctrinale originale.

**116.** Pour résumer, d'un point de vue temporel, la science du droit administratif espagnol accuse un retard d'une vingtaine d'années — ce qui constitue tout de même quasiment une génération — par rapport à la France ou à l'Italie[355]. Les premiers ouvrages généraux spécifiquement dédiés au droit administratif apparaissent en Espagne dans les années 1840, de même que l'enseignement universitaire. Ce retard temporel doit néanmoins être relativisé comme argument principal expliquant la position de la science espagnole du droit administratif. L'écart se creuse en effet plus encore si l'on se place du point de vue qualitatif.

---

350 « Lo que no significa que su obra no tenga una clara connotación iniciadora hacia los estudios de esa rama jurídica en España [...] ». MATILLA CORREA (A.), *Los primeros pasos de la ciencia del derecho administrativo en Cuba*, *préc.*, p. 130.

351 « Sistematizadores ».

352 Le décret du 1er octobre 1842 disposait en son article 5 que devaient être étudiés en troisième année des « Eléments de droit pénal, de procédures et de droit administratif » et que deux mois devaient être consacrés exclusivement à l'étude des « éléments de droit administratif ». A ce moment-là, la matière était différenciée du droit politique, enseigné en 7ème année. La même année, par un Décret du 29 décembre 1842 et une ordonnance du 31 décembre 1842 fut créée une école spécialisée d'administration publique, dont le but était de former les agents du pouvoir exécutif. La deuxième année était intégralement consacrée à l'étude des « principes d'administration et droit administratif ». C'est notamment J. Posada Herrera qui enseigna dans cette école d'administration.

353 En France, le premier cours de droit administratif est créé en 1819, même s'il ne fut définitivement enraciné qu'à partir de 1828.

354 « Creadores ».

355 Le premier ouvrage de droit administratif fut publié en Italie. Cf. ROMAGNOSI (G. D.), *Principi fondamentali del diritto amministrativo onde tesserne l'istituzioni*, Milan, Cesare Orena nella Stamperia Malatesta, 1814. En France, c'est à L.-M. de la Haye de Cormenin que l'on attribue l'un des premiers ouvrages de droit administratif. Cf. CORMENIN (L.- M.), *Eléments de jurisprudence administrative*, Paris, Dondey-Dupré, 1818.

## B) Un décalage qualitatif

**117.** L'argument d'une naissance plus tardive de la science du droit administratif espagnol par rapport à ses voisins européens n'est pas une explication suffisante de son retard. Il aurait tout à fait été envisageable qu'à partir du moment où émergeait cette science, on assiste à une explosion de la production scientifique espagnole et, qu'à l'image de l'Allemagne, l'Espagne se présente comme un modèle de droit administratif.

**118.** Si l'on excepte la décennie 1840-1850, qui marque à la fois sa naissance et paradoxalement son âge d'or[356], la science espagnole du droit administratif n'a pas eu par la suite le développement escompté[357]. Elle accuse cette fois un retard, non pas temporel, mais plutôt qualitatif, et ce, jusqu'aux années 1950. A partir de 1850, « les cent années qui suivirent offrent un panorama de production scientifique assez faible, et de qualité bien peu satisfaisante »[358]. A. Nieto García partage ce constat en soulignant que « le droit administratif espagnol est plongé dans un impressionnant silence. Après l'apogée vertigineux de la décennie extraordinaire viennent trente-cinq années de silence et de routine, et cette branche juridique mettra encore cent ans avant de connaître de nouveau — en 1950 — une période créatrice »[359].

---

356 Selon les auteurs qui procédèrent un siècle plus tard à la célébration de son centenaire. Cf. *infra*, n° 558.

357 Notamment avec l'apparition quasiment simultanée de la juridiction administrative avec les lois des 2 avril et 6 juillet 1845, et des premiers enseignements du droit administratif au sein des universités. Ces deux facteurs combinés ont eu comme conséquence dans d'autres pays le développement d'une abondante doctrine juridico-administrative, à l'exemple de la France. En Espagne ce ne fut pas tout à fait le cas, exception faite d'œuvres spécifiques dédiées à la juridiction administrative, mais elles étaient plutôt à destination des professionnels et ne prétendaient pas à un apport théorique particulier. Cf. SANTAMARÍA PASTOR (J.-A.), « La ciencia del Derecho administrativo en España: una perspectiva histórica », *préc.*, pp. 364-365.

358 « [...] los cien años siguientes ofrecen un panorama de producción científica bastante más escaso, y de calidad escasamente satisfactoria ». SANTAMARÍA PASTOR (J.-A.), « La ciencia del Derecho administrativo en España: una perspectiva histórica », *préc.*, p. 361. Même s'il reconnaît bien évidemment qu'il y avait des exceptions, à l'instar de M. Colmeiro, V. Santamaría de Paredes et A. Gonzales Posada. Mais son avis sur les apports doctrinaux de cette époque est globalement négatif. Cf. *idem*, pp. 361-364.

359 « [...] cae un impresionante silencio sobre el Derecho Administrativo español. Tras el vertiginoso apogeo de la increíble década vienen treinta y cinco años de silencio y rutina, y esta rama jurídica tardaría justo otro cien años en volver a alcanzar –en 1950- otro momento creador ». NIETO GARCÍA (A.), « Influencias extranjeras en la evolución de la ciencia española del derecho administrativo », *préc.*, p. 60.

**119.** La science du droit administratif espagnol n'a d'abord pas eu le développement escompté si l'on s'intéresse au volume de sa production bibliographique qui a été pendant longtemps « sensiblement inférieure »[360] à celle de ses voisins européens, tels que l'Italie ou la France. Ce constat est vrai tant pour des œuvres monographiques que pour le développement de revues. Il n'y a d'ailleurs pas de revues spécifiquement dédiées au droit administratif avant 1950, année de création de la *Revista de Administración Pública*, qui fut un tournant décisif pour la science du droit administratif espagnol[361].

**120.** Certains auteurs, à l'instar de J.-A Santamaría Pastor, trouvent dans le « sous-développement économique »[362] de l'Espagne l'une des raisons de ce constat. L'Espagne du XIX^e^ siècle a souffert de la succession de guerres civiles qu'elle a subies (guerre d'indépendance, première guerre carliste) ; ce qui explique que le développement des écrits de la science du droit ne fut pas la priorité.

**121.** Par ailleurs, l'enseignement du droit administratif à l'Université eut du mal à s'émanciper du droit politique (ancêtre du droit constitutionnel). Il n'a été enseigné de manière indépendante, et ce, de façon plutôt modeste[363], qu'entre 1842 et 1845, année de réforme du régime des études[364]. A partir de cette année, et ce jusqu'à la fin du XIX^e^ siècle, le droit administratif et le droit politique furent réunis en une seule matière[365]. Pour J.-A. Santamaría Pastor, des professeurs, tels que M. Colmeiro, V. Santamaría de Paredes ou encore A. Posada, qui enseignaient le droit politique et le droit administratif, privilégiaient le droit politique, en appliquant sa méthode au droit administratif, considéré « implicitement [...] comme une sorte d'appendice du

---

[360] « Sensiblemente menor ». SANTAMARÍA PASTOR (J.-A.), « La ciencia del Derecho administrativo en España: una perspectiva histórica », *préc.*, p. 343.

[361] Cf. *Infra*, n° 580-589.

[362] « El subdesarrollo económico ». SANTAMARÍA PASTOR (J.-A.), « La ciencia del Derecho administrativo en España: una perspectiva histórica », *préc.*, P. 344.

[363] Car les deux mois qui lui étaient consacrés étaient supposés exposer seulement dans les grandes lignes les principes et lois administratives.

[364] Real Decreto de 17 de septiembre de 1845 y Reglamento de 2 de octubre de 1845 (Plan Pidal).

[365] Cf. l'analyse de la science du droit administratif espagnol d' A. Matilla Correa: MATILLA CORREA (A.), *Los primeros pasos de la ciencia del derecho administrativo en Cuba*, *préc.*, p. 193.

droit politique »[366]. Le droit administratif était donc considéré comme secondaire[367].

**122.** Il faut noter également que, de manière un peu surprenante, parmi les nombreux ouvrages étrangers traduits en Espagne, un certain nombre était obsolète dans leur pays d'origine, ou considéré comme d'importance secondaire. Pour citer des exemples français, les œuvres de C.-J. B. Bonnin, de L. G. Bourbon-Leblanc ou encore de R. Gandillot étaient traduites[368] au cours de la décennie 1830, mais les ouvrages des pères fondateurs[369] du droit administratif français ne l'étaient pas ou peu, exception faite des études de L. A. Macarel[370]. Et si certains auteurs, à l'instar de J. Posada Herrera, connaissaient les apports contemporains de la doctrine française, c'était donc en lisant leurs œuvres en langue originale.

---

[366] « Implícitamente [...] como una suerte de apéndice del derecho político ». SANTAMARÍA PASTOR (J.-A.), « La ciencia del Derecho administrativo en España: una perspectiva histórica », *préc.*, p. 363.

[367] A. Gallego Anabitarte nuance ce propos et considère que ce constat est surtout vrai pour A. Posada. Cf. GALLEGO ANABITARTE (A.), *Formación y enseñanza del derecho público en España (1769-2000). Un ensayo crítico*, Madrid, Marcial Pons, 2002, pp. 264-268, 282-286. Il estime au contraire qu'il y a eu une prédominance de l'enseignement du droit administratif pendant une partie du XIXe siècle, quand bien même les deux disciplines, droit politique et droit administratif avaient été réunies en une seule. Cela s'illustre d'abord par la création d'une école spécialisée d'Administration Publique en 1842 qui, même si elle fut supprimée deux années plus tard, a eu son prolongement à l'Université à travers la mise en place d'un cursus distinct d'Administration, d'abord à la faculté de Philosophie, puis ensuite à la faculté de droit sous la forme d'un cursus particulier offrant les titres de *Bachiller*, *Licenciado* et *Doctorado* en droit administratif. Ce cursus fut néanmoins supprimé en 1883. C'est ce qui permettra à A. Gallego Anabitarte de considérer que, malgré le retard de quelques années seulement de l'instauration d'un enseignement spécifique du droit administratif, « il n'y a rien d'équivalent –ni en France, ni en Allemagne- au développement, au moins sur le papier, du droit administratif espagnol à l'Université avec ce cursus spécifique de droit administratif à partir de 1857 en Espagne », cf. *idem*, p. 163. Mais le but recherché était sans doute, avant tout, de former de bons fonctionnaires et non de développer les écrits théoriques en droit administratif. Cf. MARTÍNEZ NEIRA (M.), « Relevancia del derecho administrativo francés en la educación jurídica española », *préc.*, p. 10.

[368] Cf. SANTAMARÍA PASTOR (J.-A.), *Sobre la génesis del derecho administrativo español en el siglo XIX (1812-1845)*, *préc.*, pp. 147-148.

[369] Cf. HAURIOU (M.), « De la formation du droit administratif depuis l'an VIII », *préc.*, p. 393.

[370] MACAREL (L. A.), *Curso completo de derecho público general*, traducción castellana con notas por A. Sanchez de Bustamente, Paris, Librería española de Lecointe, 1835, 3 tomos.

**123.** Cela s'illustre enfin tout particulièrement dans le retard que prit l'Espagne dans sa conversion au nouveau paradigme de la méthodologie strictement juridique[371], importée d'Allemagne et dont les fondateurs sont P. Laband[372], G. Jellinek[373] ou encore O. Mayer[374]. Alors qu'à la fin du XIX^e^ siècle, la plupart des pays européens adoptaient cette nouvelle façon d'aborder scientifiquement le droit administratif, à l'instar de l'Italie avec V. E. Orlando[375] ou de la France avec E. Laferrière[376], la science du droit administratif espagnol ne suivit pas ce mouvement généralisé et n'a véritablement admis cette méthode que des années plus tard[377]. Est-ce par choix délibéré ou pour les raisons évoquées précédemment tenant à sa situation économique et géographique ? La réponse se trouve sans doute dans la combinaison de ces deux hypothèses.

**124.** Sans tomber dans le travers inverse, à l'image du « enfin Laferrière vint ! »[378] en France, qui consiste à dénier tout intérêt à la science du droit administratif antérieure au changement de paradigme, il faut simplement

371 Pour une étude dans le domaine de la science fiscale en particulier, cf. BOURGET (R.), *La science juridique et le droit financier fiscal. Etude historique et comparative du développement de la science juridique fiscale (fin XIXème et XXème siècles)*, Paris, Dalloz, 2012.

372 LABAND (P.), *Das Staatsrecht des Deutschen Reiches*, Tübingen, Laupp, 1876-1882.

373 JELLINEK (G.), *Gesetz und Verordnung*, Freiburg, Mohr, 1887.

374 MAYER (O.), *Deutsches Verwaltungsrecht*, Leipzig, Duncker und Humblot, 1895-1896.

375 ORLANDO (V. E.), « I criteri tecnici per la ricostruzione giuridica del diritto pubblico », *Archivio giuridico*, XLII, 1889.

376 LAFERRIÈRE (E.), *Traité de la juridiction administrative et des recours contentieux*, Paris, Berger-Levrault, 1887-1888. Cf. GONOD (P.), *Edouard Laferrière un juriste au service de la République*, *préc.*, pp. 25-27, 40-48.

377 Pour A. Nieto, l'adoption de ce nouveau paradigme se fait à partir de 1917 avec J. Gascón y Marín. Cf. NIETO GARCÍA (A.) « Influencias extranjeras en la evolución de la ciencia española del derecho administrativo », *préc.*, p. 67. Ce constat est partagé par A. Gallego Anabitarte. Cf. GALLEGO ANABITARTE (A.), « La influencia extranjera en el derecho administrativo español desde 1950 a hoy », *R.A.P.*, 1999, pp. 75-114, spéc. p. 88. Pour F. Garrido Falla, des auteurs tels que J. Gascón y Marín ou A. Royo Villanova ont simplement ouvert la voie à ce changement, mais l'adoption véritable de la méthode juridique ne se produit qu'à partir des années 1950. Cf. GARRIDO FALLA (F.), *Tratado de derecho administrativo*, vol. 1, Madrid, Centro de Estudios Constitucionales, 9ª ed., 1985, pp. 221-223; et dans le même sens, SANTAMARÍA PASTOR (J.-A.), « La ciencia del Derecho administrativo en España: una perspectiva histórica », *préc.*, p. 344.

378 Cf. JEZE (G.), « De l'utilité pratique des études théoriques de jurisprudence pour l'élaboration et le développement de la science du droit public. Rôle du théoricien dans l'examen des arrêts des tribunaux », *R.D.P.*, 1914, pp. 311-321, spéc. p. 316 et *Les principes généraux du droit administratif*, T. 1, Paris, V. Giard et E. Brière, 1914, p. VII. Cf. *supra*, n° 65-66.

remarquer qu'en ne suivant pas, en même temps que ses voisins européens, ce qui est considéré comme le passage à la modernité, la science du droit administratif espagnol pouvait difficilement s'ériger, à ce moment-là, en modèle. Ou tout du moins fallait-il la considérer comme un anti-modèle[379].

**125.** La science du droit administratif espagnol souffre donc d'un retard à deux niveaux, un retard de naissance d'abord, lié mécaniquement à l'apparition plus tardive de son objet, le droit administratif entendu comme un corps de règles spécifiques. Mais elle souffre d'un retard de substance ensuite, qui l'empêche de s'imposer comme un modèle de droit administratif à imiter. Cette idée peut se résumer dans cette citation de J. Perez qui analyse plus généralement l'histoire de l'Espagne et qui fait dès lors office de conclusion :

> « Depuis le début du XVIII^e^ siècle, l'Espagne éprouve un complexe de frustration vis-à-vis de l'Europe. Elle ne participe guère aux conquêtes qui marquent l'avènement du monde moderne : la révolution scientifique, le progrès technique, l'industrialisation, la sécularisation de la pensée... Elle souffre de se voir méprisée, condamnée, voire exploitée par l'étranger. Pour sortir de cette situation humiliante, elle cherche des solutions qui soulèvent autant de débats. Pour retrouver son rang en Europe et devenir une nation moderne, doit-elle prendre modèle sur l'étranger et renoncer à une partie de son patrimoine culturel, en reniant tout ce qui s'est fait depuis l'arrivée de

---

379 Certains auteurs voient désormais les aspects positifs de cette non conversion de l'Espagne à la méthode strictement juridique. Semblant retardataire à l'époque, elle était finalement précurseur selon ces auteurs. C. González Leonor remarque qu'en refusant d'abandonner totalement la science administrative, conséquence caractéristique de la réception de la méthode strictement juridique dominante en Europe, cela a permis à la doctrine espagnole de « se situer très près des orientations les plus modernes, et cela est dû, fondamentalement, au développement incomplet de l'application de la méthode juridique dans notre pays. Ce déficit dans le développement de la méthode juridique peut s'expliquer, dans une certaine mesure, par l'origine extra juridique de ceux qui ont posé les bases du droit administratif et de la science de l'Administration en Espagne. A l'exception de Pedro Sáinz de Andino, Francisco Agustín Silvela et Manuel Ortiz de Zúñiga, la formation et la perspective de ces auteurs sont fondamentalement économiques et sociologiques. Cette circonstance garantit même, dans une plus grande mesure, la modernité des travaux et des positions de la science administrative que représentent nos premiers administrativistes, qui proposaient un modèle de science de l'administration et un modèle d'administrateur public multidisciplinaire, basé sur l'application de connaissances de diverses matières, particulièrement de la sociologie, des sciences économiques et des sciences juridiques ». Cf. GONZÁLEZ LEONOR (M. C.), *El pensamiento de los primeros administrativistas españoles y su plasmación en la estructura de la administración del Estado*, Thèse, dactyl., Universidad Complutense de Madrid, 2004, p. 8.

Charles Quint dans la péninsule ? Il n'est pas excessif de résumer toute la période qui va du XVIII$^{e}$ à l'avènement de Juan Carlos comme un effort de l'Espagne pour rattraper son retard vis-à-vis de l'Europe et du monde moderne »[380].

[380] PEREZ (J.), *Histoire de l'Espagne*, Fayard, 1996, réimpr. Fayard, 2004, p. 395.

## Conclusion du premier chapitre

**126.** Des raisons objectives ont donc été trouvées pour expliquer les présentations classiques qui sont faites des droits administratifs français et espagnols : le modèle et l'imitateur.

**127.** L'avantage de l'ancienneté est un facteur déterminant dans la construction d'un modèle. En faisant office de pionnier, le droit administratif français ne pouvait qu'attirer les regards de l'étranger, quand bien même ces regards auraient été, pour certains, désapprobateurs[381]. Facteur déterminant certes, mais néanmoins insuffisant, il fallait en plus que le droit administratif français propose suffisamment de matière à emprunter pour effectivement circuler. C'est en l'occurrence le cas puisqu'il est un de ceux qui ont poussé le plus loin la logique d'autonomie, en ayant un champ particulièrement large. Comparativement à d'autres, il était également avantagé pour cette raison.

**128.** Au contraire, la naissance plus tardive du droit administratif espagnol considéré comme corps de règles spécifiques, en raison d'une rupture avec l'Ancien Régime plus chaotique, a retardé également la naissance d'une science spécifique qui l'étudierait. Cette science espagnole du droit administratif s'est ensuite développée plus lentement que dans les autres pays européens, malgré une décennie particulièrement faste en matière de production scientifique entre 1840 et 1850. Ce désavantage ne pouvait que rendre difficile l'érection du droit administratif espagnol en modèle. Cela conduisit les premiers bâtisseurs du droit administratif espagnol à se tourner vers ceux qu'ils estimaient précurseurs en la matière, en particulier la France.

**129.** On mesure dès lors l'importance particulière de ce facteur temporel dans la naissance d'un modèle. S'il s'agit d'un facteur important, il n'est cependant pas suffisant pour expliquer de tels positionnements. Il ne faut pas non plus négliger les raisons plus subjectives qui constituent le facteur culturel.

---

[381] On pense en particulier à la doctrine anglaise, modèle français et modèle anglais s'étant opposés à partir de la seconde moitié du XIX$^{e}$ siècle. Cf. CASSESE (S.), *La construction du droit administratif. France et Royaume-Uni*, *préc.*, spéc. pp. 9-77. Cf. *infra*, n° 531-534.

# Chapitre 2: La raison culturelle

**130.** Le facteur culturel parachève l'explication de la construction de deux idéaux-types opposés, le droit administratif français qui se présente traditionnellement comme modèle et le droit administratif espagnol qui adopte la posture de l'imitateur.

**131.** Un discours de célébration, s'apparentant parfois à du chauvinisme[382], est ainsi l'élément supplémentaire justifiant ce positionnement en tant que modèle du droit administratif français. C'est un discours constant que l'on retrouve de manière générale jusqu'au dernier tiers du XXe siècle. Selon les promoteurs de ce discours, le droit administratif français constitue un modèle de référence (voire **le** modèle de référence), ce qui justifierait son exportation (section 1). En Espagne, le discours doctrinal est plutôt celui de l'humilité. La conscience d'un retard sur le terrain juridique n'est pas la seule source de celui-ci. Il y a dans la doctrine espagnole un intérêt particulier pour ce qui se passe hors de ses frontières. Elle s'illustre ainsi par son syncrétisme (section 2).

## *Section 1: Le chauvinisme juridique, caractéristique du droit administratif français*

**132.** Il faut dans un premier temps préciser le terme de « modèle », pour comprendre ce discours de célébration. S. Soleil retient la double définition suivante : « un modèle s'entend en effet tout d'abord d'un système juridique de qualité telle qu'il apparaît comme un modèle du genre[383] (un modèle de droit). Mais il s'entend aussi d'un système juridique modélisable[384], c'est-à-

[382] Défini dans le Trésor de la langue française comme l'admiration « avec excès et sans discernement de tout ce qui appartient à son propre pays et dénigre systématiquement tout ce qui est étranger ». J. Rivero parle de « nationalisme » comme « trait saillant » du droit administratif français, se traduisant par sa relative indifférence aux influences extérieures. Cf. RIVERO (J.), *Cours de droit administratif comparé : diplôme d'études supérieures de droit public, 1956-1957, rédigé d'après les notes et avec l'autorisation de M. Rivero. Recherche sur la puissance publique dans les principaux systèmes de droit administratif*, Paris, Les cours de droit, 1957, p. 146.

[383] Souligné par nous.

[384] Souligné par nous.

dire reproductible à l'étranger suivant des processus assez complexes »[385]. Cette précision sémantique illustre parfaitement les deux pans du discours de célébration soumis à l'analyse. Le droit français, et par là, le droit administratif français, doit s'exporter, car il dispose de qualités universelles (modélisable), illustrant ainsi chez ceux qui le décrivent une certaine prétention à l'universalisme — étant entendu « qu'une forme subtile de patriotisme »[386] peut se « dissimuler derrière le noble paravent de l'universalisme français »[387] — (§ 1). Il doit ensuite s'exporter pour ses qualités supérieures (modèle du genre), témoignage cette fois d'une prétention à la supériorité (§ 2).

## §1) La prétention à l'universalisme

**133.** La première prétention de ce discours de célébration est celle de l'universalisme du modèle de droit administratif français, véritable prototype susceptible d'être mis en œuvre partout dans le monde. Cette prétention à l'universalisme s'inscrit par ailleurs dans un discours plus global, qui ne se limite donc pas au seul droit administratif. La célébration de cet universalisme se renforce souvent en constatant la circulation effective du droit administratif français dans de nombreux pays, témoin de son adaptabilité (A). Elle semble toutefois dans le même temps oublier le rapport de domination qui fut à l'œuvre sous l'Empire et ce jusqu'aux grandes périodes de décolonisation (B).

---

385 SOLEIL (S.), « Le modèle juridique français : recherches sur l'origine d'un discours », *Droits*, n° 38, 2003, pp. 83-95, spéc. p. 84.

386 CHAUBET (F.), *Histoire intellectuelle de l'entre-deux-guerres*, Paris, Nouveau monde, 2006, p. 144.

387 *Ibidem.*

## A) Le discours de célébration de l'universalisme

**134.** L'ambition universaliste de la France est ancienne,[388] mais elle a sans aucun doute été ravivée, voire a atteint son apogée, avec la Révolution de 1789, considérée comme « la grande saison du modèle français [...], véhicule des valeurs universelles victorieuses »[389]. Elle caractérise le droit français de manière générale et n'est donc pas limitée au droit administratif. Il est cependant intéressant d'analyser le discours dans son entier ainsi que son origine, pour comprendre la dimension proprement culturelle de cette prétention universaliste.

**135.** La Déclaration des droits de l'homme et du citoyen du 26 août 1789 est l'illustration archétypale de cet « universalisme proclamé »[390]. C'est en tout cas ce que confirment les harangues fameuses du comte de Mirabeau à l'image de celle précédant de quelques jours l'adoption de cette déclaration, où il déclama devant l'Assemblée nationale constituante que :

> « Vos lois deviendront celles de l'Europe, si elles sont dignes de vous ; car telle est l'influence des grands Etats, et surtout de l'empire français, que chaque progrès dans leur constitution, dans leurs lois, dans leur gouvernement, agrandit la raison et la perfectibilité humaine [...]. C'est pour nous, c'est pour nos neveux, c'est pour le monde entier que vous travaillez ; vous

---

388 Elle date vraisemblablement du XVIIe siècle. Pour s'en convaincre, il faut lire l'Edit de Saint Germain de 1641, texte dans lequel on voit apparaître le terme de modèle. « La France [...] devint, par sa vertu, le modèle parfait des monarchies les plus accomplies », cf. Edit de Saint-Germain-en Laye, février 1641, in ISAMBERT, TAILLANDIER et DECRUSY, *Recueil général des anciennes lois françaises, depuis l'an 420 jusqu'à la Révolution de 1789*, T. 16, Paris, Belin-le Prieur/Verdière, 1829, p. 530. A la fin du XVIIIe siècle, le discours d'A. Rivarol sur l'universalisme de la langue française ne laisse planer aucun doute sur l'esprit qui domine à cette époque. Il expliquait en effet que « sûre, sociale, raisonnable, ce n'est plus la langue française, c'est la langue humaine : et voilà pourquoi les puissances l'ont appelée dans leurs traités [...] », RIVAROL (A.), « Discours sur l'universalité de la langue française, couronné à l'Académie de Berlin en 1783 », in DE LA PLATIERE (S.), *Vie philosophique, politique et littéraire de Rivarol*, T. 2, Paris, Barba, 1802, pp. 38-154, spéc. p. 136.

389 SACCO (R.), « Rapport de synthèse », in ASSOCIATION HENRI CAPITANT, *Travaux de l'Association Henri Capitant. La circulation du modèle juridique français*, T. XLIV, Paris, Litec, pp. 5-14, spéc. p. 10.

390 CALVIÉ (L.), « Le modèle révolutionnaire français et l'Allemagne », in Knopper (F.) et Mondot (J.), *L'Allemagne face au modèle français de 1789 à 1815*, Toulouse, Presses Universitaires du Mirail, 2008, pp. 13-29, spéc. p. 17.

> marcherez d'un pas ferme, mais mesuré vers le grand œuvre [...]. Les peuples admireront le calme et la maturité de vos délibérations, et l'espèce humaine vous comptera au nombre de ses bienfaiteurs »[391].

**136.** L'ambition universaliste s'incarne également dans la Constitution qui va suivre cette déclaration, et sur laquelle l'Assemblée nationale constituante est justement en train de délibérer. Mirabeau n'est cependant pas le seul dans ce registre messianique. Barnave affirmait aussi que la Révolution légifère « pour la terre entière »[392] et de manière générale, les Constituants de l'époque révolutionnaire considéraient qu'ils œuvraient pour l'Humanité tout entière[393]. Tel est l'état d'esprit dominant dans l'Assemblée nationale constituante qui « se voit, se vit, s'écoute comme un messie »[394] et a « la certitude d'avoir été placée, à un moment précis de l'histoire du monde et dans un pays particulier, pour faire le "bonheur de tous" »[395]. Il faut dire qu'à cette époque, les Constituants étaient imprégnés du jusnaturalisme, ce qui explique aussi leur posture.

---

[391] *Archives parlementaires*, 1ère série, 1787-1799, T. VIII, séance du lundi 17 août 1789, Paris, Librairie administrative de Paul Dupont, 1875, p. 439. Mirabeau parle alors au nom du Comité des cinq, en charge de résumer le travail relatif à la Déclaration des droits de l'homme et du citoyen.

[392] Cité par ATTAR (F.), *La Révolution française déclare la guerre à l'Europe*, Paris, Complexe, 1992, p. 123.

[393] Voir sur ce sujet SOLEIL (S.), « Une étape dans la construction des droits fondamentaux : l'universalisme révolutionnaire français (1789-1790) », in HENNEBEL (L.), TIGROUDJA (H.), *En hommage au Professeur Jean DHOMMEAUX, Humanisme et droit*, Paris, A. Pedone, 2013, pp. 115-134.

[394] *Idem*, p. 118.

[395] *Ibidem*. En ce sens, et pour illustrer cette idée, voir la réponse du Président à une délégation de représentants étrangers le 19 juin 1790 « Messieurs, vous venez prouver aujourd'hui à l'univers entier que les progrès que fait une nation dans la philosophie et dans la connaissance des droits de l'homme, appartiennent également à toutes les nations. Il est dans les fastes du monde des époques qui influent sur le bonheur ou le malheur de toutes les parties du globe ; et la France ose aujourd'hui se flatter que l'exemple qu'elle vient de donner sera suivi par les peuples qui, sachant apprécier la liberté, apprendront aux monarques que leur véritable grandeur consiste à commander à des hommes libres et à faire exécuter les lois [...] », *Archives parlementaires*, 1ère série, 1787-1799, T. XVI, séance du samedi 19 juin 1790, Paris, Société d'imprimerie et librairie administratives et des chemins de fer Paul Dupont, 1883 p. 373.

**137.** Forts du succès de la Déclaration des droits de l'homme et du citoyen, les révolutionnaires n'arrêtèrent pas là leurs aspirations à l'universalisme. La Déclaration de paix au monde[396], concrétisée dans le décret du 22 mai 1790, s'inscrit parfaitement dans cette ambition et marque le « point de départ du premier grand débat de l'assemblée sur la politique internationale de la France et sur le droit de paix et de guerre »[397]. La France devait ainsi servir de modèle aux autres nations, en qualité de première à proposer le principe de paix. Les débats devant l'Assemblée illustrent une fois de plus cette idée, à l'instar des propos du duc d'Aiguillon le 16 mai 1790 qui, soulignant le chef-d'œuvre que constitue la Déclaration des droits de l'homme et du citoyen, préconisait à l'Assemblée de « faire une déclaration des droits respectifs des nations, fondée sur des maximes de paix et de justice »[398].

**138.** Dans le même temps, les lois des 16 et 24 août 1790 - confirmées par celle du 16 fructidor an III, posant le principe de la séparation des autorités administratives et judiciaires en son article 13 — en interdisant aux juges d'empiéter sur l'action administrative, se présentent comme une interprétation singulière du principe de séparation des pouvoirs[399]. L'originalité de cette interprétation, spécifique à la France, ne l'empêchera pas de diffuser cette conception de la séparation des pouvoirs, les Français étant convaincus de la supériorité de leur interprétation[400].

---

[396] « La nation française renonce à entreprendre aucune guerre dans la vue de faire des conquêtes et elle n'emploiera jamais ses forces contre la liberté d'aucun peuple ». Cette renonciation à tout plan d'expansion territoriale sera toutefois de courte durée.

[397] GODECHOT (J.), *La grande nation. L'expansion révolutionnaire de la France dans le monde de 1789 à 1799*, Paris, Aubier, 2004, p. 65. Mais l'auteur relativise cette déclaration de paix perpétuelle en soulignant que « lorsque l'on sait que cette généreuse déclaration fut suivie moins de deux ans plus tard, par les débuts d'une guerre déclarée par la France et qui devait ensanglanter l'Europe durant plus de vingt ans, il est facile d'ironiser, et les historiens hostiles à la Révolution et à la démocratie n'y ont pas manqué ». Cf. *idem*, p. 66.

[398] *Archives parlementaires*, 1ère série, 1787-1800, T. XV, séance du dimanche 16 mai 1790, Paris, Société d'imprimerie et librairie administratives et des chemins de fer Paul Dupont, 1883 p. 528.

[399] Cf. le dossier spécial paru à l'A.J.D.A portant sur « Juridiction administrative et juridiction judiciaire 200 ans après la loi de 1790 ». Cf. *A.J.D.A.*, 1990, n° 9, pp. 579-600 ; et également celui paru la même année à la R.F.D.A sur « La dualité de juridiction en France et à l'étranger ». Cf. *R.F.D.A.*, 1990, n° 5, pp. 694-861, et en particulier VEDEL (G.), « La loi des 16-24 août 1790 : Texte ? Prétexte ? Contexte ? », *R.F.D.A.*, 1990, n° 5, pp. 698-711.

[400] Sur la supériorité du modèle français, cf. *infra*, n° 156-158.

**139.** Le projet des « républiques sœurs »[401] ensuite, conçu au lendemain de la proclamation de la République, confirme cette volonté d'universalisation, cette fois du modèle politique français[402], et trouva sa concrétisation sous la République conservatrice entre 1795 et 1799[403] avec la République batave, fondée en 1795 et première du genre, pour finir par la République parthénopéenne.

**140.** Les exemples, plutôt nombreux, d'exportations à l'étranger d'institutions ou de règles françaises viendront conforter et même encourager ce discours[404] qui vise aussi à « vanter la circulation effective [du Code] dans le monde et qui, ce faisant, entretient sa circulation effective dans le monde »[405]

**141.** On retrouvera quelques années plus tard cette exaltation de l'universalisme du modèle français avec Napoléon 1er, exaltation à laquelle viendra s'ajouter un « esprit de conquête »[406] caractéristique du personnage, mais surtout facteur d'explication supplémentaire de la propagation du modèle français. Le premier exemple est celui du Code civil de 1804, conçu pour Cambacérès comme un modèle que tous les peuples doivent adopter. Quelques nuances ont toutefois été émises dès lors que l'on distingue plusieurs

---

401 Cf. GODECHOT (J.), *La grande nation. L'expansion révolutionnaire de la France dans le monde de 1789 à 1799, préc.*, pp. 74-77.

402 Une relativisation est faite par J. Godechot qui estime que l'objectif n'est pas seulement de répandre un modèle. Il y a également des avantages économiques indéniables. Mais le motif est surtout politique dans la mesure où il est question de former un glacis couvrant les frontières de la France. C'est avant tout un plan d'expansion. Cf. GODECHOT (J.), *La grande nation. L'expansion révolutionnaire de la France dans le monde de 1789 à 1799, préc.*, p. 76. Cf. n° 148-150.

403 Ce qui est un peu paradoxal car les années 1795 et 1804, sont une période de pause dans les discours universalistes ou messianiques prétendant que le droit français va changer la face du monde.

404 Sur l'analyse de ce discours et les différents niveaux de lecture de cette logique discursive, voir SOLEIL (S.), « "Ces sages lois que les autres peuples s'empressent à l'envie d'adopter… ". Le recours à l'étranger dans la formation du concept de "modèle juridique français" », *R.H.D.*, 2008, n° 2, pp. 225-244.

405 SOLEIL (S.), « Le code civil de 1804 a-t-il été conçu comme un modèle juridique pour les nations ? », GAUVARD (C.) (dir.), *Les penseurs du code civil*, Paris, La documentation française, 2009, pp. 225-241, spéc., p. 226.

406 Référence à l'expression de B. Constant et à la première partie de son ouvrage *De l'esprit de conquête et de l'usurpation dans leurs rapports avec la civilisation européenne*, Hanovre, 1814, réimpr., Paris, Imprimerie Nationale Editions, 1992. Cf. *infra*, n° 148-150.

moments dans cette longue gestation[407] : par exemple, au cours de la période 1794-1804, le discours universaliste semble en suspens. Mais l'argument reste tout relatif lorsque l'on sait que, très rapidement, l'objectif de Napoléon 1er a été de « répandre le Code en Europe ». Le discours universaliste[408] est alors réactivé et laisse penser que les peuples s'empresseront d'adopter le modèle parce que la sagesse le commande, discours qui masque pourtant la réalité. Cette dernière relève en effet plus de la contrainte autoritaire dans un rapport conquérant/conquis[409], que du choix librement consenti.

**142.** De la même façon à l'époque napoléonienne, on trouve l'exaltation d'un modèle administratif qui serait, lui aussi, à visée universelle. Dans l'esprit de Napoléon 1er, « il y a bien peu de différence entre un peuple et un autre » et « ce qui convient aux Français convient à tous »[410]. Dès lors, l'organisation administrative de la France, prévue par la Constitution du 22 frimaire an VIII et la loi du 28 pluviôse an VIII[411], peut très bien, comme le Code civil, être transposée à l'étranger. Les institutions mises en place par ces textes tels que la division territoriale en départements[412], avec la création des préfets[413], seuls chargés de l'administration[414], le Conseil d'Etat[415] et les conseils de préfecture[416], ou encore la garantie des fonctionnaires, sont ainsi

---

407 Cf. les développements de S. Soleil, qui considère qu'au cours des années 1794-1804, il était plutôt question de promulguer un Code civil pour les français et de revoir ainsi à la baisse les aspirations premières. Selon lui, le discours universaliste prévalut surtout en 1794, puis après 1804. SOLEIL (S.): « Le code civil de 1804 a-t-il été conçu comme un modèle juridique pour les nations ? », *préc.*

408 Cf. BIGOT-PRÉAMENEU, « Discours devant le Corps Législatif à l'occasion de la nouvelle édition du Code, le 22 août 1807 », in FENET (P.-A.), *Recueil complet des travaux préparatoires du Code civil*, T. 1, Paris, Videcoq, 1836, p. CXIX et s.

409 Cf. *infra*, n° 147-155.

410 Lettre à Eugène, 18 prairial an XIII (7 juin 1805), *Minute, Archives nationales,* AF IV 866, prairial an XIII, n° 88-2.

411 Que l'on considère souvent comme la Constitution administrative de la France. Cf. BIGOT (G.), *L'Administration française. Politique, droit et société*, T. 1, 1789-1870, Paris, Litec, 2010, p. 157.

412 On retient souvent le préfet comme institution fleuron du modèle napoléonien, mais il ne faut pas oublier que le découpage administratif réalisé par la loi du 28 pluviôse an VIII connaît d'autres raffinements tels que l'arrondissement communal, avec à sa tête un sous-préfet.

413 Article 1 et 2 de la Loi du 28 pluviôse an VIII.

414 Article 3 de la Loi du 28 pluviôse an VIII.

415 Article 52 de la Constitution du 22 frimaire an VIII, complété par deux décrets des 11 juin et 22 juillet 1806, entérinant véritablement la dualité juridictionnelle à la française.

416 Articles 2 et 4 de la Loi du 28 pluviôse an VIII.

les clés essentielles, aisément reproductibles, d'une administration centralisée efficace, et par là, d'un Etat puissant.

**143.** Les prétentions universalistes ne sont pas seulement celles du constituant ou du législateur. Elles seront largement relayées par la doctrine, contemporaine ou non, qui a assimilé ce discours. Pour J. Rivero, le juriste français « a longtemps été tenté de voir, dans le droit administratif de son pays, une sorte de prototype construit en fonction des impératifs de la réalité administrative, répondant à la nature des choses »[417]. Bien que critique envers l'empreinte autoritaire laissée par Napoléon sur le droit administratif, A. de Tocqueville estimait que « notre droit administratif deviendra graduellement celui du monde civilisé ; il étendra sans cesse son empire, moins encore à cause de son excellence, que grâce à sa conformité avec les conditions des hommes de notre temps »[418], ajoutant ensuite que « ce droit lui-même n'est qu'une des formes de l'Etat nouveau du monde : nous l'appelons le système français ; c'est le système moderne qu'il faut dire »[419]. Plus de soixante-dix ans après, M. Hauriou remarquait non sans fierté que « le dualisme des compétences règne dans les possessions coloniales et dans les territoires occupés aussi bien que dans la métropole ; des conflits peuvent s'élever sur les bords du Niger comme aux bords de la Seine et la juridiction du Tribunal des conflits s'étend jusque sous les tropiques »[420].

**144.** Ce discours n'appartient pas seulement au passé et n'est pas uniquement caractéristique des périodes révolutionnaire et impériale. La promotion d'une « culture juridique française »[421] ressurgit avec force après la Première Guerre mondiale, et témoigne d'un « universalisme français

---

417 RIVERO (J.), « Droit administratif français et méthode comparative », *préc.*, pp. 375-376.

418 TOCQUEVILLE (A. de), « Rapport de M. de Tocqueville sur le *Cours de droit administratif* de M. Macarel (1846) », in *Séances et travaux de l'Académie des sciences morales et politiques*, T. IX, 1846, pp. 105-120, spéc. p. 116 ; présenté par GILBERT (S.), « Rapport de M. de Tocqueville sur le *Cours de droit administratif* de M. Macarel (1846) », *R.F.D.A.*, 2007, n° 5, pp. 1115-1121.

419 *Idem*, p. 118.

420 HAURIOU (M.), « note sous T.C., 17 juin 1918, *Greslé c. L'Etat* », in HAURIOU (M.), *La jurisprudence administrative française de 1892 à 1929*, T. 1, Paris, Sirey, 1929, pp. 208-211, spéc. p. 209.

421 HALPERIN (J.-L.), AUDREN (F.), *La culture juridique française. Entre mythes et réalités XIX-XX^ème^ siècle*, Paris, C.N.R.S. Editions, 2013.

revivifié par l'esprit de Genève de la Société des Nations »[422], après l'affaiblissement de la France provoqué par la Première Guerre mondiale.

**145.** Aujourd'hui encore, même s'il ne s'exprime pas de la même façon, l'esprit universaliste du droit français, et plus particulièrement du droit administratif français, persiste chez certains juristes. C'est en tout cas en ce sens qu'il est possible d'interpréter les propos de J.-M. Sauvé[423] :

> « L'avenir du modèle français de droit public réside, je le crois, dans la conscience de chacun de ceux qui participent à son élaboration et à son évolution que ce modèle n'est pas seulement le fruit d'une histoire et d'une culture propres à la France. Il est aussi un modèle qui fait référence à quelque chose d'universel : à savoir que relèvent presque par essence de la chose publique un certain nombre de valeurs, de finalités, d'objectifs, de ressources ou d'éléments de patrimoine auxquels doivent s'appliquer, du fait de leur utilité pour les communautés humaines, des règles et une protection particulières. La force du modèle français de droit public est d'avoir donné à cette constante universelle une réelle cohérence »[424].

**146.** Mais derrière la notion de chauvinisme juridique il y a l'idée d'une exaltation excessive du droit national, en l'occurrence ici du droit administratif. Cette promotion du modèle français, qui du fait de ses qualités universelles aurait vocation à être largement diffusé, doit alors être relativisée. Le discours, par nature subjectif, n'est pas la retranscription fidèle de la réalité, dans la mesure où il oublie sciemment certains éléments expliquant l'exportation du droit administratif français, à savoir les rapports de domination politique.

---

[422] *Idem*, pp. 188-189.

[423] J.-M. Sauvé est pourtant l'un des Vice-présidents du Conseil d'Etat le plus ouvert sur les droits étrangers. Cf. *infra*, n° 680.

[424] SAUVÉ (J.-M.), « Propos introductifs », in *L'avenir du modèle français de droit public en Europe*, Colloque organisé par la chaire Mutations de l'action et du droit public de Science Po sous le patronage du Conseil d'Etat avec le soutien de la Mission de recherche droit et justice, 11 mars 2011, p. 10, disponible sur http://www.sciencespo.fr/chaire-madp/sites/sciencespo.fr.chaire-madp/files/texte_jm_sauve.pdf.

## B) L'occultation du rapport dominant/dominé

**147.** Jean Rivero s'est, le premier, attardé sur les rapports de domination politique comme facteur d'explication de l'exportation du droit administratif français. Dans une étude portant sur les phénomènes d'imitation des modèles étrangers en droit administratif, il a ainsi identifié trois situations différentes, la première d'entre elles étant celle où « le choix est imposé »[425]. Il explique ainsi que « la tendance naturelle de l'Etat dominant est d'imposer à ceux qu'il s'est assujettis, sinon les règles qu'il applique à ses propres administrés, du moins une transposition des structures et des principes qui, pour lui, sont inhérents à la notion même d'administration »[426].

**148.** Cette grille de lecture permet d'analyser l'exportation du droit administratif français. Les « républiques sœurs », mentionnées précédemment[427], se virent ainsi appliquer le modèle français de divisions territoriales et d'administration locale. Si bien qu'en 1799, « des rives du Zuyrderzée aux bords du Nil s'était répandu un système administratif directement inspiré de celui que l'assemblée constituante avait institué en France en 1789 »[428]. Ce constat est particulièrement visible durant les périodes napoléoniennes. Dans le cadre de sa politique de conquête, Napoléon 1er avait en effet placé des membres de sa famille sur les trônes des territoires annexés à l'Empire (on pense notamment à Joseph Bonaparte à Naples puis en Espagne, à Louis 1er en Hollande, etc.) ce qui a grandement facilité la diffusion, hors de ses frontières initiales, du modèle administratif français.

**149.** Ainsi, plus qu'adopté pour ses qualités universelles et supérieures, le droit administratif français a tout simplement été imposé dans les pays conquis, notamment sous Napoléon. En résulte la montée en généralité opérée

---

[425] Les deux autres situations auxquelles il fait par ailleurs référence sont le choix « théoriquement libre, mais étroitement conditionné », et en dernier lieu, celui procédant « d'une pleine et authentique liberté ». RIVERO (J.), « Les phénomènes d'imitation des modèles étrangers en droit administratif », in *Miscellanea W.J. Ganshof Van Der Meersch*, T. III, Bruxelles, Bruylant, 1972, pp. 619-639, spéc. p. 622.

[426] *Ibidem.*

[427] Cf. *Supra*, n° 139.

[428] GODECHOT (J.), *La grande nation. L'expansion révolutionnaire de la France dans le monde de 1789 à 1799*, *préc.*, p. 383.

par P. Koschaker[429] à partir d'une comparaison de la réception du droit romain et celle du Code civil français qui, en 1947, concluait que la réception d'un droit étranger, plus qu'une question de qualité technique, renvoyait à la question de la puissance.

**150.** Or le discours post période napoléonienne consistant à se targuer du rayonnement du modèle administratif, a trop souvent eu tendance à occulter la réalité du rapport de forces. Même s'il était convaincu que son administration était « la plus achevée qui soit »[430], c'est aussi « pour tenir en main l'Europe annexée et les royaumes satellites que Napoléon leur impose la structure administrative de l'an VIII [...] »[431].

**151.** On retrouvera plus généralement ce même schéma dans les relations colonisateur/colonisés avec le renouveau de l'ère colonisatrice initié sous la Restauration, largement continué pendant le Second Empire et dont l'apogée est atteint dès les débuts de la IIIe République. Sans surprise, la France imposera son modèle administratif, ou du moins un modèle administratif inspiré du sien, que cela soit par « volonté de puissance »[432] ou « bonne conscience naïve »[433]. Dans ce dernier cas, elle est persuadée qu'elle apporte un niveau de civilisation plus élevé aux colonisés et qu'elle leur rend service en leur offrant le meilleur système administratif[434]. Il n'y a finalement qu'un pas entre la promotion de l'universalisme et l'impérialisme juridique.

---

[429] KOSCHAKER (P.), *Europa und das römische recht,* München, Biederstein, 1947, réimpr., München, Beck, 1953, pp. 137-138.

[430] RIVERO (J.), « Les phénomènes d'imitation des modèles étrangers en droit administratif », *préc.*, p. 623.

[431] *Ibidem.*

[432] *Ibid.*

[433] *Ibid.*

[434] Il est cependant possible de nuancer nettement cette « bonne intention » en parcourant le Code de l'indigénat adopté en 1881, qui distinguait les citoyens français des sujets français, ces derniers étant privé de la majorité de leurs libertés et de leurs droits politiques, au nom de l'efficacité administrative, celle de faire régner le bon ordre colonial. Sur cette question, cf. KOUBI (G.), « Droit(s) et colonisation(s). Un essai d'introduction... », in KODJO-GRANDVAUX (S.), KOUBI (G.) (dir.), *Droit et colonisation*, Bruxelles, Bruylant, 2005, pp. 7-28, spéc. pp. 13-19 ; LE COUR GRANDMAISON (O.), *De l'indigénat. Anatomie d'un "monstre" juridique : le droit colonial en Algérie et dans l'Empire français*, Paris, Zones, 2010.

**152.** On pourrait penser que les mouvements de décolonisation ont mis un terme à ce schéma autoritaire d'exportation. Logiquement, les emprunts postérieurs faits au droit administratif français auraient dû alors relever d'un libre choix. Il faut cependant nuancer cette hypothèse.

**153.** Parfois, le choix paraît « théoriquement libre »[435], mais est « étroitement conditionné en réalité »[436]. De nombreux Etats, anciennement colonisés par la France, ont opté finalement pour le modèle administratif de l'ancienne métropole — ou du moins certains de ses éléments — alors même qu'ils n'y semblaient pas contraints. Certains pays du Maghreb ont ainsi emprunté des règles du contentieux administratif français au moment même de leur indépendance ou au cours des années qui ont suivi cette dernière. Par exemple, au moment de son indépendance, le Maroc[437] a institué un recours pour excès de pouvoir en s'inspirant très largement du modèle français, que cela soit pour ses conditions de recevabilité, mais aussi pour ses cas d'ouverture.

**154.** La troisième hypothèse formulée par J. Rivero, celle du choix procédant « d'une pleine et authentique liberté »[438] ne représente donc pas la majorité des phénomènes d'emprunt, du moins pour les périodes qui viennent d'être analysées. Cela infirme largement le discours de célébration d'un droit administratif français qui ne pouvait que forcer l'admiration à l'étranger en raison de sa perfection.

**155.** Il y a bien d'autres facteurs d'explication de l'exportation du droit administratif français qui sont régulièrement occultés en ce qu'ils ne peuvent trouver leur place dans un discours exclusivement laudateur. Mais au-delà du discours sur sa dimension universaliste, le droit administratif français est surtout promu en tant que modèle du genre, supérieur aux autres par ses qualités singulières.

---

[435] RIVERO (J.), « Les phénomènes d'imitation des modèles étrangers en droit administratif », *préc.*, p. 622.

[436] *Ibidem.*

[437] BENABDALLAH (M. A.), « L'évolution du recours pour excès de pouvoir au Maroc », *Revue marocaine d'administration locale et de développement*, 2007, n° 74, pp. 9-22.

[438] RIVERO (J.), « Les phénomènes d'imitation des modèles étrangers en droit administratif », *préc.*, p. 622.

## §2) La prétention à la supériorité

**156.** La deuxième prétention du discours est celle de la supériorité du droit administratif français, véritable modèle du genre (A). Cependant, le chauvinisme dont fait preuve la doctrine française, et consistant à exalter son propre modèle, masque certains aspects de la réalité, notamment les défauts, pourtant connus, du droit administratif français. Il s'agit donc d'un discours hagiographique (B).

### A) Le discours de célébration de la supériorité

**157.** Le droit administratif français ne se caractérise pas seulement par son universalité. Selon ses promoteurs, il dispose en plus de qualités supérieures le constituant en modèle (au sens premier du terme, une référence). Dès lors, il ne pouvait que s'exporter. Cette représentation est cependant historiquement située, comme le rappelle J. Rivero (qui semble alors considérer que sa génération ne s'inscrit pas dans cette représentation) : « l'administrativiste des générations précédentes n'était pas exempt de quelque orgueil dans l'affirmation paisible de la supériorité de son système »[439].

**158.** De la même façon que précédemment, il faut resituer cette prétention à la supériorité du droit administratif dans un discours plus global qui concerne le droit français et la France en général. L'origine du discours glorificateur est ancienne et est à rechercher dès le XVII^e^ siècle[440], siècle durant lequel la plupart des textes sont dans un registre particulièrement laudateur en faveur de la grandeur de la France, « modèle parfait des monarchies les plus accomplies »[441]. Dans cette représentation, le droit français en général a par ailleurs des vertus atemporelles[442] et se distingue particulièrement des autres par son cartésianisme, sa clarté, sa cohérence, son adaptabilité. Il y aurait

---

[439] Rivero (J.), « Droit administratif français et droits administratifs étrangers », *préc.*, p. 485.

[440] Cf. Soleil (S.), « Le modèle juridique français : recherches sur l'origine d'un discours », *préc.*, pp. 85-95.

[441] Edit de Saint-Germain-en Laye, février 1641, in Isambert, Taillandier et Decrusy, *Recueil général des anciennes lois françaises, depuis l'an 420 jusqu'à la Révolution de 1789*, T. 16, Paris, Belin-le Prieur/Verdière, 1829, p. 530.

[442] Cf. sur la dénonciation de ces mythes : Halpérin (J.-L.), « Est-il temps de déconstruire les mythes de l'histoire du droit français ? », *préc.*, p. 13.

littéralement un esprit français du droit, que l'on ne retrouverait dès lors nulle part ailleurs, ce qui peut sembler entrer en contradiction avec les velléités d'universalisation d'un modèle français, précédemment évoquées.

**159.** La création de l'Association Henri Capitant s'inscrit parfaitement dans cet esprit de promotion des vertus du droit français. Fondée en 1935[443], elle indiquait parmi ses objectifs principaux l'instauration de « relations personnelles régulières entre les juristes **convaincus de la haute valeur de la culture juridique française[444]**, quelle que soit leur nationalité »[445] ou encore « l'organisation des congrès périodiques dans lesquels seront étudiées des questions de droit [...] de nature à mettre en relief les méthodes juridiques françaises et d'en faire apparaître la haute portée »[446]. Si les expressions « convaincus de la haute valeur de la culture juridique française », ou « en faire apparaître la haute portée », n'induisent pas explicitement le sentiment de supériorité de la culture juridique française par rapport aux autres cultures juridiques, elles témoignent d'un certain état d'esprit, assez révélateur de cette tendance au chauvinisme assumé. Il s'exacerbera encore après la Seconde Guerre mondiale, époque où de nombreux juristes veulent alors redorer l'image de la France et œuvrer, notamment sur le terrain de la pensée, pour qu'elle reprenne « dans le monde une place qu'elle a perdue »[447]. En 2014 cependant, dans un contexte bien différent, ce même article 1er des statuts de l'association, ne se retrouve pas tout à fait formulé de la même façon, l'objectif étant désormais « d'établir des relations personnelles régulières entre les juristes **attachés à la culture juridique française et, plus largement, la culture juridique romaniste[448]**, quelle que soit leur nationalité » et « d'organiser des congrès périodiques, nationaux et internationaux, consacrés à l'étude des questions de droit propres à **mettre en relief la valeur de ces cultures[449]** »[450]. Le chauvinisme n'est plus aussi

---

443 Elle s'inscrit parfaitement dans l'air du temps qui est à la gloire du droit français, période « d'invention » mais surtout de « promotion de la culture juridique française ». Cf. HALPERIN (J.-L.), AUDREN (F.), *La culture juridique française. Entre mythes et réalités XIX-XXe siècle*, Paris, C.N.R.S. Editions, 2013, pp. 157-159 et 188-197

444 Souligné par nous.

445 Article 1er des statuts de l'Association Henri Capitant des amis de la culture juridique française en 1946.

446 *Ibidem.*

447 ASSOCIATION HENRI CAPITANT, *Travaux de l'association Henri Capitant des amis de la culture juridique française*, T. 1, séance du 27 avril 1945, Paris, Dalloz, 1946, pp. 30.

448 Souligné par nous.

449 Souligné par nous.

450 Article 1er des statuts en 2014 : http://www.henricapitant.org/node/21, consulté le 18/06/2014.

assumé qu'il ne l'a été par le passé. Le temps semble désormais bien plus celui du « doute »[451].

**160.** On retrouve cette même attitude en droit administratif, caractérisé, selon J.-B. Auby, par une « posture d'autosatisfaction, convaincu de l'originalité irréductible de sa construction, et de l'éminente qualité de celle-ci »[452]. On fait ainsi le constat de cette posture d'autosatisfaction en lisant la première doctrine de droit administratif, celle de C.-J. Bonnin, exaltant la nouvelle science de l'Administration qui « sera pour les générations futures un monument du génie de Napoléon »[453]. A. Chauveau déplorait aussi le manque d'intérêt de la doctrine de l'époque pour le droit administratif alors que cette « partie importante de [notre] législation [...] est digne d'être offerte comme modèle aux peuples voisins, qui, plus sages, plus penseurs que nous, nous empruntent avec empressement ce que nous dédaignons sans l'avoir étudiée »[454]. Point besoin à ce moment-là de se tourner vers l'étranger[455]

---

[451] Référence est ici faite aux trois temps du droit administratif comparé à compter de 1870 dégagés par F. Melleray, mais que l'on peut sans doute étendre au droit français de manière générale, du moins en ce qui concerne cette période de doute. Cf. MELLERAY (F.), « Les trois âges du droit administratif comparé ou comment l'argument de droit comparé a changé de sens en droit administratif français », in MELLERAY (F.) (dir.), *L'argument de droit comparé en droit administratif français*, Bruxelles, Bruylant, 2007, pp. 13-22, spéc. pp. 20-22.

[452] AUBY (J.-B.), « Introduction », in MELLERAY (F.) (dir.), *L'argument de droit comparé en droit administratif français*, *préc.*, pp. 1-10, spéc. p. 2.

[453] BONNIN (C.-J.), *Principes d'Administration publique pour servir à l'étude des lois administratives*, Paris, Clament, 2e éd., 1809, p. 9.

[454] CHAUVEAU (A.), *Principes de compétence et de juridiction administratives*, *préc.* On peut encore mentionner A. Blanchet qui regrettait lui aussi la méconnaissance généralisée du droit administratif. C'est donc dans cet esprit de divulgation qu'il confectionna son code administratif. Son « plus grand désir » était alors de faire prendre conscience aux français que l'organisation administrative de la France était « admirable » et « essentiellement tutélaire et bienfaisante ». Cf. BLANCHET (S. A.), *Code administratif ou recueil méthodique des lois et ordonnances actuellement en vigueur sur l'administration et le contentieux*, Paris, Chez Paul Dupont et Cie, Chez Joubert, Chez Treuttel et Wurts, 1839, p. III.

[455] Ce qui est cependant dénoncé par certains, à l'instar du sénateur Labiche qui invitait à observer ce qui se passe à l'étranger, notamment en ce qui concerne les régimes municipaux, faisant le reproche que « trop souvent, nous nous contentons d'avoir une opinion excellente sur nous-mêmes et nous négligeons parfois de nous enquérir de ce qui se passe dans les autres pays, estimant que nous n'avons rien à apprendre, que nous n'avons pas de modèle à prendre ailleurs qu'en France. Cette confiance excessive a parfois des inconvénients et je vais vous démontrer que, sur la question qui nous est soumise, nous pouvons trouver au dehors des enseignements considérables », Sénat, Séance du 3 mars 1884, *J.O.R.F. – Débats parlementaires du Sénat*, 1884, p. 536.

puisque la France est pionnière en la matière, et dispose de ce fait d'un droit supérieur.

**161.** Lorsqu'apparaîtront des modèles concurrents à la fin du XIX^e siècle et que la doctrine administrativiste française constatera que les droits étrangers proposent pour un même problème une solution différente (notamment en n'ayant pas recours au régime administratif), elle ne se remettra *a priori* pas en cause, justifiant l'originalité des solutions françaises, et par voie de conséquence leur supériorité. A titre d'exemple, en matière d'actions directes en indemnité contre l'Etat, M. Hauriou louait une « théorie originale qui fait honneur au droit public français »[456], quitte à déprécier ce qui se faisait à l'étranger au même moment. Rejetant l'application des règles délictuelles du droit privé en la matière, il écrivait dans un registre assez méprisant :

> « A quoi bon se jeter dans ces embarras ? Passe pour l'Allemagne où le droit administratif est très peu développé et où la seule façon d'obtenir des solutions juridiques est d'étendre le droit privé, mais en France, nous possédons un droit administratif développé, autonome dans une large mesure, le principe doit être de ne chercher des solutions dans le droit privé que lorsque le droit administratif n'en fournit pas »[457].

**162.** B. Delaunay a souligné, notamment en ce qui concerne le système de responsabilité administrative français, l'excès de « louanges »[458] de la doctrine, toujours révérencieuse devant l'œuvre du Conseil d'Etat. C'est également ce que remarque Y. Gaudemet de manière générale concernant la doctrine de l'époque : « Elle [la doctrine] a contribué à présenter le système français comme parvenu de son propre mouvement au plus haut degré de perfection, réalisant harmonieusement l'équilibre entre les exigences propres de l'administration et la sécurité juridique due aux administrés, et riche de ses potentialités d'adaptation »[459].

---

[456] HAURIOU (M.), « Les actions en indemnité contre l'Etat pour préjudices causés dans l'administration publique », *R.D.P.*, 1896, pp. 51-65, spéc. p. 51.

[457] *Idem*, p. 56.

[458] DELAUNAY (B.), « Droit de la responsabilité administrative et droit comparé », *préc.*, pp. 45-46.

[459] GAUDEMET (Y.), « Le droit administratif en France », *R.I.D.C.*, 1989, pp. 899-905.

**163.** Ce discours de supériorité n'a cependant pas la même vocation que celui que l'on retrouvera quelques décennies plus tard. A la fin du XIX^e siècle et au début du XX^e siècle, période marquant le « temps de la justification »[460], il s'agissait de promouvoir le droit administratif français afin d'affermir son existence, à l'époque contestée (que l'on pense par exemple à la controverse Hauriou/Dicey[461]), plus que d'exalter la supériorité du droit administratif français sur les autres droits administratifs.

**164.** Quelques décennies plus tard donc, cette posture d'autosatisfaction des administrativistes est particulièrement visible. Cette époque identifiée par F. Melleray, comme étant, justement, « le temps de la satisfaction », se caractérise par le fait que « les travaux comparatistes aboutissent régulièrement au constat de la supériorité du modèle français et à la célébration de ce dernier, révélant "une autosatisfaction naïve" et une "absence de modestie". Le droit français serait ainsi tellement admirable qu'il ne pourrait que s'exporter et que l'on ne pourrait que célébrer son "rayonnement" »[462]. L'allusion renvoie au titre d'une partie du *Livre jubilaire* du Conseil d'Etat paru en 1952 qui, à l'occasion de son cent-cinquantième anniversaire, se dédiait à la mesure de son rayonnement ainsi que de celui du droit administratif français à l'étranger. Le chauvinisme semble un peu moins assumé à la lecture des premières pages de présentation rédigées par R. Cassin. L'auteur se retranche derrière l'analyse des personnalités étrangères[463] pour célébrer le rayonnement de son droit administratif. Il ne faut cependant pas être dupe sur l'objectif de ces études, le choix de consacrer toute une partie au rayonnement du droit administratif français, même lorsque l'analyse en est

---

460 MELLERAY (F.), « Les trois âges du droit administratif comparé ou comment l'argument de droit comparé a changé de sens en droit administratif français », *préc.*, pp. 16-18

461 Pour une lecture détaillée de cette controverse, cf. CASSESE (S.), *La construction du droit administratif. France et Royaume-Uni*, Paris, Montchrestien, 2000, pp. 52-66. Il montre que c'est bien aussi par « chauvinisme » que M. Hauriou vante « les mérites du droit administratif français » (p. 62). Cf. *infra*, n° 553-538.

462 MELLERAY (F.), « Les trois âges du droit administratif comparé ou comment l'argument de droit comparé a changé de sens en droit administratif français », *préc.*, p. 18.

463 « Il ne pouvait être question pour des français de prendre position ou de suggérer un choix en un domaine aussi délicat dans ce livre en partie consacré au rayonnement extérieur d'une institution française. C'est pourquoi nous nous sommes permis de demander aux personnalités les plus qualifiées de nombreux pays étrangers d'exposer librement les points sur lesquels leurs institutions et conceptions nationales se rapprochent ou diffèrent du système français », CASSIN (R.), « Présentation », in CONSEIL D'ETAT, *Livre jubilaire*, Paris, Sirey, 1952, pp. 8-9.

faite de l'étranger, n'était pas anodin[464]. Le discours a cette fois vocation à célébrer cette excellence, maintenant que l'existence du droit administratif n'est plus contestée. La doctrine française est alors majoritairement convaincue de la supériorité du droit administratif français sur les droits administratifs étrangers. Même J. Rivero, qui faisait sans doute figure d'exception dans la doctrine de l'époque grâce à ses travaux fondateurs de la discipline du droit administratif comparé, n'échappe finalement pas à ce patriotisme juridique caractéristique de l'époque ainsi lorsqu'évoquant son rayonnement, il propose d'accorder au droit administratif français la « classe internationale »[465].

**165.** Toutefois, il n'y a pas seulement le discours des Français eux-mêmes sur leur propre droit qui est susceptible d'expliquer cette attitude. L'admiration de certains universitaires étrangers pour le modèle de droit administratif français a sans doute nourri ce sentiment de supériorité[466]. G. F. Moron considérait ainsi que « la clarté naturelle et l'esprit d'ordre et de système du génie français expliquent la supériorité de son administration [...]. Celle-ci possède déjà en France tout un corps de doctrine et, comme il n'y a rien de tel dans les autres nations, il en résulte que toutes l'étudient, et qu'elles essaient de transposer chez elles un grand nombre de ses institutions [...] »[467].

**166.** Pour conclure, l'affirmation de la supériorité s'inscrit dans la même logique discursive que la prétention à l'universalisme :

> « il s'agit alors de vanter ce modèle et de véhiculer dans le monde l'idée qu'il "s'est exporté", qu'il "a été copié", qu'il "a inspiré", qu'il "a influencé", qu'il "a eu un rayonnement", qu'il "existe des rapports étroits de filiation" entre tel ensemble de règles dans telle région

---

464 En ce sens, voir MELLERAY (F.), « Les trois âges du droit administratif comparé ou comment l'argument de droit comparé a changé de sens en droit administratif français », *préc.*, pp. 18-20.

465 RIVERO (J.), « Présentation du droit administratif », *Revue Etudes Juridique*, n° 15.

466 A l'instar de celle régulièrement exprimée par les juristes espagnols du XIX^e siècle. Cf. *infra*, n° 192-195.

467 « La natural claridad y espíritu del órden y sistema del ingenio francés, explican la superioridad de su administracion. [...] la administracion tiene ya en Francia un cuerpo de doctrinas, y como nada de esto sucede en las demas naciones, de aquí el que todas la estudien, y que procuren trasplantar muchas de sus instituciones [...] ». MORÓN (F. G.), « Estudios administrativos », *Revista de España y del Extranjero*, 1843, T. V, pp. 221-233, spéc. p. 224.

du monde et le droit français. On exalte de ce fait la capacité de la France à apparaître tout à la fois comme la mère des arts, de la langue, du savoir-vivre et du droit. D'où la question : quelle part faut-il faire entre la réalité de l'expansion du modèle juridique français et le discours ? Jusqu'à quel point le processus de modélisation et d'exportation est-il captif d'un discours qui opère comme une caisse de résonnance » [468]?

**167.** Il faut en effet souligner que le discours de promotion de la supériorité, au moment où il est le plus exacerbé, est en réalité dans un registre hagiographique. Il dissimule consciemment les défauts d'un modèle français qui est pourtant en voie de remise en cause.

## B) Le registre hagiographique du discours

**168.** Il fut une période où effectivement, le droit administratif français avait un avantage, celui d'être précurseur[469] et d'avoir peu de concurrents. A cette époque, au-delà de ce que ce chauvinisme est répandu, cette célébration du droit administratif français peut s'appuyer sur certaines réalités. Néanmoins, cette période est de courte durée, alors que le discours élogieux, lui, perdure dans le temps.

**169.** Le droit administratif français révèle rapidement des imperfections. Ses imitateurs, à l'image de l'Italie ou encore de l'Espagne, préfèrent souvent changer de source d'inspiration pour se tourner vers des modèles concurrents, en particulier vers le droit administratif allemand[470]. Il est vrai que l'Allemagne s'est initialement nourrie de la science française du droit administratif. O. Mayer, en guise de préliminaire à sa systématisation du droit administratif allemand, a publié en 1886 un premier ouvrage consacré au droit administratif français[471], à l'heure où l'Empire allemand était à la recherche

---

[468] SOLEIL (S.), « Le modèle juridique français : recherches sur l'origine d'un discours », préc., pp. 86-87.

[469] Cf. *supra*, n° 46-85.

[470] AUBY (J.-B.), « Le droit administratif français vu du droit comparé », *préc.*, p. 408.

[471] MAYER (O.), *Théorie des französischen verwaltungsrechts*, Strasburg, K. J. Trübner, 1886.

d'un droit administratif unifié[472] et puisait pour ce faire dans les doctrines étrangères. Mais cet avantage comparatif en faveur de la France sera réduit rapidement quelques années plus tard, conséquence de la défaite de Sedan en 1870. L'Allemagne se positionnera alors comme une concurrente de taille.

**170.** L'exemple de l'Espagne est à cet égard éclairant. L'Espagne a en effet été particulièrement réceptive à la doctrine française tout au long du XIX$^{e}$ siècle[473]. Le XX$^{e}$ siècle annonce cependant un tournant décisif dans le changement d'influences. La doctrine espagnole, séduite en particulier par la méthode juridique d'O. Mayer et de P. Laband, s'est tournée majoritairement vers l'Allemagne[474]. La science française ne put alors rivaliser face à la science allemande. Les travaux de R. Fernández de Velasco ont marqué définitivement le point de rupture en considérant que la valeur scientifique de la littérature allemande n'est égalée par aucune autre[475] ; c'est également le point de vue développé par J. Gascón y Marín qui soulignait qu'« à la différence du droit administratif français, le droit administratif allemand ne procède pas d'une nécessité pratique, mais au contraire d'une élaboration véritablement technique, scientifique »[476].

**171.** Sous ce rapport, l'Espagne n'est pas « un cas isolé »[477]. On peut ainsi citer l'Italie qui a suivi la même trajectoire[478], incitée en particulier par V. E. Orlando qui étudia un an en Allemagne et en revint imprégné par les théories de l'Ecole historique de Savigny alors que ses prédécesseurs faisaient jusque là majoritairement référence aux auteurs français.

---

[472] GRAFF (F.), *Otto Mayer (1846-1924) et la théorie du droit administratif français en Allemagne*, thèse Strasbourg III, 1989.

[473] Cf. *Infra*, n° 181-203 ; 316-321.

[474] Cf. *infra*, 334-335.

[475] C'est en tout cas ce qu'estime A. Gallego Anabitarte. Cf. GALLEGO ANABITARTE (A.), « La influencia extranjera en el derecho administrativo español desde 1950 a hoy », *préc.*

[476] « De bien diversa naturaleza es la obra germánica [...], no derivandola de una necesidad práctica, sino de una elaboración verdaderamente técnica, científica ». GASCÓN Y MARIN (J.), *Tratado de derecho administrativo* », T. 1, Madrid, Imprenta clásica espanola, 1$^{a}$ ed., 1917, p. 18.

[477] GALLEGO ANABITARTE (A.), « La influencia extranjera en el derecho administrativo español desde 1950 a hoy », *préc.*, p. 89.

[478] Voir par exemple SANDULLI (A.), « La tradition nationale du droit administratif en Italie », *R.F.D.A.*, 2012, pp. 773-787, spéc. pp. 773-774.

**172.** L'affirmation du rayonnement du droit administratif français et de sa science doit donc être relativisée dès lors que l'on observe plus attentivement la réalité de cette exportation. Ce n'est seulement jusqu'en 1871 que son rayonnement « s'exerce à peu près sans partage »[479]. Mais alors que la doctrine française circule moins qu'auparavant, concurrencée par les auteurs allemands, le discours de célébration perdure.

**173.** Il est ensuite particulièrement paradoxal que « le temps de la satisfaction »[480], période durant laquelle le chauvinisme est sans doute le plus exacerbé, corresponde en réalité à un moment où le rayonnement effectif du droit administratif français décline[481]. Mais il faut dire que les contextes d'immédiat après-guerre sont souvent caractérisés par des montées de nationalisme[482] — et l'après Seconde Guerre mondiale ne se distingue pas sous ce rapport — et favorisent des discours cherchant à revaloriser la grandeur de la France[483]. Il n'y a alors pas de place pour l'autocritique ou l'aveu de faiblesses. Bien au contraire, le discours a pour objectif de masquer les éventuels défauts, quitte à travestir la réalité.

**174.** A cette époque, le droit administratif français apparaît rapidement dépassé par ses concurrents notamment sur le terrain de la garantie des droits des administrés (alors qu'il était régulièrement présenté comme pionnier dans la réalisation de l'équilibre subtil entre impératifs de la vie administrative et garantie des droits des administrés[484]). Il faut dire que l'Allemagne a

---

[479] RIVERO (J.), « Droit administratif français et droits administratifs étrangers », *préc.*, p. 476.

[480] MELLERAY (F.), « Les trois âges du droit administratif comparé ou comment l'argument de droit comparé a changé de sens en droit administratif français », *préc.*, p. 18.

[481] *Idem*, pp. 18-20.

[482] Ce phénomène d'exaltation d'une nation, ici pour son droit, est apparu sous une forme particulière au moment de la défaite de 1870. On parle alors de nationalisme de revanche. Cf. GIRARDET (R.), « Pour une introduction à l'histoire du nationalisme français », *Revue française de science politique*, n° 3, 1958, pp. 505-528. Cf. aussi, plus spécifiquement, HALPÉRIN (J.-L.), « Est-il temps de déconstruire les mythes de l'histoire du droit français », *préc.*, spéc. pp. 2-3. Le paradoxe toutefois, précisément à cette époque, est que l'on observe dans le même temps, un phénomène de repli sur soi de la doctrine française, consistant à combattre par tous les moyens ce qui vient de l'étranger et notamment d'Allemagne, mais également une admiration du pays vainqueur, difficilement avouable, mais pourtant décelable. Voir. DIGEON (C.), *La crise allemande de la pensée française. 1870-1914*, Paris, P.U.F., 1ère éd., 1959, réimpr., Paris, P.U.F., 1992. Cf. *infra*, n° 519-529.

[483] Cf. ASSOCIATION HENRI CAPITANT, *Travaux de l'association Henri Capitant des amis de la culture juridique française*, T. 1, séance du 27 avril 1945, Paris, Dalloz, 1946, p. 30.

[484] On pense ainsi à la fameuse phrase de G. Jèze qui considérait que le recours pour excès de pouvoir, « la plus merveilleuse création des juristes », est « l'arme la plus efficace, la plus

largement confirmé son avance avec sa Loi fondamentale (*Grundgesetz für die Bundesrepublik Deutschland*) du 8 mai 1949[485], prônant la garantie absolue des droits fondamentaux, opposables à la puissance publique. Le droit administratif allemand se présente alors comme un modèle orienté vers la protection de la personne, plus que de la légalité, ce qui correspond mieux aux aspirations contemporaines[486]. A ce titre, la France détonne quelque peu.

**175.** Le Huron[487] de J. Rivero s'étonnait encore en 1962 de l'absence de recours suspensif, ou encore de l'interdiction d'aller au-delà de la pure et simple annulation de l'acte par le juge et regrettait finalement que le justiciable ne soit pas protégé aussi efficacement qu'on le pense. Cette « glorieuse institution »[488] qu'est le recours pour excès de pouvoir n'était donc pas aussi parfaite que le laissait entendre le discours. Pourtant, la critique faite par J. Rivero restait assez isolée parmi la doctrine de l'époque[489]. Il n'est pas inutile

---

pratique, la plus économique qui existe au monde pour défendre les libertés individuelles ». Cf. JEZE (G.), « Les libertés individuelles », in *Annuaire de l'Institut International de droit public*, Paris, P.U.F., 1929, pp. 162-186, spéc. p. 180. Cette citation de G. Jèze est particulièrement éclairante sur ce sentiment de satisfaction généralisée de la doctrine administrativiste française vis-à-vis du droit administratif. Il faut toutefois mentionner que même si G. Jèze ne tarissait pas d'éloges pour le recours pour excès de pouvoir, il considérait toutefois qu'il était perfectible, militant pour son extension quantitative (au plus grand nombre de domaines possibles) mais également qualitative, notamment en ce qui concerne les effets de la décision de justice. Voir JEZE (G.), *Les principes généraux du droit administratif*, T. 1, Paris, V. Giard et E. Brière, 3e éd., 1925, réimpr., Paris, Dalloz, 2005, pp. 288 ; 294. Cf. également MASLARSKI (D.), « La conception de l'Etat de Gaston Jèze », *Jus Politicum*, 2009, n° 3, spéc. pp. 19-21, http://www.juspoliticum.com/La-conception-de-l-Etat-de-Gaston.html?artpage=19-21, consulté le : 22/09/2014.

485 Cf. en particulier son article 1er.

486 Sur cette question, cf. GAILLET (A.), *L'individu contre l'Etat : essai sur l'évolution des recours de droit public dans l'Allemagne du XIXe siècle*, Paris, Dalloz, 2012, spéc. pp. 247-467.

487 RIVERO (J.), « Le Huron au Palais-Royal ou réflexions naïves sur le recours pour excès de pouvoir », *D.* 1962, chron., pp. 37-40 ; réimpr. *Pages de doctrine*, T. 2, Paris, L.G.D.J., 1980, pp. 329-334. Cf. aussi RIVERO (J.), « Le système français de protection des citoyens contre l'arbitraire administratif à l'épreuve des faits », in *Mélanges en l'honneur de Jean Dabin*, T. 2, Bruxelles, Bruylant, Paris, Sirey, 1963, pp. 813-836.

488 RIVERO (J.), « Le Huron au Palais-Royal ou réflexions naïves sur le recours pour excès de pouvoir », *préc.*, p. 334.

489 A tel point qu'en 1963 il confiait « qu'au moment de hasarder quelques remarques critiques sur le recours pour excès de pouvoir, on éprouve un certain malaise ; tant de maîtres ont loué sans restriction le chef-d'œuvre de la juridiction administrative que la critique, ici, prend facilement allure de blasphème ». Cf. RIVERO (J.), « Le système français de protection des citoyens contre l'arbitraire administratif à l'épreuve des faits », *préc.*, p. 824. Il faut toutefois mentionner G. Vedel qui s'est joint à la critique de J. Rivero en soulignant que « jamais chez nous, l'Etat n'a été mis en péril par un excès de protection des individus. Il faut au contraire que les Français sachent que, par rapport aux Etats-Unis, à la Grande-

de rappeler, une fois de plus, que dix années auparavant, le Conseil d'Etat consacrait toute une partie de son livre jubilaire à son rayonnement à l'étranger, sans se préoccuper à ce moment-là, de l'éventuel retard du droit administratif français par rapport à certains de ses homologues étrangers.

**176.** Le maintien de certaines colonies, mais également l'adoption par les anciens pays colonisés, du modèle administratif français, bien que relevant d'un choix conditionné[490], comme expliqué précédemment, permettra d'entretenir l'illusion chez une partie de la doctrine. Participera également de cette illusion la construction des règles du contentieux de la Communauté européenne du charbon et de l'acier (CECA), inspirée en partie du modèle français[491].

**177.** Ce discours a néanmoins faibli nettement à partir des années 1970, une grande partie de la doctrine ayant pris conscience de ses excès[492]. C'est toutefois en étudiant ce discours que l'on comprend mieux le succès du modèle français, qui ne peut s'expliquer uniquement par ses qualités.

**178.** L'Espagne, à l'inverse, a traditionnellement adopté une posture d'humilité consistant à partir du principe que son droit est largement perfectible et que les exemples étrangers doivent être étudiés, évalués et adoptés le cas échéant. Le droit administratif espagnol s'illustre ainsi par son syncrétisme, riche des différentes expériences étrangères dont il s'est inspiré.

---

Bretagne, à l'Allemagne (eh oui, l'Allemagne !), ils souffrent d'un sous-développement juridique », cf. VEDEL (G.), « L'Etat doit être jugé », *L'Express*, 30 mai 1963.

[490] Cf. *supra*, n° 153.

[491] Cf. *infra*, n° 281-283 ; 290-295.

[492] On notera cependant que même chez ceux qui, parce qu'ils sont rompus à l'exercice de la comparaison et donc à l'analyse critique, semblent conscients que d'autres pays ont pu et peuvent offrir un droit administratif plus évolué, supérieur sur certains aspects au droit administratif français, l'idée d'un modèle français sans concurrent de taille jusqu'en 1950 est fortement ancrée. M. Fromont a pu ainsi dire « personnellement, je suis convaincu que le droit administratif français a été le meilleur droit administratif du monde jusqu'en 1939-1946 », admettant immédiatement après que ce n'était plus le cas à partir de cette date, dépassé notamment par le droit administratif allemand. Cf. FROMONT (M.), « La justice administrative en Europe : différences et convergences », *R.F.D.A.*, 2008, n° 2, pp. 267-271, spéc. p. 267.

## *Section 2: Le syncrétisme juridique, caractéristique du droit administratif espagnol*

**179.** Le droit administratif espagnol correspond à la figure de l'importateur de droit. Si cela est imputable à sa naissance plus tardive, il faut également comprendre que la perméabilité de la doctrine espagnole aux influences extérieures résulte aussi d'un état d'esprit, d'une qualité. Derrière cette « xénophilie »[493], il y a selon J. L. Villar Palasí une spécificité culturelle : « Le droit administratif espagnol n'est ainsi pas exclusivement espagnol, car être exclusivement espagnol est contraire à la tradition espagnole »[494].

**180.** La première influence sur le droit administratif espagnol venant à l'esprit est celle qu'a exercée la France à partir du début du XIX^e^ siècle, illustration d'un lien durable entre ces deux pays[495] (§ 1). Il ne faut toutefois pas réduire à la seule France les sources d'inspiration du droit administratif espagnol. Il y a bien un mélange d'influences, illustration supplémentaire de l'esprit d'ouverture de la science du droit espagnol (§ 2).

### §1) Un lien historique particulier avec la France

**181.** Ce lien particulier à la France pourrait s'expliquer en premier lieu par la proximité géographique existant entre les deux pays. Si cela eut sans doute une incidence, ce n'est cependant pas le facteur le plus déterminant. La

---

[493] GALLEGO ANABITARTE (A.), « La influencia extranjera en el derecho administrativo español desde 1950 a hoy », *préc.*, p. 82

[494] « El derecho administrativo español no es con ello extraordinariamente español, pues ser extraordinariamente español va contra la tradición española ».VILLAR PALASÍ (J.-L.), *Derecho administrativo*, T. 1, *préc.*, p. 220.

[495] Ce lien avait été initié par l'avènement de la dynastie des Bourbons en Espagne et s'illustre assez souvent par la phrase qu'aurait prononcée Louis XIV à l'adresse de son petit-fils, Philippe V, au moment de son accession au trône d'Espagne : « Soyez bon Espagnol, c'est présentement votre premier devoir, mais souvenez-vous que vous êtes né Français pour entretenir l'union entre les deux nations ». Cf. PEREZ (J.), *Histoire de l'Espagne*, *préc.*, pp. 397-403 ; CAILLET (L.), « Le modèle français et la réforme administrative de l'Espagne au XVIII^e^ siècle », *préc.*; CHAMOCHO CANTUDO (M.-A.), La circulation du modèle administratif français en Espagne : entre nationalisme juridique et fonds juridique commun », in LE YONCOURT (T.), MERGEY (A.), SOLEIL (S.), *L'idée de fonds juridique commun dans l'Europe du XIXème siècle. Les modèles, les réformateurs, les réseaux*, Rennes, PUR, 2014, pp. 125-161, spéc. pp. 127-130.

domination politique de l'Espagne par la France au moment des guerres napoléoniennes et l'installation du frère de Napoléon Bonaparte, Joseph, sur le trône d'Espagne expliquent davantage ce lien, et rappellent, ce faisant, que les modèles commencent bien souvent par s'imposer par la force[496]. A l'arrivée de Joseph Bonaparte en Espagne, certains Espagnols, qualifiés d'*afrancesados*, crurent à la « régénération » de l'Etat espagnol proposée par les Français, et se rangèrent de son côté. Parmi ces *afrancesados*, on retrouve certains pères fondateurs du droit administratif espagnol. Il paraît alors opportun de s'attarder quelques instants sur trois figures en particulier, dans une logique prosopographique (A). Cela permet de mieux saisir la part faite au droit administratif français dans la construction du droit administratif espagnol, par l'intermédiaire de ces grands juristes qui eurent une influence déterminante sur cette construction, mais également sur son développement (B).

### A) Les « afrancesados » : la triade J. de Burgos, A. Oliván et F. A. Silvela

**182.** Dans un sens strict, les *afrancesados* sont des Espagnols qui, au moment de son installation sur le trône d'Espagne, se sont ralliés de leur plein gré à Joseph Bonaparte, convaincus des vertus du modèle français. Pour ces raisons, on a pu également les appeler « joséphins »[497]. Pour autant, ce mouvement ne se réduit pas seulement à une admiration des idées françaises, il prolonge également l'idéologie du courant réformateur qui revendique une longue tradition depuis le XVI$^{e}$ siècle[498]. L'*afrancesamiento* ne concerne par ailleurs pas seulement le domaine politique ou juridique, mais s'étend plus largement à la culture espagnole, puisqu'il eut également des retentissements dans les domaines de la littérature ou de la musique.

**183.** Cependant, les intellectuels taxés d'*afrancesados* ne répondaient pas tous à cette stricte définition. Le terme prit rapidement une tournure négative pour désigner plus globalement toute personne coopérant avec le régime

---

[496] García De Enterría (E.), *La lengua de los derechos: la formación del derecho público europeo tras la revolución francesa*, *préc.*, p. 234.

[497] Certains auteurs ont distingué au sein de la catégorie *afrancesados*, les joséphins, plus partisans de Joseph Bonaparte, que de l'Empire français. Cf. Busaal (J.-B), *Le spectre du jacobinisme. L'expérience constitutionnelle française et le premier libéralisme espagnol*, *préc.*, pp. 166-167.

[498] Cf. Perez (J.), *Histoire de l'Espagne*, *préc.*, p. 503.

français, sans qu'elle ait spécialement exprimé son adhésion à Joseph Bonaparte ou au projet impérial français[499]. Pour les traditionalistes notamment, les *afrancesados* étaient des traîtres à leur patrie, ce qui explique que nombre d'entre eux furent poussés à l'exil, à partir de la première restauration de Ferdinand VII en 1814,[500] mais plus encore au moment de sa seconde restauration en 1823[501]. Ils n'eurent pas vraiment de soutien auprès des libéraux en 1812[502] et guère plus au moment du *trienio liberal*[503].

**184.** Malgré leur ostracisation, les *afrancesados* furent néanmoins amnistiés définitivement le 22 mars 1833. Le pragmatisme primait déjà chez les absolutistes qui n'ont pas hésité, à la fin du règne de Ferdinand VII, à recourir à l'expérience de certains *afrancesados* pour tenter de sauver l'absolutisme. Il a surtout prévalu dans la construction d'un nouvel Etat libéral modéré, à la mort de Ferdinand VII. Pour J.-P. Luis, « cette évolution ne traduit pas uniquement l'œuvre du temps qui aurait apaisé les passions. Elle est liée, chez ceux qui rejetaient dans un même temps Ancien Régime et dérive démocratique, à la prise de conscience de l'intérêt du modèle napoléonien pour l'Espagne »[504].

---

[499] Certains employés publics sont ainsi restés à leur poste au moment de l'arrivée de Joseph Bonaparte, par nécessité de survie ou par peur de la répression. C'est le cas des « juramentados », dont M. Artola décrit la situation. Cf. ARTOLA (M.), *Los afrancesados*, Madrid, Sociedad de estudios y publicaciones, 1953, reed., Madrid, Alianza editorial, 2008, p. 55.

[500] Cf. Décret du 30 mai 1814 organisant une proscription à vie pour tous les anciens responsables de l'Etat joséphin et un placement en résidence surveillée pour leurs subalternes. Décret reproduit dans ARTOLA (M.), *Los afrancesados*, *préc.*, pp. 288-290.

[501] Durant la *ominosa década*, l'épuration fit rage.

[502] Cf. décret CLXXXIV du 11 août 1812 pour le renvoi de tous les employés ayant exercé au service du « gouvernement intrus » ; Décret CXCII du 21 septembre 1812, in *Colección de decretos y ordenes que han expedido las Cortes Generales y extraordinarias*, T. III, Cadix, Imprenta Nacional, 1813, réimpr., Alicante, Biblioteca virtual Miguel de Cervantes, 2005, pp. 48-50 et 78-81.

[503] Malgré l'adoption des décrets des 23 avril 1820 et 26 septembre 1820, qualifié « d'amnistie timide » par BUSAAL (J.-B), *Le spectre du jacobinisme. L'expérience constitutionnelle française et le premier libéralisme espagnol*, *préc.*, p. 166. Les *afrancesados* ne pouvaient par exemple être ni électeurs et encore moins éligibles aux Cortès. Cf. Ordonnance du 26 avril 1820.

[504] LUIS (J.-P.), « L'influence du modèle napoléonien en Espagne (1814-1845) », préc., p. 4.

**185.** Quelques développements prosopographiques, autour de trois hommes, souvent considérés comme les pères fondateurs du droit administratif espagnol, s'imposent pour bien saisir les conditions de ce ralliement à la culture juridique française ainsi que ses déclinaisons.

**186.** J. de Burgos[505] incarne parfaitement l'*afrancesado* typique, au sens strict du terme mentionné précédemment[506]. Né en 1778 à Grenade et issu de la noblesse, il rejoignit Madrid pour y faire des études de droit. A l'arrivée de Joseph Bonaparte au pouvoir, il accepta la fonction de sous-préfet d'Almería, jurant ainsi fidélité au nouveau régime. Il exerça par la suite les fonctions de *Corregidor* de Grenade. Il ne fut pas forcé à l'exil, comme d'autres *afrancesados* au retour de Ferdinand VII, après avoir été soumis à une procédure de purification, caractéristique des politiques d'épuration mises en place[507]. Il partit néanmoins de son plein gré en France entre 1813 et 1817 pour étudier le droit à Paris. Il est certain que ces quatre années d'exil volontaire « eurent une influence décisive »[508] sur J. de Burgos qui cherchait dans l'étude de la science française « le remède aux maux »[509] que connaissait l'Espagne. A son retour définitif en Espagne à partir de 1827, son expérience acquise en France finit par être reconnue, et ce, même avant la mort de Ferdinand VII.

**187.** Un parcours quelque peu différent est celui d'A. Oliván, dont le profil est plus ambivalent. Né en 1796 dans le Haut-Aragon, il fit ses études secondaires en France, pour des raisons de facilités géographiques et

505 MESA SEGURA (A.), *Labor administrativa de Javier de Burgos, préc.*

506 NIETO GARCÍA (A.), « Influencias extranjeras en la evolución de la ciencia española del derecho administrativo », *préc.*, p. 50.

507 Il était nécessaire pour les fonctionnaires désirant obtenir ou conserver un emploi dans la fonction publique d'obtenir un certificat attestant qu'ils avaient été « purifiés ». Cf. LUIS (J.-P.), « Une utopie réactionnaire : l'épuration de l'administration durant la dernière décennie du règne de Ferdinand VII (1823-1832) », *Mélanges de la Casa de Velázquez*, 1994, T. 30-3, pp. 7-35.

508 « [...] ejercieron una influencia decisiva en el autor ». NIETO GARCÍA (A.), « Influencias extranjeras en la evolución de la ciencia española del derecho administrativo », *préc.*, p. 50. Cf. *infra*, n° 192.

509 « El remedio de los males ». NIETO GARCÍA (A.), « Influencias extranjeras en la evolución de la ciencia española del derecho administrativo », *préc.*, p. 50. Cf. *Exposición dirigida a S.M. el Sr. D. Fernando VII desde Paris en 24 de enero de 1826 por el Excmo. Señor Don Javier de Burgos sobre los males que aquejaban a España en aquella época, y medidas que debía adoptar el gobierno para remediarlos.*

climatiques, comme de nombreux Aragonais de bonne famille[510]. Cela l'accoutuma indéniablement, dès son plus jeune âge, à la culture française. Il entama ensuite une carrière militaire qu'il poursuivit en Espagne et s'engagea très jeune dans la guerre d'indépendance, combattant au nom de la patrie espagnole. Il peut dès lors paraître un peu paradoxal de le classer au sein de la catégorie des *afrancesados*.

**188.** Néanmoins, ses écrits à partir de 1820, soutenant clairement le régime constitutionnel instauré lors du *trienio liberal*[511], le poussèrent à l'exil au moment de la restauration de la monarchie de Ferdinand VII, la répression touchant indistinctement les *afrancesados* et les libéraux. Il s'installa à Paris à partir de 1824 où il rejoignit les bancs de la faculté de droit. C'est à cette occasion qu'il rencontra J. de Burgos, devenant quasiment son disciple. Depuis la France, il continua à publier des écrits critiques envers le régime absolutiste de Ferdinand VII[512], ce qui eut pour conséquence son emprisonnement lors de son retour en Espagne. A. Oliván fit ensuite plusieurs séjours en France, jusque dans les années 1840, devenant ainsi fin connaisseur de l'organisation administrative française, tout en suivant une carrière administrative et politique en Espagne. Il fut par exemple sous-secrétaire au ministère de l'Intérieur à partir de 1836, mais également parlementaire et sénateur. S. Martín-Retortillo Baquer insistait sur le fait que « déjà depuis son plus jeune âge, il faisait montre d'une extraordinaire prédilection pour la France […]. A de nombreuses reprises dans son œuvre, lorsqu'il traite d'un quelconque problème administratif, il nous donne la preuve de sa préférence, qui n'est pour autant pas incompatible avec son profond attachement à l'Espagne »[513]. Il semblerait alors que le qualificatif d'*afrancesado* lui ait été attribué en raison de son séjour en France et de son intérêt pour le droit français et non pour son adhésion au régime joséphin.

---

510 A propos de la vie d'A. Oliván, cf. MARTÍN-RETORTILLO Y BAQUER (S.), « Alejandro OLIVAN: notas a su vida y a su pensamiento administrativo », *Argensola: Revista de Ciencias Sociales del Instituto de Estudios Altoaragoneses*, 1956, n° 26, pp. 127-152.

511 Articles pourtant publiés sous des pseudonymes tels que « Le citoyen impartial » ou encore « Un espagnol ». Il faut notamment retenir UN ESPAÑOL, *Sobre modificar la Constitución*, Madrid, Imprenta de la Calle de Atocha, 1823.

512 *Ensayo imparcial sobre el gobierno del Rey D. Fernando VII, escrito en Madrid por un español en mayo del presente año, y dado a la luz en Versalles por un amigo del autor*, Paris, Librería de Rosa, 1824.

513 « Ya desde su juventud sentirá una extraordinaria predilección por Francia […]. Muchas veces en su obra, tratando de cualquier problema administrativo, nos da testimonio de esta su preferencia, que por otra parte no es incompatible con su hondo españolismo ». MARTÍN-RETORTILLO Y BAQUER (S.), « Alejandro OLIVAN: notas a su vida y a su pensamiento administrativo », *préc.*, p. 130.

**189.** La troisième trajectoire intéressante, qui diffère quelque peu des deux précédentes, est celle de F. A. Silvela y Blanco, né à Valladolid en 1803[514]. C'est en raison de la collaboration de son père avec l'occupant français — sans que l'action de ce dernier témoigne d'un zèle particulier — que toute la famille s'exila en France au retour de Ferdinand VII. F. A. Silvela y Blanco fit donc ses études en France dès son plus jeune âge, d'abord à Bordeaux où il obtint son baccalauréat, puis à la faculté de droit de Paris dont il sortit diplômé en 1833. C'est à Paris qu'il rencontra, lui aussi, J. de Burgos, qui le considéra quasiment comme son fils. A son retour en Espagne à la mort de Ferdinand VII, il entama une carrière politique, administrative, mais également juridique. Il fut ainsi gouverneur civil dans plusieurs provinces, valenciennes et galiciennes, mais également ministre et député. Du point de vue de sa carrière juridique, il exerça les fonctions d'avocat, mais aussi de magistrat, notamment au Tribunal suprême.

**190.** Ces parcours d'exil, volontaires ou involontaires, expliquent les affinités de leurs auteurs avec le modèle administratif français. C'est de ce fait qu'ils avaient tendance, dans leurs analyses et leurs commentaires, à se référer en premier lieu à l'expérience étrangère qu'ils connaissaient la mieux et qu'ils jugeaient source d'enseignements pour le régime espagnol.

**191.** Même s'ils furent minoritaires, les *afrancesados* ont été à certains moments au plus proche du pouvoir, qu'ils en soient des acteurs directs ou indirects. C'est la raison de leur influence sur la reconstruction de l'Etat moderne, eux que l'on va célébrer ensuite comme les pères fondateurs du droit administratif espagnol.

## B) L'influence des « afrancesados » sur la construction du droit administratif espagnol

**192.** Les rapides développements biographiques sur les trois personnages cités précédemment permettent ainsi d'éclairer leurs références assez systématiques au droit français dans l'élaboration du nouveau droit administratif. L'influence décisive du séjour prolongé de J. de Burgos en

[514] Pour plus de précisions sur F. A. Silvela y Blanco, cf. PEREZ NUÑEZ (J.), « Francisco Agustín Silvela Blanco (1803-1857), ideólogo de la administración centralizada », *R.A.P.*, 2002, n° 157, pp. 119-156.

France se mesure en effet particulièrement dans ses *Ideas de Administración*[515], ouvrage majeur pour la science du droit administratif, issu d'une série de conférences. Il y vantait les vertus d'un certain nombre d'institutions françaises. Références voire révérences, F. A. Silvela commençait également son ouvrage intitulé *Colección de proyectos, dictámenes y leyes orgánicas o Estudios prácticos de Administración*, en mentionnant les « leçons entendues sur les bancs de l'Université de Paris »[516] auxquelles « nous devons les rares notions de législations comparées que nous possédons »[517], mais plus encore son expérience d'observateur de la vie administrative et politique française[518], avouant ainsi sans détour cette influence sur ses écrits scientifiques ainsi qu'une certaine admiration.

**193.** Au-delà des incidences sur leurs œuvres doctrinales, et comme cela a été rapidement mentionné auparavant, ces *afrancesados* avaient l'avantage de cumuler carrières administrative et politique. De ces positions, proches du pouvoir, ils ont formulé les grandes orientations à suivre pour la reconstruction du nouvel Etat espagnol et de son Administration.

**194.** Par ailleurs, en Espagne, le centre d'impulsion du développement du droit administratif fut bien davantage l'œuvre de la doctrine — influençant le législateur — que du juge[519], comme c'est le cas en France.

**195.** Sans surprise, c'est donc au modèle français qu'ils firent appel, le présentant toujours comme un idéal à suivre. Ainsi, F. A. Silvela considérait que « l'Administration française nous offre un degré de perfection remarquable, comparativement à celle des autres pays que l'on connaît également plus ou moins, et par conséquent c'est à elle que nous devons avoir

---

515 BURGOS (J. de), « Ideas de Administración », *préc.*

516 « Las lecciones que oímos en los bancos de la Universidad de Paris ». SILVELA (F. A.), *Colección de proyectos, dictámenes y leyes orgánicas o Estudios prácticos de Administración,* Madrid, Imprenta Nacional, 1839, p. XXXVI.

517 « Debemos las escasísimas nociones que podamos poseer del estudio comparativo de la leyes ». *Ibidem.*

518 *Ibid.*

519 Cf. SÁNCHEZ MORÓN (M.), *Derecho administrativo*, Madrid, Tecnos, 9ª ed., 2013, pp. 54-55.

recours »[520] et pour A. Oliván « les lois françaises, particulièrement celles relatives à l'Administration, peuvent être qualifiées de Code européen, car on les consulte partout, et elles servent de guide pour combler les lacunes de notre propre législation [...] »[521]. Il était convaincu que « la nation la plus en avance dans le domaine administratif, c'est la nation française », vantant un « système complet fondé sur des théories lumineuses », ainsi que « le génie fécond, logique et méthodique de ses publicistes »[522]. On le voit, la reprise du modèle français est enthousiaste, ces juristes espagnols ne tempérant pas leur admiration.

**196.** La manière de se référer au droit administratif français, pris dans sa double acception, de ces initiateurs du droit administratif espagnol, a vraisemblablement eu des répercussions sur la génération immédiatement postérieure, néanmoins contemporaine de ces pères fondateurs. Se réclamant de ces derniers, ces juristes eurent les mêmes réflexes d'ouverture au droit français[523]. J. Posada Herrera écrivait ainsi en 1843 dans ses *Lecciones de Administración* que « la France sera toujours pour nous un modèle, en matière d'institutions administratives, comme ce fut le cas en matière d'institutions politiques ». Cet auteur insistait sur le fait que « tous les hommes politiques les plus importants, depuis un siècle et demi, n'ont rien fait de plus que de copier les ordonnances et les lois françaises pour les appliquer en Espagne »[524], soulignant ainsi une certaine tradition dans le recours au droit français. De même, M. Ortiz de Zúñiga, qui se réclamait notamment de J. de Burgos, maniait exclusivement la doctrine française en guise d'ouverture à la

---

[520] « La Administración francesa nos ofrece un notable grado de perfección, comparada con la de otros países que más o menos conocemos también: de consiguiente, a ella debíamos recurrir ». SILVELA (F. A.), *Colección de proyectos, dictámenes y leyes orgánicas o Estudios prácticos de Administración*, *préc.*, p. XXXVI.

[521] « Las leyes francesas, especialmente en administración, pueden llamarse el código europeo, porque a ellas se consulta en todas partes, y ellas sirven de guía en los vacíos de la propia y domestica legislación ». OLIVÁN (A.), *De la Administración pública con relación a España*, *préc.*, p. 232.

[522] « La nación que más ha adelantado en administración es la francesa », « sistema completo fundado en teorías luminosas », « el genio fecundo, lógico, y metódico de sus publicistas ». OLIVÁN (A.), *De la Administración pública con relación a España*, *préc.*, pp. 231-232.

[523] A quelques exceptions près, à l'instar de P. Gómez de la Serna, cf. *infra*, n° 571.

[524] « La Francia será para nosotros siempre un modelo, en materia de instituciones administrativas, como lo ha sido en materia de instituciones políticas », « todos los hombres políticos más importantes de todos los partidos hace siglo y medio no han hecho más que copiar las ordenanzas francesas y las leyes francesas para aplicarlas a España ». POSADA HERRERA (J.), *Lecciones de Administración*, Madrid, Establecimiento Tipográfico calle del Sordo, 1843-1845, reimpr. Madrid, I.N.A.P., 1988, p. 202.

doctrine étrangère[525], citant ses inspirateurs dans le prologue à ses *Eléments de droit administratif*[526]. D'autres exemples pourraient encore être cités comme M. Colmeiro, dans l'œuvre duquel, comme le souligne A. Nieto García, « le droit administratif est une science espagnole, bien que fortement influencée par la science française »[527].

**197.** Ce qui pourrait être considéré comme étant un réflexe d'ouverture au modèle français trouve par ailleurs des prolongements au-delà des écrits doctrinaux des pères fondateurs du droit administratif espagnol. Les différents *planes de estudios*[528] des facultés de droit sont également une illustration topique de ces affinités avec le modèle français. On peut supposer que le rôle politique joué par les pères fondateurs du droit administratif, qu'ils soient ministres, sénateurs ou députés, leur a permis une amplitude d'action plus large que celle résultant de leurs simples écrits scientifiques. Ainsi, jusqu'en 1868 et dans un objectif d'uniformisation de l'enseignement, le gouvernement prescrivait une liste d'ouvrages recommandés pour chaque discipline et correspondant à chaque niveau de diplôme[529]. Dans le *plan de estudios* de 1841 figuraient en tête de liste pour l'étude du droit public deux auteurs français : L.-A. Macarel et N. de La Serve[530]. La promotion en Espagne de l'ouvrage de N. de La Serve peut surprendre alors qu'il était considéré comme secondaire en France[531]. Ce fut cependant le nom de L. A. Macarel qui perdura dans les recommandations de lecture jusqu'en 1850.

---

[525] Cf. NIETO GARCÍA (A.), « Influencias extranjeras en la evolución de la ciencia española del derecho administrativo », *préc.*, p. 55.

[526] Comme par exemple C.-J. Bonnin, Fleurigeon, J.-M. de Gerando… Cf. ORTIZ DE ZÚÑIGA (M.), *Elementos de derecho administrativo*, *préc.*, p. X

[527] « El Derecho Administrativo es una ciencia española, aunque fuertemente influenciada por la francesa ». NIETO GARCÍA (A.), « Influencias extranjeras en la evolución de la ciencia espanola del derecho administrativo », *préc.*, p. 60.

[528] La traduction en français est ici encore difficile à formuler. L'expression désigne à la fois le régime des études ainsi que le syllabus.

[529] MARTÍNEZ NEIRA (M.), « Relevancia del derecho administrativo francés en la educación jurídica española », *préc.*, pp. 6-14 et plus généralement, MARTÍNEZ NEIRA (M.), *El estudio del derecho: libros de textos y planes de estudio en la universidad contemporánea*, Madrid, Dykinson, 2001, pp. 13-119.

[530] DE LA SERVE (N.), *De la royauté, selon les lois divines révélées, les lois naturelles et la charte constitutionnelle*, Paris, Chez Baudoin frères, 1819, traduit en espagnol par A. Ortiz de Zarate, Madrid, Imprenta de I. Sancha, 1821.

[531] Cf. *supra*, n° 122.

**198.** Ainsi, cette politique de traduction d'ouvrages français[532], relayée par les *planes de estudios* gouvernementaux, témoigne de ce lien particulier avec la France. La doctrine espagnole était donc accoutumée au maniement de la doctrine française, soit que certains auteurs aient eu un contact direct avec la France en y ayant vécu ou étudié, soit de manière indirecte par l'intermédiaire des traductions[533]. Et lorsque les juristes français cessent d'être, après 1850, les auteurs canoniques des facultés espagnoles, mettant fin à « une longue période de présence des livres français, qui avait été ouverte par les *planes de estudios* de l'époque des lumières »[534], les références à la France ne disparaissent pas, empruntant simplement d'autres voies.

**199.** A partir de 1852, il est exigé de savoir parler correctement la langue française afin d'obtenir la licence du cursus « Administration ». C'est une illustration supplémentaire de « l'influence déterminante de la France sur le droit administratif — et l'enseignement en général —, qui apparaît dans les Universités espagnoles à partir de 1842 »[535]. A. Gallego Anabitarte remarque qu'« il n'est pas fréquent de rencontrer un phénomène culturel comme celui qui se produit en Espagne entre 1833 et 1845, ou, de façon plus générale durant la 1re moitié du XIXe siècle, l'organisation administrative française est révérée et admirée, et la France considérée comme le berceau de la science de l'Administration »[536].

**200.** Plus généralement, et ceci atteste encore de la dimension culturelle de cette ouverture à la doctrine française, on vit à l'époque se multiplier les librairies vendant des ouvrages en langues étrangères, et notamment en langue française. Même si cela peut paraître anecdotique, F. A. Silvela, dans la

---

532 Cf. *infra*, n° 305-307.

533 Même si cette politique de traduction a pu être relativisée précédemment en ce qui concerne l'actualité de certains ouvrages. Cf. *supra*, n° 122 ; 197.

534 « Una larga etapa de presencia de libros franceses que había sido abierta por los planes de estudios ilustrados ». MARTÍNEZ NEIRA (M.), « Relevancia del derecho administrativo francés en la educación jurídica española », *préc.*, p. 13

535 « La influencia formal determinante de Francia en el Derecho administrativo –y en la enseñanza en general-, que aparece en las Universidades españolas en 1842 ». GALLEGO ANABITARTE (A.), *Formación y enseñanza del derecho público en España (1769-2000). Un ensayo crítico*, *préc.*, p. 226.

536 GALLEGO ANABITARTE, (A.), « Les Facultés de droit espagnoles et l'influence française, en particulier dans le domaine du droit public aux XVIIIe et XIXe siècles », *Revue d'histoire des facultés de droit et de la science juridique*, 1994, n° 15, pp. 114-148, spéc. p. 144.

bibliographie dédiée aux références françaises[537] de son ouvrage *Colección de proyectos,* recommandait en particulier la librairie Denné à Madrid, pour trouver ces références[538]. M. Martínez Neira précise d'ailleurs que F. A. Silvela en « facilitait même le prix : rien ne lui paraissait superflu afin d'encourager ces lectures »[539], témoignant de l'investissement particulièrement important et multiforme de cet auteur dans la propagation de la pensée juridique française.

**201.** Certains commentateurs relativisent cependant le caractère essentiellement culturel de cette réception massive du droit administratif français. Si le lien historique est indéniable, il n'est pas le seul facteur d'explication. Les Espagnols auraient pu chercher au contraire, après la guerre d'indépendance, à se différencier du modèle français. Il y a en réalité des facteurs politiques qui conditionnent cette réception du droit français. Comme le souligne A. Gallego Anabitarte, les propagateurs de la nouvelle science de l'Administration étaient de tendance politique conservatrice, caractéristique des réformateurs modérés[540]. Ils s'opposaient aux idées véhiculées par les progressistes, largement en faveur d'une forte décentralisation politique et administrative, idées qui avaient inspiré la Constitution espagnole de 1837. Dans cette perspective, le modèle de l'Administration bonapartiste française — centralisée, hiérarchisée et autoritaire — ainsi que la consécration d'une juridiction spéciale pour juger le contentieux de cette Administration, correspondaient bien à leur idéologie[541]. En arrivant au pouvoir en 1843 pour une période allant jusqu'en 1868[542], ils parvinrent alors à imposer leur modèle, transposition du modèle d'outre-Pyrénées[543]. Si bien que « la réception de la science administrative et du droit administratif français fut, bien plus qu'un phénomène culturel, un instrument politique et idéologique pour imposer un

---

537 Cette bibliographie était divisée en deux parties, la première réservée aux ouvrages espagnols, la seconde aux ouvrages français. Cf. SILVELA (F.-A.), *Colección de proyectos, dictámenes y leyes orgánicas o Estudios prácticos de Administración*, *préc.*, pp. 375-387.

538 SILVELA (F.-A.), *Colección de proyectos, dictámenes y leyes orgánicas o Estudios prácticos de Administración*, *préc.*, p. 387.

539 « *Incluso facilitaba el precio: nada le parecía superfluo con tal de facilitar esas lecturas* ». MARTÍNEZ NEIRA (M.), « Relevancia del derecho administrativo francés en la educación jurídica española », *préc.*, note 32.

540 Les *afrancesados* ayant fini par rejoindre les libéraux modérés. Cf. LUIS (J.-P.), « L'influence du modèle napoléonien en Espagne (1814-1845) », *préc.*, pp. 7-8.

541 Cf. également SANTAMARÍA PASTOR (J.-A.), *Sobre la génesis del derecho administrativo español en el siglo XIX (1812-1845)*, *préc.*, pp. 154-165.

542 A l'exception d'une période de deux ans entre 1854 et 1856 appelée *bienio progresista*.

543 Cf. GALLEGO ANABITARTE (A.), « Influencias nacionales y foráneas en la creación del derecho administrativo español », *préc.*, pp. 64-69.

nouvel ordre politique »[544]. La création de l'Académie royale des sciences morales et politiques[545], institution dans laquelle sont majoritairement représentés les modérés, s'inscrit de même dans cette démarche de propagation du nouvel ordre politique et de l'œuvre de modernisation administrative[546].

**202.** Il y a donc eu une influence française indéniable sur le droit administratif espagnol, mais une influence française située, correspondant à un courant politique modéré[547], par opposition aux libéraux progressistes qui considéraient que Napoléon Bonaparte avait trahi les idéaux de la Révolution[548]. Il faut en effet rappeler que les deux courants étaient des « fils spirituels de la France, mais ils professaient des idéologies politiques opposées »[549], incarnant finalement l'opposition classique entre révolutionnaires et réformistes.

**203.** Si l'influence historique de la France sur la création du droit administratif espagnol et son développement au cours du XIX$^{e}$ siècle est ainsi constatée, on ne peut réduire le droit administratif espagnol à une seule réception du modèle français. Le droit administratif espagnol a en effet cultivé des liens avec d'autres droits administratifs étrangers, faisant ainsi de son esprit d'ouverture une de ses caractéristiques les plus importantes.

---

544 GALLEGO ANABITARTE, (A.), « Les Facultés de droit espagnoles et l'influence française, en particulier dans le domaine du droit public aux XVIIIe et XIXe siècles », *préc.*, p. 148.

545 Créée par un décret du 30 septembre 1857.

546 RICHARD (E.), *L'esprit des lois. Droit et sciences sociales à l'Académie royale des sciences morales et politiques d'Espagne (1857-1923)*, Thèse, dactyl., Paris 1, 2008, pp. 48-62.

547 MARTÍNEZ NEIRA (M.), « Relevancia del derecho administrativo francés en la educación jurídica española », *préc.*, pp. 14-17.

548 PEREZ (J.), *Histoire de l'Espagne*, *préc.*, pp. 503-508.

549 « Eran en efecto hijos espirituales de Francia, pero profesaban ideologías políticas contrapuestas ». VIÑAS-MEY (C.), « Nuevos datos para la historia de los Afrancesados », *Bulletin Hispanique*, 1924, pp. 52-67, spéc. p. 65.

## §2) Un lien non exclusif avec la France

**204.** Le lien avec la France est indéniable, et s'explique par un contexte historique particulier, celui de l'occupation de l'Espagne par la France, doublé d'une conjoncture politique favorable aux conservateurs. Ces derniers, une fois au pouvoir, décidèrent volontairement de s'inspirer du modèle français de droit administratif, qui correspondait parfaitement à leurs idéaux. Ce lien n'est cependant pas exclusif. Il y a en réalité en Espagne une tradition d'ouverture aux droits étrangers puisque le droit administratif espagnol a également accueilli d'autres doctrines étrangères (A). Reste à savoir quelle valorisation en a été faite afin que cette caractéristique ne se réduise pas à un simple ornement (B).

### A) L'ouverture aux doctrines étrangères, une caractéristique culturelle de l'Espagne

**205.** On ne peut expliquer de la même manière l'ouverture, indéniable également, à d'autres modèles étrangers. Ni l'Italie ni l'Allemagne n'ont, par exemple, jamais occupé l'Espagne. On peut alors en déduire que l'ouverture aux influences étrangères de son droit administratif est un trait culturel caractéristique de l'Espagne. J. Rivero, étudiant les caractères généraux des différents droits administratifs lors d'une étude sur la puissance publique, plaçait ainsi l'Espagne dans la catégorie des pays « ouverts aux influences »[550], disposant d'une doctrine administrative « syncrétique »[551] consistant à « concilier dans une synthèse supérieure les apports doctrinaux qu'elle emprunte à des auteurs étrangers plus systématiques »[552]. C'est également l'appréciation qu'en ont les auteurs espagnols eux-mêmes, puisque A. Nieto García considère aussi que le droit administratif espagnol appartient à la catégorie des « dogmatiques juridiques nationales ouvertes »[553].

---

[550] RIVERO (J.), *Cours de droit administratif comparé : diplôme d'études supérieures de droit public, 1956-1957, rédigé d'après les notes et avec l'autorisation de M. Rivero. Recherche sur la puissance publique dans les principaux systèmes de droit administratif*, Paris, Les cours de droit, 1957, p. 145

[551] *Idem*, p. 123.

[552] *Id.*, p. 128.

[553] « Dogmáticas jurídicas nacionales abiertas ». NIETO GARCÍA (A.), « Influencias extranjeras en la evolución de la ciencia española del derecho administrativo », *préc.*, p. 46.

**206.** Le caractère culturel de cet esprit d'ouverture se constate plus encore lorsque l'on sait qu'il ne se limite pas simplement à la science du droit administratif, ni même à la science juridique, puisque le même phénomène est observable également dans le domaine de la médecine, pour ne citer qu'un exemple[554]. A. Nieto García faisait ainsi remarquer que « l'influence étrangère, et de manière prédominante française, sur le Droit espagnol, n'est, en définitive, qu'un reflet de l'influence étrangère, de façon prédominante française, sur toute la culture espagnole »[555].

**207.** L'ouverture aux sciences étrangères relève ainsi d'une longue tradition qui commence au XVIII^e^ siècle, au moment de la *Ilustración*, notamment avec le succès grandissant des auteurs anglais[556], à l'instar d'Adam Smith dont l'ouvrage, *De la richesse des Nations*[557], a beaucoup inspiré les penseurs des lumières espagnols, et en particulier G. de Jovellanos. A cet égard, l'analyse de la mission de l'Académie royale des sciences morales et politiques[558], à laquelle il a déjà été fait référence, est éclairante. Afin de satisfaire à l'objectif de « cultiver les sciences morales et politiques », il était spécifié dans le règlement de l'Académie de 1885 que « cultiver des relations scientifiques et littéraires avec des corporations savantes espagnoles et étrangères, afin de se communiquer les avancées et découvertes qu'elles pourraient faire, par le biais de correspondants et de l'échange de publications »[559], en constitue une modalité d'accomplissement. L'Académie avait ainsi tissé des liens avec un certain nombre d'institutions savantes, à l'instar du *Smithonian Institute* de Washington, de l'Académie des sciences de Vienne, de l'Académie des sciences du Portugal, ou encore de l'Institut de France, sans que cette liste soit exhaustive. Elle disposait également de correspondants étrangers, membres à part entière de l'Académie, parmi

---

[554] Cf. RIERA CLIMENT (C.), RIERA PALMERO (J.), « El influjo médico extranjero en España (1850-1900) », *Llull*, 2005, n° 28, pp. 503-524.

[555] « La influencia extranjera, y predominantemente francesa, en el Derecho español no es, en definitiva, sino un reflejo de la influencia extranjera, y predominantemente francesa, en toda la cultura española ». NIETO GARCÍA (A.), « Influencias extranjeras en la evolución de la ciencia española del derecho administrativo », *préc.*, p. 47.

[556] Cf. PEREZ (J.), *Histoire de l'Espagne*, *préc.*, pp. 503-504.

[557] La première traduction de son ouvrage *An Inquiry into the Nature and Causes of the Wealth of Nations,* datant de 1776, est publiée en Espagne en 1794 par J. Alonso Ortiz.

[558] Sur cette question, cf. RICHARD (E.), *L'Esprit de lois. Droit et sciences sociales à l'Académie royale des sciences morales et politiques d'Espagne (1857-1923)*, *préc.*, pp. 111-112 et 123-125.

[559] Article 2, g) du règlement de l'Académie royale des sciences morales et politiques, 1859.

lesquels on retrouvait notamment des juristes à l'exemple de L. Wolowski ou encore d'E. Laboulaye.

**208.** Au-delà de l'exemple de l'Académie, il faut également souligner la tradition des voyages d'études des universitaires espagnols. Le cas d'A. Posada en est une illustration emblématique puisqu'entre 1886 et 1888 il séjourna successivement à Londres, en France, en Suisse, en Allemagne ou encore en Belgique. Il passa également par l'Italie quelques années plus tard. Il est certain que « ces intenses relations scientifiques internationales lui permettent de s'imprégner d'innovations éducatives »[560]. De même, la carrière de J. Sanz del Rio, à qui l'on reconnaît l'introduction du *Krausisme*[561] en Espagne, fut enrichie d'un séjour à l'étranger. Il fut envoyé en 1843 à l'Université d'Heidelberg en Allemagne par P. Gómez de la Serna, alors ministre de l'Intérieur, pour se former à la philosophie allemande et rapporter ensuite son expérience à Madrid, en vue de réorganiser les études philosophiques à l'Université[562]. Ces séjours à l'étranger ont eu chez ces deux universitaires espagnols, choisis comme exemples, une influence importante sur leurs travaux scientifiques postérieurs. Il reste qu'au XIX^e^ siècle, cette ouverture restait encore timide et sans commune mesure avec celle qui caractérisa le début du XX^e^ siècle. Cette tradition des voyages universitaires fut véritablement institutionnalisée notamment à la suite du retour d'expériences des deux voyageurs précités, faisant presque office d'un programme Erasmus avant l'heure[563]. La *Junta para la Ampliación de*

560 « Estas intensas relaciones científicas internacionales, le permiten estudiar novedades educativas ». SORIA MOYA (M.), *Adolfo Posada: teoría y práctica política en la España del siglo XIX*, Thèse, dactyl., Universitat de Valencia, 2003, p. 80.

561 Mouvement de pensée philosophique dont le nom provient du philosophe allemand néo-kantien Karl Krause, consistant à « associer science, éthique et politique dans une vision globale du monde et une philosophie rationaliste ». Cf. PEREZ (J.), « Deux Espagnes », in *Manuel Azaña et la question laïque*, Azaña Hors-série n° 3, *Arkheia*, 2009, http://www.arkheia-revue.org/Deux-Espagnes.html, consulté le 07/11/2014. Cf. également, JIMENEZ-LANDI (A.), *La Institución Libre de Enseñanza y su ambiente*, T.I, Los orígenes de la Institucion, Madrid, Editorial Complutense, 1996, spéc. pp. 60-69.

562 Cf. BIDART (P.), « L'influence du philosophe allemand F. Krause dans la formation des sciences sociales en Espagne », *Revue germanique internationale*, 2004, pp. 133-147, spéc. pp. 136-137.

563 En réalité, on peut y voir un retour à la tradition du Moyen-âge de la pérégrination universitaire. Cf. VERGER (J.), « La mobilité étudiante au Moyen-Âge », *Histoire de l'éducation*, 1991, n° 1, pp. 65-90.

*Estudios e investigaciones científicas*[564] fut ainsi créée en 1907[565] dans le sillage de *l'Institución Libre de Enseñanza*[566]. Elle avait pour objectif de rénover la recherche scientifique ainsi que l'enseignement en Espagne[567], pour la faire accéder à la modernité en lui permettant de dialoguer avec ses homologues européens notamment, grâce à un programme particulièrement actif d'échange de professeurs et d'étudiants, financés par des bourses, afin de pouvoir étudier à l'étranger. A leur retour, et forts de leurs expériences étrangères, ils pouvaient ainsi encourager pleinement la modernisation de la science espagnole[568]. Cette élite intellectuelle, libérale et réformatrice, semblait être guidée par l'adage « vivre avec l'esprit en Europe et le cœur en Espagne »[569]. Nombre d'administrativistes du début de XX^e^ siècle sollicitèrent ainsi ces bourses d'études pour séjourner à l'étranger. Pour ne citer que deux exemples, C. García Oviedo bénéficia d'une bourse de la *Junta para la Ampliación de Estudios* pour l'année universitaire 1913-1914, au cours de laquelle il séjourna à l'Université de Berlin[570], et J. Gascón y Marín fut d'abord financé pour participer à un congrès à Londres, avant de solliciter une bourse d'études pour étudier dans différentes universités européennes pendant deux mois (France, Belgique, Italie et Suisse)[571]. Les destinations de

---

564 J. Perez traduit cette expression littéralement par « Conseil pour le développement des études ». Cf. PEREZ (J.) *Histoire de l'Espagne*, *préc.*, p. 635.

565 Real Decreto de 11 de enero de 1907, *creando una Junta para ampliación de estudios e investigaciones científicas*, Gaceta de Madrid de 15 de enero de 1907, n° 15, pp. 165-167.

566 Dont l'initiative revient à F. Giner de los Ríos. Critique envers l'Université de la restauration, cette institution est donc créée parallèlement au système éducatif d'Etat et se distingue par sa modernité en termes de pédagogie et sa volonté d'une neutralité religieuse de l'enseignement. Sur cette question, cf. PEREZ (J.) *Histoire de l'Espagne*, *préc.*, pp. 633-635. Et pour une étude complète, cf. JIMÉNEZ-LANDI (A.), *La Institución Libre de Enseñanza y su ambiente*, Madrid, Editorial Complutense, 1996.

567 Qui se trouvaient dans une situation de léthargie à la fin du XIX^e^ siècle. Cf. OTERO CARVAJAL (L. E.), « La destrucción de la ciencia en España. Las consecuencias del triunfo militar de la España franquista, *Historia y comunicación social*, 2001, n° 6, pp. 149-186, spéc. pp. 151-152. Plus généralement sur la *Junta para la Ampliación de Estudios e Investigaciones Científicas*, cf. pp. 151-165. Cf. également PEREZ (J.) *Histoire de l'Espagne*, *préc.*, pp. 635-636.

568 Cf. MARICHAL (J.), « La europeización de España (1898-1936) », *Sistema*, 1988, n° 86-87, pp. 53-60.

569 ONÍS (F. DE), *Ensayos sobre el sentido de la cultura española*, Madrid, Residencia de Estudiantes, 1932, p. 106.

570 Cf. « García Oviedo, Carlos (1884-1955) », in *Diccionario de catedráticos españoles de derecho (1847-1943)* [en ligne], disponible sur http://portal.uc3m.es/portal/page/portal/instituto_figuerola/ programas /phu/ diccionariodecatedraticos, Consulté le 12/02/2016.

571 Cf. « Gascón y Marín, José (1875-1962) », *Diccionario de catedráticos españoles de derecho (1847-1943)* [en ligne], disponible sur http://portal.uc3m.es/portal/page/portal/instituto_figuerola/ programas /phu/ diccionariodecatedraticos, Consulté le 12/02/2016.

prédilection, car particulièrement associées à la modernité, furent avant tout la France et l'Allemagne[572]. Elles expliquent largement la supériorité numérique des références faites à ces pays dans les études scientifiques qui suivirent[573]. Cette fréquence des références à des sources doctrinales étrangères fut ainsi la caractéristique de l'Espagne, se vérifiant pleinement dans les études juridiques, et plus spécifiquement de droit administratif. Le maniement de la doctrine étrangère devint alors une composante essentielle de la manière espagnole d'étudier le droit[574].

**209.** Ce constat établi, il reste à analyser l'appréciation de cette caractéristique par les Espagnols eux-mêmes.

### B) La valorisation de l'ouverture aux doctrines étrangères par la doctrine espagnole

**210.** Certains auteurs ont dénoncé, sinon ce trait caractéristique de la science espagnole du droit administratif, du moins certains de ses excès. E. García de Enterría déplorait ainsi le fait qu'avant A. Oliván, la science espagnole du droit administratif ne se résumât qu'à des traductions des sciences étrangères[575], l'excès d'érudition pouvant avoir pour conséquence le manque d'originalité[576]. A. Nieto García reprochait surtout à la science espagnole du droit administratif « la résignation avec laquelle elle l'accepte, comme si c'était irrémédiable »[577], la seule solution étant de copier des doctrines étrangères lorsque les institutions nationales sont défectueuses. D'autres, encore plus sévères, regrettent la forte dépendance de la science espagnole aux apports doctrinaux étrangers, en estimant que :

---

572 Cf. Otero Carvajal (L. E.), « La destrucción de la ciencia en España. Las consecuencias del triunfo militar de la España franquista », *préc.*, p. 154; Dosil Mancilla (F. J.), « La JAE peregrina », *Revista de Indias*, 2007, n° 239, pp. 307-332, spéc. p. 312.

573 Cf. *infra*, n° 322-326.

574 Cf. *infra*, n° 302-336.

575 García De Enterría (E.), « Prólogo », *préc.*, p. 4.

576 Cf. Nieto García (A.), « Influencias extranjeras en la evolución de la ciencia española del derecho administrativo », *préc.*, p. 45.

577 *Ibidem.*

> « On ne peut pas dire qu'on ait eu en Espagne une pensée juridico-publique autonome et encore moins remarquable, au point de traverser les frontières, malgré les tentatives cycliques de revendiquer l'autonomie et l'originalité de la doctrine et du droit espagnols. De plus, on a reçu les courants de pensée des Français, des Italiens, des Allemands et, dans une moindre mesure ces dernières décennies, des Anglo-saxons. La réflexion sur la réalité du pays ne s'est pas faite non plus de manière autonome, mais s'est développée sur une pensée importée, soumise à une friction constante avec cette réalité. Finalement, nous avons été une des Nations avec le plus de penseurs de penseurs, de penseurs de livres de penseurs, enfin, de glossateurs de la doctrine étrangère [...] »[578].

**211.** Pour A. Gallego Anabitarte, il s'agit même d'un savoir juridique « colonisé »[579] par les œuvres étrangères. A l'inverse des juristes français, les penseurs espagnols s'enfermaient donc dans un discours dépréciatif sur leur droit administratif, justifiant leur recours aux ordres juridiques étrangers. Si A. Nieto García, et d'autres avec lui, dénonçait l'imitation servile d'institutions ou de doctrines étrangères, il admettait qu'il ne fallait pas pour autant « rejeter par principe ce qui vient de l'étranger et prêcher un traditionalisme rance », rappelant que le droit étranger doit être « utile en tant qu'instrument, mais n'est pas une fin en soi »[580].

---

578 « No puede decirse que en España hayamos tenido un pensamiento jurídico-público autónomo y, menos aún, relevante más allá de nuestras fronteras, pese a los intentos cíclicos de reivindicar la autonomía y originalidad de la doctrina y derecho españoles. A lo sumo se ha recibido los corrientes de pensamiento de franceses, de italianos, de alemanes y, en menor medida en las últimas décadas, de anglosajones. La reflexión sobre la propia realidad tampoco se ha producido de modo autónomo, sino en base a un pensamiento importado, sometido a una constante fricción con aquella. A la postre, hemos sido una de las Naciones con más pensadores de pensadores, pensadores de libros de pensadores, en fin, glosadores del pensamiento ajeno [...] ». LINDE PANIAGUA (E.), *Fundamentos de Derecho Administrativo. Del derecho del poder al derecho de los ciudadanos*, *préc.*, p. 66. Et dans le même sens, SANTAMARÍA PASTOR (J.-A.), « La ciencia del Derecho administrativo en España: una perspectiva histórica », *préc.*, p. 344.

579 GALLEGO ANABITARTE (A.), *Formación y enseñanza del derecho público en España (1769-2000). Un ensayo crítico*, *préc.*, p. 285.

580 « [...] rechazar por principio lo extranjero y predicar un tradicionalismo rancio [...]. El Derecho extranjero es útil como instrumento, pero no es un fin en sí mismo ». NIETO GARCÍA (A.), « Influencias extranjeras en la evolución de la ciencia española del derecho administrativo », *préc.*, p. 46.

**212.** Il semblerait toutefois qu'à l'exception de quelques cas tombés dans ces travers[581], c'est bien en tant qu'instrument que les doctrines étrangères sont mobilisées par les auteurs espagnols. A. Oliván, en 1843, expliquait ainsi que « le véritable espagnolisme ne doit pas consister à rejeter ce qu'il y a d'utile chez les étrangers, mais au contraire de le choisir, et une fois son assimilation ou son incorporation faite à notre système, tâcher de les dépasser »[582]. Cet impératif, A. Oliván ne s'est pas contenté de le postuler. E. García de Enterría observait justement chez cet auteur une véritable réappropriation des techniques étrangères pour aborder avec ses propres méthodes et à l'aune des solutions concrètes du droit positif, « les problèmes propres à notre pays, en tenant compte de leur singularité [...] »[583].

**213.** Cette façon, positive, de recourir à ce qui provient de l'étranger constitue donc « un des traits les plus caractéristiques »[584] de la doctrine espagnole, voire finalement une fierté, celle d'appartenir à « une tradition d'une si grande ouverture »[585]. A. Gallego Anabitarte insiste sur le fait que « plus qu'une influence ou une réception, cela montre la volonté d'information et de dialogue des administrativistes espagnols avec les ordres juridiques étrangers. C'est une question de culture juridique »[586]. Au contraire, le repli sur soi est vu comme une incongruité. J. A. Santamaría Pastor explique ainsi qu'« il nous a toujours semblé très curieux à nous, les professeurs espagnols, le fait que nos homologues des autres pays européens aient prêté une attention quasi exclusive à la doctrine de leur propre pays, et qu'en plus, ceux qui osèrent aller au-delà des frontières tracées par les mouvements nationalistes furent considérés comme suspects »[587]. Or la connaissance des doctrines

---

581 Comme les auteurs de la décennie 1830-1839, F. A. Silvela y étant inclus, selon E. García de Enterría. Cf. GARCÍA DE ENTERRÍA (E.), « Prólogo », *préc.*, pp. 4-5.

582 « El verdadero españolismo no ha de consistir en rechazar lo útil de los extranjeros, sino en elegirlo, y después de asimilado o incorporado a nuestro sistema, procurar superarlos a ellos » OLIVÁN (A.), *De la Administración Pública con relación a España*, *préc.*, p. 233

583 GARCÍA DE ENTERRÍA (E.), « Prólogo », *préc.*, p. 5.

584 « Una de sus señas de identidad más características », SANTAMARÍA PASTOR (J. A.), « La ciencia del Derecho administrativo en España: una perspectiva histórica », *préc.*, p. 381.

585 GARCÍA DE ENTERRÍA (E.), « Prólogo », *préc.*, p. 6.

586 « Más que una influencia o una recepción, lo que muestra es la voluntad de información y de diálogo de los administrativistas españoles con ordenamientos jurídicos extranjeros. Es un caso de cultura jurídica », GALLEGO ANABITARTE (A.), « La influencia extranjera en el derecho administrativo español desde 1950 a hoy », *préc.*, p. 113.

587 « A los profesores españoles nos ha producido siempre una notable extrañeza el que nuestros homólogos de otros países europeos prestaran una atención casi exclusiva a la doctrina de su propio país, y que incluso aquellos que osaran rebasar las fronteras trazadas por los movimientos nacionalistas fueran tildados de sospechosos ». SANTAMARÍA PASTOR (J. A.),

étrangères est, à l'heure de la globalisation, un impératif grandissant, et non un luxe d'érudition[588].

**214.** Syncrétique, la doctrine administrativiste espagnole l'est certainement. Mais elle est également idiosyncratique en ce qu'elle ne se contente pas de faire la synthèse des influences étrangères. Son trait caractéristique est alors de s'approprier, d'une certaine manière, ces influences et de les dépasser. C'est un avantage qu'elle continue à cultiver, voire à revendiquer.

« La ciencia del Derecho administrativo en España: una perspectiva histórica », *préc.*, pp. 381-382.

[588] Cf. *infra*, n° 633-638.

# Conclusion du second chapitre

**215.** Les développements précédents viennent de montrer l'importance du facteur culturel dans le positionnement des droits administratifs face aux exemples étrangers.

**216.** Le modèle français est aussi et surtout une représentation. Sans un discours constant de promotion, exaltant ses qualités universelles et sa supériorité, il n'aurait peut-être pas autant rayonné. Le chauvinisme juridique caractéristique de la doctrine française a donc également été un élément déterminant dans la posture de modèle du droit administratif français, quitte à exagérer quelque peu ses qualités et à occulter les rapports de domination expliquant sa diffusion, rappelant que les modèles s'imposent souvent par la force.

**217.** De la même façon, la position d'imitateur du droit administratif espagnol ne peut s'expliquer uniquement par un retard que l'Espagne aurait sans cesse cherché à rattraper. Le droit administratif espagnol se caractérise en effet par son syncrétisme, conséquence d'une culture de l'ouverture vers l'étranger. Si le lien indéniable avec la France procède en premier lieu d'une occupation politique et militaire, l'Espagne a continué ensuite à maintenir des liens doctrinaux avec son ancien envahisseur. Mais surtout, et preuve de cet esprit d'ouverture, la France n'a pas été sa seule source d'inspiration, bien au contraire. L'Allemagne, l'Italie, l'Angleterre, pour ne citer que quelques exemples, ont aussi été des pays vers lesquels elle s'est tournée. Le recours aux exemples étrangers relève d'une politique d'ouverture, marque d'identité du droit administratif espagnol. La position d'imitateur résulte donc aussi d'un choix délibéré.

## Conclusion du premier titre

**218.** Des raisons temporelles et culturelles expliquent la différence de rapport des droits administratifs français et espagnol aux droits administratifs étrangers. Le droit administratif français est traditionnellement considéré comme exportateur, en raison de certains atouts dont il bénéficierait. Il s'est imposé comme modèle parce qu'il était l'un des premiers à apparaître de manière aussi développée en Europe, tant du point de vue d'un corpus spécifique de règles que du point de vue de la science qui étudie cet ensemble de règles. Etre précurseur est indéniablement un élément à prendre en compte pour expliquer qu'un droit, plus qu'un autre, soit pris en exemple. Inversement, une apparition plus tardive explique une posture différente consistant à se tourner vers ses prédécesseurs afin de rattraper ce retard. Le droit administratif espagnol est alors classiquement présenté comme importateur parce qu'il s'inscrit dans ce schéma. En tant que système de règles spécifiques, il a mis plus de temps à émerger du fait d'une rupture avec l'Ancien Régime plus malaisée, ce qui eut des répercussions également sur l'apparition d'une science particulière dédiée à cet objet. Au-delà de sa naissance plus tardive, le développement de cette science a par ailleurs été plus lent comparativement aux évolutions qu'ont connues ses consœurs.

**219.** Mais ces facteurs, qui ont été qualifiés précédemment d'objectifs, ne peuvent suffire en eux-mêmes à expliquer ces deux postures *a priori* opposées. La manière de se considérer par rapport aux autres est également un facteur important. Si le droit administratif français est présenté comme modèle, c'est aussi parce que les juristes français l'ont considéré (et le considèrent toujours pour certains) comme tel, satisfaits de ses effets. La force d'un discours, constamment réitéré, consistant à le présenter comme un idéal à suivre, explique cette position. L'affirmation a fini par convaincre, même si l'on peut dans le même temps lui reprocher de s'inscrire dès lors dans un autre genre, celui du chauvinisme. Au contraire, l'Espagne se caractérise par une tradition culturelle d'ouverture aux influences étrangères, qui dépasse le seul domaine juridique. Elle s'illustre alors par son syncrétisme juridique.

# TITRE 2. LES MANIFESTATIONS DE L'OPPOSITION ENTRE DROIT ADMINISTRATIF FRANÇAIS EXPORTATEUR ET DROIT ADMINISTRATIF ESPAGNOL IMPORTATEUR

**220.** Outre les raisons justifiant que les droits administratifs français et espagnol soient représentatifs de deux grandes tendances, l'exportation pour le premier, l'importation pour le second, de nombreuses manifestations permettent de vérifier ce constat. Le droit administratif français a ainsi été largement exporté (chapitre 1), alors que le droit administratif espagnol s'est souvent construit, ou perfectionné, grâce aux importations (chapitre 2).

# Chapitre 1: Les exportations du droit administratif français

**221.** Le constat selon lequel le droit administratif français, du fait de sa position privilégiée de modèle, est un droit qui s'est exporté, est unanime. C'est également cette même position privilégiée qui explique que celui-ci a beaucoup été importé. L'exportation et l'importation permettent de mesurer le succès d'un droit. Néanmoins, il s'agira ici de se placer essentiellement du point de vue de l'exportateur, et donc d'évaluer de façon incomplète ce succès du modèle de droit administratif français. Cet angle de vue implique de n'envisager que les exemples suivant une seule et même trajectoire, dont le point de départ est le droit administratif français et le point d'arrivée un droit administratif étranger ou international. Ainsi, en adoptant cette conception, ne sont concernés que les exemples illustrant une véritable volonté de la part des juristes français de diffuser leur science, de transférer une technique juridique en provenance de leur droit. On l'aura compris, le rôle de l'homme est déterminant, l'exportation étant par principe une action humaine. Un droit ne peut s'exporter par lui-même. Dès lors, l'exportation d'un droit révèle soit une position de domination politique, soit une entreprise active de persuasion ; dans les deux cas, l'exportateur ne peut être passif. Comme l'indique la section du rapport et des études du Conseil d'Etat, « la diffusion de normes est d'abord le reflet d'une puissance avant d'en être le vecteur »[589].

**222.** Il n'est pas possible de délier totalement les deux actions d'exportation et d'importation. Dans de nombreux cas, l'exportation a été le préalable de l'importation. Ainsi, certains exemples d'exportation deviennent aussi des exemples d'importation. Bien souvent, l'exportation doctrinale précède l'importation technique. Le succès du modèle français doit d'ailleurs beaucoup à l'effort doctrinal qui a, dans un premier temps, expliqué et mis en perspective le droit administratif, le rendant saisissable en dehors de son environnement national. De la même façon, l'exportation d'une institution a souvent conduit à l'importation du droit qui lui était applicable. Il faut donc envisager l'exportation du droit administratif sous son aspect doctrinal (section 1) ainsi que sous son aspect technique (section 2).

[589] CONSEIL D'ETAT, *L'influence internationale du droit français*, Paris, La documentation française, 2001, p. 12.

## *Section 1: Les exportations doctrinales*

**223.** La démarche de l'exportateur doctrinal est une démarche volontariste. L'objectif pour le juriste français est de faire connaître à l'étranger, non seulement son droit, mais surtout ses schémas de pensée, et de convaincre son interlocuteur des vertus de ses théories, pour que ce dernier les adopte ensuite. Certains auteurs ont été particulièrement représentatifs de ces exportateurs du droit français. Ils ont souvent pour point commun d'incarner l'âge classique du droit administratif français. D'emblée, il faut néanmoins soulever un paradoxe, déjà mis en exergue par J. Rivero. Cet âge classique, que l'on identifie durant la dernière décennie du XIX^e^ siècle et les premières du XX^e^ siècle, est également la période d'émergence et de consolidation de modèles concurrents au modèle français, à l'instar du droit administratif allemand, sur le sol européen en particulier. Ainsi, il semblerait à première vue que « cette période soit celle d'un rayonnement moindre »[590] du droit administratif français. Toutefois, même s'il n'était plus le modèle par excellence, ne bénéficiant plus de l'avantage d'un règne sans partage, il continua à rayonner, à côté des autres modèles, par l'action scientifique de cette nouvelle génération de juristes incarnant le « temps des cathédrales »[591]. La belle époque est en effet un véritable « moment doctrinal »[592], dans la mesure où elle constitue la détermination de l'identité particulière de la doctrine française, qui fera par ailleurs son succès : « doctrine largement professorale, doctrine soucieuse d'œuvrer à la systématisation du droit »[593]. Cette période est donc celle de l'effort de systématisation et de la construction des grandes théories du droit administratif français, mais également celle de l'adoption de méthodes rigoureuses dans l'analyse du droit, gage de circulation. Ce rayonnement est certes dû à la reconnaissance à l'international de la richesse et de la qualité des théories de ces juristes, mais il faut surtout ajouter à cela une démarche active de diffusion de leur savoir que ces auteurs ont entretenue, justifiant ainsi la présentation traditionnelle de la France comme exportatrice de droit administratif. Ces hommes usèrent donc de différents moyens pour diffuser leurs savoirs (§ 1), qui expliquent le succès de leurs idées à l'étranger (§ 2).

---

[590] RIVERO (J.), « Droit administratif français et droits administratifs étrangers », *préc.*, p. 478.

[591] BURDEAU (F.), *Histoire du droit administratif*, *préc.*, p. 323.

[592] HAKIM (N.), MELLERAY (F.), *Le renouveau de la doctrine française. Les grands auteurs de la pensée juridique au tournant du XX^ème^ siècle*, Paris, Dalloz, 2009, p. 4.

[593] *Idem*, p. 6.

## §1) La volonté active de diffusion à l'étranger

**224.** Le premier vecteur de diffusion est on ne peut plus direct, et consiste pour le juriste français à se rendre en personne à l'étranger pour transmettre ses idées. C'est ce qui explique que certains auteurs se démarquent particulièrement des autres par le rayonnement qu'ils eurent à l'étranger. Cette caractéristique, celle d'être un théoricien-voyageur, se retrouve chez plusieurs auteurs représentatifs de l'âge classique du droit administratif (A). Le deuxième vecteur de diffusion, plus indirect, réside dans la circulation des écrits, encouragée la plupart du temps par ces mêmes auteurs, bien que tous ne se déplacent pas eux-mêmes pour ce faire (B).

### A) Le phénomène du théoricien-voyageur : l'exportation des hommes

**225.** Deux auteurs, en particulier, sont emblématiques de cet âge classique du droit administratif et surtout de cet effort d'internationalisation de la science française qui les a amenés à se rendre eux-mêmes à l'étranger : L. Duguit (1) et G. Jèze (2).

#### *1) L'exemple de L. Duguit*[594]

**226.** La doctrine de L. Duguit comme sa méthode firent rapidement sa renommée, qui franchit les « frontières disciplinaires et nationales »[595]. Ce constat d'une influence particulière de L. Duguit, non seulement sur ses contemporains, mais également sur les générations postérieures, semble être largement admis[596]. Néanmoins, au-delà de sa notoriété liée à la qualité et à

---

594 Pour une biographie détaillée de L. Duguit, exposée en parallèle de celle de M. Hauriou, cf. BLANQUER (J.-M.), MILET (M.), *L'invention de l'Etat. Léon Duguit, Maurice Hauriou et la naissance du droit public moderne*, Paris, Odile Jacob, 2015.

595 MILET (M.), « Duguit Léon », in ARABEYRE (P.), HALPÉRIN (J.-L.), KRYNEN (J.), *Dictionnaire historique des juristes français. XII-XX$^{ème}$ siècle*, Paris, P.U.F., 2015, pp. 358-361, spéc. p. 359.

596 Par exemple, JEZE (G.), « L'influence de Léon Duguit sur le droit administratif français », *Archives de Philosophie du droit et de Sociologie juridique*, 1932, pp. 135-151, spéc. pp. 135-136 ; ou plus tard, PACTEAU (B.), « Léon Duguit à Bordeaux, un doyen dans sa ville », *R.D.P.*, 2010, pp. 505-521, spéc., p. 508.

l'originalité de son œuvre, il ne faut pas négliger ses dispositions aux voyages comme élément d'explication supplémentaire de son succès.

**227.** Le *Duguit voyageur* est en effet l'une des facettes déterminantes de sa personnalité dans l'exportation de sa doctrine et plus largement du droit administratif français[597]. Comme le remarque B. Pacteau, « tous ces déplacements sont eux-mêmes la marque de son esprit missionnaire, tant on sent son obsession d'être annonciateur et communicateur »[598].

**228.** La liste des destinations est longue, mais également variée, ce qui contraste avec une époque pourtant peu propice aux voyages intercontinentaux. L. Duguit a ainsi parcouru le monde pour professer sa doctrine[599], se rendant dans un premier temps en Europe[600], puis aux Etats-

---

[597] Cf. LABORDE-LACOSTE (M.), « La vie et la personnalité de Léon Duguit », *Revue juridique et économique du Sud-Ouest, Série juridique*, 1959, n° 3-4, pp. 93-114, spéc. p. 99-100 ; RODRIGUEZ VILLABONA (A. A.), « La circulation des modèles juridiques : l'exemple de la réception en Colombie de la doctrine de Duguit au début du vingtième siècle », in *Espaces du service public. Mélanges en l'honneur de Jean du Bois de Gaudusson*, T. 1, Pessac, Presses Universitaires de Bordeaux, 2013, pp. 587-628, spéc. p. 622.

[598] PACTEAU (B.), « Léon Duguit à Bordeaux, un doyen dans sa ville », *préc.*, p. 508. B. Pacteau n'est d'ailleurs pas le seul à utiliser le terme de « missionnaire » pour qualifier la démarche de L. Duguit. Cf., avant lui, BOYE (A. J.), « Souvenirs personnels sur Léon Duguit », *Revue juridique et économique du Sud-Ouest, Série juridique*, n° 3-4, 1959, pp. 115-128, spéc. p. 125. L'expression de « missionnaires universitaires » est d'ailleurs plus généralement utilisée, sans qu'elle soit propre aux juristes, pour décrire ce phénomène de promotion du savoir français qui se développa fortement au début du XX^e^ siècle. Cf. CHAUBET (F.), *Histoire intellectuelle de l'entre-deux-guerres, préc.*, p. 158.

[599] « Il est allé en Roumanie, en Belgique, en Hollande, en Espagne, au Portugal, en République Argentine, aux Etats-Unis, en Egypte, moins pour se distraire ou s'instruire lui-même que pour enseigner à l'étranger, faire connaître la science juridique française, l'Université de Bordeaux et la faculté de Bordeaux, qu'il ne consentait à quitter quelques jours que pour cela », LABORDE-LACOSTE (M.). « La vie et la personnalité de Léon Duguit », *Revue juridique et économique du Sud-Ouest, Série juridique*, n° 3-4, 1959, pp. 93-114, spéc. p. 100. Pour une liste quasiment complète de ses destinations, cf. GILBERT (S.), « Présentation », in DUGUIT (L.), *Le pragmatisme juridique*, Paris, La mémoire du droit, 2008, pp. 1-116, spéc. pp. 7-15 ; Cf. aussi BLANQUER (J.-M.), MILET (M.), *L'invention de l'Etat. Léon Duguit, Maurice Hauriou et la naissance du droit public moderne*, *préc.*, pp. 53-54, 58-60.

[600] Pour plus de détails sur ses conférences ibériques notamment, cf. BLANQUER (J.-M.), MILET (M.), *L'invention de l'Etat. Léon Duguit, Maurice Hauriou et la naissance du droit public moderne*, *préc.*, pp. 305-306.

Unis[601], en Amérique Latine[602], ou encore en Afrique (seules l'Asie et l'Océanie ne comptent pas parmi les escales de son périple scientifique). Il diffusa ses théories comme enseignant, et l'on sait l'importance qu'il accordait à l'enseignement[603], vecteur essentiel de transmission de ses idées. Il fut ainsi à l'origine de la réorganisation de la faculté de droit du Caire issue de l'ancienne Ecole de droit[604], à la demande du ministre Fakri Bey et du roi Fouad, de novembre 1925 à mars 1926[605], faculté dans laquelle il fut nommé doyen et eut dès lors l'occasion de dispenser ses *Leçons de droit public général*[606]. Mais c'est surtout comme conférencier[607] qu'il transmit ses idées à l'étranger, certaines de ses conférences étant d'ailleurs restées célèbres et

---

601 Pour plus de détails sur ses voyages aux Etats-Unis, cf. *idem*, pp. 276-278.

602 Sur sa « tournée en Amérique latine », cf. *idem*, pp. 214-215.

603 Cf. LABORDE-LACOSTE (M.). « La vie et la personnalité de Léon Duguit », *préc.*, p. 99.

604 Il est intéressant de préciser que selon C. Fillon, « l'Egypte a été la première aire géographique d'expérimentation d'une diplomatie culturelle intégrant l'enseignement du droit au service de ces objectifs », FILLON (C.), « L'enseignement du droit, instrument et enjeu de la diplomatie culturelle française. L'exemple de l'Egypte au début du XXe siècle », *Mil neuf cent. Revue d'histoire intellectuelle*, 2011, n° 24, pp. 123-143, spéc. p. 124. L'Ecole française de droit du Caire constituait en 1920 aux yeux des autorités françaises « la meilleure et la plus efficace œuvre de propagande de ce pays ». Selon les termes du premier directeur de l'école de droit du Caire, « il est rationnel de penser qu'après trois ans à l'École, ces jeunes gens familiarisés avec notre langue, imbus de nos idées, façonnés à nos méthodes, seront pour le développement de l'influence française les plus précieux auxiliaires ». Extraits cités par FILLON (C.), « L'enseignement du droit, instrument et enjeu de la diplomatie culturelle française. L'exemple de l'Egypte au début du XXe siècle », *préc.*, pp. 137-138.

605 Pour plus de précisions sur cette mission égyptienne, cf. les souvenirs de A.-J. Boyé qui l'accompagna : BOYÉ (A.-J.), « Souvenirs personnels sur Léon Duguit », *préc.*, pp. 125-128 ; Cf. également BLANQUER (J.-M.), Milet (M.), *L'invention de l'Etat. Léon Duguit, Maurice Hauriou et la naissance du droit public moderne*, *préc.*, pp. 329-335.

606 DUGUIT (L.), *Leçons de Droit public général faites à la Faculté de Droit de l'Université égyptienne pendant les mois de Janvier, Février et Mars 1926*, Paris, E. De Boccard, 1926. J.-M. Blanquer et M. Milet font d'ailleurs remarquer qu'« en savant maître, internationalement reconnu, il conçoit aussi son périple égyptien comme un moyen de faire rayonner la science juridique française et plus prosaïquement de diffuser sa propre pensée ». En effet, L. Duguit lui-même admettait qu' « il n'est pas inutile pour notre propagande que ce soit un juriste français que l'on ait appelé là-bas ». Cité par BLANQUER (J.-M.), Milet (M.), *L'invention de l'Etat. Léon Duguit, Maurice Hauriou et la naissance du droit public moderne*, *préc.*, p. 331.

607 R. Bonnard insistait d'ailleurs sur cet aspect lorsqu'il expliquait que « dans son ardeur à répandre sa doctrine, le livre et l'enseignement ne suffisaient pas à Duguit : il recherchait beaucoup la conférence publique », ce constat étant aussi vrai en France, à l'Ecole des Hautes Etudes en sciences sociales par exemple, qu'à l'étranger. Cf. BONNARD (R.), « Léon Duguit. Ses œuvres. Sa doctrine », *R.D.P.*, 1929, pp. 5- 51, spéc. p. 15. Cf. également BLANQUER (J.-M.), Milet (M.), *L'invention de l'Etat. Léon Duguit, Maurice Hauriou et la naissance du droit public moderne*, *préc.*, pp. 188-189. La conférence à l'étranger était d'ailleurs « l'un des mécanismes les plus fréquents de l'action culurelle ». Cf. CHAUBET (F.), *Histoire intellectuelle de l'entre-deux-guerres*, préc., p. 161.

ayant fait l'objet de publications. Il en est ainsi de celles à l'Université de Coimbra en 1910[608], à Buenos Aires en 1911[609] ou encore à l'Université de Columbia en 1920 et 1921[610] puis de nouveau à Coimbra, Madrid et Lisbonne en 1923[611]. Il fit également partie des professeurs français ayant participé au premier congrès international des sciences administratives qui se tint à Bruxelles en juillet 1910, à l'occasion duquel il s'exprima sur la question de la place des particuliers face aux services publics[612]. Ce fut l'occasion pour lui de représenter le modèle français, et notamment de vanter les mérites du Conseil d'Etat et du recours pour excès de pouvoir[613], à l'heure justement où certains discours doctrinaux se faisaient entendre en Belgique sur la nécessité de la réinstauration d'une juridiction administrative[614]. De même, quand L. Duguit ne voyageait pas, il saisissait les occasions où l'étranger venait à lui. Il comptait ainsi parmi les intervenants du Congrès international de droit comparé qui se tint à Paris en 1900[615]. De telles réunions internationales de juristes étaient le terrain privilégié des jeux d'influences entre droits[616].

---

608 DUGUIT (L.), *Le suffrage des femmes*, Coimbra, F. França Amado, 1910.

609 DUGUIT (L.), *Les transformations générales du droit privé depuis le Code Napoléon*, Paris, Félix Alcan, 1912.

610 DUGUIT (L.), *Souveraineté et Liberté*, Paris, Félix Alcan, 1922.

611 DUGUIT (L.), *Le pragmatisme juridique*, Coimbra, Universidade de Coimbra, 1924.

612 DUGUIT (L.), « Les services publics et les particuliers », in *Premier congrès international des sciences administratives à l'exposition universelle et internationale de Bruxelles 1910*, T. III, Bruxelles, Goemaere, 1910.

613 Sur la manière dont le discours de promotion fut reçu, cf. BOUVIER (P.), *La naissance du Conseil d'Etat de Belgique : une histoire française ?*, Bruxelles, Bruylant, 2012, pp. 72-76.

614 Cf. *infra*, n° 267.

615 BLANQUER (J.-M.), Milet (M.), *L'invention de l'Etat. Léon Duguit, Maurice Hauriou et la naissance du droit public moderne*, *préc.*, pp. 128-130.

616 Cf. PROCHASSON (C.), « Les Congrès, lieux de l'échange intellectuel. Introduction », *Cahiers Georges Sorel*, 1989, n° 7, pp. 5-8.

**229.** Si L. Duguit bénéficiait souvent d'une notoriété certaine au moment de ses interventions à l'étranger[617], il est certain que cette démarche volontariste de diffusion a par ailleurs largement participé à l'entretien de la circulation de ses idées[618]. On retrouve une démarche similaire chez G. Jèze.

### *2) L'exemple de G. Jèze*[619]

**230.** De la même façon, nombreux sont les auteurs, français ou étrangers, qui insistent sur le prestige international de G. Jèze, difficilement égalable[620]. M. Waline remarquait ainsi que

> « si le prestige intellectuel de la France à l'étranger est encore aujourd'hui très grand (beaucoup plus, à la vérité, que ne se l'imaginaient ceux qui n'ont pas eu l'occasion de sortir de nos frontières), c'est à quelques hautes figures de l'intellectualité française que notre pays en est redevable. Et, dans le domaine du droit public, aucun juriste français, si ce n'est autrefois Duguit, n'a atteint, et il s'en faut de beaucoup, la renommée de Gaston Jèze. C'est son nom qui vient à l'esprit et à la bouche des juristes

---

617 Cf. par exemple le discours introductif du Doyen Bidau à Buenos Aires le 26 août 1911 : « nous pouvons être satisfaits que ce soit lui, avec sa parole autorisée et avec sa langue élégante, qui établisse ici ce courant intellectuel, ce contact de tout temps visible entre la pensée française et la pensée argentine qui a bu et boit avec prédilection dans les sources intarissables de sa brillante littérature et de sa science créatrice et divulgatrice », in « Palabras pronunciadas por el decano de la Facultad, el doctor Eduardo L. Bidau, al presentar al Profesor Duguit », *Anales de la Facultad de derecho y ciencias sociales de Buenos Aires*, T. 1, 1911, pp. 608-618, spéc. p. 608. Extrait traduit par S. Gilbert et reproduit dans GILBERT (S.), « Présentation », in DUGUIT (L.), *Le pragmatisme juridique*, Paris, La mémoire du droit, 2008, p. 1.

618 Il a d'ailleurs participé plus largement au rayonnement de la faculté de droit de Bordeaux qui s'était déjà lancée à la conquête d'une place sur la scène scientifique internationale dès ses premières années. Cela s'est cependant intensifié à partir des voyages de L. Duguit qui « stimula le zèle des autres professeurs de droit bordelais ». Par ailleurs, cette « volonté de la Faculté de droit d'étendre son renom scientifique ne faiblit pas après la seconde guerre mondiale » et favorisa « l'attraction exercée par elle sur les juristes étrangers ». Cf. MALHERBE (M.), *La faculté de droit de Bordeaux (1870-1970)*, Talence, Presses Universitaires de Bordeaux, 1996, pp. 228-234, spéc. p. 230-231.

619 Pour quelques précisions biographiques sur G. Jèze, cf. MILET (M.), « Jèze Gaston », in ARABEYRE (P.), HALPÉRIN (J.-L.), KRYNEN (J.), *Dictionnaire historique des juristes français. XII-XX^e^ siècle*, Paris, P.U.F., 2015, pp. 554-557.

620 JACQUEMET-GAUCHÉ (A.), « Gaston Jèze et les droits étrangers », *R.F.D.A.*, 2012, n° 1, pp. 153-160, spéc. p. 153.

étrangers questionnant leur collègue français sur l'état de la doctrine française de droit public »[621].

**231.** Son œuvre fut, et est encore, « universellement connue »[622], sa renommée est « mondiale »[623], à tel point que la doctrine étrangère a tenu à lui rendre hommage après sa mort notamment, dans un dossier publié à la *Revue de science et de législation financières*[624].

**232.** Comme pour L. Duguit, la qualité des travaux de G. Jèze ne suffit pas à elle seule à expliquer le rayonnement de sa pensée. G. Jèze faisait aussi partie des théoriciens-voyageurs, dont la volonté de mieux faire connaître le droit administratif français semble évidente. A. Jacquemet-Gauché insiste sur ce qui singularisait G. Jèze : « le fait qu'il ne tente pas une exportation concrète d'institutions, destinées à être reproduites à l'étranger. **Il privilégie le rayonnement scientifique** des théories de droit public français »[625]. Il sillonna lui aussi le monde pour donner des conférences à l'étranger, dont les plus connues sont sans doute celles qu'il délivra à l'Université de Buenos Aires au cours de l'année 1923 et publiées peu de temps après[626]. G. Jèze s'est également rapidement imposé comme professeur-expert à l'étranger, donnant de nombreuses consultations publiques ou privées, moyen supplémentaire de transmission du droit public français[627]. Comme L. Duguit, il était présent au

---

621 WALINE (M.), « L'œuvre de Gaston Jèze en droit public », *R.D.P.*, 1953, pp. 879-890, spéc. p. 879.

622 BIELSA (R.), « Le professeur Gaston Jèze. Quelques réflexions que suggère son œuvre », *R.D.P.*, 1953, pp. 891-903, spéc. p. 893.

623 EMYGDIO DA SILVA (F.), « L'homme et sa renommée mondiale », *Revue de science et de législation financières*, 1954, pp. 245-248.

624 « Hommage de la pensée étrangère à Gaston Jèze », *Revue de science et de législation financières*, 1954, pp. 245-260

625 Nous soulignons. JACQUEMET-GAUCHÉ (A.), « Gaston Jèze et les droits étrangers », *préc.*, p. 156.

626 JEZE (G.), *Las finanzas públicas de la Republica argentina : conferencias dadas en la Facultad de ciencias económicas de la Universidad de Buenos Aires y en el Instituto popular de conferencias de « La Prensa » bajo los auspicios del Instituto de la Universidad de Paris en Buenos Aires*, Buenos Aires, Le Courrier de la Plata, 1924. Pour une lecture de ces conférences, cf. BACOLLA (N.), « La visita de Jèze a Argentina en 1923. Circulacion de ideas y claves de recepción: entre las experiencias de la Tercera República y la reforma política argentina », *Cuadernos del Ciesal*, 2013, n° 12, pp. 51-72.

627 Son rôle de conseiller du Négus d'Ethiopie contre l'Italie mussolinienne en 1936, affaire à l'occasion de laquelle il eut l'occasion de le défendre devant la Société des Nations, est sans doute parmi ses consultations les plus connus (et également parmi ses engagements politiques les plus célèbres). A propos de « l'affaire Jèze », cf. MILET (M.), *La Faculté de*

premier congrès international des sciences administratives de Bruxelles en 1910. Il y dispensa une conférence consacrée au recours pour excès de pouvoir[628]. L'objectif était identique à celui de L. Duguit : expliquer le modèle français, démontrer ses vertus. Par ailleurs, G. Jèze contribua à créer l'Institut international du droit public[629], organisation internationale fondée en 1927 dont l'objectif était de réunir les plus grands spécialistes du droit public[630]. Il s'investit activement dans cette institution et en obtint même la présidence. Les possibilités de diffuser ses idées sont encore une fois nombreuses dans de telles instances pour ceux qui y exercent des responsabilités.

**233.** Toutefois, le fait de se rendre en personne à l'étranger, de participer à des conférences internationales, n'était pas l'unique moyen à la disposition de ces auteurs pour diffuser leur pensée.

### B) L'écriture et la traduction : l'exportation des écrits

**234.** Le deuxième vecteur d'exportation est donc le voyage des écrits. L'exportation des écrits peut se faire de deux manières. Le juriste français peut choisir de publier directement à destination de l'étranger (1), ou simplement encourager la traduction de ses travaux afin qu'ils soient diffusés (2).

---

*droit de Paris face à la vie politique. De l'affaire Scelle à l'affaire Jèze*, 1925-1936, Paris, L.G.D.J., 1996, pp. 151-165. Il se retrouva également en qualité de professeur-expert en Argentine, au Chili, en Roumanie, ou encore en Yougoslavie. Cf. MILET (M.), « Jèze Gaston », *préc.*; BACOLLA (N.), « La visita de Jèze a Argentina en 1923. Circulacion de ideas y claves de recepción: entre las experiencias de la Tercera República y la reforma política argentina », *préc.*, p. 57.

628 JEZE (G.), « Le recours pour excès de pouvoir », in *Premier congrès international des sciences administratives à l'exposition universelle et internationale de Bruxelles 1910*, T. III, Bruxelles, Goemaere, 1910.

629 Notamment avec l'aide de L. Duguit et B. Mirkine-Guetzévitch.

630 A l'instar de E. Fleiner, H. Kelsen, A. Lawrence-Lowell, A. Posada, V. E. Orlando, R. Pound, J. Gascón y Marín, ou encore A. Merkl. Plus généralement sur le fonctionnement de cet institut et les missions qu'il devait remplir, cf. BLANQUER (J.-M.), Milet (M.), *L'invention de l'Etat. Léon Duguit, Maurice Hauriou et la naissance du droit public moderne*, *préc.*, pp. 350-355.

### 1) *La publication d'écrits à destination directe d'un public étranger*

**235.** La démarche la plus représentative — qui n'est pas forcément la plus courante — de cette volonté de diffusion du droit administratif français, est l'écriture d'articles voire d'ouvrages, inédits, à destination de lecteurs étrangers. La volonté de transmission est ici la plus forte puisque l'auteur français s'adresse consciemment à un public qui n'est, *a priori*, pas accoutumé à la culture juridique française. L'effort pédagogique d'explication et de contextualisation doit donc être redoublé. C'est une démarche assez proche que celle que le juriste français doit mettre en œuvre à l'occasion de conférences qu'il donne dans d'autres pays. Plusieurs auteurs se sont ainsi essayés à cet exercice, qu'ils aient ou non utilisé d'autres vecteurs d'exportation. Sans surprise donc, on retrouve les théoriciens-voyageurs. L. Duguit écrivit en effet pour certaines revues étrangères, à l'instar de son article réputé à la *Harvard Law Review* en 1917[631], de celui publié à la revue *Political Science Quaterly*[632], ou encore à la revue *The Yale Law Journal*[633], tous trois dans cet objectif de faire connaître le droit public français. De la même façon, G. Jèze encouragea très largement le voyage de ses écrits, en publiant des articles[634] et des ouvrages[635] directement à destination d'un public non français, que cela soit en droit administratif ou en finances publiques. Dans la même veine, la tenue régulière d'une rubrique intitulée « Législation et jurisprudence dans le domaine du droit public en France » dans *l'Annuaire de droit public contemporain*, évoque clairement l'ambition de G. Jèze de faire connaître le droit français à l'étranger[636]. La plupart des conférences à l'étranger de ces auteurs firent d'ailleurs l'objet de publications, certes en

[631] DUGUIT (L.), « The Law and the State », *Harvard Law Review*, 1917, n° 1, pp. 1-185, publié ensuite en français un an plus tard. Cf. DUGUIT (L.), « Jean-Jacques Rousseau, Kant et Hegel », *R.D.P.*, 1918, pp. 173-211 ; 325-377.

[632] DUGUIT (L.), « The French administrative courts », *Political Science Quaterly*, 1914, n° 3, pp. 385-407.

[633] DUGUIT (L.), « The concept of public service », *The Yale Law Journal*, 1923, n° 5, pp. 425-435.

[634] JEZE (G.), « Die Finanzorganisation des Staatsbetriebes der Statseinsenbahnen », *Jahrbuch des öffentlichen Rechts*, 1912, pp. 348-403 ; JEZE (G.), « Die technik des öffentlichen Kredits », in BLEICHER (H.), *Handbuch der Finanzwissenschaft*, Tübingen, Mohr, 1927.

[635] Notamment un ouvrage de droit administratif français en allemand à la demande de G. Jellinek : JEZE (G.), *Das Verwaltungsrecht des französische Republik*, Tübingen, Mohr, 1913.

[636] Pour plus de précisions, cf. notamment JACQUEMET-GAUCHÉ (A.), « Gaston Jèze et les droits étrangers », *préc.*, note 53.

France, mais aussi dans les pays dans lesquels elles se tinrent[637]. Parfois même, la version française de la conférence ne fut publiée que bien après la version étrangère. Tel fut le cas de la série de conférences prononcées à Madrid sur le pragmatisme juridique par L. Duguit[638].

**236.** Néanmoins, cette démarche n'est pas exclusive d'un voyage qui aurait précédé. D'autres auteurs ont aussi écrit à destination d'un public étranger sans se déplacer au préalable. C'est le cas de M. Hauriou[639] dont la reconnaissance scientifique fut également immense[640], en France comme à l'étranger, à tel point que M. Touzeil-Divina considère qu'il a fait l'objet d'une « quasi-déification nationale et même internationale »[641]. Comme pour L. Duguit et G. Jèze, son talent et la force de ses théories n'expliquent pas à eux seuls son succès. Celui-ci s'explique aussi parce que M. Hauriou avait à cœur de faire connaître — et de défendre[642] — la science française du droit administratif, ce qui le conduisit à publier un article à la *Harvard Law Review*[643], directement destiné au public américain afin de lui exposer ses

---

637 Tel fut le cas des conférences de L. Duguit à l'Université de Columbia, publiées d'abord à la *Columbia Law Review*. Cf. DUGUIT (L.), « Objective Law », *Columbia Law Review*, 1920, n° 8, pp. 817-831 ; « Objective Law II », *Columbia Law Review*, 1921, n° 1, pp. 17-34 ; « Objective Law III », *Columbia Law Review*, 1921, n° 2, pp. 126-143 ; « Objective Law IV », *Columbia Law Review*, 1921, n° 3, pp. 242-256. Elles furent ensuite publiées en France un an plus tard. Cf. DUGUIT (L.), *Souveraineté et Liberté (Leçons faites à l'Université de Columbia New York 1920-1921)*, Paris, Felix Alcan, 1922.

638 S. Gilbert précise que contrairement aux conférences sur le même thème prononcées à Coimbra et Lisbonne, celles de Madrid n'avaient jamais fait l'objet d'une traduction dans leur entier. C'est donc pour cette raison qu'il a décidé de les traduire en 2008. Cf. GILBERT (S.), « Présentation », in DUGUIT (L.), *Le pragmatisme juridique*, Paris, La mémoire du droit, 2008, pp. 5-115, spéc. pp. 14-15.

639 Pour une biographie détaillée de M. Hauriou, exposée en parallèle de celle de L. Duguit, cf. BLANQUER (J.-M.), MILET (M.), *L'invention de l'Etat. Léon Duguit, Maurice Hauriou et la naissance du droit public moderne*, *préc.*

640 Néanmoins, selon J.-M. Blanquer et M. Milet, sa reconnaissance à l'étranger est beaucoup plus tardive et était au départ relativement confidentielle. Ils expliquent cette différence de notoriété par le fait que M. Hauriou n'a pas voyagé et ne s'est notamment pas risqué à l'exercice de la conférence publique, contrairement à L. Duguit. Cf. BLANQUER (J.-M.), MILET (M.), *L'invention de l'Etat. Léon Duguit, Maurice Hauriou et la naissance du droit public moderne*, *préc.*, pp. 279 ; 362-366.

641 TOUZEIL-DIVINA (M.), « Maurice Hauriou, mystificateur ou héros mythifié », in TOUZEIL-DIVINA (M.) (dir.), *Miscellanées Maurice Hauriou*, Le Mans, L'épitoge, 2013, pp. 83-123, spéc. p. 111.

642 A propos de cet aspect, cf. *infra*, n° 530-538.

643 HAURIOU (M.), « An interpretation of the principles of public law », *Harvard Law Review*, avril 1918, pp. 813-821. Néanmoins, c'est le seul article de Maurice Hauriou directement en langue anglaise.

principales idées sur le droit public, ou encore à la *Revista de derecho privado*[644]. On peut supposer également qu'un des canaux de diffusion de sa pensée était la relation scientifique épistolaire entretenue avec des auteurs étrangers. R. Fernández de Velasco, auteur espagnol convaincu par les théories développées par M. Hauriou, évoquait en effet « l'honneur » que M. Hauriou lui avait fait de correspondre avec lui[645]. Il faut noter également que G. Jellinek avait fait appel à M. Hauriou, témoignant donc de sa renommée à l'étranger, pour écrire un manuel de droit administratif français à destination des lecteurs allemands. Si M. Hauriou dut finalement décliner l'offre en raison d'une surcharge de travail, il est possible de supposer qu'il aurait vraisemblablement accepté cette tâche en d'autres circonstances[646].

**237.** Outre ce moyen d'exportation des écrits, assez limité quantitativement, il faut également mentionner la traduction comme diffusion plus traditionnelle d'une pensée.

### 2) *La diffusion des idées par la traduction des écrits en langue étrangère*

**238.** La traduction est un instrument classique de circulation des idées, visant à connaître ou faire connaître une œuvre. Comme le souligne V. Dullion, « la traduction, dotée d'une valeur essentiellement informative, est le support des échanges intellectuels entre juristes »[647]. Dès lors, il faut envisager la traduction sous deux angles. Elle est en effet l'instrument de l'exportateur, et en ce sens, sert la diffusion et le rayonnement d'une pensée à l'international[648]. Mais elle est aussi et surtout l'instrument de l'importateur

[644] HAURIOU (M.), « La teoría del riesgo imprevisible y los contratos influidos por instituciones sociales », *Revista de derecho privado*, 1926, n° 148, pp. 1-13.

[645] Cf. FERNÁNDEZ DE VELASCO (R.), « Maurice Hauriou », *Revista de Derecho Privado*, 1929, n° 190-191, pp. 225-227, spéc. p. 225.

[646] Toutefois, il n'aurait visiblement pas été en mesure de l'écrire lui-même en allemand, ne maîtrisant pas la langue, comme le supposent J.-M. Blanquer et M. Milet. Cf. BLANQUER (J.-M.), MILET (M.), *L'invention de l'Etat. Léon Duguit, Maurice Hauriou et la naissance du droit public moderne*, *préc.*, p. 131.

[647] DULLION (V.), « Textes juridiques », in CHEVREL (Y.) D'HULST (L.), LOMBEZ (C.), *Histoire des traductions en -langues françaises, XIXe siècle (1815-1914)*, Lagrasse, Verdier, 2012, pp. 1067-1105, spéc. p. 1068.

[648] Cf. GORE (M.), « La traduction, instrument de droit comparé », in CORNU (M.), MOREAU (M.) (dir.), *Traduction du droit et droit de la traduction*, Paris, Dalloz, 2011, pp. 109-115, spéc. p. 114.

du droit, qui cherche à connaître le droit étranger. Dès lors, la démarche de traduction semble lier intrinsèquement les actions de l'exportateur et l'importateur, en ce que la volonté respective de l'un et de l'autre est nécessaire à sa réussite. Se placer du côté de l'importateur, qui traduit, permet ainsi de jauger la réussite de la démarche de diffusion de l'exportateur.

**239.** Du côté de l'exportateur, l'encouragement à la traduction est la démarche la plus courante, quantitativement parlant, de diffusion des écrits à l'étranger. Pour revenir à l'exemple cité précédemment, c'est-à-dire la série de conférences regroupées sous le titre *Le pragmatisme juridique*[649], celles-ci furent traduites en 1924 et firent l'objet d'une étude préliminaire par Q. Saldaña. En réalité, le résultat était la transcription par quatre étudiants en doctorat de l'Université de Madrid de ces conférences dispensées, en français, à Madrid en 1923. L. Duguit autorisa ensuite la publication, après quelques légères modifications, contrôlant ainsi la diffusion de sa pensée[650]. Auparavant, et toujours en Espagne, L. Duguit avait trouvé en A. Posada l'un de ses traducteurs privilégiés[651]. Ce dernier réalisa, très peu de temps après sa parution en France, la première traduction en langue espagnole de l'ouvrage *Le droit social, le droit individuel et les transformations de l'Etat*[652] en 1909, mais également *Les transformations générales du droit privé depuis le Code Napoléon*[653] en 1913, ou encore *Les transformations du droit public*[654] en 1917. Un autre de ses traducteurs espagnols réputés est J. Acuña, qui traduisit

---

649 DUGUIT (L.), *El pragmatismo jurídico. Conferencias pronunciadas en la Universidad de Madrid recogidas y traducidas por Agustín de Lázaro Álvarez, Santiago Magariños Torres, Tomas Diaz Garcia y Miguel Lopez-Roberts y de Chavarri, alumnos del doctorado, con un estudio preliminar de Quintiliano Saldaña*, Madrid, Francisco Beltrán, 1924

650 Un extrait de la lettre du 31 décembre 1923 de L. Duguit envoyée à l'éditeur Francisco Beltran figure dans un avertissement de l'éditeur au lecteur, introductif à l'ouvrage publié en espagnol. L. Duguit y écrivait : « j'ai lu avec beaucoup de soin les notes que vous avez prises à mes conférences, et j'ai admiré combien elles étaient exactes et complètes. Je vous en remercie bien chaleureusement. Je n'y ai apporté que quelques très légères modifications. A la fin, j'ai ajouté quelques lignes pour résumer les conclusions ». Cf. DUGUIT (L.), *El pragmatismo juridico, préc.*, p. 8.

651 Traducteur et donc introducteur, mais également critique. Cf. FERNÁNDEZ (T.-R.), « Duguit lu : l'Espagne », in MELLERAY (F.) (dir.), *Autour de Léon Duguit*, Bruxelles, Bruylant, 2011, pp. 255-275, spéc. pp. 259-263.

652 DUGUIT (L.), *La transformación del Estado*, Traducción seguida de un estudio sobre la nueva orientación del derecho político, por Adolfo Posada, Madrid, Francisco Beltrán, 1909.

653 DUGUIT (L.), *Las transformaciones generales del Derecho privado desde el Código de Napoleón*, Traducción de C. G. Posada, Madrid, Blassi y Cia, 1913.

654 DUGUIT (L.), *Las transformaciones del derecho público*, Traducción de A. Posada y R. Jaén, Madrid, Francisco Beltrán, 1917.

le *Manuel de Droit constitutionnel*[655] en 1921, ainsi que les conférences données à New York en 1920 et 1921 intitulées *Souveraineté et Liberté*[656]. Aux Etats-Unis, son introducteur est H. Laski, qui lui avait ouvert les pages de la *Harvard Law Review* en 1917. Ce dernier, séduit par les *Transformations du droit public*, décida de traduire l'ouvrage sous le titre *Law in the Modern State*[657].

**240.** M. Hauriou encourageait lui aussi la traduction de ses ouvrages à l'étranger, toujours dans cette même perspective. Il autorisa par exemple la publication de l'édition espagnole de son *Précis de Droit constitutionnel* par C. Ruiz del Castillo, dont il rédigea par ailleurs l'avant-propos[658]. Grâce à son ami J. Chevalier « bien introduit dans les milieux intellectuels britanniques »[659], et pour ses raisons, chargé de diffuser sa pensée, il parvint à être connu au-delà des frontières françaises.

**241.** De la même manière, G. Jèze facilita la traduction de ses écrits déjà réputés. Il en va ainsi notamment de ses *Principes généraux du droit administratif*[660], traduit par C. García Oviedo. Ce fut également le cas pour certaines de ses contributions à la science des finances. F. Neumark rappelle les échanges qu'il eut avec G. Jèze au sujet de la traduction de son *Traité de sciences financières*[661] :

---

655 DUGUIT (L.), *Manual de Derecho constitucional*, Traducción con prólogo y apéndice sobre La representación proporcional por J. G. Acuna, Madrid, Francisco Beltrán, 1921.

656 DUGUIT (L.), *Soberanía y Libertad*, Traducción y Prólogo por J. G. Acuna, Madrid, Francisco Beltrán, 1924.

657 DUGUIT (L.), *Law in the modern State*, Translated by F. and H. Laski, New York, Kessinger, 1919, London, Allen and Unwin, 1921.

658 HAURIOU (M.), *Principios de Derecho Público y constitucional*, traducido por C. Ruiz del Castillo, Madrid, Reus, 1927. Il semblait par ailleurs satisfait du résultat puisqu'il écrivait à J. Chevalier qu'il avait été « traduit fort intelligemment ». Cf. Lettre à Jacques Chevalier, 10 juin 1928, cité par BLANQUER (J.-M.), MILET (M.), *L'invention de l'Etat. Léon Duguit, Maurice Hauriou et la naissance du droit public moderne*, Paris, Odile Jacob, 2015, p. 362.

659 BLANQUER (J.-M.), MILET (M.), *L'invention de l'Etat. Léon Duguit, Maurice Hauriou et la naissance du droit public moderne*, *préc.*, p. 362.

660 JEZE (G.), *Los principios generales del derecho administrativo*, traducido de la segunda edición francesa por C. García Oviedo Madrid, Reus, 1928; *Principios generales del derecho administrativo*, traducido de la tercera edición francesa, Buenos Aires, Depalma, 1948-1950.

661 JEZE (G.), *Allgemeine Theorie des Budgets (Deutsche Ausgabe von Fritz Neumark)*, Tübingen, Mohr, 1927.

> « Etant donné l'absence en langue allemande d'un bon ouvrage moderne sur le budget, j'ai fait part au maître de mon désir de traduire le livre qu'il avait consacré en sa langue à ce sujet, et de le rendre ainsi accessible à un large public dans mon pays. Non seulement Jèze a aussitôt accédé à mon souhait, mais en plus il m'a aimablement autorisé à développer et à mettre à jour la partie de l'ouvrage ayant trait aux institutions et aux mécanismes budgétaires allemands, se réservant les retouches nécessaires aux chapitres traitant des problèmes budgétaires français »[662].

**242.** G. Jèze en fit d'ailleurs la préface, ce qui lui permet de garder l'ascendant sur la traduction de son œuvre. La préface, en tant que telle, est un vecteur de diffusion d'idées et n'est que rarement une présentation neutre de l'ouvrage qui suit[663]. Le succès qu'eut cette traduction en particulier a participé de sa renommée en Allemagne. Pour ce dernier exemple, l'impulsion de la traduction vient certes de l'importateur, mais l'exportateur garde largement un droit de regard sur le résultat final, et ce faisant, facilite le rayonnement de son ouvrage. Ceci démontre une fois encore que les démarches de l'exportateur et de l'importateur sont extrêmement liées.

**243.** Il faut donc aussi se placer du côté de l'importateur pour mesurer la réussite de la démarche de l'exportateur. Un premier indicateur est la postérité des traductions des ouvrages de L. Duguit, M. Hauriou et G. Jèze. Si ce sont souvent les auteurs qui les ont encouragées, ces traductions ont ensuite été renouvelées. Ainsi, les traductions des écrits de L. Duguit ne se sont pas arrêtées après sa mort puisqu'elles ont fait l'objet de rééditions, gage de leur succès. L'éditeur de Grenade, Comares, a ainsi procédé à la réédition de plusieurs ouvrages de L. Duguit depuis 2005 dans la collection *Critica del derecho, Arte del derecho*[664]. Aux Etats-Unis et en Angleterre également, des

---

662 NEUMARK (F.), « Gaston Jèze et la science des finances en Allemagne », *Revue de science et de législation financières*, 1954, pp. 252-254, spéc. p. 253.

663 Les études portant sur les préfaces, comme genre littéraire de la doctrine juridique, sont assez rares. On dénombre tout de même quelques analyses de l'usage de la préface par certains auteurs en particulier. Cf. par exemple VENEZIA (J.-C.), « Jean Rivero, les thèses et leurs préfaces », *R.F.D.A.*, 2011, n° 5, pp. 1053-1056 ; CAGNON (G.), « Georges Vedel, le préfacier », *R.F.D.A.*, 2016, n° 2, pp. 382-390.

664 DUGUIT (L.), *Manual de derecho constitucional*, Granada, Comares, 2005; *Las transformaciones del derecho público y privado. Estudio preliminar, "Objetivismo y teoría*

extraits de *L'Etat, les gouvernants, et les agents* furent traduits dans un ouvrage plus général intitulé *Modern French Legal Philosophy*[665]. Il en est de même en Italie[666].

**244.** De la même manière que pour L. Duguit, il est possible de mesurer le succès de la pensée de M. Hauriou au regard du nombre de traductions dont ses ouvrages ou articles ont fait, et font encore d'ailleurs, l'objet. En Espagne, cela a déjà été dit, l'un de ses introducteurs principaux fut à l'époque C. Ruiz del Castillo[667], mais bien après sa mort, l'œuvre de M. Hauriou fut jugée comme ayant un intérêt suffisamment important pour être rééditée en langue espagnole[668]. Il en fut de même en Angleterre[669], en Italie[670] et en Amérique

---

*de los derecho en Leon Duguit", a cargo de J. L. Monereo Perez y J. Calvo Gonzales*, Granada, Comares, 2007, *Soberanía y Libertad*, Granada, Comares, 2013.

665 FOUILLÉE (A.), CHARMONT (J.), DUGUIT (L.), DEMOGUE (R.), *Modern French Legal Philosophy. Translated by Scott (F. W.) and Chamberlain (J. P.) with an editorial preface by Spencer (A. B.) and with introductions by Winslow (J. B.) and Walton (F. P.)*, South Hackensack, Rothman reprints, 1968.

666 DUGUIT (L.), *Il Diritto Sociale, il Diritto individuale e la trasformazione dello Stato*, trad. Paradisi, Florence, Sansoni, 1950 ; *Le trasformazioni dello Stato : antologia di scritti*, Barbera (A.), Faralli (C.), Panarari (M.) (dir.), Turin, Giappichelli, 2003.

667 Pour plus de précisions sur la diffusion de la pensée de M. Hauriou par cet auteur, cf. LEGAZ LACAMBRA (L.), « L'influence du Doyen Maurice Hauriou dans les pays latins et latino-américains », *Annales de la Faculté de droit et de sciences économiques de Toulouse*, 1968, pp. 241-254, spéc. pp. 244-248.

668 D'autres auteurs ont ainsi pris la suite de l'édition traduite par C. Ruiz del Castillo: HAURIOU (M.), *Principios de derecho público y constitucional*, traducción, estudio preliminar, notas y adiciones de C. Ruiz del Castillo, edición al cuidado de J. L. Monereo Perez, Granada, Comares, 2003, ou ont proposé un recueil d'oeuvres choisies: HAURIOU (M.) *Obra escogida*, traducción J. A Santamaria Pastor, S. Munoz Machado, Madrid, Instituto de Estudios Administrativos, 1976. Ou encore en Amérique latine: HAURIOU (M.), *La teoría de la institución y de la fundación (ensayo de vitalismo social)*, traducción del francés, prologo y bibliografía del autor por A. E. Sampay, Buenos Aires, Abeledo-Perrot, 1968.

669 L'accès en langue anglaise à l'œuvre de M. Hauriou fut toutefois plus compliqué à l'époque. Il faut tout de même noter qu'à partir des années 1970 un certain nombre de ses textes furent traduits, notamment à l'initiative de J. A. Broderick : BRODERICK (A.), *The french institutionalists : Maurice Hauriou, Georges Renard, Joseph T. Delos*, Cambridge, Harvard university press, 1970.

670 HAURIOU (M.), *Teoria dell'istituzione y della fondazione*, A cura di W. Cesarini Sforza, Milano, Giuffrè, 1967.

latine[671]. Dans les pays germaniques, c'est même surtout après sa mort qu'il a été largement traduit[672].

**245.** La démarche volontariste de diffusion de ces auteurs, qu'elle s'exprime directement, par la propagation en personne, de leurs théories ou par le biais de la circulation des écrits participe donc de l'explication de leur renommée à l'international. Il faut désormais examiner les résultats de ces démarches.

## §2) Les résultats de la démarche volontariste de diffusion à l'étranger

**246.** La question qui se pose ensuite est celle de savoir ce que l'on a retenu à l'étranger de ces auteurs. Comment ont été jugés leurs apports ? Quelles traces scientifiques ont-ils laissées ? Leurs tentatives de diffusion de leur pensée ont été couronnées de succès puisque ces auteurs se distinguent, à l'étranger comme en France, par leur méthode (A), et par leurs théories (B).

### A) L'exportation de la méthode juridique

**247.** On retient souvent des trois auteurs mentionnés précédemment, une méthode particulière, développée pour l'étude du droit. Cela n'est guère étonnant compte tenu de l'importance qu'ils ont accordée aux questions méthodologiques. Cela explique aussi le rayonnement de leurs œuvres, car un système fondé sur une méthode rigoureuse facilite l'exportation de leurs idées, dans leur ensemble. C'est en tout cas ce que retient M. Caetano pour qui les juristes portugais sont redevables, de manière générale, à la doctrine française : il souligne, en termes élogieux, que « c'est encore un hommage rendu à la France de reconnaître que l'émancipation des doctrines nationales

---

671 HAURIOU (M.), *La teoría de la institución y de la fundación (ensayo de vitalismo social)*, Traducción del francés, prologo y bibliografía del autor por A. E. Sampay, Buenos Aires, Abeledo-Perrot, 1968.

672 Cf. SCHNUR (R.), « L'influence du Doyen Maurice Hauriou dans les pays germaniques », *Annales de la Faculté de droit et des sciences économiques de Toulouse*, 1968, tome XVI, fasc. n° 2, pp. 255-270, spéc. pp. 268-270.

a été faite grâce à une méthode que le génie français a su élaborer et diffuser »[673].

**248.** L'œuvre de L. Duguit a constitué ainsi un véritable bouleversement dans la science juridique, à tel point que l'on a coutume de dater un *avant* et un *après* Duguit[674]. Son œuvre régénératrice était avant tout une méthode dans l'étude du droit, méthode scientifique, largement inspirée de la méthode sociologique[675], pour fonder une science juridique objective et réaliste. Il eut dans un premier temps une démarche de déconstruction consistant à « briser les cadres étroits et artificiels dans lesquels s'enferme depuis des siècles la pensée juridique »[676], et à démystifier les postulats scientifiques de la dogmatique juridique traditionnelle. Seuls l'observation des faits et le résultat de l'expérience procèdent selon lui d'une démarche véritablement scientifique, selon le modèle des sciences expérimentales. Sa démarche ne laissa pas indifférente, voire dérangea la communauté scientifique, pour les résultats qu'elle impliquait. Elle valut à sa doctrine cette épithète volontairement disqualifiant à l'époque, mais désormais célèbre « d'anarchisme de la chaire »[677]. Son appel à la sociologie et à la psychologie pour fonder une science juridique nouvelle intrigua, « les revues de sociologie rendirent compte de son travail, les juristes étrangers, Fardis et Jellinek en tête, s'intéressèrent à ses travaux »[678]. Elle intrigua suffisamment pour que son

---

673 CAETANO (M.), « L'influence française sur l'évolution du droit administratif portugais », in CONSEIL D'ETAT, *Livre jubilaire publié pour commémorer son cent cinquantième anniversaire*, Paris, Recueil Sirey, 1949, pp. 535-537, spéc. p. 537.

674 Cf. G. Jèze qui invite à parcourir les ouvrages de droit administratif antérieurs à la publication des deux volumes de L. Duguit sur l'Etat, et de faire le constat d'un évident renouvellement de la science juridique. JEZE (G.), « L'influence de Léon Duguit sur le droit administratif français », *Archives de Philosophie du droit et de Sociologie juridique*, 1932, pp. 135-151, spéc. p. 135-136 ; Cf. également BONNARD (R.), « Léon Duguit, ses œuvres, sa doctrine », *R.D.P.*, 1929, pp. 5-47, spéc. pp. 5-6 ; G. Langrod remarque également que L. Duguit a su introduire un « air pur » dans la doctrine française. LANGROD (G.), « L'influence des idées de Léon Duguit sur la théorie générale du droit », *Revue juridique et économique du Sud-Ouest. Série juridique*, 1959, n° 3/4, pp. 129-155, spéc. p. 131.

675 Il admet ainsi être largement redevable à A. Comte, qu'il a lu, et surtout à E. Durkheim, qu'il a côtoyé, et dont l'influence sur le jeune professeur qu'il était alors fut décisive, sans que pour autant elle ne le lie. Cf. DUGUIT (L.), *Souveraineté et liberté. Leçons faites à l'Université Columbia (New York)*, Paris, Felix Alcan, 1922, p. 147.

676 DUGUIT (L.), *L'Etat, le droit objectif et la loi positive*, Paris, Fontemoing, 1901, réimpr. Paris, Dalloz, 2003, p. 9.

677 HAURIOU (M.), *Principes de droit public*, Paris, Librairie de la société du Recueil Sirey, 1ère éd., 1910, réimpr. Paris, Dalloz, 2010, p. 79.

678 Cf. MILET (M.), « Duguit Léon », *préc.*, p. 272.

œuvre soit étudiée, dès la publication de son premier tome sur l'Etat[679], mais également des années après, comme ce fut le cas en Espagne[680] ou encore en Italie[681]. Certains auteurs étrangers revendiquaient même leur inscription dans le sillon doctrinal de L. Duguit ou, à tout le moins, la reconnaissance d'une dette scientifique à son égard. Il en est ainsi de H. Laski, auteur britannique qui avoua avoir été « profondément influencé par ses conceptions »[682], en particulier par sa méthode, notamment en ce qu'elle avait pour résultat la réfutation définitive des thèses classiques[683]. Il saluait en effet le fait que « Duguit [ait] eu le remarquable mérite de forcer les esprits à une révision de leur pensée »[684]. H. Laski dénonçait aussi l'erreur « qui entachait la science du droit de la génération précédente »[685], ces juristes ayant « oublié que leur science était une science sociale dont les principes doivent être recherchés dans les faits économiques et politiques environnants »[686]. En Italie également, même sans que ses commentateurs ne se rallient à sa méthode réaliste, fortement attachés qu'ils étaient à la science juridique allemande, « exclusivement subjectiviste »[687], pour reprendre les termes de L. Duguit, ils n'en admettaient pas moins que celui-ci devait faire l'objet de « la plus déférente admiration »[688].

679 FORTI (U.), *Il realismo nel diritto pubblico, a propósito di un libro recente [il primo volumen degli studi di diritto pubblico del prof. Leone Duguit intitolato l'Etat, le droit objectif et la loi positive]*, Camerino, Tip. Savini, 1903.

680 PESET RIEG (M.), « Notas para una interpretación de Leon Duguit (1859-1928). Dimension psicológica y sociológica de su obra jurídica », *Revista de Estudios politicos*, 1968, pp. 169-207.

681 Par exemple, PETRUCCI (V.), *Alle origini della sociologia giuridica: Leon Duguit*, Napoli, Istituto italiano per gli studi filosofici, 1984.

682 LASKI (H.), « La conception de l'Etat de Léon Duguit », *Archives de Philosophie du droit et de Sociologie juridique*, 1932, pp. 121-134, spéc., p. 122.

683 Il était par contre moins convaincu par la dimension reconstrutive de son œuvre. Cf. *ibidem*.

684 LASKI (H.), « La conception de l'Etat de Léon Duguit », *préc*., p. 121.

685 *Ibidem*.

686 *Ibidem*.

687 Cf. DUGUIT (L.), *Traité de droit constitutionnel*, T. 1, Paris, E. de Boccard, 3e éd., 1927, p. 549. L. Duguit développe d'ailleurs les positions de la doctrine allemande dans un paragraphe dédié aux conceptions subjectivistes du droit, cf. DUGUIT (L.), *Traité de droit constitutionnel*, T. 1, Paris, E. de Boccard, 3e éd., 1927, pp. 14-22.

688 Cf. V. E. Orlando dans une étude sur la méthode développée par L. Duguit. ORLANDO (V. E.), « Leone Duguit e la scuola del realismo giuridico », *Rivista di diritto pubblico*, 1929, Parte prima, pp. 192-198, spéc. p. 192.

**249.** G. Jèze partage aussi avec son aîné L. Duguit le fait d'avoir développé une méthode pour l'étude du droit qu'il a ensuite appliquée scrupuleusement à chaque matière faisant l'objet de son analyse[689]. Comme les autres auteurs de cette génération, il avait aussi pour ambition de construire une véritable théorie générale qui transcende les frontières disciplinaires internes du droit public (droit constitutionnel, droit administratif, finances publiques). Il se plaçait ainsi dans la lignée du positivisme sociologique et de la méthode expérimentale qui en résulte, à la suite de L. Duguit, qu'il identifiait comme son maître[690]. Rejetant l'exégèse pure et simple du droit positif tout comme les positions uniquement théoriques, G. Jèze s'inscrivait dans un entre-deux. Il rappelait ainsi que « le rôle du théoricien est avant tout [...] de dégager les règles [...], de les classer, de leur donner une forme claire et précise »[691]. Il donnait de l'importance à l'analyse du droit positif, sans prétendre pour autant à l'excès inverse qui chercherait à s'en tenir à son exposition exhaustive. Mais pour lui, ce théoricien « doit aussi expliquer leurs origines, montrer leur développement historique, sous la pression des faits sociaux, économiques et politiques »[692], considérant alors que le droit positif isolé de son contexte n'a aucun sens. Le véritable juriste selon lui ne doit pas se contenter de décrire et d'ordonner les règles du droit positif, il doit en faire la synthèse[693], tout en gardant à l'esprit que « la parfaite conformité aux faits est le critérium des théories »[694]. Cela explique en grande partie l'attention particulière qu'il porta à la jurisprudence et le nombre impressionnant de ses notes d'arrêts qui forment, selon les mots de M. Waline, « un monument doctrinal qui n'a

---

689 M. Waline, dans un hommage à G. Jèze en 1953 souligne en effet que ce dernier « attachait, avec raison, une importance capitale à la méthode ». Cf. WALINE (M.), « L'œuvre de Gaston Jèze en droit public », *R.D.P.*, 1953, pp. 879-890, spéc. p. 879, et de citer un extrait de la préface de la 3e édition des *Principes généraux du droit administratif* : « Plus j'avance en âge, plus je suis convaincu que la seule chose qui importe pour l'étude du Droit, c'est une bonne méthode », JEZE (G.), *Les principes généraux du droit administratif*, T. 1, Paris, V. Giard E. Brière, 3e éd., 1925, reimpr. Paris, Dalloz, 2005, p. I.

690 JÈZE (G.), *Les principes généraux du droit administratif*, T. 1, Paris, Berger-Levrault, 1ère éd., 1904, p. 8.

691 JEZE (G.), « Préface de la deuxième édition », in JEZE (G.), *Les principes généraux du droit administratif*, T. 1, Paris, Giard, 3e éd., 1925, réimpr., Paris, Dalloz, 2005, p. IX.

692 *Ibidem*.

693 Par « synthèse critique », G. Jèze entend « qu'il appartient au théoricien non seulement de montrer sous l'apparente diversité des solutions de détails, les principes dont, ils ne sont en réalité, que des applications, mais encore de rechercher dans quelle mesure tel ou tel principe pratique, dans un pays donné, à un moment donné, est en conformité avec les autres principes juridiques, et correspond au sentiment de justice relative de l'époque et du milieu, aux besoins sociaux, économiques, politiques ». JEZE (G.), « Préface de la deuxième édition », *préc.*, p. X.

694 *Idem*, p. IX.

d'équivalent que celles qu'Hauriou publiait au Sirey à la même époque »[695]. M. Waline d'ailleurs, qui expliquait de manière plus détaillée la méthode de G. Jèze[696], soulignait « l'originalité de cette méthode »[697], qui tient au fait « qu'une synthèse théorique précède l'analyse du droit positif. La méthode est originale en ce que, dans la plupart des sciences exactes, l'analyse précède au contraire la synthèse. Mais ce retournement du processus d'exposition a le mérite de préparer le lecteur à la compréhension (ou, selon les cas, à la critique) des solutions législatives ou jurisprudentielles »[698]. Il faut insister sur le fait que G. Jèze fait surtout reposer toute sa méthode sur la distinction, capitale pour lui, entre le politique et le juridique[699], deux points de vue d'analyse néanmoins complémentaires sur un même objet[700]. C'est de cette méthode en tout cas que certains auteurs allemands se réclamaient, F.

---

[695] WALINE (M.), « L'œuvre de Gaston Jèze en droit public », *R.D.P.*, 1953, pp. 879-890, spéc., p. 887.

[696] On peut également renvoyer à l'analyse plus récente d'O. Beaud : BEAUD (O.), « L'œuvre de Gaston Jèze signifie-t-elle un repli de la doctrine publiciste française sur la technique juridique ? », *Jus Politicum*, n° 11, 2013, pp. 1-36, spéc., pp. 15-36.

[697] WALINE (M.), « L'œuvre de Gaston Jèze en droit public », *préc.*, p. 885.

[698] *Ibidem.*

[699] « Les problèmes du droit administratif doivent être étudiés en se plaçant à deux points de vue : 1 : le point de vue de la technique juridique ; 2 : le point de vue politique. Il faut toujours rechercher le besoin social, politique, économique, auquel correspond telle institution : les conditions économiques, sociales, politiques dans lesquelles fonctionne tel ou tel service public, le rendement pratique, au point de vue social, politique, économique du service. Il faut aussi examiner les procédés juridiques au moyen desquels tel but est poursuivi et atteint ; par lesquels tel service public fonctionne. C'est le point de vue de la technique juridique ». Cf. JEZE (G.), *Les principes généraux du droit administratif*, T. 1, Paris, Giard, 3e éd., 1925, réimpr., Paris, Dalloz, 2005, p. 3.

[700] « Les points de technique juridique s'éclairent à la lumière des idées politiques », *Idem*, p. 5. Toutefois, certains auteurs, à l'instar d'O. Beaud, considèrent que G. Jèze n'a pas été totalement fidèle à son programme méthodologique prônant la complémentarité des points de vue politique et juridique, et s'est replié progressivement sur la seule technique juridique. Ce point de vue semble par ailleurs partagé par R. Bielsa qui considère que « ce qui domine et est essentiel dans l'œuvre de Jèze, c'est la technique juridique », cf. BIELSA (R.), « Le professeur Gaston Jèze. Quelques réflexions que suggère son œuvre », *R.D.P.*, 1953, pp. 891-903, spéc. p. 898, tout en nuançant à la fin de son propos en soulignant que « la technique de Jèze n'a pas été seulement une technique pure, conçue comme un simple instrument », p. 903. Néanmoins, dans une analyse plus récente, R. Bourget estime que G. Jèze « fasciné par la science du droit conceptualiste, plaida pour l'inauguration en France de la pure technique juridique fiscale » : BOURGET (R.), *La science juridique et le droit financier fiscal. Etude historique et comparative du développement de la science juridique fiscale (fin XIXème et XXème siècles)*, Paris, Dalloz, 2012, p. 435. C'est d'ailleurs sur cette évolution de sa méthode qu'il s'éloigna de L. Duguit, à qui il reprochait la confusion entre la position politique des problèmes et leur solution juridique, faisant alors figure de « disciple partiellement infidèle » de L. Duguit. Cf. BEAUD (O.), « L'œuvre de Gaston Jèze signifie-t-elle un repli de la doctrine publiciste française sur la technique juridique ? », *Jus Politicum*, 2013, n° 11, pp. 1-36, spéc. p. 3.

Neumark expliquant que « la méthode Jèze a été presque unanimement reconnue en Allemagne »[701].

**250.** Enfin, à propos de Maurice Hauriou, nombreux sont ceux qui ont coutume de dire qu'il a créé le droit administratif[702], datant aussi un *avant* et un *après* M. Hauriou. Ce dernier est en effet reconnu pour avoir réussi une systématisation d'ensemble du droit administratif, même si E. Laferrière avait ouvert la voie[703], avec sa mise en ordre du contentieux administratif. Le droit administratif, qui auparavant rebutait par son aspect chaotique et détaillé à l'extrême, trouve enfin une exposition cohérente. Ses successeurs lui reconnaîtront ainsi le grand mérite d'avoir fondé le droit administratif sur des bases scientifiques et rigoureuses[704]. M. Hauriou a donc ceci de commun avec L. Duguit, d'avoir permis un véritable renouvellement de la science juridique, quitte à bousculer un peu ses cadres classiques. N. Foulquier le qualifie en effet de « révolutionnaire conceptuel »[705]. Ce renouvellement passe

---

701 NEUMARK (F.), « Gaston Jèze et la science des finances en Allemagne », in *Revue de science et de législation financières*, 1954, pp. 252-254, spéc. 254. Ce numéro était d'ailleurs consacré à un « Hommage de la pensée étrangère à Gaston Jèze ».

702 H. Berthélémy écrivait par exemple « J'ai de mon mieux vulgarisé le droit administratif. D'Hauriou on peut dire qu'il l'a créé ». Cf. BERTHELEMY (H.), « Allocution », in *Cérémonie de l'Inauguration, le 22 avril 1931, du monument élevé par souscription à Maurice Hauriou, doyen de la Faculté de droit de l'Université de Toulouse*, Paris, Librairie du Recueil Sirey, 1931, pp. 24-27, spéc. p. 25 ; J. Rivero estimait qu'« avec lui commence le droit administratif qui est toujours le nôtre ». Cf. RIVERO (J.), « Maurice Hauriou et le droit administratif », *Annales de la Faculté de droit de Toulouse*, 1968, n° 2, pp. 141-155, spéc. p. 145. Cette opinion était aussi partagée à l'étranger, cf. LEGAZ LACAMBRA (L.), « L'influence du Doyen Maurice Hauriou dans les pays latins et latino-américains », *préc.*, p. 242.

703 Pour P. Gonod, « l'auteur du traité contribue à jeter les bases du droit administratif moderne que la génération postérieure s'est chargée d'élaborer. C'est à partir de l'étude de l'instance juridictionnelle – le Conseil d'Etat – chargé d'assurer le respect du droit par l'administration, que Laferrière recherche la logique du droit administratif qui lui a permis de se constituer en discipline autonome. Grâce à cette approche, il parvient à clarifier le droit administratif en ordonnant les "matières administratives" à partir de critères opératoires tirés d'une analyse des recours juridictionnels ». Cf. GONOD (P.), *Edouard Laferrière, un juriste au service de la République*, Paris, L.G.D.J., 1997, pp. 47-48.

704 Pour preuve la remarque de J. Rivero : « Le droit administratif selon Hauriou, ensemble de concepts et de catégories organisés autour de thèmes proprement juridique –la personne, l'acte et ses effets- a succédé au droit administratif selon Ducroq, somme de prescriptions réglementaires regroupées dans des cadres purement superficiels », RIVERO (J.), « Maurice Hauriou et le droit administratif », *Annales de la Faculté de droit de Toulouse*, 1968, n° 2, pp. 141-155, spéc. p. 144.

705 FOULQUIER (N.), « Maurice Hauriou, constitutionnaliste (1856-1929) », in HAKIM (N.), MELLERAY (F.), *Le renouveau de la doctrine française*, Paris, Dalloz, 2009, pp. 281-306, spéc. p. 282.

évidemment par l'adoption d'une méthode dont l'aspect essentiel est certainement celui d'un appel constant aux autres disciplines et en particulier à la sociologie et à la philosophie[706]. Une des particularités des juristes de cette génération, et surtout de M. Hauriou, était en effet de refuser les cloisonnements disciplinaires de manière générale, et plus encore dans l'étude du droit, en en adoptant ainsi une conception holiste. Pour J.-M. Blanquer, M. Hauriou est « porteur d'une nouvelle démarche scientifique articulée avec une approche métaphysique (théologique et philosophique) et politique porteuse de cohérence »[707]. Ses sources d'inspirations sont multiples, qu'elles soient le fruit de rencontres directes et régulières comme ce fut le cas avec F. Rauh ou G. Dusmenil, tous deux à la Faculté de lettres de Toulouse, ou indirectes par le seul, mais non négligeable, biais de la lecture régulière des œuvres de Platon, Saint Thomas d'Aquin, H. Bergson, ou encore A. Comte et E. Durkheim. J. Rivero considérait ainsi que M. Hauriou était « à lui tout seul l'équipe interdisciplinaire »[708]. Le recours constant à la sociologie se traduit notamment par un impératif, celui de l'observation systématique des phénomènes sociaux, témoignant d'un véritable souci du réel, d'une attention particulière portée à la « vie administrative quotidienne »[709] — ce qui explique le nombre de notes d'arrêts à son actif — et de l'adoption d'une méthode inductive. M. Hauriou considérait qu'il relevait, selon ses propres mots, du « positivisme catholique », c'est-à-dire un positivisme « qui va jusqu'à utiliser le contenu social, moral et juridique du dogme catholique »[710].

### B) L'exportation de théories juridiques

**251.** Au-delà de leur méthode, ces auteurs sont bien sûr réputés pour les apports substantiels à la science du droit public à l'origine desquels ils furent. Sur le fond, L. Duguit fait de la solidarité sociale le fondement de la société et

---

[706] Sur cet aspect, cf. notamment SFEZ (L.), *Essai sur la contribution du doyen Hauriou au droit administratif français*, Paris, LG.D.J., 1966, pp. 177-283. Le rapport à la sociologie de M. Hauriou est cependant assez complexe, comme le montrent J.-M. Blanquer et M. Milet. Cf. BLANQUER (J.-M.), MILET (M.), *L'invention de l'Etat. Léon Duguit, Maurice Hauriou et la naissance du droit public moderne*, *préc.*, pp. 82-97.

[707] BLANQUER (J.-M.), « Hauriou Maurice », in ARABEYRE (P.), HALPÉRIN (J.-L.), KRYNEN (J.), *Dictionnaire historique des juristes français. XII-XXème siècle*, Paris, P.U.F., 2015, pp. 516-519, spéc. p.516.

[708] RIVERO (J.), « Maurice Hauriou et le droit administratif », *préc.*, p. 145.

[709] SFEZ (L.), *Essai sur la contribution du doyen Hauriou au droit administratif français*, *préc.*, p. 181.

[710] HAURIOU (M.), *Principes de droit public*, Paris, Librairie de la société du Recueil Sirey, 2e éd., 1916, p. XXIV.

par extension celui du droit et l'élément justifiant l'existence de l'Etat. Année après année, il s'emploie à la construction d'une véritable doctrine, pour arriver au « point culminant »[711] de sa conception de l'Etat, considéré comme une « coopération de services publics »[712]. On peut parler d'un « système Duguit » alliant théorie et technique, qui arrive à maturité avec la publication de son Traité en 1911 qu'il actualisera et corrigera au gré des différentes éditions[713]. C'est par la défense de ce fondement du droit que l'on associe, encore aujourd'hui, en France comme à l'étranger, le nom de L. Duguit à l'expression de « service public », notion dont il considérait qu'« autour de laquelle gravite tout le droit public moderne »[714]. La conception duguiste du service public est ainsi une référence habituelle dans les manuels de droit administratif étrangers notamment espagnols[715], quand bien même le service public n'a pas connu en Espagne les mêmes développements[716]. Il est certain par ailleurs qu'à défaut de trouver de véritables disciples étrangers de L. Duguit, qui se revendiquent comme tels, il est aisé de recenser un nombre conséquent de lecteurs actifs de L. Duguit, qui se sont souvent positionnés comme « introducteurs »[717] de sa doctrine. C'est le cas de H. Laski cité précédemment, mais aussi celui d'A. Posada en Espagne[718]. Le moins que l'on puisse dire est que son œuvre a suscité de nombreuses études à l'étranger, contemporaines de ses écrits[719], mais également bien postérieures à sa mort[720].

---

711 DUGUIT (L.) *Traité de droit constitutionnel*, T. 2, Paris, E. de Boccard, 3e éd., 1928, p. 59.

712 *Ibidem*.

713 DUGUIT (L.), *Traité de droit constitutionnel*, T. 1, Paris, E. de Boccard, 3e éd., 1927, réimpr. Paris, Éditions Cujas, 1970; T. 2, Paris, E. de Boccard, 3e éd., 1928, réimpr. Paris, Éditions Cujas, 1970; T. 3, Paris, E. de Boccard, 2e éd., 1923, réimpr. Paris, Editions Cujas, 1970; T. 4, Paris, E. de Boccard, 2e éd., 1924, réimpr. Paris, Éditions Cujas, 1975; T. 5, Paris, E. de Boccard, 2e éd., 1925, réimpr. Paris, Éditions Cujas, 1979.

714 DUGUIT (L.) *Traité de droit constitutionnel*, T. 2, *préc.*, p. 59.

715 Cf. *Infra*, n° 349-350.

716 Sur cette question, cf. *infra*, n° 381-385.

717 La formule est de T.-R. Fernandez : FERNÁNDEZ (T.-R.), « Duguit lu : l'Espagne », in MELLERAY (F.) (dir.), *Autour de Léon Duguit*, Bruxelles, Bruylant, 2011, pp. 255-275, spéc. p. 259.

718 Cf. *idem*, pp. 259-263.

719 Comme par exemple les nombreux comptes rendus de ses ouvrages publiés juste après leur traduction. Cf. MERRIAM (C. E.), « Book Reviews. Law in the modern State. By Leon Duguit », *Columbia Law Review*, 1921, n° 5, pp. 504-505, compte rendu dans lequel l'auteur concluait que « The study of Professor Duguit is of intense interest and great value to all serious students of the tendencies of modern public law and politics ». Cf. également « Book Reviews. Progress of Continental Law in the nineteenth century. By Various Authors », *Harvard Law Review*, n° 2, 1920, pp. 221-222, où l'auteur, à propos de l'ouvrage de L. Duguit soulignait qu'il « méritait la plus grande attention de la part des juristes américains ».

720 Pour des éléments de bibliographie sur L. Duguit à l'étranger, cf. GILBERT (S.), « Présentation », *préc.*, pp. 115-116.

Enfin, un indicateur supplémentaire du succès de L. Duguit réside dans l'identification par certains auteurs étrangers de traces de ses théories dans leur droit positif. Pour T.-R. Fernández par exemple, l'article 106.2 de la Constitution espagnole de 1978, selon lequel « les particuliers, dans les termes établis par la Loi, auront le droit d'être indemnisés pour toute lésion qu'ils auraient pu subir dans n'importe lequel de leurs biens et leurs droits, sauf dans des cas de force majeure, à condition que la lésion soit la conséquence du fonctionnement des services publics », est une consécration, à côté de la responsabilité pour faute, de la notion de responsabilité objective, que L. Duguit a participé à promouvoir. T.-R. Fernández remarque ainsi « la géniale anticipation de l'avenir »[721] de L. Duguit et souligne « l'influence manifeste que ses idées ont eue »[722], notamment en matière de responsabilité patrimoniale de l'Administration.

**252.** L'apport de G. Jèze sur le fond est également considérable et a largement participé à sa renommée. En droit public général, on lui doit une étude approfondie de l'acte juridique (à laquelle il consacra quasiment un tome de ses *Principes Généraux du droit administratif*[723]), dans la continuité de la classification tripartite opérée par L. Duguit[724] — ce qui ne l'empêcha pas de prendre ses distances sur certains points avec son prédécesseur[725] — ; ainsi que quelques études en droit constitutionnel[726]. Néanmoins, c'est surtout en droit administratif général d'une part, et dans le développement de la science financière d'autre part, que la pensée publiciste, française ou étrangère, lui doit beaucoup. Le nom de Jèze est ainsi unanimement associé lui aussi à la notion de service public, dont il fit le critère ultime de définition du droit administratif, ce qu'illustre sa formule célèbre : « le service public est [...] la pierre angulaire du droit administratif français. Cette notion sert à

---

721 FERNANDEZ (T.-R.), « Duguit lu : l'Espagne », *préc.*, p. 274.

722 *Ibidem.*

723 JEZE (G.), *Principes généraux du droit administratif*, T. 1, Paris, Giard, 1925, Réimpr. Paris, Dalloz, 2005.

724 Cf. *supra*, n° 71.

725 Il s'opposa notamment à L. Duguit sur la notion d'acte juridictionnel. Cf. JEZE (G.), *Les principes généraux du droit administratif*, T. 1, Paris, Giard, 3e éd., 1925, réimpr. Paris, Dalloz, 2005, pp. 51 et suiv. Pour une analyse de cette opposition, cf. BONNARD (R.), « La conception matérielle de la fonction juridictionnelle », in *Mélanges R. Carré de Malberg*, Paris, Sirey, 1933, réimpr. Vadus, Topos Verlag AG, Paris, E. Duchemin, pp. 3-22, spéc. pp. 16-21.

726 Pour un recensement quasiment exhaustif de ses articles en droit constitutionnel et en droit public général, cf. « Bibliographie des œuvres de Gaston Jèze », *Revue de science et de législation financières*, 1954, pp. 907-909.

remodeler toutes les institutions du droit public »[727]. Il y consacra en effet les tomes II et III de ses *Principes Généraux du droit administratif*, se positionnant comme « l'une des figures de l'Ecole du service public »[728]. En tant que chef de l'école du service public, Jèze est également régulièrement cité comme référence dans les ouvrages étrangers.

**253.** Il est aussi réputé pour sa contribution à la théorie générale des contrats administratifs, dont il est l'un des « principaux instigateurs »[729], et à laquelle il consacra un vaste traité[730]. La renommée de G. Jèze est enfin particulièrement établie dans le domaine de la science des finances. R. Bourget consacre d'ailleurs tout un chapitre de sa thèse à l'apport de G. Jèze, tant du point de vue de la méthode que du fond, aux finances publiques[731]. G. Jèze a ainsi développé une véritable théorie du budget dans un traité entièrement consacré aux sciences financières[732]. Du point de vue du juriste étranger, c'est d'ailleurs plus le financier que l'administrativiste qui est réputé[733]. Outre F. Neumark, que l'on a mentionné comme étant l'un de ses principaux introducteurs, qui avoue sans détour l'influence des idées de G. Jèze sur sa pensée[734], il est possible de mentionner K. Heinig, auteur également d'un ouvrage consacré au budget, qui, selon F. Neumark, ne le désavouerait certainement pas lorsqu'il prétend que « lui aussi doit beaucoup à Gaston Jèze »[735]. C'est également aux Etats-Unis que la pensée financière de G. Jèze eut un certain succès, grâce aux relations amicales qu'il entretint

---

727 JEZE (G.), « Préface de la deuxième édition », *préc.*, p. XV.

728 MILET (M.), « Jèze Gaston », *préc.*, p. 426.

729 SAUVE (J.-M.), « Clôture » de la 4ème édition des Etats généraux du droit administratif, L'actualité du contentieux des contrats publics, 27 juin 2014, p. 2. http://www.conseil-etat.fr/Actualites/Discours-Interventions/L-actualite-du-contentieux-des-contrats-publics, consulté le 11/05/2015. Sur le rôle fondamental assumé par G. Jèze dans le développement de la théorie générale des contrats, avec R. Bonnard et à la suite de L. Duguit, cf. les développements de A. de Laubadère. Cf. DE LAUBADÈRE (A.), *Traité théorique et pratique des contrats administratifs*, T. 1, Paris, L.G.D.J., 2e éd., 1983, pp. 24-28.

730 JEZE (G.), *Les contrats administratifs de l'Etat, des départements, des communes et des établissements publics*, Paris, Giard, 1927. Il avait par ailleurs dédié les trois derniers tomes de ses principes généraux du droit administratif à la théorie générale des contrats de l'administration. Cf. JEZE (G.), *Les principes généraux du droit administratif*, Tomes 4, 5, 6, Paris, Giard, 3e éd., 1934-1936.

731 Pour plus de précisions sur ces apports, cf. BOURGET (R.), *La science juridique et le droit financier fiscal. Etude historique et comparative du développement de la science juridique fiscale (fin XIXème et XXème siècles)*, Paris, Dalloz, 2012, pp. 433-622.

732 JEZE (G.), *Traité des sciences financières. Le budget*, Paris, Giard, 1910.

733 Cf. JACQUEMET-GAUCHÉ (A.), « Gaston Jèze et les droits étrangers », *préc.*, p. 154.

734 Cf. NEUMARK (F.), « Gaston Jèze et la science des finances en Allemagne », *préc.*, p. 253.

735 *Ibidem.*

avec E. Seligman, titulaire de la chaire de finances publiques à l'Université de Columbia à New York. C. Shoup expliquait ainsi que « nous sommes redevables à Gaston Jèze d'avoir exercé, indirectement il est vrai, une telle influence aux Etats-Unis que nous n'avons plus besoin de nous pencher spécialement sur le problème des classifications qui autrement aurait été une priorité dans nos recherches »[736].

**254.** Enfin, les grandes lignes de la pensée de M. Hauriou, qui sous-tendent tous les chapitres de son droit administratif, peuvent se résumer derrière l'idée d'équilibre, de contrepoids, qui vient parfaitement imprégner sa théorie fondamentale, celle de l'Institution[737]. Il applique ainsi cette théorie, considérée comme méthode explicative du droit, aux divers domaines du droit administratif (par exemple à la fonction publique, à la décision exécutoire, au domaine public…). Sa perspective institutionnaliste consiste ainsi à définir le droit public « non par l'idée de but (l'intérêt général), mais par l'institution qui en est l'objet : l'Etat »[738] et à considérer que le droit administratif est enraciné dans une vision globale de l'Etat. Un indicateur du succès de la théorie de l'Institution de M. Hauriou est le nombre d'articles ou d'ouvrages que ses idées ont suscités à l'étranger. Sa théorie institutionnaliste, qui irrigue toute sa pensée, a été très largement commentée[739]. Certains auteurs

---

736 SHOUP (C. S.), « Gaston Jèze et Edwin R. A. Seligman », *Revue de science et de législation financières*, 1954, pp. 249-251, spéc. pp. 249-250.

737 Résumée notamment dans cette définition : « Une institution est une idée d'œuvre ou d'entreprise qui se réalise et dure juridiquement dans un milieu social ; pour la réalisation de cette idée, un pouvoir s'organise qui lui procure des organes ; d'autre part, entre les membres du groupe social intéressé à la réalisation de l'idée, il se produit des manifestations de communion dirigées par les organes du pouvoir et réglées par des procédures ». Cf. HAURIOU (M.), « La théorie de l'institution et de la fondation (Essai de vitalisme social) », *Cahiers de la Nouvelle Journée*, 1925, réimpr. HAURIOU (M.), *Aux sources du droit : le pouvoir, l'ordre et la liberté*, Paris, Librairie Bloud et Gay, 1933, réimpr. Caen, Centre de philosophie politique et juridique, 1986, pp. 89-128, spéc. p. 96. Pour une analyse détaillée, cf. SCHMITZ (J.), *La théorie de l'institution du doyen Maurice Hauriou*, Paris, L'Harmattan, 2014.

738 BLANQUER (J.-M.), « Hauriou Maurice », *préc.*, p. 397.

739 GARNER (J. W.), « Précis de Droit Administratif et de Droit Public by Maurice Hauriou », *American Political Science Review*, 1914, pp. 109-110; LISSARRAGUE NOVOA (S.), *El concepto de institución en el Derecho Público de Hauriou: su alcance filosoficosocial*, Madrid, Facultad de derecho, 1941; LÉONTOWITSCH (V.), « Die Theorie der Institution bei Maurice Hauriou », in SCHNUR (R.) (dir.), *Institution und Recht*, Darmstadt, Wissenschaftliche Buchgesel, 1968 pp. 176-264; BRODERICK (A.), *The French institutionalists : Maurice Hauriou, Georges Renard, Joseph T. Delos*, Cambridge, Harvard University Press, 1970 ; BERRY GRAY (C.), *The Methodology of Maurice Hauriou: Legal, Sociological, Philosophical*, New York, Rodopi B.V., 2010.

germaniques[740], mais également espagnols[741], se réclamaient même parfois de l'institutionnalisme de M. Hauriou.

**255.** On associe par ailleurs souvent M. Hauriou à la notion de puissance publique comme *critérium* ultime du droit administratif[742], par opposition à L. Duguit attaché à la notion de service public[743]. Outre le fait que M. Hauriou fut sans doute un des premiers théoriciens du service public[744], il se refusait surtout à réduire le droit administratif à un unique critère. On sait son œuvre fluctuante, au gré des différentes éditions de son précis. Elle illustre en réalité les « va-et-vient de sa pensée touchant la place respective du service public et de la puissance publique dans la hiérarchie des notions qui gouvernent le droit administratif »[745]. Enfin, on retient les apports de M. Hauriou sur certains thèmes en particulier, à l'instar de la décision exécutoire, de la responsabilité administrative, du domaine public ou encore de la fonction publique.

**256.** Ces trois auteurs ont donc contribué largement au rayonnement du droit administratif français. Pour s'en convaincre totalement, il suffit de lire une fois encore M. Caetano expliquant que l'influence française sur le droit administratif portugais a été particulièrement importante entre 1914 et 1930. Outre le fait que L. Duguit, M. Hauriou et G. Jèze, en particulier, étaient abondamment lus dans les universités portugaises, par leur intermédiaire, « la

---

[740] Pour plus de précisions sur ces auteurs qui se réclament de M. Hauriou, cf. SCHNUR (R.), « L'influence du Doyen Maurice Hauriou dans les pays germaniques », *Annales de la Faculté de droit et des sciences économiques de Toulouse*, 1968, tome XVI, fasc. n° 2, pp. 255-270, spéc. pp. 257-262.

[741] Pour plus de précisions sur ces auteurs espagnols, cf. LEGAZ LACAMBRA (L.), « L'influence du Doyen Maurice Hauriou dans les pays latins et latino-américains », *Annales de la Faculté de droit et de sciences économiques de Toulouse*, 1968, pp. 241-254, spéc. pp. 248-253, qui cite en particulier J. Ruiz Jimenez comme principal partisan de la théorie de M. Hauriou.

[742] Tout exercice administratif étant « *affaire de puissance publique* ». Cf. HAURIOU (M.), *Précis de droit administratif*, Paris, Sirey, 11e éd., 1927, p. 340.

[743] Surtout en s'appuyant sur la préface à la 11e édition de son précis. Cf. HAURIOU (M.), « Préface », in *Précis de droit administratif*, Paris, Sirey, 11e éd., 1927, pp. VII-XV.

[744] Cf. HAURIOU (A.), « Avant-propos », in SFEZ (L.), *Essai sur la contribution du doyen Hauriou au droit administratif français*, Paris, LG.D.J., 1966, pp. VIII-IX ; RIVERO (J.), « Hauriou et l'avènement du service public », in *L'évolution du droit public : études offertes à Achille Mestre*, Paris, Sirey, 1956, pp. 461-471 ; SFEZ (L.), *Essai sur la contribution du doyen Hauriou au droit administratif français*, Paris, LG.D.J., 1966, p. 134 ; MELLERAY (F.), « La gestion administrative, pierre angulaire du droit administratif ? A propos d'une brochure de Maurice Hauriou (1899) », in *Histoire, théorie et pratique du droit : études offertes à Michel Vidal*, Bordeaux, Presses Universitaires de Bordeaux, 2010, pp. 789-796.

[745] RIVERO (J.), « Maurice Hauriou et le droit administratif », *préc.*, p. 150.

doctrine française est arrivée jusqu'aux tribunaux », puisque même « les juges citaient pour appuyer leurs décisions »[746] les ouvrages de ces auteurs.

**257.** L'exportation doctrinale est donc souvent l'intermédiaire pour faciliter l'importation d'un mécanisme technique en provenance d'un droit étranger. Mais l'exportation technique peut aussi se faire directement.

## *Section 2: Les exportations techniques*

**258.** Les exportations techniques, comme les exportations doctrinales, sont aussi la manifestation d'une démarche volontariste des juristes français. Elles peuvent relever de la contrainte, le juriste français imposant une institution en provenance de son droit, ou d'une position de force dans les négociations politiques et être ainsi le fruit d'une entreprise de persuasion. Dès lors, les exportations techniques sont essentiellement des exportations d'institutions. Ces institutions sont souvent le préalable à l'importation des notions du droit administratif français.

**259.** L'exemple de l'exportation de la justice administrative est à cet égard topique. La justice administrative, qui peut se définir comme toute activité juridictionnelle spécifique visant à régler les litiges mettant en cause l'Administration, n'est pas une exception française, bien qu'elle ait longtemps été présentée comme telle[747]. Elle est pourtant largement répandue en Europe. Elle peut cependant revêtir de multiples visages, soit qu'elle implique une réelle autonomie qui s'illustre par une dualité juridictionnelle complète, comme c'est le cas en France, soit une autonomie plus relative, c'est-à-dire une dualité juridictionnelle incomplète, comme c'est le cas en Espagne. La France a néanmoins été pionnière en la matière, tant en ce qui concerne l'émergence d'une justice administrative que du point de vue du développement de cette dernière. Le modèle français se caractérise par un

---

[746] CAETANO (M.), « L'influence française sur l'évolution du droit administratif portugais », *préc.*, p. 536.

[747] Comme le constatent T. Olson ou encore Y. Aguila. Cf. OLSON (T.), « Justice administrative et Constitution en Europe : état des lieux », *Nouveaux cahiers du Conseil constitutionnel*, 2012, n° 37, pp. 141-146, spéc. p. 141 ; AGUILA (Y.), « La justice administrative, un modèle majoritaire en Europe. Le mythe de l'exception française à l'épreuve des faits », *A.J.D.A.*, 2007, n° 6, pp. 290-294.

dualisme juridictionnel complet, de la base au sommet, et par une Cour administrative suprême particulière en raison des fonctions qu'elle cumule : le Conseil d'Etat. Comme le rappelle M. Fromont, « la plupart des pays européens ont été pendant longtemps fortement influencés par le modèle français, qui acquit, dès la fin du XIX^e^ siècle, un degré de perfection tout à fait remarquable pour l'époque »[748].

**260.** La justice administrative « à la française » est ainsi régulièrement présentée comme étant un « remarquable produit d'exportation »[749]. Non seulement la juridiction a été exportée (A), mais également la procédure administrative juridictionnelle (B).

## §1) L'exportation de la juridiction administrative

**261.** L'exportation de la juridiction administrative résulte bien d'une démarche volontariste de la France. La politique expansionniste napoléonienne qui consistait à répandre le modèle administratif français dans les Etats conquis s'est particulièrement illustrée par l'exportation de force de cette institution particulière qu'est le Conseil d'Etat (A). Cette manière d'exporter une institution, extrême parce qu'autoritaire, n'est cependant pas la seule façon de procéder de l'exportateur. La persuasion est une autre déclinaison de sa démarche. Le principe du dualisme juridictionnel plus généralement et dès lors, la nécessité d'une juridiction spécialisée, a ainsi été fortement suggéré par les spécialistes français qui bénéficiaient d'une position privilégiée de négociateurs auprès des organisations internationales. Ce dernier exemple ne représente certes pas un rapport à un droit étranger, mais à un droit externe[750]. Il est néanmoins intéressant de l'envisager, car il illustre particulièrement l'attitude exportatrice des juristes français. Ces derniers, par le prisme des organisations internationales, espèrent en effet souvent influencer leurs homologues étrangers, par un effet ricochet (B).

---

748 Cf. FROMONT (M.), « La justice administrative en Europe. Convergences », in *Mélanges René Chapus*, Paris, Montchrestien, 1992, pp. 197-208, spéc. p. 199.

749 AGUILA (Y.), « La justice administrative, un modèle majoritaire en Europe. Le mythe de l'exception français à l'épreuve des faits », *préc.*, p. 290.

750 Cf. *supra*, n° 6.

## A) L'exportation imposée du Conseil d'Etat

**262.** Le Conseil d'Etat français est traditionnellement présenté comme l'un des exemples les plus représentatifs d'exportation institutionnelle, notamment parce qu'il fut « l'un des meilleurs "articles d'exportation" de l'administration napoléonienne en Europe »[751]. Fondé par l'article 52 de la Constitution du 22 frimaire an VIII, il est l'auxiliaire du gouvernement en ce qu'il assume des fonctions essentielles de conseil[752], à l'instar de la participation à la rédaction des textes les plus importants, en particulier les projets de loi. Son rôle législatif s'illustra particulièrement dans la préparation des grands codes napoléoniens. Son rôle d'interprète des lois obscures, précisé par l'article 11 du règlement du 5 nivôse an VIII[753], fut tout aussi important, ses avis pouvant ensuite obtenir force de loi, une fois approuvés par le chef de l'Etat. Il assuma enfin un véritable rôle administratif[754] en se plaçant « au sommet de la pyramide administrative »[755]. On comprend dès lors que sa première mission, celle de conseiller du gouvernement, est fondamentale. Ainsi, comme le souligne F. Burdeau, « parce qu'il n'est ni un autocrate illuminé ni l'homme des décisions hâtives, Bonaparte a ressenti la nécessité d'avoir à sa disposition un corps de techniciens à même de l'éclairer et d'assurer l'effectivité de sa puissance »[756], afin que l'autoritarisme soit bien ancré, sans que l'arbitraire soit la règle.

**263.** Ce qui fait ensuite la marque du modèle français, c'est le cumul de cette fonction avec une fonction juridictionnelle, celle de juge suprême du contentieux administratif. Il faut ainsi comprendre la deuxième partie de l'article 52 de la Constitution de l'an VIII, au terme de laquelle le Conseil d'Etat est chargé de « résoudre les difficultés qui s'élèvent en matière

---

751 FOUGÈRE (L.) (dir.), *Le Conseil d'Etat : son histoire à travers les documents d'époque, 1799-1974*, Paris, Editions du C.N.R.S., 1974, p. 157.

752 Il apparaît en effet réglementé sous le Titre IV de la Constitution du 22 frimaire an VIII, spécialement dédié au Gouvernement, et n'est pas juridiquement indépendant, puisqu'il remplit ses missions, « sous la direction des consuls » au départ, puis sous celle de l'Empereur ensuite. Ses membres sont d'ailleurs nommés et révoqués discrétionnairement.

753 *Règlement du 5 nivôse an VIII (26 décembre 1799) pour l'organisation du Conseil d'Etat*, Rec. Duvergier, T. 12, pp. 53-54.

754 Cf. article 75 de la Constitution du 22 frimaire an VIII relatif à la mise en œuvre de la garantie des fonctionnaires. Rôle complété notamment par l'article 14 *décret du 11 juin 1806 sur l'organisation et les attributions du Conseil d'Etat*, Rec. Duvergier, T. 15, p. 463, qui lui fait disposer de la haute police administrative.

755 BIGOT (G.), *Introduction historique au droit administratif depuis 1789*, *préc.*, p. 51.

756 BURDEAU (F.), *Histoire du droit administratif*, *préc.*, p. 66.

administrative », c'est-à-dire de se prononcer sur « les affaires contentieuses dont les décisions étaient précédemment remises aux ministres »[757], comme un moyen de rendre plus « supportable la puissance de l'Etat »[758], très largement renforcée au moment de l'avènement du régime napoléonien. L'arrêté du 5 nivôse an VIII lui attribua par ailleurs la fonction de régler les conflits de compétences entre autorités administratives et judiciaires. Si à ses débuts, la procédure suivie devant le Conseil pour les affaires contentieuses, ne se distinguait pas de celle suivie pour les affaires purement administratives, en ce qu'elles étaient aussi examinées par une des sections administratives du Conseil (intérieur, guerre, marine, finances, législation), et que leur traitement ne satisfaisait pas aux exigences élémentaires du contradictoire, elle gagna en autonomie à compter de deux décrets des 11 juin et 22 juillet 1806 qui vinrent séparer administration et justice. Une commission du contentieux fut ainsi établie[759], chargée de l'instruction des affaires contentieuses. Le décret du 22 juillet 1806 détermina quant à lui, avec plus de précision, les règles d'introduction des recours devant le Conseil, permettant désormais aux justiciables un droit de saisine directe, à la condition qu'ils soient représentés par un avocat au Conseil[760]. Il introduisit également un minimum de contradictoire dans la procédure.

**264.** Telle était donc la pièce maîtresse du régime napoléonien au début du XIX^e^ siècle. Il s'agissait néanmoins à cette époque d'une justice retenue et le ministre restait juge de droit commun en premier ressort. Il fallut donc attendre la fin du XIX^e^ siècle pour que le Conseil d'Etat connaisse des évolutions majeures[761], le transformant en véritable juridiction administrative,

---

[757] Article 11 du *règlement du 5 nivôse an VIII (26 décembre 1799) pour l'organisation du Conseil d'Etat*, Rec. Duvergier, T. 12, p. 54.

[758] BIGOT (G.), *Introduction historique au droit administratif depuis 1789, préc.*, p. 52. Pour J.-J. Gleizal, ceci est très révélateur du « génie administratif » de Napoléon, « la forme institutionnelle pour dire le droit [n'étant] pas innocente. [...] Alors que les administrativistes chercheront à montrer que le juge administratif est gardien des libertés publiques, Napoléon, à la fois par réalisme et naïveté, avoue que la finalité du contentieux est d'éviter la tyrannie du prince et le mépris du peuple. Autrement dit, dans toutes ses attributions, administratives ou contentieuses, le Conseil d'Etat a plus une mission de gouvernement qu'une tâche de contrôle consistant, dans certains cas, à censurer le pouvoir ». Cf. GLEIZAL (J.-J.), *Le droit politique de l'Etat, préc.*, p. 35.

[759] Par le décret du 11 juin 1806. Cf. *Décret du 11 juin 1806 sur l'organisation et les attributions du Conseil d'Etat*, Rec. Duvergier, T. 15, p. 462.

[760] *Ibidem.*

[761] Notamment avec la loi du 24 mai 1872 qui met en place une justice déléguée en faveur du Conseil, en finissant ainsi avec la justice retenue, et avec l'arrêt du CE, 13 décembre 1889, *Cadot*, Rec. p. 1148, annoncé par CE, 24 juin 1881, *Bougard*, Rec., p. 648, et CE, 28 avril 1882, *Ville de Cannes*, Rec., p. 389, qui présentent le Conseil d'Etat comme juge de droit

indépendante du pouvoir. Reste que c'est d'abord sous sa version initiale qu'il fut largement exporté, avant d'inspirer, grâce à ses avancées importantes, une vague d'importation. Le « modèle Conseil d'Etat » connaît ainsi deux invariants qui font sa spécificité : la mission de conseil du pouvoir exécutif cumulée à une mission juridictionnelle.

**265.** Comme cela a été expliqué auparavant, un modèle commence souvent par s'imposer par la force[762]. La première vague d'exportation du Conseil d'Etat en est une bonne illustration. En tant que pièce maîtresse du système napoléonien, il fut soit imposé comme autorité tutélaire dans les divers pays dominés par l'Empire, soit reproduit, tel un prototype, dans leurs constitutions. C'est ainsi que fleurirent un certain nombre de « Conseils d'Etat satellites »[763]. Napoléon tenta dans un premier temps d'imposer l'autorité du Conseil d'Etat en 1801 dans la République batave, première des Républiques sœurs[764], théoriquement indépendante mais en réalité sous tutelle, avec l'idée d'instituer plus largement un Consulat Batave venant remplacer la Constitution de 1798[765]. Mais c'est véritablement après avoir créé le Royaume de Hollande en 1806, annexé rapidement à la France, qu'il imposa la tutelle du Conseil d'Etat de France, juge de dernier ressort des litiges opposant les particuliers à l'Administration hollandaise. Par ailleurs, en se nommant roi d'Italie en 1805[766], Napoléon y imposa également son organe central qu'était le Conseil d'Etat[767], de manière un peu différente que dans le cas cité précédemment puisqu'il s'agissait cette fois d'une reproduction du Conseil

---

commun du contentieux administratif, mettant fin à la théorie du Ministre-juge. Cf. CHEVALLIER, (J.), *L'élaboration historique du principe de séparation de la juridiction administrative et de l'Administration active*, Paris, L.G.D.J., 1970.

762 Cf. *supra*, n° 149.

763 FOUGÈRE (L.) (dir.), *Le Conseil d'Etat : son histoire à travers les documents d'époque, 1799-1974*, préc., p. 157.

764 Qui réunissait les actuels Pays-Bas et l'actuelle Belgique.

765 Pour plus de précisions, cf. JOURDAN (A.), « La république batave et le 18 brumaire », *Annales historiques de la Révolution française*, 1999, n° 318, pp. 755-772.

766 Napoléon avait créé préalablement les républiques sœurs ligurienne et Cisalpine en 1797. C'est cette dernière qui était dirigée, sur le modèle français, par un directoire assisté d'un Grand Conseil. Le 25 janvier 1802, Napoléon la rebaptise République italienne et s'en proclame le Président avant d'en devenir le Roi. Cf. BELLAGAMBA (U.), « Le contentieux administratif en Italie au XIX$^{e}$ siècle : modèles et pratique », in HAUTEBERT (J.), SOLEIL (S.) (dir), *Modèles français, enjeux politiques et élaboration des grands textes de procédure en Europe*, T. I, Paris, Editions juridiques et techniques, 2007, pp. 247-262, spéc. pp. 247-248. Par ailleurs, le royaume de Naples qu'il créa en 1806 et confia à son frère Joseph Bonaparte subit aussi l'influence française.

767 Institué par le Decreto reale del 9 maggio 1805, qui lui attribue fonctions consultatives et contentieuses.

d'Etat français, considéré comme prototype[768], à tel point qu'il est possible de parler d'une « greffe de la justice administrative à la française en Italie »[769]. Il fit de même en créant le Royaume de Westphalie en 1807 dont la Constitution était calquée sur le modèle français et qui prévoyait un Conseil d'Etat doté des mêmes attributions que le Conseil d'Etat français[770]. Ce fut aussi le cas en Espagne avec la Constitution de Bayonne, imposée à l'Espagne en 1808, qui comportait un titre spécialement dédié au Conseil d'Etat[771], conçu, une fois encore, à l'image de son homologue français[772].

**266.** Par ailleurs, s'il fut souvent rejeté comme mauvais souvenir de l'autoritarisme napoléonien au moment de l'accession à l'indépendance des royaumes annexés, le Conseil d'Etat, qui avait entre-temps redoré son image par le biais de sa juridictionnalisation et de son indépendance[773], fut de nouveau institué dans ces mêmes pays, laissant penser que son exportation imposée avait tout de même laissé une trace suffisamment profonde pour que son importation devienne ensuite volontaire. Ainsi, après avoir choisi l'unité juridictionnelle en faveur du juge civil dans sa Constitution de 1815 qui suivit son accès à l'indépendance[774], rejetant ainsi le modèle français[775], le Royaume des Pays-Bas est rapidement revenu au modèle initial, celui d'un Conseil d'Etat aux doubles fonctions consultative et juridictionnelle. C'est toutefois

---

768 Ses intentions ne laissent planer aucun doute à la lecture de ses correspondances avec H-B. Maret, ministre secrétaire d'Etat, le 8 mai 1805 : « Monsieur Maret, [...] vous vous concerterez avec le grand chancelier pour que, dans la première heure de mon arrivée à Milan, vous puissiez me présenter le projet de décret qui institue le Conseil d'Etat, le divise en cinq sections, nomme les présidents de chacune. Les ministres ne seront d'aucune section, comme dans le Conseil d'Etat de Paris », *Correspondance de Napoléon 1er*, T. X, Paris, Henri Plon, J. Dumaine, 1862, n° 8701, p. 389.

769 BELLAGAMBA (U.), « Le contentieux administratif en Italie au XIXe siècle : modèles et pratique », *préc.*, p. 249.

770 Cf. Titre VI de la Constitution du Royaume de Westphalie, Acte constitutionnel du 16 novembre 1807.

771 Titre VIII, Estatuto de Bayona del 6 de julio 1808, disponible sur *Biblioteca Virtual Miguel de Cervantes*, http://www.cervantesvirtual.com/portales/constituciones_hispanoamericanas/, consulté le 02/03/2015.

772 Réunissant ainsi fonctions consultatives et contentieuse.

773 Il fait donc peau neuve, et se présente comme le « Conseil d'Etat républicain » pour reprendre l'expression de P. Gonod. Cf. GONOD (P.), « Le Conseil d'Etat républicain (de 1872 à nos jours) », in PALEOLOGO (G.), *Il consigli di Stato di Francia e d'Italia*, Milan, Giuffré, 1998, pp. 49-70.

774 Indépendance acquise en 1814, après la révolte de 1813.

775 Même si l'on trouvait tout de même un « Conseil d'Etat » dans une section VII d'un chapitre dédié au Roi, dont l'unique fonction était alors celle de conseiller.

au terme d'un très long processus qui s'est étendu de 1861 à 1994[776], et poussé par les condamnations de la Cour européenne des droits de l'homme, naturellement rétive à la justice retenue[777], que le Conseil d'Etat des Pays-Bas est devenu une véritable juridiction, indépendante du pouvoir.

**267.** Il en fut de même en Belgique alors que le rejet était sans doute plus radical encore[778], conséquence d'une double domination, celle de la France d'abord puis des Pays-Bas ensuite[779], une fois leur indépendance acquise. Malgré une construction en opposition au modèle français de justice, symbole de domination et d'antilibéralisme[780], un Conseil d'Etat inspiré du nouveau modèle français, désormais amélioré, fut consacré en 1946[781], en raison des lacunes du système mis en place, éprouvées pendant plus d'un siècle. En effet, une interprétation particulièrement restrictive par la Cour de cassation belge de la compétence des tribunaux judiciaires conduisit à ce que l'Administration n'ait pas de juge lorsqu'elle avait agi dans l'exercice de la puissance publique[782]. La Belgique se résolut donc à écouter la voix des partisans de la réinstauration d'une juridiction administrative sur le modèle du Conseil d'Etat

---

776 Sur cette question, cf. DE WAARD (B.), DE MOOR-VAN VUGT (A.), « Les changements récents dans le droit administratif néerlandais », in MARCOU (G.) (dir.), *Les Mutations du droit de l'administration en Europe. Pluralisme et convergences*, Paris, L'Harmattan, 1995, pp. 221-246.

777 C.E.D.H., 23 octobre 1985, *Benthem c/ Pays-Bas*, Req. n° 8848/80

778 Puisque les tribunaux judiciaires se voient confier le « cœur du contentieux administratif » (FROMONT (M.), *Droit administratif des Etats européens*, *préc.*, p. 26), autrement dit, le contentieux des droits civils et politiques (Cf. Articles 92 et 93 de la Constitution du 7 février 1831), et qu'un Conseil d'Etat, même aux fonctions uniquement consultatives, n'est pas consacré, malgré une proposition dès 1832. Sur cette question, ESCARRAS (J.-C.), *Les expériences belges et italiennes d'unité de juridiction*, Paris, L.G.D.J., 1972.

779 Jusqu'en 1830, la Belgique faisait partie des Pays-Bas et en constituait le Sud. Pour plus de précisions sur l'explication de ce rejet du Conseil d'Etat par la Belgique, cf. RIVERO (J), *Cours de droit administratif comparé : diplôme d'études supérieures de droit public, 1955-1956, rédigé d'après les notes et avec l'autorisation de M. Rivero, Le contrôle juridictionnel de la légalité des actes de l'Administration*, Paris, Les cours de droit, 1956, pp. 69-70.

780 Cf. LEWALLE (P.), *Contentieux administratif*, Bruxelles, Larcier, 3e éd., 2008, pp. 437-438.

781 Institué par la loi du 23 décembre 1946 portant création du Conseil d'Etat dont l'article 1er dispose qu' « il y a, pour la Belgique, le Congo belge et les territoires sous mandat belges, un Conseil d'Etat comprenant une section de législation et une section administrative ». Il est désormais constitutionnalisé à l'article 160 de la Constitution.

782 Pour plus de précisions, cf. RIVERO (J), *Cours de droit administratif comparé : diplôme d'études supérieures de droit public, 1955-1956, rédigé d'après les notes et avec l'autorisation de M. Rivero, Le contrôle juridictionnel de la légalité des actes de l'Administration*, *préc.*, pp. 72-76.

français[783], malgré le correctif apporté par l'arrêt *La Flandria* qui soumettait la responsabilité des personnes publiques au droit commun de la responsabilité civile[784], correctif jugé alors insuffisant, car il ne réglait pas la question de l'annulation[785].

**268.** Il est également possible de mentionner le Luxembourg, qui connut le Conseil d'Etat napoléonien au moment de son occupation française, puis celui du Royaume de Hollande lorsqu'il était sous la domination de ce dernier. C'est après avoir obtenu son indépendance, et par la révision de la Constitution initiée par Guillaume III du 27 novembre 1956[786], que le Luxembourg se dota de son propre Conseil d'Etat, inspiré du modèle néerlandais, lui-même influencé par son prédécesseur français. Néanmoins, depuis la révision constitutionnelle du 12 juillet 1996, qui intervint à la suite de l'arrêt *Procola* de la Cour européenne[787], il n'exerce plus de fonction juridictionnelle. Le Constituant luxembourgeois a en effet décidé d'instaurer un ordre juridictionnel à part, chargé exclusivement du contentieux administratif et a limité le rôle du Conseil d'Etat à sa seule fonction consultative.

**269.** En Italie enfin, une fois l'unité réalisée en 1861, le contrôle de l'Administration fut également confié au juge ordinaire par la loi de 1865[788], en s'inspirant du modèle belge cité précédemment. Il y avait toujours un Conseil d'Etat, mais comme seul conseiller du pouvoir. Cependant, et en raison des mêmes insuffisances que celles constatées dans le système belge, l'Administration restant dans de nombreuses hypothèses sans juge, une loi de

---

[783] A l'instar de R. MARCQ, M. BOURQUIN, M. VAUTHIER, H. VELGE, mais également de la *Revue de l'Administration* qui ne cessaient de comparer le système belge au système français en concluant à la supériorité du second sur le terrain de la protection des droits individuels des administrés.

[784] Cour de cassation belge, 1ère ch., 5 novembre 1920, *Ville de Bruges c/ Soc. La Flandria*, Pas, 1920, I, p. 193.

[785] Cf. LEWALLE (P.), *Contentieux administratif*, *préc.*, pp. 438-440. A propos des débats relatifs à l'instauration d'un Conseil d'Etat en Belgique depuis son indépendance, cf. VAUTHIER (M.), MOUREAU (V.), « Etude sur l'influence exercée, en Belgique, par le Conseil d'Etat de France », in CONSEIL D'ETAT, *Livre jubilaire publié pour commémorer son cent cinquantième anniversaire*, Paris, Recueil Sirey, 1949, pp. 481-491.

[786] L'article 76 dispose désormais qu'aux côtés du Gouvernement, un Conseil a pour mission d'émettre un avis sur tous les projets de loi et les amendements qui pourraient y être proposés, et de régler les questions du contentieux administratif.

[787] C.E.D.H., 28 septembre 1995, *Procola c/ Luxembourg*, req. n° 14570/89.

[788] Legge 20 marzo 1865, n° 2248.

1889 réinstaura une section du contentieux au sein du Conseil d'Etat[789], laquelle acquit progressivement compétence exclusive sur de nombreux secteurs du droit administratif.

**270.** L'exemple de l'Espagne est plus fluctuant. La réaction de rejet fut *a priori* la même, avec la Constitution de Cadix en 1812 qui cantonna le Conseil d'Etat dans ses fonctions consultatives[790]. Néanmoins, après de longues hésitations qui virent se succéder Conseils d'Etat sans fonction juridictionnelle et Conseils d'Etat avec section contentieuse, inspirés du modèle français[791], l'Espagne fit le choix en 1904 de l'unité juridictionnelle en confiant les litiges mettant en cause l'Administration à une Cour suprême[792], le Conseil d'Etat se limitant à partir de cette date à sa fonction consultative.

**271.** Cette première vague d'exportation, suivie d'une vague d'importation en Europe, du Conseil d'Etat français, napoléonien d'abord, républicain ensuite, montre alors le succès de cette institution. Il faut toutefois être prudent dans les conclusions que l'on peut tirer des développements précédents. Même si les fonctions de ces Conseils d'Etat inspirés du modèle français paraissent similaires à celles dont est investi le Conseil d'Etat français, il ne faut pas en déduire trop vite leur stricte équivalence. S. Cassese, en s'appuyant sur la lecture d'A. de Tocqueville rappelle ainsi que « les institutions transplantées

---

789 Legge 31 marzo 1889, n° 5992.

790 Consacré au chapitre VII du titre IV. Politiquement, il était important pour les députés de s'éloigner du modèle français : « emportés par leur patriotisme et par les circonstances, les députés s'efforcèrent de présenter leurs innovations comme l'adaptation à leur temps des vieilles libertés et institutions espagnoles d'avant l'absolutisme », cf. JORDANA DE POZAS (L.), « Le Conseil d'Etat espagnol et les influences françaises au cours de son évolution », in CONSEIL D'ETAT, *Livre jubilaire publié pour commémorer son cent cinquantième anniversaire*, *préc.*, pp. 521-534, spéc. p. 528.

791 Sur ces fluctuations, cf. JORDANA DE POZAS (L.), « Le Conseil d'Etat espagnol et les influences françaises au cours de son évolution », *préc.* ; CHAMOCHO (M. A.), « Le contentieux administratif en Espagne au XIX^e^ siècle : entre particularisme et importation du modèle français », in HAUTEBERT (J.), SOLEIL (S.) (dir), *Modèles français, enjeux politiques et élaboration des grands textes de procédure en Europe*, T. I, Paris, Editions juridiques et techniques, 2007, pp. 219-262.

792 Cour suprême qui comporte tout de même une chambre administrative spécialisée. Y. Aguila, dans la classification qu'il opère des modèles d'organisation de la justice administrative aujourd'hui fait du cas espagnol un système à part entière qui se réclame de l'unité de juridiction tout en donnant une large autonomie au traitement du contentieux administratif. Cf. AGUILA (Y.), « La justice administrative, un modèle majoritaire en Europe. Le mythe de l'exception français à l'épreuve des faits », *préc.*, p. 291.

changent, s'adaptent à l'environnement juridique et prennent des formes nouvelles, ne conservant de l'institution d'origine que le nom »[793].

**272.** Cet exemple d'exportation, au départ forcée, n'est cependant pas la seule illustration de la démarche de l'exportateur de techniques. L'entreprise de persuasion à laquelle se sont livrés les juristes français pour suggérer l'adoption d'une justice administrative internationale calquée sur le modèle français en est une autre variante.

## B) L'exportation négociée de la juridiction administrative

**273.** Les traumatismes résultant des deux conflits mondiaux ont engendré un rapprochement entre les peuples par le biais d'organisations internationales et ont légitimé l'avènement du droit international contemporain visant à maintenir une paix durable. L'instauration de la Société des Nations par le Traité de Versailles en 1919 en est une illustration. En raison de son incapacité à éviter la Seconde Guerre mondiale, elle fut cependant remplacée par l'Organisation des Nations Unies, dont la création en 1945 était animée du même idéal. L'après Seconde Guerre mondiale vit se multiplier les organisations internationales diverses et variées, à vocation universelle ou régionale. La construction progressive de l'Europe, dans une logique d'intégration croissante, s'inscrivait par ailleurs parfaitement, au niveau régional, dans une perspective d'union économique et politique dès la création de la Communauté européenne du Charbon et de l'Acier en 1951, et de façon plus marquée encore avec la Communauté économique européenne en 1957. En parallèle, la fondation du Conseil de l'Europe en 1949 visait à promouvoir les droits de l'homme et à développer la stabilité démocratique en Europe. Or, la France a eu pendant longtemps un rôle déterminant dans la constitution et le développement de l'ordre juridique international et communautaire. L'attitude initiale des administrativistes français est là encore révélatrice de la manière dont ils concevaient la place du droit administratif français dans le monde : il devait servir de modèle. Les juristes français ont par exemple négocié l'exportation de la juridiction administrative à la française vers les organisations internationales classiques (1), mais également vers les communautés européennes (2).

---

[793] CASSESE (S.), « L'étude comparée du droit administratif en Italie », *R.I.D.C.*, 1989, n° 4, pp. 879-886, spéc. p. 883.

### 1) *L'exportation de la juridiction administrative vers les organisations internationales classiques*

**274.** Cette influence du droit français sur le droit international public est largement le fait de « l'action des juristes français »[794], facilitée par la domination de la langue française dans les relations diplomatiques. Les noms de L. Renault, L. Bourgeois, ou encore P. d'Estournelles sont ainsi largement associés à la création d'une véritable justice internationale[795]. Ils participèrent en effet à la réalisation de la Cour Permanente d'arbitrage, fruit des conventions de La Haye de 1899 et 1907, puis, après le choc de la Première Guerre mondiale, à celle de la Cour Permanente de Justice internationale[796], créée en 1920 dans le cadre de la Société des Nations.

**275.** Rapidement, ces organisations internationales[797], dont le personnel ne cessait de croître, à mesure que leur rôle devenait de plus en plus important, ressentirent le besoin d'un minimum d'organisation interne ce qui les conduisit à déterminer les règles encadrant leurs rapports avec leurs agents. Elles furent également amenées à accomplir des actes de gestion administrative nécessaires à la bonne marche de leurs services, notamment au moment de l'aménagement de leurs locaux. Conscientes des litiges qui pouvaient naître vis-à-vis de leurs services ou de leur personnel, elles se posèrent rapidement la question de leur règlement. C'est dans ces hypothèses particulières que le droit administratif français joua un rôle, notamment par la promotion d'une justice administrative à la française. Les juristes français firent montre une fois encore d'une véritable démarche volontariste d'exportation.

---

[794] CONSEIL D'ETAT, *L'influence internationale du droit français*, Paris, La documentation française, 2001, p. 57.

[795] Cf. notamment, GUILLAUME (G.), « La France et la Cour internationale de justice », in *L'internationalité dans les institutions et le droit, convergences et défis. Etudes offertes à Alain Plantey*, Paris, Editions A. Pedone, 1995, pp. 119-126.

[796] Il faut ici mentionner A. de La Pradelle et H. Fromageot qui faisaient également partie des représentants français du Comité de dix juristes chargé de préparer l'avant-projet de Cour permanente.

[797] Au pluriel car au-delà de la Société des Nations, il faut également mentionner l'Organisation internationale du Travail, fondée aussi en 1919 sous l'égide du Traité de Versailles, dans le but de promouvoir une paix universelle et durable qui « ne peut être fondée que sur la base de la justice sociale ». Cf. le préambule de la Constitution de l'O.I.T.

**276.** C'est en ce sens que l'on peut interpréter les propos de P. Grunebaum-Ballin en 1921, maître des requêtes au Conseil d'Etat, qui milita pour « l'instauration d'une juridiction spéciale pour le règlement des litiges intéressant les services de la Société des Nations »[798], insistant sur sa nécessité, au risque de rendre « bien des procès sans juge »[799], en raison des difficultés posées par la nature juridique des organisations internationales. Selon lui, la seule solution était donc l'instauration d'une juridiction à l'image de la juridiction administrative française, dont il fit largement l'apologie, rappelant que :

> « c'est l'honneur du Conseil d'Etat français d'avoir progressivement élargi le domaine du contentieux administratif, d'avoir détruit, par une lente et sage, mais continuelle évolution, la fâcheuse doctrine et la pratique plus fâcheuse encore du ministre-juge, d'avoir, enfin, réduit à ses plus étroites limites la catégorie des "actes de gouvernement" ou "actes de souveraineté" qui paraissent devoir échapper à l'examen de toute juridiction. La Société des Nations ne voudra certes pas se résoudre à être juge et partie dans les procès intéressant la marche de ses services. Mais, on vient de le voir, ces procès seront le plus souvent de telle nature que la Société des Nations ne pourra accepter pour leur jugement la compétence d'aucune des juridictions internes des divers Etats, et que d'ailleurs ces juridictions refuseront de retenir la connaissance de pareils litiges. Quelle est donc la solution qu'il conviendra d'adopter ? Il faudra croyons-nous, constituer une juridiction spéciale pour statuer sur les contestations dont il s'agit ici »[800].

**277.** Dans le même temps, A. Thomas, alors directeur du Bureau International du Travail — fonction qui lui permettait d'exercer une influence particulière — réclamait l'institution d'un corps juridique compétent pour régler les litiges pouvant opposer les fonctionnaires de la Société des Nations

---

798 GRUNEBAUM-BALLIN (P.), « De l'utilité de l'instauration d'une juridiction spéciale pour le règlement des litiges intéressant les services de la Société des Nations », *Revue de droit international et de législation comparée*, 1921, pp. 67-82.

799 *Idem*, p. 78.

800 *Idem*, pp. 79-80.

ou du Bureau International du Travail à leur organisation[801]. Leur plaidoyer fut entendu puisque le 20 septembre 1927, l'Assemblée de la Société des Nations adopta le statut du tribunal administratif. Il exerça sa compétence jusqu'en 1946, traitant des plaintes contre le Secrétariat de la Société des Nations, mais également de celles contre le Bureau International du Travail.

**278.** Cette organisation d'une justice administrative internationale perdura par ailleurs lorsque l'Organisation des Nations Unies succéda à la Société des Nations en 1945. Le Tribunal administratif fut dans un premier temps transféré à l'Organisation internationale du Travail, qui fut elle-même reconnue comme une institution spécialisée des Nations unies par l'accord de New York le 30 mai 1946. Un nouveau statut fut adopté, donnant véritablement naissance au Tribunal administratif de l'Organisation internationale du Travail sous sa forme actuelle. Sa compétence fut par ailleurs élargie à d'autres organisations internationales qui avaient au préalable reconnu son statut et été agréées par le Conseil d'Administration du Bureau International du Travail. Eurocontrol, l'Agence internationale de l'énergie atomique, l'Organisation mondiale de la Santé ou encore l'UNESCO — et sans que cette liste soit exhaustive — purent ainsi faire appel au Tribunal administratif de l'Organisation internationale du Travail. Par une résolution de l'Assemblée générale du 24 novembre 1949, l'Organisation des Nations Unies se dota également de son propre Tribunal administratif[802].

**279.** Par ailleurs, l'influence des juristes français ne se manifesta pas seulement sur ces institutions à leurs origines, au moment de leur constitution, mais fut maintenue par la présence régulière de ceux-ci à leur tête. S. Basdevant-Bastid fut en effet présidente du Tribunal administratif des Nations Unies de 1953 à 1963, et M. Letourneur, par ailleurs conseiller d'Etat, fut juge puis président du Tribunal administratif de l'Organisation internationale du Travail. La présence de juges français a certainement favorisé la circulation de concepts juridiques français dans ces institutions.

---

801 Cf. Site de l'OIT, Histoire de l'OIT, disponible sur http://www.ilo.org/public/french/support/lib/century/index3.htm, consulté le 11/04/2015.

802 Remplacé depuis 2009 par le Tribunal du contentieux administratif.

**280.** Le modèle français de juridiction administrative s'est également exporté vers les Communautés européennes, terrain privilégié d'influence pour les juristes français, en raison de la position particulière de la France dans les négociations de ces Traités.

### *2) L'exportation de la juridiction administrative vers les communautés européennes*

**281.** Il s'agit plus ici d'une exportation du mode d'organisation de la juridiction administrative française que d'une influence véritable sur la nature de la Cour de Justice instaurée par la Communauté européenne du Charbon et de l'Acier, puis par les Communautés européennes. En effet on peut difficilement classer cette dernière dans une catégorie prédéfinie : ni uniquement Cour internationale, ni vraiment Cour fédérale, ni seulement juge administratif, ni tout à fait juge constitutionnel, mais « probablement une combinaison de tous ces caractères »[803], comme le souligne M. Lagrange. La Cour de Justice exerce tout de même un rôle de juridiction administrative, analogue à celui joué par le Conseil d'Etat français, lorsqu'elle est chargée de la protection des droits de l'individu contre les agissements de l'Administration communautaire, mais ce n'est pas le seul rôle qu'elle assume[804]. La technique contentieuse adoptée dans le cadre de ce rôle a été inspirée du contentieux administratif français[805], de même que certaines particularités relatives à la formation de la Cour.

**282.** Parmi les membres de la juridiction, l'instauration d'un avocat général, ayant « pour rôle de présenter publiquement, en toute impartialité et en toute indépendance, des conclusions motivées sur les affaires soumises à la Cour de justice, en vue d'assister celle-ci dans l'accomplissement de sa mission », est clairement la reprise de l'institution du Commissaire du gouvernement de la juridiction administrative française[806], tant la formulation de son rôle rappelle les termes français[807]. Surtout, la volonté des juristes

---

803 LAGRANGE (M.), « La Cour de Justice des Communautés européennes », *E.D.C.E.*, 1963, pp. 55-79, spéc. p. 55.

804 Cf. LAGRANGE (M.), « La Cour de Justice des Communautés européennes », *préc.*

805 Cf. *infra*, n° 290-295.

806 Bien que l'appellation « avocat général » soit identique à l'institution que l'on retrouve devant la Cour de cassation française.

807 Le rôle du commissaire du gouvernement fut précisé dans l'arrêt C.E., 10 juillet 1957, *Gervaise*, Rec. p. 466 : « qu'il a pour mission d'exposer au Conseil les questions que

français de faire profiter la Cour de Justice de la Communauté européenne du Charbon et de l'Acier de cette institution, ne fait aucun doute à la lecture du rapport officiel de la délégation française sur le Traité de Paris, qui, après avoir rappelé les qualités du Commissaire du gouvernement, explique que « c'est avec la conviction qu'une telle institution procurera à la nouvelle Cour ces mêmes effets bienfaisants que nos partenaires ont accepté de la faire profiter des fruits d'une expérience essentiellement française »[808]. Pour J. L'Huillier, le Commissaire du gouvernement est l'un des éléments « les plus féconds »[809] du Conseil d'Etat, il est alors particulièrement salutaire pour la Communauté européenne d'adopter une telle institution. L'avocat général fut donc prévu dans le Traité de Paris, mais également dans celui de Rome[810]. Pour M. Lagrange, « cela est d'autant plus remarquable qu'on ne le rencontre dans aucun autre des Conseils d'Etat des pays membres »[811], ce qui démontre le succès du discours de promotion de cette institution par les juristes français qui réussirent à faire accepter la nécessité d'une institution pourtant originale. L'avocat général près la Cour de justice des communautés européennes acquit ensuite son identité propre, en raison de l'environnement juridique particulier dans lequel il évoluait. Dès lors, « malgré l'évidente parenté et l'identité des fonctions, il subsiste des différences entre les deux institutions »[812]. Pour autant, c'est une institution dont la coloration française perdure. En effet, lors de la mise en doute de sa compatibilité avec la Convention européenne des droits de l'homme dans les années 2000[813], la ligne de défense adoptée par la Cour de Justice, justifiant son maintien, est la même que celle utilisée par le Conseil d'Etat[814] pour la sauvegarde de l'institution française : l'avocat général, comme le commissaire du gouvernement français, participe à la

---

présente à juger chaque recours contentieux et de faire connaître, en formulant en toute indépendance ses conclusions, son appréciation, qui doit être impartiale, sur les circonstances de fait de l'espèce et les règles de droit applicables ainsi que son opinion sur les solutions qu'appelle, suivant sa conscience, le litige soumis à la juridiction ».

808 MINISTÈRE DES AFFAIRES ETRANGÈRES, *Rapport de la délégation française sur le Traité instituant la Communauté européenne du Charbon et de l'Acier et la Convention relative aux dispositions transitoires signés à Paris le 18 avril 1951*, Paris, octobre 1951, p. 32.

809 L'HUILLIER (J.), « Une conquête du droit administratif français : le contentieux de la Communauté européenne du charbon et de l'acier », *préc.*, p. 66.

810 Article 11 du protocole C.E.C.A. sur le statut de la Cour, puis article 166 du Traité C.E.E.

811 LAGRANGE (M.), « La Cour de Justice des Communautés européennes », *préc.*, p. 61.

812 BARAV (A.), « Le commissaire du gouvernement près le Conseil d'Etat français et l'avocat général près la Cour de justice des communautés européennes », *R.I.D.C.*, 1974, n° 4, pp. 809-826, spéc. p. 811.

813 La conformité du statut de l'avocat général communautaire au droit de la Convention européenne des droits de l'homme et notamment au droit à une procédure contradictoire avait été mise en doute à l'occasion de l'affaire *Emesa Sugar*. Cf. C.J.C.E., 4 février 2000 Ord. *Emesa Sugar (Free Zone) NV et Aruba*, 17/98, rec., I-665.

814 CE, 29 juillet 1998, *Esclatine*, Rec. p. 320.

fonction de juger. L'avocat général devant la Cour de Justice, malgré les quelques différences que l'on peut lui trouver avec son homologue français, reste donc un bon exemple d'exportation institutionnelle, traduction d'une démarche volontariste de diffusion de leur droit par les juristes français.

**283.** Au-delà des organes de la justice administrative, c'est également la procédure administrative juridictionnelle qui a été exportée selon des procédés identiques. Elle vient souvent en complément de l'exportation institutionnelle.

### §2) L'exportation de la procédure administrative juridictionnelle

**284.** L'exportation de mécanismes du contentieux administratif français était l'étape suivante après celle du Conseil d'Etat notamment, ou de la juridiction administrative administrative plus généralement. Un mécanisme en particulier se distingue : le recours pour excès de pouvoir[815], qui, selon J. Rivero, « sur le marché international des produits juridiques [...] est un de nos meilleurs articles d'exportation »[816]. Traditionnellement présenté comme un recours objectif, qui lui valut la qualification de « procès fait à un acte »[817], ce recours, destiné à contrôler la légalité d'un acte administratif, et le cas échéant,

815 Sa création est essentiellement jurisprudentielle et il ne fut consacré qu'après par les textes. Son fondement serait à rechercher dans la loi des 7-14 octobre 1790, bien que le Conseil d'Etat n'y ait pas fait référence dans ses arrêts antérieurs à 1832 (la référence à cette loi apparaît pour la première fois dans deux arrêts : C.E., 15 juillet 1832, *Préfet de la Seine*, Rec. p. 382 ; C.E., 28 décembre 1832, *Garde nationale de Paris*, Rec. p. 735 ). Pour la période antérieure à 1832, E. Laferrière faisait remarquer que les arrêts du Conseil d'Etat ne contenaient « ni visas, ni motifs destinés à établir la compétence du Conseil d'Etat en matière d'excès de pouvoir ; ils semblent admettre que cette compétence est inhérente à l'institution même du Conseil d'Etat ». Cf. LAFERRIÈRE, (E.), *Traité de la juridiction administrative et des recours contentieux*, T. 2, Paris, Berger-Levrault, 1ère éd., 1888, p. 374. La consécration expresse du recours pour excès de pouvoir fut faite par l'article 9 de la loi du 24 mai 1872 et a, toujours selon E. Laferrière, « ratifié l'acception large dans laquelle la jurisprudence avait employé les mots "excès de pouvoir", car en les reproduisant sans aucune interprétation restrictive, il [le texte] est présumé les avoir pris dans le sens que le Conseil d'Etat leur donnait depuis longtemps dans les matières administratives [...] ». Cf. LAFERRIÈRE, (E.), *Traité de la juridiction administrative et des recours contentieux*, T. 2, Paris, Berger-Levrault, 1ère éd., 1888, p. 375.

816 RIVERO (J.), « Le système français de protection des citoyens contre l'arbitraire administratif à l'épreuve des faits », *préc.*, p. 824.

817 LAFERRIÈRE (E.), *Traité de la juridiction administrative et des recours contentieux*, T. 2, Paris, Berger-Levrault, 2e éd., 1896, p. 561.

à l'annuler, fut effectivement conçu à l'origine comme « visant plus à assurer le bon fonctionnement de l'administration qu'à donner aux personnes privées une protection juridique efficace »[818]. S'il a sensiblement évolué désormais, à tel point que certains auteurs, français comme étrangers, se demandent s'il n'a pas quelque peu changé de nature[819], c'est surtout dans sa version originaire qu'il fut exporté. Un certain nombre de caractéristiques firent ainsi la marque du modèle français du XIXe siècle. Le recours pour excès de pouvoir était tout d'abord largement ouvert, puisqu'il pouvait être dirigé contre toute décision administrative, individuelle ou réglementaire[820] et par toute personne ayant un intérêt à agir, ce dernier étant apprécié assez souplement[821]. Ses moyens d'ouverture furent ensuite systématisés par la jurisprudence du Conseil d'Etat et étaient au nombre de quatre : l'incompétence, le vice de procédure et de forme, la violation de la loi et le détournement de pouvoir. Par ailleurs, ce recours n'était par principe pas suspensif et son issue était surtout déclarative, sans se préoccuper réellement de l'exécution de la décision juridictionnelle. Le sort du requérant importait peu, l'objectif était avant tout la purification de l'ordre juridique. Au contraire, compte tenu de ce même objectif, les effets de l'annulation étaient particulièrement importants puisque celle-ci revêtait l'autorité absolue de chose jugée. La décision administrative illégale disparaissait donc définitivement de l'ordre juridique. Certaines règles du contentieux administratif français, notamment celles relatives au recours pour excès de pouvoir, ont été exportées aussi bien vers d'autres pays, européens ou non (A), que vers les organisations internationales. Là encore, ce dernier exemple, bien qu'évoquant un rapport à un droit externe, est particulièrement représentatif de l'attitude des juristes français, qui espèrent, indirectement cette fois, influencer leurs homologues européens (B).

---

818 FROMONT (M.), *Droit administratif des Etats européens*, *préc.*, p. 164.

819 FROMONT (M.), *Droit administratif des Etats européens*, *préc.*, p. 165 ; MELLERAY (F.), *Essai sur la structure du contentieux administratif français : pour un renouvellement de la classification des principales voies de droit ouvertes devant les juridictions à compétence générale*, Paris, L.G.D.J., 2001 ; GARCÍA DE ENTERRÍA (E.), *Las transformaciones de la Justicia administrativa. De excepción singular a la plenitud jurisdiccional. ¿Un cambio de paradigma?*, Madrid, Thomson Civitas, 2007, pp. 125-148.

820 Ce qui le distingue du recours en annulation allemand, dirigé uniquement contre les décisions individuelles.

821 M. Hauriou soulignait ainsi que « le recours pour excès de pouvoir est donné pour un simple intérêt froissé ». Cf. HAURIOU (M.), *Précis de droit administratif et de droit public*, Paris, Recueil Sirey, 11e éd, 1927, p. 402.

## A) L'exportation du recours pour excès de pouvoir

**285.** Logiquement, les pays les plus enclins à recevoir des techniques contentieuses en provenance du modèle français étaient ceux qui avaient institué un Conseil d'Etat à l'image du Conseil d'Etat français[822], ce dernier leur ayant été imposé préalablement[823]. Les règles du contentieux administratif français leur furent également imposées, dans un premier temps, comme complément indispensable à l'exportation du Conseil d'Etat, bien que de façon moins claire que l'exportation de l'institution dans la mesure où elles étaient peu formalisées. Néanmoins, une fois leur indépendance acquise, c'est assez naturellement que ces Etats tournèrent leur regard vers la jurisprudence du Conseil d'Etat français pour s'en inspirer, consacrant même parfois ces règles de procédures au niveau législatif, voire constitutionnel. L'exportation institutionnelle est donc souvent suivie d'une importation de mécanismes contentieux, liant, une fois de plus, l'exportateur et l'importateur. Les règles de procédures les plus exportées puis importées furent celles relatives au contentieux des décisions administratives. Il faut ajouter à cela que l'exportation technique s'est doublée d'une exportation doctrinale qui faisait largement l'apologie des solutions adoptées en France et notamment des solutions adoptées par le Conseil d'Etat. Le recours pour excès de pouvoir, « une des créations les plus caractéristiques de la jurisprudence française »[824],

[822] Il faut quand même signaler au moins un cas à part, celui du Maroc, qui ne relève pas de la même perspective. Le Maroc, durant sa période sous protectorat français, n'avait pas connu de Conseil d'Etat. Un recours pour excès de pouvoir n'était pas possible, sauf à partir de 1928, ouvert aux fonctionnaires de manière dérogatoire, et devant le Conseil d'Etat français. L'objectif de la France colonisatrice était avant tout la recherche d'efficacité de son action, efficacité potentiellement ralentie par l'existence d'un recours pour excès de pouvoir contre l'action administrative. C'est donc à partir de son indépendance que le Maroc a institué une Cour suprême dotée d'une chambre administrative et a mis en place un véritable recours pour excès de pouvoir largement inspiré du modèle de l'ex pays colonisateur. Cf. Dahir du 27 septembre 1957, *relatif à la Cour suprême*, B.O. n° 2347 du 18 octobre 1957, p. 1367. Les conditions de recevabilité et les cas d'ouverture sont ainsi très similaires. Ce recours pour excès de pouvoir n'a toutefois pas eu le succès escompté au moment de son instauration, faute d'une culture suffisamment développée du recours administratif. Plus généralement sur les évolutions que ce recours a connues par la suite, cf. BENABDALLAH (M. A.), « L'évolution du recours pour excès de pouvoir au Maroc », *Revue marocaine d'administration locale et de développement*, n° 74, 2007, pp. 9-22. Cf. Egalement O. Renard-Payen qui explique aussi qu'une des raisons de l'interdiction de l'annulation des actes administratif est « d'ordre pratique : l'opportunité de laisser une certaine liberté d'action à l'Administration dans un pays de protectorat [...]. Il y aurait là, en quelque sorte, un climat de "circonstances exceptionnelles" propre à justifier l'absence de contrôle de la légalité de l'activité administrative ». RENARD-PAYEN (O.), *L'expérience marocaine d'unité de juridiction et de séparation des contentieux*, Paris, L.G.D.J., 1964, p. 96.

[823] Cf. *supra*, n° 262-265.

[824] LAFERRIÈRE (E.), *Traité de la juridiction administrative et des recours contentieux*, T. 1, Paris, Berger-Levrault, 2e éd., 1896, p. IX

« hautement apprécié par les jurisconsultes étrangers »[825], selon les mots d'E. Laferrière, fit ainsi la réputation du droit administratif français.

**286.** Ce sont donc les caractéristiques de ce dernier que l'on retrouve dans un certain nombre de pays. En Belgique par exemple, fut institué par la loi du 23 décembre 1946 portant création du Conseil d'Etat, un recours en annulation inspiré du modèle français, ouvert contre les mêmes types d'actes (décisions individuelles ou réglementaires, y compris comme en France, contre le silence de l'Administration), dont la recevabilité est plutôt souple puisqu'elle admet la simple démonstration d'un intérêt et doté des mêmes effets, à savoir l'autorité absolue de chose jugée des annulations. L'introduction du recours n'a par principe pas d'effet suspensif[826], et les cas d'ouverture ont des dénominations très proches de ceux instaurés en France[827]. Le recours est ainsi ouvert « pour violation des formes soit substantielles, soit prescrites à peine de nullité, excès ou détournement de pouvoir »[828]. En ce qui concerne notamment la notion de détournement de pouvoir, l'emprunt conscient au droit administratif français ne fait pas de doute à la lecture des travaux préparatoires à la loi du 23 décembre 1946 qui admettent « se servir d'une expression commune en France »[829]. La Belgique est l'exemple le plus

---

[825] *Ibidem.*

[826] Si cela n'est pas très clairement exprimé dans la loi du 23 décembre 1946, cela l'est beaucoup plus dans la jurisprudence du Conseil d'Etat belge (Cf. CE, 22 mars 1954, *Johannes c/ Etat belge*, Rec. p. 299). Des correctifs à l'absence de principe d'effet suspensif du recours en annulation ont toutefois été introduits par la suite. Cf. LEWALLE (P.), *Contentieux administratif*, *préc.*, pp. 533-612.

[827] D'après J. Rivero, à la lecture de l'exposé des motifs de la loi du 23 décembre 1946, il est clair que « le législateur a entendu consacrer l'analyse française de la notion d'excès de pouvoir, telle que Laferrière l'a formulé, autour des quatre "cas d'annulation" classiques ». Cf. RIVERO (J), *Cours de droit administratif comparé : diplôme d'études supérieures de droit public, 1955-1956, rédigé d'après les notes et avec l'autorisation de M. Rivero, Le contrôle juridictionnel de la légalité des actes de l'Administration*, *préc.*, p. 78. Par ailleurs, et parce que c'est assez souvent la conséquence logique d'une exportation institutionnelle préalable, le Conseil d'Etat belge a ensuite suivi assez naturellement les précédents français, à tel point que pour J. Rivero, « le résultat est qu'entre les deux jurisprudences administratives française et belge, le parallélisme est aussi absolu qu'il le fut, au XIX^e^ siècle, entre les deux Cours de cassation de Bruxelles et de Paris ; du point de vue de la "communicabilité", on passe de l'une à l'autre sans le moindre effort ; à quelques nuances de vocabulaire près, qui sont minimes, les techniques et mêmes les règles de fond coïncident le plus souvent », cf. *idem*, pp. 79-80. J. Rivero, pour conclure, souligne que « la Belgique, en 1946, a fait ce que la CECA a refait six ans plus tard : elle a adopté, en l'adaptant, le recours français », cf. *idem*, pp. 95-98.

[828] Article 14 des lois *coordonnées sur le Conseil d'Etat* du 12 janvier 1973 comportant la loi du 23 décembre 1946 *portant création d'un Conseil d'Etat*, Moniteur belge du 21 mars 1973, p. 3461.

[829] Travaux préparatoires de la loi du 23 décembre 1946.

convaincant d'une exportation du recours en annulation français réussie, dans le sens où elle a ensuite fait perdurer le mécanisme, en l'adaptant à ses attentes, tout en en gardant la nature et les principales caractéristiques[830].

**287.** Néanmoins, ce n'est pas le seul exemple. Le recours pour excès de pouvoir s'est retrouvé également dans d'autres pays, bien que l'adaptation qui en fut faite ensuite conduisit à en changer quelques caractéristiques substantielles. Pour M. Fromont, qui a procédé à une typologie des modèles du contentieux administratif des décisions administratives[831], l'Italie et les Pays-Bas peuvent être considérés comme appartenant au groupe français, ayant adopté le recours pour excès de pouvoir. Comme il l'a été étudié quelques lignes auparavant, l'Italie et les Pays-Bas ont fait partie de ces pays qui se sont vu imposer le modèle du Conseil d'Etat napoléonien au temps de leur occupation, et qui l'ont finalement conservé comme institution chargée de conseiller le gouvernement et de rendre la justice administrative. Nécessairement, les techniques contentieuses devaient suivre l'institution. Le recours en annulation instauré en Italie était initialement très proche du recours pour excès de pouvoir français, quand bien même il ne se rapportait qu'aux décisions individuelles, tant en ce qui concernait la recevabilité pour la simple lésion d'un intérêt, que les cas d'ouvertures du recours[832], l'absence d'effet suspensif ou encore les effets de l'annulation. Toutefois, depuis les années 2000, le recours en annulation italien a connu une plus grande subjectivisation. Le recours en annulation institué aux Pays-Bas a connu les mêmes évolutions. Pour M. Fromont, « d'un système de contrôle du respect du droit objectif par l'administration, le droit néerlandais est passé à un système mixte à la fin du XXe siècle », ce qui ne l'empêche pas de remarquer que ses « racines françaises sont néanmoins encore bien visibles »[833].

---

830 Sur la question du recours en annulation belge des actes et réglements des autorités administratives, cf. LEWALLE (P.), *Contentieux administratif, préc.*, pp. 629-873. Les appels à la doctrine française y sont d'ailleurs récurrents, notamment en ce qui concerne E. Laferrière.

831 FROMONT (M.), *Droit administratif des Etats européens, préc.*, pp. 162-207.

832 Bien que l'on note tout de même quelques différences, « l'excès de pouvoir » étant vu comme un des cas d'ouverture du recours en annulation et le détournement de pouvoir en étant une des manifestations, alors qu'en France, « quelle que soit l'importance donnée au moyen de violation de la loi, qui a peu à peu transformé le recours pour excès de pouvoir en contentieux de la légalité des actes administratifs, c'est néanmoins la notion d'excès de pouvoir qui législativement couvre l'ensemble ». Cf. LAGRANGE (M.), Conclusions sur C.J.C.E.C.A., 11 février 1955, *ASSIDER c/ Haute Autorité*, Aff. n° 3-54, Rec. 1954-1955, pp. 146-175, spéc. p. 158.

833 FROMONT (M.), *Droit administratif des Etats européens, préc.*, pp. 173.

**288.** Enfin, l'exemple de l'Espagne est également éclairant, même si désormais le recours en annulation espagnol est sans doute beaucoup plus proche du modèle allemand, qui est sa plus grande source d'inspiration depuis les années 1950. M. Fromont classe d'ailleurs l'Espagne dans le groupe allemand lorsqu'il classifie les différents types de recours en annulation[834]. Depuis le XIXe siècle et jusqu'à la loi du 27 décembre 1956, le modèle du procès fait à un acte avait été adopté en Espagne, très largement inspiré du modèle français[835]. On peut supposer ici encore que l'influence d'un Conseil d'Etat, bien que son installation fût mouvementée, avant d'être ensuite définitivement abandonnée sous son aspect de juridiction administrative suprême, a joué un rôle décisif. Par ailleurs, la doctrine administrativiste espagnole a pu conforter ce choix, puisqu'elle était à cette époque très fidèle aux auteurs français[836]. Depuis cette loi et plus encore depuis celle du 7 juillet 1998[837], le caractère subjectif du recours en annulation semble plus encore assumé.

**289.** Cette gradation d'exemples, du plus analogue au modèle de recours pour excès de pouvoir français au moins analogue, vient tout de même conforter l'assertion selon laquelle il s'agit d'un des meilleurs produits d'exportation du droit administratif français. Cela se vérifie d'autant plus lorsque l'on s'intéresse aux exportations verticales, c'est-à-dire vers les organisations internationales.

### B) L'exportation de la structure du contentieux administratif

**290.** Le contentieux administratif français s'est également exporté en droit international public, à tel point que certains auteurs, adoptant un ton « triomphaliste »[838], avaient vu dans le contentieux de la Communauté

---

834 *Idem*, p. 184-187.

835 Cf. CHAMOCHO (M. A.), « La genèse normative de la procédure du contentieux administratif provincial en Espagne au XIXe siècle », in HAUTEBERT (J), SOLEIL (S.), *La procédure et la construction de l'Etat en Europe (XVIe-XIXe siècle)*, Rennes, Presses Universitaires de Rennes, 2011, pp. 827-849. Cf. *infra*, n° 360-365.

836 Cf. *supra*, n° 181-203.

837 Cf. *infra* n° 702.

838 FOUGÈRE (L.) (dir.), *Le Conseil d'Etat : son histoire à travers les documents d'époque, 1799-1974*, *préc.*, p. 896. L. Dubouis remarquait aussi que les juristes français avaient à l'époque tendance à se satisfaire du rayonnement du droit administratif français « *parfois de façon*

européenne du charbon et de l'acier une « conquête du droit administratif français »[839], tant la nature des recours et les règles de fond adoptées par le traité de Paris semblaient « procéder, par une filiation évidente, du contentieux administratif français »[840]. Il faut dès lors s'interroger sur ce qui a conduit à ce résultat. La démarche comparative est chose commune dans le droit des organisations internationales. J. Schwarze remarque ainsi que « le droit comparé est en mesure de fournir une contribution décisive à la mise en place d'une organisation internationale en état de fonctionner ainsi qu'à l'acceptation du droit interne de cette dernière »[841], l'objectif étant celui de la réalisation, à terme, d'une unification juridique supranationale. Ce constat est d'autant plus vrai pour la construction des communautés européennes pour laquelle le droit administratif comparé a pris un nouveau tournant[842]. Les juristes français ont eu ici une influence déterminante pour orienter cette évaluation des droits administratifs des Etats parties aux Traités, vers les solutions proposées par le droit administratif français[843]. Le rapport de la délégation française sur le Traité instituant la Communauté européenne du charbon et de l'acier témoigne de la réussite de cette démarche puisqu'il se félicite souvent que les solutions françaises aient été admises « sans difficulté »[844]. On retrouve ainsi la distinction, traditionnelle en France[845], des contentieux de l'annulation et de pleine juridiction à l'article 34 dudit Traité.

---

*légèrement outrancière ou cocardière* ». Cf. DUBOUIS (L.), « Droit administratif et droit communautaire », *A. J. D. A.*, 1995, numéro spécial, pp. 66-75, spéc. p. 66.

839 L'HUILLIER (J.), « Une conquête du droit administratif français : le contentieux de la CECA », *Dalloz*, 1953, chronique XII, pp. 63-66.

840 *Idem*, p. 63.

841 SCHWARZE (J.), *Droit administratif européen*, Bruxelles, Bruylant, 2e éd., 2009, p. 91.

842 SCHWARZE (J.), *Droit administratif européen, préc.*, pp. 91-93. Cf. également, RIVERO (J.), « Le problème de l'influence des droits internes sur la Cour de Justice de la C.E.C.A. », *Annuaire français de droit international*, 1958, pp. 295-308.

843 Ce que souligne J. Boulouis, pour qui l'influence du modèle français est indéniable, notamment à l'époque du Traité C.E.C.A. Il faut dire aussi que la France faisait partie des initiateurs. Cf. Déclaration de R. Schumann le 9 mai 1950, dans la continuité des idées de J. Monnet. Néanmoins, le modèle français a rapidement décliné dans son rôle d'inspirateur principal et s'est vu concurrencé par les autres droits. Si son influence prédominante est vraie pour le Traité de Paris, elle l'est nettement moins pour les Traités de Rome. Cf. BOULOUIS (J.), « La France et la Cour de justice des communautés européennes », in *L'internationalité dans les institutions et le droit, convergences et défis. Etudes offertes à Alain Plantey*, Paris, Pedone, 1995, pp. 127-132, spéc. pp. 130-131.

844 Cf. MINISTÈRE DES AFFAIRES ETRANGÈRES, *Rapport de la délégation française sur le Traité instituant la Communauté européenne du Charbon et de l'Acier et la Convention relative aux dispositions transitoires signés à Paris le 18 avril 1951*, Paris, octobre 1951, p. 35.

845 Comme le fait remarquer le rapport de la délégation française sur le Traité à propos des compétences exercées par la Cour de Justice en tant que juridiction administrative de la communauté. Cf. *idem*, p. 34.

**291.** En ce qui concerne le contentieux de l'annulation, un recours à l'image du recours français fut créé à l'article 33 du Traité C.E.C.A.[846], contre les actes pris par l'organe exécutif principal de la Communauté, à savoir la Haute Autorité, mais également contre les actes pris par les autres organes de la Communauté, comme l'Assemblée et le Conseil des ministres[847]. L'institution de ce recours pour excès de pouvoir constituait une véritable « transplantation »[848] en droit international d'un mécanisme de droit interne. On en retrouvait nécessairement les mêmes caractéristiques. Contentieux objectif orienté avant tout vers le respect de la légalité, il était dès lors largement ouvert à de nombreuses catégories de requérants, à la fois contre les décisions de portée générale et les décisions individuelles, et même contre les décisions implicites de refus, « procédé, emprunté, lui aussi, au droit administratif français »[849], qui figure à l'article 35 du Traité. Les moyens d'annulation traduisaient clairement la reprise du modèle français[850], à savoir : l'incompétence, la violation des formes substantielles, la violation du traité ou de toute règle de droit relative à son application, ou encore le détournement de pouvoir[851]. Si les termes n'étaient pas expressément définis par le Traité, la conception qu'en a retenue ensuite la Cour de Justice confirmait l'influence particulière du droit administratif français. Convaincue notamment par les conclusions de M. Lagrange dans la première affaire où elle eut à définir la

---

846 Et perdura dans le Traité du 25 mars 1957 instituant la Communauté économique européenne dans lequel il figurait à l'article 173.

847 Cf. articles 33, 35 et 38 du Traité C.E.C.A. Il faut dès à présent remarquer une particularité du recours en annulation prévu par le Traité C.E.C.A. Le droit interne reconnaît traditionnellement de tels recours contres les actes des assemblées administratives mais non contre ceux des assemblées politiques, comme c'est le cas à l'article 38. L. CAVARE souligne ainsi que le recours en annulation « tend davantage, dans le traité de 1951, à servir de sanction aux excès illégaux de tous les organes de la Communauté sans distinguer entre les fonctions qu'ils remplissent », cf. CAVARE (L.), « Le recours pour excès de pouvoir en droit international public », in *L'évolution du droit public, Etudes offertes à Achille Mestre*, Paris, Sirey, 1956, pp. 63-72, spéc. p. 69.

848 *Idem*, p. 64.

849 MINISTÈRE DES AFFAIRES ETRANGÈRES, *Rapport de la délégation française sur le Traité instituant la Communauté européenne du Charbon et de l'Acier et la Convention relative aux dispositions transitoires signés à Paris le 18 avril 1951*, *préc.*, p. 36.

850 Et ce, de l'aveu même de l'exposé de la loi allemande de ratification du Traité de Paris : « les moyens à l'appui des recours sont énumérés dans l'alinéa 1, dont la rédaction a été empruntée à la doctrine française de l'excès de pouvoir ». Confirmé par le rapport de la délégation française : « trois des quatre cas traditionnels d'ouverture de recours pour excès de pouvoir (incompétence, violation des formes substantielles, détournement de pouvoir) ont été admis sans difficulté : la notion de détournement de pouvoir, en particulier, a été très bien comprise et facilement acceptée par nos partenaires étrangers », cf. MINISTÈRE DES AFFAIRES ETRANGÈRES, *Rapport de la délégation française sur le Traité instituant la Communauté européenne du Charbon et de l'Acier et la Convention relative aux dispositions transitoires signés à Paris le 18 avril 1951*, *préc.*, p. 35.

851 Cf. Article 33 Traité C.E.C.A.

notion de détournement de pouvoir[852], la Cour opta pour une conception subjective fondée sur le critère du but poursuivi par l'auteur de la mesure attaquée, conception majoritaire dans les six pays parties au Traité C.E.C.A. Mais c'était avant tout la conception française, car elle avait servi à ces pays d'inspiration préalable lorsqu'ils adoptèrent la notion de détournement de pouvoir comme moyen d'annulation dans leurs législations respectives. Il faut dire que l'avocat général avait fait la promotion de cette interprétation française rappelant dans un premier temps que « c'est [...] pour parvenir à l'élaboration de ce droit du Traité que l'étude des solutions juridiques nationales doit être entreprise, chaque fois qu'elle apparaît nécessaire à cette fin »[853], puis dans un second temps que : « nous nous permettrons de commencer par le droit français puisqu'aussi bien l'influence du droit administratif français, et notamment du recours pour excès de pouvoir, a été prédominante dans la rédaction du Traité »[854]. Dès lors, il était naturel pour lui de faire appel au droit administratif français au moment de la mise en œuvre du droit découlant du Traité.

**292.** Le succès de cette notion typiquement française[855] est donc assez clair, ce qui n'empêcha pas la Cour, par la suite, d'en faire une application adaptée aux particularités de la Communauté européenne[856]. Une distinction avait ainsi été prévue par le Traité entre des requérants privilégiés et les autres dont le droit au recours était plus limité, notamment par rapport aux types de décisions objets du recours ou aux cas d'ouverture qui leur étaient accessibles[857]. Les effets de l'annulation étaient par contre aussi radicaux que

---

[852] C.J.C.E.C.A., 11 février 1955, *ASSIDER c/ Haute Autorité*, Aff. n° 3-54, Rec. 1954-1955, p. 123.

[853] LAGRANGE (M.), Conclusions sur C.J.C.E.C.A., 11 février 1955, *ASSIDER c/ Haute Autorité*, Aff. n° 3-54, rec. 1954-1955, pp. 146-175, spéc. p. 148.

[854] *Idem*, p. 149.

[855] Bien que les commentateurs fassent remarquer qu'au même moment elle était déclinante en droit administratif français. Cf. BOULOUIS (J.), « La France et la Cour de justice des communautés européennes », *préc.*, pp. 129-130, cf. L'HUILLIER (J.), « Une conquête du droit administratif français : le contentieux de la CECA », *préc.*, p. 66.

[856] Cf. DE LAUBADERE (A.), « Contribution à l'étude de l'accès des personnes privées aux juridictions internationales : le recours des entreprises pour détournement de pouvoir contre les mesures générales édictées par la haute autorité de la C.E.C.A. », in *Hommage d'une génération de juristes au Président Basdevant*, Paris, Pedone, 1960, pp. 328-345.

[857] L'article 33 du Traité C.E.C.A. (et 173 du Traité C.E.E.) fait ainsi une distinction fondamentale entre les recours des Etats membres et des organes de la Communauté et ceux des personnes de droit privé. Ainsi les Etats membres et le Conseil des ministres peuvent former un recours contre les décisions de la Haute Autorité (art. 33 du Traité C.E.C.A.), de même que les Etats membres et la Haute Autorité contre les actes de l'Assemblée et du Conseil (art. 38 du Traité C.E.C.A.), tandis que les entreprises, associations des entreprises

ceux du droit interne : l'annulation vaut, *a priori*, *erga omnes*. Cela a été évoqué précédemment, c'est notamment pour le Traité C.E.C.A. que l'influence du modèle français fut la plus grande, et moindre pour les Traités de Rome. Cependant, ce déclin d'influence ne se mesure pas vraiment à propos de la transposition du recours pour excès de pouvoir dans le droit communautaire[858]. C'est en cela qu'il constitue un exemple particulièrement probant du succès du modèle français dans la mesure où cette transplantation a perduré[859].

**293.** Quant au contentieux dit de pleine juridiction, on retrouve ici encore un certain nombre de caractéristiques qui démontrent l'influence importante du modèle français en la matière. L'influence française, au moment du Traité C.E.C.A., était sans doute plus criante encore dans l'organisation des règles relatives à la responsabilité quasi délictuelle des organes de la Communauté, car elle consacrait véritablement les solutions françaises, alors même que ces dernières étaient assez originales si l'on compare avec celles des autres pays de la Communauté tels que la Belgique, l'Italie ou encore l'Allemagne qui confient plutôt un tel contentieux aux juridictions civiles[860]. L'article 40 disposait ainsi que « la Cour est compétente pour accorder, sur demande de la partie lésée, une réparation pécuniaire à la charge de la Communauté, en cas de préjudice causé dans l'exécution du présent traité par une faute de service

---

et des producteurs prévues à l'article 48 peuvent former un recours soit contre les actes individuels les concernant, soit contre les actes de caractère général (décisions et recommandations) entachées de détournement de pouvoir (art. 33).Les requérants « privilégiés » peuvent donc former un recours contre tout type d'acte, individuel ou à portée générale, tandis que les autres voient leurs possibilités de recours restreintes.

[858] J. Rivero fait en effet remarquer « qu'entre les trois traités, l'unité du recours en annulation est presque parfaite. Elle est totale dans les deux Traités de Rome, où l'identité est absolue ; entre eux et le Traité de Paris, les différences ne portent que sur des modalités de détail. Il semble que les négociateurs aient surtout cherché à apporter à la rédaction du Traité de Paris, des améliorations de forme, soit en levant des équivoques (par exemple celles qui naissaient du détournement de pouvoir conditionnant le recours des entreprises en matière réglementaire), soit en éliminant des disposions obscures (la liaison faite entre réparation et annulation à l'article 34, la limitation, par l'article 33, des pouvoirs de la Cour en matière d'examen des faits, qui ne se retrouve pas ici). [...] On peut donc parler d'une unité du recours en annulation dans les institutions européennes ». Cf. RIVERO (J.), *Cours de droit administratif comparé : diplôme d'études supérieures de droit public, 1957-1958, rédigé d'après les notes et avec l'autorisation de M. Rivero., Le contrôle juridictionnel de la légalité dans l'Europe des six*, Paris, Les cours de droit, 1958, p. 88.

[859] Quelques réserves peuvent tout de même être formulées en admettant, avec J. Rivero, que « la parenté, certaine, est loin d'être identité ». Cf. *idem*, pp. 88-90. Pour une analyse approfondie du contrôle de la légalité d'après les Traités européens, cf. pp. 56-90.

[860] Cf. sur ces questions, FROMONT (M.), *Droit administratif des Etats européens*, *préc.*, pp. 325-349.

de la Communauté. Elle est également compétente pour accorder une réparation à la charge d'un agent des services de la Communauté, en cas de préjudice causé par une faute personnelle de cet agent dans l'exercice de ses fonctions ». Comme le fait remarquer M. Lagrange à propos de cet article, « par les termes mêmes qu'il emploie et les distinctions auxquelles il recourt (faute de service, faute personnelle de l'agent commise dans l'exercice de ses fonctions) [il] consacre le système français qui résulte exclusivement de la "théorie de la responsabilité de la puissance publique" entièrement élaborée sans texte par la jurisprudence du Conseil d'Etat »[861]. On reconnaît en effet les termes employés par le juge français dans les arrêts *Pelletier* du 30 juillet 1873[862] et *Epoux Lemonnier* du 26 juillet 1918[863]. M. Lagrange ajoute que « cette solution a été sciemment adoptée par les auteurs du Traité de Paris comme étant à la fois la plus protectrice des droits des victimes et la plus autonome par rapport au droit civil, et, ainsi, la mieux à même de permettre à la Cour de justice l'élaboration d'une jurisprudence adaptée aux caractères propres à la Communauté »[864]. C'est d'ailleurs vers une interprétation fidèle au modèle de droit administratif français, que M. Lagrange essayait d'orienter la Cour de Justice lors de la première affaire qu'elle eut à juger sur le fondement de l'article 40. Il faisait ainsi appel aux définitions et interprétations consacrées par la doctrine française après avoir remarqué que « cette rédaction paraît bien impliquer une référence au système du droit français [...] »[865], vantant ensuite les avantages que supposerait le fait d'adopter la conception française de ces notions, comparativement aux conceptions retenues par les autres pays membres[866].

**294.** Pour conclure, le rôle des juristes est on ne peut plus déterminant dans l'exportation du modèle français. Il l'est au stade même de la négociation des traités, à tel point que l'on a pu s'interroger sur la question de savoir si le droit

[861] Cf. LAGRANGE (M.), « La Cour de justice des communautés européennes », *préc.*, p. 72.

[862] T.C., 30 juillet 1873, *Pelletier*, Rec., p. 117.

[863] C.E., 26 juillet 1918, *Epoux Lemonnier*, Rec., p. 761

[864] LAGRANGE (M.), « La Cour de justice des communautés européennes », *préc.*, p. 72.

[865] Cf. LAGRANGE (M.), Conclusions sur CJ CECA, 17 décembre 1959, *F.E.R.A.M. c/ Haute Autorité*, Aff. n° 23-59, réc. pp. 523-531, spéc. p. 523. Il cite ainsi R. Odent, ainsi que P. Duez.

[866] Notamment en ce qui concerne le caractère anonyme de la faute de service, et sur les possibilités pour le juge de nuancer les conditions exigées pour la mise en jeu de la responsabilité en admettant une gradation des fautes en fonction de la nature du service concerné. Cf. LAGRANGE (M.), Conclusions sur CJ CECA, 17 décembre 1959, *F.E.R.A.M. c/ Haute Autorité*, Aff. n° 23-59, réc. pp. 523-531, spéc. pp. 523-527

communautaire n'était pas un « droit de professeurs français »[867], compte tenu particulièrement des actions en ce sens de P. Reuter pour le Traité C.E.C.A.[868], mais également de celles de G. Vedel, ce dernier faisant partie de la délégation française négociant les Traités de Rome du 25 mars 1957[869].

**295.** Il l'est ensuite au stade de l'application du droit, notamment par la Cour de justice, puisque des juristes français y exercent les fonctions de juges, et, quand bien même ils ne devraient pas représenter les intérêts de leur pays d'origine lorsqu'ils assument de telles fonctions, ils ont culturellement l'habitude de faire appel à leurs propres référents, ce qui se vérifie facilement dans les conclusions des avocats généraux[870]. A cet égard, une fois de plus, celles de M. Lagrange sont éclairantes, cet avocat général français ayant eu une influence particulièrement importante sur le droit communautaire, comme le remarquait d'ailleurs un ancien Président de la Cour au moment du départ de M. Lagrange[871]. Il n'a pas hésité à valoriser le modèle français lorsque cela lui semblait nécessaire. Cette nécessité s'est visiblement souvent imposée à lui, le droit français lui paraissant la solution idoine, comme il est possible de le constater à la lecture du témoignage qu'il fit des années plus tard à propos de son rôle à la Cour de Justice :

> « Je voudrais dire que j'ai été, avec mes collègues de la Cour de Justice, confronté dès le début avec tous les problèmes posés par l'application des traités et du traité CECA notamment, problèmes dans lesquels,

[867] Cf. FOYER (J.), « Le droit communautaire, droit de professeurs français ? », *Revue d'Histoire des facultés de droit et de la science juridique*, 1992, n° 13, pp. 201-216.

[868] Cet agrégé de droit public qui enseignait alors le droit international public à la faculté de droit d'Aix-en-Provence était l'un des conseillers juridiques du ministère des Affaires étrangères. Il a participé grandement à la mise en forme juridique de la communauté du charbon et de l'acier et était sans doute même l'inspirateur de J. Monnet, selon l'analyse de J. FOYER. Cf. FOYER (J.), « Le droit communautaire, droit de professeurs français ? », préc., pp. 204-207.

[869] Si l'influence du modèle français est moindre sur les traités de Rome, comme cela a été signalé précédemment, il n'en demeure pas moins que l'on peut tout de même la déceler, bien qu'elle soit plus camouflée.

[870] A ce propos, cf. RIVERO (J.), *Cours de droit administratif comparé : diplôme d'études supérieures de droit public, 1957-1958, rédigé d'après les notes et avec l'autorisation de M. Rivero., Le contrôle juridictionnel de la légalité dans l'Europe des six*, *préc.*, p. 154 ; RIVERO (J.), « Le problème de l'influence des droits internes sur la Cour de Justice de la C.E.C.A. », *Annuaire français de droit international*, 1958, pp. 295-308, spéc. p. 296.

[871] Propos de Donner, Président de la Cour, saluant le départ de l'avocat général M. Lagrange le 8 octobre 1964. Cité in FOUGÈRE (L.) (dir.), *Le Conseil d'Etat : son histoire à travers les documents d'époque, 1799-1974*, *préc.*, p. 896.

évidemment, le droit administratif jouait un rôle important. Et je puis témoigner du fait qu'il a été extrêmement rare, dans les solutions sur lesquelles j'avais à prendre parti, à proposer des solutions, il est extrêmement rare que je n'aie pas trouvé la réponse, et une réponse facile, dans les principes du droit administratif français. Je m'acharnais même quelquefois à essayer de trouver un cas où une solution provenant du droit d'un autre pays membre aurait été meilleure ; je crois l'avoir trouvé une seule fois seulement. Mon rôle était, la plupart du temps, tout en invoquant le droit administratif français et la jurisprudence du Conseil d'Etat notamment, d'essayer de rechercher les solutions admises dans les autres pays ; mais notre droit est traditionnellement, et tout le monde le sait, parmi les différents droits administratifs le plus élaboré, il a donné lieu à une jurisprudence très abondante, et c'est presque toujours là qu'on trouvait la solution »[872].

[872] Propos prononcés à l'occasion des débats qui se sont tenus lors du colloque consacré à la thématique : « Les communautés européennes et le droit administratif français », en 1972, et publiés ensuite dans les actes dudit colloque. Cf. *Les Communautés européennes et le droit administratif français*, Paris, L.G.D.J., 1972, p. 220.

## Conclusion du premier chapitre

**296.** Le droit administratif français s'est largement exporté. Il s'est exporté comme science du droit, sous son aspect théorique notamment, par l'intermédiaire d'auteurs français qui ont activement diffusé leur pensée. Le choix a été fait de présenter trois auteurs, classiques, particulièrement représentatifs de cette démarche active de diffusion de la science française : L. Duguit, M. Hauriou et G. Jèze. Les moyens qu'ils ont mis en œuvre pour transmettre leurs idées sont de deux ordres. Ils ont parfois fait le choix de propager en personne leurs théories, en se déplaçant à travers le monde pour dispenser des enseignements, donner des conférences et ainsi, faire rayonner la science française. En plus de leur propre exportation — ou à défaut pour M. Hauriou —, ils ont exporté leurs publications, en écrivant directement à destination d'un public étranger, ou, *a minima*, en encourageant la traduction de leurs écrits déjà connus. Ces moyens de diffusion ont très certainement renforcé la réputation qu'ils pouvaient déjà avoir au-delà des frontières françaises. Ces trois auteurs se distinguent ainsi, en France comme à l'étranger, par les avancées importantes qu'ils ont permises à la science du droit administratif français, tant du point de vue de la méthode que du contenu de leurs théories. Il faut cependant souligner une certaine ambivalence chez ces mêmes auteurs. S'ils représentent parfaitement la figure du juriste français exportateur, ils illustrent également bien la démarche inverse, celle du juriste ouvert au monde, celle du juriste comparatiste. Paradoxalement, les deux attitudes, *a priori* opposées, peuvent être complémentaires. L. Duguit, M. Hauriou, G. Jèze, pourront donc très bien être mentionnés également dans la catégorie des importateurs de doctrines étrangères[873].

**297.** Le droit administratif français s'est aussi exporté comme ensemble de règles techniques. L'exportation a parfois consisté à imposer une institution, des mécanismes, comme ce fut le cas avec la politique expansionniste de Napoléon. L'exportation a pu résulter aussi de l'apologie faite par les juristes français de leur droit au moment de la négociation de traités internationaux, ce qui explique que le droit administratif français n'ait pas seulement été exporté à l'étranger, il l'a été aussi dans des organisations internationales, dépassant alors un champ d'application strictement étatique. L'objectif indirect visé par les juristes français est cependant d'influencer leurs homologues étrangers par le prisme du droit des organisations internationales. Dans tous les cas, l'exportation technique a toujours consisté en une volonté active de diffusion de la part des juristes français, de la même façon que

---

[873] Cf. *infra*, n° 449-451.

l'exportation doctrinale. C'est en particulier la justice administrative, et notamment ses organes, qui furent exportés. Mais c'est également les règles de procédure administrative juridictionnelle que les juristes français ont diffusées. Cet exemple a été choisi parce qu'il est particulièrement topique de la démarche d'exportation[874]. Mais il aurait également été possible de signaler l'exportation de l'organisation administrative, et notamment de l'institution du préfet, autorité représentant l'Etat à la tête de circonscriptions territoriales uniformes, qui connut un peu la même trajectoire d'exportation que la justice administrative — et notamment le Conseil d'Etat — en tant qu'élément déterminant du système napoléonien[875], ou encore celle de la fonction publique[876]. Leur succès est cependant un peu moindre que celui du Conseil d'Etat. Les exemples ne manquent donc pas pour confirmer la présentation traditionnelle du droit administratif français comme exportateur de droit

[874] RIVERO (J.), « Droit administratif français et droits administratifs étrangers », *Livre du centenaire de la*

*société de législation comparée*, Paris, L.G.D.J., 1969, pp. 199-209, reproduit in DE LAUBADERE (A.), MATHIOT (A.), RIVERO (J.), VEDEL (G.), *Pages de doctrine*, T. 2, Paris, L.G.D.J., 1980, pp. 475-485, spéc. p. 482.

[875] Pour ne citer qu'un exemple le gouverneur civil espagnol fut largement inspiré du préfet napoléonien, même si l'institution s'est ensuite éloignée de son inspiration d'origine. Sur cette question, NIETO GARCÍA (A.), *Los primeros pasos del Estado constitucional. Historia administrativa de la Regencia de María Cristina de Borbón*, Barcelona, Ariel, 1996, pp. 88-99.

[876] LE DIRAISON (M.), « Les différents systèmes de fonction publique », *Administration*, 1982, n° 118, pp. 81-86.

# Chapitre 2: Les importations du droit administratif espagnol

**298.** Le constat de la perméabilité du droit administratif espagnol aux influences étrangères est unanime. Bien souvent, et comme cela vient d'être expliqué, cette perméabilité est la résultante de l'action de l'exportateur, soit que ce dernier impose son droit, soit qu'il mène une entreprise active de persuasion. Le droit administratif espagnol répond en grande partie à ce schéma, et sa perméabilité peut s'expliquer par l'histoire politique de l'Espagne, et les liens que la France notamment lui a imposés. Ce n'est cependant pas l'unique raison. L'ouverture de l'Espagne aux influences étrangères est aussi largement le fait d'une tradition culturelle. Envisagée sous cet angle, l'importation est une véritable démarche volontariste, celle d'emprunter aux autres droits pour perfectionner le sien. Se placer du côté de l'importateur, c'est donc se placer du côté de celui qui fait le libre[877] choix d'emprunter.

---

[877] Même si le caractère libre de l'emprunt peut toujours se nuancer. Par exemple, le Conseil de l'Europe impose le respect d'un certain nombre de standards démocratiques aux Etats désireux d'adhérer. Cf. TORCOL (S.), « L'"internationalisation" des constitutions nationales », *Politeia*, 2005, n° 8, pp. 317-343. Plus spécifiquement à l'Espagne, on peut également citer l'exemple de sa demande d'association à la Communauté économique européenne dans la perspective d'une adhésion future. Malgré les tentatives de maquillage du régime, consistant à en gommer les aspects les plus autoritaires ainsi que la volonté de suivre les recommandations du Fonds Monétaire International et de la Banque mondiale en matière de libéralisation du commerce extérieur et d'ouverture aux investissements étrangers cette première demande d'association fut repoussée par l'Europe des six, peu dupe des manœuvres de l'Espagne pour donner une autre image du régime franquiste. Pourtant, la procédure d'association à la Communauté économique européenne telle que prévue à l'article 238 du Traité de Rome n'imposait pas des conditions relatives à la nature du régime politique, à la différence justement du Conseil de l'Europe qui exigeait expressément que les institutions des Etats membres soient démocratiques et qu'y soient respectés les droits de l'homme. Ce fut cependant principalement cette raison couplée à la situation économique de l'Espagne qui empêcha son adhésion à la CEE et bien évidemment au Conseil de l'Europe, et ce jusqu'à la fin de la dictature. Sur cette question, cf. FERNANDEZ SORIANO (V.), « La CEE face à l'Espagne franquiste. De la mémoire de la guerre civile à la construction politique de l'Europe », *Vingtième siècle. Revue d'histoire*, 2010, n° 108, pp. 85-98, spéc. p. 88 ; RENAUDET (I.), « L'Espagne et l'Europe communautaire : une vieille histoire de famille ? Du rêve d'union au mariage de raison », *AMNIS, Revue de Civilisation Contemporaine Europe/Amérique* [En ligne], 2001, n° 1, pp. 55-63, spéc. p. 57, mis en ligne le 30 juin 2001, URL : http://amnis.revues.org/220, consulté le 29 mai 2016 ; CHEVALLIER (J.) dans « Mondialisation du droit ou droit de la mondialisation », in MORAND (C.-A.)(dir.), *Le droit saisi par la mondialisation*, Bruxelles, Bruylant, 2001, pp. 37-61, spéc. pp. 43-44.

**299.** Cette culture des droits étrangers se retrouve incontestablement chez les auteurs du droit administratif espagnol. Elle a parfois été facilitée par des séjours à l'étranger, au cours desquels certains auteurs espagnols ont vécu en pleine immersion dans une culture juridique qui leur était en principe étrangère[878]. Ces voyages n'expliquent toutefois pas à eux seuls les importations doctrinales, nombreuses, en droit administratif espagnol (section I), et ne font simplement qu'exacerber le phénomène d'emprunt.

**300.** Les importations doctrinales s'accompagnent souvent d'importations techniques (section II), plusieurs acteurs entrant en jeu dans le phénomène d'importation. Le premier acteur qui vient à l'esprit est sans doute le législateur qui, s'inspirant de ses homologues étrangers, transfère une technique ou une institution dans son propre droit. Le juge, également, peut être à l'origine de l'emprunt. La doctrine est cependant un acteur fondamental dans l'importation technique dans la mesure où elle intervient souvent en amont du processus d'emprunt. Les administrativistes espagnols ont en effet assumé le rôle d'intermédiaire, de passeur, entre les droits étrangers et le droit national. Leur rôle est déterminant en ce qu'ils renseignent sur les solutions juridiques adoptées à l'étranger et, le cas échéant, appellent à la réforme en usant de l'argument de droit comparé.

## *Section 1: Les importations doctrinales*

**301.** La doctrine administrativiste espagnole est une doctrine particulièrement ouverte aux influences étrangères[879], si bien que « la connaissance approfondie de la doctrine européenne et, surtout, son maniement courant »[880] constituent sa marque d'identité. A. Gallego Anabitarte remarque que l'Italie mise à part, il y a peu de pays qui sont aussi

---

[878] Le cas d'A. Posada, mentionné précédemment pour illustrer la tradition des voyages d'étude des universitaires espagnols pour se former à l'étranger, n'est qu'un exemple parmi d'autres. En effet, l'action menée par la *Junta para la Ampliación de Estudios*, créée en 1907, a conduit à ce que nombre de futurs professeurs de droit voyagent à travers l'Europe. Cf. *supra*, n° 208.

[879] ALLI ARANGUREN (J.-C.), *La construcción del concepto de derecho administrativo español*, préc., p. 153.

[880] « El conocimiento profundo de la doctrina europea y, sobre todo, su manejo habitual y normal », SANTAMARÍA PASTOR (J.-A.), « La ciencia del derecho administrativo en España: una perspectiva histórica », *préc.*, p. 381.

attentifs que l'Espagne aux droits administratifs étrangers[881]. Une place particulière est accordée aux doctrines française, allemande et italienne[882]. S'il y a une certaine constance dans l'appel à ces pays, on distingue des périodes au cours desquelles la part belle est faite plutôt à l'un ou à l'autre. Pour des raisons politiques expliquées précédemment[883], les références à la doctrine française ont dans un premier temps été majoritaires dans la construction du droit administratif espagnol. Pour des raisons politiques également, elles se sont ensuite amoindries au bénéfice de la doctrine italienne, mais surtout allemande, dont l'influence est déterminante à compter de la seconde moitié du XX^e^ siècle. L'Italie et l'Allemagne se sont en effet hissées comme modèles concurrents à la France, et à ce titre, ont servi de source d'inspiration à l'Espagne. Phénomène culturel assumé, il y a donc une manière espagnole d'étudier le droit administratif qui consiste à en faire un savoir juridique presque dénationalisé (§ 1). Cette manière espagnole d'étudier le droit administratif n'est pas que simple érudition, les auteurs espagnols ont souvent importé des réflexions développées à l'étranger qu'ils ont ensuite réadaptées (§ 2).

### §1) La manière espagnole d'étudier le droit administratif : la dénationalisation du droit administratif

**302.** La manière espagnole d'étudier le droit administratif consiste à connaître et manier la doctrine étrangère. Pour ce faire, l'importation des écrits est le préalable indispensable à la connaissance (A). L'exposition des théories étrangères comme passage obligé d'une étude d'envergure sur le droit administratif en est ensuite le prolongement (B).

---

881 GALLEGO ANABITARTE (A.), « La influencia extranjera en el derecho administrativo español desde 1950 a hoy », préc., p. 80. Il est d'ailleurs intéressant de noter qu'il existait en Espagne des chaires de droit comparé dès le début du XX^e^ siècle, à l'instar de la chaire de droit municipal comparé créée en 1910 à l'Université de Madrid.

882 VILLAR PALASI (J.-L.), *Derecho administrativo. Introducción y Teoría de las normas*, *préc.*, p. 220; GALLEGO ANABITARTE (A.), « La influencia extranjera en el derecho administrativo español desde 1950 a hoy », *préc.*, p. 82.

883 Cf. *supra*, n° 181.

## A) L'importation des ouvrages étrangers comme préalable nécessaire à la connaissance des droits étrangers

**303.** Plus encore que pour l'exportateur, la traduction est l'instrument de l'importateur. Elle est même le préalable indispensable à la connaissance des droits étrangers. La traduction relève donc d'une politique doctrinale, dont la constance se mesure à travers les différentes étapes de construction et de développement du droit administratif espagnol[884]. Elle n'est pas toujours faite depuis la version originale, certaines langues servant d'intermédiaire. Des ouvrages allemands ont ainsi d'abord été traduits en français ou en italien, la version traduite faisant ensuite l'objet d'une traduction espagnole. La traduction est ainsi gage d'une plus grande circulation. Néanmoins, certains ouvrages ont également été directement importés en langue originale et ont circulé en Espagne, au risque d'une diffusion moindre.

**304.** Trois périodes d'ouverture aux droits étrangers se distinguent : 1830-1850 (1), 1890 et 1936 (2) et enfin à partir de 1950 (3). Entre chaque période, il y a cependant des moments moins intenses d'importation voire de repli sur le droit national[885].

### *1) 1re période d'importation d'ouvrages étrangers : 1830-1850*

**305.** Ce sont les ouvrages français qui, les premiers, ont influencé la construction de la science du droit administratif espagnol. Cela résulte du lien historique particulier qui lie la France et l'Espagne, dont il a été fait état précédemment[886]. Dans un premier temps, la décennie 1830-1839, qui précéda celle des premiers véritables auteurs du droit administratif espagnol, fut essentiellement celle de la traduction d'ouvrages français, de science administrative, mais plus largement de droit public. Furent ainsi traduits, sans que la liste soit exhaustive, des ouvrages de C.-J. B. Bonnin[887], G. Bourbon-

---

[884] Pour un recensement assez conséquent des traductions espagnoles des œuvres étrangères, cf. GALLEGO ANABITARTE (A.), « La influencia extranjera en el derecho administrativo español desde 1950 a hoy », *préc.*, pp. 77-80.

[885] Cf. *infra*, n° 544-568.

[886] Cf. *supra*, n° 181.

[887] BONNIN (C.-J. B.), *Compendio de los principios de Administración,* traducido por D. J. M. Saavedra, Madrid, Imprenta de Don José Palacios, 1834.

Leblanc[888], M. R. Gandillot[889], ou encore L.-A. Macarel[890]. La politique de traduction ne s'arrêta pas avec l'apparition des premiers auteurs du droit administratif espagnol. Les ouvrages français venaient cette fois compléter les analyses espagnoles du droit administratif. Avec la génération des francisés notamment[891], et compte tenu du poids politique qu'ils eurent jusque dans les années 1850, la politique de traduction des ouvrages français fut relayée dans les plans d'études adoptés par le gouvernement puisqu'ils en imposaient la lecture[892]. A.-F. A. Vivien vint par exemple s'ajouter à la liste des auteurs français déjà traduits[893].

**306.** Au-delà de la traduction en langue espagnole, qui implique une démarche particulièrement volontariste de l'importateur, les ouvrages étaient souvent, *a minima*, importés en langue originale. Pour preuve la seconde partie de la bibliographie réalisée par F. A. Silvela à la fin de son ouvrage[894], dédiée exclusivement aux auteurs français, dont l'accès était *a priori* possible dans certaines librairies spécialisées dans les ouvrages étrangers[895]. Pour ne citer que quelques exemples, on pouvait y trouver les *Cours de législation administrative* de Portiez de l'Oise[896], le *Droit public et administratif* de A. G. D. Bouchené-Lefer[897], les *Institutes du droit administratif français* de J.-M. De Gerando[898], les *Questions de droit administratif* de Cormenin[899], les *Eléments de jurisprudence administrative ou de droit politique et*

---

888 BOURBON-LEBLANC (G.), *Filosofía política o elementos de la ciencia de gobierno y de administración*, traducido por D. E. de S. P., Madrid, Imprenta de D. Miguel de Burgos, 1ª ed, 1824, 2ª ed, 1834.

889 GANDILLOT (M. R.), *Curso de derecho administrativo*, traducido por D. J. M. Saavedra, Madrid, José Espinosa, 1835.

890 MACAREL (L. A.), *Elementos de derecho político*, traducido por F. Enciso Castrillon, Madrid, Imprenta de Yenes, 1838.

891 Cf. *supra*, n° 182-203.

892 Cf. *supra*, n° 197.

893 VIVIEN (A.-F. A.), *Estudios administrativos*, Madrid, Imprenta Luis Garcia, 1854, traduit en espagnol par A. Hernandez Amores et J. Lopez Somalo.

894 Cf. SILVELA (F.-A.), *Colección de proyectos, dictámenes y leyes orgánicas o Estudios prácticos de Administración*, *préc.*, pp. 375-387.

895 Cf. *idem*, p. 387 et Cf. *supra*, n° 200.

896 PORTIEZ DE L'OISE (L.), *Cours de législation administrative*, Paris, Imprimerie de Testu, imprimeur de l'Empereur, 1808.

897 BOUCHENE-LEFER (A. G. D.), *Droit public et administratif français*, Paris, Imprimerie Royale, 1835.

898 DE GERANDO (J.-M.), *Institutes du droit administratif français*, Paris, Nêve, 1ère éd., 1829-1830.

899 CORMENIN (L.-M.), *Questions de droit administratif*, Paris, Ridler, 1ère éd., 1822.

*administratif* de L.-A. Macarel[900] ou encore les *Eléments de droit public et administratif* de E. V. Foucart[901].

**307.** Les ouvrages français étaient donc largement diffusés en Espagne. Néanmoins, à partir de la décennie 1850, la science du droit administratif espagnol connut un moment de repli sur elle-même[902], marquant un temps d'arrêt dans la politique d'importation d'ouvrages étrangers. Il fallut attendre une quarantaine d'années avant qu'elle ne reprenne réellement.

### *2) 2e période d'importation d'ouvrages étrangers : 1890-1936*

**308.** Une deuxième période qui illustre également une politique active d'importation d'ouvrages étrangers est celle qui commence à la fin du XIXe et qui perdure jusqu'à la guerre civile. Cette fois, les sources furent beaucoup plus diversifiées. Les auteurs français n'étaient plus cités comme seules références scientifiques faisant autorité et furent concurrencés en particulier par les auteurs allemands et italiens. La doctrine espagnole avait tout de même accès aux traductions des études de L. Duguit[903], notamment grâce à A. Posada qui fut son traducteur privilégié[904], de M. Hauriou[905] ou encore de G. Jèze[906]. On ne saurait ici manquer de noter, une fois encore, qu'action de l'exportateur

---

900 MACAREL (L. A.), *Eléments de jurisprudence administrative*, Paris, Dondey-Dupré, 1ère éd., 1818.

901 FOUCART (E. V.) *Eléments de droit public et administratif*, Paris, Videcoq, 2e éd., 1839.

902 Cf. *infra*, n° 545-553.

903 DUGUIT (L.), *La transformación del Estado.* Traducción seguida de un estudio sobre la nueva orientación del derecho político, por Adolfo Posada, Madrid, Francisco Beltrán, 1909; DUGUIT (L.), *Las transformaciones generales del Derecho privado desde el Código de Napoleón*, Traducción de C. G. Posada, Madrid, Blassi y Cia, 1913; DUGUIT (L.), *Las transformaciones del derecho público*, Traducción de A. Posada y R. Jaén, Madrid, Francisco Beltrán, 1917; DUGUIT (L.), *Manual de Derecho constitucional*, Traducción con prólogo y apéndice sobre La representación proporcional por J. G. Acuña, Madrid, Francisco Beltrán, 1921; DUGUIT (L.), *Soberanía y Libertad*, Traducción y Prólogo por J. G. Acuña, Madrid, Francisco Beltrán, 1924.

904 Cf. *supra*, n° 239.

905 HAURIOU (M.), *Principios de Derecho Público y constitucional*, Traducción de C. Ruiz del Castillo, Madrid, Reus, 1927.

906 JEZE (G.), *Los principios generales del derecho administrativo*, Madrid, Reus, 1928; *Principios generales del derecho administrativo*, Buenos Aires, Depalma, 1948-1950, traduction de la 3ème édition de *Les principes généraux du droit administratif*, Paris, L.G.D.J, 3e éd., 1926-1936.

et action de l'importateur s'entremêlent. L. Duguit, M. Hauriou et G. Jèze ont en effet été cités comme exemples d'auteurs français représentatifs de la démarche exportatrice[907]. S'ils encourageaient ainsi la traduction de leurs œuvres, il fallait, pour que cette action soit couronnée de succès, que l'importateur, de son côté, accepte de recevoir, ce qui fut le cas en Espagne. Les auteurs espagnols s'initièrent aussi à la doctrine allemande, que cela soit en langue originale ou grâce à des traductions, par l'intermédiaire de l'œuvre de P. Laband[908] ou d'O. Mayer[909], puis ce furent les ouvrages de R. Von Jhering[910], J. Meyer[911] ou encore G. Jellinek[912] qui firent leur apparition en Espagne. Il en fut de même pour les classiques italiens de droit administratif. On y trouvait notamment G. D. Romagnosi, V. E. Orlando[913].

**309.** Comme pour la période précédente, l'importation d'ouvrages étrangers était au moins faite en langue originale, notamment pour les ouvrages français, la langue française étant à cette époque la langue étrangère la plus souvent maîtrisée par les Espagnols. Certains ouvrages allemands ou italiens circulaient aussi en langue originale. Le français et l'italien servaient également de langue intermédiaire pour connaître la doctrine allemande. Cela

---

907 Cf. *supra*, n° 225-245.

908 Visiblement dans sa version française : LABAND (P.), *Le droit public de l'Empire allemand*, V. Giard, E. Brière, 1900-1904 ; d'après la lecture de GASCÓN Y MARÍN (J.), *Discurso correspondiente a la apertura del curso académico 1944-1945 por el catedrático de derecho administrativo Excmo. Sr. D. José Gascón y Marín*, Madrid, Estades-Artes gráficas, 1944, p. 67.

909 Visiblement dans sa version française : MAYER (O.), *Le droit administratif allemand*, prologue de H. Berthélemy, Paris, V.Giard, E. Brière, 1903-1906, si l'on en croit la bibliographie figurant dans le traité d'A. Posada. Cf. POSADA (A.), *Tratado de derecho administrativo*, Madrid, Librería general de Victoriano Suarez, 2ª ed., 1923.

910 VON IHERING (R.), *Teoría de la Posesión. El fundamento de la protección posesoria*, versión española con el retrato del autor, aumentada con notas criticas, traducido por A. Posada, Madrid, Imprenta de la Revista de Legislación, 1892 ; *La lucha por el derecho*, traducido por A. Posada, Madrid, Librería general de Victoriano Suarez, 1881 ; *Cuestiones jurídicas*, traducido por A. Posada, Madrid, La España moderna, 1893.

911 MEYER (J.), *La Administración y la organización administrativa (Inglaterra, Francia, Alemania y Austria)*, traducido por A. Posada, Madrid, La España moderna, 1892.

912 JELLINEK (G.), *La declaración de los derechos del hombre y del ciudadano*, traducido por A. Posada, Madrid, Librería General de Victoriano Suarez, 1908 ; *Teoría general del Estado*, traducido por F. de Los Ríos, Madrid, Librería General de Victoriano Suarez, 1914.

913 L'ouvrage de V. E. Orlando circulait apparemment en langue originale : ORLANDO (V. E.) (dir.), *Primo Trattato completo di Diritto Amministrativo italiano*, Milan, 1897, à la lecture de la bibliographie du Traité d'A. Posada. Cf. POSADA (A.), *Tratado de derecho administrativo*, Madrid, Librería general de Victoriano Suarez, 2ª ed., 1923.

explique la présence des traductions française ou italienne de P. Laband ou d'O. Mayer.

**310.** Au cours de cette période, les sources étrangères se sont donc diversifiées. La guerre civile mit cependant fin à cette période d'ouverture. Les premières années du régime franquiste furent néanmoins un moment quelque peu particulier dans le recours au droit comparé. Alors même que l'idéologie franquiste fustigeait la « desespagnolisation » de la science espagnole, sa servilité vis-à-vis des influences étrangères[914], elle n'interdisait pas totalement le recours aux exemples étrangers. Toutefois, ces exemples étaient minutieusement sélectionnés en raison de leur conformité aux principes du régime franquiste[915]. Citer les droits allemands, italiens et portugais ne relevait pas du hasard en ce que leur point commun était d'être des droits de régimes totalitaires ou autoritaires[916].

### *3) 3e période d'importation d'ouvrages étrangers : à partir de 1950*

**311.** La dernière période représentative de ce phénomène d'importations doctrinales est celle de la « *generación de la Revista de Administración Pública* »[917], à partir des années 1950. Outre le fait que cette génération symbolisa un tournant dans l'histoire du droit administratif espagnol[918], elle en fut également un pour les importations doctrinales, en ce que l'influence allemande sur la doctrine espagnole devint cette fois prépondérante sur le fond. Cela se traduisit ainsi par la conception du droit administratif adoptée

---

914 Cf. notamment l'exposé des motifs de la Loi du 29 juillet 1943 réformant l'Université. Ley de 29 de julio de 1943, *sobre ordenación de la Universidad española*, B. O. E., n° 212, de 31 de julio de 1943, pp. 7406-7409.

915 Cf. *infra*, n° 564-568.

916 La classification des régimes est souvent source de controverses. Pour J. Chapoutot, le nazisme allemand et le fascisme italien sont des régimes totalitaires tandis que le Portugal est un régime autoritaire dans la mesure où il ne vise pas un « *encadrement total de la société* ». Cf. CHAPOUTOT (J.), *Fascisme, nazisme et régimes autoritaires en Europe (1918-1945)*, Paris, P.U.F., 2013, pp. 199 ; 249. S'il classe l'Espagne également dans la catégorie des régimes autoritaires, il admet qu'à ses débuts « tout semble identifier le nouveau pouvoir espagnol au fascisme », *idem*, p. 263.

917 Appellation employée notamment par SANTAMARÍA PASTOR (J.-A.) « La ciencia del derecho administrativo en España : una perspectiva histórica », *préc.*, p. 370.

918 Cf. *infra*, n° 580-589.

majoritairement par la doctrine espagnole, inspirée des théories allemandes[919]. La différence, du point de vue des ouvrages qui firent leur apparition en Espagne, se mesure surtout par l'intensification de la diversification des sources étrangères. Une information minimum perdura cependant sur la doctrine contemporaine française, certains ouvrages de G. Vedel[920], J. Rivero[921], A. De Laubadère[922] ou encore P. Weil[923] parvenant ainsi en Espagne, mais c'est également les auteurs classiques qui firent l'objet de nouvelles traductions à l'instar de L. Duguit, M. Hauriou[924], G. Jèze[925] ou R. Carré de Malberg[926]. Néanmoins, c'est surtout la doctrine allemande et la doctrine italienne (en ce qu'elle fut également un intermédiaire entre l'Allemagne et l'Espagne) qui firent très largement leur apparition en Espagne. Plusieurs raisons peuvent être avancées pour expliquer ces influences en particulier. Les réformes de l'enseignement secondaire franquistes ont rendu obligatoire l'étude de l'allemand ou de l'italien comme langues vivantes[927]. Dans le même but idéologique que celui poursuivi par cette première réforme franquiste, celui de légitimer l'Etat franquiste autoritaire, les droits allemand et italien devinrent les seuls ayant véritablement droit de cité au titre du droit comparé[928]. On peut supposer néanmoins qu'à partir des années 1950 — ce qui correspond à une période où le franquisme souhaitait modifier l'image qu'il renvoyait à l'international, notamment après la défaite de l'Axe en 1945[929] — la stratégie employée par

[919] Cf. *infra*, n° 345-355.

[920] VEDEL (G.), *Derecho administrativo*, Traducido por J. Rincón Jurado Madrid, Aguilar, 1980.

[921] Son manuel de droit administratif circulait en langue originale si l'on en croit la bibliographie apparaissant dans le Traité d'E. García de Enterría et de T.-R. Fernández. Cf. GARCÍA DE ENTERRÍA (E.), FERNÁNDEZ (T.-R.), *Curso de derecho administrativo*, T. 1, Madrid, Civitas, 1ª ed., 1974.

[922] DE LAUBADERE (A.), *Manual de derecho administrativo*, Traducido por J. Villamizar Herrera, Bogota, Temis, 1984.

[923] WEIL (P.), *Derecho administrativo*,Traducido por L. Rodriguez Zuñiga Madrid, Civitas, 1986.

[924] HAURIOU (M.), *Obra Escogida*, Traducido por J. A. Santamaría Pastor y S. Muñoz Machado, Madrid, Instituto de Estudios Administrativos, 1976.

[925] JEZE (G.) *Principios Generales del Derecho Administrativo*, Tomo I et II, traducido por J. N. San Millán Almagro, Buenos Aires, Editorial Depalma, 1948-1949.

[926] CARRE DE MALBERG (R.), *Teoría general del Estado*, Traducido por J. Lion Depetré Mexico, FCE, 1948.

[927] Cf. Ley del 20 de septiembre de 1938, *sobre reforma de la enseñanza media*, B. O. E., de 23 de septiembre de 1938, n° 86, pp. 1385-1395, spéc. p. 1386; 1389.

[928] Cf. *infra*, n° 564-568.

[929] En 1946, l'ONU décréta un boycott diplomatique contre l'Espagne, conduisant à l'isolement de cette dernière, tant du point de vue économique que de celui de la politique étrangère. Si Franco fit d'abord preuve de dédain vis-à-vis de cette union dont son régime était exclu, il changea cependant de stratégie à partir des années 1950, encouragé par son nouveau gouvernement, majoritairement composé de technocrates en provenance de *l'Opus Dei*. Le

les administrativistes espagnols était cette fois de faire référence aux nouveaux droits allemand et italien, plus avancés dans le domaine de la protection des droits fondamentaux après les expériences du nazisme et du fascisme, afin de légitimer la légalité du régime franquiste, à défaut de la légitimité du régime lui-même.

**312.** Cela se traduisit en premier lieu par le nombre d'ouvrages de langue allemande importés. Outre les rééditions des classiques tels que P. Laband[930], G. Jellinek, O. Mayer[931], c'est aussi la doctrine allemande contemporaine qui entra dans les bibliothèques espagnoles. Le *Droit administratif* de Forsthoff[932] devint ainsi une référence. Le même phénomène s'observe avec la doctrine italienne : nouvelles traductions des classiques du droit administratif italien[933], mais aussi apparition des contemporains à l'instar du *Droit administratif* de M. S. Giannini[934] ou des *Bases du droit administratif* de S. Cassese[935].

---

contexte de la guerre froide aida également. En effet, l'Etat espagnol fut finalement réhabilité au niveau international, « pour des raisons géostratégiques, en tant que dernier rempart de défense face à la préoccupante avancée du Communisme en Europe de l'Est ». Cf. TANGO (C.), *L'Espagne : Franquisme, transition démocratique et intégration européenne 1939-2002*, Genève, Institut européen de l'Université de Genève, 2006, pp. 29-30. En 1953, l'Espagne conclut ainsi avec les Etats-Unis un traité de stationnement des troupes leur permettant un accès à des bases militaires et navales espagnoles, en échange d'une aide militaire et économique. En 1955, l'Espagne fut d'ailleurs acceptée dans l'O.N.U. De même, au départ sceptique face à la construction européenne, le régime franquiste finit par la regarder avec envie. Sa demande d'adhésion à la Communauté économique européenne en 1962 fut cependant repoussée. De même, l'Espagne resta exclue du Conseil de l'Europe jusqu'à la fin du franquisme, en raison « de son régime politique, irrévérencieux de l'État de Droit et insouciant des Droits de l'Homme et incompatible avec les démocraties libérales ». Cf. TANGO (C.), *L'Espagne : Franquisme, transition démocratique et intégration européenne 1939-2002*, *préc.*, p. 49. Cf. également PEREZ (J.), *Histoire de l'Espagne*, *préc.*, pp. 812-813.

930 LABAND (P.), *El derecho Presupuestario*, Madrid, Instituto de Estudios Fiscales, 1979, traduit par J. Zamit.

931 MAYER (O.), *Derecho administrativo alemán*, Buenos Aires, Depalma, 1949, traduit par H. Heredia et E. Krotoschin.

932 FORSTHOFF (E.), *Tratado de derecho administrativo*, Madrid, Instituto de Estudios políticos, 1958, traduit par L. Legaz Lacambra, F. Garrido Falla et R. Gómez de Ortega y Junge.

933 ZANOBINI (G.), *Curso de derecho administrativo*, Buenos Aires, Arayu, 1954, traduit par Masnatta y Ponce; ROMANO (S.), *El ordenamiento jurídico*, Madrid, Instituto de Estudios políticos, 1963, traduit par S. Martin-Retortillo y L. Martin-Retortillo; ORLANDO (V. E.), *Principios de Derecho Administrativo*, Madrid, INAP, 1978, traduit par A. Rodriguez Bereijo.

934 GIANNINI (M. S.), *Derecho administrativo*, Madrid, INAP, 1991, traduit par L. Ortega.

935 CASSESE (S.), *Las bases del derecho administrativo*, Madrid, INAP, 1994, traduit par L. Ortega.

**313.** La doctrine espagnole ne se contenta toutefois pas de traduire des ouvrages étrangers et ne se limita pas à la seule information sur les doctrines étrangères. La connaissance approfondie des théories étrangères se mesure aussi à travers leur maniement ordinaire, au sein des études espagnoles dédiées au droit administratif. Les auteurs espagnols ne s'en tiennent pas qu'à la connaissance de la pensée étrangère, ils l'exposent précisément.

### B) L'exposition des doctrines étrangères comme passage obligé dans les études de droit administratif

**314.** La manière espagnole d'étudier le droit administratif se caractérise surtout par le fait qu'elle en devient une analyse quasiment dénationalisée du droit administratif, dans la mesure où le droit national n'est pas le référentiel premier. Là encore, plusieurs périodes se dessinent dans la façon de procéder. Leur point commun reste néanmoins l'exposition systématique de la doctrine étrangère au sein des études espagnoles, qui semble dès lors être un passage obligé pour quiconque prétend à une étude d'envergure sur le droit administratif. A. Gallego Anabitarte, dans son étude consacrée à l'influence étrangère sur le droit administratif espagnol, fait d'ailleurs une distinction selon les genres d'ouvrages doctrinaux, en remarquant que l'on retrouve des références étrangères avant tout dans les ouvrages « de grande ambition théorico-juridique et historique »[936], c'est-à-dire dans les Traités ou les Cours. A l'inverse, les simples manuels, par principe moins ambitieux, se limiteraient surtout à l'analyse du droit positif espagnol, ne mentionnant éventuellement des références étrangères qu'à l'occasion d'une bibliographie finale.

**315.** Les variations selon les époques se font au niveau de la place accordée aux droits étrangers, allant d'une exposition largement prépondérante des théories étrangères, à une répartition plus équilibrée entre droit espagnol (qu'il s'agisse du droit positif ou d'analyses théoriques) et droits étrangers, impliquant souvent une véritable réappropriation des apports étrangers, voire une distance critique. Ces époques — les mêmes que celles mentionnées pour les importations d'ouvrages — se différencient enfin surtout en fonction des sources étrangères mobilisées, françaises dans un premier temps, pour se diversifier très largement par la suite. Les périodes sont identiques à celles

---

[936] GALLEGO ANABITARTE (A.), « La influencia extranjera en el derecho administrativo español desde 1950 a hoy », p. 81.

déterminées pour les importations : 1830-1850 (1), 1890-1936 (2), à partir de 1950 (3).

### *1) 1re période d'ouverture aux influences étrangères : 1830-1850*

**316.** La décennie 1830-1839 est assez symptomatique des excès possibles dans l'usage des droits étrangers, donnant l'impression d'un simple catalogue de références françaises. L'ouvrage d'A. Silvela[937] commençait ainsi par des traductions puis l'explication de textes français[938], laissant assez peu de place, quantitativement parlant, au droit espagnol. Il faut dire aussi qu'avec cet ouvrage, l'auteur n'avait aucune ambition théorique[939] et visait au contraire à inciter à la réforme administrative en s'inspirant de l'exemple français[940].

**317.** Le rapport droit étranger-droit espagnol évolue néanmoins logiquement à partir des ouvrages des premiers administrativistes espagnols dont l'ambition théorique était cette fois nettement plus affirmée. A compter de la décennie 1840 et jusqu'à la période contemporaine, A. Gallego Anabitarte considère ainsi que

> « la relation entre le Droit étranger et le Droit administratif espagnol semble être la même à travers les différentes époques ; avec un droit positif propre, c'est-à-dire une législation et une jurisprudence assez développées — bien plus que dans l'immense majorité du reste du monde —, la doctrine administrativiste espagnole eut à cœur de connaître, de dialoguer, de

---

937 SILVELA (F.-A.), *Colección de proyectos, dictámenes y leyes orgánicas o Estudios prácticos de Administración, préc.*

938 Sont par exemple retranscrits et expliqués le *Rapport de la Commission chargée d'informer sur le projet de loi municipale, rédigé par M. Vivien, et lu à la session du 26 avril 1836 devant la chambre des députés* (pp. 3-68) ; les *lois des 21 mars 1831 sur l'organisation municipale en France et du 18 juillet 1837 sur les attributions municipales en France* (pp. 69-102), ou encore le *décret royal du 18 septembre 1839 réorganisant le Conseil d'Etat en France* (pp. 317-322).

939 SILVELA (F.-A.), *Colección de proyectos, dictámenes y leyes orgánicas o Estudios prácticos de Administración*, préc., p. XXXV.

940 Cf. SILVELA (F.-A.), *Colección de proyectos, dictámenes y leyes orgánicas o Estudios prácticos de Administración, préc.*, pp. III-XLI.

critiquer et d'assumer, le cas échéant, les doctrines allemande, française et italienne »[941].

**318.** S'il est possible de nuancer quelque peu les propos de cet auteur, en remarquant que ce rapport n'est pas aussi constant compte tenu des périodes de fermeture sur l'étranger de la doctrine espagnole[942], le constat reste relativement vrai pour les périodes d'ouverture aux droits étrangers identifiées.

**319.** En ce qui concerne la période 1840-1850, les auteurs espagnols continuèrent de faire appel essentiellement aux sources françaises, ce qui ne les empêcha pas de se les réapproprier, pour ensuite systématiser le droit positif espagnol. Dès le prologue du premier tome de ses *Eléments de droit administratif*[943], M. Ortiz de Zuñiga insistait sur le fait que la science de l'Administration « s'est enrichie avec la publication d'œuvres étrangères »[944], faisant ensuite référence aux *Principes de l'Administration* de C.-J. B. Bonnin, aux *Institutions de droit administratif* de J.-M. De Gerando, aux *Eléments de droit public et administratif* d'E.-V. Foucart, au *dictionnaire de droit public et administratif* de Huard-Delamarre et A. Le-Rat de Magnitot, au *Code administratif* de Fleurigeon ou encore aux *Eléments de l'Administration pratique* de C.-J. Lalouette. C'est en revanche essentiellement à C.-J. B. Bonnin qu'il fit appel ensuite dans ses développements, notamment lorsqu'il s'agissait de définir la science de l'Administration ou encore le droit administratif[945], quitte à prendre quelques distances avec certaines de ses définitions[946]. Dans ce chapitre introductif sur l'Administration et le droit administratif appréhendés de manière générale, M. Ortiz de Zuñiga

---

[941] « La relación entre el Derecho extranjero y el Derecho administrativo español parece ser la misma a través de las diferentes épocas; con un proprio derecho positivo, legislación y jurisprudencia bastante desarrollados –mucho mas que la inmensa mayoría del resto del mundo-, la doctrina jurídico-administrativa española ha tenido gala conocer, dialogar, criticar y asumir, en su caso, la doctrina alemana, francesa e italiana », GALLEGO ANABITARTE (A.), « La influencia extranjera en el derecho administrativo español desde 1950 a hoy », *préc.*, p. 82

[942] Cf. *infra*, n° 544-568.

[943] ORTIZ DE ZUÑIGA (M.), *Elementos de derecho administrativo*, Granada, Imprenta y Librería de Sanz, 1842-1843.

[944] ORTIZ DE ZUÑIGA (M.), *Elementos de derecho administrativo*, Tomo 1, Granada, Imprenta y Librería de Sanz, 1842, p. X.

[945] *Idem*, pp. 1-20

[946] *Idem*, p. 11.

convoquait aussi bien la doctrine française par l'intermédiaire de C.-J. B. Bonnin, que la doctrine espagnole représentée par J. de Burgos (lui-même fortement admiratif du modèle français), pour construire sa propre délimitation de la matière[947].

**320.** De la même façon, M. Colmeiro faisait de nombreuses références à L.-M. Cormenin à qui il semblait reconnaître une dette scientifique, s'excusant par avance de ne pas parvenir à son niveau dans un avertissement au lecteur de la 2e édition de son ouvrage[948]. La façon de faire est plus ou moins identique à celle de M. Ortiz de Zuñiga. Son ouvrage commence par un premier livre consacré à la « science pure ou l'administration in abstracto »[949]. Les références à la France y sont nombreuses et l'appel à L.-M. Cormenin est présent dès la 1re édition[950]. Encore une fois, analyse française et analyse espagnole se croisent sur un même objet jusqu'à ce que M. Colmeiro soit explicite en introduisant son deuxième livre par l'avertissement suivant : « jusqu'à présent, nous avons considéré uniquement la science pure ou l'Administration in abstracto ; mais à partir de maintenant, nous concrétisons nos études en Espagne, et nous entreprenons l'exposition de son droit administratif »[951]. Malgré cet avertissement, il sollicitait également d'autres auteurs étrangers dans l'analyse qu'il faisait du droit administratif espagnol, à

---

947 A. Nieto explique plus précisément la méthode d'Ortiz de Zuñiga : « En général, sa manière d'exposer est très simple : chaque chapitre est constitué d'un extrait de la législation en vigueur, éclairée éventuellement par quelques observations critiques de bon sens et introduite par une idée-clé de l'un des auteurs déjà cités ». Il remarque alors qu' « on voit ainsi comment les opinions de Bonnin ont été reprises presqu'une douzaine de fois ». NIETO GARCÍA (A.), « Influencias extranjeras en la evolución de la ciencia española del derecho administrativo », *préc.*, pp. 55-56.

948 « La nouveauté du style dans cette partie de l'ouvrage ne surprendra que les personnes peu versées dans les études du droit administratif car le mérite de cette innovation revient à M Cormenin. L'auteur se contentera d'avoir emboité, avec plus ou moins de bonheur, le pas de ce publiscite et justifiera les erreurs de cet essai en invoquant le fait qu'il s'agit d'un sujet nouveau pour lui et que la jurisprudence adminstrative n'est pas aussi bien installée en Espagne que dans l'empire voisin ». COLMEIRO (M.), *Derecho administrativo español*, T. 1, Madrid, Librerías de Don Ángel Calleja, 2ª edición, 1858, p. VI.

949 « La ciencia pura o la administración en abstracto », COLMEIRO (M.), *Derecho administrativo español*, T. 1, Madrid, Librerías de Don Ángel Calleja, 1ª edición, 1850, p. 28.

950 *Idem*, pp. 18, 25.

951 « Hasta aquí hemos considerado únicamente la ciencia pura o la administración en abstracto; pero desde ahora concretamos nuestros estudios a la España, y emprendemos la exposición de su derecho administrativo », COLMEIRO (M.), *Derecho administrativo español*, T. 1, Madrid, Librería de Don Ángel Calleja, 1ª edición, 1850, p. 28.

l'instar de L.- A. Macarel[952], ou de A.-F. A. Vivien[953]. D'autres auteurs, représentatifs de cette période, tels qu'A. Oliván ou J. Posada Herrera auraient également pu être cités pour illustrer cette manière d'exposer les droits étrangers.

**321.** Il faudra ensuite attendre la fin du XIX^e siècle pour que débute une nouvelle période d'ouverture aux influences étrangères.

### 2) *2^e période d'ouverture aux influences étrangères : 1890-1936*

**322.** L'exposition du droit administratif étranger n'empêcha pas non plus à cette époque les réflexions sur le droit administratif espagnol lui-même[954]. Ce qui varie réellement en fonction des époques ce n'est donc pas tant le rapport quantitatif entre droits étrangers et droit espagnol, que la diversification des pays de référence, conséquence logique de l'élargissement de la politique de traduction mentionnée précédemment. Cette nouvelle période de diversification débuta avec ce qu'A. Nieto appelle la rénovation de la science espagnole[955], à compter de la dernière décennie du XIX^e siècle. La méthode d'exposition commune à ces auteurs consiste cette fois à consacrer des développements conséquents aux droits étrangers en guise de chapitre introductif de leurs ouvrages, en terminant le plus souvent par le droit espagnol.

**323.** Le premier chapitre du *Traité de droit administratif*[956] de J. Gascón y Marín était ainsi dédié au « développement historique du droit administratif »[957], de manière générale, et commence par la description du droit administratif en France. Les références doctrinales y sont nombreuses et

---

952 *Idem*, p. 83.

953 *Idem*, p. 30.

954 Cf. i*nfra*, n° 569-597. Cependant, pour une appréciation plus négative des apports théoriques de cette génération d'auteurs, cf. SANTAMARÍA PASTOR (J.-A.), « La ciencia del derecho administrativo en España : una perspectiva histórica », *préc.*, p. 368.

955 Cf. la périodisation des auteurs opérée par A. Nieto : NIETO GARCÍA (A.), « Influencias extranjeras en la evolución de la ciencia española del derecho administrativo », préc., p. 64.

956 GASCÓN Y MARÍN (J.), *Tratado de derecho administrativo*, Madrid, Imprenta Clásica española, 1^a éd., 1917.

957 *Idem*, pp. 13-28.

ne se limitent pas à la doctrine contemporaine[958]. S'ensuivent des développements sur le droit administratif en Allemagne. La naissance du droit administratif allemand et, partant, de la science du droit administratif y est relatée depuis l'apparition de la science de la Police[959], avant d'évoquer les auteurs contemporains[960]. Les détours par l'étranger se poursuivent ensuite avec le droit administratif italien[961]. Les droits administratifs anglo-saxons et belges étaient également recensés[962], avant d'arriver à l'exposition du droit administratif espagnol[963]. Par ailleurs, J. Gascón y Marín ne mobilisait pas uniquement les sources étrangères pour des développements historiques sur le droit administratif. Elles lui servaient aussi pour ses analyses théoriques ou celles de droit positif. Ainsi, il retranscrivait littéralement les définitions du droit administratif données par les auteurs étrangers[964], aux côtés de celles proposées par les auteurs espagnols. J. Gascón y Marín était d'ailleurs bien conscient de sa façon de procéder, puisqu'il expliquait lui-même que le premier volume de son *Traité de droit administratif* contenait plus de 500 pages consacrées « aux sources de connaissance du droit administratif et à la doctrine générale, conformément aux nouvelles orientations des doctrines juridiques française, espagnole, allemande, italienne et anglo-saxonne »[965]. Pour A. Nieto García, ces longues pages de définitions tombaient cependant dans l'excès d'érudition et ont contribué à la mauvaise réputation de J. Gascón y Marín auprès de générations entières d'étudiants[966].

---

[958] Les pères fondateurs du droit administratif apparaissent aux côtés des A.-F. A. Vivien, S. J. Boulatignier, F. Laferrière, G. Dufour, A. Batbie, T. Ducrocq, puis M. Hauriou, L. Duguit, H. Berthélémy, G. Jèze ou encore R. Bonnard. Cf. GASCÓN Y MARÍN (J.), *Tratado de derecho administrativo, préc.*, pp. 15-17.

[959] Avec J. H. G. Von Justi.

[960] Tels que R. Von Mohl, L. Von Stein, O. Mayer, -P. Laband. Cf. GASCÓN Y MARIN (J.), *Tratado de derecho administrativo, préc.*, pp. 18-19.

[961] En commençant par G. D. Romagnosi, puis G. Manna, pour arriver à V. E. Orlando ou encore S. Romano. *Idem*, pp. 19-22.

[962] *Id.*, pp. 22-25.

[963] *Id.*, pp. 25-28.

[964] *Id.*, pp. 44-65.

[965] Cf. GASCÓN Y MARÍN (J.), « La doctrine administrative en Espagne », *R.I.S.A.*, 1956, pp. 5-10, spéc. p. 7. Effectivement, après 160 pages de « préliminaires » employées à des développements historiques et des questions de définitions, la deuxième partie de l'ouvrage est intitulée « doctrine générale » et traite des grands thèmes du droit administratif, toujours de manière dénationalisée. Cf. GASCÓN Y MARÍN (J.), *Tratado de derecho administrativo, préc.*, pp. 176-567.

[966] Cf. NIETO GARCÍA (A.), « Influencias extranjeras en la evolución de la ciencia española del derecho administrativo », *préc.*, p. 67.

**324.** Le même constat peut se faire avec A. Royo Villanova. Dans ses *Eléments de droit administratif*, il usait abondamment des références aux auteurs étrangers, en particulier italiens[967], notamment dans les premiers chapitres introductifs, moins centrés sur le droit positif. Dans le reste de son ouvrage, A. Royo Villanova n'abandonnait pas pour autant les références étrangères, à tel point que F. Sosa Wagner remarque que « la façon de narrer attire l'attention, car à de nombreuses reprises le droit espagnol est abordé au sein d'épigraphes séparées et dans une police plus petite, comme s'il s'agissait de la partie spécifique d'un discours général construit sur les doctrines et expériences étrangères »[968].

**325.** Pour A. Gallego Anabitarte, lorsque l'on examine de plus près cette époque, « il n'y a pas de doute sur le fait que le Droit administratif espagnol attire l'attention en raison de la quantité de citations d'auteurs français, italiens et allemands, tant en notes de bas de page que dans le corps de texte »[969]. J. Gascón y Marín et A. Royo Villanova sont, quantitativement parlant, les plus représentatifs de ce phénomène. Ce qui frappe immédiatement à la lecture de leurs ouvrages « c'est l'abondance de doctrine administrativiste étrangère, que ce soit sous la forme de citations doctrinales, ou, comme c'est surtout le cas pour la France, de décisions du Conseil d'Etat ou du Tribunal des Conflits »[970]. Mais ils ne sont pas les seuls auteurs que l'on pourrait citer. Pour s'en convaincre totalement, il suffit de consulter les ouvrages d'A. Posada[971], qui

---

967 Le premier chapitre portant sur le concept de droit administratif mobilise notamment les définitions de G. Zanobini, F. Cammeo, E. Presutti, F. d'Alessi, L. Meucci, O. Ranelletti, V.E. Orlando, L. Raggi. Cf. ROYO VILLANOVA (A.), *Elementos de derecho administrativo*, 21ª ed., Valladolid, Librería Santaren, 1948, pp. 7-21.

968 SOSA WAGNER (F.), *Juristas en la Segunda República*, Madrid, Marcial Pons, 2009, p. 136. Cela se vérifie notamment si l'on examine le chapitre sur les fonctionnaires publics : ROYO VILLANOVA (A.), *Elementos de derecho administrativo*, Valladolid, Librería Santaren, 21ª ed., 1948, pp. 136-191 ; ou encore celui sur l'administration coloniale: *Idem*, pp. 325-334.

969 « No hay duda de que el Derecho administrativo español llama la atención por la cantidad de citas de autores franceses, italianos y alemanes, tanto en notas a pie de pagina como en el proprio texto », GALLEGO ANABITARTE (A.), « La influencia extranjera en el derecho administrativo español desde 1950 a hoy », *préc.*, p. 80.

970 « Es la abundancia de doctrina jurídico-administrativa extranjera, tanto en forma de citas doctrinales como, sobre todo en el caso francés, de decisiones del Consejo de Estado y del Tribunal de Conflictos », GALLEGO ANABITARTE (A.), « La influencia extranjera en el derecho administrativo español desde 1950 a hoy », *préc.*, p. 81.

971 Cf. notamment A. Nieto qui fait une liste des auteurs étrangers cités par A. Posada: NIETO GARCÍA (A.), « Influencias extranjeras en la evolución de la ciencia española del derecho administrativo », *préc.*, pp. 64-65. Une des particularités de son *Traité de droit administratif* était que la bibliographie qui y figurait en toute fin consistait en une exposition des apports principaux d'auteurs étrangers, à la manière de fiches de lecture. On y trouvait ainsi une synthèse sur la pensée de M. Hauriou, de H. Berthélémy, d'O. Mayer, de V. E. Orlando,

« était un lecteur vorace, qui emmagasinait inlassablement dans ses ouvrages les opinions d'auteurs européens et américains »[972], ceux de R. Fernández de Velasco, qui était « ouvert à tous les courants européens, que non seulement il citait, mais qu'en plus il avait lu et compris »[973], ou ceux de J. Nemesio Guenechea — à propos duquel A. Nieto García disait d'ailleurs qu'« aucun d'entre nous n'a étudié avec autant d'attention les auteurs étrangers que le Père Guenechea »[974].

**326.** Il est donc admis que cette période est celle de « la réception en Espagne du droit administratif européen »[975], les représentants de cette génération ayant introduit « pleinement en Espagne les conquêtes du droit administratif européen »[976]. On attribue souvent à A. Posada le rôle d'introducteur de la doctrine allemande, à A. Royo Villanova, la reprise de la pensée italienne et à J. Gascón y Marín les emprunts aux auteurs français. Cette différenciation est néanmoins trop « simpliste »[977] en ce qu'elle ne rend pas assez compte de l'enchevêtrement des influences étrangères chez un même auteur de cette génération. L'exemple d'A. Posada est à cet égard éclairant. Il est de notoriété publique qu'il figurait parmi les auteurs « de formation germanique »[978]. Mais il fut dans le même temps le principal

---

d'A. Brunialti, de P. Errera ou encore de F. J. Goodnow. Cf. POSADA (A.), *Tratado de derecho administrativo*, Madrid, Librería general de Victoriano Suarez, 2ª ed., 1923, pp. 325-411.

972 « Era un lector voraz, que infatigablemente iba almacenando en sus obras opiniones de los autores europeos y americanos », NIETO GARCÍA (A.), « Influencias extranjeras en la evolución de la ciencia espanola del derecho administrativo », *préc.*, p. 64.

973 « Abierto a todas las corrientes europeas, no solo cita, sino que además ha leído y comprendido a quienes cita », cf. NIETO GARCÍA (A.), « Influencias extranjeras en la evolución de la ciencia española del derecho administrativo », *préc.*, p. 68. R. Fernández de Velasco était particulièrement réceptif à la pensée de M. Hauriou, avec qui il avait des échanges puisque ce dernier lui préfaça un de ses ouvrages sur l'acte administratif. C'est d'ailleurs R. Fernández de Velasco qui lui rendit hommage dans une nécrologie publiée à la *Revista de Derecho Privado* dans laquelle M. Hauriou avait d'ailleurs écrit. Cf. FERNÁNDEZ DE VELASCO (R.), « Maurice Hauriou », *Revista de Derecho Privado*, 1929, n° 190-191, pp. 225-227.

974 « Nadie entre nosotros ha estudiado con mayor atención los autores extranjeros que el Padre Guenechea », NIETO GARCÍA (A.), « Influencias extranjeras en la evolución de la ciencia española del derecho administrativo », *préc.*, p. 66.

975 « La recepción en España del derecho administrativo europeo », GASCÓN HERNÁNDEZ (J.), « Evolución y panorama actual del derecho administrativo », *Revista de la real academia de jurisprudencia y legislación*, 1954, n° 9, pp. 5-30, spéc., p. 8.

976 « Plenamente en España las conquistas del Derecho Administrativo europeo », *ibidem*.

977 « Simplista », *ibid.*

978 NIETO GARCIA (A.), « Influencias extranjeras en la evolución de la ciencia española del derecho administrativo », *préc.*, p. 65.

introducteur de L. Duguit et adhérait vraisemblablement à sa théorie de l'Etat, en tant que système de services publics[979]. Cette génération d'auteurs se distingue donc par la variété de ses sources d'inspiration. La guerre civile va toutefois avoir des répercussions importantes sur la science du droit administratif espagnole qui tomba dans l'inertie, « végétant »[980] jusqu'en 1950.

### *3) 3e période d'ouverture aux influences étrangères : à partir de 1950*

**327.** C'est dans les années 1950 que l'on peut identifier une troisième période d'ouverture aux droits étrangers qui se traduit aussi par une grande quantité de références étrangères. La diversification des sources s'intensifia plus encore, mais c'est surtout la manière d'utiliser ces sources qui différa quelque peu à partir de ce moment. Cette génération d'auteurs espagnols contribua quasiment à une renaissance de la science espagnole grâce à sa grande créativité[981]. La manière espagnole d'étudier le droit administratif devint véritablement originale en ce que leur ouverture sur l'étranger n'empêchait pas les auteurs espagnols de réaliser une analyse pointue du droit positif espagnol[982] ni d'être à l'origine d'apports théoriques substantiels.

**328.** Le premier tome du *Traité de droit administratif* de F. Garrido Falla est un bon exemple[983]. On reconnaît une fois encore cette façon d'entamer l'étude en consacrant des développements théoriques aux notions d'Administration, de droit administratif, ceci en ayant recours aux définitions d'auteurs étrangers, ainsi qu'à des analyses des évolutions historiques des différents modèles européens (notamment en opposant le régime administratif français au régime anglo-saxon). En 1958, F. Garrido Falla consacrait donc près de 200 pages introductives à une analyse dénationalisée du droit

---

979 Cf. FERNÁNDEZ (T.-R.), « Duguit lu : l'Espagne », *préc.*, pp. 259-263.

980 NIETO GARCÍA (A.), « Crónica de los cien primeros números de la Revista de Administración Pública », in NIETO GARCÍA (A.), *34 artículos seleccionados de la Revista de Administración Pública con ocasión de su centenario*, Madrid, I.N.A.P., 1983, pp. 69-95, spéc. p. 70.

981 Cf. *infra*, n° 580-589.

982 Il faut dire aussi qu'à cette époque apparaissent des grandes lois administratives dont certaines sont toujours en vigueur. Cf. *infra*, n° 583-584.

983 GARRIDO FALLA (F.), *Tratado de derecho administrativo*, Madrid, Instituto de estudios políticos, 1958.

administratif. Les analyses du droit positif espagnol qui suivaient étaient également régulièrement enrichies de références aux auteurs étrangers, sa démarche consistant à confronter — et le cas échéant à accepter ou rejeter — les théories étrangères à la réalité espagnole. Les développements sur la théorie de la personnalité juridique de l'Etat par exemple, s'enrichissent des analyses italiennes, françaises et allemandes[984].

**329.** Le représentant le plus symbolique de cette génération d'auteurs est E. García de Enterría. Il révélait ainsi lui-même son attrait pour les droits étrangers, le justifiant par l'insatisfaction qu'il ressentait à la lecture de la littérature administrativiste espagnole, qu'il jugeait insuffisante :

> « Je me suis procuré, par l'intermédiaire d'amis, les ouvrages des grands administrativistes français et italiens de l'époque. C'est à ce moment-là que je découvris le droit administratif. Il y a surtout un nom qui me fascina tout particulièrement, celui de Maurice Hauriou, qui est l'un des plus grands noms de l'histoire du Droit Administratif français »[985].

**330.** Cet attrait expliqua ses nombreux voyages à l'étranger, pour compléter sa formation :

> « Je dois ma formation, en partie, aux droits administratifs français et italien, que j'ai étudiés de manière systématique [...]. Mais cependant, déjà avant de devenir Professeur, j'avais le souci de me former dans d'autres centres que ceux français et italien, et j'ai étudié à la London School of Economics, ce qui me fut extrêmement utile. Une fois professeur, et après avoir étudié l'allemand, j'ai passé plusieurs étés dans les

---

984 *Idem*, pp. 284-291.

985 « Me procuré, a través de amigos, los libros de los grandes administrativistas franceses e italianos de ese momento. Es entonces cuando yo descubro el Derecho administrativo. Sobre todo hay un nombre que me fascinó especialmente, que fue el de Maurice Hauriou, que es uno de los grandes nombres de la historia del Derecho Administrativo francés », GARCÍA DE ENTERRÍA (E.) « Mi propia semblanza », in *Eduardo García de Enterría. Semblanzas de su vida y de su obra*, Madrid, Civitas, 2014, pp. 55-63, spéc. p. 57.

Universités de Munich et de Tübingen, en Allemagne »[986].

**331.** Cette brève confession ne que peut convaincre du cosmopolitisme d'E. García de Enterría. La première édition de son *Cours de droit administratif* date de 1974, ses premiers écrits étant consacrés à des études plus spécialisées. On retrouve de nombreuses références étrangères dès ses études d'ampleur sur le droit administratif.

**332.** Même s'il s'est agi essentiellement, jusqu'à présent, d'examiner la part faite aux références étrangères, et la manière de les exposer, dans les Traités d'envergure dédiés au droit administratif, ce même constat peut aussi se faire à propos des monographies. L'ouvrage de J. L. Meilan Gil sur *Le processus de définition du Droit administratif*[987] en est ainsi un exemple probant en ce que l'exposition des théories étrangères emprunte les mêmes procédés que dans les Traités. Ce constat se prolonge enfin dans des articles étoffés développant, en général, des réflexions théoriques. L'article de F. Garrido Falla « Sur le droit administratif et ses idées cardinales »[988], ainsi que celui de S. Muñoz Machado sur « Les conceptions du droit administratif et l'idée de participation à l'Administration »[989] illustrent également bien cette manière espagnole d'étudier le droit administratif.

**333.** Enfin, on peut citer la *Revista de Administración Pública*, créée en 1950, comme preuve supplémentaire de cette intensification de l'ouverture aux droits étrangers (et dont E. García de Enterría fut un des acteurs

---

[986] « Mi formación se debe, por una parte, al Derecho administrativo francés y al italiano, que he estudiado de manera sistemática [...]. Ahora bien, ya antes de ser Catedrático, tengo la preocupación de formarme en otros centros distintos del francés y el italiano, y paso una temporada en la London School of Economics, que me fue enormemente útil. Y ya siendo Catedrático, y después de haber estudiado el alemán, paso varios veranos en las Universidades de Munich y de Tubinga, en Alemania ». GARCÍA DE ENTERRÍA (E.) « Mi propia semblanza », in *Eduardo García de Enterría. Semblanzas de su vida y de su obra*, Madrid, Civitas, 2014, pp. 55-63, p. 59.

[987] MEILAN GIL (J.-L.), *El proceso de la definición del Derecho administrativo*, Madrid, Escuela Nacional de Administración Pública, 1967.

[988] GARRIDO FALLA (F.), « Sobre el derecho administrativo y sus ideas cardinales », *R.A.P.*, 1952, n° 7, pp. 11-50.

[989] MUÑOZ MACHADO (S.), « Las concepciones del derecho administrativo y la idea de participación en la Administración », *R.A.P.*, 1977, n° 84, pp. 519-535.

principaux, participant à cette impulsion). Cette revue, qui symbolisa la renaissance de la science du droit administratif espagnol, allant jusqu'à être utilisée pour désigner cette nouvelle génération d'auteurs (la « generación de la Revista de Administración Pública »), est particulièrement exemplaire du point de vue du droit comparé[990]. Elle devançait même ses homologues européens, en tant que revue entièrement consacrée au droit administratif[991], dans la mesure où dès sa naissance, une section fut spécialement destinée aux droits étrangers[992]. Comme l'expliquait E. García de Enterría cette ouverture scientifique sur l'international fut déterminante « à une époque où les frontières espagnoles étaient virtuellement fermées. Les revues étrangères, obtenues surtout par le biais d'échanges avec la nôtre, ainsi que par nos voyages personnels à l'étranger, à la recherche sans cesse de matériel bibliographique nouveau, nous préservèrent dans les faits d'un dangereux isolement »[993].

**334.** La Revue permettait donc une information régulière sur les droits étrangers, préalable indispensable à leur bon maniement. Si l'on y retrouve les trois pays qui ont traditionnellement influencé le droit administratif espagnol,

---

[990] Elle n'est cependant pas la seule : ont ensuite suivi la voie qu'elle avait tracée, les revues *Documentación administrativa*, créée en 1958, puis la *Revista española de derecho administrativo*, créée en 1974 par E. García de Enterría.

[991] Cf. A. Gallego Anabitarte qui parle même de « supériorité de la Revue d'Administration Publique, sur cet aspect, par rapport aux autres revues européennes ». Cf. GALLEGO ANABITARTE (A.), « La influencia extranjera en el derecho administrativo español desde 1950 a hoy », *préc.*, p. 80. Il y avait certes déjà la *Revista de Derecho público* qui se démarquait par son ouverture précoce sur l'étranger, mais son objet d'étude était plus large, et elle n'était ainsi pas spécifiquement dédiée au droit administratif. Cf. SOSA WAGNER (F.), *Juristas en la Segunda República*, *préc.*, p. 178.

[992] Section intitulée « Crónica administrativa-extranjera ». Par ailleurs, on peut également trouver des études dédiées aux droits étrangers mêlées aux études consacrées au droit espagnol dans la section plus substantielle intitulée « Estudios ».

[993] Cf. GARCÍA DE ENTERRÍA (E.), *Ius publicum Network Review*, n° 1 spécial, 2010, p. 6. Cf. également « Para una historia interna de la RAP », *R.A.P.*, 1999, n° 150, pp. 611-621, spéc. p. 619.

à savoir, la France[994], l'Italie[995] et l'Allemagne[996], bien d'autres vinrent allonger la liste des études sur les droits étrangers. En examinant les dix premières années de la *Revista de Administración Pública*, on constate ainsi qu'ont été publiées, des études — sur des aspects très particuliers ou au contraire beaucoup plus généraux — portant sur les droits administratifs des Etats-Unis[997], de l'Angleterre[998], de la Belgique[999], de la Russie[1000], de l'Argentine[1001], du Maroc[1002] et plus généralement des pays arabes, du Brésil et de Porto Rico[1003], de la Hongrie[1004] de la Grèce[1005], ou encore de la

---

994 BALLARÍN MARCIAL (A.), « Aspectos del Derecho Administrativo Agrario en Francia. El remembrement o concentración parcelaria », *R.A.P.*, 1950, n° 2, pp. 257-270; RIVERO (J.), « Los principios generales del Derecho en el Derecho Administrativo francés contemporáneo », *R.A.P.*, 1951, n° 6, pp. 289-300; LETOURNEUR (M.), « El control de los hechos por el Consejo de Estado francés », *R.A.P.*, 1952, n° 7, pp. 219-227; PÉREZ OLEA (M.), « La Escuela Nacional de Administración Francesa », *R.A.P.*, 1954, n° 14, pp. 241-295; GONZÁLEZ-PÉREZ (J.), « Consideraciones sobre el contencioso francés », *R.A.P.*, 1954, n° 15, pp. 11-90; NIETO GARCÍA (A.), « Sobre algunas remuneraciones ajenas al sueldo en los funcionarios franceses », *R.A.P.*, 1959, n° 28, pp. 309-317.

995 TENA IBARRA (J. I.), « La región en la nueva Constitución italiana », *R.A.P.*, 1950, n° 1, pp. 235-260; BALLARÍN MARCIAL (A.), « La reforma agraria en Italia », *R.A.P.*, 1951, n° 5, pp. 299-324; SILVA MUÑOZ (F.), « Estudio comparado de la legislación española y de la italiana sobre la inversión de capitales extranjeros », *R.A.P.*, 1959, n° 30, pp. 275-290.

996 JELLINEK (W.), « Alemania como Estado de Derecho », *R.A.P.*, 1951, n° 6, pp. 347-352; NIETO GARCÍA (A.), « Nueva ordenación de la jurisdicción contencioso-administrativa en la República Federal Alemana », *R.A.P.*, 1960, n° 31, pp. 353-360; MORO SERRANO (S.), « Ley alemana de funcionarios federales », *R.A.P.*, 1957, n° 22, pp. 305-358.

997 FUEYO ALVAREZ (F.), « El "Hoover report" sobre reforma de la Administración Federal en Estados Unidos » *R.A.P.*, 1950, n° 1, pp. 261-276.

998 MURILLO FERROL (F.), « El régimen jurídico de la administración inglesa », *R.A.P.*, 1950, n° 1, pp. 39-77; GASCÓN HERNÁNDEZ (J.), « La Administración de la economía dirigida en Inglaterra », *R.A.P.*, 1950, n° 2, pp. 247-255.

999 LOZANO IRUESTE (J. M.), « Sobre el Estatuto belga de funcionarios », *R.A.P.*, 1950, n° 1, pp. 297-301.

1000 FERNÁNDEZ CARVAJAL (R.), « Las empresas públicas en Rusia », *R.A.P.*, 1950, n° 3, pp. 435-471.

1001 GONZÁLEZ PÉREZ (J.), « Las sociedades de economía mixta y las empresas del Estado en la legislación argentina », *R.A.P.*, 1950, n° 3, pp. 495-500.

1002 IBN AZZUZ HAQUIM (M.), « La Administración local en Marruecos antes y después del Protectorado », *R.A.P.*, 1952, n° 7, pp. 261-279; GONZÁLEZ-PÉREZ (J.), « El contencioso-administrativo en los pueblos árabes », *R.A.P.*, 1955, n° 16, pp. 287-296.

1003 REVILLA QUEZADA (A.), « Algunos aspectos de la administración de personal público en el Brasil y Puerto Rico », *R.A.P.*, 1955, n° 17, pp. 303-316.

1004 ESZLARY (C.), « Los Órganos de La Administración Local Húngara », *R.A.P.*, 1960, n° 33, pp. 305-313.

1005 PAPAHADJIS (G. M.), « La institución del Consejo de Estado en Grecia », *R.A.P.*, 1951, n° 6, pp. 337-345.

Turquie[1006], qu'elles soient écrites par des auteurs espagnols ou par des auteurs étrangers (ce qui montre une fois encore la forte imbrication des actions de l'exportateur et de l'importateur).

**335.** Outre les articles consacrés à l'actualité des droits administratifs étrangers, cette revue a également fait des recensions d'un grand nombre d'ouvrages étrangers. A. Gallego Anabitarte dénombre ainsi plus de 240 ouvrages français entre 1950 et 1999, plus de 150 ouvrages italiens, 121 ouvrages allemands et une centaine d'ouvrages de langue anglaise[1007]. De même, des ouvrages sont parfois spécifiquement dédiés aux droits étrangers, que cela soit à titre informatif ou pour les confronter à la réalité juridique espagnole. Ce fut notamment le cas du droit administratif allemand. Les auteurs espagnols actuels semblent globalement avoir conservé cette manière de faire pour les études d'envergure.

**336.** La manière espagnole d'étudier le droit administratif démontre bien que les auteurs espagnols cultivent cette tradition d'ouverture sur les droits étrangers et maîtrisent les différentes théories développées par leurs homologues étrangers, classiques comme contemporaines. Le résultat ne traduit pas seulement la grande érudition des auteurs espagnols. Des apports substantiels à la science du droit administratif espagnol, en provenance de l'étranger, peuvent être identifiés.

### §2) La pénétration des doctrines étrangères dans le droit administratif espagnol

**337.** Les doctrines étrangères ont imprégné le droit administratif espagnol, avec l'aide des auteurs espagnols qui les ont ensuite adaptées à leur droit positif. Deux types d'importations peuvent être distingués : l'importation de la méthode (A) et l'importation de théories proprement dites (B).

---

1006 TAPLAMACIOGLU (A.), « Conflictos de atribuciones y Tribunal de Conflictos en Turquía », *R.A.P.*, 1956, n° 19, pp. 339-343.

1007 Cf. GALLEGO ANABITARTE (A.), « La influencia extranjera en el derecho administrativo español desde 1950 a hoy », *préc.*

## A) L'importation de la méthode juridique

**338.** Les influences étrangères sur la doctrine espagnole ont d'abord été déterminantes sur la manière d'appréhender scientifiquement le droit administratif. La conversion de l'Espagne au nouveau paradigme de la méthodologie juridique, bien qu'un peu tardive par rapport à ses homologues européens[1008], fut provoquée par la lecture des écrits d'auteurs allemands, mais également italiens ou encore français. La question de la méthode fut en effet prégnante en Europe à la fin du XIXe siècle[1009]. Elle trouve son origine chez les intellectuels allemands, et en particulier chez les privatistes F. – C. Savigny[1010], mais surtout G. -F. Puchta, dont les publicistes s'inspirèrent par la suite pour fonder l'autonomie d'un droit public véritablement scientifique[1011]. Initiée par C. F. Gerber en droit public[1012], elle fut ensuite

---

[1008] Cf. *supra*, n° 123.

[1009] En France par exemple, P. Deschanel soulignait en 1911 que « la question des méthodes juridiques domine aujourd'hui toute la vie sociale ». Cf. DESCHANEL (P.), « Préface », in BERTHELEMY (H.), GARÇON (E.), LARNAUDE (F.), PILLET (A.), TISSIER (A.), THALLER (E.), TRUCHY (H.), GENY (F.), *Les méthodes juridiques. Leçons faites au Collège libre des Sciences sociales en 1910*, Paris, Giard et Brière, 1911, pp. V-XII, spéc. p. VII. Et également R. Saleilles qui remarquait « qu'il n'est personne qui ne comprenne l'importance prise depuis quelque temps par ces questions de méthode. Il y a un quart de siècle, on en parlait à peine ». Cf. SALEILLES (R.), « Allocution », in BERTHELEMY (H.), GARÇON (E.), LARNAUDE (F.), PILLET (A.), TISSIER (A.), THALLER (E.), TRUCHY (H.), GENY (F.), *Les méthodes juridiques. Leçons faites au Collège libre des Sciences sociales en 1910*, préc., pp. XV-XXIV, spéc. p. XVI.

[1010] Sur l'élaboration du modèle de scientificité de l'école historique à la tête de laquelle se trouve F. C. Savigny, cf. JOUANJAN (O.), « De la vocation de notre temps pour la science du droit : modèles scientifiques et preuve de la validité des énoncés juridiques », *Revue européenne des sciences sociales*, 2003, n° 128, pp. 129-144, spéc. pp. 130-138.

[1011] Cf. JOUANJAN (O.), *Une histoire de la pensée juridique en Allemagne (1800-1918). Idéalisme et conceptualisme chez les juristes allemands du XIXe siècle*, Paris, P.U.F., 2005.

[1012] O. Jouanjan explique qu'il s'agissait pour la science allemande du droit privé non pas de « décrire un ordre juridique particulier, mais de découvrir une grammaire générative profonde des systèmes juridiques au-delà de leurs spécificités géographiques et historiques. Cette grammaire n'est pas un droit naturel : elle donne la syntaxe des droits, pas leur sémantique, leurs structures, pas leurs contenus légitimes. Mais elle a une dimension universelle qui permet, à ce niveau syntaxique, de faire communiquer les ordres juridiques entre eux et de les comparer [...]. Le geste fondamental de Gerber consistera à appliquer cette grammaire structurante du droit à l'objet « droit public » et ainsi à découvrir la « vérité conceptuelle » de celui-ci. C'est ce geste qui fait la rupture avec la manière "politique" de considérer les institutions et établir le droit constitutionnel sur des bases nouvelles. C'est ce geste qui fascinera le monde des juristes européens [...] ». Cf. JOUANJAN (O.), « Remarque sur l'histoire du droit public en Allemagne (1800-1914) : pourquoi lire Michael Stolleis en France ? », *Jus Politicum*, 2014, n° 12, p. 5, http://juspoliticum.com/Remarques-sur-l-Histoire-du-droit.html, consulté le 01/07/2015. Cf. également, JOUANJAN (O.), « Carl Friedrich Gerber et la constitution d'une science du droit public allemand », in BEAUD (O.),

développée par P. Laband[1013], G. Jellinek[1014], et O. Mayer plus spécifiquement en droit administratif[1015]. La méthode juridique scientifique, développée par la doctrine publiciste allemande est, comme le précise O. Jouanjan, « l'héritière de l'École historique et tributaire de la grande Pandectistique allemande »[1016]. Egalement appelée *dogmatique juridique*, elle consiste, selon les termes de P. Laband, dans un droit positif déterminé,

> « à analyser les formes juridiques, à ramener les notions particulières à des principes plus généraux et à déduire de ces principes les conséquences qu'ils impliquent. Tout cela, abstraction faite de l'exploration des règles de droit positif, de la connaissance approfondie et de l'entendement complet de la matière que l'on traite, est un travail d'esprit purement logique. Pour remplir cette tâche, il n'y a pas d'autres moyens que la logique. Rien ne peut ici la remplacer ; toutes les considérations historiques, politiques et philosophiques, si précieuses qu'elles puissent être en elles-mêmes, sont sans importance pour la dogmatique d'un droit concret et ne servent trop souvent qu'à voiler le manque de travail systématique »[1017].

---

WACHSMANN (P.), *La science juridique française et la science juridique allemande de 1870 à 1918*, Strasbourg, Presses Universitaires de Strasbourg, 1997, pp. 11-63.

1013 LABAND (P.), *Das Staatsrecht des Deutschen Reiches*, Tübingen, Laupp, 1876-1882. On parle d'une véritable « école Gerber-Laband », P. Laband étant souvent présenté comme « l'exécuteur testamentaire intellectuel de Gerber ». Cf. LANDSBERG (E.), *Geschichte der deutschen Rechtswissenschaft*, III/2, München, Berlin, R. Oldenbourg, 1910, p. 833, cité par JOUANJAN (O.), « Carl Friedrich Gerber et la constitution d'une science du droit public allemand », in BEAUD (O.), WACHSMANN (P.), *La science juridique française et la science juridique allemande de 1870 à 1918*, Strasbourg, Presses Universitaires de Strasbourg, 1997, pp. 11-63, spéc. p. 11.

1014 JELLINEK (G.), *Gesetz und Verordnung*, Freiburg, Mohr, 1887.

1015 MAYER (O.), *Deutsches Verwaltungsrecht*, Leipzig, Duncker und Humblot, 1895-1896.

1016 JOUANJAN (O.), « Remarque sur l'histoire du droit public en Allemagne (1800-1914) : pourquoi lire Michael Stolleis en France ? », *préc.*, p. 5.

1017 LABAND (P.), « Préface à la deuxième édition allemande », *Le droit public de l'Empire allemand*, T. 1, traduction française de C. Gandilhon, Paris, V. Giard, E Brière, 1900, p. 9. Elle est également précisée par F. Larnaude qui explique que « cette méthode composée à la fois d'induction et de déduction, consiste essentiellement à rechercher dans les constitutions, dans les Codes, dans les lois, et aussi dans les décisions judiciaires, et encore dans la pratique, qui sait si bien créer ce que j'appellerais volontiers le droit à côté, en un mot dans toutes les manifestations de la vie juridique, dans tous les phénomènes juridiques, les règles essentielles que toutes ces manifestations supposent, ce que nous aimons, nous juristes, à appeler des principes. C'est le rôle de l'induction. Et une fois ces principes trouvés, dégagés, pour les cas innombrables qui n'ont pas été prévus, qui n'ont même pas

**339.** L'histoire de la doctrine publiciste de langue allemande peut se lire comme la recherche constante de la pureté de la méthode juridique, qui conduisit certains auteurs à un formalisme excessif[1018], interdisant toute interaction entre la science du droit et les autres sciences. Les représentants de l'école viennoise que sont H. Kelsen avec sa *Théorie pure du droit*[1019] et A. Merkl et sa *Théorie générale du droit administratif*[1020] illustraient bien cette posture.

**340.** Malgré les critiques éventuelles, notamment de ses excès, qui alimentèrent la « querelle des méthodes »[1021] — certains courants doctrinaux accentuant le formalisme, d'autres au contraire le réalisme —, le changement de paradigme consistant à développer une méthode scientifique dans l'étude du droit administratif et plus généralement du droit public, trouva largement son prolongement dans le reste de l'Europe. De nombreux écrits furent publiés à la fin du XIXe siècle, partant souvent des mêmes bases que la doctrine allemande (notamment sur la revendication d'une analyse positiviste) qu'ils portent sur la méthode scientifique à proprement parler, ou qu'ils en fassent application. En Italie et en France notamment, la rupture méthodologique fut

---

pu l'être, pour les hypothèses sans cesse diversifiées qui surgissent de la vie, cette grande créatrice, on en tire les conséquences, en leur appliquant la règle contenue dans le principe. Voilà la déduction ». Cf. LARNAUDE (F.), « Le droit public. Sa conception. Sa méthode », in BERTHELEMY (H.), GARÇON (E.), LARNAUDE (F.), PILLET (A.), TISSIER (A.), THALLER (E.), TRUCHY (H.), GENY (F.), *Les méthodes juridiques. Leçons faites au Collège libre des Sciences sociales en 1910*, Paris, V. Giard et E. Brière, 1911, pp. 1-61, spéc. p. 21.

1018 Sur le constat de ces excès, cf. PÉREZ MORENO (A.), « El método en el derecho administrativo », *Revista de estudios jurídicos*, 2009, n° 9, pp. 1-30, spéc. pp. 14-15 ; GARRIDO FALLA (F.), *Tratado de derecho administrativo*, T. 1, Madrid, Centro de Estudios Constitucionales, 9ª ed., 1985, p. 219.

1019 KELSEN (H.), *Reine Rechtslehre: Einleitung in die rechtswissenschaftliche Problematik*, Leipzig, Wien, F. Deuticko, 1934.

1020 MERKL (A.), *Allgmeiness Verwaltungsrecht*, Berlin, Springer, 1927.

1021 Expression traduite de l'allemand, utilisée pour désigner la querelle historique entre l'économiste autrichien C. Menger et l'économiste allemand G. Schmoller. L'expression est ensuite utilisée plus largement dans les autres sciences humaines.

consommée avec V. E. Orlando[1022], E. Laferrière[1023], F. Larnaude[1024], avant d'être développée, et très souvent adaptée, par S. Romano[1025], F. Cammeo[1026], O. Ranelletti[1027], ou L. Duguit[1028], M. Hauriou[1029] et G. Jèze[1030].

**341.** L'Espagne enfin, est également préoccupée par les questions méthodologiques à partir du début du XXe siècle. Il est d'ailleurs courant de trouver, dans des chapitres de manuels ou des articles dédiés à la naissance de la science du droit administratif espagnol, un titre consacré à la « réception de la méthode juridique »[1031], ce qui démontre bien que cette démarche d'importation scientifique est assumée. La doctrine espagnole s'imprégna des différentes variantes de la méthode juridique développée chez ses voisins européens, pour ensuite se l'approprier véritablement et l'adapter. Ce phénomène d'imprégnation est souvent identifié à compter des œuvres de A. Royo Villanova, J. Gascón y Marín, R. Fernández de Velasco ou encore C. García Oviedo, auteurs chez qui « dominent la méthode juridique, la

---

1022 ORLANDO (V. E.), « I criteri tecnici per la ricostruzione giuridica del diritto pubblico », *Archivio giuridico*, 1889, XLII. Comme le souligne R. Bourget, le formalisme juridique allemand a trouvé « des relais doctrinaux » à l'étranger notamment en la personne de V. E. Orlando, qui fut « à l'origine de l'introduction de la méthode gerbero-labandienne de la construction juridique dans la littérature publiciste transalpine ». Cf. BOURGET (R.), *La science juridique et le droit financier fiscal. Etude historique et comparative du développement de la science juridique fiscale (fin XIXème et XXème siècles)*, *préc.*, p. 243. Cf. également, SANDULLI (A.), « La tradition nationale du droit administratif en Italie », *R.F.D.A.*, 2012, n° 4, pp. 773-786.

1023 LAFERRIÈRE (E.), *Traité de la juridiction administrative et des recours contentieux*, Paris, Berger-Levrault, 1ère ed., 1887-1888. Cf. GONOD (P.), *Edouard Laferrière, un juriste au service de la république*, *préc.*, pp. 40-48

1024 Cf. LARNAUDE (F.), « Notre programme », *R. D. P.*, 1894, n° 1, pp. 1-14 ; « Le droit public, sa conception. Sa méthode », in LARNAUDE (F.), BERTHÉLÉMY (H.), TISSIER (A.), TRUCHY (H.), THALLER (E.),PILLET (A.), GARÇON (E.), GENY (F.), *Les méthodes juridiques. Leçons faites au Collège libre des Sciences sociales en 1910*, Paris, V. Giard et E. Brière, 1911, pp. 1-61 ; LARNAUDE (F.), « Préface », in LABAND (P.), *Le droit public de l'Empire allemand*, T. 1, traduction française par C. Gandilhon, Paris, V. Giard, E. Brière, 1900, pp. VII-XIX.

1025 ROMANO (S.), *Principii di diritto amministrativo italiano*, Milano, Societa editrice libraría, 1901.

1026 CAMMEO (F.), *Corso di diritto amministrativo*, Padova, Cedam, 1911-1914.

1027 RANELLETTI (O.), *Principii di diritto amministrativo*, Napoli, Pierro, 1912-1915

1028 Cf. *supra*, n° 248.

1029 Cf. *supra*, n° 250.

1030. Cf. *supra*, n° 249.

1031 Cf. par exemple, GARRIDO FALLA (F.), *Tratado de derecho administrativo*, T. 1, Madrid, Centro de estudios constitucionales, 9[a] ed., 1985, pp. 213-223; GALLEGO ANABITARTE (A.), « La influencia extranjera en el derecho administrativo español desde 1950 a hoy », *préc.*, pp. 86-90.

préoccupation pour la définition de concepts, la classification, etc., éliminant en général les considérations politiques et sociales »[1032]. Ces auteurs reconnaissaient par ailleurs explicitement la filiation allemande, française ou italienne de leurs réflexions sur la méthode scientifique à appliquer au droit administratif. R. Fernández de Velasco expliquait ainsi que pour élaborer un Traité de droit administratif, il faut « chercher une interprétation juridique de notre régime administratif, comme le font Hauriou et Jèze, en France, Santi Romano et Ranelletti en Italie, Mayer et Fleiner en Allemagne »[1033]. De même, J. Gascón y Marín soulignait la nécessité de dépasser la méthode exégétique, en s'inspirant de la démarche méthodologique déjà mobilisée par les Allemands, les Français et les Italiens[1034].

**342.** Il ne faut pourtant pas croire que les auteurs espagnols recevaient ces interprétations allemande, italienne ou française de la méthode scientifique telles quelles. Au contraire, ils les discutaient et les critiquaient pour mieux se les réapproprier. C. García Oviedo par exemple, jaugeait les différentes interprétations de la méthode développées notamment par P. Laband et G. Jèze, essayant de déterminer les avantages de l'une sur l'autre à l'issue de cette comparaison. Bien qu'il n'adhérait pas à toutes les conclusions de la méthode réaliste de G. Jèze[1035], il admettait tout de même qu'elle pouvait être « une auxiliaire puissante »[1036] de la méthode strictement juridique, sans pour autant « la dénaturaliser ni altérer son prestige »[1037]. Il expliquait ainsi que « selon nous, Jèze surpasse Laband sur cet aspect »[1038], car il « prétend faire une œuvre strictement juridique, comme ce dernier, mais il cherche l'origine du Droit dans la vie sociale et modère souvent la rigueur de la logique juridique à l'aide

---

[1032] « Domina el método jurídico, la preocupación por la definición de conceptos, clasificación, etc. eliminando en general consideraciones políticas y sociales », cf. *idem*, p. 88.

[1033] « Buscar una interpretación jurídica a nuestro régimen administrativo, como lo hacen Hauriou y Jèze, en Francia, Santi Romano y Rannelletti en Italie ; Mayer y Fleiner en Alemania », FERNÁNDEZ DE VELASCO (R.), *Resumen de derecho administrativo y de Ciencia de la administración*, Barcelona, 1930, p. 8.

[1034] GASCÓN Y MARÍN (J.), *Tratado de derecho administrativo*, T. 1, Madrid, Bermejo, 1931, p. 134.

[1035] Cf. GARCÍA OVIEDO (C.), « Prólogo », in JÈZE (G.), *Los principios generales del derecho administrativo*, traducción de la segunda edición francesa por Carlos García Oviedo, Madrid, Reus, 1928, pp. 5-16, spéc. pp. 8-9.

[1036] « Un poderoso auxiliar ». *Idem*, p. 12.

[1037] « Sin desnaturalizarle ni menoscabar en lo mas mínimo su prestigio ». *Ibidem*.

[1038] « A nuestro juicio, Jèze aventaja a Laband en este orden ». *Ibid.*

de considérations pratiques »[1039]. G. Jèze ne réduisait ainsi pas uniquement le droit à des déductions logiques, travers que reprochait C. García Oviedo à P. Laband. C. García Oviedo s'inscrivait donc dans la démarche méthodologique entreprise par l'école allemande, sans exclure totalement toute référence « au contenu social de la problématique fondamentale des institutions, en particulier à la prise en compte des manifestations particulières de l'activité administrative »[1040]. De la même façon, J. Gascón y Marín dénonçait les excès de la construction purement dogmatique[1041].

**343.** C'est donc en s'inspirant de la méthode juridique allemande développée par P. Laband que la doctrine espagnole se convertit à la méthode scientifique, tout en tempérant ce qu'elle jugeait excessif, soit qu'elle mobilise des alternatives développées par des auteurs étrangers, soit qu'elle en fasse elle-même la critique. Certains, à l'instar de F. Garrido Falla, considèrent néanmoins que ces auteurs n'ont été que les initiateurs de la conversion à la méthode strictement juridique. L'analyse scientifique du droit administratif espagnol n'arriverait pleinement à maturité qu'à partir de l'après-guerre civile, mais surtout des années 1950[1042], avec la génération de la *Revista de Administración Pública*[1043].

**344.** Il reste que l'importation de courants de pensée portant sur la méthode débute dès la fin de la deuxième décennie du XX^e^ siècle. Au-delà d'une méthode scientifique pour étudier le droit administratif, les auteurs espagnols se sont également inspirés de théories développées à l'étranger.

---

1039 « Jèze pretende hacer una obra estrictamente jurídica, como aquél, pero busca la raíz del Derecho en la vida social y modera frecuentemente el rigor de la lógica jurídica con consideraciones practicas ». *Ibid.*

1040 « Al contenido social de la problemática fundamental de las instituciones, sobre todo en la consideración de las particulares manifestaciones de la actividad administrativa ». Cf. PÉREZ MORENO (A.), « El método en el derecho administrativo », *Revista de estudios jurídicos*, 2009, n° 9, pp. 1-30, spéc. p. 14.

1041 GASCÓN Y MARÍN (J.), *Tratado de. Derecho administrativo*, T. 1, Madrid, Bermejo, 12e éd., 1952, p. 130.

1042 GARRIDO FALLA (F.), *Tratado de derecho administrativo*, T. 1, Madrid, Centro de estudios constitucionales, 9ª ed., 1985, pp. 222-223; SANTAMARÍA PASTOR (J.-A.), « La ciencia del Derecho administrativo en España : una perspectiva histórica », *préc.*, pp. 366-369.

1043 Période où il considère que la doctrine espagnole s'est vraiment réappropriée la méthode. Cf. GARRIDO FALLA (F.), *Tratado de derecho administrativo*, Madrid, Centro de estudios constitucionales, 1987, p. 11.

## B) L'importation de théories juridiques

**345.** La doctrine espagnole a été séduite par un certain nombre de théories, développées par des auteurs étrangers, qu'elle a faites siennes. Les influences étrangères ont été notamment déterminantes dans la manière de concevoir le droit administratif, et dans la recherche d'un critère d'identification de ce dernier[1044].

**346.** Si cette recherche d'un critère du droit administratif avait également en France une visée pragmatique, dans le sens où elle prétendait avoir des répercussions jurisprudentielles, en Espagne, cette recherche est restée essentiellement théorique, doctrinale, dans un objectif d'affirmation d'une autonomie scientifique. C'est ce qu'explique E. Linde Paniagua qui parle « d'exercice intellectuel »[1045]. Cette quête mérite tout de même d'être citée comme exemple de la perméabilité de la doctrine espagnole aux doctrines française, allemande ou encore italienne. La science du droit administratif espagnol a suivi les mêmes errances que ses homologues européens dans cette recherche du critère du droit administratif[1046]. Elle a été séduite tour à tour par les mêmes conceptions et a connu, à quelques années près, les mêmes évolutions. Néanmoins, ce qui la caractérise une fois encore, c'est son regard

---

1044 Même si à la manière de J. Rivero, la doctrine espagnole reviendra sur la croyance en un critère unique du droit administratif. Cf. RIVERO (J.), « Existe-t-il un critère du droit administratif ? », *R.D.P.*, 1953, pp. 279-296 ; également, MELLERAY (F.), « Existe-t-il un critère du droit administratif ? *A propos de deux articles de Jean Rivero* », in MELIN-SOUCRAMANIEN (F.), MELLERAY (F.), *Le professeur Jean Rivero ou la liberté en action*, Paris, Dalloz, 2012, pp. 55-74. En ce sens, cf. MARTÍN MATEO (R.), « La sustantividad del Derecho administrativo », *R.A.P.*, 1967, n° 53, pp. 35-71, spéc. pp. 35-38; MUÑOZ MACHADO (S.), « Las concepciones del derecho administrativo y la idea de participación en la Administración », *R.A.P.*, 1977, n° 84, pp. 519-535, spéc. pp. 519-520.

1045 « Se trata de un ejercicio intelectual », cf. LINDE PANIAGUA (E.), *Fundamentos de derecho administrativo. Del Derecho del poder al Derecho de los ciudadanos*, Madrid, Colex, 1ª ed., 2009, pp. 73-74. Il souligne ainsi que « les théories dites fonctionnalistes, organiques et subjectives, qui, comme nous le disions, sont une traduction formelle des polémiques européennes sur le droit administratif, se caractérisent par le fait qu'elles suscitent à leur tour des débats formels sans aucune répercussion sur la discipline. Ainsi, l'adhésion de tel ou tel auteur à l'une ou l'autre de ces théories (adhésion qui dépendra quasi exclusivement de la famille d'intérêts à laquelle l'auteur est affilié), n'aura aucune répercussion sur le reste de l'édifice qui compose la discipline. Pour cette raison, nous considérons qu'il s'agit d'un exercice intellectuel, celui de polémiquer sur le concept de droit administratif, exercice formaliste, obligatoire pour l'accès aux différents stades de la carrière universitaire, similaire au célèbre débat sur le sexe des anges qui anima l'Université espagnole du XVIIIe siècle ».

1046 Cf. pour la France, FRACHON (H.), *Ecrire l'histoire du droit administratif*, *préc.*, pp. 248-359.

constamment tourné vers l'étranger dans la manière de concevoir le droit administratif. Elle s'est en effet mise au diapason en s'inspirant des auteurs étrangers et a, de cette façon, participé au concert européen de définition du droit administratif.

**347.** Les tentatives de définition de l'Administration et du droit administratif proposées par la doctrine européenne ont vacillé essentiellement entre deux conceptions depuis le XIX^e^ siècle. La première, subjective, consiste à centrer la définition du droit administratif sur la spécificité de l'organe, ou de l'ensemble d'organes, régi par ce droit, c'est-à-dire l'Administration. La seconde conception du droit administratif, objective, insiste au contraire sur la particularité de l'activité qu'il encadre. Si l'on tente de déterminer une trajectoire européenne de la définition du droit administratif, il est possible de considérer qu'elle a globalement été « circulaire »[1047]. La conception subjective de l'Administration et du droit administratif a d'abord été prépondérante chez les premiers auteurs, avant de céder la place à la conception objective à la fin du XIX^e^ siècle. Le milieu du XX^e^ siècle consacra néanmoins un retour à la conception subjective. L'Espagne suivit également cette trajectoire.

**348.** Les premiers administrativistes espagnols s'inscrivaient ainsi dans le prolongement de la théorie de la séparation des pouvoirs développée par Montesquieu, et définissaient le droit administratif comme le droit du pouvoir exécutif, chargé de la fonction d'exécution matérielle de la loi. Etaient ainsi familiers d'une telle présentation F. A. Silvela, A. Oliván, J. Posada Herrera,

---

[1047] ENTRENA CUESTA (R.), « El concepto de Administración pública en la doctrina y el derecho positivo españoles », *R.A.P.*, 1960, n° 32, pp. 55-73, spéc., p. 58 ; Cf. également ALLI ARANGUREN (J.-C.), *La construcción del concepto de derecho administrativo español*, *préc.*, p. 217.

J. Ortiz de Zuñiga ou encore M. Colmeiro[1048], de la même façon que l'étaient les premiers administrativistes français[1049].

**349.** La période néanmoins déterminante[1050] du point de vue des importations doctrinales relative à la conception du droit administratif est le début du XX^e siècle, période au cours de laquelle un certain nombre d'auteurs espagnols ont été convaincus par une approche objective, fonctionnaliste, du droit administratif[1051]. Une des premières déclinaisons de la conception objective du droit administratif consistait en la recherche d'un critère matériel, celui du contenu de l'activité.

---

1048 Cf. l'explication donnée par O. Mir Puigpelat qui explique que « bien que Silvela, de Burgos, Ortiz de Zuñiga, Oliván, Posada Herrera, Gómez de la Serna, Colmeiro et, quelques années après, Santamaría de Paredes, utilisèrent beaucoup plus l'expression "administration publique" comme synonyme d'activité (de fonction) que la doctrine actuelle, et bien qu'ils assimilèrent dans une large mesure cette activité d'administration à la fonction d'exécution, il n'y a pas de doute, selon moi, que pour eux, l'Administration publique était, avant tout, un ensemble organique faisant partie du Pouvoir Exécutif de l'Etat, et le droit administratif l'ensemble des normes juridiques y afférant. Ainsi, il ressort de leurs œuvres, l'importance accordée à l'étude de l'organisation de l'Administration en tant qu'appareil, leur obsession pour la question de la centralisation administrative et pour exempter l'Administration du contrôle juridictionnel, leur désir d'une Administration forte et efficace, et la grande importance qu'ils accordaient à la séparation des pouvoirs (une construction qui, malgré les apparences, est essentiellement organique, un mécanisme de contrepoids entre les différents organes étatiques) ». Cf. MIR PUIGPELAT (O.) « El concepto de derecho administrativo desde una perspectiva lingüística y constitucional », *R.A.P.*, 2003, n° 162, pp. 47-87, spéc. pp. 63-64.

1049 Cf. GUGLIELMI (G.), *La notion d'Administration publique dans la théorie juridique française : de la Révolution à l'arrêt Cadot (1789-1889)*, Paris, L.G.D.J., 1991.

1050 Il n'est pas surprenant que cela coïncide avec la période où le droit administratif est en quête d'une méthode véritablement scientifique.

1051 Cf. le constat de L. Duguit : « Ce remarquable effort restait sans résultat et devant cette impuissance toutes les doctrines civilistes et publicistes en France, en Allemagne et en Italie étaient, comme par une force irrésistible, entraînées vers l'objectivisme juridique. C'est qu'il apparaissait à tous, qu'on le voulût ou non, que le subjectivisme, qui pendant des siècles avait suffi à rendre raison de la protection due aux diverses situations juridiques, était impuissant devant les transformations profondes du monde moderne ; c'est que de même que les vieilles hypothèses physiques et physiologiques s'écroulaient devant les phénomènes nouveaux découverts par l'observation, de même le subjectivisme juridique devenait sans force et sans efficacité devant les transformations d'ordre solidariste qui s'accomplissaient de nos jours. Et, si je puis ainsi parler, le passage du subjectivisme à l'objectivisme juridique forme la caractéristique essentielle de l'évolution juridique pendant le premier quart du XX^e siècle ». DUGUIT (L.), « Les doctrines juridiques objectivistes », *R.D.P.*, 1927, pp. 537-573, spéc. pp. 538-539.

**350.** On retrouve cette quête avec la doctrine du service public, notamment développée en France depuis la dernière décennie du XIXe siècle et parvenue à maturité avec L. Duguit et G. Jèze[1052]. Elle eut de fortes résonances théoriques en Espagne, la doctrine espagnole ayant « suivi avec attention les joutes doctrinales qui ont accompagné la lente progression du concept de service public en France et son avènement comme concept explicite global (et parfois même comme critère unique) du droit administratif et de la compétence administrative »[1053]. Des auteurs tels qu'A Posada ou encore C. García Oviedo, qui furent les traducteurs, et de fait, les introducteurs de la pensée de L. Duguit pour le premier et de G. Jèze pour le second[1054], adhérèrent à une définition du droit administratif centrée sur le critère du service public[1055]. C. García Oviedo notamment, écrivait que « le service public est l'axe autour duquel gravite le droit administratif moderne »[1056], ou encore que « le service public est la pierre angulaire de l'Etat à notre

---

1052 Et dont Hauriou fut sans doute le précurseur, bien qu'il ait mis ensuite plus en avant le critère formel des prérogatives de puissance publique. Cf. HAURIOU (M.), *Précis de droit administratif contenant le droit public et le droit administratif*, Paris, Larose et Forcel, 1ère éd., 1892, p. 150 ; *La gestion administrative : étude théorique de droit administratif*, Paris, L. Larose, 1899, réimpr. Paris, Dalloz, 2012, pp. 5-32. Cf. RIVERO (J.), « Hauriou et l'avènement de la notion de service public », in *Mélanges Achille Mestre*, Paris, Sirey, 1956, pp. 461-471 ; MELLERAY (F.), « La gestion administrative, pierre angulaire du droit administratif ? A propos d'une brochure de Maurice Hauriou (1899) », in *Histoire, théorie et pratique du droit. Etudes offertes à Michel Vidal*, Bordeaux, Presses Universitaires de Bordeaux, pp. 789-796.

1053 MODERNE (F.), « La notion de service public (servicio público) en Espagne », in MODERNE (F.), MARCOU (G.), *L'idée de service public dans le droit des Etats de l'Union européenne*, Paris, L'Harmattan, 2001, pp. 313-363, spéc. p. 313. F. Garrido Falla expliquait aussi que « le concept de service public, en tant qu'axe central du droit administratif, est une construction typiquement française qui fut importée en Espagne par notre doctrine scientifique, notre législation et notre jurisprudence ». Cf. GARRIDO FALLA (F.), « El concepto de servicio público en derecho español », *R.A.P.*, 1995, n° 135, pp. 7-36., spéc. p. 7. Pour autant, ces deux auteurs relativisent tout de même le rôle de ce critère en droit administratif espagnol. F. Moderne précise ainsi que le service public n'a pas « joué un rôle équivalent à celui qui a été le sien en France au début du XXe siècle » et qu' « il n'a jamais été considéré comme la clé unique de la compréhension du système administratif espagnol » ; MODERNE (F.), « La notion de service public en Espagne », *préc.*, p. 313. Et F. Garrido Falla explique qu'il n'a jamais été **le** critère jurisprudentiel de répartition de compétence entre les ordres juridictionnels administratifs et judiciaires, bien qu'il ait pu être parfois déterminant en matière de contrats administratifs et de responsabilité patrimoniale de l'Administration. Cf. GARRIDO FALLA (F.), « El concepto de servicio público en derecho español », *R.A.P.*, 1995, n° 135, pp. 7-36, spéc. p. 10.

1054 Cf. *supra*, n° 241.

1055 Cf. POSADA (A.), *Tratado de derecho administrativo*, Madrid, Librería general de Victoriano Suarez, 2e éd., 1923, pp. 267-273 ; GARCÍA OVIEDO (C.), « La teoría del servicio público », en *Revista General de Legislación y Jurisprudencia* , 1923, n ° 142-143, pp. 5-41, 118-153 y 238-245.

1056 « El servicio público es el eje sobre el que gravita el derecho administrativo moderno ». Cf. GARCÍA OVIEDO (C.), « La teoría del servicio público », *préc.*, p. 5.

époque »[1057], paraphrasant G. Jèze et citant expressément L. Duguit dans ses analyses[1058], si bien que l'on peut considérer que c'est à cet auteur que l'on peut attribuer « une grande part du mérite d'avoir poursuivi son [la doctrine du service public] développement dans la doctrine nationale »[1059]. D'autres auteurs, à l'instar d'A. Royo Villanova, J. Gascón y Marín, L. Jordana de Pozas et R. Fernández de Velasco, acceptèrent aussi le critère du service public[1060], quand bien même ils émirent certaines réserves, notamment comme clé de définition unique du droit administratif[1061]. Quelques années plus tard, E. Pérez Botija entamait d'ailleurs son article relatif à la notion du service public par la formule suivante « l'idée du service public est, en Espagne, comme ailleurs, la pierre angulaire du droit administratif moderne »[1062], reprenant lui aussi l'expression fameuse de G. Jèze. Il admettait que « l'idée fonctionnelle de l'administration a été largement inspirée par la doctrine française. Nous sommes à cet égard de véritables vassaux scientifiques des théories dégagées de la jurisprudence du Conseil d'Etat de nos voisins »[1063].

---

1057 « El servicio público es la piedra angular del Estado en nuestro tiempo », GARCÍA OVIEDO (C.), « Hacia la emancipación del derecho administrativo », *Revista general de Legislación y Jurisprudencia*, 1930, pp. 170-212, spéc. p. 173.

1058 GARCÍA OVIEDO (C.), « Hacia la emancipación del derecho administrativo », *préc.*, article dans lequel les références à la doctrine française sont nombreuses. La tendance est cependant souvent d'attribuer à L. Duguit la paternité de la conception de service public comme critère unique de définition du droit administratif. Or pour lui, il s'agissait bien plus d'un « élément de sa théorie générale de l'Etat et non une simple notion de technique juridique ». C'est en réalité la doctrine organique, et notamment le conseiller d'Etat G. Teissier, qui fut à l'origine de la conception du service public comme notion clé du droit administratif, critère d'application de ce dernier en même temps que critère de compétence du juge administratif. C'est ensuite G. Jèze qui reprendra à son compte cette conception. Cf. MELLERAY (F.), « Ecole de Bordeaux, école du service public et école duguiste », *R.D.P.*, 2001, pp. 1887-1905 ; MELLERAY (F.), « Léon Duguit. L'Etat détrôné », préc., pp. 240-242.

1059 « Un gran parte del mérito de procurar su desarrollo en la doctrina nacional », cf. DESCALZO GONZÁLEZ (A.), *La noción de derecho administrativo en España: algunas cuestiones de reciente actualidad*, Bogotá, Universidad Externado de Colombia, 2011, p. 19.

1060 Cf. MARTIN REBOLLO (L.), « De nuevo sobre el servicio público: planteamientos ideológicos y funcionalidad técnica », *R.A.P.*, 1983, n° 100-102, pp. 2471-2542, spéc. p. 2506.

1061 Cf. MODERNE (F.), « La notion de service public (servicio público) en Espagne », *préc.*, p. 317.

1062 PÉREZ BOTIJA (E.), « Sur la notion de service public », *R. I. S. A.*, 1956, pp. 67-77, spéc., p. 67.

1063 *Idem*, p. 68.

**351.** La doctrine espagnole du début du XX$^e$ siècle fut également attentive à la définition objective du droit administratif développée par la doctrine italienne. A. Royo Villanova considérait que le point de départ de la réflexion sur la définition du droit administratif résidait dans les « fins de l'Etat ». Pour cela, il mobilisait notamment les théories téléologiques développées par les auteurs italiens à l'instar de V. E. Orlando, pour ensuite créer sa propre définition[1064]. Par ailleurs, G. Zanobini, en lecteur critique de la doctrine française du service public, faisait la distinction entre *funzioni e servizi pubblici*[1065]. Les premières, comme « forme de manifestation supérieure »[1066] de l'activité administrative, représenteraient « toujours l'exercice de la puissance publique »[1067] alors que les seconds engloberaient « toutes les autres activités matérielles, techniques, en particulier de production industrielle, qui sont mises à disposition des particuliers »[1068]. Les *funzioni pubblici* seraient donc le critère, plus restrictif que le service public, du droit administratif. Cette distinction, comme le précise F. Garrido Falla, fut utilisée par une partie de la doctrine espagnole[1069], mais eut surtout des répercussions importantes sur le droit positif espagnol, si bien que l'influence en matière de services publics serait plus italienne que française[1070].

**352.** Ces mêmes auteurs du début du XX$^e$ siècle trouvèrent cependant un terrain d'analyse à exploiter dans d'autres déclinaisons de la conception objective du droit administratif, contemporaines de celle adoptée par la doctrine du service public. La vision formelle du droit administratif, distinguant entre actes de gestion et actes d'autorité, dont les prémices furent

---

1064 La définition qu'il proposait, partait de celle de V.E. Orlando : « sistema de los principios jurídicos que regulan la actividad del Estado para la realización de sus fines », pour la préciser: « conjunto de principios jurídicos que regulan la actividad del Estado y la de todas aquellas entidades que se proponen realizar fines de interés general bajo la dirección, intervención, fiscalización o inspección de una Autoridad publica ». Cf. ROYO VILLANOVA (A.), *Elementos de derecho administrativo*, 21ª ed., Librería Santaren, Valladolid, 1948, pp. 16-17.

1065 En italien pour qu'il n'y ait pas de contresens sur le terme « fonction publique ». Cf. ZANOBINI (G.), *Corso di diritto amministrativo,* Vol. 1, Milan, Giuffré, 8$^e$ éd., 1958, pp. 17-19. Cf. Egalement, MEILAN GIL (J. L.), *Lectura de clásicos del derecho administrativo*, Madrid, Andavira, 2012, pp. 22-23. Le parallèle peut sans doute être fait avec la distinction en France entre service publics régaliens et services publics non régaliens.

1066 ZANOBINI (G.), *Corso di diritto amministrativo,* préc., p. 17.

1067 *Idem*, p. 18.

1068 *Idem*, pp. 18-19.

1069 GARRIDO FALLA (F.), « El concepto de servicio publico en derecho español », *R.A.P.*, n° 135, 1995, pp. 7-36, spéc. pp. 11-12.

1070 Cf. *infra*, n° 382-385.

pensées en France par L. Aucoc puis E. Laferrière[1071], avant d'être révisée et véritablement conceptualisée par M. Hauriou et son critère des prérogatives de puissance publique, convainquit certains auteurs, à l'instar de J. Gascón y Marín[1072]. M. Hauriou mettait en effet l'accent sur les moyens dont disposait l'Administration, et non sur ses fins, critère pour lui secondaire, se positionnant ainsi en opposant célèbre à l'Ecole du service public[1073]. Malgré leur succès en Espagne, les conceptions objectives du droit administratif montrèrent leurs faiblesses. Une rupture eut lieu à partir des années 1950[1074], laissant la place cette fois à des conceptions subjectives[1075], désormais majoritaires. E. García de Enterría construisit ainsi sa propre conception

---

[1071] AUCOC (L.), *Conférences sur l'Administration et le droit administratif faites à l'école impériale des ponts et chaussées*, T. 1, 1ère éd. Paris, Dunod, 1869, pp. 20-23 ; LAFERRIÈRE (E.), *Traité de la juridiction administrative et des recours contentieux*, T. 1, Paris, Berger-Levrault, 1ère éd.,1887, p. 5.

[1072] Cf. Il écrivait ainsi : « il ne suffit pas que l'Administration satisfasse la nécessité publique, il est nécessaire qu'elle le fasse en usant de ses prérogatives de droit public », GASCÓN Y MARÍN (J.), *Tratado de derecho administrativo*, T. 1, *préc.*, pp. 215-216.

[1073] Cf. Notamment HAURIOU (M.), « Préface », in *Précis de droit administratif*, Paris, Société anonyme du Recueil Sirey, 11e éd., 1927, pp. VII-XV, où il critique de façon plus sévère encore la doctrine du service public. Il faut dire aussi qu'à cette époque, avait été rendue la décision du T.C., 22 janvier 1921, *Bac d'Eloka.* La notion juridique de service public commençait donc à entrer en crise. Il écrira même ensuite : « La base du droit administratif, c'est l'activité de la puissance publique ; ce n'est pas, comme on l'a prétendu, le service public. Sans doute, la gestion des services publics est l'un des buts de l'activité de la puissance publique, mais elle n'est pas le seul but [...]. De plus, l'activité administrative ne se manifeste pas seulement par la création et la gestion de services publics proprement dits selon les procédés du droit public ; elle se manifeste aussi par la création d'œuvres administratives qui sont gérés par des procédés de droit privé ; il y a désormais et il y aura de plus en plus des services privés à côté des services publics, tels sont les bacs et passages d'eau depuis les décisions du tribunal des conflits, 22 janvier 1921, Société commerciale de l'Ouest-Africain et du Conseil d'Etat, 2 juillet 1920, dame Lenoir ». Cf. HAURIOU (M.), *La jurisprudence administrative de 1892 à 1929*, T. 1, Paris, Librairie du Recueil Sirey, 1929, pp. 1-2. Il faut savoir cependant que M. Hauriou sera ensuite également utilisé par les partisans d'une conception subjective du droit administratif, interprétation selon lui faussée de sa théorie de l'Institution et dont il se défendit dans l 'échange de lettres qu'il eut avec H. Berthélémy par l'intermédiaire de la R. D. P. Cf. HAURIOU (M.), BERTHÉLÉMY (H.), « Le fondement de l'autorité politique », *R. D. P.*, 1916, pp. 20-25. C'était également l'avis de L. Duguit. Cf. DUGUIT (L.), « Les doctrines juridiques objectivistes », *préc.*, pp. 540-544. Pour une analyse détaillée, cf. SCHMITZ (J.), *La théorie de l'institution du doyen Maurice Hauriou, préc.*

[1074] Cf. MUÑOZ MACHADO (S.), « Las concepciones del derecho administrativo y la idea de participación en la Administración », *préc.*, p. 526; ALLI ARANGUREN (J.-C.), *La construcción del concepto de derecho administrativo español, préc.*, pp. 215-217.

[1075] On distingue classiquement deux principales constructions à l'époque : la conception organique, dont la paternité est attribuée à F. Garrido Falla qui s'est réapproprié la distinction opérée par R. Carré de Malberg entre pouvoir, fonction et organe, modernisant ainsi la conception organique classique du droit administratif (Cf. GARRIDO FALLA (F.), *Tratado de derecho administrativo*, Madrid, Instituto de estudios políticos, 1958, pp. 13-14, et la conception de la personnalité juridique développée par E. García de Enterría.

subjective du droit administratif, devenant un de ses plus grands représentants, en se réappropriant les apports de la doctrine allemande de la personnalité juridique de l'Etat, développée en particulier par W. E. Albrecht puis K. F. Gerber[1076]. Il fit le choix de centrer son analyse sur la particularité du sujet du droit administratif : l'Administration, dont il considérait qu'elle était, elle aussi, dotée de la personnalité juridique[1077]. Dès lors, ce qui caractérisait le régime spécial de l'Administration, ce n'était pas l'activité qu'elle avait à sa charge, ni les moyens particuliers dont elle usait pour la mettre en œuvre, mais bien sa condition de personne juridique, régie par un droit propre, statutaire[1078]. Il fit alors du droit administratif « le droit propre de cette catégorie particulière de personnes juridiques que sont les Administrations publiques »[1079]. Le concept de personnalité juridique était alors le « concept central pour l'entière conception et pour la compréhension du Droit administratif et de tous ses mécanismes propres »[1080].

**353.** Bien évidemment, s'il est possible de déterminer une trajectoire circulaire dans les conceptions du droit administratif, tour à tour majoritaires en Espagne (subjective, objective, subjective)[1081], cela n'empêcha pas que des alternatives à la conception majoritaire du moment soient développées[1082].

---

1076 Cf. notamment un article qui résume bien sa conception développée depuis les années 1960 : GARCÍA DE ENTERRÍA (E.), « El concepto de personalidad jurídica en el derecho público », *R.A.P.*, 1992, n° 129, pp. 195-207, spéc. pp. 198-199. Son premier travail, en italien, sur la question : GARCÍA DE ENTERRÍA (E.), « Verso un concetto di diritto amministrativo como diritto statutario », *Rivista Trimestrale di Diritto Pubblico*, 1960, pp. 317-341, spéc. pp. 331-341. Sa définition du droit administratif était ainsi la suivante : « le droit administratif est un droit de nature statutaire car destiné à encadrer une espèce singulière de sujets qui sont regroupés sous le nom d'administration publique, les isolant de la réglementation de droit commun », *Idem*, p. 333.

1077 Cf. GARCÍA DE ENTERRÍA (E.), « El concepto de personalidad jurídica en el derecho público », *préc.*, p. 201.

1078 Pour une analyse de cette conception, cf. MUÑOZ MACHADO (S.), *Tratado de derecho administrativo y de derecho público general*, T. 1, Madrid, Iustel, 3ª éd., 2011, pp. 58-62; ALLI ARANGUREN, (J.-C.), *La construcción del concepto de derecho administrativo español*, *préc.*, pp. 239-244.

1079 « El derecho proprio de esa clase singular de personas jurídicas que son las Administraciones publicas ». Cf. GARCÍA DE ENTERRÍA (E.), « El concepto de personalidad jurídica en el derecho publico », *préc.*, p. 203.

1080 « Concepto central para la concepción entera y para la comprensión del Derecho administrativo y de todos sus mecanismos propios ». Cf. *idem*, p. 205.

1081 O. Mir Puigpelat parle même d'une « histoire pendulaire », cf. MIR PUIGPELAT (O.), « El concepto de derecho administrativo desde una perspectiva lingüística y constitucional », *R.A.P.*, 2003, n° 162, pp. 47-87, spéc. p. 62.

1082 Cf. la classification opérée par J.-C. Alli Aranguren : ALLI ARANGUREN (J.-C.) *La construcción del concepto de derecho administrativo español*, *préc.*, pp. 108-109.

Certains auteurs, faisant pourtant partie de la génération de la *Revista de Administración Pública,* restèrent fidèles à la conception objective du droit administratif. R. Martín Mateo par exemple, fit perdurer la conception formelle de M. Hauriou en adoptant la prérogative de puissance publique comme idée centrale du droit administratif[1083], bien qu'il refusât de réduire le droit administratif à un unique critère de définition. On connaît également le succès qu'eut E. Forsthoff en Espagne à compter des années 1950, pourtant partisan, lui aussi, d'une conception objective du droit administratif[1084]. Son concept de *Daseinsvorsorge* (littéralement « assistance vitale ») pour définir l'Administration, prestataire de services, fut étudié[1085] et exploité par la doctrine espagnole[1086]. Par ailleurs, il ne faut pas négliger les conséquences déterminantes qu'eut la Constitution de 1978 sur la manière de concevoir le droit administratif, conduisant un certain nombre d'auteurs à réviser leurs positions[1087].

**354.** Enfin, la particularité de la doctrine espagnole, qui réside dans sa perméabilité aux théories étrangères, ne signifie pas qu'elle s'asservit à une école de pensée. Les auteurs qui prennent comme point de départ une réflexion née au-delà des frontières espagnoles, n'en demeurent pas moins critiques à

---

1083 Cf. MARTÍN MATEO (R.), « La sustantividad del Derecho Administrativo », *R.A.P.*, 1967, n° 53, pp. 35-71, spéc. pp. 38-39. Surtout, il considère qu' « on en revient de nouveau à Hauriou et sa puissance publique comme élément fondamental pour définir le Droit administratif, bien que la thèse de cet illustre administrativiste doive être retouchée et révisée pour qu'elle puisse justement s'adapter à la finalité poursuivie ». *Idem*, p. 57.

1084 Pour une analyse de la conception d'E. Forsthoff, cf. ALLI ARANGUREN (J.-C.), *La construcción del concepto de derecho administrativo español, préc.*, pp. 135-138. : MEILAN GIL (J.-L.), *Lectura de clásicos del derecho administrativo*, Santiago de Compostela, Andavira, 2012, pp. 27-34.

1085 Cf. MARTIN-RETORTILLO BAQUER (L.), « La configuración jurídica de la Administración publica y el concepto de *Daseinsvorsorge* », *R.A.P.*, 1962, n° 38, pp. 35-65.

1086 Toutefois, comme le signale A. Gallego Anabitarte, et comme c'est souvent le cas pour les emprunts aux droits étrangers, « la fonction de cette expression en Espagne ne correspondit pas avec celle qu'avait voulu lui donner son auteur », au moment où la doctrine espagnole l'importa d'Allemagne. Néanmoins, il semblerait que ce concept refasse surfasse depuis la fin des années 1990 et avec une acception désormais plus fidèle à l'original allemand. Cf. GALLEGO ANABITARTE (A.), « La influencia extranjera en el derecho administrativo español desde 1950 a hoy », *préc.*, pp. 105-106.

1087 Par exemple F. Garrido Falla, qui admettait finalement l'importance du concept de personnalité juridique dans son prologue à la 8e édition de son Traité à la suite de l'adoption de la Constitution de 1978, l'obligeant à un « réexamen personnel » de ses idées. Cf. GARRIDO FALLA (F.), « prólogo a la octava edición », in *Tratado de derecho administrativo*, Madrid, Centro de estudios constitucionales, 9a ed., 1985, p. 29, et avant cela: GARRIDO FALLA (F.), « Reflexiones sobre una reconstrucción de los limites formales del Derecho Administrativo español », *R.A.P.*, 1982, n° 97, pp. 7-30.

son égard et l'adaptent à la réalité espagnole, à leur façon de penser[1088]. Fidèles dans la retranscription de la pensée étrangère, ils restent cependant libres dans son utilisation, pouvant parfois même combiner plusieurs points de vue. F. Garrido Falla, représentant célèbre de la conception organique du droit administratif, reconnaissait par exemple que le « point de vue d'Hauriou » revient « sur le devant de la scène », et que le critère de l'utilisation de la prérogative de puissance publique est dès lors « fondamental »[1089].

**355.** Pour conclure, la doctrine espagnole s'illustre particulièrement par sa tradition d'ouverture sur les droits étrangers, qu'elle semble maintenir encore aujourd'hui. Cette tradition d'ouverture a par ailleurs eu des répercussions sur le droit positif, les importations doctrinales étant souvent le préalable des importations techniques.

## *Section 2: Les importations techniques*

**356.** L'examen de la législation positive espagnole montre aussi sa perméabilité aux droits administratifs étrangers. Elle s'explique bien souvent par l'influence fondamentale qu'exerçât la doctrine espagnole sur le législateur, en l'orientant vers les solutions étrangères pour réformer le droit administratif. Le droit administratif espagnol s'est en effet développé essentiellement par la voie législative. La doctrine a donc joué un rôle d'intermédiaire qu'il ne faut pas négliger. Il suffit pour s'en convaincre de lire les exposés des motifs des différentes lois sur la matière administrative, qui reconnaissent bien souvent ce rôle[1090].

**357.** Les emprunts aux droits étrangers sont parfois terminologiques, peuvent ne concerner qu'une technique très précise, ou au contraire être plus systémiques. Toutefois, si dans certains domaines, la paternité d'un emprunt peut clairement être attribuée à un pays en particulier, dans bien d'autres cas, cela est beaucoup moins évident, les influences étrangères se croisant sur un

---

[1088] Cf. *infra*, n° 569-597.

[1089] GARRIDO FALLA (F.), *Tratado de derecho administrativo, préc.*, pp. 198-199.

[1090] Pour ne citer que quelques exemples: Ley de 27 de diciembre de 1956, *reguladora de la jurisdicción jurídico-administrativa*, B. O. E., de 28 de diciembre de 1956, n° 363, pp. 8138-8158; Ley de 16 de diciembre de 1954, *sobre expropiación forzosa*, B. O. E., de 17 de diciembre de 1954, n° 351, pp. 8261-8278.

même objet, ce qui illustre une fois encore la tradition syncrétique du droit administratif espagnol. L'exemple topique de ce syncrétisme est sans doute le domaine de l'acte administratif. La doctrine espagnole a commencé par s'enrichir des différents apports des doctrines allemande, italienne et française, pourtant différents (que l'on pense à l'opposition entre la conception large de l'acte administratif français et la conception allemande beaucoup plus stricte[1091]). Ces différentes acceptions de la notion ont ensuite trouvé leurs prolongements dans le droit positif. Comme l'explique O. Mir Puigpelat, « la doctrine, la jurisprudence et la législation espagnole manient, en effet, non pas un, mais plusieurs concepts de l'acte administratif. Cette pluralité conceptuelle est favorisée par l'absence d'une définition légale à l'image de celle contenue dans la loi fédérale allemande relative à la procédure administrative, et reflète les différentes influences reçues par le droit administratif espagnol tout au long de ces années »[1092]. Ce constat peut se faire dans d'autres domaines du droit administratif, le droit administratif espagnol faisant souvent la synthèse des différentes avancées européennes pour ensuite se les réapproprier. Il est possible toutefois d'identifier des influences prépondérantes, à certaines époques, à défaut d'être exclusives. Tant le domaine de la justice administrative (§ 1) que celui de l'action administrative (§ 2) ont ainsi été le fruit d'importations externes.

### §1) Les importations relatives à la justice administrative

**358.** La justice administrative est un domaine particulièrement représentatif de perméabilité aux droits étrangers. En fonction de l'époque, l'influence prépondérante n'a évidemment pas été la même. Le droit positif, souvent reflet des avancées doctrinales, témoigne bien de ces variations d'influence. Il faut ainsi s'intéresser aux importations relatives à

---

[1091] Cf. GALLEGO ANABITARTE (A.), « La influencia extranjera en el derecho administrativo español desde 1950 a hoy », *préc.*, p. 109.

[1092] « La doctrina, la jurisprudencia y la legislación española manejan, en efecto, no uno, sino distintos conceptos de acto administrativo. Esta pluralidad conceptual se encuentra favorecida por la falta de una definición legal como la contenida en la Ley federal alemana de procedimiento administrativo, y refleja las distintas influencias recibidas por el Derecho administrativo español a lo largo de los años », MIR PUIGPELAT (O.), « El derecho administrativo español en el actual espacio jurídico europeo », in VON BOGDANDY (A.), MIR PUIGPELAT (O.), *El derecho administrativo en el espacio jurídico europeo*, Valencia, Tirant lo blanch, 2013, pp. 195-290, spéc. pp. 246-247.

l'organisation juridictionnelle administrative (A) avant d'examiner les importations relatives au procès administratif en lui-même (B).

## A) La détermination progressive de l'organisation juridictionnelle espagnole

**359.** L'Espagne du XIXe siècle, du fait de son histoire particulière, en commun avec la France, importa de nombreuses institutions d'origines françaises. L'institution juridictionnelle ne fait pas exception à la règle, l'Espagne se tourna d'abord vers le modèle français (1), avant de s'en éloigner progressivement pour construire son propre modèle (2).

### *1) L'importation du modèle français au XIXe siècle*

**360.** La juridiction administrative espagnole, instaurée au XIXe siècle, est très souvent présentée comme un produit d'importation française[1093]. En effet, si depuis 1904 l'Espagne a fait le choix de l'unité de juridiction avec une chambre administrative au sein d'un Tribunal suprême[1094], cela n'allait pas de soi au XIXe siècle, plusieurs modèles de justice s'étant succédé à partir de son indépendance[1095]. Au milieu du XIXe siècle, l'Espagne fit le choix du dualisme juridictionnel à la française.

---

1093 Cf. GARCÍA-TREVIJANO FOS (J. A.), « Hacia un nuevo sistema de justicia administrativa en España », *R.A.P.*, 1961, n° 34, pp. 293-310, spéc., p. 294; GONZÁLES PÉREZ (J.), « Evolución de la legislación contencioso-administrativa », *R.A.P.*, 1999, n° 150, pp. 209-237, spéc. pp. 210-211. Mais, c'est également ce que l'on peut lire dans le préambule du décret du 26 novembre 1868 supprimant la dualité juridictionnelle en Espagne qui commençait par le constat selon lequel la « juridiction administrative [a été] importée dans notre patrie ». Cf Decreto de 26 de noviembre de 1868, *reformando la organización del Tribunal Supremo de Justicia*, Gaceta de Madrid, de 27 de noviembre de 1868, n° 332, pp. 1-4, spéc. p. 1.

1094 Même si à la base de la hiérarchie juridictionnelle, il existe des tribunaux administratifs, distincts des tribunaux ordinaires, chargés de régler les litiges administratifs.

1095 A propos des différents projets de contrôle de l'activité administrative, cf. NIETO GARCÍA (A.), *Los primeros pasos del Estado constitucional*, *préc.*, pp. 420-473.

**361.** Les lois du 2 avril et du 6 juillet 1845, instaurant respectivement les conseils provinciaux et le Conseil royal[1096], furent clairement une importation de l'architecture institutionnelle de la justice administrative napoléonienne[1097]. Elles consacraient la conception de la bourgeoisie conservatrice espagnole qui adhérait à l'interprétation française de la séparation des pouvoirs « conçue comme la non ingérence du pouvoir judiciaire dans l'exécutif »[1098], autrement dit, avec un contentieux de l'Administration « centralisé, comme le gouvernement, sous la puissance de l'Administration »[1099], conduisant alors à une version espagnole de « juger l'Administration, c'est encore administrer »[1100]. Les autres alternatives (système judiciaire pur, dans la même veine que celui qui fut mis en place par la Constitution de Cadix de 1812, ou tribunaux administratifs indépendants, du pouvoir judiciaire, mais également de l'Administration)[1101] furent donc

---

[1096] Ce Conseil Royal prit ensuite le nom de Conseil d'Etat à partir de 1860. E. García de Enterría expliquait que ce nom originaire du Conseil d'Etat relevait d'un « prurit archaïque et nationaliste ». Cf. GARCÍA DE ENTERRÍA (E.), *Las transformaciones de la justicia administrativa: de excepción singular a la plenitud jurisdiccional. Un cambio de paradigma?*, Madrid, Thomson Civitas, 2007, p. 59. Pour plus de précisions sur les origines lointaines d'un Conseil du roi en Espagne, cf. LOPEZ RODO (L.), « Le recours contentieux administratif en Espagne », *R.I.S.A.*, 1953, pp. 162-177, spéc. p. 163.

[1097] JORDANA DE POZAS (L.), « El Consejo de Estado español y las influencias francesas a lo largo de su evolución », in *Estudios de Administración local y general*, Madrid, Instituto de estudios de Administración local, 1961, pp. 71-90, spéc. pp. 83-85 ; FERNANDEZ TORRES (J. R.), *La formación histórica de la jurisdicción contencioso-administrativa (1845-1868)*, Madrid, Civitas, 1998, pp. 396-399; CHAMOCHO (M. A.), « Le contentieux administratif en Espagne au XIX^e siècle: entre particularismes et importation du modèle français », in HAUTEBERT (J.), SOLEIL (S.), *Modèles français, enjeux politiques et élaboration des grands textes de procédure en Europe*, T. 1, Paris, Editions juridiques et techniques, 2007, pp. 219-262, spéc. p. 236. Il s'agit d'ailleurs plus largement de « reproduire en Espagne ce que Bonaparte avait établi sous le Consulat par la loi du 28 pluviôse an VIII (17 février 1800) concernant la division du territoire de la République et l'administration », cf. CHAMOCHO (M. A.), « La genèse normative de la procédure du contentieux administratif provincial en Espagne au XIX^e siècle », in HAUTEBERT (J.), SOLEIL (S.), *La procédure et la construction de l'Etat en Europe (XVI^e-XIX^e siècles)*, Rennes, Presses Universitaires de Rennes, 2011, pp. 827-849, spéc. p. 827. Pour une relativisation, cf. GALLEGO ANABITARTE (A.), « Influencias nacionales y foráneas en la creación del derecho administrativo español », *préc.*, pp. 75-76.

[1098] CHAMOCHO (M. A.), « Le contentieux administratif en Espagne au XIXe siècle: entre particularismes et importation du modèle français », *préc.*, p. 224.

[1099] *Ibidem.*

[1100] Cette formule d'Henrion de Pansey est régulièrement traduite en espagnol dans les ouvrages de l'époque.

[1101] Pour plus de détails sur ce débat politique à propos des hypothèses de modèles de justice, cf. CHAMOCHO (M. A.), « Le contentieux administratif en Espagne au XIXe siècle: entre particularismes et importation du modèle français », *préc.*, pp. 223-225.

repoussées[1102]. On retrouvait ainsi la structure classique de ces conseils qui bénéficiaient d'une double fonction : consultative et contentieuse. Ainsi, la loi du 6 juillet 1845 relative à l'organisation et aux attributions du Conseil Royal énumérait ces attributions typiques du modèle de justice administrative à la française dans son titre II, et précisait en son titre III « la façon de procéder dans le domaine des affaires administratives »[1103] et en son titre IV, « la façon de procéder dans le domaine contentieux »[1104]. La loi du 2 avril 1845 relative quant à elle à l'organisation et aux attributions des Conseils provinciaux offrait une rédaction assez similaire[1105]. Ces conseils provinciaux semblaient toutefois avoir une compétence plus large que leurs homologues français dans la mesure où l'article 9 concluait qu'ils étaient « compétents sur tous les contentieux des différentes activités de l'Administration, à moins que la compétence ne soit attribuée à d'autres tribunaux et pour tous les contentieux qui à l'avenir seront étendus à la juridiction de ces corporations ».

**362.** Ce furent notamment les pères fondateurs du droit administratif espagnol qui militèrent fortement pour un tel emprunt au modèle administratif napoléonien. Il faut rappeler néanmoins que leur succès fut d'autant plus grand qu'ils cumulaient fonctions universitaires, administratives et politiques, puisqu'ils appartenaient au parti modéré, à l'époque au pouvoir[1106]. G. Marañon explique en effet que « politiquement, on peut dire que tout le travail de reconstruction nationale qui suivit la mort de Fernando VII, au cours de la régence de María Cristina et du règne d'Isabelle II, fut l'œuvre de ces émigrés »[1107].

---

[1102] Alors même qu'en France, des voix dissidentes se faisaient fortement entendre à l'encontre de la justice retenue napoléonienne à l'instar notamment de celle de L.-M. Cormenin.

[1103] « Del modo de proceder en los asuntos administrativos », articles 13 à 15.

[1104] « Del modo de proceder en lo contencioso », articles 16 à 19.

[1105] Elle disposait en son article 6 que les conseils provinciaux, « en tant que conseils consultatifs, émettront un avis à chaque fois que le chef politique lui-même, par disposition du Gouvernement ou des lois, ordonnances ou règlements, l'exigera », et en son article 8 qu' « en tant que tribunaux du contentieux aux affaires administratives, se prononceront sur les questions suivantes », dont la liste suivait immédiatement.

[1106] Cf. notamment, NIETO GARCÍA (A.), *Los primeros pasos del Estado constitucional*, préc., pp. 79-82. Cf. *supra*, n° 192-203.

[1107] « Políticamente puede decirse que toda la obra de reconstrucción nacional que siguió a la muerte de Fernando VII, durante la regencia de Maria Cristina y el reinado de Isabel II, fue obra de estos emigrados », MARAÑÓN (G.), *Españoles fuera de España. Influencia de Francia en la política española a través de los emigrados*, Madrid, Espasa-Calpe, 6ª ed., 1968, p. 52. L'exemple qu'il a été choisi de développer est celui de l'organisation juridictionnelle administrative. Toutefois, il aurait également été possible de mentionner plus généralement l'organisation administrative de l'Espagne, également calquée sur le modèle napoléonien. Le décret du 30 novembre 1833 qui divisa l'Espagne en 49 provinces

**363.** F. A. Silvela par exemple, auteur cité précédemment parmi les pères fondateurs francisés du droit administratif espagnol[1108], défendit avec ferveur le « dogme » selon lequel « l'administrateur suprême de l'Etat doit être en même temps le juge suprême des conflits administratifs sous la responsabilité de ses ministres »[1109], faisant régulièrement appel à l'exemple français tout au long de son argumentaire sur le sujet[1110]. Séduit notamment par les conseils de préfectures français, il en fit par ailleurs largement l'éloge devant le Parlement espagnol[1111], proposant un projet de loi pour instaurer des conseils provinciaux calqués sur leurs homologues français. Le modèle qu'il défendait était donc clairement le modèle français[1112], avec ses spécificités, en particulier celles d'une justice retenue au sommet de l'Etat et d'une justice déléguée au niveau provincial. Certains articles de son projet étaient d'ailleurs quasiment la traduction des textes de l'an VIII ou de la jurisprudence du Conseil d'Etat français. L'article 23[1113], attribuant force exécutoire aux arrêts des conseils provinciaux sans l'intervention d'un membre de l'Administration active semblait largement inspiré de la jurisprudence française en la matière décrétant que « les Conseils de préfecture sont de véritables juges dont les actes doivent produire les mêmes effets et obtenir la même exécution que ceux

était largement inspiré du décret de l'Assemblée constituante du 4 aout 1789 divisant la France en départements. En effet, cette réforme fut l'œuvre de J. de Burgos, francisé, exilé volontaire en France, mentionné précédemment (Cf. *supra*, n° 186), qui était alors ministre des Travaux publics, du Commerce, de l'Industrie et de l'Agriculture et qui n'avait jamais caché son admiration pour l'organisation administrative française. Pour plus de précisions sur l'administration provinciale, cf. NIETO GARCÍA (A.), *Los primeros pasos del Estado constitucional*, *préc.*, pp. 238-294.

1108 Cf. *supra*, n° 189.

1109 « El supremo administrador del Estado debe ser, al proprio tiempo, el juez supremo en los contiendas administrativas bajo la responsabilidad de sus ministros », SILVELA (F. A.), « Proposición de ley presentada al congreso de los diputados en la sesión del 12 de noviembre de 1838, y tomada en consideración en la del 16 del mismo », *in Colección de proyectos, dictámenes, leyes orgánicas o estudios prácticos de Administración,* Madrid, Imprenta Nacional, 1839, pp. 183-235, spéc. p. 189. Il considérait que « la justice administrative n'est rien de plus que la perfection et le complément indispensable de l'action administrative », *Idem*, p. 187.

1110 Notamment pp. 191, 192, 201, 209, 215, 218, 221. Il reprenait en particulier la définition du Conseil d'Etat donnée par J. -B. Sirey pour ensuite en proposer sa définition applicable au cas espagnol. Cf. *idem*, pp. 191-192.

1111 En expliquant que « cela fait 40 ans que les conseils de préfecture offrent des avantages considérables en France, et non des tribunaux indépendants », cf. *id.*, p. 189.

1112 Il concluait notamment ses explications par « C'est ainsi que cela se passe en France » pour inciter à la réforme dans le même sens. Cf. *id.*, p. 201.

1113 « Les jugements des conseils ne nécessitent pas, pour prendre effet, l'approbation du chef politique ni d'une quelconque autorité; et sont exécutoires malgré l'appel ou tout autre recours légal ».

des tribunaux ordinaires »[1114]. L'article 6 disposait que « le chef politique pourra assister au conseil, voter et présider ; en cas d'égalité des voix, il aura voix prépondérante »[1115] faisant ainsi très clairement écho à l'article 5 de la loi du 28 pluviôse an VIII disposant que « lorsque le préfet assistera au conseil de préfecture, il présidera : en cas de partage, il aura voix prépondérante »[1116]. Par ailleurs, d'autres pères fondateurs du droit administratif se positionnèrent en faveur du modèle défendu par F. A. Silvela. Il en va ainsi d'A. Oliván qui usait, dans son ouvrage *De la Administración pública con relación a España*, des mêmes arguments que F. A. Silvela[1117], semblant même défendre[1118], sans le nommer, son projet d'instauration des conseils provinciaux. J. Posada Herrera également, prolongea le plaidoyer en faveur de ce modèle[1119]. Même s'il fut avorté en 1838, le projet de F. A. Silvela fut bel et bien à l'origine des

---

1114 Cf. C.E., *Delpech c/ Commune de Mérignac*, Rec. Sirey, T. 1, p. 255, n° 247. ; CE, 21 juin 1813, C.E., *Urbau c/ Vick*, Rec. Sirey, T. 2, p. 375, n° 264. Cf. également C.E., avis, 16 thermidor an XII (4 août 1804), C.E., avis, 29 octobre 1811 et C.E., avis, 24 mars 1812 (*Bulletin des lois de la République française*, 1812, B. 429, n° 7899) : « les décisions des conseils de préfecture doivent obtenir la même exécution que les jugements des tribunaux ». En outre, ni les ministres (C.E., *Le sieur Plumier*, Rec. Sirey, T. 2, p. 3, n° 2), ni les préfets (C.E., 25 janvier 1813, *Pellerin c/ Commune de Deville*, Rec. Sirey, T. 2, p. 251, n° 175) n'ont le droit de réformer leurs arrêtés.Les conseils de préfecture étaient cependant soumis au contrôle du Conseil d'Etat via la voie de l'appel devant ce dernier pour réformer leurs décisions.

1115 « El jefe político podrá asistir al consejo con voto y presidencia; y en caso de empate, será su voz preponderante ».

1116 Ce qui ne va pas sans susciter quelques critiques, notamment du point de vue de l'indépendance de ces conseils vis-à-vis de l'Administration active, relativisée dès lors. Cf. les propos de N. Pinto-Reich : « on peut s'interroger sur l'effectivité de cette délégation puisque, comme nous l'avons dit ci-dessus, le préfet est président de droit du Conseil de préfecture et y a voix prépondérante. Or, si effectivement il ne s'immisce pas dans le règlement de ce contentieux, cette délégation peut jouer de plein droit. Mais si, au contraire, le préfet use de son influence, ne serait-ce qu'en amont de la décision, pour orienter à son gré la délibération du Conseil de préfecture, que dire alors de la réalité de cette justice déléguée » ; PINTO-REICH (N.), *Recherches sur le Conseil de Préfecture de la Meurthe. Contributions à l'histoire de la juridiction administrative (an VIII-1870)*, Nancy, Thèse, dactyl., 2008, p. 130. Cf. également PACTEAU (B.), « Les conseils de préfecture au XIXe siècle. Installation, implantation et interrogations », in GOJOSSO (E.), *Les conseils de préfecture (an VIII-1953)*, Paris, L. G. D. J., 2005, pp. 3-42, spéc. pp. 17-18 ; CHEVALLIER (J.), *L'élaboration historique du principe de séparation de la juridiction administrative et de l'administration active*, Paris, L.G.D.J., 1970, pp. 120-128.

1117 OLIVÁN (A.), *De la Administración pública con relación a España*, *préc.*, pp. 72-101.

1118 Il écrivait ainsi: « à côté de celui qui gouverne, il doit y avoir un corps, qui dans une certaine mesure ressemble un peu au Conseil d'Etat. Nos écrivains ainsi que plusieurs projets de lois ont suggéré de l'appeler conseil de province. Son utilité est incontestable ». Cf. *idem*, p. 96.

1119 POSADA HERRERA (J.), *Lecciones de Administración*, *préc.*, pp. 211, 214.

lois de 1845[1120], et ce faisant, témoigne clairement de l'emprunt conscient au droit administratif français.

**364.** Il est possible également de penser que l'Espagne s'inspira de la procédure contentieuse française pour établir en 1846 celle à l'œuvre devant le Conseil Royal. Néanmoins, elle réglementa aussi dès 1845, par décret[1121], celle des Conseils provinciaux, devançant ainsi la France sur cette question[1122]. Il fallut en effet attendre 1865 pour que soit entérinée une véritable procédure devant les conseils de préfecture[1123]. M. A. Chamocho suggère d'ailleurs à ce sujet que l'Espagne ait pu à son tour servir de modèle à la France, notamment vis-à-vis des projets de réforme en cours à la fin de la Monarchie de Juillet. Le rapport Boulatignier de 1850, bien qu'abandonné avec le coup d'Etat du 2 décembre 1851, qui insistait sur le renforcement du caractère véritablement juridictionnel des conseils de préfecture, pourrait ainsi avoir été inspiré des décrets espagnols de 1845 et 1846, et avoir servi de base à la réforme de 1865[1124].

**365.** Cette influence française sur la matière juridictionnelle fut donc prépondérante à partir du milieu du XIX$^{e}$ siècle. La fin du XIX$^{e}$ siècle marque

---

[1120] On retrouve les dispositions des articles cités précédemment, à la fois dans les articles 1 et 14 de loi du 2 avril 1845 et dans les articles 17 et 52 du décret royal du 1$^{er}$ octobre 1845 organisant la procédure devant ces conseils provinciaux. Un chapitre entier du décret est par ailleurs consacré aux « sentencias » (jugements), le vocabulaire n'étant pas anodin, jugements qui sont qualifiées par la suite de définitifs.

[1121] Real Decreto de 1 de octubre de 1845, *aprobando el reglamento sobre el modo de proceder de los consejos provinciales en los negocios contenciosos de la administración*, Gaceta de Madrid, de 4 de octubre de 1845, n° 4038, pp. 1-2.

[1122] N. Pinto-Reich explique ainsi qu'en France, « la procédure n'étant réglementée par aucun texte, elle varie suivant les départements, c'est à dire, suivant les arrêtés préfectoraux adoptés en la matière. Comment, dans de telles conditions, parler de garanties procédurales ? Le Conseil de préfecture de l'an VIII ne répond donc absolument pas à cette exigence de forme qui définit -aujourd'hui- une juridiction digne de ce nom. Le législateur a donc négligé d'instituer des règles précises de procédure. L'arrêté du 19 fructidor an IX a seulement posé quelques règles relatives aux délibérations (comme la présence de trois membres au moins), et prévu qu'en cas d'absence d'un conseiller de préfecture, celui-ci peut être remplacé par un conseiller général. Il n'y a, ni débat oral (avis du Conseil d'Etat du 4 février 1826), ni ministère public ». Cf. PINTO-REICH (N.), *Recherches sur le Conseil de Préfecture de la Meurthe. Contributions à l'histoire de la juridiction administrative (an VIII-1870)*, *préc.*, p. 135.

[1123] Cf. BIGOT (G.), *Introduction historique au droit administratif depuis 1789*, *préc.*, pp. 131-134.

[1124] Cf. CHAMOCHO (M. A.), « Le contentieux administratif en Espagne au XIXe siècle : entre particularisme et importation du modèle français », *préc.*, pp. 237-238.

cependant un tournant, les Espagnols prenant de la distance vis-à-vis du modèle français.

### 2) Le recul de l'influence française au début du XXe siècle

**366.** Le modèle décrit précédemment fut définitivement supprimé[1125], en tant que tel, par la loi du 13 septembre 1888 dite *Santamaría de Paredes*. Cette loi était celle du compromis entre deux visions opposées de l'organisation juridictionnelle, la doctrine judiciaire et la doctrine administrativiste, fidèle au modèle français. Elle instaura un système particulier, souvent qualifié de « mixte »[1126], voire d'« harmonieux »[1127], qui consacrait la justice déléguée[1128] entre les mains d'une organisation juridictionnelle administrative spéciale, distincte des tribunaux ordinaires. Les tribunaux administratifs étaient

---

1125 Après une première tentative par un décret du 13 octobre 1868 qui avait supprimé les conseils provinciaux ainsi que la section contentieuse du Conseil d'Etat, suivi d'un second en date du 16 octobre 1868 qui avait créé un Tribunal suprême doté d'une chambre spécialisée pour le contentieux administratif.

1126 Cf. GONZÁLES PÉREZ (J.), « Evolución de la legislación contencioso-administrativa », *préc.*, p. 213; GARCÍA DE ENTERRÍA (E.), *¿Las transformaciones de la justicia administrativa: de excepción singular a la plenitud jurisdiccional. Un cambio de paradigma?*, préc., p. 61; ROSADO PACHECO (S.), « La jurisdicción contenciosa-administrativa en España », in ROSADO PACHECO (S.) (dir.), *Modelos europeos de justicia contencioso-administrativa*, Madrid, Dykinson, 2007, p. 18. Dans le projet de la Commission qui inspira la loi *Santamaría de Paredes*, on pouvait lire la chose suivante : « on pouvait envisager de déférer le contentieux administratif au tribunal suprême, la Cour de cassation, ou d'instituer un tribunal contentieux administratif spécial et unique. La Commission a tranché en faveur de la spécialité des tribunaux contentieux administratifs, indépendants à la fois de l'administration et du pouvoir judiciaire. Dans le cadre de ce système mixte, la Commission a estimé que ses propositions constituaient un point de rencontre avec les deux systèmes opposés en la matière : le système administratif qui considère le contentieux comme une révision par le pouvoir administratif de ses propres actes, et le système judiciaire qui envisage le contentieux administratif au même titre qu'une procédure judiciaire ordinaire. La solution proposée par la Commission consiste dans un équilibre susceptible d'être accepté comme une transaction définitive par tous les partis ». Cité par LÓPEZ RODÓ (L.), « Le recours contentieux administratif en Espagne », *R.I.S.A.*, 1953, pp. 162-177, spéc. p. 169.

1127 Par son créateur lui-même, V. Santamaría de Paredes.

1128 Justice déléguée qu'il est toutefois possible de relativiser comme le faisait remarquer E. García de Enterría, compte tenu des prérogatives que conservait le pouvoir exécutif, notamment vis-à-vis de l'exécution des décisions de justice à son encontre. Cf. GARCÍA DE ENTERRÍA (E.), *¿Las transformaciones de la justicia administrativa: de excepción singular a la plenitud jurisdiccional. Un cambio de paradigma?*, préc, p. 60.

cependant composés à la fois de magistrats,[1129] mais également « d'agents administratifs »[1130] et au sommet de l'ordre juridictionnel administratif, la justice administrative s'est rapidement matérialisée par une section du contentieux au sein du Conseil d'Etat[1131]. Il semble tout de même qu'en 1888, l'influence française était toujours prégnante lorsque l'on examine le projet initial qui servit de base à cette loi. En effet, la Commission instituée en 1879 dans le but de réformer la justice administrative invoquait « comme argument d'autorité les opinions de Cormenin et de Vivien, sans faire aucune allusion aux auteurs espagnols »[1132], pour justifier le maintien d'une spécificité de la justice administrative. Bien que mixte, ce système s'orientait à l'époque légèrement plus vers la conception administrativiste. La tendance fut cependant ensuite inversée avec la loi du 5 avril 1904 qui vint accentuer le caractère judiciaire du système instauré par la loi *Santamaría de Paredes*, en supprimant cette section du contentieux du Conseil d'Etat, limitant alors ce dernier à sa seule fonction consultative. La Cour suprême était désormais chargée du contentieux administratif grâce à une chambre spécialisée en son sein. Cette loi entérina ce qui est toujours aujourd'hui le système de justice administrative espagnole[1133], en en faisant un modèle institutionnel à part entière, selon les classifications opérées par certains auteurs[1134]. D'autres cependant, à l'instar notamment de M. Fromont[1135], considèrent que

[1129] Qui n'étaient toutefois pas spécialisés en droit administratif puisqu'ils étaient des magistrats de droits civil ou pénal.

[1130] Pour plus de précisions sur cette loi, cf. GONZÁLES PÉREZ (J.), « Evolución de la legislación contencioso-administrativa », *préc.*, pp. 212-213.

[1131] Notamment à partir de la réforme instaurée par le décret du 22 juin 1894.

[1132] LÓPEZ RODÓ (L.), « Le recours contentieux administratif en Espagne », *préc.*, p. 170.

[1133] L'article 117 de la Constitution du 27 décembre 1978 consacra le principe de l'unité juridictionnelle qu'il définit comme étant « la base de l'organisation et du fonctionnement des tribunaux ».

[1134] Selon la classification de T. Olson, l'Espagne fait partie des pays à dualisme juridictionnel incomplet, observé uniquement à la base et avec une Cour suprême unique au sommet, dotée toutefois d'une chambre spécialisée dans le contentieux administratif. Cf. OLSON (T.), « Justice administrative et Constitution en Europe : état des lieux », *préc.*, p. 143. Il en est de même dans la classification d'Y. Aguila où l'Espagne apparaît dans la catégorie des pays à « Cour suprême unique avec chambre administrative spécialisée », distincte, donc, de celle à « Cour suprême unique et indivise » à l'anglo-saxonne, de celle à « Cour administrative suprême » comme c'est le cas en Allemagne, et bien évidemment, de celle à Conseil d'Etat à la française. Cf. AGUILA (Y.), « La justice administrative, un modèle majoritaire en Europe. Le mythe de l'exception française à l'épreuve des faits », *préc.*, p. 291.

[1135] M. Fromont parle du groupe allemand pour désigner les pays ayant adopté des juridictions spécialisées faisant partie d'un pouvoir judiciaire indépendant et y inclut l'Espagne. Cf. FROMONT (M.), « La justice administrative en Europe : différences et convergences », *préc.*, p. 268. Même si dans son ouvrage sur le droit administratif des Etats européens, il distingue les juridictions administratives formant un ordre juridictionnel autonome (dont l'archétype serait l'Allemagne), et les juridictions administratives relevant d'une juridiction suprême

l'Espagne fait partie, depuis le début du XX^e siècle, du groupe allemand de justice administrative. Si les classifications sont, par essence, sujettes à d'infinies discussions et peuvent sembler, parfois, se contredire, elles ont néanmoins le mérite de mettre en lumière les traits les plus caractéristiques des objets qu'elles classent. Or, quelle que soit la catégorie dans laquelle est placée l'Espagne, le constat depuis le début du XX^e siècle reste le même : celui de l'éloignement progressif de l'influence française sur la justice administrative espagnole, particulièrement en ce qui concerne la procédure administrative contentieuse, nonobstant l'existence d'un Conseil d'Etat.

### B) L'influence grandissante du droit administratif allemand sur la conception du procès administratif espagnol à partir des années 1950

**367.** En adoptant, au milieu du XIX^e siècle, le modèle français de justice administrative, l'Espagne s'était orientée presque automatiquement vers la procédure administrative contentieuse française, du moins, vers la conception française du procès administratif, caractérisée notamment par l'objectivité de son recours en annulation, le recours pour excès de pouvoir et, dès lors, par la distinction stricte entre contentieux de l'annulation et contentieux de pleine juridiction[1136]. Si cette conception perdura en Espagne jusqu'au milieu du XX^e siècle, un changement de paradigme commença à s'esquisser à partir des années 1950, pour s'imposer définitivement à la fin du XX^e siècle. L'Espagne

unique, il introduit cette dernière catégorie en signalant qu'elle n'est qu'une « simple variante » du précédent modèle, « souvent introduit sous l'influence du droit allemand », ou au moins « encouragé à accentuer encore plus fortement l'unité du pouvoir judiciaire » lorsque, comme en Espagne, cette solution avait été trouvée avant l'Allemagne. Cf. *idem*, pp. 131-132. Par ailleurs, quand il examine le contentieux des décisions administratives, l'Espagne fait bien partie du modèle allemand, celui des actions en annulation et en émission d'une décision administrative. Cf. *idem*, p. 184-187. Il reste que plus largement, lorsqu'il examine « les traditions administratives nationales », il classe l'Espagne dans le groupe « mi-français-mi-allemand », révélateur de la succession d'influences, française puis allemande, qu'ont connue les pays appartenant à ce groupe, et ce, notamment « pour la protection juridictionnelle des personnes privées contre l'administration [plus] que pour l'organisation administrative ». Cf. *idem*, pp. 48-53.

1136 Distinction stricte qui désormais se relativise de manière importante. Cf. notamment, TRUCHET (D.), « Office du juge et distinction des contentieux : renoncer aux "branches" », *R.F.D.A.*, 2015, n° 4, pp. 657-661 ; MELLERAY (F.), *Essai sur la structure du contentieux administratif français : pour un renouvellement de la classification des principales voies de droit ouvertes devant les juridictions à compétence générale*, Paris, L.G.D.J., 2001.

fit ainsi le choix de suivre l'exemple allemand (2), qui s'est engagé le premier sur la voie de la subjectivisation du procès administratif[1137] (1).

### 1) *Le droit administratif allemand, modèle précurseur sur la voie de la subjectivisation du procès administratif*

**368.** Le passage d'une conception objective à une conception plus subjective du procès administratif est considéré comme étant « l'esprit du temps »[1138], à partir de la Seconde Guerre mondiale. En effet, nombreux sont les pays d'Europe qui s'orientèrent simultanément sur cette voie, celle où « le juge administratif n'est plus seulement le contrôleur de l'Administration et le gardien du respect du droit objectif ; il est aussi devenu le protecteur de l'individu et le défenseur des situations juridiques subjectives »[1139]. Il n'en

---

[1137] Ainsi, on distingue traditionnellement deux conceptions du procès administratif, à savoir la conception objective incarnée par le modèle français, et la conception subjective représentée par le modèle allemand. C. Deffigier explique ainsi que si l'on s'intéresse notamment aux effets des décisions rendues par le juge administratif, on considère que « dans le cadre d'une approche objective du contentieux de l'administration, les effets des décisions visent avant tout à faire respecter le droit public objectif par les autorités administratives, en vue d'assurer le bon fonctionnement de l'administration. Le juge chargé des affaires de l'administration possède alors généralement les moyens d'imposer ses décisions grâce à des techniques notamment d'injonction ou d'astreinte, dans un but primordial de respect de la légalité ». Dans le cadre d'une approche subjective cette fois, « le juge chargé des affaires administratives privilégie avant tout les droits des justiciables, protège leur situation individuelle face à l'administration et leur droit à une justice efficace. Au-delà des concepts d'autorité de chose jugée, de mesures provisoires ou conservatoires, ou encore de modulation dans le temps des effets des annulations contentieuses, le justiciable se préoccupe concrètement de l'intervention assez rapide de la décision juridictionnelle, de la solution retenue, et de son application dans les faits ». Toutefois, comme C. Deffigier le précise, cette opposition stricte entre conception objective et conception subjective « paraît avoir vécu » désormais, la plupart des Etats européens privilégiant en réalité une conception mixte : « objective pour un respect du droit régissant l'administration et de plus en plus subjective pour un respect des droits des administrés ». Cf. DEFFIGIER (C.), « Les effets des décisions du juge administratif en Europe », *R.F.D.A.*, 2008, n° 2, pp. 234-240, spéc. p. 234. Dès lors, il est plus juste d'envisager les choses sous l'angle d'un processus de subjectivisation du contentieux administratif (qui est la tendance actuelle), plutôt que de véritablement classer les différents modèles de contentieux dans l'une ou l'autre de ces deux catégories.

[1138] GARCÍA DE ENTERRÍA (E.), « La formación y el desarrollo en Europa de la jurisdicción contencioso-administrativa », *R.A.P.*, 2009, n° 179, pp. 167-183, spéc. p. 180.

[1139] M. Fromont soulignant que cela implique « à tout le moins l'égalité des parties au procès et, en cas de bien-fondé de la demande, le plein rétablissement de l'individu dans ses droits, voire la création d'une situation juridique individuelle nouvelle », cf. FROMONT (M.), « Les pouvoirs d'injonction du juge administratif en Allemagne, Italie, Espagne et France. Convergences », *R.F.D.A.*, 2002, n° 3, pp. 551-560, spéc. p. 552. Cf. également GARCÍA DE ENTERRÍA (E.), *Las transformaciones de la Justicia Administrativa : de excepción singular*

reste pas moins que l'Allemagne fut précurseur sur le sujet, en mettant l'accent sur la protection des individus après le traumatisme du régime nazi. Elle s'imposa alors comme un modèle supérieur au modèle français pour la protection des citoyens face à l'Administration[1140]. Bien que l'Allemagne — à l'époque non unifiée — se soit initialement inspirée de la France pour créer une justice administrative au XIXe siècle[1141], elle s'est ensuite positionnée comme le modèle de justice administrative moderne ; c'est-à-dire, comme l'explique M. Fromont, en faisant du procès administratif « un procès comme un autre », « un procès par lequel le requérant fait valoir la violation d'un droit subjectif, dans lequel les deux parties sont traitées à égalité et à la fin duquel le juge peut prendre toute sorte de décisions à l'encontre de l'autorité administrative, comme si celle-ci était un justiciable comme un autre »[1142]. Ce changement de conception de la mission de la justice administrative, *a priori* préfiguré par deux ordonnances de 1946 et 1948[1143], fut entériné par la Loi fondamentale pour la République fédérale d'Allemagne du 8 mai 1949 qui dispose en son article 19, alinéa 4 : « Quiconque est lésé dans ses droits par la puissance publique dispose d'un recours juridictionnel ». Surtout, il trouva sa consécration pratique avec la loi du 21 janvier 1960, qualifiée de « prémonitoire »[1144] par E. García de Enterría, loi qui mit en œuvre de nombreuses mesures visant à ce que les décisions du juge administratif n'aient pas un caractère uniquement déclaratoire et soient pourvues d'une véritable efficacité. Mesures provisoires ou conservatoires, pouvoirs d'injonction, d'astreinte, firent partie, à compter de cette date, de l'arsenal du juge administratif allemand et participèrent, au côté du principe de l'effet suspensif

---

*a la plenitud jurisdiccional ¿Un cambio de paradigma?*, préc., pp. 99-148; MIALOT (C.), *Les nouveaux pouvoirs du juge administratif en France et en Espagne*, Thèse, dactyl., Paris 1, 2003.

1140 Cf. M. Fromont qui explique que l'Allemagne « a su profiter de la table rase pour établir un pouvoir judiciaire fort. Mais l'exemple allemand a ensuite entrainé d'autres pays. De ce fait, même des pays qui avaient adopté le modèle français, notamment l'Espagne et le Portugal, s'en sont éloignés, et ont adopté beaucoup de solutions du droit allemand ». FROMONT (M.), « La justice administrative en Europe : différences et convergences », *préc.*, p. 267. Cf. également GAILLET (A.), *L'individu contre l'Etat : essai sur l'évolution des recours de droit public dans l'Allemagne du XIXe siècle*, Paris, Dalloz, 2012.

1141 Cf. FISCHER (A.), « Aspects historiques: l'évolution de la justice administrative en Allemagne et en France au XIXe et au XXe siècle et les influences réciproques sur cette évolution », *Revue administrative*, 1999, n° spécial, pp. 6-23.

1142 FROMONT (M.), « Les pouvoirs d'injonction du juge administratif en Allemagne, Italie, Espagne et France. Convergences », *préc.*, p. 551.

1143 Cf. FROMONT (M.), « La justice administrative en Europe : différences et convergences », *préc.*, pp. 269-270.

1144 GARCÍA DE ENTERRÍA (E.), « La formación y el desarrollo en Europa de la jurisdicción contencioso-administrativa », *préc.*, p. 180.

du recours en annulation, au renforcement de la protection des droits des individus[1145].

**369.** L'Espagne s'engagea progressivement dans cette même voie, en prenant le droit administratif allemand pour exemple.

### *2) Le ralliement du droit administratif espagnol à la conception allemande du procès*

**370.** Le droit administratif espagnol commença par rompre avec sa vision traditionnelle du procès administratif avec une réforme du 27 décembre 1956 (a), pour confirmer définitivement cette nouvelle orientation à partir de l'adoption de sa nouvelle Constitution (b).

#### a) Une rupture initiée par la loi du 27 décembre 1956

**371.** C'est donc une loi du 27 décembre 1956 relative à la juridiction administrative, qui constitua le point de rupture en Espagne. Cette réforme avait été largement demandée[1146], en raison des lacunes de la loi du 13 septembre 1888 — toujours appliquée en grande partie[1147] — sur le terrain de

---

[1145] Sur cette question, cf. AUTEXIER (C.), *Introduction au droit public allemand, préc.*, pp. 214-235.

[1146] On peut lire dans l'exposé des motifs, justifiant la réforme : « si l'on tient compte des transformations sociales et juridiques intervenues depuis cette date et que les modifications du texte originaire furent plus accidentelles et sur des détails, la nécessité d'une réforme de notre juridiction administrative reste justifiée. Cela fait des années qu'elle est unanimement exigée par la magistrature, l'avocature et la doctrine ». Cf. Ley del 27 de diciembre de 1956, *reguladora de la jurisdicción contencioso-administrativa*, B.O.E., del 28 de diciembre de 1956, n° 363, p. 8138.

[1147] Si l'on excepte la période entre 1938 et 1944, au cours de laquelle fut suspendu le recours administratif contre tout acte pris par l'Administration étatique, en raison de la guerre civile. E. García de Enterría faisait néanmoins remarquer que cette suspension s'était maintenue de manière abusive cinq ans après la fin de la guerre civile… Il expliquait ce rétablissement du contentieux par la loi du 18 mars 1944 comme une conséquence de la victoire, alors certaine, des alliés, à la fin de Seconde Guerre mondiale, plaçant ainsi l'Espagne dans « une position difficile ». Il fallait donc donner l'illusion d'un Etat de droit à l'étranger, même si cette loi élargit aussi de manière importante les actes de gouvernement, insusceptibles de recours, et exclut le contentieux des fonctionnaires du contentieux administratif de droit commun. Cf. GARCÍA DE ENTERRÍA (E.), *¿Las transformaciones de la Justicia*

la protection des administrés[1148]. Elle n'offrait en effet « qu'un contrôle juridique minimum »[1149], celui de la régularité des procédures, contrastant alors avec les améliorations substantielles qu'avaient entreprises les autres pays européens en matière contentieuse.

**372.** Cette loi fut l'œuvre de deux professeurs de droit, J. González Pérez et M. Ballbé, ce qui explique sans doute sa grande technicité. La « rupture avec la conception traditionnelle »[1150] du contentieux administratif était pleinement consciente puisque, comme l'expliquait l'un de ses rédacteurs, J. González Pérez, « le principal mérite de ce nouveau texte fut de s'écarter de la déférence vis-à-vis du système français, qui caractérisait nos lois antérieures »[1151].

**373.** Si l'auteur ne dit pas pour autant que la source d'inspiration était allemande, il est tout de même possible de le supposer. Pour M. Fromont, « l'innovation majeure a consisté à reprendre la conception allemande selon laquelle toute personne a des droits publics subjectifs opposables à l'administration »[1152]. En effet, l'exposé des motifs insistait sur le fait que le procès administratif était désormais « un authentique jugement ou procès entre

*Administrativa : de excepción singular a la plenitud jurisdiccional. Un cambio de paradigma ?*, *préc.*, p. 65.

[1148] La recevabilité du recours était appréciée très strictement, même si elle s'était un peu assouplie les dernières années précédant la réforme. Par ailleurs, l'Administration ne pouvait pas être contrôlée lorsqu'elle agissait dans le cadre de son pouvoir discrétionnaire. L'exécutif gardait également la possibilité de surseoir à l'exécution d'une décision de justice pour des motifs d'intérêt général. Une des critiques récurrentes était enfin le manque de maîtrise du droit administratif par les magistrats composant ces tribunaux, du fait de leur formation essentiellement civiliste ou pénaliste, voire même leur manque de formation juridique, les conduisant bien souvent à confirmer automatiquement les décisions prises par l'Administration. Pour plus de précisions sur ces critiques, cf. *idem*, pp. 59-66.

[1149] « Un control jurídico mínimo », GARCÍA DE ENTERRÍA (E.), BORRAJO INIESTA (I.), « Estado, Administración y derecho administrativo en España », in VON BOGDANDY (A.), MIR PUIGPELAT (O.), *El derecho administrativo en el espacio jurídico europeo*, Valencia, Tirant Lo Blanch, 2013, pp. 127-194, spéc. p. 180.

[1150] GONZÁLEZ PÉREZ (J.), « Evolución de la legislación contencioso-administrativa », *préc.*, p. 234.

[1151] « el mérito principal del nuevo texto fue el apartarse del servilismo hacia el sistema francés, que caracterizaba a nuestras leyes anteriores », *Idem*, p. 229.

[1152] FROMONT (M.), *Droit administratif des Etats européens*, *préc.*, p. 52.

parties »[1153], et qu'il s'agissait d'une véritable « première instance juridictionnelle »[1154]. Outre l'abandon de la conception du procès fait à un acte, la loi du 27 décembre 1956 fut à l'origine des tribunaux administratifs modernes, composés uniquement de magistrats, spécialisés en droit public. Pour E. García de Enterría, elle constituait à l'époque un « miracle »[1155]. Selon les propres termes de J. González Pérez, « en droit comparé, la loi espagnole de 1956 occupa une place importante. En premier lieu, en se positionnant au niveau des systèmes les plus avancés de justice administrative. En second lieu, en raison de la technique épurée qu'elle offrait, bien supérieure à celle de la majorité des lois des autres pays »[1156]. On peut toutefois supposer que ce dernier n'était pas pleinement objectif vis-à-vis de cette loi, bien que les avancées qu'elle supposa soient évidentes.

**374.** Quoique « miracle » à l'époque, notamment parce qu'adoptée sous le régime franquiste[1157], la loi du 27 décembre 1956 montra également rapidement ses faiblesses, justement parce qu'appliquée sous un régime autoritaire. Malgré la modernité de ses termes, son application resta assez fidèle aux anciennes traditions, si bien qu'il y eut, pendant de nombreuses années, un important « contraste entre la lettre de la loi et son application judiciaire »[1158].

**375.** Si la loi du 27 décembre 1956 marquait incontestablement une rupture dans la conception du procès administratif espagnol, suivant l'exemple allemand, il fallut attendre ensuite plus de quarante ans pour que cette nouvelle

---

1153 « Un auténtico juicio o proceso entre partes ». Cf. Ley del 27 de diciembre de 1956, *reguladora de la jurisdicción contencioso-administrativa*, B.O.E., del 28 de diciembre de 1956, n° 363, p. 8139.

1154 « Una primera instancia jurisdiccional ». *Ibidem*.

1155 García de Enterría (E.), *¿Las transformaciones de la Justicia Administrativa : de excepción singular a la plenitud jurisdiccional. Un cambio de paradigma ?*, *préc.*, p. 67.

1156 « En el Derecho comparado, la Ley española de 1956 ocupó un lugar destacado. En primer lugar, al colocarse entre los sistemas más avanzados de justicia administrativa. En segundo lugar, por la depurada técnica que la misma ofrecía, muy superior a la de la mayoría de las leyes de los principales países », González Pérez (J.), « Evolución de la legislación contencioso-administrativa », *préc.*, p. 229.

1157 Paradoxal sous un régime autoritaire. Les justifications possibles sont les mêmes que celles expliquées par E. García de Enterría et mentionnées précédemment à propos du rétablissement du contentieux administratif en 1944.

1158 « Contraste entre la letra de la ley y su aplicación judicial », García de Enterría (E.), Borrajo Iniesta (I.), « Estado, Administración y derecho administrativo en España », *préc.*, p. 181.

conception soit véritablement concrétisée, la doctrine espagnole appuyant fortement, une fois encore, la réforme[1159].

### b) Une rupture consacrée par la Constitution du 27 décembre 1978

**376.** Le premier texte important après le régime franquiste fut bien entendu la Constitution du 27 décembre 1978, dont on sait d'ailleurs qu'elle trouva largement sa source d'inspiration dans la Loi fondamentale allemande du 23 mai 1949[1160]. Les constituants espagnols furent certainement plus sensibles à un texte adopté justement par un Etat qui souhaitait rompre avec son passé tragique, insistant alors sur les droits fondamentaux des individus. La consolidation des pouvoirs du juge administratif s'inscrit également dans la continuité logique de la protection constitutionnelle des droits fondamentaux des citoyens par la Constitution allemande.

**377.** Ainsi, la Constitution espagnole consacre, de manière générale, un droit subjectif à « demander justice à un juge pour la protection d'un droit matériel concret »[1161], en son article 24, qui dispose que « toute personne a le droit d'obtenir des juges et tribunaux une protection judiciaire effective de ses

---

[1159] Notamment GARCÍA DE ENTERRÍA (E.), *La batalla por las medidas cautelares: derecho comunitario europeo y proceso contencioso-administrativo español*, Madrid, Civitas, 1ª ed., 1992. L'exposition des motifs de la loi du 13 juillet 1998 montre d'ailleurs bien que le législateur a été sensible aux appels de la doctrine. Il est ainsi expliqué que cette réforme intervient pour « corriger les éléments que la pratique juridictionnelle ou la critique doctrinale ont révélé comme étant inappropriés ou susceptible d'améliorations ». Cf. Ley 29/1998 del 13 de julio, *reguladora de la jurisdicción Contencioso-administrativa*, B.O.E., del 14 de julio de 1998, n° 167, p. 23517.

[1160] Cf. GARCÍA DE ENTERRÍA (E.), ORTEGA (L.), « Spanish report », in SCHWARZE (J.), *Le droit administratif sous l'influence de l'Europe. Une étude sur la convergence des ordres juridiques nationaux dans l'Union européenne*, Bruxelles, Bruylant, Baden-Baden, Nomos Verlagsgesellschaft, 1996, pp. 695-731, spéc. p. 696 ; GALLEGO ANABITARTE (A.), « La influencia extranjera en el derecho administrativo español desde 1950 a hoy », *préc.*, p. 108.

[1161] « Pedir justicia al juez para la protección de un derecho material concreto », GARCÍA DE ENTERRÍA (E.), *¿Las transformaciones de la Justicia Administrativa: de excepción singular a la plenitud jurisdiccional. Un cambio de paradigma?*, préc., pp. 132-133. Cf. également GARCÍA DE ENTERRÍA (E.), « Contencioso administrativo objetivo y contencioso administrativo subjetivo a finales del siglo XX. Una visión histórica y comparatista », *R.A.P.*, 2000, n° 152, pp. 93-105, spéc. p. 101.

droits et intérêts légitimes, et ne peut en aucun cas rester sans défense »[1162], faisant sensiblement écho à l'esprit de l'article 19 alinéa 4 de la Constitution allemande[1163]. Par ailleurs, l'article 117 alinéa 3 dispose que la juridiction administrative, au même titre que toute autre, détient le pouvoir de juger et de faire exécuter ce qu'elle a jugé[1164]. En octroyant également le pouvoir de faire exécuter ses jugements à la juridiction administrative, la Constitution confirme véritablement l'orientation plus subjective de la voie contentieuse administrative et ce faisant, sa pleine juridictionnalisation.

**378.** La doctrine administrativiste et le législateur espagnols ont donc toujours porté leur regard sur les solutions adoptées par leurs homologues étrangers, en particulier dans le domaine du contentieux administratif. Depuis les années 1950, l'Allemagne semble être le pays de référence en la matière si l'on regarde les différentes réformes menées par l'Espagne à partir de cette date. L'Espagne ne fait par ailleurs pas exception en suivant en priorité l'exemple allemand. D'autres pays s'en sont également inspirés pour perfectionner leur contentieux administratif, à l'instar de l'Autriche ou du Portugal, mais également de la France à la fin du XX^e^ siècle. Le changement de paradigme de la justice administrative paraît donc généralisé en Europe. Il ne fut cependant pas seulement le fait du développement du modèle allemand et de la volonté des autres pays de suivre son exemple. Il fut également largement la résultante de l'intensification de l'intégration européenne et ainsi, des jurisprudences de la Cour de justice des communautés

1162 « Todas las personas tienen derecho a obtener la tutela judicial efectiva de los jueces y tribunales en el ejercicio de sus derechos e intereses legítimos, sin que en ningún caso pueda producirse indefensión ». Article 24, Constitution espagnole du 27 décembre 1978.

1163 La rédaction de cet article semble aussi s'inspirer du constitutionnalisme italien, notamment pour l'expression « droits et intérêts légitimes ». Cf. GARCÍA DE ENTERRÍA (E.), « Contencioso administrativo objetivo y contencioso administrativo subjetivo a finales del siglo XX. Una visión histórica y comparatista », *préc.*, p. 101 ; GALLEGO ANABITARTE (A.), « La influencia extranjera en el derecho administrativo español desde 1950 a hoy », *préc.*, p. 101.

1164 « El ejercicio de la potestad jurisdiccional en todo tipo de procesos, juzgando y haciendo ejecutar lo juzgado, corresponde exclusivamente a los Juzgados y Tribunales determinados por las leyes, según las normas de competencia y procedimiento que las mismas establezcan », Article 117.3 Constitution espagnole du 27 décembre 1978.

européennes[1165] et de la Cour européenne des droits de l'homme[1166]. L'influence n'est alors pas seulement horizontale, elle est aussi verticale.

**379.** Au-delà des importations contentieuses, c'est le domaine de l'action administrative qui a aussi été enrichi d'apports étrangers.

## §2) Les importations relatives à l'action administrative

**380.** La doctrine espagnole orienta souvent le législateur vers des exemples étrangers relatifs à l'action administrative. Deux domaines en particulier témoignent de la perméabilité du droit administratif espagnol aux influences externes, celui de la finalité de l'activité administrative (A), celui ensuite de la consécration de garanties pour les citoyens dans leurs relations avec l'Administration (B).

### A) Les importations relatives à la finalité de l'activité administrative

**381.** Il faut ici distinguer les règles relatives à la définition de l'objet de l'activité administrative, de celles relatives aux techniques que l'Administration utilise afin de réaliser sa mission. L'origine des importations n'est ainsi pas la même selon le domaine dans lequel on se trouve. L'influence italienne fut en effet prépondérante sur la traduction législative du concept de service public dans l'ordre positif espagnol, ce qui relativise la tendance à attribuer systématiquement la paternité de toute règle relative au service public au modèle français (1). Cependant, en ce qui concerne les moyens dont dispose l'Administration pour réaliser son activité, l'influence française est bien déterminante (2).

---

[1165] Que l'on pense par exemple à ses arrêts C.J.C.E., 15 mai 1986, *Johnston*, Rec., 1986, p. 1651 ; C.J.C.E., 19 juin 1990, *Factortame*, Rec., 1990, p. 2433, C.J.C.E., 21 février 1991, *Zuckerfabrik*, Rec., 1991, p. 415, ou C.J.C.E., 29 janvier 1997, *J. Antonissen*, Rec., 1997 p. I- 441, sur la nécessité pour les juridictions nationales d'assurer une protection effective des droits garantis par l'ordre juridique communautaire.

[1166] Cf. Article 13 C.E.D.H.

### 1) *L'influence de la doctrine italienne sur la traduction législative du concept de service public*

**382.** Si la doctrine espagnole fut attentive[1167] aux développements théoriques français relatifs aux services publics[1168], la notion de service public n'a cependant pas eu un rôle équivalent en droit administratif espagnol à celui qu'on lui a attribué en France, notamment si l'on examine le droit positif. E. Malaret García explique en effet que « la notion de service public n'a jamais connu dans le droit administratif espagnol un rôle constructif ; on ne la retrouve ni comme critère d'application du droit administratif ni comme critère de délimitation des compétences du juge administratif »[1169].

**383.** C'est le droit administratif italien (doctrinal comme positif) qui inspira de manière plus directe la doctrine espagnole et, par l'intermédiaire de cette dernière, le législateur, lorsqu'il s'est agi de concrétiser juridiquement l'idée d'interventionnisme étatique. Il en fut ainsi particulièrement dans le domaine de la législation locale. Comme le fait remarquer N. Magaldi Mendaña, au début du XX$^{e}$ siècle, la plupart des pays européens apportèrent la même réponse (avec des déclinaisons différentes) au phénomène

---

[1167] Voire très attentive puisque E. Pérez Botija constatait qu' « on peut parler dans notre pays d'une petite école du service public. Cette petite école est celle que le Professeur Jordana a qualifiée d'école aragonaise de droit public (Gascón, Royo et lui-même). Mais il en était de même à l'Université d'Oviedo (Posada et Alvárez Gendín). On peut parler également d'une école du service public à l'Université de Grenade (Mesa et Garrido). La notion de service public eut également une influence à l'Université de Barcelone (Pi Suñer et Ballbé), à l'Université de Santiago (Lopez Rodó et Guaita) et à l'Université de Séville (García Oviedo, Martínez Useros et Clavero Arévalo). Tous ces professeurs ont apprécié à sa juste valeur la notion de service public ». Cf. PÉREZ BOTIJA (E.), « Sur la notion de service public », *préc.*, pp. 67-68.

[1168] Cf. *supra*, n° 350-351.

[1169] Cf. MALARET GARCÍA (E.), « Le service public : l'expérience espagnole », *A.J.D.A.*, 1997, n° spécial, pp. 136-142, spéc., p. 136. Dans le même sens, cf. E. Perez Botija qui admettait, malgré l'attention de la doctrine espagnole portée à l'école du service public, que « la doctrine espagnole n'a pas attribué à la notion de service public un rôle aussi fondamental que celui qui lui est imparti dans les doctrines traditionnelles influencées par l'Ecole de Bordeaux, ni même que celui qui lui est attribué par Berthélémy et Hauriou ». Cf. PEREZ BOTIJA (E.), « Sur la notion de service public », *préc.*, p. 68. F. Garrido Falla expliquait alors cette configuration propre du service public espagnol par le fait qu' « en premier lieu, le droit administratif espagnol, à la différence du français, n'est pas une construction doctrinale fermée sur son propre droit positif (au contraire, en plus de l'influence française, celles des doctrines italienne et allemande sont notoires); et qu'en second lieu, parce que les exigences particulières de notre droit positif ont déterminé l'usage d'un concept qui, sur certains aspects, est assez différent du concept français ». Cf. GARRIDO FALLA (F.), « El concepto de servicio público en derecho español », *préc.*, p. 7.

d'urbanisation massive, et dès lors, d'exode rural, résultant de l'industrialisation des sociétés contemporaines. Cette solution fut celle de municipaliser les services publics afin de répondre aux besoins économiques et sociaux croissants des nouveaux citadins, débordant alors le champ traditionnel d'intervention de l'Administration libérale[1170]. Ce phénomène toucha l'Espagne avec quelques années de retard, du fait de son industrialisation plus tardive. Toutefois, cela n'empêcha pas la doctrine espagnole de s'intéresser, et ce faisant, de participer, aux débats théoriques relatifs à cette nouvelle question[1171]. Et si les auteurs espagnols connaissaient bien les théories développées par leurs homologues étrangers[1172], anglais ou français notamment[1173], c'est la version italienne de la municipalisation de services qui les séduisit. Il est ainsi admis que la loi italienne sur la municipalisation des services publics du 29 mars 1903[1174], première du genre en Europe, fut la source d'inspiration principale des différentes lois

---

1170 Cf. MAGALDI MENDAÑA (N.), « La primera doctrina española sobre la municipalización de servicios públicos: en particular, la recepción de la doctrina extranjera por el profesor Gascón y Marín », *Revista Aragonesa de Administración pública*, 2012, n° 39-40, pp. 165-219, spéc. pp. 166-172; MAGALDI MENDAÑA (N.), *Los orígenes de la municipalización de servicios en España. El transito del Estado liberal al Estado social a la luz de la municipalización de servicios públicos*, Madrid, I.N.A.P., 2012.

1171 N. Magaldi Mendaña explique en effet que « la situation économique et sociale de l'Espagne au début du XXe siècle correspondait à un industrialisme naissant qui n'avait pas encore provoqué d'exode rural massif, ni une urbanisation suffisante pour exiger, réellement et de manière urgente, une intervention immédiate des pouvoirs publics locaux. Par conséquent, le premier débat sur la municipalisation de services –néanmoins contemporain de celui qui se produisait dans les pays européens les plus avancés- eut lieu en Espagne par le biais d'arguments empruntés et, surtout, d'expériences étrangères ». Cf. MAGALDI MENDAÑA (N.), « La primera doctrina española sobre la municipalización de servicios públicos: en particular, la recepción de la doctrina extranjera por el profesor Gascón y Marín », *préc.*, p. 212.

1172 Ce qui ne surprend pas puisque, comme cela a été précisé précédemment, cette génération d'auteurs espagnols, représentée en particulier par A. Posada, J. Gascón y Marín, A. Royo Villanova, J. N. Guenechea, etc., était particulièrement attentive aux écrits étrangers et avait l'habitude de manier les théories étrangères au renfort d'une analyse du droit positif. Cf. *supra*, n° 322-326.

1173 Comme c'était le cas par exemple d'A. Posada, mais surtout de J. Gascón y Marín, principal introducteur des écrits anglais et français sur ce thème en particulier. Ce dernier avertissait ainsi son lecteur : « pour analyser le droit en vigueur en relation avec le problème posé, je considère qu'il convient de réaliser une petite analyse de la façon dont ce problème s'est posé et a été résolu dans des pays dont la législation et l'organisation du système municipal ont créées les mêmes difficultés », avant de se référer, tout au long de son étude, principalement à la situation en France, mais également en Italie, et parfois en Belgique et aux Etats-Unis. Cf. GASCÓN Y MARÍN (J.), *Estudio jurídico de la municipalización de servicios en España*, Madrid, Librería General de Victoriano Suarez, 1919, pp. 21-22; 31-44. Pour une analyse plus détaillée, cf. MAGALDI MENDAÑA (N.), *Los orígenes de la municipalización de servicios en España. El tránsito del Estado liberal al Estado social a la luz de la municipalización de servicios públicos*, *préc.*, pp. 49-82.

1174 Legge 103/1903 *sulla municipalizzaione dei pubblici servizi*, del 29 marzo 1903.

espagnoles relatives au régime local[1175], mais surtout, de la première loi espagnole expressément dédiée au phénomène de municipalisation de services, le statut municipal du 8 mars 1924[1176]. La doctrine espagnole, et en particulier J. Gascón y Marín, favorisa sans doute la réforme en démontrant les vertus du système italien — en s'appuyant sur les arguments développés par les auteurs italiens —, afin de convaincre le législateur espagnol[1177].

**384.** Le choix de suivre le modèle italien est plus net encore à partir des années 1950. Le service public en Espagne fut ainsi envisagé, comme en Italie[1178], sous une acception moins « globalisante »[1179] par rapport au rôle qui lui fut donné en France, où l'activité administrative était décrite comme dédiée toute entière au service public. En Espagne, il n'est qu'une modalité, parmi d'autres, de l'action administrative visant à satisfaire l'intérêt général[1180], aux côtés de l'activité de police administrative ou de *fomento*[1181]. Comme le

---

1175 Cf. ALBI CHOLBI (F.), *Tratado de los modos de gestión de las corporaciones locales*, Madrid, Aguilar, 1960, pp. 77-81.

1176 MAGALDI MENDAÑA (N.), « La primera doctrina española sobre la municipalización de servicios públicos: en particular, la recepción de la doctrina extranjera por el profesor Gascón y Marín », *préc.*, p. 208.

1177 N. Magaldi Mendaña explique en effet que J. Gascón y Marín « soulevait, de manière générale, une série de questions de base que tout législateur devrait prendre en considération au moment d'encadrer cette matière, expliquant à son tour quelle serait la solution que, selon lui, devrait adopter le législateur espagnol. Gascón y Marín adhérait sensiblement aux diverses solutions mises en œuvre par le législateur italien, ce qui montre clairement l'influence de ce dernier sur l'auteur espagnol à propos du phénomène de municipalisation, confirmant Gascón y Marín comme le principal introducteur de la législation italienne dans notre doctrine ». Cf. MAGALDI MENDAÑA (N.), *Los orígenes de la municipalización de servicios en España. El tránsito del Estado liberal al Estado social a la luz de la municipalización de servicios públicos*, *préc.*, p. 93. Pour plus de précisions sur l'influence de la législation municipale italienne et de sa doctrine sur le droit espagnol, cf. *idem*, pp. 82-109.

1178 Cf. ZANOBINI (G.), *Corso di diritto amministrativo*, *préc.*, pp. 16-19; CASSESE (S.), « Le service public: l'expérience italienne », *A. J. D. A.*, 1997, n° spécial, pp. 143-149, spéc. p. 143.

1179 GARRIDO FALLA (F.), « El concepto de servicio publico en derecho español », *préc.*, p. 20.

1180 Cf. GARRIDO FALLA (F.), « El concepto de servicio público en derecho español », *préc.*, p. 20; MALARET GARCÍA (E.), « Le service public : l'expérience espagnole », *préc.*, p. 138 ; MALARET GARCÍA (E.), « Servicios públicos, funciones públicas, garantías de los derechos de los ciudadanos: perennidad de las necesidades, transformación del contexto », *R. A. P.*, 1998, n° 145, pp. 49-87, spéc. pp. 70-71; MODERNE (F.), « La notion de service public (servicio público) en Espagne », *préc.*, pp. 360-361.

1181 Pour reprendre la classification tripartite imaginée par L. Jordana de Pozas. Pour ce dernier, l'activité de *fomento* est « l'action de l'Administration qui vise à protéger ou à promouvoir les activités, entreprises ou richesses développées par des particuliers et qui satisfont des besoins publics ou que l'on estime comme étant d'intérêt général, sans utiliser la coercition

souligne E. Malaret García, « il s'agit donc, fondamentalement d'une activité matérielle et technique, qui, précisément en tant que telle, peut être assurée en partie par des personnes privées »[1182]. La nouvelle génération d'administrativistes espagnols (dont plusieurs d'entre eux furent à l'origine des grandes lois administratives adoptées dans les années 1950-1960), et par son intermédiaire, le législateur, adhérèrent à la doctrine de G. Zanobini, de R. Alessi, ou encore de M. S. Giannini[1183], qui distinguaient la notion de *funzioni* de celle de *servizi pubblici*[1184]. Le prolongement de cette distinction doctrinale se retrouva en effet dans le droit positif espagnol. La législation locale de 1955[1185] posait ainsi la règle selon laquelle les services dont la prestation exige l'exercice de pouvoirs d'autorité ne peuvent être gérés par des personnes privées[1186], ce qui, selon E. Malaret García, « présupposait l'adhésion à la construction dogmatique de la notion italienne de fonction publique »[1187]. La législation locale postérieure semble par ailleurs avoir fait perdurer cette distinction si l'on en croit l'article 92. 2 de la loi du 2 avril 1985 qui réserve l'exercice des *funciones públicas* aux seuls fonctionnaires[1188].

ni créer de services publics ». Cf. JORDANA DE POZAS (L.), « Ensayo sobre una teoría del fomento en derecho administrativo », *Revista de estudios políticos*, 1949, n° 48, pp. 41-54, spéc. p. 46. C'est toutefois une présentation datée. Avec l'intervention accrue de l'activité administrative dans le champ économique, plusieurs auteurs ont proposé d'ajouter à la liste des activités de l'Administration la « gestion économique ». Sur cette question, cf. VILLAR PALASI (J.), « La actividad industrial del Estado en el derecho administrativo », *R.A.P.*, 1950, n° 3, pp. 53-129, spéc. pp. 57-73; GARRIDO FALLA (F.), « El concepto de servicio publico en derecho español », *préc.*, p. 19.

1182 « Se trata, pues, fundamentalmente de una actividad material y técnica, que, precisamente en cuanto tal, puede ser asegurada en parte por los privados », MALARET GARCÍA (E.), « Servicios públicos, funciones públicas, garantías de los derechos de los ciudadanos: perennidad de las necesidades, transformación del contexto », *préc.*, p. 71.

1183 *Idem*, p. 69.

1184 Cf. *supra*, n° 351.

1185 Cf. Decreto de 17 de junio de 1955, *por el que se aprueba el Reglamento de Servicios de las Corporaciones Locales*, B.O.E., de 15 de julio de 1955, n° 196, pp. 4266-4277. En application du Decreto de 16 de diciembre de 1950, *por el que se aprueba el texto articulado de la Ley de Régimen local de 17 de julio de 1945*, B.O.E., de 29 de diciembre de 1950, n° 363, pp. 6037-6060;

1186 En son article 43.

1187 « Presuponía la adhesión a la construcción dogmática de la noción italiana función pública », MALARET GARCÍA (E.), « Servicio público, actividad económica y competencia. ¿Presenta especificidades la esfera local? », *Revista de Estudios de la Administración Local y Autonómica*, 2003, n° 291, pp. 567-608, spéc. p. 585.

1188 Ley 7/1985 de 2 de abril de 1985, *Reguladora de las bases del Régimen Local*. Cf. GARRIDO FALLA (F.), « El concepto de servicio público en derecho español », *préc.*, pp. 12-13; MALARET GARCÍA (E.), « Servicio público, actividad económica y competencia. ¿Presenta especificidades la esfera local? », *préc.*, p. 585.

**385.** A partir de 1978, la notion de service public connut un ancrage constitutionnel et réorienta les débats sur le sens à accorder aux prescriptions du texte fondamental[1189]. Surtout, c'est désormais le droit de l'Union européenne, plus que les droits nationaux, qui influencent le droit administratif espagnol sur la question des services publics, au même titre que les autres droits européens. Comme le signale F. Moderne, « l'essentiel du débat porte aujourd'hui sur la place exacte du service public dans le nouveau contexte constitutionnel en liaison avec les politiques dominantes de privatisation, de libéralisation et de déréglementation qui, sous l'impulsion communautaire, ont profondément transformé les données de base de l'interventionnisme étatique dans le domaine économique »[1190]. Il n'en reste pas moins que tout au long du XXe siècle, l'Espagne s'est tournée en priorité vers le droit administratif italien pour organiser l'activité administrative relative aux services publics. Cependant, il n'en est pas de même si l'on s'intéresse aux techniques ou aux instruments dont elle s'est dotée pour réaliser ses fins.

### *2) L'écho de l'Ecole française du service public dans la législation relative aux moyens de l'Administration*

**386.** La notion de service public en Espagne n'a globalement pas eu le même rôle qu'en France, celui de critère d'application du droit administratif et de répartition des compétences juridictionnelles, cela vient d'être expliqué. Il est tout de même possible de nuancer quelque peu ce propos, et de trouver des exceptions. En effet, le droit administratif français, et en particulier l'école française du service public, a trouvé tout de même un certain écho dans quelques domaines précis du droit administratif espagnol, notamment en ce qui concerne les instruments à disposition de l'Administration pour réaliser ses missions. Les législations relatives aux contrats administratifs (a), et au domaine public (b) en sont de bonnes illustrations.

---

[1189] Article 1er: « 1. L'Espagne se constitue en un Etat de droit social et démocratique qui proclame comme valeurs suprêmes de son ordre juridique la liberté, la justice, l'égalité et le pluralisme politique [...] »; article 103 « 1. L'Administration publique sert avec objectivité les intérêts généraux et agit conformément aux principes d'efficacité, hiérarchie, décentralisation, déconcentration et coordination et se soumet pleinement à la loi et au droit », article 128 : « 1. Toute la richesse du pays dans ses différentes formes et quelle que soit son appartenance est subordonnée à l'intérêt général. 2. L'initiative publique est reconnue dans l'activité économique. Une loi pourra réserver au secteur public des ressources ou des services essentiels, tout particulièrement en cas de monopole, et décider également le contrôle d'entreprises lorsque l'intérêt général l'exigera ».

[1190] MODERNE (F.), « La notion de service public (servicio público) en Espagne », *préc.*, p. 361.

### a) En matière de contrats administratifs

**387.** L'Espagne avait choisi, dès le milieu du XIX$^{e}$ siècle, d'attribuer compétence au juge administratif pour tout contrat de l'Administration. La loi du 2 avril 1845 relative à l'organisation et aux attributions des conseils provinciaux tout comme le décret royal du 30 décembre 1846 réglementant la procédure à suivre devant le Conseil royal, précisaient certes que cette compétence valait pour « la réalisation, la compréhension, la résiliation et les effets des contrats et ventes aux enchères conclus avec l'administration civile ou avec les administrations provinciales ou municipales relatifs à toute sorte de services et travaux publics »[1191], mais cette dernière précision, dans le contexte législatif de l'époque, n'avait « aucune intention limitative, et se contentait de désigner [par cette expression] tous les contrats conclus pour le compte de l'administration »[1192]. Plus large que la compétence octroyée par la loi française du 28 pluviôse an VIII qui réservait la compétence du juge administratif pour les marchés et les concessions de travaux publics, il est possible d'y voir tout de même une influence française[1193] étant donné la filiation entre cette dernière et la loi du 2 avril 1845. Cette compétence de la juridiction administrative fut ensuite maintenue par la Loi *Santamaría de Paredes* de 1888[1194]. Néanmoins, cette répartition est à l'époque purement pragmatique. Ces contrats, bien qu'attribués à la juridiction administrative, étaient considérés comme des contrats de nature civile. C'est ce qu'expliquait E. García de Enterría, pour qui la distinction entre les contrats administratifs et les contrats privés, à cette époque, était une distinction dont les effets

---

1191 « Cumplimiento, inteligencia, resolución y efectos de los contratos y remates celebrados con la administración civil, o con las provinciales o municipales para toda especie de servicios y obras publicas ». Cf. Article 8.3 de la Ley de 2 de abril de 1845, *de organización y atribuciones de los consejos provinciales*, Gaceta de Madrid, de 9 de abril de 1845, n° 3860, p. 1.

1192 « expresión que en el contexto de la norma no tenía originariamente niguna intención limitativa y que se limitaba a designar todos los contratos que se realizasen por cuenta de la Administración ». GARCÍA DE ENTERRÍA (E.), FERNÁNDEZ (T.-R.), *Curso de derecho administrativo*, *préc.*, p. 492.

1193 C'est en tout cas ce que semble suggérer E. García de Enterría et T.-R. Fernández. Cf. *ibidem*.

1194 Cf. article 5 de la Ley de 13 de septiembre de 1888, *sobre el ejercicio de la jurisdicción contencioso-administrativa*, Gaceta de Madrid, de 14 de septiembre de 1888, n° 258, pp. 773-778. La formulation est d'ailleurs reprise quasiment textuellement par les lois relatives à la juridiction administrative, telles que la loi du 27 décembre 1956, qui disposait en son article 3 que relevaient de la compétence de la juridiction administrative, « les questions relatives à la réalisation, la compréhension, la résiliation et les effets des contrats, quelle que soit leur nature juridique, célébrés par l'Administration publique, lorsqu'ils auront pour finalité les travaux et services publics de toute sorte ».

n'étaient que « juridictionnels, et non substantiels »[1195]. Quelques décennies plus tard cependant, la doctrine française du service public va trouver écho en Espagne, dans la différenciation substantielle entre contrats administratifs, encadrés par un régime spécifique, et contrats de droit privé. Elle est « venue renforcer de manière inespérée la formulation légale elle-même qui se référait aux contrats de l'Administration »[1196], et a donc favorisé le développement d'une doctrine prônant la spécificité du contrat administratif par rapport au contrat de droit civil. R. Fernández de Velasco en particulier fut un continuateur de la doctrine du service public en Espagne, publiant un ouvrage consacré aux contrats administratifs en 1927 dans lequel les références à G. Jèze, notamment, étaient nombreuses[1197]. Plus généralement, la doctrine espagnole du début du XX$^{e}$ siècle, mais également la génération qui la suivit, scrutait avec attention les débats doctrinaux ainsi que la jurisprudence du Conseil d'Etat français[1198]. Le juge administratif espagnol sembla se conformer lui aussi aux avancées doctrinales et jurisprudentielles françaises[1199], utilisant dans un premier temps le critère des « clauses exorbitantes ou dérogatoires au droit commun » comme critère

---

1195 Cf. GARCÍA DE ENTERRÍA (E.), FERNÁNDEZ (T.-R.), *Curso de derecho administrativo, préc.*, pp. 491-493, spéc. p. 493.

1196 « En España, el desarrollo francés de la doctrina del servicio público vinó a dar un inesperado apoyo a la propia expresión legal que se refería a los contratos de la Administración », GARCÍA DE ENTERRÍA (E.), « La figura del contrato administrativo », *R.A.P.*, 1963, n° 41, pp. 99-128, spéc., p. 109. Cf. également, GARCÍA DE ENTERRÍA (E.), FERNÁNDEZ (T.-R.), *Curso de derecho administrativo, préc.*, pp. 493-496 ; MALARET GARCÍA (E.), « Le service public: l'expérience espagnole », *préc.*, p. 136 ; MIR PUIGPELAT (O.), « El derecho administrativo español en el actual espacio jurídico europeo », *préc.*, p. 254-255; FROMONT (M.), *Droit administratif des Etats européens, préc.*, p. 305.

1197 J. Gascón Hernández, dans un article publié à l'occasion de la seconde édition de l'ouvrage de R. Fernández de Velasco relatif aux contrats administratifs, faisait remarquer qu'« en France, Gaston Jèze, oracle suprême en matière de contrats administratifs, avait publié en 1925 Les contrats administratifs, *livre qui fut largement utilisé par Fernández de Velasco* », bien qu'au moment de la publication de la 1$^{ère}$ édition en 1927, la théorie des contrats administratifs de G. Jèze n'était pas encore arrivée à sa pleine maturité. Cf. GASCÓN HERNÁNDEZ (J.), « Apostillas a "Los contratos administrativos" de Fernández de Velasco », *Revista de Estudios de la Vida Local*, 1946, n° 26, pp. 235-247, spéc. p. 235.

1198 L'article de J. Boquera Oliver en est une bonne illustration, dans lequel il montrait son adhésion à la jurisprudence française, en concluant « la solution de "l'arrêt Bertin" est, donc, justifiée ». Le retour du critère du service public comme critère d'identification des contrats administratifs à compter des arrêts C.E. 20 avril 1956, *Epoux Bertin*, Rec. p. 167 et C.E. 20 avril 1956, *Ministre de l'agriculture contre consorts Grimouard*, Rec. p. 168 n'était pas passé inaperçu en Espagne. Cf. BOQUERA OLIVER (J.), « La caracterización del contrato administrativo en la reciente jurisprudencia francesa y española », *R.A.P.*, 1957, n° 23, pp. 193-201, spéc. p. 200.

1199 On suppose, dans l'esprit des arrêts du Conseil d'Etat français C. E., 31 juillet 1912, *Société des granits porphyroïdes des Vosges*, Rec. p. 909 ; C. E. 7 mars 1923, *Sieur Iossifoglu*, Rec. p. 222.

d'identification du contrat administratif[1200]. Le législateur ensuite[1201], entérina définitivement cette spécificité des contrats administratifs par la loi du 28 décembre 1963 relative aux Contrats de l'Etat[1202], organisant un « régime juridique objectif exorbitant du droit commun »[1203], et réitérant en son article premier le principe de la qualification des contrats administratifs par leur objet[1204]. La notion de contrat administratif a ensuite été constitutionnalisée puisque l'article 149. 1 de la Constitution de 1978 comptait au rang des compétences législatives exclusives de l'Etat celle relative aux contrats et concessions administratives.

**388.** Le même constat, d'influence française prépondérante, peut être fait s'agissant des règles relatives aux biens de l'Administration,

---

[1200] E. García de Enterría considérait que la thèse des clauses exorbitantes, développée par la doctrine française (il citait notamment J. Rouvière, et G. Péquignot) « est reçue dans notre droit avec l'importante et excellente décision du Tribunal suprême du 20 avril 1936 ». Cf. GARCÍA DE ENTERRÍA (E.), « Dos regulaciones orgánicas de la contratación administrativa », *R.A.P.*, 1953, n° 10, pp. 241-281, spéc. p. 268. Le Tribunal suprême y considère en effet qu'« est caractéristique des contrats administratifs, la présence de clauses exorbitantes ou dérogatoires au droit commun [...] lesquelles, parce qu'elles n'ont pas d'équivalent en droit civil, où se jouent des relations sur un pied d'égalité, relèvent seulement de la compétence des pouvoirs étatiques qui les imposent en vertu de leur pouvoir ». Mais il semblerait que ce critère n'ait pas été reconduit par la jurisprudence. Cf. BOQUERA OLIVER (J.), « La caracterización del contrato administrativo en la reciente jurisprudencia francesa y española », *préc.*, p. 203.

[1201] Comme le fait remarquer M. Fromont, c'est bien là la « différence avec le droit français » qui « tient précisément en ce que le législateur espagnol est intervenu et a donc simplifié et, en même temps, perfectionné le système français tout en lui apportant quelques modifications. », FROMONT (M.), *Droit administratif des Etats européens*, *préc.*, p. 305.

[1202] Ley 198/1963 de 28 de diciembre de 1963, *de Bases de Contratos del Estado*, B. O. E., 31 de diciembre de 1963, n° 313, pp. 18230-18236; Decreto 93/1965 de 8 de abril de 1965, *por el que se aprueba el texto articulado de Ley 198/1963 de 28 de diciembre de Bases de Contratos del Estado*, B. O. E., de 23 de abril de 1965, n° 97, pp. 5914-5924.

[1203] GARCÍA DE ENTERRÍA (E.), FERNÁNDEZ (T.-R.), *Curso de derecho administrativo*, *préc.*, p. 496.

[1204] « Les contrats qui ont pour objet direct l'exécution de travaux ou la gestion de services de l'Etat ou la prestation de fournitures à ce dernier seront soumis au droit administratif et régis en particulier par la présente loi et ses dispositions complémentaires ».

## b) En matière de domaine public

**389.** Le droit administratif espagnol consacra le dualisme typiquement français entre domaine public et domaine privé de l'Administration. Le droit administratif français fut une fois encore importé dans le droit positif par l'intermédiaire de la doctrine espagnole, attentive aux débats théoriques des auteurs français[1205]. M. Colmeiro notamment[1206], fut le premier auteur espagnol à adhérer à la distinction initiée par J.-B. V. Proudhon sur la base d'une interprétation constructive du Code civil[1207], entre domaine public et domaine privé des personnes publiques et à la systématisation de leurs régimes juridiques respectifs. Le domaine public est alors par nature destiné à l'usage de tous et réglementé par des principes protecteurs tels que l'inaliénabilité ou l'imprescriptibilité. La destination du bien à l'usage de tous était pour lui[1208], comme pour J. -B. V. Proudhon[1209], le critère déterminant la nature publique ou privée du domaine de l'Administration. Il considérait également que la relation qui liait l'Etat à son domaine public était un droit de souveraineté quand celle qui le liait à son domaine privé était un droit de propriété[1210]. La

---

1205 Cf. VERGARA BLANCO (A.), « Teoría del dominio público y afectación minera », *Revista Chilena de derecho*, 1990, n° 17, pp. 135-159, spéc. pp. 141-149. Quand bien même son article est dédié au droit administratif chilien, il développe assez longuement la doctrine espagnole (et ses influences étrangères) sur la question, puisque le droit administratif espagnol a été lui-même source d'inspiration pour de nombreux pays d'Amérique latine. Cf. CERDA-GUZMAN (C.), « Importation d'objets juridiques et cohérence de l'ordre juridique administratif chilien », *R.I.D.C.*, 2007, n° 2, pp. 307-332, spéc. pp. 316-319. Cf. également M. Serna Vallejo qui souligne que « dans notre pays, l'adoption et le développement des catégories domaine public-domaine privé furent d'abord le fait des textes doctrinaux avant d'apparaître dans les textes légaux, grâce à la diffusion de l'œuvre des juristes français et, en particulier, de celle de Proudhon ». Cf. SERNA VALLEJO (M.), « Los bienes públicos: formación de su régimen jurídico », *Anuario de Historia del derecho español*, 2005, n° 75, pp. 967-1012, spéc. p. 987.

1206 Cf. COLMEIRO (M.), *Derecho administrativo español*, T. 2, Madrid, Librerías de Don Angel Calleja, 1ª ed., 1850.

1207 Cf. PROUDHON (J.-B. V.), *Traité du domaine public ou de la distinction des biens considérés principalement par rapport au domaine public*, T. 1, Dijon, Victor Lagier, 1833. Cette systématisation fut ensuite reprise par la majorité de la doctrine française et se répercuta dans le droit positif, que cela soit dans la jurisprudence du Conseil d'Etat ou avec la loi du 16 juin 1851 relative à la propriété immobilière en Algérie étant le « premier "ralliement" du législateur à la conception doctrinale ». Cf. LATOURNERIE (M.-A.), « Tahar Khalfoune, *Le domaine public en droit algérien: réalité et fiction* », *R.I.D.C.*, 2005, n° 2, pp. 547-550 ; Cf. également, DUEZ (P.), DEBEYRE (G.), *Traité de droit administratif*, Paris, Librairie Dalloz, 1952, p. 756.

1208 COLMEIRO (M.), *Derecho administrativo español*, T. 2, *préc.*, pp. 6-7.

1209 Cf. PROUDHON (V.), *Traité du domaine public ou de la distinction des biens considérés principalement par rapport au domaine public*, *préc.*, p. 266.

1210 COLMEIRO (M.), *Derecho administrativo español*, T. 2, *préc.*, pp. 52-53.

diffusion par M. Colmeiro du système français eut ensuite des répercussions sur le droit positif espagnol[1211], le dualisme domanial étant d'abord intégré dans des lois sectorielles[1212], pour ensuite être consacré par le Code civil espagnol de 1889[1213]. La doctrine espagnole suivit par ailleurs les évolutions françaises doctrinales, comme jurisprudentielles, du début du XX^e^ siècle. R. Fernández de Velasco[1214], grand lecteur de M. Hauriou, introduisit en Espagne sa thèse patrimonialiste du domaine public[1215], qui trouva ainsi un prolongement dans la jurisprudence du Tribunal suprême[1216]. La conception finaliste du critère de l'affectation comme critère fondamental de qualification du domaine public[1217] fut suivie également en Espagne et devint rapidement « la pièce maîtresse »[1218] du régime espagnol, même si l'affectation à l'usage

---

1211 Sur cette question, cf. SERNA VALLEJO (M.), « Los bienes públicos: formación de su régimen jurídico », *préc.*, pp. 989-999.

1212 A l'instar par exemple de la législation sur l'eau: Real Orden del 24 de mayo de 1853, Real Decreto del 29 de abril de 1860, Ley de aguas del 3 de agosto de 1866.

1213 Cf. articles 338 à 345 du Code civil espagnol. Cf. Real decreto del 24 de julio de 1889, *por el que se publica el Código civil*, B. O. E., de 25 de julio de 1889, n° 206, pp. 249-259.

1214 FERNÁNDEZ DE VELASCO (R.), « Naturaleza jurídica del dominio público, según Hauriou. Aplicación de su doctrina a la legislación española », *Revista de Derecho Privado*, 1921, n° 94-95, pp. 230-236.

1215 Cf. HAURIOU (M.), *Précis de droit administratif*, Paris, L. Larose et Forcel, 2e éd., 1893, pp. 485-489. Il s'opposait justement à L. Duguit sur cette question de la nature du lien juridique entre la personne publique et son domaine public, M. Hauriou défendant l'idée d'un droit de propriété, d'une nature particulière. La thèse de M. Hauriou deviendra ensuite dominante chez les auteurs de la « generación de la Revista de Administración Pública ». Cf. SERNA VALLEJO (M.), « Los bienes públicos: formación de su régimen jurídico », *préc.*, pp. 999-1000; Cf. également VERGARA BLANCO (A.), « Teoría del dominio publico y afectación minera », *préc.*, pp. 141-145.

1216 S.T.S. de 27 de octubre de 1967, *Repertorio Aranzadi*, n° 521 y S.T.S. de 17 de marzo de 1980, *Repertorio Aranzadi*, n° 2201.

1217 Cf. HAURIOU (M.), *Précis de droit administratif et de droit public*, Paris, Sirey, 10e éd., 1921, « toute la domanialité publique repose sur l'idée de l'affectation administrative des choses à l'utilité publique [...] ainsi, par-dessus ce qu'il peut y avoir de destination naturelle dans la domanialité publique, le fait de l'intervention administrative établit un élément d'affectation qui relève de la volonté administrative et l'emporte sur l'élément de destination naturelle. Il s'ensuit que les conséquences de la domanialité publique, par exemple l'inaliénabilité ou l'imprescriptibilité, au lieu d'être dictées par une sorte de nature physique des choses, prennent la figure d'institutions purement juridiques dictées par la nécessité de l'affectation des choses à l'utilité publique », pp. 616-617.

1218 « La pieza clave », cf. PAREJO ALFONSO (L.), « Dominio público: un ensayo de reconstrucción de su teoría general », *R.A.P.*, 1983, n° 100-102, pp. 2379-2422, spéc. p. 2418; également, CLAVERO ARÉVALO (M. F.), « La inalienabilidad del dominio público », *R.A.P.*, 1958, n° 25, pp. 11-84; GARCÍA-TREVIJANO FOS (J. A.), « Titularidad y afectación demanial en el ordenamiento jurídico español », *R.A.P.*, 1959, n° 29, pp. 11-57, spéc. p. 16. Les auteurs espagnols de la « generación de la Revista de Administración Pública » suivaient d'ailleurs les théories développées par leurs contemporains français, à l'instar en particulier d'A. De Laubadère qu'ils citaient très régulièrement (Cf. en particulier l'article de M. F. Clavero Arévalo précité). On peut supposer cependant que la référence à A. De

du public ou à un service public avait déjà été consacrée par l'article 339 du Code civil espagnol[1219]. L'école française du service public[1220] trouva une fois encore des résonances dans le droit administratif espagnol, quant à l'importance donnée au critère de l'affectation à un service public, concurrent de celui de l'affection à l'usage de tous.

**390.** Les influences étrangères se sont donc croisées sur le droit relatif à l'activité administrative. Le constat est le même à propos du développement des garanties des citoyens dans leurs relations avec l'Administration.

## B) Les importations relatives aux garanties des citoyens dans leurs relations avec l'Administration

**391.** Le développement de garanties des citoyens face à l'action administrative est en quelque sorte l'histoire du droit administratif lui-même. Elles sont néanmoins devenues un impératif à compter de la Seconde Guerre mondiale, et sont de plus en plus l'objet de législations détaillées. Ce phénomène illustre le changement de paradigme du droit administratif décrit par E. Linde Paniagua, qui évoque la transformation d'un « droit du pouvoir à un droit des citoyens »[1221]. La doctrine espagnole fut donc attentive aux avancées législatives ou jurisprudentielles de ses voisins européens, et le cas échéant, s'en est inspirée. On entend traditionnellement par garanties administratives « celles qui s'intègrent à la législation administrative en

---

Laubadère poursuit un but précis, celui éventuellement de revaloriser le service public, dans la mesure où c'est ce que ce dernier entreprenait en France, à l'heure où la critique était pourtant majoritaire.

1219 Confirmé plus tard par l'article 1 du decreto 1022/1964, de 15 de abril de 1964, *por el que se aprueba el texto articulado de la Ley de bases del Patrimonio del Estado*, B.O.E., de 23 de abril de 1964, n° 98, pp. 5181-5189.

1220 L. Duguit écrivait « il ne faut jamais oublier que le fondement même de la domanialité publique est l'idée d'affectation à un service public. C'est là le point capital. La notion de service public domine tout le droit public, qu'il s'agisse des fonctions, des organes ou des choses », DUGUIT (L.), *Traité de droit constitutionnel*, T. 3, Paris, E. de Boccard, 2e éd., 1923, p. 324. Quant à G. Jèze, il considérait que « toutes les règles spéciales du droit public ont pour base, pour justification, la notion de service public. [...] ne sont dépendances du domaine public que les choses affectées à un service public ». Cf. JEZE (G.), « La notion de travaux publics et de domaine public, note sous C.E., 20 juin 1921, Commune de Monségur », *R.D.P.*, 1921, pp. 361-377, spéc. p. 364.

1221 LINDE PANIAGUA, *Fundamentos de derecho administrativo. Del Derecho del poder al Derecho de los ciudadanos*, *préc.*, pp. 39-40.

général, et en particulier à la réglementation des procédures (2) et à la responsabilité patrimoniale des administrations publiques (1) »[1222]. Ces deux domaines témoignent une fois de plus de l'ouverture du droit administratif espagnol aux influences étrangères.

### 1) *L'influence française sur la garantie traditionnelle du droit administratif : la responsabilité extracontractuelle de l'Administration*

**392.** Il s'agit d'une garantie que l'on peut considérer comme traditionnelle en France[1223], dans la mesure où son existence est vieille de plus de deux siècles. Il s'agit néanmoins d'une exigence plus récente dans les autres pays européens. La responsabilité de l'Administration est toutefois conçue, depuis la Seconde Guerre mondiale, comme un principe fondamental de tout Etat de droit.

**393.** L'influence française sur le droit de la responsabilité administrative en Espagne s'illustra tout d'abord par l'attribution de la compétence au juge administratif pour ce type de contentieux. La France a en effet longtemps fait exception en faisant ce choix dès le XIX^e^ siècle[1224]. L'Espagne a néanmoins suivi cette voie minoritaire, qui consiste à faire du contentieux de la réparation des dommages causés par l'Administration un contentieux typiquement administratif[1225]. La reconnaissance du principe de responsabilité de l'Administration fut un peu plus tardive qu'en France et initialement plus restrictive[1226], mais l'Espagne fait désormais partie des pays les plus

1222 « Las que se integran en la legislación administrativa en general, y en particular en la regulación de los procedimientos y la responsabilidad patrimonial de las Administraciones Publicas », cf. *idem*, p. 482.

1223 Dans le même temps, la responsabilité de l'Administration était un moyen de légitimation de l'action administrative, aux côtés du principe de légalité.

1224 Cf. *supra*, n° 79-85.

1225 Le contentieux de la responsabilité administrative relève entièrement du juge administratif en Espagne, y compris lorsque le dommage a été causé par une activité de l'administration soumise au droit privé et ce depuis la Ley 30/1992 del 26 de noviembre de 1992, de *Regimen jurídico de las administraciones públicas y del procedimiento administrativo común*, B.O.E., de 27 de noviembre de 1992, n° 285, pp. 40300-40319.

1226 Le principe initial, comme dans les autres pays d'Europe, était celui de l'irresponsabilité de la puissance publique. C'est ensuite très progressivement qu'il a été admis que l'Administration pouvait être responsable (en lui appliquant d'abord par analogie les normes générales du Code civil applicables à la responsabilité extracontractuelle, avant

protecteurs d'Europe en matière de responsabilité[1227]. Car l'influence française s'est aussi illustrée dans la conception de la responsabilité administrative, avant que l'Espagne n'adopte ses propres particularités. L'Espagne a en effet consacré, comme la France avant elle, le principe d'une responsabilité objective de l'Administration, autrement dit, une responsabilité possiblement engagée « pour le préjudice d'une action administrative régulière menée dans l'intérêt général »[1228]. Elle est finalement allée plus loin que la France dans ce domaine[1229], puisqu'elle est souvent présentée comme particulièrement généreuse en matière de responsabilité[1230], en indemnisant

---

d'être interprété beaucoup plus restrictivement, pour ensuite consacrer sa responsabilité subsidiaire en cas d'insolvabilité du fonctionnaire ayant manqué à ses devoirs au détriment d'un tiers, avec la Constitution républicaine de 1931), si bien qu'il est majoritairement admis que « l'histoire de la responsabilité de l'Administration commence, à proprement parler, en 1954 avec la loi sur l'expropriation pour cause d'utilité publique ». Cf. DIEZ-PICAZO (L. M.), « La générosité de la responsabilité "objective" de l'administration en droit espagnol », *R.F.A.P.*, 2013, n° 147, pp. 653-664, spéc., p. 654. Cf. également Cf. LINDE PANIAGUA (E.), *Fundamentos de derecho administrativo. Del derecho del poder al derecho de los ciudadanos*, *préc.*, p. 484.

1227 L'exposé des motifs de la *Ley de expropiación forzosa* du 16 décembre 1954 faisait état de la nécessité de la réforme, les règles adoptées sous l'empire de la précédente Loi sur l'expropriation forcée de 1879 étant jugées insuffisantes. Les premiers commentateurs de cette loi ont considéré par ailleurs que le système mis en place « se hisse au niveau des plus progressifs du droit comparé. Cette innovation de la loi à elle seule [celle du critère du fonctionnement normal ou anormal du service public] suffirait pour la distinguer de manière décisive dans l'histoire du droit administratif espagnol ». Cf. GONZÁLEZ PÉREZ (J.), « La ley de expropiación forzosa del 16 de diciembre de 1954 », *R.A.P.*, 1954, n° 15, pp. 279-280. Aujourd'hui, la Constitution elle-même dispose en son article 106.2 que « les particuliers, dans les termes établis par la loi, auront droit à être indemnisés pour toute lésion les préjudiciant dans leurs biens ou leurs droits, sauf en cas de force majeure, chaque fois que ce préjudice résulte du fonctionnement des services publics ». C'est ensuite la loi du 26 novembre 1992 sur le régime juridique des administrations publiques et de la procédure administrative commune, en son article 139.1 qui reprend la formule précisant que ce fonctionnement peut être normal ou anormal. Cf. Ley de 26 de noviembre de 1992, *de Régimen jurídico de las administraciones publicas y del procedimiento administrativo común*, B.O.E., de 27 de noviembre de 1992, n° 285, pp. 40300-40319.

1228 Cf. GONOD (P.), « Les tendances contemporaines de la responsabilité administrative en France et à l'étranger : quelles convergences ? », *R.F.A.P.*, 2013, n° 147, pp. 719-724, spéc., p. 721.

1229 Car en France, la responsabilité pour risque fut conçue comme une théorie « secondaire », « complémentaire », de la théorie de la responsabilité pour faute du service public, « théorie de base » du système français de responsabilité administrative. Cf. DUEZ (P.), DEBEYRE (G.), *Traité de droit administratif*, *préc.*, pp. 431-432 ; DUEZ (P.), *La responsabilité de la puissance publique*, Paris, Librairie Dalloz, 2e éd., 1938, réimpr., Paris, Dalloz, 2012, pp. 58-59. En droit administratif espagnol, il ne semble pas y avoir de hiérarchie entre les deux systèmes de responsabilité, au regard de la formulation adoptée par le législateur.

1230 Cf. DIEZ-PICAZO (L. M.), « La générosité de la responsabilité "objective" de l'administration en droit espagnol », *préc*. Toutefois, l'auteur relativise un peu ce qui a souvent été dénoncé comme un excès de générosité, en précisant les limites que certaines lois postérieures ont posées en ne retenant que le critère du fonctionnement anormal du service public pour

les dommages causés par « le fonctionnement normal ou anormal des services publics »[1231]. La formule emprunte vraisemblablement à la terminologie juridique française (jurisprudentielle, mais également doctrinale), en faisant du service public le critère d'engagement de la responsabilité de l'Administration[1232]. Derrière la notion de « fonctionnement anormal », il faut également y voir l'inspiration de la faute de service public française, anonyme, dans le sens où l'« on juge le service et non l'agent »[1233], conception qui bien que reposant sur l'idée de faute, tend vers l'objectivisation de la responsabilité également[1234]. Cette influence française, même si elle n'est pas expressément admise, transparaît à la lecture des différents exposés des motifs des premières lois ayant consacré la responsabilité administrative objective et directe, qui admettent que le législateur a été poussé à la réforme par les exemples étrangers et par la doctrine[1235]. Cette impression se confirme si l'on se rapporte aux écrits doctrinaux antérieurs à la réforme qui faisaient bien souvent l'apologie du système français en le présentant comme l'un des plus aboutis en matière de responsabilité[1236]. Le système espagnol se singularise cependant

---

engager la responsabilité ou encore l'interprétation potentiellement restrictive retenue par la jurisprudence des conditions d'engagement de la responsabilité (lien de causalité notamment). Cf. *idem*, pp. 660-661.

1231 Cf. article 139.1 de la Ley de 26 de noviembre de 1992, *de Régimen jurídico de las administraciones públicas y del procedimiento administrativo común*, *préc.*

1232 Cf. F. Garrido Falla qui explique qu'en la matière « le concept récupère son rôle d'axe central du droit de l'indemnisation », GARRIDO FALLA (F.), « El concepto de servicio público en derecho español », *préc.*, p. 11.

1233 DUEZ (P.), DEBEYRE (G.), *Traité de droit administratif*, *préc.*, p. 421. Sur cet aspect précisément, la doctrine (et en particulier P. Duez) et la jurisprudence françaises sont très régulièrement citées, ce qui laisse supposer cette influence française sur la notion de fonctionnement anormal du service. Cf. TENA YBARRA (J. I.), « Desarrollo y perspectivas del principio de responsabilidad civil de la administración », *R.A.P.*, 1951, n° 6, pp. 177-192, spéc. p. 184; ROYO VILLANOVA (S.), « La responsabilidad de la Administración pública », *R.A.P.*, 1956, n° 19, pp. 11-58, spéc., pp. 17-18.

1234 Cf. TENA YBARRA, qui expliquait que « la substitution de critères s'appuyant sur des fondements du droit public aux critères issus du droit privé, impliquait déjà une tendance à l'objectivisation du principe de responsabilité: le critère de la faute de service, par exemple, exige seulement de vérifier s'il y a une anomalie dans le fonctionnement du service public, qui porte préjudice au particulier, afin d'engendrer la responsabilité ultérieure sans qu'il soit nécessaire de rechercher l'existence d'une faute ou de négligences des fonctionnaires en charge du service […] », TENA YBARRA (J. I.), « Desarrollo y perspectivas del principio de responsabilidad civil de la administración », préc., p. 184.

1235 Cet exposé des motifs fait en effet bien état, une fois encore, de l'attention portée par l'Espagne aux exemples étrangers, que l'on devine en cette matière, français, puisque l'Italie ou encore l'Allemagne n'avaient pas fait ce choix en matière de responsabilité administrative. Le rôle de la doctrine est également essentiel. Cf. Ley del 16 de diciembre de 1954, *sobre expropiación forzosa*, B. O. E., del 17 de diciembre de 1954, n° 351, pp. 8261-8278, spéc. p. 8262.

1236 J. I. Tena Ybarra remarquait en 1950 « le perfectionnement et l'étendue du système français » et expliquait quelques lignes après que « le système français, œuvre du Conseil

de son homologue français par une consécration, d'abord législative[1237], et non pas jurisprudentielle, des règles de responsabilité administrative, avant qu'elles n'obtiennent une véritable assise constitutionnelle[1238].

**394.** Au-delà de cette garantie traditionnelle, en France, dont l'Espagne semble bien s'être inspirée, il faut aussi mentionner le développement d'exigences plus modernes de garanties, celles relatives à la codification de la procédure, et notamment de la procédure administrative non contentieuse.

### *2) L'influence américaine dans le perfectionnement des exigences modernes de garantie des citoyens : la codification de la procédure administrative*

**395.** La codification de la procédure administrative non contentieuse fait partie depuis quelques décennies des exigences modernes d'un droit administratif exemplaire. Sur le principe, l'Espagne fit sans doute office de précurseur puisque la loi du 19 octobre 1889 relative à la procédure administrative est souvent présentée comme la première codification

---

d'Etat, [...] et modèle - en raison de sa flexibilité et de son caractère progressif - pour tout le droit continental, était déjà au sommet des ordres juridiques pour le développement et l'encadrement des théories de la faute de service, l'enrichissement sans cause et le risque administratif. Il a parachevé, ces dernières années, l'élaboration du principe de responsabilité dans deux décisions importantes », TENA YBARRA (J. I.), « Desarrollo y perspectivas del principio de responsabilidad civil de la administración », *préc.*, p. 187. Faisant remarquer ensuite le retard du droit administratif espagnol sur cette question, il concluait par une véritable feuille de route à destination du législateur, soulignant l'urgence de la réforme. Cf. *idem*, pp. 190-192. Les principes suggérés dans cette feuille de route se retrouvèrent ensuite consacrés par la loi du 17 décembre 1954, montrant une fois encore le rôle particulièrement important de la doctrine espagnole.

1237 Article 121 de la Ley del 16 de diciembre de 1954, *sobre expropiación forzosa, préc.* (mais l'indemnisation était au départ limitée aux seuls droits patrimoniaux). Il s'agit cependant de la première véritable consécration d'une responsabilité objective de l'Administration même si elle était sans doute préfigurée par l'article 405 du *Decreto de 16 de diciembre de 1950, por el que se aprueba el texto articulado de la Ley de Régimen local de 17 de julio de 1945, préc.* Puis cette responsabilité objective fut étendue par l'article 40 de la *Ley de 20 de julio de 1957 sobre régimen jurídico de la Administración del Estado*, B.O.E., de 22 de julio de 1957, n° 187, pp. 603-607.

1238 Article 106a2 : « Les individus, dans les termes établis par la loi, ont droit à une indemnisation pour tout dommage subi dans leurs biens et droits, sauf cas de force majeure, à condition que le dommage soit la conséquence du fonctionnement des services publics ».

européenne en la matière[1239], se distinguant ici de l'Allemagne ou encore de la France, naturellement rétives à cela. C'est néanmoins véritablement la loi sur la procédure administrative du 17 juillet 1958, venue combler les déficiences inévitables[1240], près de 70 ans après, de la loi du 19 octobre 1889, qui « fonda la tradition espagnole du procéduralisme »[1241]. Cette loi fut unanimement saluée pour sa rigueur technique et les avancées qu'elle supposait[1242]. Comme le faisait remarquer E. Garcia de Enterría, elle avait d'ailleurs été une source d'inspiration pour d'autres pays, puisqu'« elle fut transcrite plus ou moins littéralement dans de nombreux pays hispano-américains et, pour s'être distinguée en droit comparé, a exercé, en plus, une influence sur les tentatives ultérieures de codifications à l'œuvre quelque temps après dans divers Etats européens (Allemagne, Italie, Portugal, Hollande) »[1243].

**396.** Il s'avère cependant que cette loi fut elle-même largement inspirée de la loi sur la procédure administrative fédérale des Etats-Unis de 1946[1244]. C'est évident si l'on compare les deux textes législatifs, mais surtout si l'on examine la publicité que lui fit J. L. Villar Palasí quelques années auparavant, dans le premier numéro de la *Revista de Administración Pública.* Dans cet article, il procédait à une présentation très détaillée de la récente loi américaine et

---

1239.Cf. GARCÍA DE ENTERRÍA (E.), BORRAJO INIESTA (I.), « Estado, Administración y derecho administrativo en España », *préc.*, pp. 174-177; GARCÍA DE ENTERRÍA (E.), « Un punto de vista sobre la nueva ley de régimen jurídico de las administraciones públicas y de procedimiento administrativo común de 1992 », R. A. P., 1993, n° 130, pp. 205-219.

1240 Cf. GARCÍA DE ENTERRÍA (E.), « Un punto de vista sobre la nueva ley de régimen jurídico de las administraciones públicas y de procedimiento administrativo común de 1992 », *préc.*, pp. 205-219, spéc. p. 205.

1241 « Fundió la tradición española del procedimentalismo », GARCÍA DE ENTERRÍA (E.), BORRAJO INIESTA (I.), « Estado, Administración y derecho administrativo en España », *préc.*, p. 176.

1242 *Ibidem.*

1243 « Ha sido transcrita más o menos literalmente en varios países hispanoamericanos y, habiéndose significado en el Derecho comparado, ha ejercido, además, alguna influencia en posteriores intentos codificadores que se precipitaron tiempo después en diversos Estados europeos (Alemania, Italia, Portugal, Holanda) », GARCÍA DE ENTERRÍA (E.), « Un punto de vista sobre la nueva ley de régimen jurídico de las administraciones públicas y de procedimiento administrativo común de 1992 », *préc.*, p. 205.

1244 Cf. GARCÍA DE ENTERRÍA (E.), BORRAJO INIESTA (I.), « Estado, Administración y derecho administrativo en España », *préc.*, p. 176.

concluait par une appréciation particulièrement positive, encourageant à suivre ce modèle[1245].

**397.** Il est donc clair qu'en la matière, l'Espagne, tout en s'inspirant de ce qui se faisait à l'étranger pour construire sa propre législation, a également largement participé à l'œuvre constructive de la procédure administrative, telle que conçue en Europe. Aujourd'hui, les sens d'influence sont d'ailleurs brouillés par l'importance des normes européennes dans ce domaine[1246]. Cet exemple montre, peut-être plus encore que les autres, que la classification traditionnelle des droits administratifs entre droits exportateurs et droits importateurs est difficilement tenable. Le mouvement est bien souvent circulaire et les rapports sont rarement unilatéraux, obligeant à relativiser l'analyse en termes de modèles.

---

[1245] Cf. VILLAR PALASÍ (J. L.), « La "federal administrative procedure act", de Estados Unidos », *R.A.P.*, 1950, n° 1, pp. 277-296.

[1246] MIR PUIGPELAT (O.), « El derecho administrativo español en el actual espacio jurídico europeo », *préc.*, pp. 260

## Conclusion du second chapitre

**398.** Le droit administratif espagnol a largement importé des constructions juridiques étrangères, doctrinales comme techniques. Les importations doctrinales le sont d'abord d'un point de vue formel. Il y a en effet une manière espagnole d'étudier le droit administratif consistant à étudier les droits étrangers en eux-mêmes et pour eux-mêmes. L'importation des ouvrages étrangers, en langue originale ou, mieux encore, par l'intermédiaire de la traduction, permet une diffusion de la pensée étrangère en la rendant accessible à tous. Outre la richesse du fonds droit comparé/droits étrangers de leurs bibliothèques[1247], les universitaires espagnols ont également la particularité de procéder, de manière quasiment systématique dans toute étude d'envergure sur le droit administratif, à une exposition détaillée des principaux courants doctrinaux étrangers sur la question qu'ils traitent. L'étude du droit administratif en Espagne ne porte donc pas uniquement sur le droit positif espagnol, elle est aussi dénationalisée. Par ailleurs, les importations doctrinales ne sont pas seulement formelles, et ne consistent pas exclusivement en un luxe d'érudition. Ce constat général peut se vérifier sur plusieurs époques depuis le milieu du XIX$^{e}$ siècle, époques qui se distinguent par l'origine des sources que la doctrine espagnole mobilise en priorité, et par la manière dont elle s'en sert à côté ou en renfort du droit espagnol. Si le milieu du XIX$^{e}$ siècle montre clairement la préférence de la doctrine pour les sources françaises, les sources se diversifient à partir de la fin du XIX$^{e}$ siècle qui voit les droits allemands et italiens, notamment, occuper une place de plus en plus importante. La période coïncidant avec la naissance de la *Revista de Administración Pública*, présentée comme la renaissance du droit administratif espagnol à partir des années 1950, illustre clairement la maturité que la science du droit a su acquérir au fil des années dans le maniement des sources étrangères. A cette époque, l'enjeu était de « rapprocher le régime de la nouvelle construction européenne »[1248], ce qu'assumèrent tout particulièrement les administrativistes.

---

[1247] La bibliothèque de droit de l'Université de Barcelone est à cet égard particulièrement représentative. Les ouvrages de droits étrangers (traduits ou en langues originales, contemporains comme anciens) côtoient les ouvrages espagnols sur les mêmes étagères, sans qu'ils ne soient rangés dans une catégorie à part (droit comparé/droits étrangers). Leur usage est ainsi banalisé, ce qui montre bien que quiconque prétend bien maitriser un domaine du droit administratif, sera supposé manier le droit espagnol sur le sujet mais également les grandes lignes des droits étrangers.

[1248] ALLI ARANGUREN (J.-C.), *La construcción del concepto de derecho administrativo español*, Madrid, Civitas, 2006, p. 214.

**399.** Ces importations doctrinales ne se limitent enfin pas à des apports théoriques. La doctrine espagnole eut en effet un rôle déterminant d'intermédiaire entre les droits étrangers et le droit positif espagnol en intervenant au moment « prélégislatif » pour appeler à la réforme. Nombre d'importations doctrinales ont ainsi vu leur prolongement dans la législation espagnole. Le poids de la doctrine sur les réformes législatives se mesure alors pleinement en Espagne. Il est vrai qu'au XIXe siècle, la plupart des importations techniques en provenance du droit administratif français, si elles furent le fait, majoritairement, des pères fondateurs du droit administratif espagnol, l'ont été avant tout grâce aux leviers politiques dont bénéficiaient ces pères fondateurs, qui cumulaient souvent fonctions universitaires et responsabilités gouvernementales. La doctrine semble cependant avoir acquis une légitimité scientifique, puisqu'elle est désormais régulièrement sollicitée en tant qu'expert technique. Les grandes lois administratives qui se sont multipliées à partir des années 1950 ont en effet souvent été rédigées par des professeurs de droit[1249]. A nouveau, plusieurs périodes se distinguent, reflétant différentes phases d'importations doctrinales. Le droit administratif français s'est vu concurrencé, dans son rôle d'inspirateur principal, par les droits administratifs allemand et italien. La justice administrative en est un exemple éclairant. Mais il ne faut pas conclure trop vite à l'identification d'un unique modèle de référence que suivrait l'Espagne aujourd'hui. Si ce constat est vrai pour la justice administrative, et de manière générale pour le domaine de la protection des droits fondamentaux, pour lequel le droit administratif allemand a été précurseur, « le droit espagnol substantiel demeure proche du système français »[1250]. Cela se vérifie notamment pour les règles relatives aux moyens dont dispose l'Administration pour réaliser ses missions d'intérêt général. Dans d'autres domaines cependant, à l'instar des règles d'organisation de l'activité administrative, le droit administratif italien occupe une place de choix. La conclusion qu'il faut déduire de ces différents exemples est avant tout que le droit administratif espagnol confirme son caractère

[1249] On ne peut cependant occulter que ces grandes lois administratives ont été adoptées sous le régime franquiste, qui cherchait à cet époque à masquer son caractère autoritaire pour améliorer l'image qu'il transmettait à la société internationale. Le recours à des professeurs de droit, dont la légitimité scientifique était indéniable, fut donc aussi instrumentalisé par le politique. Il est possible de supposer également que les professeurs de droit choisis n'avaient pas montré leur hostilité au régime. Il reste que leur participation à la rédaction des projets des grandes lois administratives a apporté une rigueur technique à la législation de l'époque et que les recours au droit comparé sont souvent de leur fait. Toutefois, aujourd'hui encore, sous un régime démocratique, les professeurs de droit sont sollicités pour leur expertise technique, que l'on pense par exemple au dernier statut de l'emploi public adopté en 2007 et préparé par une commission d'experts présidée par M. Sánchez Morún.

[1250] FROMONT (M.), *Droit administratif des Etats européens*, *préc.*, p. 53.

syncrétique. Les influences étrangères se croisent sur différents objets, et le droit administratif espagnol a simplement choisi d'en faire la synthèse.

# Conclusion du second titre

**400.** Trouver des manifestations des exportations du droit administratif français et des importations du droit administratif espagnol est plutôt chose aisée : elles sont nombreuses, tant du point de vue doctrinal que technique. La justice administrative française a par exemple été largement exportée et la théorie de l'Institution de M. Hauriou a connu un certain succès hors des frontières françaises, outre-Rhin comme outre-Pyrénées. La justice administrative espagnole s'est quant à elle enrichie des expériences française et allemande, et la doctrine espagnole a été particulièrement attentive aux débats européens relatifs à la détermination d'une véritable méthode juridique. Il s'agit néanmoins d'exemples, parmi d'autres.

**401.** Il ne faut également pas oublier que l'exportation de certaines institutions du droit administratif français s'explique avant tout par la domination politique que la France a exercée sur de nombreux pays, notamment au moment de l'Empire napoléonien. L'exportation de la justice administrative en est là encore l'illustration. De même, l'importation par l'Espagne de la justice administrative « à la française » s'explique par les liens que la France lui a imposés au début du XIX$^{e}$ siècle. Dans cette hypothèse, typique des pays anciennement colonisés, l'importation résulte de l'exportation préalable. On mesure alors la liaison forte entre ces deux phénomènes. Ils ont également des points communs. Même quand elles ne résultent pas d'une domination politique, l'exportation comme l'importation traduisent une volonté humaine : soit contribuer activement à la diffusion de son propre droit à l'étranger en en faisant la promotion, soit agir pour la diffusion des droits étrangers dans le droit national. Ceux qui exportent ou importent utilisent d'ailleurs souvent les mêmes moyens pour faire circuler les solutions juridiques : les voyages d'études, les congrès et conférences, ou encore la traduction des écrits sont des canaux de diffusion privilégiés.

# Conclusion de la première partie

**402.** A l'issue de ces développements, la présentation du droit administratif français exportateur et du droit administratif espagnol importateur paraît à première vue justifiée. Les rapports différents aux droits administratifs étrangers des droits administratifs français et espagnol s'expliquent pour plusieurs raisons. Le temps est un premier facteur d'explication. Le droit administratif français a eu l'avantage d'être précurseur en Europe, comme corps de règles spécifiques d'une part, mais également comme science étudiant ce corps de règles d'autre part. En faisant office de pionnier, le droit administratif français se présentait comme un modèle à suivre, proposant en outre beaucoup de matière à emprunter et en faisant partie de ceux qui ont poussé le plus loin la logique d'autonomie. Au contraire, le droit administratif espagnol, qu'il soit considéré comme un corps de règles spécifiques, ou comme une science, a fait son apparition plus tard comparativement à ses homologues étrangers. Pour cette raison, la nécessité de se tourner vers les exemples étrangers se faisait plus pressante. La culture est un second facteur d'explication. Le droit administratif français est traditionnellement présenté comme un modèle digne d'être exporté, car les juristes français ont largement entretenu ce discours, s'inscrivant parfois dans le registre du chauvinisme. On trouve aisément, à la lecture des publications des administrativistes français, des démonstrations d'autosatisfaction, les droits étrangers étant envisagés dans ce cas comme un terrain fertile pour l'exportation de leur droit. A l'inverse, l'Espagne cultive une tradition d'ouverture sur les droits étrangers, souvent revendiquée par ses juristes. Son syncrétisme juridique est alors l'une des marques de son identité.

**403.** Nombreuses sont les manifestations doctrinales et techniques d'exportation du droit administratif français ou d'importation du droit administratif espagnol, permettant ensuite d'accréditer cette présentation traditionnelle de leur rapport aux droits étrangers. Le droit administratif français de l'Empire a par exemple largement été imposé dans les pays étrangers par la politique expansionniste napoléonienne. Plus tard, les juristes français, du « temps des cathédrales » notamment, ont fait la promotion de leur droit en voyageant à travers le monde où en faisant traduire leurs écrits en langues étrangères afin de leur permettre une diffusion hors des frontières françaises. D'autres ont utilisé comme moyen de propagation des solutions nationales le canal d'influence offert par les organisations internationales. Ce fut notamment le cas avec les Communautés européennes, les juristes français ayant espoir, en proposant les solutions françaises comme source d'inspiration pour la construction de ce droit supranational, qu'elles se répercutent par effet ricochet sur les droits des autres Etats membres de ces ensembles régionaux. Quant aux juristes espagnols, ils s'illustrent par leur manière d'étudier le droit administratif. Non seulement ils ont largement œuvré à la diffusion des œuvres juridiques étrangères en Espagne, mais les manient ensuite couramment dans leurs analyses du droit administratif, si bien qu'elles donnent parfois la sensation d'être dénationalisées. Ils se sont ainsi imprégnés des débats doctrinaux étrangers et les ont adaptés dans leurs propres études. C'est grâce à cette connaissance précise des avancées juridiques étrangères qu'ils ont alors tenté d'influencer le législateur notamment, en lui suggérant des emprunts ponctuels aux droits administratifs étrangers.

**404.** On comprend en définitive que les actions de l'exportateur et de l'importateur sont souvent liées. Plus encore, et alors même qu'elles sont censées traduire deux attitudes opposées face aux droits étrangers, l'analyse historique comme contemporaine révèlent que le droit administratif français a pu être importateur et que le droit administratif espagnol a parfois exporté, rendant peu étanche la distinction entre droit exportateur et droit importateur.

# Partie 2. La convergence des droits administratifs français et espagnol dans leur rapport aux droits administratifs étrangers : exportateur et importateur

**405.** La caractérisation du rapport du droit national aux droits étrangers qui s'épuiserait dans l'alternative entre exportation ou importation doit, en réalité, être nuancée. L'étude approfondie, historique comme contemporaine, des rapports des droits administratifs français et espagnol aux droits administratifs étrangers révèle une certaine convergence.

**406.** Historiquement, opposer le droit administratif français exportateur au droit administratif espagnol importateur est d'abord exagéré. Depuis deux siècles, ils ont en effet alterné ou cumulé les deux postures (Titre I). Et désormais, l'opposition entre droit administratif exportateur et droit administratif importateur est même dépassée, à l'heure de la globalisation. La globalisation du droit a accompagné la globalisation économique, comme réponse régulatrice des échanges internationaux économiques et financiers. Si elle connut sa pleine expansion à compter de la fin des années 1980, l'achèvement de la guerre froide n'y étant pas étranger, elle trouva ses prémices dans la période post Seconde Guerre mondiale[1251], période caractérisée par l'internationalisation des échanges[1252] et l'universalisation des valeurs. Toutefois, la globalisation se distingue, concomitamment, de l'internationalisation, qualitativement peut-être[1253], quantitativement à tout le

---

1251 Auby (J.-B.), *La globalisation, le droit et l'Etat*, Paris L. G. D. J., 2e éd., 2010, p. 18.

1252 Sur l'intensification des échanges commerciaux à partir de la Seconde Guerre mondiale, cf. Blancheton (B.), « Mondialisation- Histoire de la mondialisation », In *Universalis éducation [en ligne]. Encyclopædia Universalis*, consulté le 13 mai 2016. Disponible sur http://www.universalis-edu.com/encyclopedie/mondialisation-histoire-de-la-mondialisation/.

1253 Pour J. Chevallier, elle correspond à « une étape radicalement nouvelle, qualitativement différente de l'internationalisation qui s'était développée après la Seconde guerre mondiale : alors que l'internationalisation prenait appui sur les Etats-Nations, qui continuaient à s'imposer comme des dispositifs nécessaires de médiation, la mondialisation échappe largement à leur emprise ; et sa portée n'est plus seulement économique, mais aussi sociale, culturelle, politique ». Cf. Chevallier (J.), « Mondialisation du droit ou droit de la mondialisation », in Morand (C.-A.)(dir.), *Le droit saisi par la mondialisation*, Bruxelles, Bruylant, 2001, pp. 37-61, spéc. p. 37. Pour M. G. Kohen, l'internationalisation « suppose l'existence d'un rapport dialectique entre les droits nationaux et le droit international, et non la mainmise d'un droit mondialisé sur l'ensemble des régimes

moins. Elle signifie en effet l'intensification sans précédent des phénomènes que l'on connaissait jusqu'alors, et induit de fait une série de processus de « déterritorialisation des activités », de « désétatisation des sociétés » et de « croissance des réalités et des mécanismes transnationaux »[1254]. Elle suppose par ailleurs l'intervention de multiples acteurs, étatiques ou internationaux, publics ou privés. D'appréhension complexe, la globalisation trouve difficilement une définition univoque, et fait donc l'objet d'interprétations différentes[1255]. J.-B. Auby en a cependant une approche générale, sur laquelle de nombreux auteurs s'accordent, en la décrivant comme un « mouvement général d'ouverture et de compénétration de systèmes qui se manifeste au niveau mondial, mais aussi à bien d'autres niveaux »[1256]. Dès lors qu'elle suppose « l'interconnexion croissante entre les choses qui adviennent dans le monde »[1257], la globalisation a nécessairement provoqué un bouleversement dans les rapports entre les droits. Selon J.-M. Sauvé, et dans la lignée de ceux qui s'intéressent à ce phénomène[1258], la globalisation du droit « déstabilise, sans la rendre tout à fait caduque, une conception "classique" de la hiérarchie des normes et des rapports entre ordres juridiques. A un modèle strictement pyramidal, s'est substitué un réseau de normes qui, d'un système à l'autre, miroitent ou se répondent », avant de conclure qu'« à la jonction des ordres internes et internationaux, s'est développée une zone continue d'échanges et d'influences permanents »[1259]. Cette « interdépendance croissante des droits

---

juridiques existants ou l'apparition d'un droit échappant à toute création et contrôle étatique ». Cf. KOHEN (M. G.) « Internationalisme et mondialisation », in MORAND (C.-A.)(dir.), *Le droit saisi par la mondialisation*, Bruxelles, Bruylant, 2001, pp. 107-130, spéc. p. 110. Cf. également, DELMAS-MARTY (M.), *Le pluralisme ordonné*, Paris, Editions du Seuil, 2006, p. 41 ; DELPEUCH (T.), « Une critique de la globalisation juridique de style civiliste. Etat des réflexions latines sur la transnationalisation du droit à partir du *Dictionnaire de la globalisation* », *Droit et Société*, n° 82, 2012, pp. 733-761, spéc. p. 737. Cette différenciation n'est cependant pas radicale et peut être nuancée. Cf. PONTHOREAU (M.-C.), « Trois interprétations de la globalisation juridique. Approche critique des mutations du droit public », *A.J.D.A.*, 2006, n° 1, pp. 20-25, spéc. pp. 20-22.

1254 AUBY (J.-B.), *La globalisation, le droit et l'Etat*, Paris L. G. D. J., 2e éd., 2010, pp. 24-25.

1255 Cf. PONTHOREAU (M.-C.), « Trois interprétations de la globalisation juridique. Approche critique des mutations du droit public », *préc.*, pp. 22-25 ; OST (F.), « Mondialisation, globalisation, universalisation : s'arracher, encore et toujours, à l'état de nature », in MORAND (C.-A.)(dir.), *Le droit saisi par la mondialisation*, Bruxelles, Bruylant, 2001, pp. 5-36, spéc. pp. 6-7.

1256 AUBY (J.-B.), *La globalisation, le droit et l'Etat*, *préc.*, p. 16.

1257 GOLDMAN (D.), « Historical Aspects of Globalization and Law », in DAUVERGNE (C.) (dir.), *Jurisprudence for an Interconnected Globe*, Ashgate, 2003, p. 43, cité par AUBY (J.-B.), *La globalisation, le droit et l'Etat*, *préc.*, p. 18.

1258 Il s'appuie notamment sur les analyse de J.-B. Auby, de B. Bonnet ou encore de F. Ost et M. Van de Kerchove.

1259 SAUVÉ (J.-M.), « Ouverture », in *L'ordre juridique national en prise avec le droit européen et international : questions de souveraineté ? Colloque organisé par le Conseil d'Etat et la Cour de cassation*, 10 avril 2015, p. 1. Disponible sur http://www.conseil-

étatiques »[1260] conduit à leur « rapprochement »[1261], et révèle, ce faisant, leur « perméabilité »[1262].

**407.** Les droits nationaux ont toujours cherché à se renseigner sur leurs homologues étrangers pour s'inspirer des solutions étrangères. Mais le phénomène est bien plus exacerbé aujourd'hui. Ce qui relevait autrefois du volontarisme, de la curiosité, a désormais un caractère inéluctable. Cette intensification des échanges a dès lors rapproché de manière assez identique la France et l'Espagne dans leur rapport aux droits étrangers (Titre II).

---

etat.fr/Actualites/Discours-Interventions/L-ordre-juridique-national-en-prise-avec-le-droit-europeen-et-international-questions-de-souverainete, consulté le 24/03/2016.

[1260] CHEVALLIER (J.), « Mondialisation du droit ou droit de la mondialisation », *préc.*, p. 39.

[1261] *Ibidem.*

[1262] DELMAS-MARTY (M.), *Le pluralisme ordonné*, Paris, Editions du Seuil, 2006, p. 40. Sur cette idée, cf. également AUBY (J.-B.), « La bataille de San Romano. Réflexions sur les évolutions récentes du droit administratif », *A.J.D.A.*, 2001, n° 11, pp. 912-925, spéc. p. 913 ; *La globalisation, le droit et l'Etat*, *préc.*, pp. 116-125.

# TITRE 1. UNE CONVERGENCE HISTORIQUE : L'OPPOSITION EXAGÉRÉE DES DROITS ADMINISTRATIFS FRANÇAIS ET ESPAGNOL DANS LEUR RAPPORT AUX DROITS ADMINISTRATIFS ÉTRANGERS

**408.** L'opposition entre les droits administratifs français et espagnol est exagérée dès lors qu'elle suppose l'exclusivité de la posture : soit le droit est exportateur, soit il est importateur. Or, traditionnellement, les études portant sur leur rapport aux droits étrangers ont tendance à se limiter aux traits dominants et à tirer des conclusions un peu hâtives. Pourtant, procéder à cette analyse depuis le début du XIX$^{e}$ siècle jusqu'aux années 1980 démontre que la réalité est plus complexe. Ni le droit administratif français (chapitre 1) ni le droit administratif espagnol (chapitre 2) ne sont réductibles à une seule posture.

# Chapitre 1: L'irréductibilité du droit administratif français à l'exportation

**409.** Le droit administratif français n'a jamais été totalement hermétique aux droits étrangers. Si sa position de modèle et les discours chauvinistes l'accompagnant pour favoriser son exportation étaient bien réels, des voix dissonantes se faisaient entendre dans le même temps[1263]. Dès le XIX$^{e}$ siècle, il y avait une certaine conscience de l'importance de l'étude des législations comparées qui, pour reprendre A. Valette, « stimule et fortifie l'intelligence, augmente la tolérance générale en affaiblissant les préjugés nationaux, opère enfin chez les peuples un mélange des idées, et ce qu'on pourrait appeler un croisement moral des races, cause d'amélioration des lois et de progrès de la civilisation »[1264]. Il y avait ainsi quelque chose de naturel à « regarder autour de soi pour compléter son instruction »[1265], ce dont était conscient L. Aucoc en le décrivant comme « un mouvement instinctif, applicable et appliqué à toutes les connaissances humaines »[1266]. Poussé plus encore par les injonctions d'un E. Lambert ou d'un R. Saleilles[1267], ce mouvement initialement instinctif, qui consistait en une démarche avant tout empirique[1268], devint de plus en plus

---

[1263] Ne serait-ce que la voix d'E. Bouvier qui insistait en 1902 sur la nécessité pour les juristes de ne plus « s'endormir dans la contemplation de leur législation nationale », cf. BOUVIER (E.), « Etudes et documents sur le droit public américain », *Revue critique législation et de jurisprudence*, 1902, T. XXXI, pp. 35-62, spéc. p. 36. Et plus généralement, sans que cette injonction ne soit propre au droit public, cf. ROLIN-JAEQUEMYNS (G.), « De l'étude de la législation comparée et du droit international », *Revue de droit international et de législation comparée*, 1869, T. 1, pp. 1-17, spéc. pp. 16-17.

[1264] VALETTE (A.), « Nécrologie. Foelix », *Revue critique de législation et de jurisprudence*, 1854, T. 4, pp. 86-92, spéc. p. 87.

[1265] AUCOC (L.), *Les études de législation comparée en France*, Paris, Alphonse Picard, 1889, p. 4. Dans le même ordre d'idées, et dix ans auparavant, G. Rolin-Jaequemyns mentionnait « la tendance instinctive de notre siècle », remarquant qu' « il s'établit ainsi entre toutes les nations civilisées une sorte de concours généreux, où tour à tour chaque concurrent donne l'exemple ou profite de l'expérience acquise par les autres, et où les idées naissent des idées avec une fécondité d'autant plus grande, que l'on apporte plus d'ardeur et de précision dans l'étude de chaque idée nouvelle. Cette étude donne au patriotisme même un caractère plus sérieux et plus élevé, en le faisant consister non dans le mépris ou l'ignorance de ce qui se passe à l'étranger, mais dans la passion de doter sa patrie de tout ce qu'il y a d'excellent dans les institutions des autres peuples ». Cf. ROLIN-JAEQUEMYNS (G.), « De l'étude de la législation comparée et du droit international », *Revue de droit international et de législation comparée*, 1869, T. 1, pp. 1-17, spéc. p. 10.

[1266] AUCOC (L.), *Les études de législation comparée en France*, *préc.*, p. 4.

[1267] Cf. HALPÉRIN (J.-L.), « Saleilles et les droits étrangers », in AUDREN (F.), MATHEY (N.), VERGNE (A.) (dir.), *Raymond Saleilles et au-delà*, Paris, Dalloz, 2013, pp. 159-170.

[1268] Il s'agit d'ailleurs plutôt de micro comparaison, même si le terme n'est pas officiellement employé. Cf. JALUZOT (B.), « Méthodologie du droit comparé : bilan et prospective », *R.I.D.C.*, 2005, n° 1, pp. 29-48, spéc. pp. 31-32.

méthodique. Il revendiqua le statut de science à partir de 1900, date qui coïncide avec l'organisation du premier Congrès international de droit comparé, à l'initiative de la Société de législation comparée. On prêtait alors au droit comparé de nombreuses finalités parmi lesquelles la recherche d'un « droit commun législatif »[1269], digne héritier du *jus commune* européen[1270]. Le droit privé fut tout particulièrement concerné par la démarche comparative[1271], comme l'attestent les domaines de spécialité des comparatistes ayant donné ses lettres de noblesse à cette nouvelle science[1272]. Le droit privé semblait donc être, plus que le droit public, le terrain d'élection du comparatisme[1273]. Néanmoins, si les études comparatives dans le domaine du droit public sont sans doute quantitativement moindres, elles n'en demeurent pas moins suffisamment importantes pour être relayées, témoins de cet intérêt pour les droits étrangers. L'exemple du droit constitutionnel est à cet égard révélateur, puisqu'il est, au sein du droit public, la discipline reine du comparatisme[1274].

---

[1269] LAMBERT (E.), « Une réforme nécessaire des études de droit civil », *Revue internationale de l'enseignement*, 1900, T. 40, pp. 216-243, spéc. p. 240. Cette recherche prendra encore plus son sens à partir de l'entre-deux-guerres. Cf. LAMBERT (E.), « Le droit comparé et la formation d'une conscience juridique internationale », *Revue de l'université de Lyon*, 1929, pp. 441-463 ; JAMIN (C.), « Le vieux rêve de Saleilles et Lambert revisité. A propos du centenaire du congrès international de droit comparé de Paris », *préc.*

[1270] Cf. LAMBERT (E.), « Une réforme nécessaire des études de droit civil », *préc.*, pp. 240-243 ; HALPÉRIN (J.-L.), « L'approche historique et la problématique du jus commune », *R.I.D.C.*, 2000, n° 4, pp. 717-731.

[1271] L. Aucoc mentionnait, comme travaux précurseurs en la matière, les législations civiles et commerciales. Il citait ainsi la collection de codes étrangers de Foucher en 1833, les travaux d'Antoine de Saint-Joseph qui comparent Code civil et Code du commerce français aux législations étrangères. Cf. AUCOC (L.), *Les études de législation comparée en France*, *préc.*, p. 5. F. Larnaude cependant, semblait défendre un point de vue inverse, insistant sur l'avance du droit public en matière de législation comparée. LARNAUDE (F.), « Droit comparé et droit public », *R.D.P.*, 1902, T. XVII, pp. 5-21, spéc. p. 7.

[1272] R. Saleilles s'aventura cependant aussi dans le domaine du droit public, aussi bien constitutionnel qu'administratif. Cf. MICHOUD (L.), « Raymond Saleilles et le droit public », *R.D.P.*, 1912, T. XXIX, pp. 369-378 ; FOULQUIER (N.), SACRISTE (G.), « Avant-propos : Un constitutionnaliste oublié, le privatiste Raymond Saleilles », in SALEILLES (R.), *Le droit constitutionnel de la Troisième République*, Paris, Dalloz, pp. 9-54.

[1273] M.-C. Ponthoreau rappelle que, classiquement, « le droit comparé est identifié à l'œuvre des privatistes alors qu'il existe une longue tradition de comparaison en droit constitutionnel », et remarque que « la prépondérance des privatistes est [...] incontestée ». PONTHOREAU (M.-C.), *Droit(s) constitutionnel(s) comparé(s)*, Paris, Economica, 2010, p. 40. Cf. pour un constat similaire, BRAIBANT (G.), « Introduction », *R.I.D.C.*, 1989 n° 4, pp. 849-851, spéc. p. 849 ; RIVERO (J), « Le droit administratif en droit comparé : rapport final », *R.I.D.C.*, 1989, n° 4, pp. 919-926, spéc. p. 920.

[1274] Il y a un intérêt pour les expériences étrangères de gouvernement dès le XVIII^e^ siècle. Pour M.-C. Ponthoreau, les constitutionnalistes sont « des comparatistes depuis toujours », faisant remonter la tradition comparative à la Grèce antique. Elle insiste ensuite

**410.** Pour autant, bien que par nature moins enclin à la démarche comparative, le droit administratif ne fut pas tenu à l'écart. Effectivement, « croire que le droit administratif comparé est en France une absolue nouveauté serait d'ailleurs une erreur grossière »[1275]. Si l'utilisation des droits étrangers a sans doute évolué au fil du temps, leur connaissance, préalable nécessaire à toute comparaison[1276], fut un phénomène constant depuis le XIX^e^ siècle[1277]. Dès lors, envisager le droit administratif français uniquement sous son aspect exportateur serait réducteur. Ce serait négliger l'effort régulier de diffusion des droits administratifs étrangers en France (section I), qui a pu conduire parfois, grâce à la démarche comparative, à leur utilisation ponctuelle dans certains domaines, tant techniques que théoriques (section II).

## *Section 1: La diffusion des droits administratifs étrangers en France*

**411.** L'impératif de connaissance des droits étrangers supposa leur diffusion en France de manière plus systématique, facilitée par le développement notable des moyens de communication au XIX^e^ siècle. De nombreux moyens furent mis en œuvre afin d'en favoriser l'accès (A). Par ailleurs, certains auteurs encouragèrent vivement cette diffusion et se consacrèrent tout particulièrement à cette tâche (B).

---

particulièrement sur le « rôle fondateur de Montesquieu ». PONTHOREAU (M.-C.), *Droit(s) constitutionnel(s) comparé(s)*, *préc.*, pp. 33-34.

[1275] MELLERAY (F.), « Les trois âges du droit administratif comparé ou comment l'argument de droit comparé a changé de sens en droit administratif français », *préc.*, p. 16.

[1276] Cf. LAMBERT (E.), « Conception générale, définition, méthode et histoire du droit comparé. Le droit comparé et l'enseignement du droit », in *Congrès international de droit comparé, tenu à Paris du 31 juillet au 4 août 1900. Procès verbaux des séances et documents*, Vol. I, Paris, L.G.D.J., 1905, pp. 26-61, spéc. pp. 29-30.

[1277] Alors même que le XIX^e^ siècle est celui de l'apogée du principe des nationalités, induisant mécaniquement un repli sur soi. Pour autant, il s'agira de démontrer régulièrement que « nationalisme » et « cosmopolitisme » « ne sont point inconciliables ». Cf. PILLET (A.), « Le droit international public. Ses éléments constitutifs, son domaine, son objet », *Revue générale de droit international public*, 1894, T. 1, pp. 1-32, spéc. p. 9.

### §1) Les moyens de la diffusion des droits administratifs étrangers

**412.** Le devoir d'information sur les droits étrangers se fit de plus en plus impérieux. Conscients qu'il était nécessaire d'organiser de façon méthodique la diffusion des droits étrangers, les gouvernants comme les scientifiques développèrent d'importants moyens pour ce faire. Ce devoir d'information répondait, dans un premier temps, à un but utilitaire, celui de l'amélioration du droit positif. Ainsi, au XIX$^{e}$ siècle la collecte des législations étrangères devait avant tout servir d'outil de légistique[1278]. Il est vrai qu'à première vue le droit administratif, dont le développement fut à ses débuts essentiellement jurisprudentiel, peut sembler ne pas avoir sa place dans des réflexions portant sur des sources législatives. Pourtant il ne fut pas absent de ce mouvement généralisé de connaissance. Si le droit administratif français était essentiellement jurisprudentiel, ce n'était pas le cas des droits administratifs étrangers qui avaient souvent fait le choix d'accorder une part plus importante à la source législative[1279]. Par ailleurs, on sait le débat portant sur l'opportunité de la codification du droit administratif ancien (même s'il conclut presque systématiquement à une impossibilité de principe). Les exemples étrangers étaient dès lors susceptibles d'ouvrir d'autres perspectives sur cette question. C'est ce qui explique que les moyens développés pour mettre à disposition les droits étrangers furent dans un premier temps principalement institutionnels (A). Progressivement cependant, ils prétendirent à un objectif plus scientifique (B).

#### A) Les moyens institutionnels

**413.** Le Bureau de Législation étrangère fut la première institution créée en 1801, au sein du ministère de la Justice, pour permettre une meilleure information sur les droits étrangers. A l'initiative de Bonaparte, il est considéré comme « le premier organisme français d'étude des législations étrangères et du droit comparé »[1280]. Plus précisément, il était destiné à

---

[1278] Cf. ANCEL (M.), « Politique législative et droit comparé », in *Mélanges offerts à Jacques Maury, T. II, Droit comparé. Théorie générale du droit et droit privé*, Paris, Dalloz, 1960, pp. 9-23, spéc. p. 11.

[1279] RIVERO (J.), « Réflexions sur l'étude comparée des sources des droits administratifs », *préc.*

[1280] Cf. GRUNEBAUM-BALLIN (P.), « Comment Bonaparte, premier consul, fonda le premier organisme français d'étude des législations étrangères et du droit comparé », *R. I. D. C.*, n° 2, 1953, pp. 267-273.

« recueillir, traduire et classer par ordre toutes les lois civiles, criminelles, commerciales, maritimes, militaires et de police, actuellement en vigueur dans les différents pays de l'Europe »[1281]. Il s'agissait principalement à l'époque d'« éclairer les rédacteurs du futur Code civil »[1282]. Sa première publication fut celle, en 1801, du Code général pour les Etats prussiens, mais ce fut également la dernière. En effet, le Bureau de Législation étrangère disparut en 1804. Comme l'explique P. Grunebaum-Ballin, « entre 1801 et 1804, il s'était passé beaucoup de choses. Le ton n'était plus celui du siècle précédent ; et les travaux préparatoires du Code civil témoignent de beaucoup plus d'intérêt pour le droit romain et l'ancien droit français que pour les législations modernes en vigueur dans les pays d'Europe »[1283]. Malgré une courte existence, ce Bureau de législation étrangère joua incontestablement le rôle de précurseur dans la traduction des législations étrangères.

**414.** Quelques décennies plus tard, en 1869, la création de la Société de législation comparée, dont E. Laboulaye fut le premier président, s'inscrivait clairement dans la volonté d'informer de manière plus systématique sur les droits étrangers. Les juristes français avaient en effet réalisé que leurs homologues d'Angleterre, des Etats-Unis, d'Allemagne ou encore de Belgique avaient « pris sur [eux] les devants »[1284] en la matière. Conçue comme « un organe de recherches et d'études impartiales et vraiment scientifiques »[1285], cette société savante réunissait universitaires comme praticiens du droit ou encore députés et sénateurs[1286]. Elle avait avant tout pour but de « faire connaître et de faire discuter dans des réunions périodiques les réformes législatives qui viendraient à se produire dans les pays étrangers et en même temps de signaler les législations de ces pays sur les questions qui

---

1281 BROSSELARD (E.), LEMIERRE (A.-J.), « Actes du gouvernement », Cité par GRUNEBAUM-BALLIN (P.), « Comment Bonaparte, premier consul, fonda le premier organisme français d'étude des législations étrangères et du droit comparé », *préc.*, p. 268.

1282 ANCEL (M.), « Politique législative et Droit comparé », in *Mélanges offerts à Jacques Maury, T. II, Droit comparé. Théorie générale du droit et droit privé*, Paris, Dalloz, 1960, pp. 9-23, spéc. p. 10. C'est d'ailleurs M. Ancel qui fit la découverte de ce Bureau de législation comparée. Cf. GRUNEBAUM-BALLIN (P.), « Comment Bonaparte, premier consul, fonda le premier organisme français d'étude des législations étrangères et du droit comparé », *préc.*, p. 267.

1283 *Idem*, p. 272.

1284 « Séance du 16 février 1869 », *Bulletin de la Société de législation comparée*, 1869, n° 1, pp. 1-9, spéc. p. 1.

1285 Comme le rappelait l'un de ses présidents, L. Aucoc. Cf. AUCOC (L.), *Les études de législation comparée en France*, *préc.*, p. 6.

1286 L. Aucoc explique en effet qu'elle comptait *« plus de 250 membres appartenant au barreau, à la magistrature, aux Facultés de droit, à l'administration, au Conseil d'État, aux Chambres »*. Cf. *ibidem*.

faisaient l'objet de propositions de loi soumises aux Chambres françaises »[1287], assumant un rôle d'impulsion des réformes par le biais de la comparaison. Ce rôle, elle l'affichait dès l'article premier de ses statuts en visant « l'étude des lois des différents pays et la recherche des moyens pratiques d'améliorer les diverses branches de la législation »[1288]. Pour ce faire, elle publiait mensuellement son Bulletin, auquel s'ajouta, à compter de 1872, un Annuaire des législations étrangères en charge d'avertir sur les évolutions législatives les plus récentes à l'étranger. Elle menait en plus une politique de traduction d'envergure de ces mêmes législations afin de les rendre accessibles à tous[1289]. Bien que d'initiative privée, la demande de la Société de législation comparée d'être reconnue comme établissement d'utilité publique fut accueillie par décret présidentiel le 4 décembre 1873[1290], démontrant l'avantage pratique que l'Etat lui reconnaissait.

**415.** Les réflexions sur le droit administratif ne furent pas écartées des préoccupations de la Société de législation comparée dont l'objet était généraliste. Dans un premier temps, le Conseil d'Etat et les différentes chaires de droit administratif demandèrent à être représentés à son Conseil[1291]. Par ailleurs, de nombreux publicistes, voire administrativistes, qu'ils soient praticiens ou universitaires, en furent les présidents, démontrant simultanément leur intérêt pour les droits étrangers et celui de la Société de législation comparée pour le droit administratif. L. Aucoc, premier administrativiste président de 1876 à 1877 en faisait le constat en s'adressant aux membres de la Société lors de son discours d'intronisation :

> « si j'ai bien compris votre pensée, vous avez voulu saisir cette occasion de montrer l'importance que la Société attache au droit public et administratif, à l'étude duquel je me suis consacré particulièrement depuis vingt-cinq ans. C'est avec un profond sentiment de satisfaction, et je puis l'avouer, avec une certaine fierté, que j'ai vu se produire ce mouvement général de l'opinion publique, qui a reconnu que le droit

---

[1287] *Idem*, p. 7. Objectif qu'elle parvint à remplir selon le jugement de L. Aucoc : *idem*, p. 9.

[1288] Cf. « Statuts », *Bulletin de la Société de législation comparée*, 1869, n° 1, pp. 11-12.

[1289] AUCOC (L.), *Les études de législation comparée en France*, Paris, Alphonse Picard, 1889, pp. 7-8 ; « Le centenaire de la Société de législation comparée (1869-1969) », *R. I. D. C.*, n° 4, 1968, pp. 756-757.

[1290] Cf. Décret n° 4654, du 4 décembre 1873, *qui reconnaît comme Etablissement d'utilité publique la Société de législation comparée*.

[1291] RIVERO (J.), « Droit administratif français et droits administratifs étrangers », *préc.*, p. 477.

administratif est une branche légitime de la science du droit, et que la juridiction administrative est une branche légitime de la justice »[1292].

**416.** Sans que la liste soit exhaustive ensuite, plusieurs administrativistes se succédèrent à la présidence de la Société de législation comparée, comme C. Tranchant (1895-1896), R. Dareste (1885-1886), F. Larnaude (1919-1920), P. Grunebaum-Ballin (1933-1934). Outre ces présidents, l'intérêt pour le droit administratif des autres pays se traduisit par la publication dans le *Bulletin de la Société de législation comparée* de nombreuses études lui étant consacrées. Ainsi, dès le premier numéro en 1869, R. Gonse, avocat à la Cour de cassation, proposait un rapport consacré principalement au recrutement des fonctionnaires publics aux Etats-Unis, même s'il élargissait parfois l'étude à d'autres pays[1293]. La question de la justice administrative y fut aussi largement débattue, exemples étrangers à l'appui, que cela soit pour critiquer ou au contraire appuyer son existence[1294]. E. Dubois, présentant le contentieux administratif en Italie depuis la loi du 20 mars 1865, afin d'alimenter la réflexion sur la question de l'existence même de la justice administrative, rappelait à cette occasion qu'« en cette matière, non moins qu'en toute autre, il importe d'étudier les législations étrangères »[1295], et faisait remarquer que l'« on connaît l'importance et l'attrait des travaux de comparaison auxquels a déjà donné lieu le droit civil proprement dit : les autres branches de la législation n'offrent pas un champ moins intéressant et moins utile à explorer »[1296]. C'est ainsi que son opinion à propos du projet de suppression des conseils de préfecture soumis à l'Assemblée en 1873 était enrichie par sa démarche comparative, ne faisant que suivre l'injonction des statuts de la Société de Législation comparée, c'est-à-dire :

> « se conformer à l'article 2 de nos statuts, d'après lequel nous étudions les lois étrangères, non comme un but,

---

1292 AUCOC (L.), « Séance du 8 décembre 1875 », *Bulletin de la Société de législation comparée*, 1876, n° 1, pp. 5-13, spéc. p. 6.

1293 GONSE (R.), « Séance du 11 mai 1869 », *Bulletin de la Société de législation comparée*, n° 1, 1869, pp. 84-112.

1294 Cf. par exemple, le rapport de R. Dareste sur l'organisation de la juridiction administrative dans les divers Etats, « Séance du 2 avril 1873 », *Bulletin de la Société de législation comparée*, n° 5, mai 1873, pp. 275-291 ; ou encore la réaction de L. Aucoc aux rapports de R. Dareste et E. Dubois, « Séance du 2 avril 1873 », *Bulletin de la Société de législation comparée*, n° 5, mai 1873, pp. 293-304.

1295 DUBOIS (E.), « Séance du 21 mars 1873 », *Bulletin de la Société de législation comparée*, n° 4, 1873, pp. 211-260, spéc. p. 211.

1296 *Idem*, p. 213.

> mais comme un moyen pour l'amélioration des nôtres. Les propositions faites à l'Assemblée m'ayant inspiré la pensée d'employer les loisirs de vacances que je me proposais de passer en Italie à quelques recherches sur la législation de ce pays en matière de contentieux administratif, je les ai faites toutes sans aucun parti pris, et même sans savoir si elles me conduiraient à une solution favorable ou contraire au projet de suppression. C'est dans le même esprit que j'en communique le résultat à la Société : j'ai voulu lui apporter, non un système, mais des documents et des faits »[1297].

**417.** Le but était donc d'apporter de la matière à discussion, et de ce point de vue, la législation administrative étrangère était bien digne d'intérêt[1298].

**418.** La Société de législation comparée organisa également le premier congrès international de droit comparé à Paris en 1900, réunissant des juristes du monde entier. Ce congrès est connu pour être à l'origine de l'intensification de la réflexion sur la définition scientifique du droit comparé. Selon les termes mêmes de ses organisateurs, il avait pour finalité « non seulement de rapprocher et de mettre en contact réciproque des savants et des jurisconsultes venus de tous les points du monde, mais surtout de chercher à fournir à la science du droit comparé une formule précise et une direction sûre, dont elle a besoin pour assurer son développement »[1299]. Il faut néanmoins souligner l'ambivalence de ce Congrès, qui était organisé dans le sillon de l'exposition universelle de 1900, reflétant dans le même temps un « élan prosélyte »[1300]. En réunissant l'élite juridique du monde entier, l'ambition était aussi « de consacrer la vivacité de la science juridique française aux yeux du

---

1297 *Idem*, p. 257.

1298 Pour d'autres exemples, cf. E. Casmescasse à propos de « la législation des chemins vicinaux dans les divers pays », « Séance du 20 février 1874 », *Bulletin de la Société de législation comparée*, 1874, n° 3, pp. 127-149 ; L. Aucoc fit quant à lui le compte-rendu d'un ouvrage sur la législation anglaise en matière de travaux publics, « Séance du 10 février 1875 », *Bulletin de la Société de législation comparée*, 1875, n° 3, pp. 119-141. Pour conclure cependant qu'il ne fallait pas suivre son exemple.

1299 PICOT (G.), DAGUIN (F.), « Circulaire », in *Congrès international de droit comparé tenu à Paris du 31 juillet au 4 août 1900. Procès-verbaux des séances et documents*, T. I, Paris, L.G.D.J., 1905, pp. 7-9, spéc. pp. 7-8.

1300 BLANQUER (J.-M.), MILET (M.), *L'invention de l'Etat. Léon Duguit, Maurice Hauriou et la naissance du droit public moderne*, *préc.*, p. 129.

monde »[1301]. Malgré cela, la connaissance des droits étrangers était incontestablement l'objectif que s'était fixé la Société de Législation comparée et qu'elle continue d'adopter aujourd'hui. Elle confirme ainsi que les juristes français ne vivaient pas en autarcie.

**419.** L'attention portée aux législations étrangères fut plus encore entérinée par l'initiative, cette fois gouvernementale et non privée, du ministère de la Justice, de créer un Comité de législation étrangère en 1876[1302]. Ce dernier devait constituer de manière systématique, en tissant des liens avec le ministère de la Justice des différents pays, une vaste collection des lois étrangères. Cette tâche était nécessaire pour compléter la mission de la Société de la Législation comparée et afin de « créer une vaste bibliothèque de droit étranger, renfermant la collection complète des lois des différents pays du monde dans leur texte original, les travaux parlementaires qui les expliquent, les recueils de jurisprudence qui en font voir l'application, les ouvrages d'histoire du droit et les commentaires des juristes les plus autorisés de chaque pays »[1303]. Transformé en 1909 en office de législation étrangère et de droit international, il acquit par la suite la personnalité morale ainsi qu'une autonomie financière, ce qui témoigne de l'importance qui lui était accordée. L'office fut ultérieurement directement intégré au ministère de la Justice.

**420.** Quelques années plus tard, en 1927, la création de l'Institut international de droit public poursuivait ce même objectif d'information sur les droits étrangers, cette fois dans le domaine plus spécifique du droit public. Son annuaire visait ainsi à recenser, de façon la plus exhaustive possible, les textes constitutionnels et législatifs relatifs au droit public du monde entier[1304], ainsi que les principaux débats théoriques qu'ils nourrissaient. Mais l'ambition de ce recueil était plus grande encore, en raison du contexte particulier de l'après-guerre. Plus que la seule information sur les droits étrangers, c'était surtout l'interaction entre les droits des différentes nations qui était recherchée, en vue d'une certaine harmonisation. Le développement du droit international public faisait en effet l'objet d'une attention toute

---

1301 *Ibidem*. Cf. *supra*, n° 132.

1302 Arrêtés du 27 mars 1876, *relatifs à la formation, au ministère de la Justice et des cultes, d'une collection des lois étrangères*, J.O.R.F., 5 avril 1876, n° 95, pp. 2427-2428.

1303 AUCOC (L.), *Les études de législation comparée en France*, *préc.*, p. 12.

1304 Idée suggérée d'ailleurs par H. Kelsen. Cf. « Informations diverses. L'institut international de droit public », *Le Temps*, 31 décembre 1927, p. 4.

particulière, dans l'espoir de réaliser une « paix par le droit »[1305]. Par ailleurs, les réflexions sur le droit comparé, encouragées par le Congrès de 1900, l'avaient doté d'une finalité unificatrice des droits. Se mesure alors le passage de la législation comparée au droit comparé moderne. L'institut international de droit public s'inscrivait dans le prolongement de cette démarche, en recherchant « la promotion d'un savoir savant théorique de dimension internationale sur le droit public positif »[1306], grâce à la réunion d'un « cénacle »[1307] de publicistes d'Europe et d'Amérique particulièrement reconnus. Il s'agit de la présentation qu'en faisait B. Mirkine Guetzévitch, l'une des chevilles ouvrières de cet institut, dans le quotidien *Le Temps*. Rappelant que selon les statuts, l'institut était « une association scientifique, sans caractère officiel, et internationale par sa composition », il insistait sur son dessein :

> « le travail scientifique dans le domaine du droit public et des sciences politiques, l'examen théorique des différents problèmes du droit public, droit constitutionnel, droit administratif, droit international public dans ses rapports avec le droit public interne, l'élaboration de méthodes, l'affirmation de principes généraux, la comparaison et l'appréciation des différentes doctrines nationales, en vue du développement des libertés individuelles, au moyen de principes juridiques, dans les Etats libres »[1308].

**421.** Il était convaincu des « éminents services pour l'organisation et le fonctionnement des institutions politiques de notre époque » que pourrait rendre cet institut. Comme le concluent J.-M. Blanquer et M. Milet, cet institut se présentait « comme une assemblée délibérative qui n'a pas vocation à proposer clés en main un projet normatif, mais qui doit œuvrer à faire progresser la discussion »[1309]. Quand bien même cet institut donnait aussi l'occasion de faire rayonner le droit public français pour les avantages qu'il

---

[1305] BLANQUER (J.-M.), MILET (M.), *L'invention de l'Etat. Léon Duguit, Maurice Hauriou et la naissance du droit public moderne*, *préc.*, p. 350.

[1306] BLANQUER (J.-M.), MILET (M.), *L'invention de l'Etat. Léon Duguit, Maurice Hauriou et la naissance du droit public moderne*, *préc.*, p. 351.

[1307] *Idem*, p. 354.

[1308] « L'institut international de droit public », *Le Temps*, 7 juillet 1927, p. 2.

[1309] BLANQUER (J.-M.), MILET (M.), *L'invention de l'Etat. Léon Duguit, Maurice Hauriou et la naissance du droit public moderne*, Paris, Odile Jacob, 2015, p. 354.

était censé présenter[1310], le fait même d'être confronté à ses homologues, et donc, comparé avec ces derniers, avait nécessairement des répercussions, fussent-elles limitées, sur l'appréhension du droit public français.

**422.** Parmi les moyens institutionnels, se trouve également l'enseignement du droit comparé. La première chaire d'histoire générale et philosophique des législations comparées vit d'abord le jour au Collège de France (et donc en dehors des facultés de droit), par une ordonnance royale du 12 mars 1831. Son premier occupant était E. Lerminier entre 1831 et 1849[1311], suivi d'E. Laboulaye qui dispensa notamment des cours sur la Constitution américaine entre 1849 et 1883, et ce grâce à la liberté qu'offrait le Collège de France. Le dernier nommé à cette chaire fut J. Flach entre 1884 et 1919, avant qu'elle ne disparaisse sous cette forme. S'ils étaient tous trois plus historiens du droit (ce qui semblait requis par l'intitulé même de la chaire), que publicistes[1312], il n'en demeure pas moins que la création de cette chaire à la fin de ce premier tiers du XIX^e^ siècle, dont l'objet n'était pas réellement circonscrit, offrait déjà des perspectives intéressantes, y compris pour le droit public, ne serait-ce qu'en ouvrant la voie aux études de droit étranger. D'ailleurs, E. Laboulaye, dans son discours d'ouverture lors de son accession à la chaire soulignait bien l'intérêt grandissant des études administratives, annonçant à ses auditeurs :

> « Le droit du professeur est aussi étendu que celui du législateur. Tout ce qui est le sujet d'une loi peut être l'objet d'un enseignement, et pour ma part je compte bien, si vous voulez me suivre, vous mener quelquefois sur un autre terrain que celui du droit civil ou criminel ; car c'est sur le terrain nouveau de l'administration que la comparaison des lois nous promet la plus riche moisson »[1313].

---

[1310] Cf. *supra*, n° 232.

[1311] AUDREN (F.), NAVET (G.), « Note sur la carrière d'Eugène Lerminier au collège de France (1831-1849) », *Revue d'Histoire des Sciences Humaines*, 2001, n° 4, pp. 57-67.

[1312] Spécialités qu'il convient cependant, à cette époque, de relativiser, puisque la distinction académique entre les disciplines date de la fin du XIX^e^ siècle.

[1313] LABOULAYE (E.), « Discours d'ouverture (8 mai 1849) », in LABOULAYE (E.), *Trente ans d'enseignement au Collège de France (1849-1882). Cours inédits de Monsieur Édouard Laboulaye publiés par ses fils avec le concours de Monsieur Marcel Fournier*, Paris, L. Larose et Forcel, 1888, pp. 1-22, spéc. p. 14.

**423.** Plus spécifiquement, un cours de droit administratif comparé fut créé en 1854 à la faculté de Toulouse, occupé par A. Batbie[1314]. Son existence fut cependant de courte durée, et il fallut ensuite attendre un siècle, et l'année 1954, pour qu'un cours de droit administratif comparé, à proprement parler, s'institutionnalise à la Faculté de droit de Paris[1315].

**424.** Il est certain qu'à minima, ces institutions participèrent très fortement à mettre à la disposition de tous, et notamment du législateur, les matériaux essentiels à la démarche comparative[1316]. Les ambitions de ces institutions ne cessèrent de croître, à l'exemple de celle de la Société de législation comparée. Si l'utilité avant tout pratique gouvernait ces institutions, les prétentions devinrent rapidement scientifiques, ce que démontre parfaitement l'institut international de droit public, sensible aux avancées doctrinales. La connaissance des droits étrangers se devait d'être complète, ce qui passait par le développement de moyens scientifiques.

## B) Les moyens scientifiques

**425.** Des revues virent également le jour dans le but d'étudier les législations étrangères. Initialement, le format scientifique avait cependant la même visée pragmatique et utilitaire que les institutions mentionnées précédemment.

**426.** Fondée en 1834 par J.-J. Foelix, avocat à la Cour de Paris, la *Revue étrangère de législation et d'économie politique* exprimait dès son premier numéro le rôle qu'elle souhaitait assumer, celui de permettre le

[1314] Cf. *infra*, n° 443-444.

[1315] En réalité, selon les dires de J. Rivero, supprimé dès 1959, pour être rétabli seulement en 1967 comme séminaire semestriel à option. Cf. RIVERO (J.), « Le droit administratif comparé : rapport final », *R. I. D. C.*, 1989, n° 4, pp. 919-926, spéc. p. 921.

[1316] Ce que faisait d'ailleurs remarquer L. Aucoc en observant qu'avec le Comité de législation étrangère, institué au ministère de la Justice, la Société de Législation comparée a réuni « les conditions essentielles » (notamment en termes de ressources humaines comme financières) pour permettre cet accès, jusque là freiné en raison du manque de ressources. Cf. AUCOC (L.), *Les études de législation comparée en France*, Paris, Alphonse Picard, 1889, pp. 4-7

« rapprochement scientifique »[1317], en signant la fin du « pédantisme national »[1318] propre aux études législatives. Les rédacteurs de la revue rappelaient les avantages qu'ils assignaient plus précisément aux études des législations étrangères. Elles permettaient, selon eux, « non seulement d'agrandir le cercle de nos connaissances et de satisfaire à une juste curiosité, mais encore de faire connaître, par l'application de la méthode comparative, les améliorations dont la législation nationale est susceptible, les défectuosités qui la déparent, avec les moyens de faire disparaître celles-ci et d'accélérer celles-là »[1319]. Cela se traduisait directement dans le descriptif de l'objet et des diverses rubriques de la revue, puisque J.-J Foelix annonçait qu'elle

> « se composera d'une série de documents et d'articles sur les points les plus intéressants de la législation et de l'économie politique. Nous puiserons une partie de ces articles dans les journaux de jurisprudence qui se publient hors de France ; d'autres seront l'ouvrage de jurisconsultes étrangers qui ont bien voulu s'associer à notre entreprise le surplus sera l'œuvre de jurisconsultes français qui se sont livrés à l'étude des législations étrangères et dont nous nous sommes assurés l'active coopération »[1320].

---

1317 FOELIX (J.-J.), « Du système et de l'objet du Journal », *Revue étrangère de législation et d'économie politique*, 1834, n° 1, pp. 1-7, spéc. p. 1.

1318 *Ibidem.*

1319 *Idem*, p. 2.

1320 LAFERRIÈRE (F.), « Introduction historique à la table collective des revues de droit et de jurisprudence », in MILLION (C.), COIN-DELISLE (J.-B.-C.), VERGÉ (C.) et LAFERRIÈRE (F.), *Tables analytiques de la Revue de législation et de la Revue critique de législation et de jurisprudence, précédées des tables de la Thémis et de la Revue de droit français et étranger, suivies d'une liste des principaux travaux de droit et de législation contenus dans les Séances et travaux de l'Académie des sciences morales et politiques*, Paris, Cotillon, 1860, pp. III-LXIII, spéc. pp. XVI-XVII.

**427.** F. Laferrière ne manquait pas de témoigner son admiration à l'égard de cette revue et de son fondateur[1321], estimant qu'il était même le véritable instigateur « d'une science nouvelle, la législation comparée »[1322]. La Revue, non circonscrite une fois encore à un domaine particulier, offrait également ses pages aux études de droit administratif, illustrant alors, de la part des administrativistes, une réelle « curiosité à l'égard des droits étrangers »[1323], et par là, une « connaissance des droits administratifs étrangers »[1324]. Elle comptait d'ailleurs sur la collaboration des « plus éminents spécialistes de droit administratif de l'époque »[1325] français comme étrangers (bien que principalement germaniques). La *Revue étrangère de législation et d'économie politique* perdit néanmoins la spécificité de son objet, uniquement tourné vers les droits étrangers et accueillit dès 1836 des études de droit français, à « part à peu près égale à celle des législations étrangères »[1326]. Sous le titre de *Revue étrangère et française de législation et d'économie politique*, elle resta cependant une référence influente parmi les revues à visée comparatiste[1327]. L'exemple de la revue de Foelix est sans doute le plus révélateur de l'époque, mais il faudrait mentionner pour une étude complète des contributions à la diffusion des droits étrangers, la Revue *Thémis*, à l'initiative d'A. Jourdan en 1819, la *Revue de législation et de jurisprudence*, créée à l'initiative de L. Wolowski en 1835, ou encore, la *Revue générale du droit, de la législation et de la jurisprudence en France et à l'étranger*, à compter de 1877. Quand bien même il ne s'agissait pas forcément de leur

---

1321 LAFERRIÈRE (F.), « Introduction historique à la table collective des revues de droit et de jurisprudence », in MILLION (C.), COIN-DELISLE (J.-B.-C.), VERGÉ (C.) et LAFERRIÈRE (F.), *Tables analytiques de la Revue de législation et de la Revue critique de législation et de jurisprudence, précédées des tables de la Thémis et de la Revue de droit français et étranger, suivies d'une liste des principaux travaux de droit et de législation contenus dans les Séances et travaux de l'Académie des sciences morales et politiques*, Paris, Cotillon, 1860, pp. III-LXIII, spéc. pp. XVI-XVII.

1322 *Idem*, pp. XIX-XX.

1323 RIVERO (J.), « Droit administratif français et droits administratifs étrangers », *préc.*, p. 477.

1324 MESTRE (J.-L.), « La connaissance des droits administratifs étrangers en France entre 1815-1869 », *Annuaire Européen d'Administration Publique*, 1985, pp. 711-729.

1325 *Idem*, p. 712.

1326 LAFERRIÈRE (F.), « Introduction historique à la table collective des revues de droit et de jurisprudence », *préc.*, p. XXIV.

1327 F. Laferrière observait d'ailleurs que ce changement, passant par « l'examen approfondi des questions, au point de vue de notre droit national, serait un moyen d'étendre et d'affermir les bases de la législation comparée ». LAFERRIÈRE (F.), « Introduction historique à la table collective des revues de droit et de jurisprudence », *préc.*, p. XXIV.

mission principale[1328], ces revues, qui avaient pour point commun d'être généralistes, informaient aussi sur les droits étrangers[1329].

**428.** La fin du XIX^e siècle vit se développer des revues aux champs plus spécialisés, à l'instar de la *Revue de droit international et de législation comparée* créée en 1869, rappelant expressément l'utilité de la législation comparée, comme l'indique son nom. Dans le même ordre d'idée, fut inaugurée en 1894 la *Revue du Droit Public et de la Science Politique en France et à l'étranger*, à l'initiative de F. Larnaude. Elle se présentait comme l'une des premières revues spécialisées dans le domaine du droit public (réunissant des études de droit public, de droit constitutionnel, de droit administratif et de science politique), alors en pleine quête d'autonomie disciplinaire, vis-à-vis de l'hégémonie, ancienne, du droit privé dans les facultés de droit comme vis-à-vis de l'Ecole libre des sciences politiques, tout récemment créée[1330]. F. Larnaude partait du même constat que celui exprimé par J.-J. Foelix dans la *Revue étrangère de législation et d'économie politique*, celui de l'ethnocentrisme de la science française. Convaincu de la nécessité d'étudier les législations tout autant que les doctrines étrangères, « dans la sphère du droit public »[1331], il avouait dès son programme introductif au premier numéro de la Revue :

> « Nous voulons […] que, s'agissant d'un pays étranger, ce soit l'âme même de ce pays, sa façon d'apprécier les choses, sa tournure d'esprit qui se reflètent dans ces chroniques. Nous sommes habitués, en France tout au moins, à tout envisager sous ce que j'appellerai l'angle visuel français. De là de profondes erreurs d'appréciation, de là des malentendus et un aveuglement qui nous ont été souvent et avec raison reprochés. Il faut bien nous dire que, quelque grande que soit la France, et

---

[1328] F. Laferrière soulignait, en comparant les revues : « M. Foelix avait eu pour objet surtout la législation étrangère; M. Wolowski, malgré son origine non française, avait parfaitement compris qu'en 1835 le moment était venu de donner principalement au Droit français un organe, qui pût répondre au mouvement des esprits et le seconder par une grande publicité ». *Idem*, p. XXXI.

[1329] Et notamment sur le droit allemand. *Id.*, pp. VI-XVI ; Concernant la *Revue générale du droit*, cf. CHERFOUH (F.), *Le juriste entre science et politique : la Revue générale du droit, de la législation et de la jurisprudence en France et à l'étranger (1877-1938)*, Thèse, dactyl., Bordeaux IV, 2010, spéc. pp. 78-86 ; 294-318 ; pp. 383-412.

[1330] Cf. LE DIVELLEC (A.), « La fondation et les débuts de la Revue du droit public et de la science politique en France et à l'Etranger », *R. D. P.*, n° 2, 2011, pp. 521-553, spéc. pp. 523-527.

[1331] LARNAUDE (F.), « Notre programme », *R. D. P.*, 1894, T. I, pp. 1-14, spéc. p. 10.

> nous la voudrions tous plus grande encore, elle n'est pas la seule nation qui contribue au progrès général de l'humanité. Et si d'autres que nous vivent et prospèrent dans le concert des peuples, il faut bien reconnaître qu'ils ont quelque droit à être connus dans leur originalité propre, dans les marques distinctives de leur caractère national. […] C'est en nous plaçant à un point de vue analogue que nous avons fait une très large place, même pour la partie doctrinale de la revue, aux auteurs et publicistes étrangers. Ici encore nous voudrions faire œuvre nouvelle. Nous voudrions faire connaître en France les auteurs et publicistes étrangers qui, sur le droit public et la science politique, se sont acquis un renom trop souvent limité aux frontières nationales »[1332].

**429.** Il faut aussi resituer la création de cette revue dans l'atmosphère des débats méthodologiques animant à cette époque la doctrine européenne. Comme le souligne G. Sacriste, l'internationalisation des échanges était aussi « une condition du respect des bonnes formes scientifiques permettant de valider l'hypothèse de l'universalité des lois de la science »[1333]. L'ambition était dès lors clairement annoncée de laisser la parole aux juristes et universitaires étrangers pour faire connaître leur propre droit[1334], ambition *a priori* concrétisée par l'affichage, dès le premier fascicule, d'un vaste réseau de collaborateurs étrangers représentant une vingtaine de pays[1335]. Si leur nombre, 168, était en réalité un peu « artificiel »[1336] — leur contribution réelle, pour beaucoup d'entre eux, étant loin d'être effective — il est possible de saluer le fait que « sur le papier, Larnaude est parvenu, en 1894, à regrouper presque tout ce que le droit public compte de célébrités dans le monde »[1337]. Il pouvait donc « exciper d'un taux de plus de 60 % de collaborateurs étrangers pour mettre en scène "l'internationale" scientifique du droit public et de la

---

[1332] *Idem*, pp. 8-9.

[1333] SACRISTE (G.), *La république des constitutionnalistes. Professeurs de droit et légitimation de l'Etat en France (1870-1914)*, Paris, Presses de la Fondation nationale des sciences politiques, 2011, pp. 158-159.

[1334] LARNAUDE (F.), « Notre programme », *préc.*, p. 10.

[1335] LE DIVELLEC (A.), « La fondation et les débuts de la Revue du droit public et de la science politique en France et à l'Etranger », *préc.*, 533-536.

[1336] *Idem*, p. 533.

[1337] *Ibidem*.

science politique qu'il est parvenu à constituer »[1338]. Pour ne citer que quelques exemples, la *R.D.P.* pouvait ainsi compter sur V. E. Orlando pour l'Italie, G. Jellinek, O. Mayer et P. Laband pour l'Allemagne, A. V. Dicey pour l'Angleterre, W. Wilson pour les Etats-Unis, ou encore A. Posada pour l'Espagne. Les droits étrangers trouvèrent par ailleurs particulièrement écho dans la rubrique « Analyses et comptes rendus », dans laquelle de vives discussions eurent parfois lieu[1339]. Cette présence importante d'auteurs étrangers parmi les correspondants de la *R.D.P.*, eut une répercussion certaine sur la quantité d'articles consacrés aux droits étrangers, représentant environ un tiers du total des articles publiés[1340].

**430.** Outre le canal des revues, l'accès aux droits étrangers fut aussi facilité par la création de collections, au sein de maisons d'édition, spécialisées dans la traduction et la diffusion d'œuvres étrangères. Un des exemples les plus marquants est sans conteste la Bibliothèque internationale de droit public créée en 1900 chez l'éditeur Giard et Brière dont la parution fut largement saluée. Selon E. Bouvier, cette collection était même « recommandable à tous égards », en premier lieu en tant qu'« excellent instrument de documentation sur les Constitutions et le Droit public de grands peuples qui exercent une notable influence dans le monde », mais également parce qu'elle préparait « le perfectionnement du droit public comparé, en fournissant des matériaux à ceux qui veulent poursuivre la comparaison des législations »[1341]. Parmi les publications, les études de droit constitutionnel étaient certes un peu plus nombreuses[1342], mais le droit administratif occupait tout de même une place significative, en particulier à une époque où la spécialisation des disciplines était bien plus réduite qu'elle ne l'est aujourd'hui. Les études étaient ainsi qualifiées, plus généralement, comme relevant du droit public. Une fois encore sans que la liste soit exhaustive, c'est dans cette collection que furent

---

[1338] SACRISTE (G.), *La république des constitutionnalistes. Professeurs de droit et légitimation de l'Etat en France (1870-1914)*, *préc.*, p. 159.

[1339] Cf. LE DIVELLEC (A.), « La fondation et les débuts de la Revue du droit public et de la science politique en France et à l'Etranger », *préc.*, pp. 540-541.

[1340] Selon le recensement fait par J.-J. Bienvenu. Cf. BIENVENU (J.-J.), « Brève histoire du droit public comparé », *R. I. D. C.*, 2015, n° 2, pp. 293-297, spéc. p. 294.

[1341] BOUVIER (E.), « Etudes et documents sur le droit public américain », *Revue critique de législation et de jurisprudence*, 1902, T. 31, pp. 35-62, spéc. p. 38.

[1342] Cf. l'explication de G. Sacriste, tenant à l'émergence de la doctrine constitutionnelle et à l'entreprise stratégique des professeurs provinciaux visant à contrer la doctrine majoritaire des professeurs parisiens, grâce à l'autorité scientifique d'auteurs étrangers. SACRISTE (G.), *La république des constitutionnalistes. Professeurs de droit et légitimation de l'Etat en France (1870-1914)*, Paris, Presses de la Fondation nationale des sciences politiques, 2011, pp. 344-345.

publiés *Le Droit public de l'Empire allemand* de P. Laband[1343], *Le droit administratif allemand* d'O. Mayer[1344], *Les principes du droit administratif des Etats-Unis* de F. J. Goodnow[1345], ou encore *Le pouvoir central et les pouvoirs locaux : Angleterre, France, Prusse, Etats-Unis* de P. Ashley[1346].

**431.** La même logique de connaissance (bien que sans doute plus descriptive) animait la collection, plus récente, de G. Burdeau « Comment ils sont gouvernés », créée en 1959 et qui s'est éteinte en 1984 chez l'éditeur L.G.D.J. Elle raisonnait par pays, et proposait une description de leurs principales institutions constitutionnelles et administratives, description faite soit par des auteurs français, soit étrangers[1347].

**432.** Ainsi que le confirment ces derniers exemples, des moyens importants furent développés pour permettre la connaissance des droits administratifs étrangers, et ce, dès le XIX^e^ siècle. Bien sûr, entre le premier tiers du XIX^e^ siècle et celui du XX^e^ siècle, les objectifs prêtés à la connaissance des droits administratifs étrangers crûrent en ambition. De même, la distinction entre utilité pratique, assignée aux moyens institutionnels et utilité théorique, attribuée aux moyens scientifiques fut de plus en plus poreuse. Enfin, ces moyens de diffusion n'auraient sans doute pas eu le succès escompté sans un relai actif de la part de certains auteurs.

---

[1343] LABAND (P.), *Le droit public de l'Empire allemand*, T. 1, Paris, V. Giard et E. Brière, 1900 ; T. 2, Paris, V. Giard et E. Brière, 1901 ; T. 3, Paris, V. Giard et E. Brière, 1902 ; T. 4 et 5, Paris, V. Giard et E. Brière, 1903 ; T. 6, Paris, V. Giard et E. Brière, 1904.

[1344] MAYER (O.), *Le droit administratif allemand*, Paris, V. Giard et E. Brière, 1903.

[1345] GOODNOW (F. J.), *Les principes du droit administratif des Etats-Unis*, Paris, V. Giard et E. Brière, 1907.

[1346] ASHLEY (P.), *Le pouvoir central et les pouvoirs locaux : Angleterre, France, Prusse, Etats-Unis*, Paris, Giard, 1920.

[1347] Pour citer quelques exemple : TUNC (A.), *Les Etats-Unis*, Paris, L.G.D.J., 1959 ; CHAMBRE (H. J.), *Le pouvoir soviétique : introduction à l'étude de ses institutions*, Paris, L.G.D.J., 1959 ; MARANINI (G.), *L'Italie*, Paris, L.G.D.J., 1961 ; DEBBASCH (C.), *La République tunisienne*, Paris, L.G.D.J., 1962 ; ROZMARYN (S.), *La Pologne*, Paris, L.G.D.J., 1963 ; KNAPP (V.), *La Tchécoslovaquie*, Paris, L.G.D.J., 1965 ; DOREVIC (J.), *La Yougoslavie*, Paris, L.G.D.J., 1967 ; BEN SALAH (T.), *La République algérienne*, Paris, L.G.D.J., 1979.

## §2) Les auteurs favorables à la diffusion des droits administratifs étrangers

**433.** Depuis le XIX^e siècle, certains auteurs se sont particulièrement illustrés par leur intérêt, revendiqué, pour les droits administratifs étrangers, même si leur manière de s'y intéresser a pu différer au fil du temps. Au-delà de leur curiosité personnelle pour les droits étrangers, ils furent actifs dans leur diffusion. Tant par leurs discours que par leurs actions, ils ont contribué à accréditer l'idée de l'utilité des droits étrangers pour le droit national.

**434.** Il faut toutefois noter l'impact déterminant qu'a eu la Seconde Guerre mondiale sur le rapport des juristes français aux droits administratifs étrangers. S'ils s'intéressaient déjà à ces derniers avant 1939, cet intérêt a pris ensuite une nouvelle dimension[1348]. Il est donc opportun de distinguer un avant (A) et un après (B) Seconde Guerre mondiale.

### A) Avant la Seconde Guerre mondiale

**435.** Ce constat concerne aussi bien des membres du Conseil d'Etat (1) que des universitaires (2) conscients de l'utilité pratique comme théorique des droits étrangers.

#### *1) Les membres du Conseil d'Etat*

**436.** Deux exemples sont particulièrement significatifs : celui de L. Aucoc (a), et celui d'E. Laferrière (b).

---

[1348] Cf. RIVERO (J.), « Droit administratif français et droits administratifs étrangers », *préc.*, pp. 483-485; SCHWARZE (J.), *Droit administratif européen*, *préc.*, p. 105.

## a) L. Aucoc[1349]

**437.** D'abord membre de la Société de législation comparée, L. Aucoc en devint rapidement le premier président administrativiste en 1876[1350]. Outre ses nombreux rapports relatifs à la matière administrative, publiés au sein du *Bulletin* de la Société, son expérience à la présidence de cette institution nourrit vraisemblablement ses réflexions sur les questions de législation comparée. C'est ainsi qu'en 1889, il publia un opuscule sur *Les études de législation comparée en France*, retraçant leur émergence et saluant leur développement. S'il reconnaissait l'utilité certaine, théorique comme pratique, des études de législation comparée[1351], cela ne l'empêchait pas d'insister sur les précautions nécessaires à adopter dans toute démarche comparative. Cela transparaît d'ailleurs dès cette première étude, dans laquelle il concluait que « les études de législation comparée sont un précieux instrument de travail, mais que cet instrument, comme tous les autres, et surtout les meilleurs, demande à être manié avec prudence et avec sagacité »[1352]. Il insistait de nouveau, et de façon plus explicite encore, sur l'indispensable prudence dans l'usage de l'argument de droit comparé[1353], dans un article publié quelques années plus tard et intitulé : « de l'usage et de l'abus en matière de législation comparée »[1354]. Prudence, mais nécessité tout de même résument donc bien l'attitude de L. Aucoc.

---

1349 A propos de L. Aucoc, cf. BLANCPAIN (F.), « Léon Aucoc, praticien et théoricien du droit administratif », *Revue historique de droit français et étranger*, 1974, n° 4, p. 733-741 ; PLESSIX (B.), « Léon Aucoc. Un légiste au XIX$^{e}$ siècle », in AUCOC (L.), *La juridiction administrative et les préjugés*, Paris, Impr. de E. Panckouke, 1864, réimpr. Paris, Dalloz, 2012, pp. 6-11.

1350 Cf. *supra*, n° 416.

1351 Selon lui, les études de législation comparée permettent d'aider « à bien apprécier le mérite ou les défauts des lois françaises elles éclairent l'enseignement et la doctrine. Elles peuvent éclairer le législateur aussi, dans les exposés des motifs et dans les rapports des commissions, les lois de différents pays sont assez souvent invoquées à l'appui des propositions de réformes ». AUCOC (L.), *Les études de législation comparée en France*, Paris, Alphonse Picard, 1889, p. 3.

1352 AUCOC (L.), *Les études de législation comparée en France*, Paris, Alphonse Picard, 1889, p. 17.

1353 Notamment en ce qui concerne l'exactitude des traductions, la contextualisation des institutions étrangères, la prise en compte de la pratique, qui ne figure pas dans les textes.

1354 AUCOC (L.), « De l'usage et de l'abus en matière de législation comparée », *Revue critique de législation et de jurisprudence*, 1892, T.XXI, pp. 25-41.

## b) E. Laferrière[1355]

**438.** E. Laferrière est particulièrement connu en raison de l'apport fondamental pour la science du droit administratif de son *Traité de la juridiction administrative et des recours contentieux*, la faisant entrer, selon l'opinion commune, dans l'ère de la modernité. Son *Traité* avait également la particularité, moins souvent mentionnée, de commencer par un livre préliminaire consacré aux notions générales ainsi qu'à la législation comparée, suivant la même méthode d'exposition, essentiellement descriptive, de l'époque. Il permettait ainsi une large information sur les droits étrangers dans le domaine du contentieux administratif. La finalité qu'il assignait à la diffusion des législations étrangères différait cependant un peu de celle annoncée par L. Aucoc. De l'aveu même d'E. Laferrière dans l'introduction de la première édition de son *Traité*, les législations étrangères devaient surtout conforter la voie choisie par le droit administratif français, si bien que l'on peut se demander si E. Laferrière leur aurait accordé la même place dans l'hypothèse où les solutions adoptées à l'étranger l'auraient majoritairement remis en question. Il remarquait ainsi que

> « la législation comparée offre ici d'utiles enseignements. Elle montre que la juridiction administrative n'est pas, comme on l'a dit quelquefois, une institution spéciale à la France, elle existe dans tous les grands États à tendances unitaires ; ceux d'entre eux qui avaient cru pouvoir y renoncer (Italie, Espagne) l'ont rétablie après des expériences décisives ; elle a pénétré même en Angleterre, par le Local government board, même aux États-Unis, par la Court of daims »[1356].

**439.** Non content de constater que même les pays initialement à l'opposé du modèle français finissaient par s'en rapprocher, dans la préface à la deuxième édition, il expliquait que

> « les changements les plus nombreux.et les plus importants survenus, pendant cette période, dans les institutions administratives se sont produits à l'étranger ;

---

[1355] A propos d'E. Laferrière, cf. GONOD (P.), *Edouard Laferrière un juriste au service de la République*, *préc.*

[1356] LAFERRIÈRE (E.), *Traité de la juridiction administrative et des recours contentieux*, Tome 1, Paris, Berger-Levrault, 1ère éd., 1887, pp. X-II.

> aussi la partie de cet ouvrage consacrée à la législation comparée est de celles que nous avons dues le plus remanier. Il n'en faut cependant pas conclure que l'Europe ait réalisé des progrès inconnus en France, car les réformes accomplies à l'étranger semblent le plus souvent s'inspirer des idées françaises »[1357].

**440.** Même si l'exposition des droits étrangers l'amenait à ne pas remettre en cause la supériorité du droit français, sa démarche témoignait d'une connaissance certaine des droits étrangers.

**441.** Ces conseillers d'Etat, particulièrement représentatifs de cet intérêt pour les droits étrangers, rappelèrent donc l'utilité pratique de la connaissance et la diffusion des solutions techniques des droits étrangers. Ils s'aventuraient par ailleurs souvent sur le terrain théorique, ce que l'on attend plus encore des professeurs de droit.

### *2) Les professeurs de droit*

**442.** A différentes époques, des professeurs de droit s'illustrèrent particulièrement pour leur intérêt pour les droits étrangers, à l'instar d'A. Batbie (1), de F. Larnaude (2), de G. Jèze (3) ou encore de R. Bonnard (4).

#### a) A. Batbie[1358]

**443.** A. Batbie fut sans doute le premier professeur à assumer la charge d'un cours de droit administratif comparé, qu'il dispensa à la faculté de droit de Toulouse entre 1854 et 1856. Ce cours lui avait été confié par F. Laferrière, alors inspecteur général et recteur de l'académie de Toulouse. Cet attrait pour

[1357] LAFERRIÈRE (E.), *Traité de la juridiction administrative et des recours contentieux*, Tome 1, Paris, Berger-Levrault, 2e éd., 1896, p. V.

[1358] A propos d'A. Batbie, cf. VIDAL (R.), « BATBIE et les débuts de l'organisation scientifique du droit administratif », *R.D.P.*, 1950, pp. 804-819 ; TOUZEIL-DIVINA (M.), *La doctrine publiciste 1800-1880*, *préc.*, pp. 254-255.

les droits étrangers se confirma par ses voyages à l'étranger, au cours desquels, sur proposition du ministre de l'instruction publique G. Rouland, il étudia les institutions administratives allemandes, belges et hollandaises[1359]. Ces diverses expériences aboutirent ensuite, comme il l'expliquait lui-même[1360], à son ouvrage particulièrement connu : le *Traité théorique et pratique de droit public et administratif.* Dès l'avertissement au lecteur, il indiquait très clairement la façon dont il avait procédé pour son étude, en observant méthodiquement les législations étrangères. Constatant l'absence d'étude des législations étrangères ou comparées, ce qu'il estimait être « une lacune qui se rencontre dans tous les traités qui ont précédé le nôtre, sans distinction »[1361], il expliquait avoir « essayé de la combler, en étudiant, sur chaque matière, les principales législations »[1362]. Il précisait que

> « pour bien faire cette comparaison, nous nous sommes arrêtés à trois points de vue différents : 1° les peuples dont l'administration diffère le plus de la nôtre, c'est-à-dire l'Angleterre et les États-Unis de l'Amérique du Nord ; 2° ceux qui nous ont le plus imités et dont les institutions se rapprochent le plus de leur modèle ; dans cette catégorie se trouve l'Espagne ; 3° les peuples qui occupent une espèce de milieu entre nos institutions et celles de l'Angleterre, qui tiennent à la fois de notre régularité administrative et du self-government d'outre-Manche, la Belgique, la Hollande et quelques États de l'Allemagne »[1363].

---

[1359] Cf. « Batbie (Anselme-Polycarpe) », in ROBERT (A.), COUGNY (G.), *Dictionnaire des Parlementaires français*, Paris, Bourloton, 1889, pp. 196-197, spéc. p. 196.

[1360] « Il y a déjà quelques années que je commençais mes travaux d'administration comparée, pour un cours dont j'avais été chargé à la Faculté de Toulouse. Depuis lors, j'ai pu compléter mes études grâce à la bienveillance de M. le ministre de l'instruction publique, qui a voulu que je pusse étudier sur les lieux les institutions administratives de la Belgique, de la Hollande et de l'Allemagne ». BATBIE (A.), *Traité théorique et pratique de droit public et administratif contenant l'examen de la doctrine et de la jurisprudence. La comparaison* de *notre législation avec les principales lois politiques et administratives de l'Angleterre, des Etats-Unis, de la Belgique, de la Hollande, des principaux Etats de l'Allemagne et de l'Espagne. La comparaison de nos institutions actuelles avec celle de la France avant 1789*, T. 1, Paris, Cotillon, 1861, pp. 8-9.

[1361] *Idem*, p. 5.

[1362] *Ibidem.*

[1363] *Idem*, pp. 5-6.

**444.** Cette précision révélait un souci méthodologique, plutôt d'avant-garde pour l'époque[1364], en ce qu'il avait, au préalable, opéré une classification des pays étrangers selon leur plus ou moins grande proximité juridique avec la France, afin de justifier la comparaison[1365]. Dans les pages qui succédaient immédiatement, il recensait ses différentes dettes scientifiques, nommant précisément les auteurs étrangers dont il avait mobilisé les études[1366]. Dans les différents tomes de son *Traité*, il procédait généralement de la manière suivante : sur un thème en particulier, il étudiait dans un premier temps le droit public ou administratif français, avant d'examiner, au sein d'une même rubrique, les solutions offertes par les législations étrangères en la matière[1367]. Il fut également membre de la Société de législation comparée dès sa première année d'existence, ce qui témoigne, là encore, de son intérêt pour les droits étrangers.

### b) F. Larnaude[1368]

**445.** F. Larnaude quant à lui, fut non seulement à l'origine de la *R.D.P.* — dont le programme annoncé en matière de diffusion des droits étrangers, cité précédemment[1369], était éloquent — puis à son tour président de la Société de législation comparée. Ces éléments renseignent d'ores et déjà sur son attrait pour les droits étrangers. Il fut notamment de ceux qui réfléchirent à la méthode comparative et à ses diverses fonctions en droit public, ainsi qu'en témoigne son rapport présenté au Congrès international de droit comparé de

---

1364 Le raisonnement par familles de droit est en effet plutôt caractéristique du XXème siècle. Cf. *supra*, n° 20.

1365 E. Laferrière adopta plus tard cette même méthode.

1366 Cf. BATBIE (A.), *Traité théorique et pratique de droit public et administratif*, *préc.*, pp. 6-8.

1367 Par exemple à propos de la liberté d'enseignement. Cf. BATBIE (A.), *Traité théorique et pratique de droit public et administratif*, T. 3, Paris, Cotillon, 1862, pp. 256-263. De même à propos de la liberté de réunion et d'association, cf. *idem*, pp. 300-303 ; ou encore en matière de responsabilité des agents du gouvernement, pp. 361-365. La même logique est suivie dans le tome 4 consacré à l'Administration, cf. BATBIE (A.), *Traité théorique et pratique de droit public et administratif*, T. 4, Paris, Cotillon, 1863 ; ou dans les tome 5, 6 et 7 dédiés plus spécifiquement au droit administratif. Cf. BATBIE (A.), *Traité théorique et pratique de droit public et administratif*, T. 5 et T. 6, Paris, Cotillon, 1867 ; BATBIE (A.), *Traité théorique et pratique de droit public et administratif*, T. 7, Paris, Cotillon, 1868.

1368 Cf. BIGOT (G.), « Larnaude Etienne-Ferdinand », in ARABEYRE (P.), HALPÉRIN (J.-L.), KRYNEN (J.), *Dictionnaire historique des juristes français. XII-XX*[ème] *siècle*, Paris, P.U.F., 2e éd., 2015, p. 609.

1369 Cf. *supra*, n° 428.

1900, qu'il consacra expressément à cette question[1370]. Il était certes un peu réservé sur son emploi dans la législation positive. Il avertissait en tout cas des dangers des emprunts irraisonnés, avertissement par ailleurs très souvent cité : « rien de plus dangereux que les emprunts au droit étranger pour le droit public »[1371]. Pour autant, il ne faut pas déduire de cette phrase, qui, sortie de son contexte, pourrait paraître franchement hostile au droit comparé, que F. Larnaude s'y opposait par principe, bien au contraire. Ainsi qu'il l'expliquait de manière détaillée[1372] :

> « ce que je repousse, c'est l'emprunt à une législation déterminée, d'une institution toute formée, des règles de son fonctionnement, parce que ces règles sont le plus souvent en rapport étroit avec d'autres parties de la législation et avec le tempérament national lui-même. Mais ce qu'il est impossible de rejeter, ce sont les principes d'une innovation, d'une réforme qui a été faite peut-être plutôt dans tel pays, mais dont l'adoption s'impose partout, par suite d'un égal développement des mœurs publiques, à cause aussi peut-être d'une transformation dans la technique industrielle qui s'est opérée partout. Mais alors, et pour la réforme nécessitée par ce développement des mœurs publiques ou par la transformation de la technique industrielle, ce que je conseille, c'est de l'effectuer avec les matériaux nationaux, avec les traditions nationales, en tenant compte avant tout du milieu spécial où la réforme doit fonctionner. Mais sous cette réserve, dont on sent toute la portée, la législation comparée joue dans l'élaboration du droit public de tous les pays un rôle capital. Elle joue d'abord un premier rôle qui correspond à la première fonction que je lui ai assignée dans l'ordre doctrinal. Elle apprend au législateur, que je suppose attentif et bien informé, la tendance qui paraît se dégager des législations [...]. Mais le droit comparé rendra un autre et non moins important service au législateur en lui faisant distinguer les types divers qui suivent les pays pour la réalisation de l'idée ou de la tendance qui leur est commune à tous. Et ce service est peut-être plus inappréciable encore [...]. Et sur ce point, je le répète,

---

[1370] Publié ensuite à la *R.D.P.* Cf. LARNAUDE (F.), « Droit comparé et droit public », *R. D. P.*, vol. XVII, 1902, pp. 5-21.

[1371] *Idem*, p. 17.

[1372] Et il nous semble dès lors utile de reproduire ce détail.

s'il est vrai que ce soit avant tout la législation, les habitudes et le tempérament du pays qu'il faille consulter, on peut cependant trouver d'utiles indications dans des pays de race, de législation et de tempérament assez semblables »[1373].

**446.** « Sous cette réserve » pour reprendre son expression, il était convaincu de son intérêt pour « l'interprétation même des textes constitutionnels ou législatifs »[1374], qu'il s'agisse de celle du juge ou de l'administrateur[1375]. Il l'était plus encore dans le domaine doctrinal, fonction ici « la plus importante de la législation comparée »[1376], puisque pour lui, « l'étude du droit public, de certaines de ses branches tout au moins, ne saurait se faire sans législation comparée »[1377]. Il indiquait même quels étaient, selon lui, les meilleurs procédés pour utiliser la législation comparée dans les études doctrinales, regrettant que beaucoup se limitent à la simple juxtaposition d'institutions étrangères[1378], plutôt que de chercher à extraire « de la comparaison qu'on établit entre les législations diverses qu'on étudie sur un point donné la loi qui semble se dégager de la solution donnée à telle question de droit public »[1379], démarche pourtant la plus scientifique. D'ailleurs, et s'inscrivant dans les prémices des réflexions sur la méthode, caractéristique de cette fin du XIXe siècle et du début du XXe siècle, il considérait l'usage des législations étrangères comme indispensable pour quiconque voudrait faire œuvre véritablement scientifique[1380].

**447.** Preuve que cet intérêt n'en restait pas qu'à une position de principe, F. Larnaude, à l'occasion de la préface à la traduction française du *Droit public de l'Empire allemand* de P. Laband, en recommandait expressément la lecture afin d'enrichir le droit administratif français[1381]. Au-delà de l'intérêt

---

[1373] Nous soulignons. LARNAUDE (F.), « Droit comparé et droit public », *préc.*, pp. 17-20.

[1374] *Idem*, p. 7.

[1375] *Id.*, p. 12-13.

[1376] *Id.*, p. 7.

[1377] *Ibidem.*

[1378] *Idem*, p. 8

[1379] *Idem*, p. 9.

[1380] LARNAUDE (F.), « Le droit public. Sa conception. Sa méthode », *préc.*, p. 22 ; 43-58.

[1381] Quand bien même, en ce qui concerne le droit constitutionnel, le « profit » à retirer « de l'étude d'un droit public qui diffère si profondément du nôtre » n'était pas évident à première vue, notamment compte tenu des différences relatives aux formes d'Etat et aux

théorique qu'il pouvait y avoir à étudier l'œuvre de P. Laband, F. Larnaude considérait que dans certains domaines, le droit administratif français avait à y « gagner à emprunter »[1382] au droit allemand et concluait que, « le droit administratif français et le droit administratif allemand peuvent, en se pénétrant réciproquement, se rendre de mutuels services. Si les institutions politiques des deux pays sont aux antipodes, les institutions administratives peuvent se rapprocher »[1383].

**448.** Après F. Larnaude, il est ensuite logique de s'attarder sur le successeur qu'il se choisit à la direction de la *R.D.P.* : G. Jèze[1384].

### c) G. Jèze[1385]

**449.** G. Jèze s'est illustré tout particulièrement par sa connaissance approfondie de nombreux droits étrangers, facilitée par une bonne maîtrise des langues étrangères[1386], ainsi que par sa volonté de les diffuser en France, que cela soit dans une perspective d'enrichissement doctrinal ou d'amélioration du droit positif. L'importance qu'il accordait aux échanges scientifiques, relevait même d'un idéal politique, « d'un positionnement idéologique »[1387],

régimes politiques pratiqués. Cf. LARNAUDE (F.), « Préface », in LABAND (P.), *Le droit public de l'Empire allemand*, T. 1, Paris, V. Giard et E. Brière, 1900, pp. VII-XIX, spéc. p. VIII.

1382 *Idem*, p. XVIII.

1383 *Id.*, p. XIX.

1384 Cf. LARNAUDE (F.), « Le droit public. Sa conception. Sa méthode », *préc.*, p. 19.

1385 A propos de G. Jèze, cf. MASLARSKI (D.), « La conception de l'Etat de Gaston Jèze », *Jus Politicum*, 2009, n° 3, disponible sur http://juspoliticum.com/article/La-conception-de-l-Etat-de-Gaston-Jeze-147.html, consulté le 15/03/2016 ; « Le printemps de la recherche. Hommage à Gaston Jèze », *R.F.D.A.*, 2012, n° 1, pp. 141-178 ; BEAUD (O.), « L'œuvre de Gaston Jèze signifie-t-elle un repli de la doctrine publiciste française sur la technique juridique ? », *Jus Politicum*, 2013, n° 11, disponible sur http://juspoliticum.com/article/L-oeuvre-de-Gaston-Jeze-signifie-t-elle-un-repli-de-la-doctrine-publiciste-francaise-sur-la-technique-juridique-825.html, consulté le 15/03/2016.

1386 JACQUEMET-GAUCHÉ (A.), « Gaston Jèze et les droits étrangers », *R.F.D.A.*, 2012, n° 1, pp. 153-160, spéc. p. 153.

1387 *Ibidem*.

celui d'un rapprochement des peuples mus par une même volonté de progrès, notamment dans le domaine des libertés[1388].

**450.** Sa volonté de rendre les droits étrangers accessibles à tous s'est traduite à nouveau par les nombreuses tâches assumées par G. Jèze. Fondateur de la collection *Bibliothèque internationale de droit public*[1389] et traducteur de plusieurs œuvres publiées en son sein[1390], directeur de la *R.D.P.*, ou encore président de l'Institut international de droit public[1391], G. Jèze eut donc un rôle déterminant dans la plupart des initiatives de diffusion des droits étrangers. Même en tant que directeur d'une revue non explicitement dédiée à l'étude des droits étrangers, à l'instar de la *Revue de Science et de législation financières*, qu'il fonda et dirigea avec M. Boucard à partir de 1903, il rappelait la nécessité de la connaissance des droits étrangers :

> « Est-il besoin d'ajouter que la Revue se propose également de faire connaître le mouvement des idées et des faits dans les pays étrangers ? La législation comparée n'est-elle pas, en quelque sorte, un laboratoire de travaux pratiques pour les institutions sociales ? Sans doute, il convient de se garder de généralisations hâtives et des transplantations brusques ; mais les expériences des Etats étrangers peuvent fournir des indices précieux dont il serait puéril de ne point tenir compte »[1392].

---

1388 G. Jèze déclare dans la préface à la traduction allemande de sa *Théorie générale du budget*, qu'il a toujours « cru que la coopération amicale des scientifiques du monde entier est l'une des conditions clés pour un rapprochement des peuples et pour les progrès de la civilisation ». JEZE (G.), *Allgemeine Theorie des Budgets*, Tübingen, Mohr, 1927, pp. V-VI, spéc. p. V.

1389 Cf. *supra*, n° 430.

1390 Par exemple, DICEY (A. V.), *Leçons sur les rapports entre le droit et l'opinion publique en Angleterre au cours du dix-neuvième siècle*, Traduction de A. et Gaston Jèze, Paris, V. Giard et E. Brière, 1906 ; GOODNOW (F. J.), *Les principes du droit administratif des États-Unis*, Traduction française par A. et Gaston Jèze, Paris, V. Giard et E. Brière, 1907.

1391 Cf. *supra*, n° 420-421.

1392 BOUCARD (M.), JÈZE (G.), « Notre programme », *Revue de science et de législation financières*, 1903, pp. 1-3, spéc. p. 3.

**451.** En bref, G. Jèze constituait sans doute, pour son époque, l'archétype du juriste ouvert sur les droits étrangers, « ouvert sur l'international »[1393], son œuvre constituant « un véritable plaidoyer pour la connaissance des droits étrangers »[1394]. A son tour, il se choisit un successeur[1395] à la direction de la *R.D.P.* en la personne de R. Bonnard, afin de poursuivre cette perspective d'ouverture sur les droits étrangers.

#### d) R. Bonnard[1396]

**452.** R. Bonnard se présentait aussi comme un universitaire actif dans la diffusion des droits étrangers. Membre de l'Institut international de droit public dès 1929, codirecteur de la *Revue internationale de théorie du droit* aux côtés d'H. Kelsen, de Z. Giocometti et F. Weyr en 1939, il codirigea aussi la *R.D.P.* avec G. Jèze entre 1935 et 1940 et entre 1942 et 1944 (il la dirigea seul de 1940 à 1942). En arrivant à la direction de la revue en 1935 aux côtés de G. Jèze, R. Bonnard semblait partager son esprit d'ouverture, se présentant comme un codirecteur « ouvert à la controverse »[1397] que l'on imagine tant française qu'étrangère, ayant à cœur la « diffusion des connaissances »[1398]. Il s'était d'ailleurs déjà illustré par sa diffusion des droits étrangers en publiant en 1914 une étude intitulée *De la responsabilité civile des personnes publiques et de leurs agents en Angleterre, aux Etats-Unis et en Allemagne*[1399]. C'est sans doute ensuite l'une de ses œuvres les plus connues, *Le contrôle juridictionnel de l'administration*[1400], publiée en 1934 et sous-titrée expressément *Etude de droit administratif comparé*, qui est la plus révélatrice. Il consacrait en effet la moitié de son ouvrage à l'étude des « organes de contrôle juridictionnel de l'administration dans les législations

---

[1393] JACQUEMET-GAUCHÉ (A.), « Gaston Jèze et les droits étrangers », *préc.*, p. 154.

[1394] *Ibidem.*

[1395] Avec qui il a d'abord codirigé la Revue.

[1396] A propos de R. Bonnard, cf. NOYER (B.), *Essai sur la contribution du doyen Bonnard au droit public français : étude d'une étape de la participation de l'École de Bordeaux à la construction de l'État de Droit*, Thèse, Dactyl., Bordeaux I, 1984.

[1397] AKOUN (E.), « Roger Bonnard, directeur de la Revue de droit public », *R.F.D.A.*, 2015, pp. 202-211, spéc. p. 204.

[1398] *Ibidem.*

[1399] BONNARD (R.), *De la responsabilité civile des personnes publiques et de leurs agents en Angleterre, aux Etats-Unis et en Allemagne*, Paris, V. Giard et E. Brière, 1914.

[1400] BONNARD (R.), *Le contrôle juridictionnel de l'Administration*, Paris, Delagrave Editions, 1934, réimpr. Paris, Dalloz, 2006

administratives »[1401], véritable « exposé de droit positif comparé »[1402], isolant au préalable deux grands modèles, le système anglo-américain et le système français. L'objectif d'informer sur les droits étrangers était évident.

**453.** R. Bonnard semblait donc vouloir maintenir la ligne d'ouverture sur les droits étrangers de la *R.D.P.* dans la mesure où, une fois seul à sa direction, en 1940, il lançait un « pressant appel »[1403] aux collaborateurs passés, présents et futurs de la revue (que l'on suppose aussi bien français qu'étrangers) à lui rester fidèle, et tentait de les rassurer en avertissant que « l'esprit du professeur Jèze continuera à l'animer »[1404]. Son appel ne fut visiblement pas entendu[1405], puisque la liste des principaux collaborateurs français comme étrangers « disparaît avec le départ de G. Jèze »[1406]. Comme directeur, R. Bonnard fut en effet « un sujet de controverses »[1407]. Les études relatives aux droits étrangers semblèrent diminuer dans le même temps, et surtout se réduire à l'exemple allemand[1408]. Cela laisse dès lors supposer une certaine instrumentalisation du droit comparé, puisque limité à certains exemples. C'est ce que suggère M. Cointet en notant que « l'engagement militant de la Revue du droit public se trouve dans sa chronique "Index bibliographique". Il est certes louable d'ouvrir l'esprit des lecteurs à la vie intellectuelle

---

1401 *Idem*, p. 125.

1402 BONNARD (R.), Le contrôle juridictionnel de l'Administration, Paris, Delagrave Editions, 1934, réimpr. Paris, Dalloz, 2006, p. 125.

1403 BONNARD (R.), « A nos lecteurs », *R. D. P.*, T. LVII, 1940, pp. 141-142, spéc. p. 142.

1404 BONNARD (R.), « A nos lecteurs », *R. D. P.*, T. LVII, 1940, pp. 141-142, spéc. p. 142.

1405 On peut supposer en effet que son invitation à ce que la Revue prenne part à « l'effort de restauration nationale » derrière le maréchal Pétain, convaincu qu'il était nécessaire de « prendre partie et "s'embarquer" » ne convainquit pas tous ses collègues. Cf. BONNARD (R.), « A nos lecteurs », *R. D. P.*, T. LVII, 1940, pp. 141-142, spéc. p. 141. R. Bonnard est cependant loin de faire figure d'exception. D'après S. Falconieri, « tout au long des années universitaires 1940-1944, la question des responsabilités et des engagements des hommes de droit dans la vie politico-institutionnelle du pays est à l'ordre du jour des discours de rentrée et de remise des prix. L'appel à contribuer à l'édification d'un « ordre nouveau », qui viendrait remplacer les anciennes institutions, ne cesse d'être lancé aux étudiants, surtout aux « nouvelles élites » qui, se distinguant par leur acharnement au travail, se devront de prendre part à l'œuvre de construction de la " France nouvelle" ». Cf. FALCONIERI (S.), « Apprendre l'antisémitisme à la faculté de droit de Paris (1940-1944) », *Clio@Themis*, n° 7, http://www.cliothemis.com/Clio-Themis-numero-7.

1406 AKOUN (E.), « Roger Bonnard, directeur de la Revue de droit public », *R. F. D. A.*, 2015, pp. 202-211, spéc. p. 211.

1407 AKOUN (E.), « Roger Bonnard, directeur de la Revue de droit public », *R. F. D. A.*, 2015, pp. 202-211, spéc. p. 208.

1408 Par exemple, COLLIARD (C. A.), « Le régime disciplinaire des fonctionnaires publics allemands », *R. D. P.*, 1942, T. 58, pp. 1-45.

internationale, mais que les revues étrangères citées dès 1940 soient toutes allemandes n'est pas le fruit du hasard »[1409]. Il faut d'ailleurs noter que la dernière étude de droit étranger de R. Bonnard, dont la première édition parut en 1936, et certes tributaire de l'évolution du contexte politique à l'étranger, fut consacrée à la doctrine nationale-socialiste. S'inscrivant en faux par rapport à R. Capitant, à qui il attribuait le constat de l'impossibilité « de comprendre [la doctrine nationale-socialiste] du dehors, sans la partager soi-même, sans s'être laissé saisir par elle, sans l'avoir éprouvée comme une expérience intime, comme un Erlebniss direct, en un mot, sans être soi-même national-socialiste »[1410], R. Bonnard affirmait au contraire en faire un exposé neutre, « aussi objectif que possible »[1411]. Selon lui, il visait simplement à « faire connaître ce qu'est exactement la doctrine et surtout comment les doctrinaires du national-socialisme comprennent et interprètent cette doctrine »[1412]. Sa présentation de la doctrine nationale-socialiste ne supposait donc pas l'adhésion à cette dernière[1413].

---

[1409] COINTET (M.), « Les juristes sous l'occupation : la tentation du pétainisme et le choix de la résistance », in GUESLIN (A.)(dir.), *Les Facs sous Vichy. Etudiants, Universitaires et Universités de France pendant la Seconde Guerre Mondiale*, Clermont-Ferrand, Institut d'Etudes du Massif Central, 1994, pp. 51-64, spéc. p. 57. Ce constat est vérifié dans l'index bibliographique du numéro de 1940. Cf. également BIGOT (G.), « Vichy dans l'œil de la Revue de Droit public », in DURAND (B.), LE CROM (J.-P.), SOMMA (A.), *Le droit sous Vichy*, Frankfurt am Main, V. Klostermann, 2006, pp. 415-435.

[1410] Phrase de R. Capitant citée par R. Bonnard. BONNARD (R.), « Le droit et l'Etat dans la doctrine nationale-socialiste », *R.D.P.*, 1936, T. LIII, pp. 205-238 ; 415-440, spéc. p. 208. Il faut néanmoins préciser que si R. Capitant a effectivement emis cette hypothèse, il la nuance immédiatement après en soulignant que « *trop d'Allemands et trop de Français s'arrêtent à une négation trop commode. Sans doute l'idéologie hitlérienne est-elle formée de mythes plus que de vérités, de postulats plus que d'expériences. Elle est une mystique et non une doctrine, une profession de foi et non une construction rationnelle. Mais il existe bien une science des religions et, sous peine de renoncer à nos propres postulats, nous ne pouvons renoncer à cette analyse, ni mettre en doute qu'elle soit possible. Essayons donc de dégager, sans être dupe des mots, l'essentiel de cette nouvelle religion* ». Cf. CAPITANT (R.), « L'idéologie nationale-socialiste », *L'année politique française et étrangère*, 1935, pp. 177-205, spéc. p. 177.

[1411] Ce qu'il précise expressément dans la deuxième édition, revue et augmentée de son étude. BONNARD (R.), *Le droit et l'Etat dans la doctrine nationale-socialiste*, Paris, L. G. D. J., 2e éd. 1939, p. 1.

[1412] *Ibidem.*

[1413] Sur la neutralité des études de R. Bonnard, G. Bigot précise cependant que « son intérêt pour le modèle anti-démocratique qui gagne l'Europe dans les années 30 l'amènera finalement à épouser l'orthodoxie maréchaliste de la "Révolution nationale". Après avoir analysé scrupuleusement le modèle national-socialiste allemand il en rejette les bases (notamment le racisme). Il n'empêche que son analyse des actes constitutionnels de 1940, bien qu'elle prétende à la neutralité, est précédée d'une claire déclaration de principe : participer à une œuvre supposée de redressement national pour le moins discutable puisque la République y avait son tombeau ». Cf. BIGOT (G.) « Bonnard Roger », in ARABEYRE (P.), HALPÉRIN (J.-L.), KRYNEN (J.), *Dictionnaire historique des juristes français. XII-XXème siècle*, PUF, 2015, pp. 137-138, spéc. pp. 138. En ce qui concerne le débat sur la neutralité

**454.** R. Bonnard, tout comme ses prédécesseurs, mobilisa largement les moyens de diffusion des droits étrangers qu'il avait à sa portée, et contribua ainsi à banaliser le discours démontrant leur utilité. Les juristes français sont plus encore convaincus de cette utilité après la Seconde Guerre mondiale.

## B) Après la Seconde Guerre mondiale

**455.** Encore une fois, ce constat concerne aussi bien des membres du Conseil d'Etat (1) que des universitaires (2) conscients de l'utilité pratique comme théorique des droits étrangers.

### *1) Les membres du Conseil d'Etat*

**456.** Les conseillers d'Etat H. Puget (a) et M. Letourneur (b) sont particulièrement représentatifs.

#### a) H. Puget[1414]

**457.** H. Puget était au rang de ceux qui n'ont « jamais limité [leurs] curiosités à notre pays »[1415], et est toujours reconnu comme ayant occupé « une place éminente »[1416], entre autres, dans le domaine du droit comparé. La plupart de ses travaux portaient sur la science administrative française comme étrangère. La diversité de ses fonctions favorisa très certainement cette

---

de l'analyse positiviste du droit, cf. LOCHAK (D.), « La doctrine sous Vichy ou les mésaventures du positivisme », in C.U.R.A.P.P., *Les usages sociaux du droit*, Paris, P. U. F., 1989, pp. 252-285 ; TROPER (M.), « La doctrine et le positivisme (à propos d'un article de Danièle Lochak), in C.U.R.A.P.P., *Les usages sociaux du droit*, Paris, P. U. F., 1989, pp. 286-292.

1414 H. Puget a la particularité d'avoir passé le concours d'agrégation de droit public et le concours d'entrée au Conseil d'Etat. C'est cependant cette deuxième voie pour laquelle il opta. Cf. CASSIN (R.), « Henry Puget », *R.I.D.C.*, 1967, n° 2, pp. pp. 486-488, spec. p. 486.

1415 *Idem*, p. 488.

1416 Souligné à l'occasion de sa nécrologie. Cf. *idem*, p. 487. Cf. également JULLIOT DE LA MORANDIÈRE (L.), « Préface », PUGET (H.), *Aspect du droit de l'énergie atomique*. T. II, Paris, Editions du C.N.R.S., 1967, reproduit in *Henry Puget 1894-1966 : Conseiller d'Etat Honoraire. Grand officier de la Légion d'Honneur, Hommages, Notices nécrologiques, bibliographie*, Paris, Faculté de droit de Paris, 1969, pp. 22-24, spéc. p. 22-23.

érudition d'H. Puget en matière de droits étrangers. Il ne se limita en effet pas au Conseil d'Etat puisqu'il exerça également dans une juridiction administrative internationale, assumant la présidence du Conseil d'appel de l'UNESCO. Il se familiarisa et apporta sa pierre à l'édifice jurisprudentiel régissant la fonction publique internationale[1417]. Cet intérêt s'était manifesté dès les années 1930, qui coïncident avec son investissement dans l'Institut international des sciences administratives[1418], dont il devint président de la commission scientifique après la Seconde Guerre mondiale. Il fut ensuite, lui aussi, membre de la Société de législation comparée. C'est sans doute de cette position, « au carrefour de l'administration, de l'enseignement et de la recherche »[1419], que naquit son intérêt pour les droits étrangers qu'il prolongea ensuite dans le domaine scientifique. Docteur en droit, H. Puget avait en effet écrit une thèse portant sur *le Gouvernement local en Espagne*, soutenue à la Faculté de droit de Toulouse en 1920[1420]. Il enseigna par ailleurs les institutions politiques et administratives des pays étrangers pendant vingt ans à l'Institut d'études politiques de Paris[1421], convaincu des vertus théoriques comme pratiques de ces études. Il annonçait ainsi à ses étudiants que

> « l'étude des administrations étrangères n'a pas simplement pour but de satisfaire en vous une curiosité s'exerçant sur le vaste monde et un légitime appétit de savoir ; elle doit vous permettre aussi de mieux comprendre l'Administration française, d'en discerner plus clairement les grands mérites et les partielles faiblesses, de concourir à ses progrès. L'étranger nous fournit des exemples, nous apporte des leçons, fait

---

1417 Ce que souligne le Conseil exécutif de l'UNESCO lors de l'hommage qu'il lui rendit. Cf. UNESCO, « Hommage à la mémoire de M. Henry PUGET, président du Conseil d'appel de l'UNESCO », in *Henry Puget 1894-1966 : Conseiller d'Etat Honoraire. Grand officier de la Légion d'Honneur, Hommages, Notices nécrologiques, bibliographie*, Paris, Faculté de droit de Paris, 1969.

1418 CASSIN (R.), « Henry Puget », *préc.*, p. 487; PAYRE (R.), « L'Etat vu d'en haut : la réforme de l'Etat au sein des espaces internationaux de la science administrative dans l'entre-deux-guerres », *R. F. A. P.*, 2006, n° 120, pp. 651-666, spéc. p. 659.

1419 CASSIN (R.), « Henry Puget », *R. I. D. C.*, n° 2, 1967, pp. 486-488, spec. p. 488.

1420 PUGET (H.), *Le gouvernement local en Espagne*, Paris, Sirey, 1920.

1421 Cours par ailleurs publiés. Cf. PUGET (H.), *Les institutions politiques et administratives de l'Europe continentale*, Paris, Centre de documentation universitaire, 1943 ; *Les institutions politiques et administratives de l'Europe contemporaine. Etats totalitaires et régimes de liberté*, Paris, Centre de documentation universitaire, 1944 ; *Les institutions administratives étrangères et la vie administrative à l'étranger*, Paris, Les cours de droit, 1955.

apparaître des écueils, suggère des réformes, permet des comparaisons »[1422].

**458.** Il fut aussi directeur de la section de droit public de l'Institut de droit comparé de l'Université de Paris[1423], ce qui l'amena à encourager la diffusion, ainsi qu'à préfacer, de nombreux ouvrages consacrés aux droits administratifs étrangers[1424]. A ces fonctions, il se distingua également en étant à l'origine de la publication d'un « relevé sommaire des principaux ouvrages de droit public qui ont paru hors de France depuis la fin de la Deuxième Guerre mondiale jusqu'à ces dernières années »[1425]. Il déplorait le fait que malgré l'intensification des échanges, « lorsque dans le domaine du droit public ou dans ses prolongements, et sans entreprendre de voyages, sans procéder à de trop longues recherches, on veut savoir quels sont ailleurs que chez nous les récents progrès de la pensée, les récents volumes sortis des presses, on se heurte à des difficultés, on rencontre des incertitudes, on constate des pénuries, des lacunes, on n'évite pas des tâtonnements, on perd des jours »[1426]. Il espérait donc fournir un instrument utile pour remédier à ce problème. Il fut encore membre du comité de rédaction de la *Revue internationale de droit comparé*. Le nombre d'écrits qu'il dédia aux droits étrangers est véritablement impressionnant, si bien qu'il n'est pas aisé d'en faire la liste complète. Pour ne citer que quelques exemples, sa fonction de conseiller d'Etat l'orienta sans doute vers l'étude des homologues étrangers de l'institution qu'il servait. Il s'intéressa par exemple aux Conseils d'Etat espagnol[1427], belge[1428], italien[1429],

---

[1422] PUGET (H.), *Les institutions administratives étrangères et la vie administrative à l'étranger*, Paris, Les cours de droit, 1955, p. 1.

[1423] Fondé en 1931, cet organisme appartint ensuite au Centre français de droit comparé, créé par décret du 2 avril 1951 et comprenant également la Société de Législation comparée ainsi que le Comité de législation étrangère et de droit international. L'institut de droit comparé de l'Université de Paris visait en particulier à développer l'enseignement et la recherche en matière de droit comparé.

[1424] Par exemple, PUGET (H.), « Préface », in SCHWARTZ (B.), *Le droit administratif américain. Notions générales*, Paris, Librairie du recueil Sirey, 1952.

[1425] PUGET (H.) (dir.), *Essai de bibliographie des principaux ouvrages de droit public (droit public général, droit constitutionnel, droit administratif) de Science Politique et de Science Administrative qui ont paru hors de France de 1945 à 1958*, Paris, Les éditions de l'Epargne, 1961, p. V.

[1426] *Ibidem.*

[1427] PUGET (H.), « Le Conseil d'Etat espagnol et son prédécesseur le Conseil de Castille », *Revue des sciences politiques*, octobre-décembre 1925, pp. 535-558.

[1428] PUGET (H.), « Le nouveau Conseil d'Etat belge », *E. D. C. E.*, 1948, Fasc. 2, pp. 105-118

[1429] PUGET (H.), « Le Conseil d'Etat de la République italienne », *Revue internationale des sciences administratives*, 1952, n° 1.

ou encore néerlandais[1430]. Il se spécialisa ensuite, vers la fin de sa carrière, dans le droit de l'énergie atomique[1431], domaine dans lequel il réunit aussi une bibliographie des principaux écrits publiés en français, anglais et allemand[1432]. Il ne se cantonna pas à ses domaines de prédilection, et écrivit aussi sur le contentieux administratif ou encore la fonction publique. Avec H. Puget, il est donc difficile de trouver meilleur exemple d'investissement, polyvalent qui plus est, dans la connaissance et surtout la diffusion des droits étrangers. Sans se limiter ensuite aux législations étrangères, mais en examinant plus généralement le droit, H. Puget pouvait également écrire que s'« il ne saurait s'agir [...] **de vouloir introduire sans adaptation** dans un Etat les mécanismes qui donnent de bons résultats dans un autre Etat [...] les nations étrangères constituent des champs d'expérience, fournissent des laboratoires, élaborent des idéologies, mettent en œuvre des pratiques qu'il serait absurde de négliger et dont, pour imiter ou pour éviter, nous avons dans bien des cas à tirer profit »[1433].

**459.** L'attitude d'H. Puget est révélatrice de cette intensification de l'étude des droits étrangers à la suite de la Seconde Guerre mondiale. En effet, si certains de ses travaux de comparatistes sont antérieurs à 1939, ils se sont multipliés à partir de 1945. Un profil quelque peu similaire, d'une génération cependant postérieure, est celui du conseiller d'Etat M. Letourneur.

---

1430 PUGET (H.), LEVY (D.), « Le Conseil d'Etat néerlandais », *E. D. C. E.*, 1949, Fasc. 3, p. 150-164.

1431 PUGET (H.), *Le nouveau droit de l'énergie atomique : caractères généraux, organismes administratifs*, Paris, Centre français de droit comparé, 1958 ; *Aspects du droit de l'énergie atomique*, T. 2, Paris, Ed. du centre national de la recherche scientifique, 1967.

1432 PUGET (H.), *Bibliographie des principaux ouvrages et articles relatifs au droit de l'énergie atomique publiés en français, en anglais et en allemand*, Paris, Institut de droit comparé, 1957.

1433 PUGET (H.), *Les institutions administratives étrangères et la vie administrative à l'étranger*, *préc.*, pp. 1-2. Nous soulignons pour faire remarquer qu'un siècle plus tôt déjà, A. Valette avertissait contre ce risque de dérive, dénonçant les excès de « l'utilité immédiate ». Cf. VALETTE (A.), « Nécrologie. Foelix », *Revue critique de législation et de jurisprudence*, 1854, T. 4, pp. 86-92, spéc. p. 90.

## b) M. Letourneur

**460.** M. Letourneur est souvent cité en exemple comme « comparatiste »[1434], ce qui relevait même d'une « seconde nature »[1435] chez lui. Lui aussi fit partie de ces conseillers d'Etat qui ne se limitèrent pas à leur institution d'origine. M. Letourneur fut en effet président du Tribunal administratif de l'Organisation internationale du Travail. Si l'on sait l'influence des juristes français sur la constitution de ces juridictions internationales et sur la circulation de concepts français dans ces institutions[1436], ces dernières eurent à leur tour une influence sur les juristes français qui en étaient membres, dans une sorte de boucle de rétroaction. En siégeant au Tribunal administratif de l'Organisation internationale du Travail, M. Letourneur fut en contact avec les jurisprudences britannique, suisse et allemande, qui inspiraient, aux côtés de la jurisprudence française, une « Jurisprudence *sui generis* »[1437], résultat d'un « harmonieux mélange »[1438]. Son expérience dans cette juridiction internationale le marqua suffisamment pour qu'il souhaite souligner l'originalité de sa jurisprudence, tenant à rendre compte de « quelques solutions susceptibles d'intéresser plus particulièrement les lecteurs français »[1439]. Cette imprégnation se répercuta ensuite sur l'exercice de ses fonctions au sein du Conseil d'Etat, une fois son poste retrouvé, mobilisant ses connaissances pour faire un usage concret de ces solutions étrangères.

**461.** M. Letourneur fut à son tour Président de la Société de législation comparée, entre 1970 et 1974, ce qui conforte bien l'idée que ceux qui exercent cette fonction ont une proximité évidente avec les droits étrangers. Comme H. Puget, il tint aussi à rapprocher le Conseil d'Etat de l'Université, puisqu'il dispensa des cours de contentieux administratif comparé à la Faculté internationale de droit comparé, créée à Strasbourg en 1961. Par ailleurs, sa connaissance du droit britannique et les liens qu'il avait tissés avec les juristes

---

1434 DRAGO (R.), « Nécrologie : Maxime Letourneur », *R.I.D.C.*, 1981, n° 1, pp. 115-116, spéc. p. 115.

1435 *Ibidem.*

1436 Cf. *supra*, n° 274-280.

1437 LETOURNEUR (M.), « Une jurisprudence administrative originale : la jurisprudence du tribunal administratif de l'Organisation internationale du Travail », *in Mélanges offerts à Paul Couzinet*, Toulouse, Université des Sciences sociales de Toulouse, 1974, pp. 449-462, spéc. p. 450.

1438 *Ibidem.*

1439 *Idem*, p. 454.

outre-Manche le conduisirent à organiser les premières journées franco-britanniques de la Société de législation comparée, dans la lignée des rencontres bilatérales déployées à partir de 1948[1440]. Il encourageait en outre toute entreprise en ce sens, à l'exemple de sa recension de la thèse de M. Lefébure traitant du *pouvoir d'action unilatérale de l'administration en droit anglais et français*[1441] qu'il saluait pour constituer « une étude de droit comparé au sens le plus précis et le plus exact du terme »[1442]. Il recommandait ainsi sa lecture en raison du « double intérêt » qu'elle présentait, celui de « faire une comparaison particulièrement intéressante des systèmes anglais et français sur une question fondamentale », et celui « d'offrir, d'une façon générale, aux comparatistes une méthode particulièrement judicieuse »[1443].

**462.** Outre les conseillers d'Etat, certains professeurs s'investirent particulièrement dans la diffusion des droits administratifs étrangers après la Seconde Guerre mondiale. Ce fut notamment le cas de J. Rivero, et de M. Fromont.

### 2) *Les professeurs*

**463.** Les professeurs J. Rivero (a) et M. Fromont (b) illustrent particulièrement cet intérêt grandissant pour les droits administratifs étrangers.

[1440] DRAGO (R.), « Nécrologie : Maxime Letourneur », *préc.*, p. 116.

[1441] LEFÉBURE (M.), *Le pouvoir d'action unilatérale de l'administration en droit anglais et français*, Paris, L.G.D.J., 1961.

[1442] LETOURNEUR (M.), « Marcus Lefébure. Le pouvoir d'action unilatérale de l'administration en droit anglais et français, Paris, Librairie Générale de Droit et de Jurisprudence, 1961 », *R. I. D. C.*, 1961, n° 3, pp. 676-677, spéc. p. 676.

[1443] *Idem*, p. 677.

### a) J. Rivero[1444]

**464.** Le rôle de J. Rivero fut déterminant dans l'essor du droit administratif comparé à partir des années 1950[1445]. Il fut d'abord déterminant d'un point de vue universitaire. J. Rivero investit en effet le cours de droit administratif comparé prévu en doctorat à la faculté de droit de Paris entre 1954 et 1959 puis réinstauré en 1967. C'est à l'occasion notamment de ses quatre premières années d'enseignement, que parurent ses cours polycopiés dans lesquels étaient à la fois développées des questions purement méthodologiques, mais également des questions de fond intéressant le droit administratif comparé[1446]. Les autres cours ne furent, quant à eux, jamais publiés, mais leur liste est connue, et renseigne sur l'approche qu'en avait J. Rivero[1447]. Il encouragea aussi le développement de ce nouveau champ disciplinaire (même s'il considérait plutôt le droit comparé comme une méthode[1448]), en dirigeant des thèses portant sur des droits étrangers ou sur une approche comparative d'un objet du droit administratif[1449].

---

[1444] A propos de J. Rivero, cf. « Le printemps de la recherche. Hommage à Jean Rivero », *R.F.D.A.*, 2009, n° 5, pp. 1036-1079 ; MELIN-SOUCRAMANIEN (F.), MELLERAY (F.), *Le professeur Jean Rivero ou la liberté en action*, Paris, Dalloz, 2012.

[1445] Selon l'appréciation notamment de G. Braibant lors de la recension d'un ouvrage. Cf. BRAIBANT (G.), « Giovanni PALEOLOGO (dir.), *I Consigli di stato di Francia e d'Italia* (Les Conseils d'Etat de France et d'Italie), Milan, Giuffrè, 1998 », *R. I. D. C.*, 1999, n° 1, pp. 210-211, spéc. p. 211.

[1446] *Cf.* RIVERO (J.), *Cours de droit administratif comparé : diplôme d'études supérieures de droit public, 1954-1955, rédigé d'après les notes et avec l'autorisation de M. Rivero. Recherches sur la notion de système juridique appliquée au droit administratif comparé*, Paris, Les cours de droit, 1955 ; RIVERO (J.), *Cours de droit administratif comparé : diplôme d'études supérieures de droit public, 1955-1956, rédigé d'après les notes et avec l'autorisation de M. Rivero. Le contrôle juridictionnel de la légalité des actes administratifs*, Paris, Les cours de droit, 1956 ; RIVERO (J.), *Cours de droit administratif comparé : diplôme d'études supérieures de droit public, 1956-1957, rédigé d'après les notes et avec l'autorisation de M. Rivero. Recherche sur la puissance publique dans les principaux systèmes de droit administratif*, Paris, Les cours de droit, 1957 ; RIVERO (J.), *Cours de droit administratif comparé : diplôme d'études supérieures de droit public, 1957-1958, rédigé d'après les notes et avec l'autorisation de M. Rivero. Le contrôle juridictionnel de la légalité dans l'Europe des Six*, Paris, Les cours de droit, 1958.

[1447] Pour une liste des cours de droit administratif non publiés, cf. MELIN-SOUCRAMANIEN (F.), MELLERAY (F.), *Le professeur Jean Rivero ou la liberté en action*, *préc.*, pp. 129-130.

[1448] RIVERO (J.), *Cours de droit administratif comparé : diplôme d'études supérieures de droit public, 1954-1955, rédigé d'après les notes et avec l'autorisation de M. Rivero. Recherches sur la notion de système juridique appliquée au droit administratif comparé*, *préc.*, pp. 5-6.

[1449] La liste suivante n'est pas exhaustive : GARREAU (R.), *Le "local government" en Grande-Bretagne*, Paris, L.G.D.J., 1958 ; GUILLOT (A.), *Le contrôle juridictionnel de l'Administration espagnole*, Paris, Centre français de droit comparé, 1960 ; COURBE-COURTEMANCHE (N.), *Les recours contre les actes administratifs en droit espagnol*,

**465.** D'un point de vue de la recherche scientifique ensuite, J. Rivero s'intéressa très précisément à la démarche comparative appliquée au droit administratif, ainsi qu'en attestent plusieurs études portant sur son développement en droit français ou sur ses questions méthodologiques[1450]. Il mit cette démarche lui-même en application, en s'informant d'abord sur les droits étrangers, étape préalable à toute comparaison. Il multipliait dans cet esprit les colloques internationaux et les cours à l'étranger, ce qui lui permettait, en même temps que de présenter le droit français, d'être au fait des dernières avancées des droits administratifs étrangers[1451]. Sa fonction de vice-président à la Société de législation comparée entre 1975 et 1978 permit de répondre plus encore à sa soif de connaissance des droits étrangers. Ensuite, et même si cela ne se mesure pas sensiblement dans ses premiers écrits ni dans son manuel de droit administratif, J. Rivero appliqua la démarche comparative dans un certain nombre d'articles, afin d'analyser différents thèmes du droit administratif[1452]. Il restait globalement imprégné de cette démarche, qui lui

---

Madrid, Bolaños y Aguilar, 1960 ; FROMONT (M.), *La répartition des compétences entre les tribunaux civils et administratifs en droit allemand*, Paris, L. G. D. J., 1960 ; LEFÉBURE (M.), *Le pouvoir d'action unilatérale de l'administration en droit anglais et français*, Paris, L.G.D.J., 1961 ; PIGÉ (F.), *Le statut de la télévision : étude de droit comparé*, Belley, Les presses de l'imprimerie du Bugey, 1962 ; CONTRERAS LAGUADO (L.-R.), *L'exercice des fonctions de police par un corps militaire : la Garde nationale vénézuélienne*, Thèse, dactyl., Paris II, 1976 ; FLOGAÏTIS (S.), *La notion de décentralisation en France, en Allemagne et en Italie*, Paris, L. G. D. J., 1979 ; DISTEL (M.), *Le droit d'être entendu dans la procédure administrative en Grande-Bretagne*, Thèse, dactyl., Paris II, 1979 ; LUNA BENÍTEZ (L. A.), *Lo contencioso administrativo. Estudio comparado Francia Colombia*, Bogota, Ediciones Librería del profesional, 1981 ; CHAFIK (S.), *L'encadrement juridique de l'information dans le contexte africain*, Thèse, dactyl., Paris 2, 1983.

1450 RIVERO (J.), « Droit administratif français et droits administratifs étrangers », *préc.* ; RIVERO (J.), « Les phénomènes d'imitation des modèles étrangers en droit administratif », *préc.* ; RIVERO (J.), « Droit administratif français et méthode comparative », *préc.*; RIVERO (J.), « Vers un droit commun européen : nouvelles perspectives en droit administratif », in CAPPELLETTI (M.) (dir.), *Nouvelles perspectives d'un droit commun de l'Europe*, Bruxelles, Bruylant, 1978, p. 389, reproduit in *Pages de doctrine*, T. 2, Paris, L.G.D.J., 1980, pp. 489-502 ; RIVERO (J), « Le droit administratif en droit comparé : rapport final », *préc.*

1451 F. Cazaban, dans un article portant sur « Jean Rivero, comparatiste », a justement recensé de manière assez significative bien que non exhaustive, les différents déplacements à l'international de J. Rivero. Cf. CAZABAN (F.), « Jean Rivero, comparatiste », *R.F.D.A.*, n° 5, 2009, pp. 1066-1079, spéc. p. 1067.

1452 RIVERO (J.), « Le problème de l'influence des droits internes sur la Cour de Justice de la C.E.C.A. », *Annuaire français de droit international*, 1958, pp. 295-308 ; RIVERO (J.), « Réflexions sur l'étude comparée des sources des droits administratifs », in *Mélanges en l'honneur du Professeur Michel Stassinopoulos*, Paris, L.G.D.J., 1974, pp. 135-146 ; RIVERO (J.), « Contrôle juridictionnel et nouvelles protection de l'administré » *Annuaire européen d'administration publique*, 1983, pp. 325-336 ; RIVERO (J.), « Rapport final », in ASSOCIATION TUNISIENNE DES SCIENCES ADMINISTRATIVES, *Le centenaire du décret beylical du 27 novembre 1888 et le contentieux administratif*, Tunis, Centre d'études, de recherches et de publication, Université de droit, d'économie et de gestion, Tunis III, 1988.

offrait un regard critique, et ce faisant, le conduisait à un certain relativisme du droit administratif français comme modèle universel. Il insistait en effet sur le « recul qu'apporte la méthode comparative »[1453], qui, outre la connaissance des droits étrangers, constitue « avec l'histoire, la meilleure technique offerte au juriste pour saisir, dans toute leur profondeur, les particularités essentielles de son propre droit national »[1454]. Il aimait à rappeler que c'est seulement par la confrontation de son propre droit à celui des autres pays que l'on « en découvre les lignes maîtresses. A la lumière de la comparaison, les reliefs s'accusent, le paysage familier dont, l'accoutumance aidant, on ne discernait plus l'originalité révèle soudain ce qui le singularise par rapport à tous les autres »[1455].

**466.** L'un de ses élèves, M. Fromont, a ensuite largement poursuivi ses investigations dans le champ du droit administratif comparé.

### b) M. Fromont

**467.** M. Fromont est lui aussi un très bon exemple d'universitaire ayant contribué à la diffusion des droits administratifs étrangers en France. Il fit preuve d'un intérêt pour le droit administratif comparé dès sa thèse de doctorat, en choisissant comme directeur de thèse J. Rivero pour l'accompagner sur le sujet de *La répartition des compétences entre les tribunaux civils et administratifs en droit allemand*[1456]. Il a ensuite largement confirmé cet intérêt comme en atteste la variété de travaux qu'il a publiée en la matière. Il a par exemple apporté sa contribution aux études macrocomparatives de classifications des droits, en publiant un ouvrage consacré aux *Grands systèmes de droits étrangers*[1457], puis plus spécifiquement au *Droit administratif des Etats européens*[1458]. Mais il a surtout réalisé de nombreuses études microcomparatives, notamment dans le

1453 RIVERO (J.), « Droit administratif français et méthode comparative », *préc.*, p. 375.

1454 *Ibidem.*

1455 *Ibid.*

1456 FROMONT (M.), *La répartition des compétences entre les tribunaux civils et administratifs en droit allemand, préc.*

1457 FROMONT (M.), *Grands systèmes de droits étrangers*, Paris, Dalloz, 7e éd., 2013, dont la première édition est parue en 1987.

1458 FROMONT (M.), *Droit administratif des Etats européens, préc.*

domaine du contentieux administratif comparé en Europe[1459], ce qui ne l'empêcha pas de s'intéresser à d'autres champs[1460]. Au-delà de son domaine de prédilection qu'est le contentieux administratif, c'est tout particulièrement l'Allemagne qui a retenu son attention, M. Fromont ayant effectué de nombreux séjours dans les universités allemandes, à commencer par l'Université de Heidelberg, dans laquelle il fut boursier au sein de l'Institut Max-Planck de droit public étranger et international entre 1956 et 1957. Il est

---

[1459] Cf. par exemple FROMONT (M.), « Le contrôle juridictionnel des actes administratifs en Allemagne », *A.J.D.A.*, 1964, pp. 604-613 ; « L'influence des droits administratifs français et allemand sur les conditions de recevabilité des recours en annulation devant la Cour de justice des Communautés européennes », *R.T.D.E.*, 1966, pp. 47-65 ; « Le contrôle de légalité des actes administratif aux Pays-Bas », *A.J.D.A.*, 1972, pp. 259-263 ; « Le pouvoir réglementaire et le juge dans la République fédérale d'Allemagne, in *Mélanges Marcel Waline. Le juge et le droit public*, Paris, L.G.D.J., 1974, pp. 27-38 ; « La réforme du contentieux administratif aux Pays-Bas (lois du 1er mai 1975), *R.D.P.*, 1975, pp. 1467-1509 ; « Les "administrative tribunals" en Grande-Bretagne », *E.D.C.E.*, 1978 ; « La protection provisoire des particuliers contre les décisions administratives dans les Etats membres des Communautés européennes, *Revue internationale des sciences administratives*, 1984, pp. 309-327 ; « L'exécution des décisions du juge administratif en droits français et allemand », *A.J.D.A.*, 1988, pp. 243-250 ; « La justice administrative en Europe. Convergences », in *Mélanges René Chapus. Droit administratif*, Paris, L.G.D.J./Montchrestien, 1992, pp. 197-208 ; « Les dernières réformes du contentieux administratif en Europe : les exemples de la Suède, de l'Autriche et des Pays-Bas, in *Etudes offertes à Jean-Marie Auby*, Paris, Dalloz, 1992, pp. 515-528 ; « Évolution comparée du recours en annulation en France et en Belgique », in *Le Conseil d'État de Belgique cinquante ans après sa création (1946-1969)*, Bruxelles, Bruylant, 1999, pp. 15-30 ; « Regards d'un juriste français sur la juridiction administrative allemande », *Revue administrative*, 1999, pp. 28-35 ; « Les pouvoirs d'injonction du juge administratif en Allemagne, Italie, Espagne et France. Convergences », *préc.* ; « L'intensité du contrôle du juge sur les décisions administratives en France et en Allemagne » in *Mouvement du droit public, Du droit administratif au droit constitutionnel, Du droit français au droits étrangers, Mélanges en l'honneur de Franck Moderne*, Paris, Dalloz, 2004, pp. 1117-1133 ; « Le renforcement des garanties de bonne administration et de bonne justice administrative en Europe », in *Mélanges Francis Delpérée*, Bruxelles, Bruylant, 2007, pp. 547-558 ; « La justice administrative en Europe : différences et convergences », *préc.*

[1460] Par exemple, FROMONT (M.), « Les compétence du pouvoir local en République fédérale d'Allemagne », in DEBBASCH (C.) (dir.), *La décentralisation en Europe*, Paris, C.N.R.S., 1981 ; « Le droit français de l'urbanisme parmi les différents droits européens », *A.J.D.A.*, 1993, numéro spécial, pp. 73-80 ; « La responsabilité de l'État du fait d'actes juridiques – Comparaison du droit français avec le droit suisse » in *Mélanges en l'honneur de Pierre Moor. Théorie du droit – Droit administratif – Organisation du territoire*, Berne, Staempfli Éditions, 2005, pp. 249-260 ; « La personnalité publique dans une perspective comparative », in A.F.D.A., *La personnalité publique*, Paris, Litec, 2007, pp. 1-10 ; FROMONT (M.) (dir.), *Les instruments juridiques de la politique foncière des villes. Etudes comparatives de quatorze pays occidentaux*, Bruxelles, Brulant, 1978 ; *Les compétences des collectivités territoriales en matière d'urbanisme et d'équipement. Allemagne, Belgique, Espagne, France, Grande-Bretagne, Italie, Suisse*, Bruxelles/Paris, Bruylant/Librairies techniques, 1987 ; *La procédure administrative en droit français*, Londres/Bruxelles, Espéria/Bruylant, Centre européen de droit public, 2000.

sans doute l'un des principaux introducteurs, ou « passeurs »[1461], contemporains de la science juridique allemande en France en ayant traduit le Traité d'E. Forsthoff[1462] et le manuel de droit administratif de H. Maurer[1463], et en tenant des rubriques régulières consacrées à l'actualité du droit allemand dans plusieurs revues, à l'instar de la *R.D.P.*, ou de *l'Annuaire européen d'administration publique*. Il a ensuite communiqué son goût des études des droits étrangers par la direction de nombreuses thèses[1464], perpétuant ainsi la plus grande ouverture du droit administratif français sur ses homologues étrangers[1465].

**468.** Les administrativistes français se sont révélés finalement plus intéressés que ce qu'il n'y paraissait par les droits étrangers. Mais au-delà de cet effort pour la connaissance des droits étrangers, qui pourrait se limiter à la seule érudition, il y a eu un certain retentissement des droits étrangers dans le droit administratif français.

---

1461 GONOD (P.), « Über den Rechtsexport des deutschen Verwaltungsrechts aus französischer Sicht », *Die Verwaltung*, 2015, n° 3, pp. 337–364, spéc. p. 358.

1462 FORSTHOFF (E.), *Traité de droit administratif allemand*, Traduction de M. Fromont, Bruxelles, Bruylant, 1969.

1463 MAURER (H.), *Droit administratif allemand*, Traduction de M. Fromont, Paris, L.G.D.J., 1994.

1464 Par exemple, GREWE (C.), *Le fédéralisme coopératif en République fédérale d'Allemagne*, Paris, Economica, 1981 ; JOUANJAN (O.), *Le principe d'égalité devant la loi en droit allemand*, Paris, Economica, 1992 ; MOUZOURAKI (P.), *L'efficacité des décisions du juge de la légalité administrative dans le droit français et allemand*, LGDJ, Paris 1999 ; CAPITANT (D.), *Les effets juridiques des droits fondamentaux en Allemagne*, Paris, L.G.D.J., 2001.

1465 M. Fromont est aussi un bon exemple de l'ambivalence de la circulation de la science du droit administratif. S'il contribue activement à la diffusion des droits administratifs étrangers en France, il fait, dans le même temps, connaître le droit administratif français à l'étranger, ainsi qu'en témoigne nombre de publications dans des revues ou ouvrages étrangers. Cf. par exemple FROMONT (M.), « La responsabilité de l'Etat en droit français », in *Haftung des Staates für rechtswidriges Verhalten seiner Organe*, Cologne, Carl Heymann, 1967, pp. 135-185 ; « Les droits de la personnalité dans la jurisprudence administrative française », *Zeitschrift für ausländisches öffenliches Recht un Völkerrecht*, 1968, pp. 579-586 ; « L'examen des faits par le juge administratif en France et en Allemange », in *Perspectivas del derecho público en la segunda mitad del siglo XX. Homenaje al profesor Enrique Sayagues Laso*, Madrid, 1969, p. 895 ; « La protection juridictionnelle du particulier contre le pouvoir exécutif en France », in *Der gerichtliche Rechtsschutz des Einzehen gegeüber der vollziehenden Gewalt*, Cologne, Carl Heymann, 1969, p. 221-276 ; « Le pouvoir discrétionnaire et le juge administratif français », in *Festschrift für Harmann Jahreis*, Cologne, Carl Heymann, 1974, p. 67-84.

## *Section 2: L'utilisation des droits administratifs étrangers en France*

**469.** La connaissance des droits étrangers, préalable à la comparaison, n'a pas toujours été suivie d'effets concrets. Autrement dit, elle ne s'est pas forcément traduite par l'utilisation[1466] de ces droits étrangers. Notamment en ce qui concerne le XIX^e^ siècle, où les législations étrangères devaient avant tout servir d'outil de légistique, J. Rivero dressait un bilan plutôt mitigé en confirmant l'impression que « jusqu'au dernier quart du XIX^e^ siècle, si le souci de connaissance à l'égard des droits administratifs étrangers est extrêmement répandu en France, cette connaissance n'altère pas le caractère essentiellement national du développement du droit administratif »[1467]. Il est cependant possible de trouver des exemples d'utilisation des droits étrangers, même au XIX^e^ siècle, dès lors que l'on en adopte une vision plus extensive. Il faut envisager aussi bien leur utilisation positive (§ 1) que négative (§ 2), en partant du principe que l'on prend en compte toute incidence du droit étranger sur le droit national, que ce dernier adhère à l'exemple étranger, ou au contraire qu'il réagisse face à l'exemple étranger.

### §1) L'utilisation positive : le droit administratif étranger comme exemple

**470.** L'utilisation positive désigne les cas dans lesquels l'argument du droit comparé fut mobilisé par les administrativistes français dans le but d'améliorer le droit administratif français en s'inspirant de l'exemple étranger. Il faut rappeler en effet que dès le XIX^e^ siècle, c'était la finalité recherchée par les études de législation comparée, qui ne se limitaient pas qu'à une simple dimension informative. Elles étaient un moyen d'évaluer « le mérite ou les défauts des lois françaises » et « d'éclairer l'enseignement et la doctrine », ainsi que « le législateur »[1468], afin d'inciter à la réforme. La finalité pratique

---

1466 Dans le sens employé par B. Plessix : « regroupe les situations où le juge administratif, les théoriciens, voire plus rarement le législateur, empruntent volontairement une règle, une théorie ou des concepts appartenant au droit civil, dans le cadre d'une action pleinement consciente, intentionnelle, délibérée [...]. Utiliser c'est rendre utile, c'est satisfaire un besoin, c'est même faire servir à un fin précise ce qui n'y était pas nécessairement ou spécialement destiné ». Cf. PLESSIX (B.), *L'utilisation du droit civil dans l'élaboration du droit administratif*, *préc.*, pp. 47-48.

1467 RIVERO (J.), « Droit administratif français et droits administratifs étrangers », *préc.*, p. 477.

1468 AUCOC (L.), *Les études de législation comparée en France*, *préc.*, p. 3.

des études de droits étrangers était donc largement reconnue (A). Au tournant du XX^e^ siècle, le rapport positif aux droits étrangers s'illustra également par un intérêt grandissant pour les systématisations doctrinales, caractéristiques de la Belle Epoque[1469]. Les juristes français s'inspirèrent parfois des grilles de lectures étrangères permettant d'appréhender le droit administratif. G. Jèze par exemple, à la fin de ses *Principes généraux du droit administratif*, s'essaya à une théorie générale des fonctionnaires de fait, « problème extrêmement difficile et dont la solution générale, en droit public français, n'est pas donnée par la loi. Quant à la jurisprudence, elle n'est pas très bien établie ; les arrêts sur la matière sont très peu nombreux »[1470]. Or, tout au long de ce chapitre[1471], il semblait prendre pour référence le droit anglo-américain, tel que décrit notamment, pour le droit américain, par F. J. Goodnow, dont il citait régulièrement la traduction française des *Principes du droit administratif des Etats-Unis*. Nombre de ses notes de bas de page commençaient en effet par la formulation suivante : « dans le common law anglo-américain »[1472]. L'amélioration du droit administratif français fut donc aussi recherchée sous son aspect théorique, grâce à l'apport des doctrines étrangères (B).

### A) Le temps des praticiens : l'argument de droit comparé pour inciter à la réforme du droit positif

**471.** Cet usage des droits étrangers pour inciter à la réforme du droit positif fut particulièrement caractéristique du XIX^e^ siècle[1473]. Par définition pragmatique, il fut avant tout le fait des praticiens, même si certains professeurs y eurent également recours. Tout le droit administratif français ne fut cependant pas concerné de la même façon. Dans certains de ses domaines, l'argument de droit comparé fut utilisé plus systématiquement que dans

---

[1469] JAMIN (C.) « Dix-neuf cent : crise et renouveau dans la culture juridique », in ALLAND (D.), RIALS (S.), *Dictionnaire de la culture juridique*, Paris, P.U.F., 2003, pp. 380-384 ; HAKIM (N.), MELLERAY (F.), « La belle époque de la pensée juridique française », in HAKIM (N.), MELLERAY (F.), *Le renouveau de la doctrine française*, Paris, Dalloz, 2009, pp. 1-12.

[1470] JÈZE (G.), *Les principes généraux du droit administratif*, Paris, V. Giard et E. Brière, 2^e^ éd., 1914, p. 442.

[1471] Et ce, dès le titre. *Ibidem*.

[1472] Par exemple, *idem*, pp. 445, 454, 457, 459, 518.

[1473] J.-J. Bienvenu remarque en effet que « tout chercheur qui regarde d'un peu près les travaux préparatoires de la législation, les lois de l'époque, est frappé par le volume de développement consacré au droit comparé. […] Le Conseil d'Etat a participé au moins là encore jusqu'en 1914, assez activement à l'activité législative, étant consulté assez fréquemment sur un nombre de textes de grande portée ». BIENVENU (J.-J.), « Brève histoire du droit public comparé », *préc.*, p. 294.

d'autres. Sans être exhaustif, il fit plus souvent apparition dans les questions relatives au régime local (1), mais également en matière de fonction publique (2).

### *1) L'administration locale*

**472.** La législation comparée constitua un instrument classique des libéraux[1474] pour convaincre le législateur de réformer dans le sens d'une plus grande décentralisation administrative et d'un renforcement des libertés locales, face à une tradition française fortement centralisatrice[1475]. Ce débat fut d'ailleurs le *leitmotiv* du XIXe siècle, ressurgissant de manière cyclique[1476], ainsi que le soulignait L. Aucoc, « à toutes les périodes de ces polémiques, depuis 1830, la législation comparée a joué un rôle »[1477]. Ce rôle était, *a minima*, de permettre d'alimenter le débat, quand bien même son usage et sa force de persuasion furent d'intensité variable selon les périodes. Les Etats-Unis d'Amérique furent dans un premier temps érigés en modèle ainsi que le montrent les travaux précurseurs en la matière d'A. de Tocqueville[1478]. Les législations d'Angleterre[1479], de Belgique ou encore de Suisse, furent prises à leur tour en exemple. Dans les années 1830-1840, le député du Gard F. Béchard n'hésitait pas, à plusieurs reprises[1480], à user de l'argument de droit

---

1474 L'emploi du terme peut cependant parfois prêter à confusion. Les républicains centralisateurs pouvaient aussi se définir comme « libéraux ». Derrière ce terme, il n'y a donc pas un ensemble homogène. Par ailleurs, les libéraux n'étaient pas les seuls à défendre la décentralisation. On lui trouve de fervents partisans parmi les ultras, nostalgiques du modèle féodal. Sur cette question, cf. BURDEAU (F.), *Libertés, Libertés locales chéries*, Paris, Editions Cujas, 1983, spéc. pp. 75-85.

1475 En particulier renforcée par le modèle napoléonien à partir de l'an VIII.

1476 Le discours décentralisateur s'exprima notamment pendant la monarchie de juillet, avant de refaire surface à partir de 1848. Il fut ensuite réduit au silence par l'avènement du second Empire. Mais c'est finalement dans la phase « libérale » du second Empire, à partir de 1860, qu'il ressurgit avec force. Cf. AUCOC (L.), « Les controverses sur la décentralisation administrative. Etude historique », *Revue Politique et Parlementaire*, 1895, n° 10, pp. 7-34 ; 1895, n° 11, pp. 227-254 ; BIGOT (G.), *L'Administration française. Politique, droit et société*, T. 1, 1789-1870, Paris, Litec, 2010, pp. 183-263.

1477 AUCOC (L.), « Les controverses sur la décentralisation administrative. Etude historique », *préc.*, p. 247.

1478 TOCQUEVILLE (A. de), *De la Démocratie en Amérique*, T. 1, Paris, Librairie de Charles Gosselin, 1835, pp. 66-137.

1479 Plus généralement sur « *le libéralisme français et le modèle anglais* », cf. CASSESE (S.), *La construction du droit administratif. France et Royaume-Uni*, Paris, Montchrestien, 2000, pp. 27-31.

1480 Il commença d'abord par dénoncer la centralisation administrative. Cf. BECHARD (F.), *Essai sur la centralisation administrative*, Paris, chez Hivert, 1836. Il s'était aussi fait connaître

comparé pour inciter à la réforme, revenant à la charge après le rejet de son amendement militant en faveur de la libre administration des affaires locales[1481]. Dans un ouvrage consacré à *l'Administration intérieure de la France*[1482], il annonçait dès le titre s'appuyer sur un « appendice sur les lois municipales des principaux Etats de l'Europe ». Les législations de la « Belgique, de la Hollande, de la Prusse, de l'Autriche, de l'Angleterre, de l'Espagne, etc. »[1483] étaient alors mobilisées. Il publiait ensuite un ouvrage plus explicite encore, exposant les *Lois municipales des Républiques de la Suisse et des Etats-Unis d'Amérique*[1484], exemples choisis en raison de leur « caractère municipal et fédératif diamétralement opposé à notre excessive centralisation »[1485]. Dès l'introduction, il annonçait qu'il lui avait paru « utile »[1486], au moment de la reprise des travaux interrompus de l'Assemblée législative sur l'administration des communes et des départements,

> « de reprendre [lui-même] une étude des législations municipales comparées [...]. Quel que doive être l'esprit de la loi municipale, promise par l'article 57 de la constitution du 18 janvier 1852, il ne peut pas être sans intérêt pour ceux qui seront chargés d'élaborer cette loi, de chercher dans les législations étrangères, sinon des modèles, du moins des points de comparaison, et d'examiner notamment quelle est, dans les deux républiques, de la Suisse et des États-Unis, l'étendue et la limite de la démocratie communale »[1487].

---

en s'opposant à A. F. Vivien, rapporteur du projet de loi municipale en 1837. Pour plus de précisions, cf. BIGOT (G.), *L'Administration française. Politique, droit et société*, T. 1, *préc.*, pp. 203-205.

1481 Amendement qu'il déposa lors de la discussion relative au chapitre VII de la Constitution de 1848, consacré à l'administration intérieure. Cet amendement n'était cependant pas si révolutionnaire que cela. Cf. l'avis de BIGOT (G.), *L'Administration française. Politique, droit et société*, T. 1, *préc.*, p. 213.

1482 BECHARD (F.), *De l'Administration intérieure de la France*, T. 1, Paris, D. Giraud et J. Dagneau, 1851.

1483 *Idem*, p. XI.

1484 BECHARD (F.), *Lois municipales des Républiques de la Suisse et des Etats-Unis d'Amérique*, Paris, D. Giraud et J. Dagneau, 1852.

1485 *Idem*, p. 10.

1486 *Ibidem*.

1487 *Idem*, pp. 10-11.

**473.** Toutefois, entre 1838 et 1852, c'est-à-dire une fois les premières initiatives de libéralisation de l'Administration accomplies par les réformes entreprises sous la monarchie de juillet, et ce jusqu'au recul amorcé par le 2nd Empire, le discours partisan de la décentralisation n'était plus majoritaire chez les administrativistes. Pour G. Bigot, ces derniers étaient avant tout des « libéraux-étatistes »[1488]. Ils croyaient en effet aux vertus de la centralisation pour garantir les libertés par une application uniforme de la loi[1489]. A.-F. Vivien, L.-M. de Cormenin, ou encore J. Boulatignier combattirent fermement les idées décentralisatrices. A.-F. Vivien semblait même rejeter en 1851 les arguments de droit étranger : « l'autorité des exemples empruntés à l'étranger est fort contestable et ces rapprochements sont souvent trompeurs »[1490]. En réalité, ce n'était pas un rejet de principe, mais bel et bien celui d'un mauvais usage, qui n'en resterait qu'au seul texte, méconnaissant l'esprit des institutions, leur pratique, leurs éventuelles évolutions, et surtout, les mœurs et traditions politiques des pays pris en exemple. Les études de législations étrangères pouvaient tout de même, sous cette réserve, fournir « des renseignements utiles »[1491].

**474.** L. Aucoc, dans son analyse des controverses sur la décentralisation administrative, réitérait d'ailleurs les précautions nécessaires à prendre avant toute démarche comparative[1492], dénonçant les erreurs matérielles qui avaient caractérisé certaines études de législation étrangère passées. Il soulignait cependant, dans le même temps, combien ces études pouvaient venir en renfort d'une plus grande décentralisation[1493] à partir de la phase plus libérale du 2nd Empire. Les années 1860 semblaient alors constituer un « âge d'or de

---

1488 BIGOT (G.), *L'Administration française. Politique, droit et société*, T. 1, *préc.*, p. 199.

1489 *Ibidem.*

1490 Cité par AUCOC (L.), « Les controverses sur la décentralisation administrative. Etude historique », *préc.*, p. 247.

1491 *Ibidem.*

1492 « Nous ne saurions trop insister sur la prudence avec laquelle il faut s'engager dans cette voie, sur les précautions qu'il faut prendre pour éviter les appréciations inexactes. Nous l'avons déjà signalé d'une manière générale dans nos travaux sur les études de législation comparée. S'assurer que le texte est bien traduit quand on le lit dans une traduction, s'assurer qu'il est encore en vigueur, s'assurer des raisons plus ou moins spéciales au pays qui ont pu l'inspirer, s'assurer de la manière dont il est appliqué, s'assurer enfin des résultats qu'a produits son application, c'est la méthode indispensable à suivre ; c'est à ces conditions seulement qu'on ne risque pas de s'égarer et qu'on peut tirer un parti utile de ces études ». AUCOC (L.), « Les controverses sur la décentralisation administrative. Etude historique », *préc.*, pp. 249-250.

1493 *Idem*, p. 247.

la pensée décentralisatrice »[1494], dont E. Laboulaye se voulait le digne représentant[1495], exploitant à son tour l'exemple des Etats-Unis, et s'appuyant plus généralement sur des exemples étrangers. Au même moment, réapparaissait sur le devant de la scène O. Barrot, fervent défenseur de la décentralisation[1496], « trois fois déçu »[1497] par les expériences passées.

**475.** Parmi les administrativistes, ce sont les écrits d'A. Batbie qui apparaissent particulièrement éclairants. S'il rappelait en 1863, dans un chapitre intitulé « décentralisation et centralisation »[1498], que la décentralisation sur le modèle anglais ne pouvait être un exemple pour la France, en raison de traditions trop différentes, il insistait sur le fait que d'autres pays pouvaient néanmoins être pris comme modèle. Citant d'abord les Etats-Unis pour prouver « que la liberté politique et la décentralisation peuvent se concilier avec d'autres mœurs »[1499], il remarquait ensuite qu'il ne s'agissait pas non plus de l'exemple le plus pertinent, car « si l'amour de l'égalité et la jalousie des supériorités nous font ressembler aux citoyens des États-Unis, il y a entre eux et nous plus d'une différence »[1500]. Malgré cela, cet exemple servait tout de même à démontrer que « des institutions décentralisées sont compatibles avec les régimes politiques les plus opposés » et de conclure « qu'elles sont susceptibles d'être appropriées à un état social quelconque »[1501]. Surtout, sa comparaison la plus convaincante était de faire

---

1494 BIGOT (G.), *L'Administration française. Politique, droit et société*, T. 1, *préc.*, p. 234.

1495 Que l'on pense à son pamphlet écrit sous le pseudonyme du Docteur René Lefebvre, ou encore de son programme pour le parti libéral. Cf. LEFEBVRE (R.), *Paris en Amérique*, Paris, Charpentier, 1863 ; LABOULAYE (E.), *Le Parti libéral, son programme et son avenir*, Paris, Charpentier, 1863.

1496 Cf. BARROT (O.), *Etudes contemporaines. De la centralisation et de ses effets*, Paris, H. Dumineray, 1861.

1497 Cf. BIGOT (G.), *L'Administration française. Politique, droit et société*, T. 1, *préc.*, p. 245.

1498 BATBIE (A.), *Traité théorique et pratique de droit public et administratif contenant l'examen de la doctrine et de la jurisprudence. La comparaison* de *notre législation avec les principales lois politiques et administratives de l'Angleterre, des Etats-Unis, de la Belgique, de la Hollande, des principaux Etats de l'Allemagne et de l'Espagne. La comparaison de nos institutions actuelles avec celle de la France avant 1789*, T. 4, Paris, Cotillon, 1863, pp. 421-468.

1499 BATBIE (A.), *Traité théorique et pratique de droit public et administratif contenant l'examen de la doctrine et de la jurisprudence. La comparaison* de *notre législation avec les principales lois politiques et administratives de l'Angleterre, des Etats-Unis, de la Belgique, de la Hollande, des principaux Etats de l'Allemagne et de l'Espagne. La comparaison de nos institutions actuelles avec celle de la France avant 1789*, T. 4, Paris, Cotillon, 1863, p. 448.

1500 *Idem*, pp. 448-449.

1501 *Id.*, p. 450.

appel à la Hollande et à la Belgique, parce qu'elles avaient justement été soumises aux lois de l'Empire napoléonien jusqu'en 1815, « et par conséquent, soumises à la centralisation administrative »[1502]. Rappelant qu'à partir de leur indépendance, elles avaient procédé à une « sage transaction entre les avantages de la centralisation et ceux de la décentralisation »[1503], A. Batbie souhaitait prouver, par cet exemple, « qu'un peuple n'est pas incapable, après avoir contracté l'habitude des pouvoirs centralisés, de revenir au self-government »[1504]. S'opposant à l'idée selon laquelle la tradition centralisatrice de la France la rendrait « impropre à un autre régime »[1505], il se disait convaincu de ce que le changement, comme en Belgique, « ne présenterait pas plus d'inconvénients dans notre pays. Comme eux, nous n'avons ni l'aristocratie prépondérante de l'Angleterre, ni l'esprit démocratique de l'Amérique. Rien ne prouve, par conséquent, que la décentralisation administrative répugne à l'état social de la France puisque, dans une certaine mesure, elle a pu se concilier avec celui de la Belgique, qui est semblable au nôtre. C'est toujours par l'exemple de ce pays que je répondrai aux écrivains qui nous condamnent comme incurables et à jamais indignes de la liberté politique, dont la décentralisation n'est qu'une conséquence »[1506]. Tout le reste de son propos consistait à faire des propositions afin de montrer qu'il était possible de concilier la culture juridique française avec le *self-government*, non sans quelques adaptations, respectueuses de la tradition française[1507]. Faisant le bilan de la décentralisation administrative « réalisable »[1508] en France, il avertissait son lecteur en guise de conclusion :

> « Nous ne pouvons pas nous dissimuler que cette façon de comprendre la décentralisation ne donnera pas satisfaction aux publicistes qui ont soulevé ce problème. D'un autre côté, quelque modérées que soient nos propositions, elles paraîtront dangereuses aux praticiens officiels de l'administration. L'examen impartial de la question nous retient entre les deux extrêmes. Si nous avons pris ce parti intermédiaire, le lecteur croira, nous l'espérons, qu'il n'y a de notre part ni timidité ni prudence calculée. Profondément convaincu que la franchise est le parti le plus profitable, en même temps

1502 *Ibidem.*

1503 *Idem*, p. 451.

1504 *Ibidem.*

1505 *Ibid.*

1506 *Ibid.*

1507 *Idem*, pp. 451-466.

1508 *Id.*, p. 466.

que le plus honnête, nous n'avons pris conseil que de notre amour de la vérité. Les illusions chimériques des uns ne nous ont pas plus troublés que la résistance des autres. La décentralisation n'est pas, à nos yeux, une panacée qui ait le pouvoir de guérir tous les maux de notre temps elle ne présente pas non plus les dangers dont s'effrayent les fonctionnaires »[1509].

**476.** Ces idées libérales furent ensuite regroupées dans un projet de décentralisation, baptisé *Manifeste de Nancy*, qui semblait s'inspirer lui aussi, pour certaines questions, de la Belgique[1510]. Une commission de décentralisation, présidée par O. Barrot fut d'ailleurs instaurée par un décret du 22 février 1870 afin de travailler à la réforme.

**477.** Néanmoins, cette lente marche vers la décentralisation commença à se voir véritablement couronnée de succès à partir de la IIIe République. La loi du 10 août 1871 réorganisant les institutions départementales s'engageait la première dans cette voie. L'œuvre décentralisatrice n'était cependant pas encore achevée si bien que les diverses incitations à la réforme de l'organisation des communes continuaient à prendre l'étranger en exemple. P. Leroy-Beaulieu[1511], sans prétendre « copier servilement »[1512] la constitution communale ou provinciale d'un Etat voisin, « fruit de traditions séculaires qui se sont formées avec les mœurs nationales et privées au point de s'identifier presque avec elles »[1513], considérait qu'« il importe de rapprocher et de comparer entre elles les institutions municipales et provinciales des peuples les plus florissants d'Europe. [...] Au point de vue politique aussi, cet examen comparatif a son incontestable valeur ; car s'il est puéril de vouloir implanter dans un pays en bloc et dans tous ses détails l'organisation administrative

---

[1509] *Id.*, pp. 467-468.

[1510] Pour plus de précisions, cf. BIGOT (G.), *L'Administration française. Politique, droit et société*, T. 1, *préc.*, pp. 247-251.

[1511] Au préalable, il avait déjà publié un article en 1871 participant de la même idée. Cf. LEROY-BEAULIEU (P.), « La réforme municipale en France. La commune et le self-governement », *Revue des Deux Mondes*, 1871, n° 6, pp. 248-279

[1512] LEROY-BEAULIEU (P.), *L'administration locale en France et en Angleterre*, Paris, Guillaumin et cie, 1872, p. VII.

[1513] *Idem*, p. VII-VIII. Il commençait d'ailleurs dès la première phrase de son introduction par rappeler que « ce qu'il y a de plus intime dans les institutions d'un peuple, ce qui porte le plus l'empreinte de son caractère, de son génie national et de son histoire, c'est l'administration locale ».

d'une autre contrée, il est utile de rechercher quels sont les éléments de vitalité et de stabilité dont jouissent les nations prospères, afin d'en emprunter ce qui est compatible avec une organisation et des mœurs différentes »[1514]. Il partait donc de l'examen comparatif de deux nations ayant résolu les questions locales de manière différente, et concluait dans une partie intégralement dédiée aux « réformes de l'année 1871 en France et les moyens pratiques de décentraliser »[1515], qu'il fallait abandonner « franchement ce que nous ne pouvons retenir et laissons aux municipalités cette autonomie, qu'il est aujourd'hui périlleux de chercher à leur enlever. L'organisation du bourg anglais est un excellent modèle : n'hésitons pas à nous en rapprocher »[1516], autrement dit, celui d'un maire plus indépendant de l'Etat, mais néanmoins dépendant du conseil municipal et des administrés[1517].

**478.** Avec un but « plus modeste »[1518], sans doute parce que moins incitatif, M. Block publiait également quelques années plus tard un ouvrage intitulé *Les communes et la liberté. Etude d'administration comparée.* Il souhaitait « exposer en quelques traits ce qui existe, afin que chacun puisse juger en connaissance de cause »[1519] et procédait pour cela à l'examen des législations communales étrangères[1520]. Enfin, J. Ferrand, poursuivant le même objectif, publiait en 1879 un ouvrage intitulé *Les institutions administratives en France et à l'étranger. Des réformes à apporter sur la commune et le département*, dans lequel il insistait sur la nécessité de « franchir nos frontières », pour aller « rechercher comment les autres peuples de l'Europe ont réussi à substituer à leurs gouvernements et à leurs mœurs d'Ancien Régime, des gouvernements et des mœurs constitutionnels »[1521].

---

[1514] *Idem*, p. VIII.

[1515] *Idem*, pp. 393-440.

[1516] *Id.*, p. 397.

[1517] *Id.*, p. 399.

[1518] BLOCK (M.), *Les communes et la liberté. Etude d'administration comparée*, Paris, Berger-Levrault, 1876, p. 4.

[1519] *Ibidem.*

[1520] En réalité, comme l'auteur le signalait dans la préface, la partie consacrée à l'exposition des législations étrangères était extraite de BLOCK (M.), *Dictionnaire de l'Administration française*, Paris, Berger-Levrault, 1856.

[1521] FERRAND (J.), *Les institutions administratives en France et à l'étranger. Des réformes à apporter sur la commune et le département*, Paris, Cotillon, 1879, pp. II-III. Il poursuivit ce type d'études en publiant plus spécifiquement une analyse comparative entre la France et l'Italie. Cf. FERRAND (J.), « La réforme municipale en France et en Italie », *Bulletin de la Société de législation comparée*, 1881, n° 4, pp. 266-307.

**479.** Tous ces exemples d'utilisation de l'argument de droit comparé pour inciter à la réforme décentralisatrice au cours du XIX^e siècle, ne furent pas automatiquement suivis d'effets concrets. Cependant, ces études participèrent inéluctablement à alimenter les débats et influencèrent les avancées de la France, pas à pas, sur la voie d'une plus grande décentralisation. La loi du 5 avril 1884 paracheva ainsi cette évolution et est aujourd'hui encore considérée comme le point de départ officiel de la décentralisation à la française, inspirée, vraisemblablement, des exemples étrangers.

**480.** Un autre domaine dans lequel l'argument de droit comparé trouva particulièrement à se développer est celui de la fonction publique.

### *2) La fonction publique*

**481.** Paradoxalement, alors que la fonction publique française fut bien souvent érigée en modèle, elle se révéla être « le premier et le plus remarquable des thèmes sur lesquels une influence allemande sur des réformes françaises en matière d'administration publique peut être relevée »[1522]. Le modèle fut donc lui-même inspiré, sous certains aspects, d'exemples étrangers, et tout particulièrement de l'exemple allemand.

**482.** Le premier problème qu'il fallait résoudre, en s'inspirant éventuellement des solutions étrangères, était celui de la formation des fonctionnaires et des modalités de leur accès aux fonctions publiques. Au XIX^e siècle, l'Administration était souvent dénoncée en raison de la médiocrité de ses employés. E. de Girardin déplorait le fait que la carrière administrative soit la « seule dont les abords soient livrés sans défense aux prétentions de l'ignorance et à la présomption de l'incapacité »[1523]. Dans un tout autre registre, non moins percutant, l'ouvrage satirique consacré aux employés, issu de *La Comédie humaine* de H. de Balzac, renseignait sur

---

[1522] MARCOU (G.), « Le droit administratif allemand dans la science juridique française », in BEAUD (O.), HEYEN (E. V.), *Eine deutsch-französische Rechtswissenschaft ? Kritische Bilanz und Perspektiven eines kulturellen Dialogs. Une science juridique franco-allemande ? Bilan critique et perspectives d'un dialogue culturel*, Baden-Baden, Nomos, 1999, pp. 257-278, spéc. p. 263. L'auteur nuance cependant légèrement son propos en signalant que cette influence s'est surtout limitée à la première moitié du XIX^e siècle, et qu'elle se reflétait « plus dans les débats que dans leur issue » (Idem, p. 263).

[1523] DE GIRARDIN (E.), *De l'instruction publique*, Paris, A. Desrez, 1838, p. 343.

l'opinion généralisée de l'époque[1524]. Comme l'analyse P. Rosanvallon, le modèle français était avant tout celui d'une « élite administrative » tous les efforts ayant été concentrés sur l'organisation « au sommet de l'Etat [d'] une force politique et sociale au service du régime, et définir des pôles d'impulsion de l'action », plus que dans la construction d'« une machine administrative homogène et régulière jusqu'à ses niveaux les plus subalternes »[1525]. Pour cet auteur, il est alors « paradoxal de constater que la France — réputée terre de tradition étatique — est, au milieu du XIXe siècle, dotée d'une administration moins rationnellement organisée et d'administrateurs moins bien formés qu'en Allemagne, ou même qu'en Angleterre »[1526].

**483.** Les premières initiatives pour résoudre ce problème commencèrent dès le début du XIXe siècle et se prolongèrent tout au long de ce siècle[1527]. Le débat se cristallisa en particulier sur la nécessité d'une formation spécialisée dans les affaires administratives[1528], garante d'un certain niveau d'exigences. Les premiers projets en ce sens furent celui, en 1815, de C. J. F. Herbouville, ancien préfet d'Anvers et de Lyon puis député, et de Henri Beyle (plus connu encore sous son nom de plume, Stendhal), fraîchement nommé auditeur au Conseil d'Etat. Tous deux proposaient de créer une école spécialisée, suivant le modèle de l'école Polytechnique[1529]. Plus tard, ce fut L. A. Macarel qui déplorait le fait que la « science du gouvernement des hommes » ait été « jusqu'ici trop négligée »[1530]. Dès 1833, il insistait sur la « nécessité de créer

---

1524 Cf. DE BALZAC (H.), « Les employés ou la Femme supérieure », in *Œuvres complètes : La Comédie humaine*, vol. 11, Scènes de la vie parisienne, Paris, Furne, 1844. Cf. également, THUILLIER (G.), « Comment Balzac voyait l'Administration », *La Revue administrative*, 1955, n° 46, pp. 384-397.

1525 ROSANVALLON (P.), *L'Etat en France de 1789 à nos jours*, Paris, Editions du Seuil, 1993, p. 63.

1526 *Ibidem*.

1527 Pour des développements détaillés de ces initiatives, cf. THUILLIER (G.), *L'E.N.A. avant l'E.N.A.*, Paris, P.U.F., 1983.

1528 Plusieurs voies pouvaient être empruntées pour cela : l'adaptation des facultés de droit, la création d'une nouvelle faculté d'administration, à côté des facultés de droit, ou bien la création d'une école spéciale, sur le modèle de Polytechnique. Cf. OSBORNE (T. R.), « The "German Model" in France : French Liberals and the Staatswissenschaften, 1815-1848 », *Jahrbuch für Europäische Verwaltungsgeschichte. Annuaire d'histoire administrative européenne*, 1989, T. 1, pp. 123-139, spec. pp. 125-126.

1529 Pour plus de précisions, cf. THUILLIER (G.), *L'ENA avant l'ENA*, *préc.*; OSBORNE (T. R.), « The "German Model" in France : French Liberals and the Staatswissenschaften, 1815-1848 », *Jahrbuch für Europäische Verwaltungsgeschichte. Annuaire d'histoire administrative européenne*, T. 1, 1989, pp. 123-139, spec. p. 126.

1530 MACAREL (L. A.), « Appendice. Note B », in *Eléments de droit politique*, Paris, Nève, 1833, pp. 510-516, spéc. p. 514.

une faculté des sciences politiques et administratives, ou du moins une Ecole spéciale, à Paris » et soulignait, dans le même temps, « qu'il serait honorable pour la France de donner le premier exemple d'études méthodiques et complètes en ce genre »[1531]. Imaginant ce que pourraient être les matières enseignées dans cette « sixième faculté »[1532], il y incluait également « *un cours d'administration comparée* »[1533]. Si cette proposition avait fait l'objet d'une lettre écrite le 24 décembre 1832 au ministre de l'instruction publique[1534], il s'avère qu'elle ne fut pas immédiatement suivie d'effet, et même que la France prit du retard sur cette question.

**484.** En effet, dans cette quête d'un système de formation méritocratique, nombre de juristes se réfèrent alors aux droits administratifs étrangers afin d'inciter le législateur à la réforme. G. Cuvier, célèbre paléontologue, mais aussi conseiller d'Etat durant la Restauration, milita en faveur d'une école supérieure d'administration. C'est notamment par l'observation de ce qui se faisait à l'étranger, et tout particulièrement en Allemagne[1535], que naquit l'idée de ce projet. Il suggérait en effet : « peut-être serait-il même possible et à coup sûr il serait très utile d'établir comme en Allemagne un enseignement régulier des diverses branches de l'administration et de n'admettre aux emplois que ceux qui auraient subi cet enseignement »[1536]. Il fut ainsi à l'initiative de l'instauration des cours de droit administratif dans les facultés de droit par l'ordonnance du 24 mars 1819[1537]. Un an plus tard, ses ambitions étaient plus grandes encore en soumettant au ministère son projet d'une Faculté des sciences administratives inspirée du modèle allemand[1538]. Même si son projet échoua finalement, « son grand prestige fut de nourrir l'idée d'une Faculté

---

[1531] *Ibidem.*

[1532] *Idem*, p. 511.

[1533] *Id.*, p. 512.

[1534] Ce que rappelle l'auteur. Cf. *id.*, p. 510.

[1535] Né à Montbéliard, alors principauté allemande, il avait suivi sa formation à Stuttgart, qui constituait sans doute sa source d'inspiration. Cf. THUILLIER (G.), *L'E.N.A. avant l'E.N.A.*, *préc.*, pp. 56-60 ; VENTRE-DENIS (M.), « L'administration publique comme matière d'enseignement à la Faculté de droit de Paris dans le premier tiers du 19e siècle », *Jahrbuch für Europäische Verwaltungsgeschichte, Annuaire d'histoire administrative européenne*, 1989, T. 1, pp. 105-122, spéc. p. 110.

[1536] Fonds Cuvier, Bibliothèque de l'Institut, Ms. 3, 270-3, cité par VENTRE-DENIS (M.), « L'administration publique comme matière d'enseignement à la Faculté de droit de Paris dans le premier tiers du 19e siècle », *préc.*, p. 111.

[1537] Même s'il faudra attendre quelques années pour un enracinement définitif. Cf. *supra*, n° 64.

[1538] VENTRE-DENIS (M.), « L'administration publique comme matière d'enseignement à la Faculté de droit de Paris dans le premier tiers du 19e siècle », *préc.*, pp. 118-119.

spéciale des sciences administratives. Plus tard, les partisans du modèle germanique invoqueront systématiquement son nom »[1539]. L'idée du modèle allemand comme référent faisait donc son chemin et fut ensuite exploitée à de multiples reprises[1540].

**485.** Par exemple, en 1840, L. Nigon de Berty, en s'appuyant sur la traduction française de l'ouvrage de l'allemand J. Rumpf, intitulé *Les droits et devoirs des fonctionnaires et employés prussiens*[1541], procédait à une analyse comparative avec la France. Partant du constat selon lequel « jusqu'à ce jour on ne s'est point assez occupé en France des fonctionnaires d'Etat, et particulièrement des employés de l'administration »[1542], ce qui se traduisait par un manque d'exigence dans l'accès aux fonctions publiques, il proposait de remédier à ce problème en s'inspirant notamment de l'exemple prussien. Il avouait explicitement que « rien n'est plus utile, en effet, que de mettre à la portée des Français les institutions et les lois étrangères, généralement si peu connues dans notre pays trop exclusif. Notre législation peut leur faire ainsi plus facilement de nombreux emprunts et se perfectionner, même en imitant »[1543]. Il prétendait donc « esquisser rapidement » les principales dispositions du droit prussien « en faisant ressortir celles dont l'introduction en France nous semble le plus nécessaire »[1544].

---

[1539] « His great prestige kept alive the idea of a special faculté des sciences administratives. Later advocates of the German model always invoked his name », OSBORNE (T. R.), « The "German Model" in France : French Liberals and the Staatswissenschaften, 1815-1848 », *préc.*, p. 127.

[1540] Cf. *idem*, pp. 123-139 ; MESTRE (J.-L), « Le rayonnement en France des facultés de droit et d'administration de Tübingen sous la monarchie de juillet », *Revue de la Recherche Juridique*, 1988, pp. 85-111 ; MESTE (J.-L.), « La connaissance des droits administratifs allemands en France entre 1830 et 1869 à partir de la "Revue étrangère" de Foelix », *Jahrbuch für Europäische Verwaltungsgeschichte. Annuaire d'histoire administrative européenne*, T. 2, 1990, pp. 193-212 ; MARCOU (G.), « Le droit administratif allemand dans la science juridique française », *préc.*, pp. 263-265. Plus généralement, concernant les références au modèle universitaire allemand, cf. CHARLE (C.), « Les références étrangères des universitaires. Essai de comparaison entre la France et l'Allemagne, 1870-1970 », *Actes de la recherche en sciences sociales*, 2003, n° 148, pp. 8-19, spéc. pp. 8-10.

[1541] RUMPF (J.), *Droits et devoirs des fonctionnaires et employés prussiens : depuis leur entrée en place jusqu'à leur sortie*, Paris, Le Normant, 1840.

[1542] NIGON DE BERTY (L.), « Les doits et devoirs des fonctionnaires publics en Prusse et en France », *Revue étrangère de législation et d'économie politique*, 1840, pp. 810-817, spéc. p. 811.

[1543] *Idem*, p. 812.

[1544] *Ibidem*.

**486.** Trois ans plus tard, en 1843, il était signalé dans la rubrique « Chronique » de la Revue étrangère et française de législation et d'économie politique la création d'une « école spéciale pour l'instruction des aspirants aux fonctions publiques » en Espagne[1545]. La même année, E. Laboulaye invitait à créer « des facultés d'administration distinctes des facultés de droit »[1546] à l'image de ce qu'avait fait l'Allemagne, et en particulier le Wurtemberg[1547]. Toute son étude consistait en une comparaison avec le système allemand, mettant régulièrement en avant l'avance de ce dernier. Par exemple, à propos des enseignements professés, il écrivait : « le lecteur jugera facilement, et par lui-même, quel est sur ce point la supériorité de l'Allemagne sur la France, et combien il est honteux pour nous, plus avancés dans la démocratie, de laisser prendre les devants dans la science à des gouvernements absolus comme la Prusse ou constitutionnels aussi modérés que la Bavière et le Wurtemberg »[1548]. Il se prononçait plus généralement en faveur de l'introduction d'un concours pour l'accès aux fonctions publiques, sur le modèle de la Prusse[1549], et plus encore sur celui du Wurtemberg « modèle en fait d'administration »[1550]. Ses conclusions générales étaient même sans appel : « l'exemple de l'Allemagne est là pour prouver qu'une pareille amélioration est non seulement sans danger, mais bonne, mais excellente, mais féconde en résultats inespérés : ne viendra-t-il donc pas un ministre qui réalise cette glorieuse mesure [...] ? »[1551].

**487.** Dans la continuité, et en s'appuyant d'ailleurs sur l'article d'E. Laboulaye, A.-F. Vivien regrettait lui aussi le manque d'exigence pour entrer dans l'administration civile[1552]. Bien que plus réservé sur la nécessité d'imiter

---

1545 Cf. « Chronique », *Revue étrangère et française de législation, de jurisprudence et d'économie politique*, 1843, p. 167.

1546 LABOULAYE (E.), « De l'enseignement et du noviciat administratif en Allemagne », *Revue de législation et de jurisprudence*, 1843, Tome XVIII, pp. 513-611, spéc. p. 535.

1547 Il s'y était rendu en 1840 sur recommandation du ministre de l'Instruction publique V. Cousin. Cf. MESTRE (J. L), « Le rayonnement en France des facultés de droit et d'administration de Tübingen sous la monarchie de juillet », *Revue de la Recherche Juridique*, 1988, pp. 85-111, spéc. p. 88.

1548 LABOULAYE (E.), « De l'enseignement et du noviciat administratif en Allemagne », *préc.*, p. 547.

1549 *Idem*, pp. 590-609.

1550 *Id.*, p. 546.

1551 LABOULAYE (E.), « De l'enseignement et du noviciat administratif en Allemagne », *Revue de législation et de jurisprudence*, 1843, T. XVIII, pp. 513-611, spéc. p. 611.

1552 En ce qui concerne l'administration départementale, il considérait par exemple que « l'accès n'en est point défendu contre les surprises de l'ignorance et de la médiocrité, et tous les postes en sont accessibles à toutes les ambitions ». Et plus généralement, il constatait que « l'enseignement public [...] a toujours laissé dans l'oubli et négligé celles

les législations étrangères, sans doute parce que convaincu que la France n'en avait pas souvent la nécessité[1553], il reconnaissait tout de même une utilité à leur étude. Ce faisant, il pouvait même admettre qu'elles soient parfois source d'inspiration. Il concédait alors qu'en ce qui concerne « des institutions secondaires »[1554], moins liées à des mœurs ou traditions particulières, « les gouvernements les plus absolus en possèdent que notre régime de liberté peut leur envier, et nous sommes assez riches pour leur en présenter à notre tour »[1555]. Il reconnaissait ainsi la valeur d'« heureux et pacifiques échanges dans lesquels la condition des peuples pourrait être améliorée »[1556]. Cette utilité, il la trouvait pour résoudre les questions d'accès aux fonctions publiques. Après avoir rejeté l'exemple de l'Angleterre, il faisait le choix d'examiner l'Allemagne, constatant qu'elle avait « depuis longtemps tracé la route ; les aspirants à la carrière de la magistrature y subissent successivement des examens théoriques, un stage et des épreuves pratiques »[1557]. Fort de cet exemple, il se prononçait en faveur d'« un enseignement spécial avec son esprit propre et son caractère particulier »[1558].

**488.** L'appel d'E. Laboulaye à une intervention gouvernementale sembla dans un premier temps entendu, puisqu'il fut vraisemblablement la source d'inspiration d'un projet de loi prévoyant un statut de la fonction publique, quand bien même ce projet fut par la suite repoussé à la Chambre des députés à une très courte majorité[1559]. Bien que non couronnée de succès, il est cependant certain que la proposition de réforme prenant appui sur l'exemple

---

[les connaissances] qui embrassent les intérêts généraux de la société. Il prépare et fait des avocats et des médecins, il ne s'occupe point de créer des hommes publics, des administrateurs, des diplomates, des financiers ». Cf. VIVIEN (A.-F.), *Etudes administratives*, Paris, Guillaumin, 1845, p. 84 et pp. 87-88.

1553 Par exemple, selon lui « la France a toujours occupé le premier rang dans le monde par sa supériorité dans les lettres et dans les sciences. Nos vieilles universités ont conquis une gloire dont le souvenir est encore vivant, et leur digne héritière, reconstituée par le génie de l'empereur, n'a pas été inférieure à ses devancières ». Cf. *idem*, p. 88.

1554 *Id.*, p. XIII.

1555 *Id.*, pp. XIII-XIV.

1556 *Ibidem.*

1557 *Idem*, p. 81. Constat réitéré p. 88.

1558 *Id.*, p. 88.

1559 L. Wolowski était également convaincu par l'exemple allemand et regrettait ce rejet. Il restait cependant optimiste en considérant qu' « il y a désormais certitude que la France ne continuera pas à être privée longtemps encore d'une hiérarchie régulière pour le choix et l'avancement des employés de l'Etat ». Cf. WOLOWSKI (L.), « Des conditions d'admission et d'avancement dans les fonctions publiques. Création des facultés des sciences administratives », *Revue de législation et de jurisprudence*, janvier-avril 1845, pp. 203-219, spéc. p. 203.

allemand joua un rôle déterminant. En effet, à force d'études répétées vantant les mérites du modèle allemand, une Ecole d'administration vit le jour en 1848, à l'initiative du ministre de l'instruction publique H. Carnot. Ce dernier citait d'ailleurs expressément G. Cuvier dans l'exposé des motifs du projet d'arrêté[1560]. L'Ecole eut néanmoins une courte existence, puisqu'elle fut supprimée en août 1849[1561]. Les mêmes questions se reposèrent à nouveau, et les réponses s'inspiraient toujours en partie de ce qui se faisait à l'étranger. Pour un dernier exemple, F. Larnaude, à l'occasion de la préface à l'ouvrage de P. Laband traduit en français en 1900, soulignait la pertinence d'éventuels emprunts à l'Allemagne. Et c'est en particulier dans le domaine de la fonction publique qu'il faisait ce constat :

> « Je pourrais surtout, si je comparais les deux pays au point de vue de l'organisation de l'administration et de la fonction publique, montrer ce que nous gagnerions à emprunter à nos voisins les règles si prudentes du recrutement, de l'avancement, de la surveillance et du contrôle, en matière de fonction publique [...]. Où trouverons-nous donc ce modèle ? Ce ne sera pas en Angleterre où l'administration professionnelle est réduite au strict minimum, ce ne sera pas en Amérique où tout est si particulier, si spécial, si spécifiquement national. L'Allemagne nous offre au contraire un modèle d'autant plus facile à imiter qu'il est dans les traditions et dans le génie de la France d'avoir une administration puissante et fortement constituée. Et, si un juge bien informé a pu appeler l'administration prussienne "l'administration la plus laborieuse du monde", n'y a-t-il pas pour nous un intérêt de premier ordre à en étudier le mécanisme ? »[1562].

**489.** Plusieurs tentatives eurent donc lieu entre 1848 et 1945, date à laquelle l'Ecole Nationale d'Administration fut créée. Le résultat est sans doute un compromis entre la tradition française et les sources d'inspiration

---

[1560] Arrêté du 8 mars 1848, *portant création d'une école d'administration destinée au recrutement des diverses branches d'administration.*

[1561] Pour une synthèse du cheminement effectué jusqu'en 1849, cf. LAFERRIÈRE (F.), « De l'enseignement administratif dans les facultés de droit et d'une école spéciale d'administration », *Revue de législation et de jurisprudence*, Janvier-Avril 1849, pp. 104-136.

[1562] LARNAUDE (F.), « Préface », in LABAND (P.), *Le droit public de l'Empire allemand, préc.*, pp. XVII-XVIII.

étrangère. Ces dernières n'en ont pas moins été déterminantes en suscitant le débat à la fois sur la nécessité d'une telle formation et sur son contenu.

**490.** Le domaine de la fonction publique fut globalement un domaine privilégié où l'argument de droit comparé fut régulièrement mobilisé, pour inciter à la réforme législative voire pour inspirer des solutions jurisprudentielles. A la fin du XIXe siècle par exemple, les critiques de la garantie des fonctionnaires, consacrée par l'article 75 de la Constitution de l'an VIII, et ayant par ailleurs séduit d'autres pays, alertaient sur l'abandon de ce type de mesures favorisant l'omnipotence du pouvoir. E. Poitou, citait ainsi en exemple la Belgique pour avoir eu le mérite de repousser « cette institution, ennemie de la liberté civile »[1563] et ajoutait que « la Prusse, qui l'avait adoptée, vient de la supprimer »[1564]. Il constatait alors que « la France a volontiers la vanité de croire qu'elle est toujours à la tête des nations. C'est la Prusse qui lui donne aujourd'hui des leçons de libéralisme »[1565]. Un an plus tard, l'article 75 était supprimé par un décret-loi du 19 septembre 1870[1566]. Sans forcément y trouver un lien de causalité directe, les exemples étrangers venaient très certainement alimenter le débat[1567].

---

1563 POITOU (E.), *La liberté civile et le pouvoir administratif en France*, Paris, Charpentier et Cie, 1869, p. 253.

1564 *Ibidem.*

1565 *Idem*, pp. 253-254.

1566 Même si le Tribunal des conflits réinstaurera en 1873 une forme de garanties des fonctionnaires avec la décision Pelletier (T.C., 30 juillet 1873, *Pelletier*, Rec. p. 117), en consacrant la distinction entre faute de service et faute personnelle. Cf. VEDEL (G.), « Discontinuité du droit constitutionnel, continuité du droit administratif : le rôle du juge », in *Mélanges offerts à Marcel Waline. Le juge et le droit public*, T. 2, Paris, L.G.D.J., 1974, pp. 777-793, spéc. pp. 782-785.

1567 Les administrativistes français étaient d'autant plus sensibles à la situation des pays étrangers anciennement sous domination napoléonienne, comme ce fut le cas de la Belgique (cf. par exemple ROMIEU (J.), « De la séparation des pouvoirs administratif et judiciaire », *Annales de l'Ecole libre des sciences politiques*, 1886, pp. 364-376). Comme l'explique J.-L. Mestre, en ce qui concerne le rapport de la France à l'Allemagne, « le point de départ de la comparaison, c'est alors la constatation de l'identité initiale de la règle en France et dans l'Etat allemand concerné, voire dans une partie seulement de cet Etat. Les juristes français sont sensibles à cet aspect des choses car ils peuvent y voir soit un maintien, susceptible de flatter l'amour-propre national, de l'influence juridique française au-delà du Rhin, soit un recul de cette influence. Recul qui mérite leur attention, car il débouche sur cette question : ne conviendrait-il pas d'introduire en France les réformes apportées en la matière par la nouvelle législation allemande ? ». Cf. MESTE (J.-L.), « La connaissance des droits administratifs allemands en France entre 1830 et 1869 à partir de la "Revue étrangère" de Foelix », *préc.*, p. 206. Cf. également MESTRE (J.-L.), « La connaissance des droits administratifs étrangers en France entre 1815-1869 », *préc.*, p. 721.

**491.** Les exemples étrangers ne furent cependant pas uniquement utilisés dans le but d'inciter à la réforme. Les administrativistes français s'en servirent également afin d'enrichir leur propre approche théorique.

### B) Le temps des théoriciens : l'utilisation de la doctrine allemande pour enrichir l'approche théorique du droit administratif

**492.** D'un point de vue quantitatif, c'est majoritairement vers la doctrine allemande que les juristes français se tournèrent, attirés notamment par le caractère conceptuel de sa science. O. Motte rappelle à ce sujet que « l'Allemagne a alors véritablement été l'épicentre de la science européenne, notamment dans le domaine du droit »[1568]. Le rapport scientifique avec l'Allemagne pourrait faire l'objet d'une analyse à lui seul[1569], empreint d'ambiguïté, rythmé par les relations politiques qu'entretinrent les deux pays. Si la doctrine allemande fut parfois vivement repoussée[1570], les liens entre les juristes français et leurs homologues d'outre-Rhin se concrétisèrent bien souvent par des « manifestations publiques d'intérêt et d'estime »[1571]. F. Laferrière, dans l'introduction de son *Cours de droit public et administratif*, pouvait ainsi expressément remercier R. Von Mohl pour ses éloges et ses conseils[1572]. Les rédacteurs de la revue allemande *Annales critiques de la jurisprudence allemande* se félicitaient à leur tour des échanges entretenus avec les Français, notamment en saluant la qualité de la *Revue de législation et de jurisprudence* :

> « La Revue de législation, en effet, a pris successivement une telle importance, qu'elle ne doit rester inconnue à aucun de ceux qui se sont voués sérieusement au culte de la science, et qu'elle réclame notamment à un haut degré l'attention des jurisconsultes allemands. Nous y trouvons avec plaisir un exemple de cette action

---

1568 MOTTE (O.), *Lettres inédites de juristes français du XIXe siècle conservées dans les archives et bibliothèques allemandes*, T. 1, Bonn, Bouvier, 1989, p. 15.

1569 Cf. par exemple DIGEON (C.), *La crise allemande de la pensée française. 1870-1914*, Paris, P.U.F., 1ère éd., 1959, réimpr., Paris, P.U.F., 1992.

1570 Cf. *infra*, n° 512-519.

1571 MESTRE (J. L), « Le rayonnement en France des facultés de droit et d'administration de Tübingen sous la monarchie de juillet », *préc.*, p. 106.

1572 LAFERRIÈRE (F.), *Cours de droit public et administratif mis en rapport avec les lois nouvelles et précédé d'une introduction historique*, T. 1, Paris, Cotillon, 5e ed., 1860, p. VI.

> réciproque qui se montre toujours lorsque différentes classes de personnes se vouent avec ardeur à la même science, et échangent les produits de leurs travaux. Sans vanité nationale, nous pouvons dire que l'influence, soit directe, soit indirecte des travaux accomplis en Allemagne dans ce siècle, se fait sentir presque dans chaque article de la Revue de législation, et que partout on y remarque la tendance à s'appliquer à la science avec la consciencieuse profondeur des Allemands. Mais si les Français nous doivent beaucoup dans ce sens, nous aussi nous devons reconnaître ce que leurs travaux nous fournissent en retour. Nous devons non seulement louer, mais encore tâcher de nous approprier, autant que possible, les qualités qui les distinguent, la facilité et l'élégance de l'exposition, leur intelligence rapide et pratique la largeur du point de vue »[1573].

**493.** Plus spécifiquement, les juristes français s'intéressèrent aux réflexions allemandes sur la méthode (1). Le concept allemand de personnalité morale fit également l'objet d'une attention toute particulière (2).

### *1) La méthode juridique*

**494.** Les réflexions sur la méthode scientifique[1574] passionnèrent rapidement les juristes français. « Le puissant effort de systématisation »[1575] de la science allemande du droit les avait en effet « profondément impressionnés »[1576], à tel point que cette dernière provoqua une certaine « fascination »[1577] de la doctrine française. Cette fascination des juristes français pour la science allemande et son érudition particulière se manifesta dès la première moitié du XIX^e^ siècle. Les auteurs à l'initiative de la *Thémis*

---

1573 Cité par CHAUFFOUR (V.), « Appréciation de la littérature juridique française en Allemagne », *Revue de législation et de jurisprudence*, 1845, pp. 277-283, spéc. pp. 283.

1574 Dont F. Gerber fut le précurseur dès 1852, suivi de P. Laband et d'O. Mayer à la fin du XIX^e^ siècle en ce qui concerne plus précisément le droit administratif.

1575 MOTTE (O.), *Lettres inédites de juristes français du XIX^e^ siècle conservées dans les archives et bibliothèques allemandes*, T. 1, *préc.*, p. 94.

1576 *Ibidem*.

1577 *Ibid.*

en sont l'illustration[1578]. Le renouveau engagé par l'Ecole historique allemande était alors objet d'attention et d'admiration[1579]. La supériorité de l'Allemagne était reconnue, en tant que « terre classique de la science juridique »[1580], parce qu'elle était réputée explorer « le vaste champ des sciences juridiques d'un œil plus profond que la France »[1581]. Comme le fait remarquer O. Motte, chez les juristes français de cette époque, « l'idée qu'il ne saurait y avoir de science juridique qu'inspirée par l'Allemagne, et sanctionnée par elle, fait parmi eux figure de dogme. Celle-ci devient, pour tous ceux qui s'occupent de la théorie du droit, la référence absolue ; par rapport à laquelle on se définit »[1582]. C'est en effet en cherchant l'assentiment de leurs homologues allemands que les juristes français semblaient reconnaître la dette scientifique qu'ils leur devaient.

1578 Comme le relate F. Laferrière : « il faut le reconnaître, la Thémis a répandu, la première, le nom de M. de Savigny, a propagé ses idées, a établi entre l'Allemagne et la France un courant scientifique dont notre pays a largement profité, dont l'Allemagne ensuite n'a pas cherché peut-être à profiter au même degré. Nous avons reçu de l'Allemagne les bienfaits de la science comme une nation capable un jour de rendre service pour service », cf. LAFERRIÈRE (F.), « Introduction historique à la table collective des revues de droit et de jurisprudence », *préc.*, p. IX.

1579 Cf. également F. Laferrière qui, s'adressant à C. Mittermaier pour le remercier de l'article consacré à son dernier ouvrage, disait qu'il s'efforçait, en tant qu'inspecteur général des facultés de droit, « de donner à nos facultés de province une certaine impulsion vers la méthode philosophique et la méthode historique qui trop longtemps y ont été négligées. Je voudrais bien qu'un peu de cette Science qui coule à pleins bords dans vos Universités s'épanchât dans nos Ecoles, vouées surtout à l'enseignement exégétique ». Laferrière à Mittermaier. Paris le 18 août 1853. Heidelberg, *Universitätsbibliothek*. Nachlaß Mittermaier Heid. Hs. 2746, reproduit in MOTTE (O.), *Lettres inédites de juristes français du XIXe siècle conservées dans les archives et bibliothèques allemandes*, T. 2, Bonn, Bouvier, 1990, pp. 1135-136, spéc. p. 1135.

1580 KOENIGSWARTER (L.-J.), « Revue des recueils étrangers », *Revue critique de législation et de jurisprudence*, 1854, T. 5, pp. 579-595, spéc. p. 579.

1581 *Ibidem*. Cf. également Chassan à Mittermaier. Colmar 5 juin 1837, Heidelberg, *Universitätsbibliothek*, Nachlaß Mittermaier Heid. Hs. 274, reproduit in MOTTE (O.), *Lettres inédites de juristes français du XIXe siècle conservées dans les archives et bibliothèques allemandes*, T. 1, *préc.*, p. 497 ; ou encore Chassan à Warnkönig. Colmar 5 juin 1837. Strasbourg, *Bibliothèque nationale et universitaire,* Fonds Warnkoenig Ms. 2465, reproduit in MOTTE (O.), *Lettres inédites de juristes français du XIXe siècle conservées dans les archives et bibliothèques allemandes*, T. 1, *préc.*, pp. 502-503, spéc. p. 503.

1582 MOTTE (O.), *Lettres inédites de juristes français du XIXe siècle conservées dans les archives et bibliothèques allemandes*, T. 1, *préc.*, p. 43.

**495.** J.-P. Chassan écrivait ainsi en s'adressant à L. A. Warnkoenig « c'est de votre pays que nous attendons aujourd'hui un jugement impartial, juste et éclairé sur les ouvrages scientifiques qui se publient en France »[1583]. C'est ce que l'on peut aussi supposer à la lecture de F. Laferrière qui remerciait notamment R. Von Mohl de sa lecture critique de son Cours théorique et pratique de droit public et administratif, critique lui ayant permis d'enrichir sa réflexion. Il reproduisait alors l'avis de ce dernier dès son introduction[1584] : « L'ouvrage de M. Laferrière sur l'ensemble du droit public et administratif répond à ce que nous entendons par un manuel systématique, du droit public positif. Les principes sont posés avec clarté et précision ; en cas de besoin, on rencontre de courtes explications historiques ; le sujet est suivi dans les détails, juste assez pour en donner une idée exacte, sans écraser le lecteur par la masse des exceptions et des particularités »[1585].

**496.** Cette fascination prit cependant un autre tournant avec le développement de la méthode scientifique dans le champ du droit public en Allemagne. Elle vira même à l'obsession, dans un mélange « d'attraction – répulsion »[1586] qui caractérisa les juristes français, en particulier alsaciens-mosellans, compte tenu du contexte particulier de la défaite de Sedan du 2 septembre 1870 qui vint entériner la victoire de la Prusse sur la France. A l'origine de « la crise allemande de la pensée française »[1587], cette défaite

---

[1583] Chassan à Warnkönig. Colmar 5 juin 1837. Strasbourg, *Bibliothèque nationale et universitaire,* Fonds Warnkoenig Ms. 2465, reproduit in MOTTE (O.), *Lettres inédites de juristes français du XIXe siècle conservées dans les archives et bibliothèques allemandes*, T. 1, *préc.*, p. 503.

[1584] VON MOHL (R.), « Du droit administratif en France. Examen des ouvrages de MM. Laferrière, Chauveau, Dufour et Macarel », *Revue de législation et de jurisprudence*, 1845, T.II, pp. 365-388, spéc. pp. 366-367 et alors même que R. Von Mohl, reconnaissait lui-même de son côté l'intérêt des écrits français sur le droit administratif, envisageant des échanges réciproques, quand bien même il reprochait certaines insuffisances à l'ouvrage de F. Laferrière. Cf. pp. 367-368.

[1585] LAFERRIÈRE (F.), *Cours théorique et pratique de droit public et administratif*, T. 1, Paris, Cotillon, 3e éd., 1850, pp. 4-5.

[1586] Expression qu'utilise A. Stora-Lamarre. Cf. STORA-LAMARRE (A.), « La guerre au nom du droit », *Revue d'histoire du XIXe siècle* [En ligne], 2005, n° 30, p. 4, consulté le 09 janvier 2016. Egalement par SCHÖNBERGER (C.), « Penser l'Etat dans l'Empire et la République : Critique et réception de la conception juridique de l'Etat de Laband chez Carré de Malberg », in BEAUD (O.), WACHSMANN (P.), *La science juridique française et la science juridique allemande de 1870 à 1918*, Strasbourg, Presses Universitaires de Strasbourg, 1997, pp. 255-271, spéc. p. 258. Pour une analyse de cette relation au sein de la Revue générale du droit, cf. CHERFOUH (F.), *Le juriste entre science et politique : la Revue générale du droit, de la législation et de la jurisprudence en France et à l'étranger (1877-1938)*, Thèse, dactyl., Bordeaux IV, 2010, spéc. pp. 384-398.

[1587] DIGEON (C.), *La crise allemande de la pensée française. 1870-1914*, *préc.*

conduisit en effet les intellectuels français à se remettre en question, persuadés que l'Allemagne devait aussi sa victoire à sa supériorité scientifique[1588]. Derrière ce sentiment d'infériorité, il y avait aussi une volonté claire de se hisser au niveau de la pensée allemande, pour rivaliser avec elle[1589].

**497.** Séduits par les postulats de départ de la méthode positiviste allemande[1590], celui de la pureté de la dogmatique juridique, assurée par la logique déductive et celui de l'autonomie nécessaire du droit public vis-à-vis du droit privé[1591], les juristes français cherchèrent à s'en inspirer. P. Laband notamment exerça sur eux une influence particulière, sans doute facilitée — ou forcée[1592] —, de fait, par son arrivée en septembre 1871 à la *Kaiser Wilhelms Universität*, nom désignant la nouvelle université allemande de Strasbourg après l'annexion de l'Alsace-Lorraine par l'Allemagne[1593]. L'attention que les juristes français portaient à ses écrits se reflétait en premier lieu par la traduction qu'ils firent de son œuvre. Les six tomes du *droit public de l'Empire allemand* furent ainsi traduits entre 1900 et 1904, à l'initiative de

---

1588 Comme le souligne O. Motte, « une fois dépassé le dénigrement stérile des années qui suivent la défaite, se fait jour, en raison de la conviction très généralement partagée que "Les Universités, c'est la force de l'Allemagne et le secret de ses triomphes", un véritable engouement pour la science allemande ». Cf. MOTTE (O.), *Lettres inédites de juristes français du XIXe siècle conservées dans les archives et bibliothèques allemandes*, T. 1, *préc.*, p. 50.

1589 FÉVRIER (J.-M.), « Les juristes et la défaite de 1870 (l'exemple de la doctrine publiciste) », *Revue administrative*, 2002, n° 329, pp. 479-486, spéc. p. 480.

1590 Désignée comme tel par souci de simplification, mais il ne faut pas la voir comme un tout homogène. Comme le souligne A. Gaillet, il y avait de nombreuses dissensions et elle a été le résultat « d'un dialogue interne à la doctrine allemande ». Cf. GAILLET (A.), « Léon Michoud et la doctrine allemande », in DUPRÉ DE BOULOIS (X.), YOLKA (P.), *Léon Michoud*, Paris, Institut Universitaire Varenne, 2014, pp. 109-130, spéc. pp. 111-112. Cf. également, JOUANJAN (O.), *Une histoire de la pensée juridique en Allemagne (1800-1918). Idéalisme et conceptualisme chez les juristes allemands du XIXe siècle, préc.*, pp. 194-196.

1591 Pour plus de précisions sur la présentation de ces deux « volets » du programme d'un droit public vraiment scientifique, cf. JOUANJAN (O.), « Carl Friedrich Gerber et la constitution d'une science du droit public allemand », *préc.*, pp. 11-13 ; JOUANJAN (O.), *Une histoire de la pensée juridique en Allemagne (1800-1918). Idéalisme et conceptualisme chez les juristes allemands du XIXe siècle, préc.*, pp. 192-194.

1592 Comme le souligne O. Jouanjan, « l'Université allemande de Strasbourg n'est pas un cadeau de l'Empire à son nouveau Reichsland » mais prétend au contraire « participer à l'effort nécessaire de germanisation des populations annexées, les rappeler à leur essence allemande et briser cette couche de francité qui leur voile et leur dérobe, à elles-mêmes, leur nature propre ». Cf. JOUANJAN (O.), *Une histoire de la pensée juridique en Allemagne (1800-1918). Idéalisme et conceptualisme chez les juristes allemands du XIXe siècle, préc.*, p. 190.

1593 Pour plus de précisions, cf. GAUDEMET (P.-M.), « Paul Laband et la doctrine française de droit public », *R. D. P.*, 1989, pp. 957-979, spéc. pp. 960-961.

M. Boucard et de G. Jèze, préfacés ensuite par F. Larnaude. Dans cette préface, F. Larnaude y disait « louer sans réserve l'œuvre entreprise »[1594] de traduction, compte tenu de la qualité de la science allemande en général, et de l'œuvre de P. Laband en particulier[1595]. Mais il insistait surtout sur ce que la science française pouvait retirer, d'un point de vue méthodologique, de l'œuvre de P. Laband. Convaincu, lui aussi, de la nécessité d'une analyse juridique pure, F. Larnaude saluait le fait que « c'est dans les mailles serrées du raisonnement juridique qu'il [P. Laband] enserre les institutions politiques et administratives »[1596]. Il avouait de ce point de vue s'inscrire dans le sillon de P. Laband : « Je crois, comme M. Laband, qu'il faut que le droit public soit autre chose qu'une suite de considérations philosophiques et politiques. Je crois que seule la règle juridique peut donner une enveloppe solide au corps inconsistant des intérêts et des forces. Je crois qu'une certaine cristallisation ou ossification est nécessaire dans les institutions même les plus sujettes à modification et à transformation »[1597].

---

1594 LARNAUDE (F.), « Préface », in LABAND (P.), *Le droit public de l'Empire allemand*, *préc.*, p. VIII.

1595 Il saluait en effet les mérites de « ce pays si profondément respectueux de tout ce qui est scientifique, où les systèmes juridiques ou philosophiques ont une si grande portée » ainsi que de l'ouvrage de P. Laband, qui « n'a pas eu seulement un succès d'école, il a eu l'influence politique la plus profonde ». Cf. *idem*, pp. VIII-IX.

1596 *Id.*, p. IX.

1597 *Id.*, pp. X-XI.

**498.** Il n'en partageait cependant pas toutes les conclusions[1598], et considérait par ailleurs que P. Laband [1599]et plus encore ses disciples[1600] n'étaient pas assez exigeants en ce qui concerne le deuxième volet, celui de la revendication autonomiste de la discipline. Malgré ces points de divergence, la méthode scientifique allemande inspira très certainement F. Larnaude dans ses réflexions. Même si son programme méthodologique publié à l'occasion du premier numéro de la *R.D.P.* paraissait antérieurement à la publication de la traduction de l'ouvrage de P. Laband, on peut supposer qu'il la connaissait déjà en langue originale[1601], et que son voyage en Allemagne en 1890 avait été l'occasion de se familiariser avec la science allemande[1602]. Par ailleurs, sa correspondance avec G. Jellinek, le priant de publier dans le premier numéro de la *R.D.P.*, afin que ses « premiers numéros parussent excellents »[1603], attestait de son intérêt pour les représentants des différents courants du positivisme allemand ou autrichien. Il souhaitait clairement donner tribune

[1598] Ce qu'il exprimait lorsque par une formule rhétorique il s'interrogeait lui-même : « Suis-je donc aussi un partisan de la stricte méthode juridique? Oui et non. », notamment parce qu'il ne se disait pas « aussi convaincu que M. Laband de l'universalité et de l'enchaînement rationnel et logique des principes généraux du droit, qui sembleraient, à l'entendre, être de tous les temps et de tous les lieux. Cette universalité ne me parait indiscutable que lorsqu'il s'agit des procédés logiques qu'utilise la dialectique juridique. Quant au Droit en lui-même il est quelque chose d'essentiellement relatif et contingent et ses principes (un mot et une idée dont on abuse singulièrement) présentent avant tout le caractère de variabilité. Ils s'adaptent sans doute quelquefois à des situations nouvelles, ou bien ou cherche à les y introduire de force en quelque sorte ». Cf. *ibidem*.

[1599] Il faut dire que P. Laband lui-même semblait admettre des concessions, constatant que « souvent la condamnation de la méthode "civiliste" cache la répugnance à traiter le droit public d'une manière "juridique", et, en voulant écarter les principes de droit privé, on rejette vraiment des principes de Droit, pour les remplacer par des considérations philosophiques et politiques ». Il admettait ainsi que « sans doute, à vrai dire, la science du droit privé a pris une telle avance sur toutes les autres disciplines du Droit que celles-ci ne doivent pas craindre de se mettre à l'école de la première, mieux développée » concluant que « dans l'état actuel de la littérature de droit public et en particulier de droit public d'Empire, il y a bien moins à redouter de la voir s'inspirer trop du droit civil, que de la voir perdre tout caractère juridique et tomber au niveau de la littérature politique du journal ». Cf. LABAND (P.), « Extrait de la préface de la première édition allemande », in *Le droit public de l'Empire allemand*, T. 1, Paris, V. Giard et E. Brière, 1900, pp. 1-5, spéc. pp. 4-5.

[1600] Cf. LARNAUDE (F.), « Préface », in LABAND (P.), *Le droit public de l'Empire allemand*, *préc.*, p. XII-XIV.

[1601] Il disait lui-même lire l'allemand. Cf. Larnaude à Jellinek, Paris, 10 novembre 1893, in MOTTE (O.), *Lettres inédites de juristes français du XIXe siècle conservées dans les archives et bibliothèques allemandes*, T. 2, *préc.*, p. 1141.

[1602] Cf. Larnaude au Ministre de l'Instruction publique. Paris le 27 juillet 1890. Arch. Nat. F17 2981, cité par MOTTE (O.), *Lettres inédites de juristes français du XIXe siècle conservées dans les archives et bibliothèques allemandes*, T. 1, *préc.*, p. 51 et T. 2, *préc.*, p. 1135.

[1603] Larnaude à Jellinek, Paris, 10 novembre 1893, in MOTTE (O.), *Lettres inédites de juristes français du XIXe siècle conservées dans les archives et bibliothèques allemandes*, T. 2, *préc.*, p. 1141.

aux travaux allemands sur le droit public, encore trop inconnus en France, « fâcheux état des choses »[1604] auquel il comptait dès lors mettre un terme.

**499.** Le cas de F. Larnaude n'était pas isolé, d'autres juristes français s'inspirèrent de la manière allemande d'appréhender le droit public. L. Michoud, connu pour sa « connaissance de la littérature allemande »[1605], poussé en ce sens par R. Saleilles[1606], revendiquait lui aussi cette démarche positiviste, censée « donner au droit une véritable nature scientifique »[1607]. Il se disait ainsi persuadé — et comptait bien persuader ses collègues — « de la nécessité qui s'impose d'adopter, en matière de droit public comme en matière de droit privé, une méthode juridique rigoureuse »[1608]. Il trouvait l'inspiration de cette méthode juridique dans les développements de l'Ecole allemande moderne, qu'il louait pour ses qualités, comme en témoignent ses références explicites dans ses écrits[1609]. R. Carré de Malberg s'intéressa lui aussi à la méthode allemande, dans le champ du droit constitutionnel plus particulièrement. Il était convaincu des vertus de la logique juridique et de la théorie pure du droit. Il en suivait donc lui aussi les postulats de départ[1610], non sans quelques adaptations[1611].

**500.** Le changement de paradigme méthodologique, consacrant le positivisme comme approche dominante, fut sans doute provoqué en France par ses prémices allemandes, même si les juristes français développèrent ensuite leurs propres approches, adaptées à leurs préoccupations. Comme le remarquait M. Deslandres — même si cela semblait quelque peu sur le ton du

---

1604 *Ibidem.*

1605 HAURIOU (M.), « Notices sur les œuvres de Léon Michoud », *R. D. P.*, 1916, T. 33, pp. 383-530, spéc. p. 495.

1606 *Idem*, pp. 494-495.

1607 PLESSIX (B.), « Léon Michoud », in HAKIM (N.), MELLERAY (F.), *Le renouveau de la doctrine française*, Paris, Dalloz, 2009, pp. 307-330, spéc. p. 313.

1608 MICHOUD (L.), *Des actes de gouvernement*, Grenoble, Imprimerie et Lithographie F. Allier père et fils, 1889, p. 70.

1609 Cf. MICHOUD, (L.), *La théorie de la personnalité morale et son application au droit français*, T. 1, Paris, L.G.D.J., 2e éd., 1924, reimpr. Paris, L.G.D.J., 1998, pp. 56 ; 221.

1610 Cf. GAUDEMET (P.-M.), « Paul Laband et la doctrine française de droit public », *préc.*, pp. 968-969 ; FÉVRIER (J.-M.), « Les juristes et la défaite de 1870 (l'exemple de la doctrine publiciste) », *préc.*, p. 482.

1611 BEAUD (O.), « Carré de Malberg, juriste alsacien. La biographie comme élément d'explication d'une doctrine constitutionnelle », in BEAUD (O.), WACHSMANN (P.), *La science juridique française et la science juridique allemande de 1870 à 1918*, Strasbourg, Presses Universitaires de Strasbourg, 1997, pp. 219-253, spéc. pp. 246-252.

regret — « cette méthode juridique, dont l'Allemagne nous a ainsi donné le manifeste et montré la mise en œuvre, la science allemande tout entière en est tributaire. Cela suffirait pour attirer sur elle notre attention. Mais il semble bien qu'elle veuille sortir de son pays d'origine et nous envahir. Déjà notre droit administratif s'efforce de s'imprégner de plus en plus de l'esprit juridique »[1612]. Ainsi, selon P.-M. Gaudemet, même le positivisme de L. Duguit était d'une certaine façon, et « malgré son recours original à la sociologie »[1613], une variante de la méthode de P. Laband, sachant que L. Duguit était un fin lecteur de la doctrine allemande, quand bien même il mettait souvent tout en œuvre pour la combattre[1614]. Sa méthode poursuivait en tout cas le même objectif, celui « de clarifier et d'analyser les concepts juridiques et de les débarrasser de la gangue historique, politique ou économique qui pourrait en altérer la pureté »[1615]. Il est toutefois possible d'émettre quelques réserves à l'égard de l'analyse de P.-M. Gaudemet dans la mesure où cette volonté de traiter scientifiquement le droit public était le seul point commun que partageait L. Duguit avec P. Laband. La méthode pour parvenir à ce but n'était pas la même. Par ailleurs, L. Duguit semblait adhérer à la critique « très juste »[1616] faite par M. Deslandres de la « méthode dite juridique »[1617]. Il revendiquait le positivisme sociologique, soucieux de l'observation des faits, en bref, soucieux d'une approche qu'il disait réaliste, évitant toute abstraction et surtout tout dogmatisme.

**501.** Pour résumer, il y eut bien réception, quand bien même il s'agissait d'une « réception prudente et réfléchie de la doctrine publiciste allemande du côté français »[1618]. Et même lorsqu'il semblait y avoir une opposition frontale entre doctrine française et doctrine allemande, compte tenu de la « compétition politique entre la République et l'Empire »[1619], il était difficile de masquer une certaine « fascination exercée, dans toute l'Europe, par le

---

1612 Il citait en particulier dans ce cas « et au premier rang », M. Hauriou et la troisième édition de son *Précis de droit administratif et de droit public général*, ainsi que les premiers travaux publiés par L. Michoud à la R. D. P. Cf. DESLANDRES (M.), « La crise de la science politique. Le problème de la méthode. La méthode juridique », *R. D. P.*, 1900, T. 13, pp. 435-469, spéc. p. 448.

1613 GAUDEMET (P.-M.), « Paul Laband et la doctrine française de droit public », *préc.*, p. 969.

1614 Cf. *infra*, n° 514-516 ; 520-523.

1615 GAUDEMET (P. M.), « Paul Laband et la doctrine française de droit public », *préc.*, p. 969.

1616 DUGUIT (L.), *L'Etat, le droit objectif et la loi positive*, Paris, Fontemoing, 1901, p. 19.

1617 *Ibidem.*

1618 SCHÖNBERGER (C.), « Penser l'Etat dans l'Empire et la République : Critique et réception de la conception juridique de l'Etat de Laband chez Carré de Malberg », *préc.*, p. 259.

1619 SCHÖNBERGER (C.), « Penser l'Etat dans l'Empire et la République : Critique et réception de la conception juridique de l'Etat de Laband chez Carré de Malberg », *préc.*, p. 259.

“positivisme de la science du droit” allemande »[1620]. Dès lors, il faut reconnaître une certaine « ascendance, exercée par la nouvelle science juridique allemande »[1621].

**502.** Au-delà des réflexions strictement méthodologiques, les juristes français s'intéressèrent aussi à certains concepts développés par la doctrine allemande, même s'il s'agissait parfois de s'éloigner des fins pour lesquelles ils avaient été imaginés. L'exemple du concept de personnalité morale est éclairant à ce sujet.

### *2) Le concept de personnalité morale*

**503.** Lorsque l'on parcourt les différents ouvrages de droit administratif du XIXe siècle, l'idée de personnalité morale utilisée pour désigner l'Etat n'en est pas absente. Selon L. A. Macarel, l'Etat était « la personnification de la société »[1622], point de vue relayé ensuite par G. Dufour qui utilisait le même vocable[1623]. Néanmoins, « il n'existait pas de conceptualisation de la personnalité morale “publique” de l'Etat »[1624], et les auteurs publicistes du XIXe siècle n'envisageaient juridiquement que la personnalité civile de l'Etat[1625], cantonnée dès lors au « domaine patrimonial »[1626]. Ils n'avaient cependant pas pensé les limites juridiques de l'Etat entendu comme puissance publique[1627].

---

[1620] GAILLET (A.), « Léon Michoud et la doctrine allemande », in DUPRÉ DE BOULOIS (X.), YOLKA (P.), *Léon Michoud*, Paris, Institut Universitaire Varenne, 2014, pp. 109-130, spéc. p. 111.

[1621] *Idem*, p. 112.

[1622] MACAREL (L.-A.), *Cours d'administration et de droit administratif*, T. 1, Paris, Librairie de jurisprudence de Plon frères, 2e éd., 1852, p. 16.

[1623] DUFOUR (G.), *Traité général de droit administratif appliqué*, T. V., Paris, Delamotte, 3e éd., 1868, pp. 635-636.

[1624] GILBERT (S.), « Léon Michoud et la doctrine publiciste française de son temps », in DUPRÉ DE BOULOIS (X.), YOLKA (P.), *Léon Michoud*, Paris, Institut Universitaire Varenne, 2014, pp. 85-108, spéc. p. 87.

[1625] *Idem*, p. 88.

[1626] MICHOUD (L.), « La personnalité et les droits subjectifs de l'Etat dans la doctrine française contemporaine », *R. G. A.*, 1911, T. 3, pp. 257-277, spéc. p. 259.

[1627] Pour plus de détails sur la conception qui dominait au XIXe siècle, cf. GILBERT (S.), « Léon Michoud et la doctrine publiciste française de son temps », *préc.*, pp. 87-89.

**504.** Cet impératif se fit toutefois sentir à la fin du XIX$^e$ siècle, dans une perspective de protection des droits de l'individu face à la puissance publique, individu qui était jusque là systématiquement absorbé par l'intérêt public[1628]. M. Hauriou faisait partie de cette mouvance doctrinale souhaitant faire une plus grande place aux droits et libertés individuels[1629]. Pour ce faire, il fut sans doute pionnier dans l'étude juridique de la personnalité morale publique de l'Etat[1630]. Lorsqu'il s'engagea sur cette voie, il n'était *a priori* pas au fait des travaux allemands, par manque « d'accès direct »[1631] à ces derniers, et ce fut bien de sa propre initiative qu'il développa les conséquences de la personnalité morale de l'Etat.

**505.** M. Hauriou était néanmoins, à l'époque, un cas isolé, et la doctrine allemande s'était engagée sur cette voie bien auparavant[1632]. Ce fut donc logiquement que certains juristes français germanophones s'intéressèrent aux travaux allemands qui leur apparaissaient très séduisants. En effet, tandis que les juristes français avaient « hérité d'une conception de l'Etat déjà créée par la Révolution et l'Empire (et sans aucun doute plus tôt encore, par l'Ancien Régime), les publicistes allemands, confrontés au défi de la théorisation d'un nouvel Etat, proposent une explication résolument moderne, bénéficiant de tous les instruments offerts par les nouvelles sciences sociales en même temps qu'elle entend dépasser la théorie de la Nation, jadis léguée par l'Abbé Sieyès et la Révolution française »[1633]. Conséquence logique d'une approche méthodologique purifiée des éléments méta-juridiques, la doctrine allemande, par le développement conceptuel de la personnalité juridique, appelait à repenser l'Etat[1634], en envisageant sa construction scientifique. En

---

1628 Cf. BOULATIGNIER, « coup d'œil sur les publications administratives récentes », in *Mémoires de l'Académie impériale des sciences, arts et belles-lettres de Caen*, Caen, Chez Hardel, 1863, pp. 210-226, spéc. p. 215.

1629 Cf. HAURIOU (M.), *Précis de droit administratif contenant le droit public et le droit administratif*, Paris, Larose et Forcel, 1ère éd., 1892, p. 27.

1630 GILBERT (S.), « Léon Michoud et la doctrine publiciste française de son temps », *préc.*, p. 90 ; LINDITCH (F.), « La réception de la théorie allemande de la personnalité morale de l'Etat dans la doctrine française », in BEAUD (O.), WACHSMANN (P.), *La science juridique française et la science juridique allemande de 1870 à 1918*, Strasbourg, Presses Universitaires de Strasbourg, 1997, pp. 179-217, spéc. p. 213.

1631 LINDITCH (F.), « La réception de la théorie allemande de la personnalité morale de l'Etat dans la doctrine française », *préc.*, p. 213.

1632 Cf. JOUANJAN (O.), *Une histoire de la pensée juridique en Allemagne (1800-1918). Idéalisme et conceptualisme chez les juristes allemands du XIX$^e$ siècle*, *préc.*, pp. 244-255.

1633 LINDITCH (F.), « La réception de la théorie allemande de la personnalité morale de l'Etat dans la doctrine française », *préc.*, p. 189.

1634 GAILLET (A.), « Léon Michoud et la doctrine allemande », *préc.*, p. 110.

réceptionnant la doctrine publiciste allemande, les juristes français pouvaient ainsi « prétendre à une science du droit public à l'écart de la politique, à l'écart tout particulièrement de cette souveraineté parlementaire de fait, fort décriée par la majorité des publicistes de l'époque. Le discours organisé par la notion de l'Etat-personnalité juridique évite toutes les références à la légitimité politique, à la tradition de la Révolution française. [...] l'Allemagne offre les outils techniques pour encadrer juridiquement le pouvoir du Parlement »[1635]. Les juristes allemands leur fournissaient « des concepts pour établir ce qu'on commence à appeler — avec un mot emprunté au langage juridique allemand — "l'Etat de droit" »[1636]. Dans le champ du droit administratif en particulier, la théorie de la personnalité juridique trouva à s'étendre, l'Etat personne morale devenant « de première importance comme concept confronté avec l'administré atteint dans ses droits »[1637]. Dès lors, pour les juristes français favorables à cette conception, « ce n'est plus seulement, comme au temps du Second Empire, l'administration discrétionnaire qui crée un dommage : c'est l'Etat dans l'exercice de ses droits subjectifs »[1638].

**506.** L. Michoud s'inscrivait exactement dans cette perspective et est aujourd'hui encore considéré comme « le maître incontesté de la question de la personnalité morale »[1639]. Si L. Michoud devait sans doute à M. Hauriou le bénéfice d'avoir ouvert la voie[1640], ce dernier à l'inverse considérait n'avoir participé qu'à « des controverses préliminaires »[1641]. Il attribuait à L. Michoud un rôle fondamental, celui d'avoir fourni une « œuvre doctrinale positive qui [...] aborda franchement la construction nécessitée par les besoins »[1642], celui

---

1635 SCHÖNBERGER (C.), « Penser l'Etat dans l'Empire et la République : Critique et réception de la conception juridique de l'Etat de Laband chez Carré de Malberg », *préc.*, pp. 260-261.

1636 *Idem*, p. 261.

1637 BIGOT (G.), « Personnalité publique et puissance publique », in A.F.D.A., *La personnalité publique*, Paris, Litec, 2007, pp. 17-34, spéc. p. 27.

1638 *Ibidem.*

1639 LINDITCH (F.), « La réception de la théorie allemande de la personnalité morale de l'Etat dans la doctrine française », *préc.*, p. 207.

1640 Cf. GILBERT (S.), « Léon Michoud et la doctrine publiciste française de son temps », *préc.*, p. 90.

1641 HAURIOU (M.), « Notice sur les œuvres de Léon Michoud », *R. D. P.*, 1916, T. 33, pp. 483-530, spéc. p. 498. Par ailleurs, dans la 11e édition de son *Précis de droit administratif*, il précisait bien que « personnellement, je n'avais pas encore abordé de front le problème de la personnalité, et tout ce que j'ai pu dire avant 1910, de côté ou d'autre, ne reflète pas d'idées personnelles (sauf un travail paru dans la Revue générale du droit en 1899, La personnalité comme élément de la réalité sociale, mais qui ne visait que la question réalité ou fiction) ». Cf. HAURIOU (M.), *Précis de droit administratif et de droit public*, Paris, Recueil Sirey, 11e éd., 1927, p. 290.

1642 HAURIOU (M.), « Notice sur les œuvres de Léon Michoud », *préc.*, p. 498.

d'avoir réalisé « une théorie générale des personnes morales »[1643], et ce, malgré l'hostilité traditionnelle vis-à-vis de ce concept[1644]. Le grand mérite de L. Michoud était donc, malgré les clivages, d'avoir été « un acteur majeur » de la « réception de la doctrine allemande en France »[1645]. Jouant le « jeu plein du droit comparé »[1646], il parcourut la littérature sur le sujet, « presque toute d'origine étrangère »[1647] et entreprit de la rendre « accessible à l'esprit français »[1648]. Parmi ses premiers articles, celui portant sur la responsabilité de l'Etat[1649] prenait comme point de départ une lacune scientifique de la France, « au contraire »[1650] de « divers pays étrangers »[1651], dans lesquels la question de la responsabilité de l'Etat du fait de la faute de ses agents avait, « notamment en Allemagne, en Suisse, en Italie et en Belgique, longuement retenu l'attention des jurisconsultes »[1652]. Il insistait alors sur l'utilité « d'un examen comparatif », présentant « des avantages particuliers, quand il s'agit d'une question où la pratique française ne paraît s'inspirer encore d'aucun principe théorique nettement défini »[1653]. Dès 1895, il annonçait ce qui allait être sa démarche tout au long de sa carrière consacrée à cette théorisation, celle d'enrichir la science juridique française des apports doctrinaux étrangers (en premier lieu allemands). Sa *Théorie de la personnalité morale et son application au droit français*[1654], par son titre même, pouvait déjà suggérer plusieurs interprétations. La première, restrictive, supposerait que l'étude de L. Michoud se limite au droit français. La seconde insisterait plutôt sur l'origine étrangère de cette théorie et pourrait sous-entendre qu'il s'agit alors

---

1643 *Idem*, p. 496.

1644 M. Hauriou rappelait en effet que « notre pays, à raison des traditions révolutionnaires, était resté pendant longtemps indifférent ou hostile à tout ce qui était association, corporation, établissement, corps ou communauté, en un mot : personne morale », HAURIOU (M.), « Notice sur les œuvres de Léon Michoud », *préc.*, p. 498.

1645 GAILLET (A.), « Léon Michoud et la doctrine allemande », *préc.*, p. 115.

1646 BIENVENU (J.-J.), « Brève histoire du droit public comparé », *préc.*, p. 296.

1647 HAURIOU (M.), « Notice sur les œuvres de Léon Michoud », *préc.*, p. 498.

1648 *Ibidem.*

1649 Article qui constitue l'annonce de sa théorisation de la personnalité morale. *Idem*, pp. 495-496.

1650 MICHOUD (L.), « De la responsabilité de l'Etat à raison des fautes de ses agents », *R.D.P.*, 1895, T. III, pp. 401-429, spéc. p. 402.

1651 *Ibidem.*

1652 *Ibid.*

1653 *Idem*, p. 403.

1654 Cet ouvrage est la continuité des articles sur la responsabilité de l'Etat parus à la R.D.P., en 1895 et des articles sur « La notion de personnalité morale », paru à la R.D.P., en 1899 et « La création des personnes morales », publié en 1903 dans les Annales de l'Université de Grenoble, ainsi que le signalait L. Michoud lui-même. Cf. MICHOUD (L.), *La théorie de la personnalité morale et son application au droit français*, T. 1, Paris, L.G. D. J., 1906, p. 10.

de mesurer son adaptabilité au droit français. C'est cette deuxième interprétation qu'il semble falloir retenir. En effet, L. Michoud s'attelait à l'étude précise des différentes thèses, notamment allemandes, sur la question de la personnalité morale. Il les confrontait alors aux théories ainsi qu'à la réalité françaises. A de multiples reprises, il avouait son admiration pour les développements des auteurs allemands. Rappelant les « deux grandes doctrines en présence »[1655], celle de la fiction, particulièrement connue des privatistes français, et celle de la réalité, L. Michoud, semblait pencher plutôt en faveur de la deuxième[1656]. A cette occasion, il insistait sur le fait qu'en guise d'alternative à la théorie de la fiction, « les Allemands en ont imaginé une autre, beaucoup plus subtile et élégante, plus vraie aussi, croyons-nous : la théorie de l'organe »[1657]. Certains auteurs, à l'instar d'O. Von Gierke, partisan de la théorie de la réalité, et dont il soulignait régulièrement « les longs et beaux développements »[1658], ou les qualités d'exposition « magistralement »[1659] exécutée, bénéficiaient plus encore de son engouement. Ce fut cependant G. Jellinek auquel il fut le plus fidèle[1660]. Le style obséquieux de L. Michoud ne doit cependant pas laisser penser qu'il adhérait aveuglément à tous les tenants et aboutissants des théories allemandes. Il discutait surtout les différentes thèses en présence, soulignant leurs avantages, mais aussi très largement leurs insuffisances[1661]. Faisant la synthèse des thèses allemandes, il construisait bien sa propre théorie, et son travail était celui d'une véritable « rénovation »[1662]. Comme le conclut A. Gaillet, « si sa rigueur intellectuelle le pousse à se situer en permanence par rapport [aux thèses allemandes], il apporte également une contribution originale à un véritable dialogue franco-allemand »[1663]. L. Michoud est sans doute l'exemple topique, mais à sa suite,

---

1655 GAILLET (A.), « Léon Michoud et la doctrine allemande », *préc.*, p. 120.

1656 Même s'il concluait cependant que « à nos yeux la vérité se trouve entre les deux doctrines précédentes ». Cf. MICHOUD (L.), « De la responsabilité de l'Etat à raison des fautes de ses agents », *préc.*, p. 415.

1657 MICHOUD (L.), *La théorie de la personnalité morale et son application au droit français*, T. 1, *préc.*, p. 131.

1658 *Idem*, p. 70.

1659 *Id.*, p. 131.

1660 GAILLET (A.), « Léon Michoud et la doctrine allemande », *préc.*, p. 121.

1661 Pour ne mentionner qu'un exemple, parmi d'autres, dans lequel L. Michoud remarquait que certains représentants de la théorie réaliste partent du postulat que « la personne morale est une personne collective réelle, parce qu'elle a une volonté collective, distincte de la volonté des individus. Mais ils se contentent sur ce point d'une simple affirmation ». Cf. MICHOUD (L.), *La théorie de la personnalité morale et son application au droit français*, T. 1, *préc.*, p. 138.

1662 LINDITCH (F.), « La réception de la théorie allemande de la personnalité morale de l'Etat dans la doctrine française », *préc.*, p. 207.

1663 GAILLET (A.), « Léon Michoud et la doctrine allemande », *préc.*, p. 122.

il fidélisa d'autres auteurs, convaincus eux aussi par cette approche de la personnalité morale.

**507.** Même s'il ne s'attela pas lui-même à la théorisation de la personnalité morale[1664], F. Larnaude adhérait pleinement à la conception de L. Michoud à l'occasion du compte rendu qu'il fit de son ouvrage. Il y exprimait « tout le bien »[1665] qu'il pensait de son œuvre[1666], en raison de ses qualités certaines, mais également parce que « presque sur tous les points » il pensait « comme lui »[1667]. Il se disait notamment partisan de la théorie de la réalité[1668], dont les inspirations allemandes chez L. Michoud étaient évidentes. Il remarquait l'importance grandissante que prenait la théorie de la personnalité morale, y compris, comme il aimait à le souligner, « chez les auteurs étrangers les plus réfractaires à l'idée de personnalité morale »[1669], offrant à son argumentation une autorité supérieure. Ce faisant, il montrait son maniement de la doctrine anglo-saxonne, en citant A. V. Dicey à l'appui[1670]. Il mentionnait aussi des auteurs allemands, à l'instar de G. Jellinek[1671], ou encore R. Von Jhering[1672], afin d'illustrer son propos, qu'il suive L. Michoud dans son analyse du rôle de l'Etat vis-à-vis des personnes morales ou dans celle de la personnalité morale de l'Etat lui-même. Il défendait notamment cette dernière vision contre ses détracteurs, en adoptant un point de vue très similaire à celui de L. Michoud à

---

1664 Comme il l'admettait lui-même, expliquant que l'on trouvait tout de même « la trace » de cette opinion dans ces différents écrits et thèses sous sa direction. LARNAUDE (F.), « La théorie de la personnalité morale et son application au doit français. Par Léon Michoud. Seconde partie. Paris, 1909 », *R. D. P.*, 1910, T. 27, pp. 381-391, spéc. pp. 382-383.

1665 LARNAUDE (F.), « La théorie de la personnalité morale et son application au doit français. Par Léon Michoud. Première partie. Paris, 1906 », *R. D. P.*, 1906, T. 23, pp. 576-583, spéc. p. 578.

1666 Plus tard, il écrivait même que « « désormais nous possédons sur la théorie de la personnalité morale un ouvrage qui, pour le fond, peut supporter la comparaison avec toutes les œuvres de doctrine qu'a suscitées notre sujet […] », et en particulier les œuvres étrangères. Cf. LARNAUDE (F.), « La théorie de la personnalité morale et son application au doit français. Par Léon Michoud. Seconde partie. Paris, 1909 », *préc.*, p. 381.

1667 LARNAUDE (F.), « La théorie de la personnalité morale et son application au doit français. Par Léon Michoud. Première partie. Paris, 1906 », *préc.*, p. 578.

1668 Cf. LARNAUDE (F.), « La théorie de la personnalité morale et son application au doit français. Par Léon Michoud. Seconde partie. Paris, 1909 », *préc.*, pp. 382-386.

1669 LARNAUDE (F.), « La théorie de la personnalité morale et son application au doit français. Par Léon Michoud. Première partie. Paris, 1906 », *préc.*, p. 578.

1670 Mais également F. W. Maitland, au titre des convaincus de la théorie de la personnalité morale, qui saluait justement le ralliement d'A. V. Dicey à sa cause. Cf. *ibidem*.

1671 Cf. *idem*, p. 579.

1672 LARNAUDE (F.), « La théorie de la personnalité morale et son application au doit français. Par Léon Michoud. Seconde partie. Paris, 1909 », *préc.*, p. 388.

propos de l'extension de la personnalité morale de l'Etat aux droits de puissance publique. F. Larnaude précisait néanmoins « qu'il ne servirait à rien de vouloir lui faire construire l'organisme constitutionnel ou même administratif, ni même le judiciaire. Tant que l'Etat n'entre point en contact avec le citoyen, l'administré, le justiciable, la théorie de la personnalité ne peut nous être d'aucune utilité »[1673].

**508.** Sur cette même question de « l'extension de la notion de personnalité aux droits de puissance étatique »[1674], R. Carré de Malberg en reconnaissait expressément l'« utilité »[1675], citant tour à tour L. Michoud, F. Larnaude puis G. Jellinek. Il considérait en effet que « le grand intérêt de l'application du concept de personnalité et de subjectivité bilatérale aux rapports de puissance dominatrice, c'est que ce seul concept permet de transformer cette puissance de fait en une puissance de droit, c'est-à-dire en une puissance juridiquement réglementée et limitée »[1676], et adhérait ainsi à l'idée d'autolimitation de l'Etat[1677], dans une acception qui semblait proche de celle de G. Jellinek[1678].

**509.** R. Carré de Malberg ne se limitait cependant pas au simple domaine du droit administratif et s'inspira des idées allemandes pour faire pénétrer la personnalité morale dans le droit constitutionnel, à l'instar d'A Esmein[1679]. Tous deux procédèrent à une véritable « transposition »[1680] des théories venues

---

1673 *Idem*, p. 391.

1674 CARRÉ DE MALBERG (R.), *Contribution à la théorie générale de l'Etat*, T. 1, Paris, Librairie de la Société du Recueil Sirey, 1920, p. 255.

1675 *Ibidem*.

1676 *Ibid.*

1677 Cf. REDOR (M.-J.), *De l'Etat légal à l'Etat de droit. L'évolution des conceptions de la doctrine publiciste française, 1879-1914*, Paris, Economica, 1992, pp. 80-83.

1678 Cf. JOUANJAN (O.), *Une histoire de la pensée juridique en Allemagne (1800-1918). Idéalisme et conceptualisme chez les juristes allemands du XIXe siècle, préc.*, pp. 321-325.

1679 Comme l'explique G. Bigot, la différence entre L. Michoud et ses deux collègues constitutionnalistes c'est que contrairement à eux, « il n'avait pas pour préoccupation principale [...] de justifier politiquement sa théorie de la personnalité de l'Etat en cherchant son adéquation avec le modèle de la période 1789-1791. [...] Dès lors peu importe à Michoud que la souveraineté soit nationale ou monarchique : elle est dans tous les cas la souveraineté de l'Etat qui ne doit être comprise qu'au sens juridique et non plus politique. Distinction de la politique et du droit qui autorise à considérer comme définitivement secondaire la répartition des pouvoirs et la nature du régime ». Cf. BIGOT (G.), « Personnalité publique et puissance publique », in *préc.*, pp. 26-27.

1680 LINDITCH (F.), « La réception de la théorie allemande de la personnalité morale de l'Etat dans la doctrine française », *préc.*, p. 193.

d'outre-Rhin, non sans quelques adaptations[1681]. Pour R. Carré de Malberg d'ailleurs, et « assez paradoxalement, la réception de la doctrine allemande de la personnalité morale de l'Etat [...] commence par emprunter la forme d'une contestation de celle-ci »[1682], l'origine alsacienne de celui-ci n'étant sans doute pas étrangère à cette apparente contestation de principe[1683]. Pourtant, il « adhérait à plusieurs propositions courantes chez les auteurs germanistes »[1684], ce qui conduisit à ce qu'il soit classé par ses contemporains notamment, parmi les auteurs germanophiles[1685], pour ne pas dire sur un ton plus négatif bien plus souvent employé, « imprégnés de tendances germaniques »[1686].

**510.** La question théorique de la personnalité morale de l'Etat puissance publique, en même temps qu'elle montrait la stimulation, dans un sens positif, des esprits français par la doctrine allemande, attirait aussi les critiques, le rejet. Pour autant même dans le sens d'un rejet, il est possible de considérer qu'elle eut un impact sur la doctrine française. C'est cette autre forme d'utilisation de la doctrine étrangère, utilisation négative cette fois, qu'il convient d'étudier.

---

1681 J.-M. Février explique en effet que « les publicistes français s'imposent un impératif patriotique d'originalité. La doctrine allemande est certes révérée, son prestige justement reconnu, ses analyses acceptées tant qu'elles ne touchent pas au problème essentiel de l'Etat, de son origine et de sa nature ». Ainsi, si R. Carré de Malberg partageait le point de vue allemand qui voit « dans la domination le critère ultime de l'Etat », il refusait de voir l'Etat comme instrument de domination comme « une fin en soi. Il est au service d'une réalité antérieure et supérieure à lui, la Nation. Toute l'œuvre de Carré de Malberg sera orientée vers la théorisation de la souveraineté nationale contre la théorie allemande de la souveraineté de l'Etat ». Cf. FÉVRIER (J.-M.), « Les juristes et la défaite de 1870 (l'exemple de la doctrine publiciste) », *préc.*, pp. 482-483.

1682 LINDITCH (F.), « La réception de la théorie allemande de la personnalité morale de l'Etat dans la doctrine française », *préc.*, p. 195.

1683 Cf. BEAUD (O.), « Carré de Malberg, juriste alsacien. La biographie comme élément d'explication d'une doctrine constitutionnelle », *préc.*, pp. 221-245.

1684 LINDITCH (F.), « La réception de la théorie allemande de la personnalité morale de l'Etat dans la doctrine française », *préc.*, p. 197.

1685 A tort selon G. Burdeau qui expliquait que l'intérêt scientifique n'est pas pour autant « l'adhésion aux thèses politiques défendues par Laband, Jellinek et autres juristes du Reich bismarckien. [...] Une chose est d'utiliser, pour élaborer la notion de puissance étatique, ce qu'il y a de valable dans la théorie de la *Herrschaft*, autre chose est d'en accepter l'exploitation à des fins auxquelles répugnait de tout son être le patriote et le démocrate qu'était le maître de Strasbourg ». Cf. BURDEAU (G.), « Préface », in CARRÉ DE MALBERG (R.), *La loi, expression de la volonté générale*, Paris, Librairie du Recueil Sirey, 1931, réimpr., Paris, Economica, 1984, pp. VII-VIII.

1686 L. Duguit, à propos de R. Carré de Malberg. Cf. DUGUIT (L.), *Traité de droit constitutionnel*, T. 2, Paris, E. de Boccard, 3e éd., 1928, p. 848.

## §2) L'utilisation négative : le droit étranger comme contre-exemple

**511.** L'expression « utilisation négative » désigne cette fois les situations où le droit étranger ne sert pas de solution d'inspiration, mais semble tenir lieu de repoussoir. Il est ainsi possible de considérer que lorsqu'un auteur développait une construction théorique dans le but de s'opposer à une doctrine étrangère, c'est bien que celle-ci avait exercé une influence sur lui. Dans la mesure où, comme il l'a été souligné, les juristes français ne vécurent jamais véritablement en autarcie scientifique, ils pouvaient difficilement ignorer les théories développées par leurs homologues étrangers. L'exemple étranger a ainsi pu susciter de vives réactions, et être à l'origine d'une innovation du point de vue français, dans le but de proposer une solution alternative. C'est le cas de la construction alternative à la théorie allemande de la personnalité morale (A). Sans forcément induire une solution innovante, l'exemple étranger a parfois simplement permis de raffermir les particularités du droit français (B).

### A) La construction du droit administratif français par le rejet du droit étranger : le concept allemand de la personnalité morale

**512.** En même temps qu'elle suscitait l'adhésion chez certains auteurs, le concept de personnalité morale fut également largement rejeté par d'autres. On y voit une pleine illustration de ce rapport ambigu à l'Allemagne, entre attraction et répulsion, qui s'instaura en France à compter de la défaite de 1870. La Première Guerre mondiale précipita cependant une rupture franche, le phénomène de répulsion surplombant celui d'attraction. Il est dès lors intéressant d'analyser la gradation de ce rejet, au travers d'un avant et d'un après 1914. L. Duguit et M. Hauriou construisirent ainsi une alternative aux thèses allemandes dès le début du XX^e^ siècle (1), qu'ils confortèrent plus encore à partir de 1914 (2).

### 1) Jusqu'à la Première Guerre mondiale

**513.** Il faut successivement s'attarder sur l'alternative développée par L. Duguit (a), puis par M. Hauriou (b).

#### a) L'alternative proposée par L. Duguit

**514.** L. Duguit fut sans doute « l'adversaire le plus acharné qu'on puisse concevoir des Allemands »[1687], en même temps qu'il se présentait comme le plus fin connaisseur de leurs thèses[1688]. Il publia un ouvrage novateur[1689], dans le but clairement avoué de « combattre »[1690] les diverses déclinaisons de la doctrine allemande de la personnalité morale de l'Etat, ainsi que d'éliminer son corollaire, la notion de puissance publique[1691]. En 1901, dès l'introduction de *L'Etat, le droit objectif et la loi positive*, son propos était sans équivoque :

---

1687 JOUANJAN (O.), « Duguit et les allemands », in MELLERAY (dir.), *Autour de Léon Duguit*, Bruxelles, Bruylant, 2011, pp. 195-224, spéc. p. 224.

1688 Cf. M. Hauriou et A. Mestre qui signalaient que l'accès à la science allemande avait été facilité par. L. Duguit. HAURIOU (M.), MESTRE (A.), « L'Etat, le droit objectif et la loi positive, par Léon Duguit », *R. D. P.*, 1902, T. XVI, pp. 346-366, spéc. p. 346. J.-M. Blanquer et M. Milet expliquent en effet qu'« afin d'élaborer sa pensée, Duguit a au préalable rédigé de solides fiches de lecture sur les ouvrages : il ne s'en tient pas aux seuls auteurs les plus connus, mais a multiplié les lectures. En plus des travaux de Jhering, Jellinek et Laband, il a également lu et fiché Bekker, Gierke, Zitelmann et bien d'autres. Il utilise en premier lieu les traductions françaises, mais, lorsque les ouvrages n'ont pas été traduits, Duguit n'hésite pas à se référer aux ouvrages originaux ». BLANQUER (J.-M.), MILET (M.), *L'invention de l'Etat. Léon Duguit, Maurice Hauriou et la naissance du droit public moderne*, *préc.*, p. 131. G. Bigot, quant à lui, conclut qu'en combattant les théories allemandes de la personnalité morale, L. Duguit a aussi permis de les « diffuser », BIGOT (G.), « Personnalité publique et puissance publique », *préc.*, p. 34.

1689 Comme le souligne F. Linditch, « son originalité, ainsi que la cohérence et la continuité de sa pensée, le situent définitivement aux antipodes de tout ce qui a été écrit en faveur de la personnalité morale ». Cf. LINDITCH (F.), « La réception de la théorie allemande de la personnalité morale de l'Etat dans la doctrine française », *préc.*, p. 203. Sur cette question, cf. LINDITCH (F.), *Recherche sur la personnalité morale en droit administratif*, Paris, L.G.D.J., 1997.

1690 Il avouait expressément, vingt ans plus tard que cela fut son « effort constant » depuis ses premiers écrits. Cf. DUGUIT (L.), « Préface de la deuxième édition », in *Traité de droit constitutionnel*, T. 1, Paris, E. de Boccard, 2e éd., 1921, pp. V-XI, spéc. p. X.

1691 Soulignant à l'occasion l'incohérence de H. Berthélémy de vouloir d'un côté nier la personnalité morale de l'Etat et de l'autre d'accepter la notion de puissance publique. Cf. DUGUIT (L.), *Traité de droit constitutionnel*, T. 2, Paris, E. de Boccard, 3e éd., 1928, p. 37.

> « Nous voulons faire avant tout une œuvre négative. Montrer que l'Etat n'est point cette personne collective, investie d'un pouvoir souverain, imaginée par l'esprit inventif des publicistes, que le droit n'est point cette construction édifiée de toute pièce par les juristes sur le fondement peu stable du droit individuel ou de l'omnipotence de l'Etat, que tout cet ensemble de fictions et d'abstractions s'évanouit à la simple observation de la réalité »[1692].

**515.** Partant du constat que « sauf quelques rares exceptions, toutes les théories modernes de l'Etat et du droit public reposent sur la notion de l'Etat-personne, sur la notion de l'Etat conçu comme la personnification de la collectivité [...] »[1693], il prétendait proposer une nouvelle alternative à ces théories dont il semblait essentiellement attribuer la paternité à des auteurs allemands[1694]. La volonté de s'opposer aux conceptions autoritaires de C. F. Gerber et P. Laband, mais également à la doctrine des droits publics subjectifs de G. Jellinek transparaissait clairement[1695]. C'était donc principalement par rapport aux juristes allemands qu'il souhaitait se positionner. Face à leurs doctrines, il souhaitait substituer sa théorie réaliste[1696] de limitation de l'Etat, le conduisant à évacuer « radicalement du discours juridique, par principe, toute fiction, toute métaphore, toute abstraction, tout cela qu'il appelle "métaphysique" »[1697]. Son système, plutôt que de reposer sur l'idée de domination, induite par les notions de personnalité et de puissance publique, devait se fonder sur le fait, réel et observable, de l'interdépendance sociale[1698]. La solidarité se présentait donc comme « l'instrument » d'une « hétérolimitation de l'Etat »[1699], l'autolimitation étant inenvisageable.

---

[1692] DUGUIT (L.), *L'Etat, le droit objectif et la loi positive*, Paris, Fontemoing, 1901, p. 3.

[1693] *Idem*, pp. 3-4.

[1694] Ce qu'il est possible de déduire au regard de ses nombreuses références à des auteurs allemands en note de bas de page.

[1695] Il expliquait d'ailleurs lui-même qu'il avait écrit cet ouvrage « *en réponse au livre de Jellinek, System der öffenllichen subjektiven Rechte, 1892* ». DUGUIT (L.), *Traité de droit constitutionnel*, T. 1, Paris, E. de Boccard, 3e éd., 1927, p. 549.

[1696] Celle de Gierke ne l'étant pas à ses yeux.

[1697] JOUANJAN (O.), « Duguit et les allemands », *préc.*, p. 199. L. Duguit le réitérait à l'occasion de la préface qu'il fit de l'ouvrage de WILSON (W.), *L'Etat : éléments d'histoire et de pratique politique*, T. 1, Paris, V. Giard, E. Brière, 1902, pp. VII-XXV, spéc. pp.VII-XII

[1698] JOUANJAN (O.), « Duguit et les allemands », *préc.*, p. 199.

[1699] MELLERAY (F.), « Léon Duguit. L'Etat détrôné », in HAKIM (N.), MELLERAY (F.), *Le renouveau de la doctrine française*, Paris, Dalloz, 2009, pp. 215-262, spéc. p. 221.

**516.** Cette opposition entre la doctrine allemande et la doctrine française (la sienne), il la cultiva — voire la renforça — tout au long de son œuvre, restant fidèle à sa ligne doctrinale.

### b) L'alternative proposée par M. Hauriou

**517.** Si L. Duguit fut constant, M. Hauriou l'a été un peu moins[1700]. Il semblait en effet favorable à la notion de personnalité morale publique de l'Etat dans les premières années où il écrivait[1701]. Un changement de perspective paraissait cependant s'amorcer à partir de la 6e édition de son *Précis de droit administratif*, dont la « caractéristique »[1702] était d'avoir été « entièrement refondue »[1703]. Il déclarait alors que le moment était venu « d'envisager l'Etat, non plus comme une souveraineté, non plus comme une loi, mais comme une institution ou un ensemble d'institutions ou, plus exactement "l'institution des institutions" »[1704]. Etaient jointes à cette annonce dans la préface, quarante pages de présentation des « principaux fragments »[1705] de sa « théorie du droit public basée su la notion fondamentale de l'institution »[1706], prémices de ce que l'on appellera plus tard sa théorie de l'institution. Il était déjà intéressant de noter qu'alors même qu'Hauriou n'était pas un lecteur particulièrement averti de la science allemande[1707], il

---

1700 G. Bigot parle de « l'ondoyant Maurice Hauriou ». Cf. BIGOT (G.), « Personnalité publique et puissance publique », *préc.*, p. 32.

1701 Bien qu'il l'ait développé par lui-même, sans s'inspirer des thèses allemandes, puisqu'il les connaissait mal. Cf. *Supra*, n° 504.

1702 HAURIOU (M.), *Précis de droit administratif et de droit public*, Paris, Recueil Sirey, 6e éd., 1907, p. V.

1703 *Ibidem.*

1704 *Idem*, p.IX.

1705 *Ibidem.*

1706 *Ibid.*

1707 Hauriou ne lisait *a priori* pas l'allemand. Il avait accès à leurs écrits principalement par le biais de traductions ou par la lecture donnée par ses collègues français lisant l'allemand. Il confessait d'ailleurs dans une note que « c'est à l'obligeance de M. Michoud, l'éminent professeur de Grenoble, que je dois de connaître le sens exact de la théorie de l'école de Gierke, assez difficile à saisir à cause de son caractère profondément germanique ». Cf. Hauriou (M.), « De la personnalité morale comme élément de la réalité sociale », *Revue générale du droit, de la législation et de la jurisprudence en France et à l'étranger,* 1898, T. XXII, pp. 5-23 ; 119-140, spéc. p. 138. Cela se remarque aussi dans ses notes de bas de page dans lesquelles il citait régulièrement, à la suite des références allemandes, les références françaises lui ayant très certainement donné accès aux premières. Cf. par exemple, HAURIOU (M.), *Précis de droit administratif et de droit public*, Paris, Recueil Sirey, 6e éd., 1907, p. 2.

présentait régulièrement ses idées au regard de celles développées par les juristes allemands, pour, le plus souvent, s'en distancier[1708]. Il marqua plus encore la distance au moment de la publication de ses *Principes de droit public* en 1910[1709]. Il déclarait cette fois proposer une alternative claire à la théorie dominante, « entièrement subjective »[1710], celle de la personnalité juridique de l'Etat. Il visait plus particulièrement sous ce vocable la doctrine de la *Herrschaft*, dont il dénonçait les « insuffisances »[1711] et les « dangers »[1712]. Mais il s'agissait également d'une alternative au projet de L. Duguit, celui d'une théorie de l'Etat « entièrement objective »[1713]. Sa proposition était alors celle d'une combinaison des deux points de vue[1714] :

> « il n'y a pas à nier la personnalité juridique de l'Etat, mais il ne faut pas non plus ignorer que l'Etat est une institution dont certains ressorts juridiques sont intraduisibles en langage subjectif. La personnalité juridique de l'Etat doit être cantonnée ; il y a des branches du droit public où elle ne doit pas être mise au premier plan et c'est le cas pour les principes de droit public »[1715].

---

1708 Cf. HAURIOU (M.), *Précis de droit administratif et de droit public*, Paris, Recueil Sirey, 6e éd., 1907, p. X ; XIV-XVI.

1709 Il faut rappeler une fois encore que c'était M. Hauriou lui-même qui disait que ses écrits sur la question avant 1910 n'étaient pas le juste reflet de sa pensée. Cf. HAURIOU (M.), *Précis de droit administratif et de droit public*, Paris, Recueil Sirey, 11e éd., 1927, p. 290.

1710 HAURIOU (M.), *Principes de droit public*, Paris, Librairie de la société du recueil Sirey, 1ère éd., 1910, réimpr. Paris, Dalloz, 2010, p. IX.

1711 *Ibidem.*

1712 *Ibid.*

1713 *Ibid.*

1714 F. Linditch estime en effet que la théorie de l'institution « a conduit Hauriou à prendre nettement ses distances avec la théorie allemande et partant avec les deux composantes de la doctrine française, celle qui adhère à la personnalité et celle qui la voue aux gémonies », cf. LINDITCH (F.), « La réception de la théorie allemande de la personnalité morale de l'Etat dans la doctrine française », *préc.*, p. 215.

1715 HAURIOU (M.), *Principes de droit public*, *préc.*, pp. IX-X.

**518.** Son alternative était donc loin d'être aussi radicale que celle de L. Duguit, qu'il jugeait d'ailleurs excessive[1716]. Il ne prétendait pas substituer à la théorie de la personnalité juridique quelque chose de « nouveau »,[1717] mais au contraire du « vieux-neuf »[1718], c'est-à-dire, en reprenant « les données de nos anciens auteurs sur l'ordre juridique, en s'efforçant de les mettre au point »[1719]. Il semblait donc s'orienter plus vers un certain classicisme[1720]. Sa distance consistait alors simplement à accepter la personnification juridique de l'Etat à la condition que sa « portée pratique »[1721] soit limitée, expliquant qu'elle ne devait s'appliquer qu'à « ce que l'on peut appeler la "vie de relation" par opposition aux "modes d'existence" »[1722]. Souvent d'ailleurs, il citait à l'appui L. Michoud, semblant considérer qu'ils avaient des points d'accord[1723]. Cependant il semblait en même temps prendre de plus en plus ses distances avec les thèses allemandes, pour cultiver les particularités de sa propre théorie. Tout comme L. Duguit, la Première Guerre mondiale eut pour conséquence de le conforter plus encore dans sa démarche.

---

1716 En parlant de la théorie de la personnalité : « résiste et se maintient, parce qu'on ne l'a pas encore remplacée, et il est toujours vrai de dire qu'on ne détruit que ce qu'on remplace. On ne l'a pas remplacée parce qu'on n'a pas su dégager un principe de classification qui put être substitué dans le droit public à la théorie de la personnalité juridique, ni un élément de la technique qui put remplacer celui des rapports juridiques. Ce principe de classification et cet élément spécial de la technique, nous allons nous efforcer de les déterminer, mais il ne s'agit pas de chercher du nouveau. Cela a été le tort de M. Duguit qui a tant fait pour combattre la doctrine allemande de la Herrschaft, et dont la construction basée sur la solidarité sociale ne saurait être acceptée ». HAURIOU (M.), *Principes de droit public*, Paris, Librairie de la société du recueil Sirey, 1ère éd., 1910, réimpr. Paris, Dalloz, 2010, p. 6.

1717 *Ibidem.*

1718 *Ibid.*

1719 *Ibid.*

1720 Il rappelait d'ailleurs qu'« il en est du droit comme de la littérature, les thèmes classiques y sont éternels, seulement de temps à autres, ils ne paraissent plus adaptés à la mentalité des contemporains et il convient de les renouveler dans la forme ». *Ibidem.*

1721 *Idem*, p. 100.

1722 *Ibidem.* Pour plus de précisions Cf. pp. 106-109.

1723 Contrairement à ce que pense L. Michoud. Cf. MICHOUD (L.), « La personnalité et les droits subjectifs de l'Etat dans la doctrine française contemporaine », *R. G. A.*, 1911, T. 3, pp. 257-277.

### 2) A partir de la Première Guerre mondiale

**519.** Il faut de nouveau examiner successivement le durcissement des positions de L. Duguit (a), puis de M. Hauriou (b).

#### a) Le renforcement de la position de L. Duguit

**520.** Le contexte de la Première Guerre mondiale exacerba plus encore la distance que L. Duguit souhaitait marquer avec la doctrine allemande. En choisissant de publier un article à la *Harvard Law Review* en 1917, présentant la différence radicale dans les fondements idéologiques sous-tendant les doctrines allemande et française de l'Etat, L. Duguit entérinait une différence de nature et prenait à témoin les juristes américains, dans une perspective de rapprochement face à un ennemi commun[1724]. Même s'il se défendait d'une réaction circonstanciée, dans la mesure où il restait dans la continuité d'idées développées des années auparavant[1725], les mots employés ne trompaient pas, et témoignaient d'un degré supérieur de répulsion. En effet, il annonçait clairement :

> « les doctrines de droit public allemandes au XIX^e^ siècle, depuis Kant jusqu'à Jhering et Jellinek, sont presque toutes une apologie de la force, et, sous le couvert de théories juridiques, n'ont d'autre objet que de fonder l'absolutisme de l'Etat et surtout du prince qui le représente à l'intérieur et à l'extérieur, quand au contraire l'effort opiniâtre et constant de la doctrine juridique française a toujours été depuis 1789 jusqu'à

[1724] D'ailleurs, les conférences qu'il dispensa à l'Université Columbia à New York en 1920 et 1921 étaient aussi l'occasion d'insister sur la différence, historique, entre français et allemands, et ce faisant, de rappeler la nature dominatrice et brutale de l'Allemagne, cherchant à « écraser sa voisine de l'Ouest ». Cf. DUGUIT (L.), *Souveraineté et Liberté*, Paris, Félix Alcan, 1922, pp. 34-38, spéc. p. 36. J.-M. Blanquer et M. Milet expliquent en effet que c'est à partir de cette période que les échanges outre-Atlantique commencèrent à se développer. Cf. BLANQUER (J.-M.), MILET (M.), *L'invention de l'Etat. Léon Duguit, Maurice Hauriou et la naissance du droit public moderne*, *préc.*, pp. 254-255. En ce qui concerne l'Université de manière générale, C. Charle explique que « le premier conflit mondial accélère le processus d'interconnaissance avec les milieux universitaires américains ». Cf. CHARLE (C.), « Les références étrangères des universitaires. Essai de comparaison entre la France et l'Allemagne, 1870-1970 », *Actes de la recherche en sciences sociales*, 2003, n° 148, pp. 8-19, spéc. p. 11.

[1725] Traduit et publié en France un an plus tard. Cf. DUGUIT (L.), « Jean-Jacques Rousseau, Kant et Hegel », *R.D.P.*, 1918, T. XXXV, pp. 173-211 et pp. 349-377, spéc., p. 173.

nos jours d'établir le fondement solide d'une limitation juridique au pouvoir de l'Etat et d'en assurer la sanction »[1726].

**521.** Il concluait par ailleurs son étude par le constat de la « mentalité abominable de l'Allemagne contemporaine »[1727]. Dans la continuité de cette position, son article publié en 1919 sur la doctrine allemande de l'autolimitation confirmait très nettement ce rejet catégorique ainsi que l'affirmation de la légitimité de sa thèse, au lendemain de la défaite de l'Allemagne. Dénonçant tout particulièrement les juristes ayant succédé à C. F. Gerber, en lui empruntant le concept de personnalité juridique de l'Etat, « qui facilite la construction juridique de la puissance politique illimitée »[1728], il soulignait que ces derniers s'étaient « bien gardés d'accepter la partie de la doctrine où le maître affirmait la limitation des pouvoirs de l'Etat »[1729]. R. Von Jhering et G. Jellinek étaient particulièrement visés par ses critiques, leur reprochant de légitimer « tous les actes tyranniques à l'intérieur, tous les brigandages à l'extérieur »[1730] et d'ajouter qu'« invasion et pillage de la Belgique, incendie de Louvain, massacre des enfants et des femmes, torpillage du Lusitania, tous les crimes abominables qui ont rempli le monde d'horreur étaient d'avance justifiés par les deux plus grands jurisconsultes de l'Allemagne moderne »[1731].

**522.** En 1920, dans la préface de la deuxième édition de son *Traité de droit constitutionnel*, l'anti germanisme était toujours affiché, L. Duguit réaffirmant également que la science allemande faisait l'apologie de la force[1732]. Il

---

1726 *Ibidem.*

1727 DUGUIT (L.), « The law and the State. French and German doctrines », traduit sous le titre « Jean-Jacques Rousseau, Kant et Hegel », *R.D.P.*, 1918, T. XXXV, pp. 173-211 et pp. 349-377, spéc., p. 377.

1728 DUGUIT (L.), « La doctrine allemande de l'autolimitation de l'Etat », *R.D.P.*, 1919, T. XXXVI, pp. 161-190, spéc. p. 164.

1729 *Ibidem.*

1730 *Idem*, p. 188.

1731 *Ibidem.*

1732 « Il n'est pas douteux que, sauf de très rares exceptions, les juristes publicistes allemands en édifiant leurs théories, souvent ingénieuses, ont été avant tout déterminés par le désir de fonder sur des bases d'apparence juridique la souveraineté illimitée de l'Etat, l'absolutisme des gouvernants à l'intérieur et la politique de conquête et de rapine à l'extérieur ». Cf. DUGUIT (L.), « Préface de la deuxième édition », in *Traité de droit constitutionnel*, T. 1, Paris, E. de Boccard, 2e éd., 1921, pp. V-XI, spéc. p. IX.

introduisait ainsi son ouvrage par des propos empreints de patriotisme rappelant que la guerre qui venait de s'achever avait été

> « la lutte de l'Etat puissance commandante, souveraine, contre l'idée de l'Etat collaboration des membres d'un même groupe national, travaillant ensemble à la réalisation de la justice et du mieux-être. L'idée de l'Etat puissance, affirmée par tous les publicistes et tous les juristes allemands, s'est heurtée à l'idée de l'Etat collaboration, dont la France est l'initiatrice et qui a vaincu aux bords de la Marne et dans les ravins de Verdun »[1733].

**523.** L. Duguit fit cependant quelques concessions aux auteurs allemands, « quelles que soient les arrière-pensées qui les ont dirigés »[1734], et au nom du progrès scientifique, n'hésita parfois pas à les mettre « à contribution »[1735]. Mais comme le fait remarquer O. Jouanjan, « ce n'est que dans le détail, dans l'imagination technique particulière, pour la distinction conceptuelle marginale, que Duguit a "mis à contribution" les Allemands »[1736]. Il resta toutefois constant dans son combat contre les « théories fondatrices »[1737]. Cette constance, qu'il soulignait lui-même à l'occasion[1738], fut donc celle de la construction d'« un programme Duguit »[1739], d'ordre réaliste et solidariste

---

[1733] *Ibidem.*

[1734] *Idem*, XI.

[1735] *Ibidem.*

[1736] JOUANJAN (O.), « Duguit et les allemands », *préc.*, p. 224.

[1737] *Ibidem.*

[1738] Cf. par exemple, « Je ne crois pas devoir changer un seul mot à ce que je disais dans la préface de la deuxième édition bien qu'elle soit daté du 31 octobre 1920 », cf. DUGUIT (L.), « Préface de la troisième édition », in *Traité de droit constitutionnel*, T. 1, Paris, E. de Boccard, 3e éd., 1927, p. XV ; « je tente d'édifier tout le système du droit public sur la négation même de la puissance publique comme droit subjectif ; et malgré les nombreuses objections qui m'ont été faites, je persiste à penser que j'y ai déjà réussi. J'écris cet ouvrage pour tenter de montrer à nouveau que c'est la seule conception qui corresponde aux faits, la seule qui écarte une série de problèmes insolubles, et surtout la seule qui, en même temps, donne un fondement solide à la limitation de l'Etat par le droit ». Cf. *idem*, p. 542.

[1739] JOUANJAN (O.), « Duguit et les allemands », *préc.*, p. 200

« antonyme parfait »[1740] du « programme allemand »[1741] d'ordre métaphysique et individualiste.

### b) Le renforcement de la position de M. Hauriou

**524.** Le contexte de la Première Guerre mondiale poussa M. Hauriou à se détacher plus nettement des thèses allemandes que ce qu'il avait proposé jusqu'alors, et à ne tolérer aucune ambiguïté. Est ainsi révélatrice de ce contexte l'attaque que lui fit H. Berthélémy en 1915, déduisant de ses références à L. Michoud, la preuve que M. Hauriou s'était « rallié »[1742] aux thèses allemandes. Il fut visiblement piqué au vif et s'en défendit promptement[1743], mettant tout en œuvre pour se défaire de cette image. A cette époque, les accusations de germanisme se multipliaient[1744], et la « labellisation germanique »[1745] servait à « diaboliser la position du contradicteur »[1746], jetant un discrédit plus fort encore sur les thèses énoncées. La guerre se jouait aussi sur le terrain scientifique[1747].

---

1740 *Ibidem.*

1741 *Ibid.* Cf. également BLANQUER (J.-M.), MILET (M.), *L'invention de l'Etat. Léon Duguit, Maurice Hauriou et la naissance du droit public moderne*, *préc.*, p. 131.

1742 BERTHÉLÉMY (H.), « Le fondement de l'autorité politique », *R.D.P.*, 1915, T. XXXII, pp. 663-682, spéc. p. 672.

1743 « Mais comme elle aboutit à me présenter comme un tenant des doctrines allemandes sur la souveraineté, que j'ai au contraire combattues, et que ce contre-sens a, dans les circonstances présentes, quelque chose de particulièrement déplaisant, je me vois obligé de protester », HAURIOU (M.), « Le fondement de l'autorité politique. Lettre du professeur Hauriou », *R. D. P.*, 1916, T. XXXIII, pp. 20-21, spéc. p. 21. Il s'en défendait aussi dans la deuxième édition de ses Principes de droit public : « Ai-je besoin d'ajouter que la méthode positive pratiquée sincèrement, à la française, m'a mis à l'abri de l'influence des doctrines spéculatives, de quelque côté qu'elles vinssent ». HAURIOU (M.), *Principes de droit public*, Paris, Librairie de la société du Recueil Sirey, 2e éd., 1916, p. VI.

1744 Il est cependant intéressant de noter que la réciproque était vraie. O. Mayer fut à son tour accusé de franciser la science allemande. Cf. MAYER (O), « Préface de l'édition française », in MAYER (O.), *Le droit administratif allemand*, T. 1, Paris, V. Giard et E. Brière, 1903, pp. XIII-XV, spéc. pp. XIV-XV. Cf. également, WOEHRLING (J.-M.), « Otto Mayer, un acteur de la coopération interculturelle juridique franco-allemande », *La Revue administrative*, 1999, n° 7, pp. 24-27.

1745 MILET (M.), « La doctrine juridique pendant la guerre : à propos de Maurice Hauriou et de Léon Duguit », *Jus Politicum* [en ligne], 2016, n° 15, pp. 1-20, spéc. p. 11, disponible sur http://juspoliticum.com/article/La-doctrine-juridique-pendant-la-Guerre-a-propos-de-Maurice-Hauriou-et-de-Leon-Duguit-1087.html, consulté le 03/04/2013.

1746 *Ibidem.*

1747 Certains auteurs parlent même de « front intellectuel », cf. GIACUZZO (J.-F.), « Un regard sur les publicistes montés au "front intellectuel" », *Jus Politicum* [en ligne], n° 12, 2014, pp. 1-33 disponible sur http://juspoliticum.com/article/Un-regard-sur-les-publicistes-

**525.** Exigeant un droit de réponse face à H. Berthélémy, M. Hauriou était alors beaucoup plus absolu en écrivant que « l'édification d'une théorie objective de l'institution politique »[1748] était censée « remplacer la doctrine allemande de la personnalité juridique de l'Etat, en tant qu'appliquée aux problèmes de la souveraineté. Ce que M. Duguit a essayé par la théorie de la règle de droit, je l'ai essayé par celle de l'institution corporative, et l'une des tentatives est aussi objective et aussi anti-allemande que l'autre. Sauf à savoir laquelle des deux est la plus heureuse »[1749]. Théorie de remplacement assumée, mais qui ne l'empêchait pas de rester ferme sur ses positions, en envisageant « plus ou moins »[1750] l'application de la théorie de la personnalité subjective aux matières administratives, mais en la refusant aux matières constitutionnelles[1751]. H. Berthélémy réitérait cependant son accusation, soulignant les « contradictions »[1752] de M. Hauriou qui pouvait écrire, de manière répétée « la personnalité administrative contient de la puissance publique »[1753] et envisageait qu'« une fois constituée, cette personnalité ne demande qu'à s'étendre [...]. Les partisans de l'opposition entre l'Etat personne juridique et l'Etat puissance publique [...] devront convenir que la personnalité des administrations [...] comporte la jouissance de droits exorbitants, tels que les droits de police, justice et finance, le droit de disposer de la force armée, de battre monnaie, de conférer des grades, de lever l'impôt, etc. »[1754]. En guise d'argument ultime, H. Berthélémy soulignait enfin que « notre collègue signale en note l'opinion de notre cher et regretté Michoud,

---

francais-montes-au-front-intellectuel-de-1914-1918-884.html, consulté le 03/04/2016 ; ou encore de « front du droit », cf. MILET (M.), *Les professeurs de droit citoyens : entre ordre juridique et espace public, contribution à l'étude des interactions entre les débats et les engagements des juristes français (1914-1995)*, T. 1, Thèse, dactyl., Paris II, 2000, p. 83 ; MILET (M.), « La doctrine juridique pendant la guerre : à propos de Maurice Hauriou et de Léon Duguit », *préc.*, p. 2.

[1748] HAURIOU (M.), « Le fondement de l'autorité politique. Lettre du professeur Hauriou », *R. D. P.*, 1916, T. XXXIII, pp. 20-21, spéc. p. 20.

[1749] *Idem*, pp. 20-21.

[1750] *Idem*, p. 21.

[1751] Dans ses *Principes de droit public*, il écrivait ainsi : « Le droit constitutionnel manque d'une synthèse. On a bien essayé de lui en construire une, en partant de l'idée de la souveraineté de l'Etat considéré comme un attribut de la personne juridique et en rattachant à la souveraineté l'organisation de tous les pouvoirs par la théorie de la délégation. Mais cette synthèse est mal venue, grinçante et grimaçante [...] », visant de manière sous-entendue la doctrine allemande. Cf. HAURIOU (M.), *Principes de droit public*, Paris, Librairie de la société du Recueil Sirey, 2e éd., 1916, p. 417.

[1752] BERTHÉLÉMY (H.), « Le fondement de l'autorité politique. Lettre du professeur Berthélémy », *R. D. P.*, 1916. T. XXXIII, pp. 21-24, spec. p. 22.

[1753] HAURIOU (M.), *Précis de droit administratif et de droit public*, Paris, Recueil Sirey, 6e éd., 1907, p. 395 ; extraits cités par H. Berthélémy.

[1754] HAURIOU (M.), *Précis de droit administratif et de droit public*, Paris, Recueil Sirey, 7e éd., 1911, pp. 119-120. Extraits cités tels quels par H. Berthélémy.

qu'il paraît bien présenter comme analogue à la sienne »[1755] et ce faisant, rappelait que « Michoud ne s'est jamais défendu de penser, sur le point qui nous divise, comme le professeur Otto Gierke ! »[1756]. Il ressortait de cet échange une impasse, chacun restant sur ses positions. Il est malgré tout possible de supposer que le contexte tendu de la Première Guerre mondiale[1757], et l'accusation répétée de germanisme poussèrent M. Hauriou à radicaliser son alternative aux théories allemandes, même si cette opposition était moins assumée que la posture de L. Duguit. Et en effet, la rupture semblait définitivement consommée à partir de la deuxième édition des *Principes de droit public* en 1916. Sa théorie de l'institution s'affirmait, ainsi qu'en témoigne son article paru en 1925[1758]. Il la présentait cependant comme une « nouvelle théorie »[1759]. Les concessions aux théories allemandes se faisaient beaucoup plus rares et les termes employés pour les décrire appartenaient à un registre plus dépréciatif[1760]. En présentant le système subjectiviste édifié sur la base de la personnalité juridique, « en annexant aux personnes individuelles les personnes morales corporatives et, la plus notable de toutes, la personne Etat »[1761], M. Hauriou dénonçait la « prétention de faire de ces personnes et de leurs volontés subjectives le support de toutes les situations juridiques durables et même des normes des règles du Droit »[1762]. Surtout, il déplorait le fait que « des auteurs allemands, Gerber, Laband, Jellinek, pour faire entrer de force "la réglementation" dans le système du droit subjectif, imaginèrent de

---

1755 BERTHÉLÉMY (H.), « Le fondement de l'autorité politique. Lettre du professeur Berthélémy », *préc.*, p. 23.

1756 *Ibidem.*

1757 En 1918 d'ailleurs, il prenait lui aussi à témoin les juristes américains en publiant à son tour un article à la *Harvard Law Review* afin de présenter ses principales thèses développées dans les *Principes de droit public*. HAURIOU (M.), « An interpretation of the principles of public law », *Harvard law review*, avril 1918, vol. XXXI, pp. 813-821. Pour un exemple encore plus probant d'antigermanisme, cf. HAURIOU (M.), « Le droit naturel et l'Allemagne », *Le Correspondant*, 25 septembre 1918, réimpr. HAURIOU (M.), *Aux sources du droit : le pouvoir, l'ordre et la liberté, préc.*, pp. 13-71. Cf. par exemple p. 15. Les éditeurs prenaient d'ailleurs le soin de préciser en 1986 qu'ils « ne font pas difficulté de reconnaître que cette étude, dont on notera la date, manque de sérénité et qu'elle est peut-être, scientifiquement moins incontestable que les autres ». Pour plus de précision, cf. MILET (M.), *Les professeurs de droit citoyens. Entre ordre juridique et espace public, contribution à l'étude des interactions entre les débats et les engagements des juristes français (1914-1995)*, préc., pp. 109-113.

1758 HAURIOU (M.), « La théorie de l'institution et de la fondation (Essai de vitalisme social) », *Cahiers de la Nouvelle Journée*, 1925, réimpr. HAURIOU (M.), *Aux sources du droit : le pouvoir, l'ordre et la liberté, préc.*, p. 90.

1759 *Idem*, p. 96.

1760 *Id.*, pp. 92 ; 116 ; 122.

1761 *Id.*, p. 91.

1762 *Ibidem.*

ramener les règles du droit à des volontés subjectives de la personne Etat »[1763]. Le vocabulaire employé n'est certainement pas anodin, le reproche majeur fait aux juristes allemands étant celui de l'assimilation du droit à la force ainsi que l'avait exprimé O. Bismarck[1764].

**526.** M. Hauriou comme L. Duguit s'attelèrent donc à l'élaboration de leur théorie de la limitation de l'Etat, construite essentiellement par référence à la science allemande, à laquelle ils proposaient, chacun d'entre eux, une alternative. Comme le souligne F. Linditch, « il y a là une autre forme de réception de la doctrine allemande, mais c'en est une tout de même »[1765]. Tout comme l'admiration, la répulsion pouvait aussi encourager à la création théorique.

**527.** Cette manière de rejeter les théories étrangères semblait donc fertile du point de vue de la science française dans la mesure où elle supposait ensuite d'innover. Plus généralement cependant, le rejet consista simplement à maintenir, à cultiver les particularités françaises, dans une entreprise de justification.

**528.** L'attitude hostile de H. Berthélémy à l'égard du concept de personnalité morale en est révélatrice. Dans la préface qu'il faisait de l'ouvrage d'O. Mayer en 1903, il semblait de prime abord respecter le genre de l'exercice en présentant l'ouvrage et en en saluant la qualité, écrivant même, sur le ton de l'aveu : « nous cédons volontiers à la tentation d'emprunter des arguments tout faits à la philosophie juridique de nos

---

1763 *Ibid.*

1764 L'accusation valait notamment pour Jhering. Cf. STORA-LAMARRE (A.), « La guerre au nom du droit », *préc.*, pp. 6-9. Cf. H. Berthélémy dans l'article dans lequel il accuse justement M. Hauriou de germanisme : « une terrible responsabilité pèsera sur la mémoire des savants qui n'ont pas craint de semer sur le monde civilisé cet abominable germe de régression : la déification de la force, et son aptitude à fonder le droit. Les sophismes d'un Jhering, les rêves maladifs d'un Nietsche, devaient avoir pour corollaire les excitations sauvages d'un Treitschke et d'un Bernhardi », cf. BERTHÉLÉMY (H.), « Le fondement de l'autorité politique », *préc.*, pp. 680-681. De même, cf. FLACH (J.), *Le droit de la force et la force du droit*, Paris, Librairie de la société du recueil Sirey, 1915, et en particulier l'avertissement adressé « Aux neutres », pp. 5-6. Pour plus de précisions sur ce dernier auteur, cf. SENÉ (A.), « Jacques Flach et la Première Guerre mondiale : l'histoire du droit au service de la Patrie », HAKIM (N.) (dir.), *L'histoire du droit, entre science et politique*, 2016, à paraître.

1765 LINDITCH (F.), « La réception de la théorie allemande de la personnalité morale de l'Etat dans la doctrine française », *préc.*, p. 206.

collègues d'Allemagne et aux solides ouvrages de droit public dont ils ont enrichi la science »[1766]. Mais très vite, il marquait ses distances avec O. Mayer, et plus largement vis-à-vis de la conception allemande du droit public relative à la question de la personnalité morale, qu'il jugeait en contradiction avec les « doctrines individualistes de la Révolution française d'où le droit public moderne est sorti »[1767]. Il se refusait « à voir, dans la conception nouvelle de la souveraineté, un faisceau de droits subjectifs de la collectivité, devant lesquels les droits de l'individu s'anéantissent sous réserve des libertés que le souverain daigne concéder à chacun [...] »[1768]. Il rejetait alors cette conception, non seulement au nom de sa complexité, mais surtout de sa dangerosité[1769] et restait fidèle à la « doctrine française traditionnelle »[1770], celle de ses prédécesseurs[1771], limitant la personnalité morale de l'Etat dans le domaine patrimonial[1772]. Selon lui, ses collègues partisans de la thèse considérant « l'autorité administrative comme l'exercice de droits dont l'Etat serait le sujet » avaient été « victimes [...] de l'influence des théories germaniques »[1773]. La position de H. Berthélémy était néanmoins « limitée à la condamnation de la personnalité »[1774], condamnation d'autant plus forte que ses « accents nationalistes »[1775] allaient croissant, pour arriver à leur point culminant à partir de la Première Guerre mondiale[1776]. La doctrine allemande ne provoqua donc pas véritablement chez lui un effort de construction

---

1766 BERTHÉLÉMY (H.), « Préface », in MAYER (O.), *Le droit administratif allemand*, T. 1, Paris, V. Giard et E. Brière, 1903, pp. I-XII, spéc. p. IV.

1767 *Idem*, p. VII.

1768 *Ibidem*.

1769 *Idem*, pp. VII-VIII ; BERTHÉLÉMY (H.), « De l'exercice de la souveraineté par l'autorité administrative », *R.D.P.*, 1904, T. XXI, pp. 209-227, spéc. pp. 213-214.

1770 BERTHÉLÉMY (H.), « Le fondement de l'autorité politique », *préc.*, p. 672.

1771 Il citait notamment Serrigny, Dufour, Batbie, Ducrocq, ou encore Aucoc. Cf. *ibidem*.

1772 BERTHÉLÉMY (H.), *Traité élémentaire de droit administratif*, Premier Fascicule, Paris, Arthur Rousseau, 1ère éd., 1900, pp. 38-52

1773 BERTHÉLÉMY (H.), « De l'exercice de la souveraineté par l'autorité administrative », *préc.*, p. 211.

1774 LINDITCH (F.), « La réception de la théorie allemande de la personnalité morale de l'Etat dans la doctrine française », *préc.*, p. 201. Ce que L. Michoud lui reprochait en remarquant qu'il « s'abstient de substituer une théorie complète à celle qu'il combat ». Cf. MICHOUD (L.), « La personnalité et les droits subjectifs de l'Etat dans la doctrine française contemporaine », *R.G.A.*, 1911, T. 3, pp. 257-277, spéc. p. 265.

1775 LINDITCH (F.), « La réception de la théorie allemande de la personnalité morale de l'Etat dans la doctrine française », *préc.*, p. 201.

1776 Tout ce qu'il jugeait comme étant concession aux thèses allemandes entraînait une forte critique de sa part. BERTHÉLÉMY (H.), « Le fondement de l'autorité politique », *préc.*, p. 672.

novatrice[1777], mais au contraire un attachement plus fort encore à ce qu'il considérait comme la doctrine classique, la doctrine libérale fidèle à l'héritage révolutionnaire[1778]. C'est par l'observation de l'exemple allemand qu'il jura fidélité à la voie française, ce qui le poussa à réaffirmer ses positions.

**529.** Cette attitude de confortation du droit administratif français se retrouve également vis-à-vis du droit anglais.

## B) La confortation du droit administratif français par le rejet des droits étrangers : l'absence de régime administratif anglais

**530.** C'est dans le miroir des droits étrangers que la doctrine administrativiste française s'est parfois observée et a renforcé les particularités de son droit. Les droits étrangers ont alors un effet repoussoir qui s'est caractérisé par la « justification »[1779] des solutions nationales par les juristes français. Cette démarche s'illustra particulièrement à travers la controverse, par ouvrages interposés, que menèrent les juristes français (et en particulier M. Hauriou) avec A. V. Dicey. Ce fut ainsi la publication de la traduction française d'A. V. Dicey (1), qui suscita la réponse de M. Hauriou (2).

---

1777 J.-M. Blanquer et M. Milet font d'ailleurs remarquer que « toute son œuvre marque une certaine aversion pour la nouveauté […] », cf. BLANQUER (J.-M.), MILET (M.), *L'invention de l'Etat. Léon Duguit, Maurice Hauriou et la naissance du droit public moderne*, *préc.*, p. 249.

1778 « La souveraineté des gouvernants est en principe tempérée par le régime de la légalité. Nous entendons par là que seule la loi règne, que "l'Etat" ne veut que par la loi ; disons mieux : l'Etat ne veut pas ; il ne peut pas vouloir parce qu'il n'est pas une personne. Le législateur seul veut, et peut vouloir librement et commander arbitrairement ». Cf. BERTHÉLÉMY (H.), « De l'exercice de la souveraineté par l'autorité administrative », *préc.*, pp. 226-227. En cela, il se disait fidèle à B. Constant. Cf. BERTHÉLÉMY (H.), « Le fondement de l'autorité politique », *préc.*, p. 672.

1779 Cf. F. Melleray qui, du point de vue de la démarche comparative, dénomme cette période : « le temps de la justification ». MELLERAY (F.), « Les trois âges du droit administratif comparé ou comment l'argument de droit comparé a changé de sens en droit administratif français », *préc.*, p. 16.

### 1) La supériorité du modèle anglo-saxon selon A. V. Dicey

**531.** Le conflit naquit de la publication en 1902, à l'initiative de G. Jèze et A. Batut, de la traduction française de la première édition de l'ouvrage d'A. V. Dicey, intitulé *Introduction à l'étude du droit constitutionnel.* A. V. Dicey prétendait informer sur « deux ou trois principes directeurs qui dominent la Constitution moderne de l'Angleterre »[1780]. Pour ce faire, il expliquait avoir eu « constamment »[1781] recours à la comparaison, « avec le constitutionnalisme des Etats-Unis »[1782] d'une part, mais aussi « avec celui de la République française »[1783]. L'étude comparative était finalement envisagée particulièrement pour souligner les différences fondamentales avec la France[1784]. Il prenait cependant garde de préciser dans la préface à l'édition française que son étude comparative n'avait pas pour but de démontrer la supériorité des institutions anglaises sur celles des autres pays[1785], et avertissait tout particulièrement le lecteur français à ce sujet :

> « c'est là une observation que devra conserver dans l'esprit celui qui lira le chapitre que je consacre au droit administratif français. J'ai voulu montrer (ce qui est certainement vrai) que, dans tout le Droit anglais, il n'y a que peu de choses ou même rien qui corresponde au Droit administratif. Mais cette conclusion ne prouve pas ou n'implique pas que le système du Droit administratif n'a aucun mérite propre, que l'Angleterre n'a rien perdu en négligeant de reconnaître pleinement les droits et

---

1780 DICEY (A. V.), « Préface de la première édition anglaise », in DICEY (A. V.), *Introduction à l'étude du droit constitutionnel*, Edition française complétée par l'Auteur, Paris, V. Giard et E. Brière, 1902, pp. XXI-XIV, spéc. p. XXI.

1781 *Ibidem.*

1782 *Ibid.*

1783 *Ibid.*

1784 Un chapitre entier est d'ailleurs consacré à cette distinction entre droit français et droit anglais. Dans la préface à la troisième édition anglaise, remaniée, il précisait que « chacun des chapitres est consacré à quelque sujet particulier mais subordonné, par exemple au droit à la liberté de la personne, ou à la différence qu'il y a entre le droit administratif français et le règne de la loi en Angleterre »., cf. DICEY (A. V.), « Préface de la troisième édition anglaise », in DICEY (A. V.), *Introduction à l'étude du droit constitutionnel*, Edition française complétée par l'Auteur, Paris, V. Giard et E. Brière, 1902, pp. XXV-XXVI, spéc. p. XXV.

1785 DICEY (A. V.), « Préface de l'édition française », », in DICEY (A. V.), *Introduction à l'étude du droit constitutionnel*, Edition française complétée par l'Auteur, Paris, V. Giard et E. Brière, 1902, pp. XXIX-XXXXII, spéc. p. XXX.

devoirs de l'Etat, ce qui forme le droit administratif français »[1786].

**532.** Malgré cette précaution, il s'avère que son étude semblait conclure tout de même à la supériorité du modèle anglais, qui prônait la suprématie de la loi commune, refusant de consacrer un droit spécifique qui déterminerait les rapports des citoyens avec l'Etat[1787]. Compte tenu de ces caractéristiques, A. V. Dicey soulignait l'avance de son droit. Il soutenait « avec force arguments que le "droit administratif" est inconnu en Angleterre et est un état primitif d'évolution d'un système moderne »[1788], sous-entendant que la France avait alors deux à trois siècles de retard sur l'Angleterre[1789]. Il exprimait souvent son trouble face à certains éléments du régime français. Il dénonçait notamment le droit administratif français en tant qu'il lui paraissait consacrer une « sorte d'immunité en faveur du gouvernement et de ses agents »[1790].

**533.** Pour la rédaction de la première édition de son ouvrage, en 1885, A. V. Dicey s'était renseigné sur le droit administratif français essentiellement par l'intermédiaire d'A. de Tocqueville, ou d'auteurs de la moitié du XIX^e^ siècle[1791], dont les écrits étaient pourtant déjà datés à l'époque où il écrivait. Il n'avait pas pris en compte les évolutions majeures de la fin du XIX^e^ siècle[1792].

---

[1786] *Idem*, pp. XXX-XXXI.

[1787] Pour un résumé des traits principaux dégagés par A. V. Dicey du système anglais, cf. CASSESE (S.), *La construction du droit administratif. France et Royaume-Uni*, *préc.*, pp. 54-55.

[1788] *Idem*, p. 53.

[1789] Il remarquait en effet que « ce sont les notions anglaises modernes qui contrastent avec les idées qui prévalent dans les Etats du continent. La raison pour laquelle nous marquons cette opposition mérite une mention spéciale. A une époque qui, historiquement, n'est pas très éloignée de nous, les idées courantes, sinon prédominantes en Angleterre, sur la situation de la Couronne présentaient une analogie très étroite avec les doctrines qui ont donné naissance en France, au doit administratif ». Il précisait, en guise de résumé, que « le droit administratif est opposé aux notions anglaises moderne, mais non aux idées qui avaient cours aux seizième et dix-septième siècles ». Cf. DICEY (A. V.*), Introduction à l'étude du droit constitutionnel*, *préc.*, p. 306.

[1790] RIBOT (A.), « Préface », in DICEY (A. V.*), Introduction à l'étude du droit constitutionnel*, Edition française complétée par l'Auteur, Paris, V. Giard et E. Brière, 1902, pp. V-XIX, spéc. p. XVI.

[1791] Les « anciennes autorités » comme il les appellera quelques années plus tard, lors de l'ajout d'appendices à la version française de son ouvrage. Cf. DICEY (A. V.), *Introduction à l'étude du droit constitutionnel*, *préc.*, p. 457.

[1792] Il l'avouait d'ailleurs lui-même en 1901 dans la préface à l'édition française : « A la vérité, mon exposé du Droit français fondé, comme il l'était sur bien des points, sur les écrits

Sa vision était dès lors faussée, et exagérait les défauts du système français, ce qui lui fut reproché par les juristes français[1793]. Il semblerait qu'il ait par ailleurs accentué les différences existant entre le modèle anglais et le modèle

d'Alexis de Tocqueville ne correspond pas complètement, ainsi que me l'ont fait remarquer plusieurs critiques estimables, avec le Droit administratif actuel ; mais le Droit français, tel qu'il existait, par exemple, en 1850, est une illustration admirable, par voie d'opposition, du Droit constitutionnel anglais. C'est pourquoi j'ai pensé qu'il n'y avait pas lieu de modifier matériellement les pages publiées pour la première fois en 1885 ; mais je tiens à affirmer tout particulièrement qu'une étude attentive de la Juridiction administrative de Laferrière et d'autres ouvrages récents et autorisés, m'a convaincu non seulement que je suis tombé dans quelques erreurs de détail qui sont peut-être pardonnables à un anglais qui écrit sur le Droit français mais encore que le Droit administratif a subi en France, pendant les cinquante ou soixante dernières années, une évolution remarquable dont, en 1885, je ne m'étais pas rendu un compte suffisant ». Cf. DICEY (A. V.), « Préface de l'édition française », », *préc.*, pp. XXXI-XXXII ; et également, pp. 457-460. D'ailleurs, au fur et à mesure des rééditions anglaises, il réajusta son point de vue, faisant quelques concessions au droit administratif français, et nuançant l'opposition radicale entre droit français et droit anglais. V. par exemple DICEY (A. V.), *Introduction to the study of the law of the constitution*, London, Macmillan and Co, 8th ed., 1915; ou encore DICEY (A. V.), « The development of administrative law in England », *Law quaterly review*, T. XXXI, 1915, pp. 148-153. Pour une analyse détaillée des éditions successives d'A. V. Dicey, cf. CASSESE (S.), « Albert Venn Dicey e il diritto amministrativo », *Quaderni Fiorentini*, 1990, n° 19, pp. 5-82, spéc. pp. 6-17.

1793 Y compris par ceux qui lui étaient pourtant favorables, à l'instar d'A. Ribot qui, dans la préface à la version française de l'ouvrage de Dicey, rappelait qu' « un grand effort a été fait d'ailleurs, depuis 1789, pour atténuer ce qu'il y a d'excessif dans ce principe. Le Conseil d'Etat est devenu une véritable juridiction pour les matières administratives, et la création de la théorie des excès de pouvoir a ramené, dans des limites beaucoup plus étroites, l'arbitraire de l'administration ». Cf. RIBOT (A.), « Préface », in DICEY (A. V.), *Introduction à l'étude du droit constitutionnel*, Edition française complétée par l'Auteur, Paris, V. Giard et E. Brière, 1902, pp. V-XIX, spéc. p. XVIII. Mais également de G. Jèze, qui fut à l'initiative de la traduction de son ouvrage et qui soulignait régulièrement dans des notes de bas de page ajoutées à la version originale, et notamment dans le chapitre consacré à la comparaison entre « le règne de la loi » et « le droit administratif en France », les diverses imprécisions, ou exagérations du point de vue d'A. V. Dicey sur le droit administratif français. Pour les notes ajoutées par G. Jèze, cf. DICEY (A. V.), *Introduction à l'étude du droit constitutionnel*, Edition française complétée par l'Auteur, Paris, V. Giard et E. Brière, 1902, pp. 285 ; 289 ; 290 ; 293 ; 300 ; 302. G. Jèze réitérait ces précisions en 1925 dans la 3e édition de ses *Principes généraux du droit administratif* en écrivant que « sur la foi de Tocqueville, le professeur Dicey a longtemps cru que "droit administratif" signifiait arbitraire administratif ; et, dès lors, il opposait complaisamment "l'arbitraire", le "droit administratif français" au règne de la loi (rule of law) en vigueur en Angleterre », cf. JEZE (G.), *Les principes généraux du droit administratif*, T. 1, Paris, M. Giard E. Brière, 3ème éd., 1925, réimpr Paris, Dalloz 2005, p. 1.

français, en occultant certains éléments de la réalité anglaise[1794], et en exacerbant les particularités du modèle français[1795].

**534.** Au moment de sa publication, l'œuvre d'A. V. Dicey ne laissa pas les juristes français indifférents.

### *2) La supériorité du modèle français selon M. Hauriou*

**535.** M. Hauriou prit très au sérieux les résultats de la recherche d'A. V. Dicey, ignorant donc les précisions d'A. V. Dicey qui avouait que depuis cette première édition, son point de vue était plus nuancé. Il réagit aux remarques d'A. V. Dicey dès l'année qui suivit la publication de la traduction française de son ouvrage, c'est-à-dire à l'occasion de la 5e édition du *Précis de droit administratif*, en 1903. Ce qui paraissait ressembler à une concession faite au modèle anglais, saluant au passage le grand intérêt des études comparatives, devint vite une réaction défensive. Dans une note de bas de page, il écrivait en effet qu'« on ne saurait trop admirer la pénétration avec laquelle M. Dicey a établi cette comparaison qui, pour nous français, éclaire d'un jour si nouveau nos propres institutions. Théoriquement, je le reconnais, l'avantage semble être du côté du système de la légalité anglaise ; mais au point de vue pratique il est permis de conserver des doutes »[1796]. Très vite, il était amené à vanter les mérites du recours pour excès de pouvoir français, dont le maniement « facile, rapide, peu coûteux »[1797], contrastait avec celui « de la procédure anglaise » dont la réputation était « d'être difficile et coûteux »[1798].

**536.** Sa réaction défensive fut plus marquée encore à compter de la 8e édition de son *Précis* en 1914, puisque cela le conduisit à réorganiser le plan

---

[1794] Et notamment l'existence d'un corpus de droit administratif en Angleterre. Cf. CASSESE (S.), *La construction du droit administratif. France et Royaume-Uni*, *préc.*, pp. 61-65.

[1795] Cf. A. Ribot : « il se fait une idée trop absolue de notre système, quand il dit que "toutes les affaires, où les droits d'un individu sont en question par rapport à l'Etat ou aux fonctionnaires qui le représentent tombent dans le domaine du droit administratif" », RIBOT (A.), « Préface », *préc.*, p. XVI.

[1796] HAURIOU (M.), *Précis de droit administratif et de droit public*, Paris, Recueil Sirey, 5e éd., 1903, p. 13.

[1797] *Ibidem.*

[1798] *Ibid.*

de son ouvrage. Il entamait son étude par de longs développements consacrés au « régime administratif français »[1799]. La 9e édition entérinait définitivement l'opposition, en ce que l'organisation du premier livre relatif au régime administratif français semblait plus encore être une réponse directe aux attaques d'A. V. Dicey, dans le but bien déterminé de les « contrer »[1800], comme en témoignent les références dans les notes de bas de page. Le troisième chapitre du livre premier consistait par exemple en une étude de la formation historique du régime administratif français, en comparaison avec le « régime non administratif anglais »[1801], et était l'occasion de souligner « la divergence historique entre la France et l'Angleterre »[1802]. Tout au long de ce premier livre, et presque systématiquement cette fois, il confrontait à son tour modèle français et modèle anglais pour aboutir, sans doute « par chauvinisme »[1803], à la conclusion de la supériorité du premier sur le second. La polémique sur la responsabilité des fonctionnaires est particulièrement révélatrice de cette attitude. M. Hauriou faisait ainsi remarquer :

> « M. Dicey est très frappé particulièrement de ce que les fonctionnaires français ne puissent pas être poursuivis

---

1799 Cf. la justification de M. Hauriou dans la préface à la 8e édition (pp. V-XIII). Un livre entier est désormais consacré à sa présentation. Cf. HAURIOU (M.), *Précis de droit administratif et de droit public*, Paris, Recueil Sirey, 8e éd., 1914, pp. 1-113.

1800 CASSESE (S.), *La construction du droit administratif. France et Royaume-Uni*, *préc.*, p. 58.

1801 HAURIOU (M.), *Précis de droit administratif et de droit public*, Paris, Recueil Sirey, 9e éd., 1919, p. 54.

1802 *Idem*, p. 55.

1803 CASSESE (S.), *La construction du droit administratif. France et Royaume-Uni*, *préc.*, p. 62. Pour un exemple, dans le contexte d'immédiat après guerre, cf. la préface de la 9e édition de son Précis, consacrée à « la centralisation française » : « l'expérience vient d'en être faite dans la guerre de 1914. Nos alliés anglo-saxons reconnaîtront eux-mêmes que la Belgique, la France, la Russie et l'Italie, pays de centralisation, par conséquent de préparation militaire et de mobilisation rapide, ont soutenu le premier choc et que, seule, leur organisation a procuré le long délai qui fut nécessaire pour mettre au point les improvisations géniales, mais forcément tardives, des Kitchener et des Baker. Si la civilisation fut sauvée elle le fut par la centralisation ». Cf. HAURIOU (M.), *Précis de droit administratif et de droit public*, Paris, Recueil Sirey, 9e éd., 1919, p. VI. Il était plus explicite encore dans les développements du Livre premier : « on pouvait soutenir la supériorité du régime anglais et vilipender notre centralisation administrative française avant l'expérience de la guerre de 1914, on ne le peut plus depuis. [...] Si nous n'avions pas été là, nous français, avec la solide armature de notre centralisation, avec l'atavisme de notre obéissance administrative, pour tenir le coup pendant deux ans, à quoi eut servi l'effort individualiste anglais ? [...] En somme, les Etats modernes nationaux et démocratiques ont besoin des cadres de la centralisation administrative parce qu'ils sont perpétuellement en état de mobilisation pour les réformes sociales : la centralisation administrative est fonction du nationalisme démocratique. Bien loin que nous devions nous acheminer vers le Juge anglais, c'est l'Angleterre qui sera obligée de s'acheminer vers le Préfet français ». HAURIOU (M.), *Précis de droit administratif et de droit public*, Paris, Recueil Sirey, 9e éd., 1919, pp. 31-32.

librement devant les tribunaux ordinaires pour faits relatifs à leurs fonctions, et de ce qu'ils soient couverts par une garantie administrative, mais il ne tient pas compte de cette circonstance qu'en France, là où la poursuite contre les fonctionnaires échoue, la poursuite contre l'administration en responsabilité pour faits de service réussit et qu'elle réussit dans nombre de cas où, en Angleterre, le juge ne pourrait pas condamner l'administration, dont la responsabilité n'est pas admise en principe et ne condamnerait même pas le fonctionnaire parce que la faute ne lui paraîtrait pas suffisante »[1804].

**537.** Certains propos d'A. V. Dicey (ceux plus nuancés, ajoutés dans des appendices à la version française) étaient parfois même instrumentalisés pour conforter les conclusions de M. Hauriou sur la supériorité du droit administratif français :

> « on ne saurait garder trop de reconnaissance à M. Dicey d'avoir mis en relief ce caractère du droit administratif français en le comparant au droit d'équité qui, en Angleterre au XVIIe siècle, est sorti de la juridiction du lord Chancelier et s'est superposé au common law : même origine arbitraire, même caractère d'un droit fait par le juge (case Law ; judge made-law) (introduction à l'étude du droit constitutionnel. Appendice X de l'édition française). – Nous avions dit nous-même bien des fois que le droit administratif français était un droit prétorien, mais le rapprochement fait par M. Dicey avec le droit d'équité anglais nous est doublement précieux, d'abord parce qu'il nous apporte une très haute approbation, ensuite parce qu'il nous fait entrevoir que le droit administratif français pourrait bien avec le temps

1804 HAURIOU (M.), *Précis de droit administratif et de droit public*, Paris, Recueil Sirey, 9e éd., 1919, pp. 14-15. Dans la 8e il écrivait déjà : « je considère la responsabilité des fonctionnaires, telle qu'elle est organisée en Angleterre, comme une bonne garantie constitutionnelle, mais comme un mauvais recours administratif, parce qu'elle est une trop lourde machine à remuer ; elle peut servir à éviter les gros abus du pouvoir, mais elle ne vaut rien contre les bévues journalières de l'administration ; c'est-à-dire qu'elle laisse sans sanction l'excès de pouvoir proprement dit et la faute de service ». Cf. HAURIOU (M.), *Précis de droit administratif et de droit public*, Paris, Recueil Sirey, 8e éd., 1914, p. 103.

pénétrer plus qu'on ne le croit dans la vie de la nation »[1805].

**538.** L'ouvrage d'A. V. Dicey eut donc une influence sur M. Hauriou, dans la mesure où il provoqua une réaction de ce dernier. C'est en effet par effet de miroir avec le droit anglais que M. Hauriou exacerba plus encore les particularités du droit français, mais surtout les justifia, conformément à l'air du temps. Sans que l'exemple étranger conduise ici à une innovation, présentée comme alternative, il eut simplement pour effet de conforter le droit administratif français dans sa position. M. Hauriou n'était d'ailleurs pas le seul à faire l'étude du droit anglais dans le but de conforter le droit français. Quelques années plus tard, piqué au vif par les critiques d'A. V. Dicey, H. Berthélémy prenait « plaisir »[1806] à constater que « dans les dernières éditions de son livre, sa conviction est singulièrement émoussée »[1807], remarquant que « la nouvelle école anglaise a perdu les illusions de Dicey. Le vent a tourné ; les savants anglais sont revenus à une plus claire intelligence des conceptions législatives ; ils rendent justice au système dont notre droit français offre le type le plus ancien et je crois bien le plus parfait [...] »[1808]. Comme le rappelle S. Cassese « les modèles étrangers sont toujours présents dans les droits nationaux. On peut dire que chacun d'eux vit avec un "alter ego", pour se confronter avec lui, noter les analogies, souligner les différences »[1809].

---

1805 HAURIOU (M.), *Précis de droit administratif et de droit public*, Paris, Recueil Sirey, 5e éd., 1903, p. 38.

1806 BERTHÉLÉMY (H.), « Comparaison des principes du droit administratif français aux pratiques administratives des pays anglo-saxons », *Revue critique de législation et de jurisprudence*, 1931, pp. 59-70, spéc. p. 61.

1807 *Ibidem.*

1808 *Ibid.* Dans la même veine, A. Mestre remarquait que « les jurisconsultes anglais d'aujourd'hui, commencent à sentir le besoin d'un droit administratif ». Cf. Mestre (A.), *Répétitions écrites de Droit administratif*, Paris, Les cours du droit, 1930, p. 102.

1809 CASSESE (S.), *La construction du droit administratif. France et Royaume-Uni*, *préc.*, p. 65.

# Conclusion du premier chapitre

**539.** La présentation du droit administratif français comme droit exportateur en donne une vision trop réductrice, à partir du moment où la démarche exportatrice semble être exclusive de la démarche symétrique d'importation. Effectivement, le droit administratif français cultiva sans doute une plus grande tradition de fermeture sur l'extérieur que certains de ses homologues étrangers, pour les raisons évoquées précédemment. Mais cette fermeture fut relative. Les administrativistes français se sont en effet toujours informés sur ce qui était produit au-delà des frontières, afin de parfaire leurs connaissances. Pour ce faire, ils multiplièrent, dès le XIXe siècle, les moyens institutionnels comme scientifiques permettant d'accéder aux droits étrangers. Certains administrativistes prirent particulièrement à cœur cette mission de diffusion, qu'ils soient tout à fait pragmatiques dans leur démarche, revendiquant l'utilité des droits étrangers pour améliorer le droit national ou qu'ils lui assignent la poursuite de l'harmonisation des droits. La connaissance toujours plus précise des droits administratifs étrangers ne devait donc pas se limiter à un simple luxe d'érudition.

**540.** Les administrativistes français cherchèrent à mettre à contribution les exemples étrangers. En partant d'une acception large de leur utilisation, en incluant aussi bien l'utilisation positive que négative, il est possible de considérer que les droits étrangers eurent un certain retentissement sur le droit administratif français. Le réflexe des juristes et en particulier des praticiens du XIXe siècle fut de se servir, positivement, des droits étrangers comme outil de légistique, c'est-à-dire, comme source d'inspiration pour le législateur. Si de ce point de vue, les résultats ne furent pas toujours ceux escomptés, les droits étrangers alimentèrent nettement les débats afin d'inciter à la réforme. Il fallut attendre plusieurs décennies avant que l'on mesure l'incidence des droits étrangers sur le droit français. Les exemples étrangers ne furent pas forcément l'unique justification de la réforme, mais ils participèrent à la faciliter, très certainement. Au tournant du XXe siècle, les besoins de systématisation du droit administratif français conduisirent à ce que les administrativistes tournent leur regard du côté de la doctrine étrangère, non plus seulement pour avoir un premier accès, une information sur le droit positif étranger, mais pour observer les constructions théoriques. Les juristes qui firent le renom du droit administratif français, en France comme à l'étranger, s'inspirèrent également de réflexions étrangères pour enrichir leur approche. Néanmoins, si certaines théories suscitaient leur admiration et l'envie de les intégrer en France, d'autres au contraire les amenaient à imaginer des alternatives dans une sorte de compétition entre science française et sciences étrangères, qui se comprend aussi dans le contexte politique dans lequel elle s'est développée. Les guerres successives (1870 et 1914) face à l'Allemagne provoquèrent ainsi un rapport bien particulier avec ce pays, entre attraction et répulsion. L'utilisation de l'exemple étranger était négative dans cette hypothèse, car elle supposait de ne pas le suivre. Se construire en opposition à l'autre, en poursuivant une sorte d'impératif d'originalité, c'est toutefois nécessairement prendre en compte l'autre, si bien qu'on y voit là aussi une forme d'influence des droits étrangers sur le droit administratif français.

# Chapitre 2: L'irréductibilité du droit administratif espagnol à l'importation

**541.** L'analyse du caractère importateur du droit administratif espagnol, si elle a pu confirmer le présupposé de la recherche dans les développements précédents, révélait, dans le même temps, les faiblesses d'une telle présentation. L'ouverture du droit administratif espagnol sur les droits étrangers est certes une de ses caractéristiques, mais elle n'est pas l'unique et ne constitue qu'une facette du droit administratif espagnol. Celui-ci ne peut donc se réduire à la figure de l'importateur. Ce serait d'abord oublier que les phénomènes d'influences entre droits, d'imitation, ne sont pas le propre de l'Espagne et sont beaucoup plus généralisés. Ils sont en effet inéluctables dès lors que des voies de communication — matérielles comme immatérielles — se développent[1810]. La présentation du phénomène d'imitation néglige ensuite souvent la dimension de réappropriation propre à tout emprunt et ce faisant, réduit le droit imitateur à la simple copie. Est alors laissée de côté la spécificité de ce droit : la création à partir de l'élément emprunté. C'est ce que rappelle A. Rodríguez Villabona en dénonçant ce « mythe de la copie », souvent utilisé pour minimiser l'apport juridique de la Colombie, mais que l'on peut tout à fait généraliser :

> « En voyageant, le droit et la doctrine se transforment. En effet, même si les mots de la loi restent les mêmes, même si la traduction est d'une si bonne qualité que le sens original est maintenu, la circulation du droit et de la doctrine implique presque toujours leur transformation. Cela dans la mesure où la réception d'idées ou de règles juridiques, voire de tout produit culturel — le droit est à cet égard loin d'être un phénomène isolé —, dans un lieu différent de celui qui les a vus naître et se développer, suppose un processus d'adaptation qui affecte nécessairement son contenu et sa portée. La vision qui nie toute originalité aux ordres juridiques nationaux qui se sont construits à partir de la réception d'un droit étranger et qui a créé une espèce de "mythe de la copie", a affecté très profondément l'étude et la connaissance de ces processus d'influence juridique. Si paradoxal que ce soit, et malgré la reconnaissance unanime d'une influence, on trouve peu d'intérêts dans les pays producteurs à étudier cette influence sur un droit ou une

[1810] Cf. GALLEGO ANABITARTE (A.), « Influencias nacionales y foráneas en la creación del derecho administrativo español », *préc.*, p. 32.

> doctrine que l'on considère comme la simple copie du droit ou de la doctrine originaux ; d'autre part, du côté du pays récepteur, on est plus intéressé à étudier le droit et la doctrine originaux que la façon dont le droit et la doctrine propres se sont développés à partir des opérations de réception et de transformation »[1811].

**542.** Au-delà de ces précautions, il faut par ailleurs insister sur le fait que le droit administratif espagnol ne fut et n'est toujours pas uniquement importateur. Il ne l'est pas, d'abord, parce qu'il est aussi national (section I), mais également, parce qu'il a lui-même vocation à être diffusé (section II).

## *Section 1: Les caractéristiques propres du droit administratif espagnol*

**543.** Le droit administratif espagnol a toujours cultivé certaines spécificités, et ne peut donc être réduit à une simple copie des droits qu'il aurait imités. Le caractériser uniquement par l'importation négligerait ces particularités. Certes, il a été fait état de périodes, clairement identifiées[1812], comme étant réellement ouvertes aux influences étrangères. Toutefois, même pendant ces périodes dites d'ouverture, le droit administratif espagnol n'a jamais cessé d'être aussi national, produit par la culture espagnole, et non français, allemand ou encore italien (§ 2). Surtout, le droit administratif espagnol ne peut être en permanence qualifié de droit importateur ; certaines périodes marquent en effet un plus grand repli du droit administratif espagnol sur lui-même (§ 1).

---

[1811] RODRÍGUEZ VILLABONA (A. A.), « La circulation des modèles juridiques : l'exemple de la réception en Colombie de la doctrine de Duguit au début du XX$^{e}$ siècle », in MELIN-SOUCRAMANIEN (F.) (dir.), *Espaces du service public. Mélanges en l'honneur de Jean du Bois de Gaudusson*, Pessac, Presses Universitaires de Bordeaux, 2013, pp. 587-628, spéc. p. 590.

[1812] Cf. *Supra*, n° 303-336.

## §1) Un droit administratif particulièrement national en périodes de repli

**544.** L'ouverture du droit administratif espagnol sur les autres droits a toujours été discontinue, entrecoupée de ruptures. Entre ces périodes d'ouverture caractérisées, d'autres périodes de repli se sont intercalées. Deux périodes de repli du droit administratif espagnol sur lui-même peuvent être identifiées, bien qu'elles s'expliquent par des raisons différentes : un repli pratique entre 1850 et 1890 (A) et un repli identitaire, imposé notamment par le régime du premier franquisme (1936-1950) (B).

### A) Le repli pratique : 1850-1890

**545.** Ce repli pratique[1813] s'explique surtout par un recentrage sur le droit positif, sans véritable soubassement idéologique derrière celui-ci (même s'il ne peut jamais être totalement absent). Il coïncida avec le développement du droit administratif positif espagnol entre 1850 et 1890 (1), induisant un changement dans la manière d'exposer le droit administratif. Cette présentation du droit administratif renouait en réalité avec des traditions d'études chères à l'Ancien Régime, et avec une conception de l'étude du droit administratif beaucoup plus utilitariste, à vocation professionnalisante (2).

#### *1) Le développement du droit administratif positif espagnol*

**546.** La création de la juridiction administrative et notamment d'un Conseil d'Etat à la française en 1845 entraîna le développement d'une jurisprudence abondante propre au droit administratif. Ce foisonnement jurisprudentiel dura jusqu'à la première disparition du Conseil d'Etat, en 1868, et revint dans l'intervalle de temps où la Haute juridiction fut rétablie, entre 1875 et 1888. Le Traité de M. Colmeiro, datant de 1850, présente ainsi la jurisprudence

[1813] L'utilisation du terme « pratique » vise expressément les praticiens du droit, à qui s'adressaient essentiellement les études de droit administratif et qui d'ailleurs, étaient souvent, dans le même temps, ceux qui rédigeaient ces études. On peut d'ailleurs faire le parallèle avec les auteurs français de la même période, qualifiés de « praticiens ». Cf. MELLERAY (F.), « Doctrine parisienne et doctrine de province », in A.F.D.A., *La doctrine en droit administratif*, Paris, Litec, 2010, pp. 59-67, spéc. pp. 65-67

comme une source importante du droit administratif, soulignant d'ailleurs la « multitude » ainsi que « l'importance [des décisions jurisprudentielles] » si bien que le droit jurisprudentiel peut être considéré comme « une seconde législation »[1814]. Le même constat est dressé par J. Gómez-Acebo y Cortina et R. Díaz Merry dans l'avant-propos de leur *Dictionnaire général de jurisprudence administrative* paru en 1889 : « on peut dire que l'existence du contentieux administratif date en Espagne de 1845 ; donc pour supposer qu'on le trouvait en des temps antérieurs il faut faire preuve de bonne volonté et trouver des identités là où il n'existe que de faibles points de ressemblance. Mais il est indéniable qu'à partir de cette époque et, plus encore, depuis la publication de la loi de 17 août 1860 son développement et son importance croissent de manière exponentielle »[1815].

**547.** Cependant, la loi restait encore, la source première du droit administratif[1816]. A ce titre, la restauration (1875-1898) coïncida avec le développement d'une œuvre législative particulièrement riche, notamment en matière administrative, ce que souligne J.-C. Alli Aranguren, en insistant sur la particularité de cette époque « en raison de l'importance de son œuvre législative à partir de la Constitution de 1876 »[1817]. La plupart des secteurs de l'action administrative firent en effet l'objet de grandes lois en cette fin du XIX^e^ siècle, demeurant, pour la plupart d'entre elles, en vigueur jusqu'au milieu du XX^e^ siècle. Ce fut par exemple le cas des dispositions relatives à l'expropriation forcée pour cause d'utilité publique[1818], à la procédure

---

1814 « Constituyendo por su multitud e importancia una segunda legislación », COLMEIRO (M.), *Derecho administrativo español*, T. 1, Madrid, Librerías de Don Ángel Calleja, 1ª ed., 1850, p. 31.

1815 « Puede decirse que la existencia de lo administrativo-contencioso data en España de 1845; pues para suponer que en tiempos anteriores se conocía hay que tener buena voluntad y encontrar identidades donde sólo existen débiles puntos de semejanza. Pero es indudable que a partir desde esa época y, mas aún, desde la publicación de la ley de 17 de Agosto de 1860 su desarrollo e importancia crece en una proporción geométrica », GÓMEZ-ACEBO Y CORTINA (J.), *Diccionario general de Jurisprudencia contencioso-administrativa. Colección, por orden alfabético de materias, de todas las Sentencias dictadas en asuntos contencioso-administrativos, desde la creación del Consejo de Estado hasta 1888 inclusive*, Madrid, Tipografía de los Huérfanos, 1889.

1816 Cf. COLMEIRO (M.), *Derecho administrativo español*, T. 1, *préc.*, p. 30.

1817 « Época con entidad propia por la trascendencia de su obra legislativa a partir de la Constitución de 1876 », ALLI ARANGUREN (J.-C.), *La construcción del concepto de derecho administrativo español*, *préc.*, p. 189.

1818 Ley de 10 de enero de 1879 *de Expropiación Forzosa por causa de utilidad publica*, Gaceta de Madrid, de 12 de enero de 1879, n° 12, pp. 105-107.

administrative non contentieuse[1819], aux réclamations économico-administratives[1820], mais aussi au contentieux administratif. Un grand nombre de lois spéciales vinrent par ailleurs compléter cette œuvre législative[1821].

**548.** La place prépondérante des sources législatives en matière administrative plaçait déjà l'Espagne dans une position particulière par rapport à ses homologues européens, lesquels accusaient, à cette époque, un retard en la matière. Sur le fond, certains domaines du droit administratif espagnol développaient d'importantes particularités, marquant l'éloignement par rapport au modèle français. Ce fut le cas de la loi dite *Santamaría de Paredes* du 13 septembre 1888, rompant avec le modèle français d'organisation juridictionnelle[1822]. Plus encore, le droit administratif espagnol a pu parfois faire office de précurseur, comme en matière de codification de la procédure administrative non contentieuse[1823]. Ce développement du droit administratif positif eut inéluctablement un impact sur la science du droit administratif.

### *2) Le changement de manière d'exposer le droit administratif*

**549.** La période 1850-1890, succédant à « la décennie extraordinaire »[1824] en matière doctrinale, ne passa pas réellement, quant à elle, à la postérité. La génération qui la suivit souhaita d'ailleurs rompre avec ses proches prédécesseurs[1825]. Ces derniers ne firent d'ailleurs l'objet d'aucune

---

1819 Ley de 19 de octubre de 1889, *de Bases de Procedimiento Administrativo*, Gaceta de Madrid, de 25 de octubre de 1889, n° 298, p. 237.

1820 Ley de 31 de diciembre de 1881, *aprobando las bases para el procedimiento de las reclamaciones económico-administrativas*, Gaceta de Madrid, de 2 de enero de 1882, n° 2, pp. 50-55.

1821 Pour une liste non exhaustive, cf. ALLI ARANGUREN (J.-C.), *La construcción del concepto de derecho administrativo español*, *préc.*, p. 190.

1822 Cf. *supra*, n° 366.

1823 Ley de 19 de octubre de 1889, *de Bases de Procedimiento Administrativo*, *préc*. Cf. *supra*, n° 395.

1824 « La década increíble », cf. NIETO GARCÍA (A.), « Apuntes para una historia de los autores del derecho administrativo general español », in NIETO GARCÍA (A.), *34 artículos seleccionados de la Revista de Administración Pública con ocasión de su centenario*, Madrid, I.N.A.P., 1983, pp. 17-67, spéc. p. 22.

1825 Et donc, rénover la science du droit administratif. Cf. la classification d'A. Nieto et plus particulièrement les auteurs de la « rénovation ». *Idem*, pp. 17-67, cf. également ALLI ARANGUREN (J.-C.), *La construcción del concepto de derecho administrativo español*,

réhabilitation dans le cadre de recherches historiques, comme cela a pu être le cas de la génération des auteurs de la décennie 1840. Globalement, les auteurs de la période 1850-1890 étaient plutôt dépréciés : A. Nieto considère qu'« on ne trouve plus d'œuvre générale de droit administratif digne d'être mentionnée »[1826]. Pour J. A. Santamaría Pastor, le « panorama de production scientifique » de l'époque est « de qualité bien peu satisfaisante »[1827] et participera de l'explication du retard qualitatif de la science espagnole de cette deuxième moitié du XIX^e^ siècle[1828].

**550.** Le manque d'intérêt porté à la doctrine de cette période s'explique essentiellement par un changement dans la manière de faire du droit administratif. Cette période correspond en effet à un grand ralentissement des études à dimension théorique, pour se focaliser sur l'analyse stricte du droit positif, provoquant rapidement l'obsolescence de ces analyses[1829]. En conséquence, les droits étrangers n'étaient que peu, voire pas, mobilisés, car faiblement utiles à l'exposé doctrinal, le but visé étant purement pratique. Il est alors possible, pour cette période, d'assimiler analyse positiviste du droit à un certain degré de fermeture sur les droits étrangers. Le genre littéraire juridique de prédilection était devenu celui du répertoire jurisprudentiel ou du dictionnaire, témoin de l'importance prise par la juridiction administrative. Elle occupait la majeure partie des études spécialisées[1830], lesquelles

---

*préc.*, pp. 191-195, qui cite notamment A. Posada au titre de « la critique des auteurs antérieurs », p. 192.

1826 « No vuelve a aparecer una obra general de derecho administrativo digna de ser mencionada », *Ibidem.*

1827 « Un panorama de producción científica bastante más escaso, y de calidad escasamente satisfactoria », SANTAMARÍA PASTOR (J. A.), « La ciencia del Derecho administrativo en España: una perspectiva histórica », *préc.*, p. 361.

1828 Cf. *supra*, n° 118.

1829 Cf. J. A. Santamaría Pastor qui précise que « les autres ouvrages généraux écrits au cours de la seconde moitié du siècle présentent un intérêt bien moindre. Ils ont beaucoup moins bien supportés l'épreuve du temps que ceux que nous avons commentés précédemment ». SANTAMARÍA PASTOR (J. A.), « La ciencia del Derecho administrativo en España: una perspectiva histórica », *préc.*, p. 364.

1830 Cf. par exemple SUNYÉ (J.), *Jurisprudencia administrativa. Colección razonada de resoluciones del gobierno a consulta del Consejo Real en materias de Administración*, T. 1, Madrid, Imprenta de la publicidad, 1847; DE LA TORRE Y PEÑALOSA (C.), *Recopilación por materias de la jurisprudencia contencioso-administrativa*, Madrid, Sordo-Mudos, 1864; DÍAZ-UFANO Y NEGRILLO (J.), *Tratado teórico-practico de materias contencioso-administrativas en la península y ultramar*, Madrid, Imprenta de Manuel Minuesa, 1866; ROS BIOSCA (J. M.), *Procedimientos contencioso-administrativos y competencias entre las autoridades administrativas y judiciales*, Valencia, Imprenta de José Domenech, 1877; ABELLA Y BLAVE (F.), *Manual teórico-practico de lo contencioso-administrativo y del*

abondaient au cours de cette deuxième moitié du XIX^e siècle[1831]. Les ouvrages en droit administratif changèrent alors de destinataires. Plutôt que de s'adresser aux étudiants, ils visaient les professionnels du droit, à l'instar d'avocats ou de fonctionnaires[1832], et investissaient un « nouveau marché »[1833] sous prétexte d'ordonner un droit administratif national décrit comme très embrouillé, épars, voire chaotique. Le caractère utilitariste des études était donc pleinement assumé, comme en témoigne le prologue du *Dictionnaire de l'Administration espagnole* de M. Martínez Alcubilla, véritable modèle du genre. L'auteur y justifiait l'utilité de la forme du dictionnaire, admettant qu'il ne s'agissait pas du format approprié pour l'enseignement, mais qu'il présentait des « avantages inestimables » pour les praticiens en leur faisant « économiser un temps précieux »[1834]. Il rappelait ensuite cette utilité fondamentale dans les éditions postérieures[1835]. Est également révélatrice l'introduction du *Répertoire*[1836] de J. M. Pantoja, ou encore, vingt ans plus tard, celle du *Dictionnaire* de J. Gómez-Acebo y Cortina et R. Diaz Merry[1837].

---

*procedimiento especial en los asuntos de hacienda*, Madrid, Imprenta de E. de la Riva, 1882.

1831 Cf. NIETO GARCÍA (A.), « Apuntes para una historia de los autores del derecho administrativo general español », *préc.*, pp. 43-44; SANTAMARÍA PASTOR (J. A.), « La ciencia del Derecho administrativo en España: una perspectiva histórica », *préc.*, pp. 364-366.

1832 Cf. COS-GAYÓN (F.), CÁNOVAS DEL CASTILLO (E.), *Diccionario manual de Derecho administrativo Español, para uso de los funcionarios de los Ministerios de Gobernación y Fomento y de los Alcaldes y Ayuntamientos*, Madrid, Imprenta de los herederos de Vallejo, 1860.

1833 Cf. SANTAMARÍA PASTOR (J. A.), « La ciencia del Derecho administrativo en España: una perspectiva histórica », *préc.*, p. 364.

1834 « Ventajas inapreciables », « economizándoles un tiempo precioso », MARTÍNEZ ALCUBILLA (M.), *Diccionario de la Administración Española peninsular y ultramarina: compilación ilustrada de la novísima legislación de España en todos los ramos de la Administración pública*, T. 1, Madrid, Imprenta de A. Peñuelas, 2ª ed., 1868, p. II.

1835 MARTÍNEZ ALCUBILLA (M.), « Advertencia », in *Diccionario de la Administración Espanola peninsular y ultramarina: compilación ilustrada de la novísima legislación de España en todos los ramos de la Administración publica*, T. 1, Madrid, Imprenta de A. Peñuelas, 2ª ed., 1868.

1836 Cf. PANTOJA (J. M.), *Repertorio de la jurisprudencia administrativa española, compilación completa, metódica y ordenada por orden alfabético de las diversas reglas de jurisprudencia sentadas en las sentencias, decisiones de competencia y de autorización para procesar que se han dictado a consulta del Consejo Real, del Tribunal Supremo contencioso-administrativo y del Consejo de Estado desde la instalación del primero en 1846 hasta la supresión de la jurisdicción contencioso-administrativa en 1868*, Madrid, Imprenta de la Revista de Legislación, 1869, pp. V-XLIX, spéc. pp. V-VII.

1837 GÓMEZ-ACEBO Y CORTINA (J.), *Diccionario general de Jurisprudencia contencioso-administrativa. Colección, por orden alfabético de materias, de todas las Sentencias dictadas en asuntos contencioso-administrativos, desde la creación del Consejo de Estado hasta 1888 inclusive*, *préc.*

Les auteurs de ces ouvrages étaient d'ailleurs eux-mêmes des professionnels du droit, notamment des avocats. Comme le résume A. Nieto García, à cette époque, « le droit administratif se transforme en une technique pour les professionnels. Les auteurs ne prétendent plus améliorer le pays, ni même "faire œuvre de science", mais gagner des procès et enseigner à leurs lecteurs comment les gagner »[1838].

**551.** A compter de 1875, la période dite de la Restauration (avant tout politique, mais également scientifique) aurait pu s'annoncer plus fertile pour la science du droit administratif. En effet, les universitaires publiaient à nouveau des cours et des manuels ayant vocation à systématiser le droit administratif. Le renouveau n'eut cependant pas réellement lieu, l'ambition scientifique restant relativement pauvre, et avec elle, l'ouverture sur les droits étrangers. Comme le souligne A. Nieto à propos du *Droit administratif espagnol* de F. Abella, « il se passe totalement, non pas seulement de la doctrine étrangère, plus ou moins éloignée, mais des auteurs espagnols eux-mêmes »[1839]. Une exception aurait pu être celle de V. Santamaría de Paredes, dont la renommée fut plus grande, en raison de son rôle dans l'élaboration de la Loi du 13 septembre 1888 réformant le contentieux administratif. Son *Cours de droit administratif espagnol*[1840] était cependant, « un système fermé et complet du droit administratif espagnol »[1841]. Finalement, avec cet auteur, « le droit administratif redevient à l'Université un simple extrait du journal officiel »[1842] et dès lors, « fermé à la doctrine étrangère »[1843]. Plus qu'un manque d'information, cette aporie s'explique toujours par la manière de l'époque d'exposer le droit[1844], manière à laquelle les auteurs de la

1838 « El derecho administrativo se convierte en una técnica forense. Los autores ya no pretenden mejorar el país, y ni siquiera "hacer ciencia", sino ganar pleitos y ensenar a sus lectores a ganarlos », NIETO GARCÍA (A.), « Apuntes para una historia de los autores del derecho administrativo general español », *préc.*, p. 44.

1839 « Prescinde por completo no ya de la doctrina extranjera, mas o menos alejada, sino de los propios autores españoles », NIETO GARCÍA (A.), « Apuntes para una historia de los autores del derecho administrativo general español », préc., p. 48.

1840 SANTAMARÍA DE PAREDES (V.), *Curso de derecho administrativo según sus principios generales y la legislación actual de España*, Madrid, Ricardo Fé, 1891.

1841 « Un sistema cerrado y completo del Derecho Administrativo español », NIETO GARCÍA (A.), « Apuntes para una historia de los autores del derecho administrativo general español », *préc.*, p. 49.

1842 « El Derecho administrativo vuelve a ser en la Universidad un extracto de la Gaceta Oficial », *Ibidem*.

1843 « Los horizontes del Curso son, con ello, pavorosamente estrechos. Además, están cerrado a la doctrina extranjera ». *Idem*, p. 50.

1844 *Ibidem*. Cf. également l'appréciation que porte J. Gascón y Marín sur l'oeuvre de V. Santamaría de Paredes, GASCÓN Y MARÍN (J.), *Discurso correspondiente a la apertura del*

Restauration restaient fidèles, confirmant l'association analyse descriptive/fermeture sur l'étranger. Ainsi, A. Posada analysant ces ouvrages, leur déniait tout caractère scientifique, car ils se limitaient à de « simples expositions du droit administratif positif espagnol »[1845]. Il faisait ainsi le constat suivant : « en exposant le droit administratif c'est comme si, non seulement il n'y avait pas de principes d'Administration, mais en plus, comme s'il n'y avait pas d'autre Administration que l'espagnole »[1846], dénonçant alors les graves lacunes de ces méthodes scientifique et comparative. Il déplorait que les rares incursions faites dans les droits administratifs étrangers se limitent à la lecture des auteurs français, se bornant à les justifier par le fait que l'organisation administrative espagnole était le reflet de l'administration française. Il concluait cette analyse de « l'état actuel des études de droit administratif en Espagne » par l'impératif qu'il y avait à rénover l'enseignement et l'étude du droit administratif espagnol, en abandonnant « les tendances routinières et empiriques » [1847] qui dominaient jusqu'alors.

**552.** Un sort un peu particulier peut néanmoins être réservé à M. Colmeiro, qui se situe en réalité entre les deux époques. Traditionnellement présenté comme le dernier représentant de la « décennie extraordinaire », en publiant la première édition de son *Droit administratif espagnol* en 1850, il fut aussi un auteur de la génération suivante, la 4e édition de ce même ouvrage étant publiée en 1876. S'il est plus logique de l'associer à ses homologues de la « décennie extraordinaire », et de l'intégrer, dans une période d'ouverture de la science espagnole sur l'étranger[1848], il partageait tout de même quelques points communs avec la génération d'auteurs qui vient d'être analysée. Son ambition théorique était certes plus grande que ces derniers[1849], mais il rappelait lui aussi, dans les différentes introductions des éditions successives de son *Droit administratif espagnol*, le caractère nécessairement utile des études de droit administratif. Il avouait avoir « cru rendre service à l'Etat en formant un vaste répertoire de législation et de jurisprudence administrative, et peut-être en offrant aux autorités un guide qui, dans l'exercice de leur

---

*curso académico 1944-1945 por el catedrático de derecho administrativo Excmo. Sr. D. José Gascón y Marin*, Madrid, Estades-Artes graficas, 1944, p. 18.

1845 « Meras exposiciones del derecho administrativo positivo español », POSADA (A.), « Prólogo » in MEYER (J.), *La administración y la organización administrativa (Inglaterra, Francia, Alemania y Austria)*, Madrid, La España moderna, 1892, p. 14.

1846 « Al exponer el Derecho Administrativo parece como que, no solo no hay principios de Administración, sino que no hay mas Administración que la espanola », *Idem*, p. 17-18.

1847 « Las tendencias rutinarias y empíricas », *Id.*, p. 19.

1848 Cf. *supra*, n° 316-321.

1849 COLMEIRO (M.), *Derecho administrativo español*, T. 1, Madrid, Imprenta y Librería de Eduardo Martínez, 4a ed., 1876, p. IX.

pouvoir, les dirige dans ce labyrinthe confus »[1850] du droit positif espagnol. Il insistait sur l'importance qu'il fallait accorder à la jurisprudence administrative[1851], confirmant cette nécessité d'être centré sur le droit positif espagnol.

**553.** Les périodes de fermeture du droit administratif espagnol sur l'étranger ne résultent pas seulement de son développement législatif et, en conséquence, d'un changement dans la manière d'étudier le droit administratif. Elles peuvent également être le fait d'un repli identitaire induisant un rejet de tout ce qui provient de l'étranger, comme ce fut le cas notamment sous les premières années du régime franquiste.

## B) Le repli identitaire : 1936-1950

**554.** Ce repli identitaire, ou même nationaliste, induit par le régime franquiste, consista à rejeter les droits étrangers, à la fois dans la construction passée du droit administratif espagnol dont il fallait restaurer l'authenticité, l'originalité, mais également dans sa construction à venir. Il symbolisa donc une revendication exacerbée du caractère national du droit administratif (1), conduisant à un réel appauvrissement du recours aux droits étrangers. Ces derniers n'étaient plus mobilisés par réflexe d'ouverture, mais seulement dans une vision instrumentalisée, censée renforcer la légitimité du régime franquiste (2).

[1850] « He creído prestar un servicio al Estado formando un copioso repertorio de legislación y jurisprudencia administrativa, y acaso ofreciendo a las autoridades un guía que las conduzca en el ejercicio de su potestad al través del confuso laberinto de infinitas leyes, decretos, órdenes y reglamentos, ordenanzas é instrucciones », *Ibidem*.

[1851] *Idem*, p. V.

### 1) *L'exacerbation du caractère national du droit administratif espagnol*

**555.** L'autarcie caractérisant le régime franquiste, notamment à ses débuts, période qualifiée de premier franquisme[1852], ne s'est pas limitée au domaine économique et politique, elle fut étendue au domaine scientifique. Les précédents régimes étaient accusés d'avoir « desespagnolisé »[1853] l'Espagne, qu'il s'agisse des régimes politiques des XVIII^e^ et XIX^e^ siècles pervertis par le libéralisme, et par des valeurs étrangères, ou, pis encore, de la République dont les réformes progressistes en matière éducative encourageaient vivement à se détourner du point de vue nationaliste[1854]. En réaction, F. Franco prétendit, dès son arrivée au pouvoir, renouer avec la Vraie Espagne[1855], l'Espagne traditionnelle. En investissant, par un contrôle étroit[1856], le terrain éducatif

[1852] La période du premier franquisme commença dès juillet 1936 pour l'Espagne nationaliste et à partir de 1939 pour le reste de l'Espagne, et s'étendit jusqu'aux années 1950, même si l'on peut ensuite distinguer au sein de ce premier franquisme la période 1936-1945 et 1945-1950, la défaite des puissances de l'Axe ayant eu des conséquences importantes sur la politique menée par Franco. A partir des années 1950, des « premières initiatives d'ouverture culturelle » virent le jour, et le discours idéologique se fit un peu plus discret Cf. également E. Diaz Garcia qui considère qu'il y a une « libéralisation intellectuelle et une ouverture politique internationale à compter de 1951. DIAZ GARCÍA (E.), *Pensamiento español en la era de Franco (1939-1975)*, Madrid, Tecnos, 1983, p. 62. Il existe néanmoins des dissensions sur cette périodisation : pour certains le premier franquisme s'étale de 1939 à 1945, cf. par exemple TANGO (C.), *L'Espagne : Franquisme, transition démocratique et intégration européenne. 1939-2002*, Genève, Institut européen de l'Université de Genève, 2006 ; pour d'autres il s'étend de 1939 à 1960. Pour M. Yusta Rodrigo, le premier franquisme concerne la période 1939-1952. Cf. YUSTA RODRIGO (M.), « Le premier franquisme "vu d'en bas". Résistance armée et résistances quotidiennes (1939-1952) », *Vingtième Siècle. Revue d'Histoire*, 2015, n° 127, pp. 231-244.

[1853] Ce terme se retrouve expressément dans le vocabulaire utilisé par l'idéologie franquiste, comme en témoigne le préambule de la loi du 29 juillet 1943 réformant l'Université. Cf. Ley de 29 de julio de 1943 *sobre ordenación de la Universidad Española*, B. O. E., de 31 de julio de 1943, pp. 7406-7431, p. 7407.

[1854]. Cf. LÓPEZ IBOR (J. J.), *Discurso a los universitarios españoles*, Salamanca, Cultura española, 1ª ed., 1938, pp. 38-39.

[1855] Cf. « Discurso del Caudillo, "La Universidad recupera su tradicional y más profunda tarea: la de educar la juventud". Con la solemne inauguración de la Ciudad universitaria y el curso académico 1943-44 se celebra el Día de la Hispanidad », *La Nueva España*, 1943, n° 2230, réimpr., *Revista Española de Pedagogía*, 1943, n° 3-4, pp. 357-372.

[1856] Tant sur le personnel universitaire, via l'épuration et l'organisation de recrutements patriotiques, que sur le contenu du savoir, via la maîtrise des enseignements et la main mise sur un certain nombre de revues. Cf. PESET REIG (M.), « La ley de ordenación universitaria de 1943 », in CARRERAS ARES (J. J.), RUIZ CARNICER (M. A.), *La Universidad española bajo el régimen de Franco (1939-1975)*, Zaragoza, Institución Fernando el Católico, 1991, pp. 125-158; BLASCO GIL (Y.), « Soporte jurídico de las depuraciones », in CUESTA (J.) (dir.), *La depuración de funcionarios bajo la dictadura franquista (1936-1975)*, Madrid, Fundación Francisco Largo Caballero, 2009, pp. 29-49; BALDO LACOMBA (M.),

d'une part[1857] et le terrain scientifique d'autre part[1858], le régime franquiste imposa son idéologie. Enseignement et science étaient donc utilisés comme « prétexte », et « camouflaient les processus de légitimation idéologique du régime »[1859]. L'Histoire, en tant que discipline, devait permettre « la revalorisation de ce qui est espagnol, de s'extirper du pessimisme anti hispanique qui copie l'étranger, fils de l'apostasie et de l'odieuse et mensongère légende noire » et de « mettre en avant la pureté morale de la nation espagnole »[1860]. Ce faisant, comme le disait J. J. Lopez Ibor dans son discours aux universitaires espagnols, le régime franquiste résisterait « à la séduction de l'européanisation »[1861], cause, selon lui, de la crise espagnole. Il estimait que les séjours d'étudiants espagnols en Europe, encouragés par la *Junta para la Ampliación de Estudios e investigaciones científicas*, étaient en partie responsables du « complexe d'infériorité de l'Espagne face à l'Europe »[1862], ou à tout le moins l'accentuaient.

---

« Represión franquista del profesorado universitario », *Cuadernos del Instituto Antonio de Nebrija*, n° 14, 2011, pp. 31-51; BLASCO GIL (Y.), « Primeras oposiciones a cátedras de derecho administrativo en la postguerra », in *Derecho, Historia y universidades, Estudios dedicados a Mariano Peset*, Valencia, Universitat de Valencia, 2007, pp. 243-252; OTERO CARVAJAL (L. E.), « La destrucción de la ciencia en España. Las consecuencias del triunfo militar de la España franquista, *Historia y comunicación social*, n° 6, 2001, pp. 149-186; DÍAZ HERNÁNDEZ (O.), « Las revistas culturales en la España de la postguerra (1939-1951): una aproximación », *Cuadernos del Instituto Antonio Nebrija*, n° 10, 2007, pp. 201-224; HUGUET (M.), « Las publicaciones universitarias de Madrid y el primer franquismo », *Investigaciones históricas*, n° 30, 2010, pp. 169-188.

1857 L'Université devant forger « l'homme complet que la Patrie réclame ». Cf. « Discurso del Caudillo, "La Universidad recupera su tradicional y más profunda tarea: la de educar la juventud". Con la solemne inauguración de la Ciudad universitaria y el curso académico 1943-44 se celebra el Día de la Hispanidad », *préc.*

1858 La science étant conçue comme « un puissant facteur agglutinant pour l'unité politique, un instrument à même de forger l'esprit national et un service irremplaçable que l'Etat demande pour impulser la grandeur de la Patrie ». *Ibidem.*

1859 « La ciencia y el academicismo como pretexto camuflaban los procesos de legitimación ideológica del régimen », HUGUET (M.), « Las publicaciones universitarias de Madrid y el primer franquismo », *Investigaciones históricas*, *préc.*, p. 171.

1860 « La revalorización de lo español, la definitiva extirpación del pesimismo anti hispánico y extranjerizante, hijo de la apostasía y de la odiosa y mendaz leyenda negra », cf. exposé des motifs de la Ley de 20 de septiembre de 1938, *sobre reforma de la enseñanza media*, B. O. E., de 23 de septiembre de 1938, n° 86, pp. 1385-1395, spéc. p. 1386.

1861 « La seducción de la "europeización" ». LÓPEZ IBOR (J. J.), *Discurso a los universitarios españoles*, 4ª ed., Madrid, Rialp, 1964, p. 188.

1862 « Nuestro complejo de inferioridad frente a lo europeo », LOPEZ IBOR (J. J.), *Discurso a los universitarios españoles*, *préc.*, p. 99. Il y consacrait d'ailleurs tout un chapitre censé expliquer « l'origine et le remède de notre complexe d'infériorité », le thème du complexe d'infériorité espagnol étant par ailleurs un classique de la littérature franquiste. Cf. LOPEZ IBOR (J. J.), *Discurso a los universitarios españoles*, *préc.*, pp. 97-107.

**556.** L'instrumentalisation de l'histoire est somme toute classique dans tout régime à « forte charge nationaliste »[1863], et plus encore lorsqu'il s'agit de régimes dictatoriaux. Dès lors, on comprend mieux l'homogénéité de la plupart des études de droit administratif de l'époque, qui étaient nombreuses à chercher la revalorisation, par l'histoire, du droit administratif espagnol et à constater que le droit franquiste s'inscrivait dans cette tradition. L'argument historique au renfort de l'analyse du droit positif avait ainsi une « fonction légitimante »[1864] du pouvoir en place, qui cherchait à s'affermir « en se protégeant par le passé et en se projetant, en accord avec l'idée messianique d'un destin collectif providentiel, vers le futur »[1865]. Le régime franquiste pouvait alors se présenter comme l'heureux successeur d'un patrimoine juridique espagnol oublié.

**557.** Pour se démarquer du récit consistant à valoriser le caractère syncrétique du droit administratif espagnol, fruit de diverses influences étrangères, les administrativistes des années 1940 cherchèrent à démontrer que le droit espagnol était au contraire issu d'une longue tradition, purement nationale. Dans un article consacré au Conseil d'Etat espagnol, L. Jordana de Pozas relativisait ainsi l'origine française de cette institution en insistant sur la continuité de l'institution espagnole avec les conseils du roi de l'Ancien Régime. Il rappelait que « le Conseil d'Etat espagnol s'est toujours considéré comme le continuateur direct de celui que créa Charles Quint sous le même nom, et comme l'héritier indiscutable du Conseil royal ou du Conseil de Castille, beaucoup plus anciens »[1866]. Il regrettait surtout que l'importance et la particularité de ces conseils aient trop souvent été négligées, les études sur le Conseil d'Etat espagnol le présentant bien souvent comme une pâle copie de l'institution d'origine napoléonienne. Ainsi, et selon cet auteur, « la similitude des noms et des formes des Conseils en Espagne avec ceux des autres pays et l'influence prédominante des historiens étrangers durant le XIX^e^

---

[1863] « Con fuerte carga nacionalista », ABOS SANTABARBARA (A. L.), *La Historia que nos enseñaron (1937-1975)*, *préc.*, p. 7.

[1864] AUDREN (F.), HALPÉRIN (J.-L.), « La science juridique entre politique et sciences humaines (XIX^e^-XX^e^ siècles), *Revue d'histoire des sciences humaines*, 2001, n° 4, pp. 3-7, spéc. p. 5.

[1865] « Amparándose en el pasado y proyectándose, de acuerdo a la idea mesiánica de un destino colectivo providencial, hacia el futuro », BOX VALERA (Z.), « Secularizando el Apocalipsis. Manufactura mítica y discurso nacional franquista: la narración de la Victoria », *Historia y política*, 2004, n° 12, pp. 133-160, spéc. p. 149.

[1866] JORDANA DE POZAS (L.), « Le Conseil d'Etat espagnol et les influences françaises au cours de son évolution », in CONSEIL D'ETAT, *Livre jubilaire publié pour commémorer son cent cinquantième anniversaire, 4 Nivôse an VII, 24 décembre 1949*, Paris, Recueil Sirey, 1952, pp. 521-534, spéc. p. 521.

siècle a maintenu dans l'ombre l'originalité de l'organisation de l'Etat espagnol aux XVIe et XVIIe siècles, caractérisée précisément par le rôle des Conseils »[1867]. Il soulignait donc le caractère précurseur de l'Espagne en la matière, puisque le développement d'un conseil permanent du roi avait été « beaucoup plus rapide qu'en France »[1868]. Il se félicitait ensuite, lors de sa présentation du projet de loi organique relatif au Conseil d'Etat devant les *Cortes* le 22 novembre 1944, de cette nouvelle législation mettant clairement en avant « le caractère traditionnel de cette institution »[1869]. Il saluait surtout le fait qu'elle soit « libérée d'influences étrangères » préférant recueillir « ce qui, au cours des différentes périodes du Conseil, s'était incorporé aux coutumes et aux conceptions administratives du Pays »[1870].

**558.** La célébration du *Centenaire des initiateurs de la science juridico-administrative espagnole* organisée par l'Institut d'études d'administration locale[1871] en 1944 s'inscrivait exactement dans cette même logique. Comme l'explique J. A. Santamaría Pastor, « les "pères" du droit administratif espagnol furent redécouverts au cours de la décennie 1940 [...] redécouverte triomphale qui n'était pas étrangère au phénomène de revalorisation de notre glorieux passé scientifique à laquelle procédait la culture espagnole officielle à cette époque »[1872]. Regrettant alors l'oubli des pères fondateurs espagnols du droit administratif par les générations qui les suivirent, notamment celle de 1890-1936 qui préférait la lecture d'auteurs étrangers, les administrativistes des années 1940 tinrent à leur rendre l'hommage qu'ils méritaient. Les différents auteurs appelés à commémorer ce centenaire eurent donc tous comme consigne de souligner l'originalité et l'ancienneté de la science espagnole du droit. Dès les propos introductifs prononcés par C. Ruiz del

---

1867 *Idem*, p. 522.

1868 *Ibidem*, p. 522.

1869 JORDANA DE POZAS (L.), « Discurso ante las Cortes presentando el dictamen sobre la ley orgánica del Consejo de Estado », *Diario de las Sesiones de las Cortes Españoles*, 22 de noviembre de 1944, reproduit dans JORDANA DE POZAS (L.), *Estudios en homenaje a Jordana de Pozas*, Madrid, Instituto de Estudios Políticos, 1961, pp. 91-103, spéc. pp. 93-94.

1870 Cf. JORDANA DE POZAS (L.), « Le Conseil d'Etat espagnol et les influences françaises au cours de son évolution », *préc.*, p. 533.

1871 Cf. *Centenario de los iniciadores de la ciencia jurídico-administrativa española*, Madrid, Instituto de estudios de administración local, 1944.

1872 « Los "padres" del derecho administrativo español fueron redescubiertos en la década de los cuarenta [...]; redescubrimiento triunfal nada ajeno al fenómeno de revalorización de nuestro glorioso pasado científico que la cultura oficial espanola lleva a cabo en dicha época », SANTAMARÍA PASTOR (J.- A.), Sobre la génesis del derecho administrativo español en el siglo XIX (1812-1845), *préc.*, p. 30.

Castillo, dans un registre particulièrement emphatique, on devine l'objectif de glorification : « nous commémorons les hommes de Science, comme nous commémorons les héros. Les uns et les autres se mirent au service du nom et de la gloire de l'Espagne [...] »[1873]. De même, J. Gascón y Marín, dans un exposé consacré à A. Oliván, reprochait les égarements de la science moderne qui préféra trop souvent se tourner vers les exemples étrangers et qui négligea les solutions de son propre droit.

> « Il aurait été impardonnable pour nous d'oublier ceux dont nous avons hérité scientifiquement, ceux qui nous précédèrent, d'omettre qu'il a existé en Espagne il y a tout juste un siècle, une véritable science de l'Administration et une véritable science juridico-administrative et d'omettre que de nombreuses idées, de nombreux principes, de nombreuses affirmations que l'on considère aujourd'hui comme des nouveautés, en les intégrant par le biais de traductions étrangères, après qu'elles ont traversé nos frontières, furent anticipées, prévues, par des hommes de gouvernement et de science qui, dans leurs travaux, consignèrent des années auparavant, les principales affirmations qui ont ensuite servi de base à la cristallisation du droit administratif dans le monde entier »[1874].

**559.** Toute son étude visait donc à prouver le caractère novateur et précurseur de la science développée par A. Oliván[1875], qui anticipa bien souvent, selon lui, des théories attribuées ensuite à d'illustres auteurs étrangers : « il n'y a pas besoin d'en arriver à citer Duguit, Hauriou et tous les

---

1873 « Conmemoramos a los hombres de Ciencia, como conmemoramos a los héroes. Unos y otros se pusieron al servicio del nombre y de la gloria de España [...] », RUIZ DEL CASTILLO (C.), « Palabras preliminares », in *Centenario de los iniciadores de la ciencia jurídico-administrativa española*, Madrid, Instituto de estudios de administración local, 1944, p. 6.

1874 « Hubiera sido imperdonable que nosotros nos olvidásemos de aquellos a quienes hemos heredado científicamente, de los que nos precedieron, de que nosotros hiciéramos caso omiso de que en España ha existido hace justamente ya un siglo, verdadera ciencia de la Administración y verdadera ciencia jurídico-administrativa y de que muchas ideas, muchos principios, muchas afirmaciones que hoy se consideran como una novedad, al trasplantarse a través de traducciones del extranjero, al traspasar nuestras fronteras, fueron atisbadas, previstas por hombres de gobierno y de ciencia que en sus trabajos consignaron en anteriores años, las afirmaciones principales que han servido posteriormente de base a la cristalización del Derecho administrativo en todo el mundo », GASCÓN Y MARÍN (J.), « Olivan y la ciencia de la Administración », in *Centenario de los iniciadores de la ciencia jurídico-administrativa española*, Madrid, Instituto de estudios de administración local, 1944, pp. 9-22, spéc. p. 12.

1875 *Idem*, pp. 14, 16, 17, 18.

autres auteurs pour qui l'idée de service public constitue un élément de base de la science du Droit administratif »[1876]. Cette sommation, selon laquelle il n'y a pas besoin de recourir aux exemples étrangers, est d'ailleurs plusieurs fois réitérée[1877]. Les exposés suivants, portant sur les différents représentants de la génération 1841-1850 de la doctrine administrativiste, usaient des mêmes logiques discursives, faisant la promotion du caractère précurseur de la science espagnole, ainsi que de sa modernité[1878].

**560.** Revendiquer une continuité avec les pères fondateurs du droit administratif espagnol n'est pourtant pas sans paradoxe pour les auteurs publicistes contemporains du franquisme. Ces auteurs ne constituaient en principe pas la référence la plus évidente si l'on se fie aux tropismes de l'idéologie franquiste. En effet, ces premiers administrativistes étaient considérés comme étant des francisés[1879] et avouaient d'ailleurs souvent expressément la source française de leur inspiration. Il n'était toutefois pas dans l'intérêt du récit franquiste de souligner cette caractéristique. Dans les années 1940, la plupart des études sur ces auteurs cherchaient à minorer cette influence[1880], ou au moins à l'excuser. Cela transparaît par exemple à la lecture de l'article d'A. Mesa Segura consacré à F. J. de Burgos, dans lequel il tentait de justifier la collaboration de ce dernier avec les français, en insistant sur son dévouement à la Patrie :

> « Lorsqu'en 1810 les Français envahirent l'Andalousie et divisèrent le territoire en provinces régies par des Préfets et en districts administrés par des sous-préfets, Burgos accepta la charge de sous préfet du District d'Almería croyant que c'était là la meilleure façon de

---

1876 « No hay que acudir a citar Duguit, a Hauriou y tantos otros escritores para que la idea del servicio público constituyese un elemento básico de la ciencia del Derecho administrativo », *id.*, p. 13.

1877 Par exemple, *id.*, p. 16.

1878 Cf. par exemple Royo Villanova (S.), « Colmeiro y la ciencia administrativa », in *Centenario de los iniciadores de la ciencia jurídico-administrativa española*, Madrid, Instituto de estudios de administración local, 1944, pp. 74-93, spéc. p. 77; 83.

1879 Cf. *supra*, n° 182-191.

1880 Comme le faisait remarquer E. García de Enterría, « aujourd'hui la volonté de dévaloriser la réception du régime français sous prétexte d'être un élément "étranger" témoigne d'un nationalisme aride, poussé à l'extrème et complaisant, selon lequel la tradition inexorable de la Monarchie espagnole aurait suffi à fournir les éléments essentiels pour la nécessaire réforme administrative de l'époque ». Cf. García de Enterría (E.), « Prólogo », in Olivan (A.), *De la Administración Pública en relación a España*, Madrid, Instituto de Estudios Políticos, 1954, reproduit in García de Enterría (E.), *La Administración española*, Madrid, Instituto de Estudios Políticos, 1961, pp. 23-39, spéc. p. 28.

> servir utilement la patrie. Jamais il ne pensa que l'Espagne devait être soumise à une puissance étrangère, mais il fut de ceux qui estimèrent inéluctable l'invasion française et pensa qu'il était de son devoir patriotique de s'interposer entre les troupes ennemies et un peuple dont le territoire dévasté était envahi […] »[1881].

**561.** S'il était difficile pour ces auteurs de nier toute influence française, il fallait alors renverser la tendance en démontrant la supériorité de la science espagnole. Ainsi S. Royo Villanova, en parlant de M. Colmeiro, soulignait « le double avantage »[1882] qu'avait ce dernier sur les auteurs français. Un autre moyen de relativiser l'influence française sur ces premiers administrativistes espagnols était d'insister sur leur filiation avec les auteurs espagnols de la science de la police[1883], y compris en l'absence de revendication expresse, par les pères fondateurs eux-mêmes, d'un tel lien généalogique. Les auteurs de la période franquiste, à l'instar de L. Jordana de Pozas, regrettaient d'ailleurs cette lacune, considérant que « cette absence de référence d'Espagnols vis-à-vis d'autres Espagnols, ce dédain pour l'effort et les œuvres de nos compatriotes est un vice ancien dont nous souffrons encore »[1884]. C'est cette même démarche qu'adoptait visiblement C. García Oviedo, dans son article portant sur les origines du droit administratif espagnol :

> « La décennie 1841-1850 constitue une période mémorable de l'histoire du droit administratif espagnol […], période au cours de laquelle — sous l'impulsion des idées et des suggestions d'un Cabarrus, d'un Jovellanos ou d'un Campomanes […] — d'illustres intelligences se plongèrent dans les tréfonds confus, où gisaient d'obscures notions, normes et institutions de

---

1881 MESA SEGURA (A.), « Don Francisco Javier de Burgos y Olmo, animador del Derecho Administrativo en España durante la primera mitad del siglo XIX », *Revista de la Facultad de Derecho de Madrid*, 1942, n° 8-11, pp. 169-180, spéc. p. 170.

1882 « Una doble ventaja », ROYO VILLANOVA (S.), « Colmeiro y la ciencia administrativa », *préc.*, p. 77.

1883 PI Y SUÑER (J.), « La obra de Ortiz de Zuñiga y sus influjos », in *Centenario de los iniciadores de la ciencia jurídico-administrativa española*, Madrid, Instituto de estudios de administración local, 1944, pp. 107-133; GARCÍA OVIEDO (C.), « Los orígenes del derecho administrativo español », *Revista general de legislación y jurisprudencia*, 1943, n° 6, pp. 577-600, spéc., p. 577.

1884 « Esa falta de referencia de unos españoles a otros, ese desdén por el esfuerzo y las obras de nuestros compatriotas es un vicio añejo que todavía padecemos », JORDANA DE POZAS (L.), « Los cultivadores españoles de la ciencia de la policía », *préc.*, p. 154.

nature administrative, qu'ils dotèrent d'une brillante individualité, en les illuminant de la puissante lumière de leur esprit, couronnant cette œuvre émancipatrice par la naissance d'un Droit administratif espagnol d'une qualité singulière »[1885].

**562.** A partir de la décennie 1950, cette volonté de revaloriser la science espagnole ne se perdit pas immédiatement, mais la préférence nationaliste se fit tout de même plus discrète[1886], et les propos plus mesurés. Par exemple, les propos d'A. Martin Descalzo au sujet, cette fois, des auteurs de la période 1890-1936, particulièrement ouverts aux influences étrangères, sont significatifs :

> « Il a été dit, et nous ne remettons pas en cause la véracité de cette affirmation, que dans la plupart de ces œuvres, l'influence française est manifeste, et que certaines, comme celle de Royo, reflètent au contraire dans leur systématisation l'influence allemande et italienne. Cette allégation peut et doit être admise, mais il faut la comprendre ou l'interpréter avec une nécessaire prudence. L'heure de rendre justice à nos maîtres espagnols est arrivée et il est temps de revendiquer pour eux la place qui doit être justement la leur. [...] Si nous acceptons l'influence française sur les auteurs de cette époque, nous nions ouvertement le fait qu'ils aient conçu leur œuvre en imitant la France. Il est aussi difficile de se soustraire de l'influence, qu'il est facile et honnête de fuir l'imitation »[1887].

---

[1885] « El decenio 1841-1850 constituye un periodo memorable en la historia del Derecho administrativo español. [...], periodo en el cual – al impulso de ideas y sugestiones de un Cabarrus, de un Jovellanos o de un Campomanes, [...] –, preclaras inteligencias bucearon en el fondo confuso en donde, oscuras, yacían nociones, normas e instituciones de índole administrativa, e iluminándolas con luz potentísima, dotaronlas de clara individualidad, coronando esta obra emancipadora con el nacimiento de un Derecho administrativo español de relieve singular », GARCÍA OVIEDO (C.), « Los orígenes del derecho administrativo español », *préc.*, p. 577.

[1886] J. A. Santamaría Pastor regrette cependant que cette volonté de revalorisation des auteurs espagnols, qui perdura, ait conduit à un usage peu critique de ces auteurs, par pur esthétisme. Cf. SANTAMARÍA PASTOR (J.-A.), *Sobre la génesis del derecho administrativo español en el siglo XIX (1812-1845)*, *préc.*, pp. 30-31.

[1887] « Se ha dicho, y no discutimos la verdad de esta afirmación, que en la generalidad de estas obras es patente la influencia francesa, y que alguna, cual la de Royo, refleja mas bien en

**563.** L'exacerbation de la tradition espagnole sous le premier franquisme, conduisant à une certaine préférence nationale y compris dans le champ scientifique, ne signifia cependant pas la disparition totale de toute référence à des droits étrangers, mais plutôt leur raréfaction et surtout, leur instrumentalisation.

### *2) L'appauvrissement et l'instrumentalisation de l'usage du droit comparé*

**564.** Dans les années 1936-1950, les appels aux droits étrangers, raréfiés, n'illustraient plus une volonté d'érudition et d'ouverture, comme ce fut le cas notamment à la fin du XIX^e^ siècle et au début du XX^e^ siècle, mais avaient au contraire un soubassement idéologique. L'objectif était de s'appuyer sur le droit des régimes totalitaires pour accroître la légitimité du régime franquiste. L'Allemagne, mais aussi l'Italie et le Portugal étaient donc les rares sources étrangères ayant droit de cité[1888].

**565.** C. García Oviedo par exemple, dans un article consacré à l'interventionnisme des premiers administrativistes espagnols, n'hésitait pas à user de concepts propres à la pensée allemande nationale-socialiste pour décrire le projet d'administration interventionniste des administrativistes du XIX^e^ siècle. La qualifiant d'Administration intégrale, il la désignait de la façon suivante : « appareil — comme on le dirait dans la pensée allemande

---

su sistematización el influjo alemán e italiano. Este aserto puede y debe admitirse, mas es preciso entenderlo o interpretarlo con la necesaria prudencia, pues va llegando la hora de reivindicar para nuestros maestros españoles el lugar en que en justicia deben quedar colocados. […] Si sobre los tratadistas e investigadores de esta ultima época aceptamos la influencia francesa, negamos abiertamente que sus obras se hayan construido imitando a lo francés. Tan difícil es sustraerse a la influencia, como fácil y honesto huir de la imitación », MARTÍN DESCALZO (A.), *Notas para una historia del derecho administrativo (España, Francia, Italia y Alemania)*, Valladolid, Editorial, Imprenta y Librería Miñón, 1952, pp. 31-32.

1888 Cf. cependant J. Gascón y Marín, qui, dans son discours prononcé pour la rentrée universitaire 1944-1945, continuait à conseiller de s'inspirer des exemples étrangers, bien évidemment, sans oublier le droit espagnol. Peut-être une explication est-elle à trouver dans le fait qu'il représentait l'ancienne génération, celle de la fin du XIX^e^ et du début du XX^e^ siècle qui s'est justement caractérisée par l'intensification de l'ouverture aux droits étrangers. Cf. GASCÓN Y MARÍN (J.), *Discurso correspondiente a la apertura del curso académico 1944-1945 por el catedrático de derecho administrativo Excmo. Sr. D. José Gascón y Marin*, *préc.*, p. 134.

nationale socialiste — au moyen duquel le Pouvoir public réalise son rôle de leadership et de guide au service de la communauté populaire »[1889].

**566.** L'analyse de L. Jordana de Pozas relative au principe d'unité, tel que consacré par le *Mouvement National*[1890], et à ses conséquences politiques et administratives, en est aussi une bonne illustration. La comparaison était principalement opérée avec l'Allemagne, l'Italie et le Portugal — il commençait d'ailleurs par citer la conception de l'Etat d'A. de Oliveira Salazar[1891], pour ensuite faire référence aux nouveaux Etats consacrés par le fascisme italien[1892], par le national-socialisme allemand[1893] et par la dictature portugaise[1894] —. Son objectif était de constater les similitudes pour se démarquer de la théorie, selon lui, dépassée, de la séparation des pouvoirs, dès lors « incompatible avec le caractère unitaire des Etats surgis des révolutions nationales »[1895]. Cette comparaison fut ensuite poursuivie tout au long de son article. L'Espagne faisait bien partie, dans son analyse, de la nouvelle famille d'Etats modernes.

**567.** Pour autant, s'il y avait similitude, il n'y avait pas identité. L'étude de L. Jordana de Pozas visait aussi à montrer en quoi l'Espagne franquiste, allait, quant à elle, jusqu'au bout, du principe d'unité. Il démontrait sa supériorité, en remarquant qu'aucun des Etats issus des Révolutions nationales n'avait « mis en valeur dans ses programmes, déclarations symboliques et autres emblèmes le principe d'unité de la même manière et à un degré aussi élevé

---

1889 « Aparato que diríamos en pensamiento alemán nacionalsocialista – mediante el cual el Poder público realiza su función de dirección y de caudillaje al servicio de los fines de la comunidad popular », GARCÍA OVIEDO (C.), « El intervencionismo de Estado en los administrativistas clásicos españoles », in *Centenario de los iniciadores de la ciencia jurídico-administrativa española*, Madrid, Instituto de estudios de administración local, 1944, pp. 96-105, spéc. p. 100.

1890 Expression utilisée pour désigner officiellement l'appareil politique franquiste.

1891 JORDANA DE POZAS (L.), « El principio de unidad y sus consecuencias políticas y administrativas », *Revista de Estudios Políticos*, 1941, n° 3-4, pp. 621-640 et 1942, n° 5, pp. 33-53, spéc., p. 622.

1892 *Idem*, pp. 626-627.

1893 *Idem*, p. 627.

1894 *Ibidem*.

1895 « Incompatible con el carácter unitario de los Estados surgidos de las Revoluciones nacionales », *Idem*, p. 38

que l'eût fait le Mouvement National espagnol »[1896]. La référence aux droits étrangers servait donc, ici encore, à prouver la spécificité de l'Espagne et de son droit, notamment en mettant en avant – et on retrouve sans surprise les logiques décrites auparavant — l'ancienneté de l'existence de ce principe d'unité en Espagne, présenté comme l'un de ses traits essentiels[1897], tout au long de son histoire, elle-même conçue uniformément, sans rupture, quitte à forcer la continuité. Le principe d'unité était perçu comme « la nécessité et la vocation, le souci et le destin de l'Espagne »[1898], le peuple espagnol ayant « réalisé des prouesses mythologiques » pour y « parvenir, la maintenir ou l'imposer »[1899]. Ce principe était donc immanent depuis l'époque romaine, jusqu'à sa véritable consécration par les Rois Catholiques, en passant par l'Espagne wisigoth. Il obligeait même à relativiser les oppositions qui agitèrent le XIXe siècle puisque le principe d'unité était le point de rencontre des libéraux de Cadix et des francisés au service de Napoléon[1900].

**568.** Ces périodes de repli du droit administratif espagnol sur lui-même sont nécessairement topiques d'un ralentissement des références aux droits étrangers. Le caractère espagnol du droit administratif ne faisait donc pas de doute. Toutefois, il ne faut pas non plus réduire les périodes d'ouverture durant lesquelles le droit administratif s'est inspiré d'exemples étrangers à la seule imitation et à la négation de son caractère national.

### §2) Un droit administratif également national en périodes d'ouverture

**569.** Même au cours de périodes caractérisées par son ouverture sur les droits administratifs étrangers, le droit administratif espagnol n'a jamais cessé de conserver son identité propre. Ce constat se vérifie d'abord parmi la génération d'auteurs présentés comme les pères fondateurs du droit administratif espagnol (1840-1850). On peut le faire également à l'égard des

1896 « Ninguno de ellos ha destacado en sus programas, declaraciones y emblemas la idea de unidad de la manera y en el grado que lo ha hecho el Movimiento Nacional español », *Idem*, p. 626.

1897 *Id.*, pp. 625-626.

1898 « Es la necesidad y la vocación, el afán y el destino de España », *Id.*, p. 628.

1899 « Para lograrla, mantenerla o imponerla ha realizado nuestro pueblo proezas mitológicas », *Ibidem*.

1900 *Idem*, p. 630.

auteurs de la période dite de la rénovation du droit administratif espagnol (1890-1936) alors même que ces derniers symbolisent parallèlement le phénomène importateur de l'Espagne (A). Ce même constat se confirme enfin de façon très nette avec la génération de la *Revista de Administración pública* (à compter de 1950) qui œuvra à la seconde naissance du droit administratif espagnol (B).

### A) Une identité espagnole préservée entre 1840 et 1850 et entre 1890 et 1936

**570.** Si ces pères fondateurs du droit administratif espagnol étaient représentatifs de la perméabilité de la science du droit administratif espagnol aux influences étrangères — essentiellement françaises[1901] —, il n'est pas possible de les réduire uniquement à de simples imitateurs de la doctrine française. Leur apport à la science espagnole est unanimement souligné — sans même mentionner la glorification dont ils firent l'objet sous le premier franquisme[1902] —. Tous ne font certes pas l'objet des mêmes appréciations laudatives en termes de créativité[1903], mais au regard du nombre de qualificatifs mélioratifs utilisés à l'égard des auteurs de cette décennie, leur rôle majeur est toujours mis en avant[1904]. Tant de louanges ne seraient pas envisageables si ces auteurs s'étaient simplement contentés de reproduire les écrits et idées étrangers. D'ailleurs, lorsqu'ils étaient soupçonnés d'*afrancesamiento*, ils répondaient, à l'instar d'A. Oliván : « ce n'est pas cela plaider aveuglément pour des choses étrangères, non. N'est pas étranger tout ce qui est contenu dans le présent écrit, n'est pas étranger, mais bel et bien espagnol, l'esprit qui l'a dicté »[1905]. E. García de Enterría considérait qu'« Oliván est celui qui, pour la première fois dans notre patrie, s'approprie systématiquement et totalement la technique étrangère et aborde avec ses méthodes — mais pas nécessairement comme c'était le cas jusqu'alors — et avec les solutions concrètes du droit positif, les problèmes propres à notre pays

---

[1901] Cf. *supra*, n° 305-307 ; 316-321.

[1902] Cf. *supra*, n° 558.

[1903] Que l'on pense à Silvela que l'on accusait souvent de procéder à une simple compilation de doctrines étrangères.

[1904] Souvent qualifiée de décennie « incroyable », ou « extraordinaire », cf. par exemple SANTAMARÍA PASTOR (J.-A.), *Sobre la génesis del derecho administrativo español en el siglo XIX (1812-1845)*, préc., p. 147; NIETO GARCÍA (A.), « Apuntes para una historia de los autores de derecho administrativo general español », préc. p. 40.

[1905] « No es esto abogar ciegamente por cosas extranjeras, no. Que no es extranjero todo lo contenido en el presente escrito, ni extranjero, sino muy español, el espíritu que lo ha dictado », OLIVAN (A.), *De la Administración Publica con relación a España, préc.*, p. 233.

en tenant compte de leur singularité [...] »[1906]. De la même façon, les auteurs de la rénovation du droit administratif, écrivant entre la fin du XIX^e siècle et la guerre civile, et dont le réflexe d'ouverture sur les droits étrangers est certainement le plus évident (tant du point de vue de son intensification que de sa diversification)[1907], procédèrent toujours à une certaine adaptation des apports étrangers dont ils s'inspiraient pour analyser le droit administratif espagnol.

**571.** Au-delà de ce phénomène de réappropriation et de dépassement des influences étrangères (essentiellement françaises) par les auteurs de ces générations, relativisant déjà l'idée de la seule imitation, il y eut aussi parmi la génération des pères fondateurs, pourtant caractérisée par son ouverture, des administrativistes qui firent le choix de se concentrer uniquement sur le droit administratif espagnol. Ils apparaissaient alors comme les précurseurs de la génération 1850-1890. Ces auteurs, centrés sur le droit positif espagnol dès la décennie 1840-1850, faisaient certes figure d'exceptions, mais l'exemple de P. Gómez de la Serna mérite d'être mentionné. Présenté comme « le Robinson du droit administratif »[1908] par A. Nieto García, il s'est concentré uniquement sur l'étude du droit positif espagnol, prétendant mettre de l'ordre dans la présentation d'une matière chaotique, répondant à l'objectif de s'adresser avant tout à un public de praticiens. Tout au long de *ses Institutions du droit administratif espagnol*[1909], les références étaient exclusivement faites à des textes de droit positif espagnol et non à des sources doctrinales, nationales comme étrangères. Il est donc difficilement possible de parler « d'influence étrangère », du moins revendiquée, en ce qui concerne cet auteur[1910].

---

[1906] « Olivan es quien por primera vez en nuestra patria se apropia sistemática y totalmente la técnica extranjera y aborda desde sus supuestos metódicos, pero no ya necesariamente, como hasta entonces, desde sus concretas soluciones positivas, los problemas propios de nuestro país y en funcion de la singularidad de los mismos », GARCÍA DE ENTERRÍA (E.), « Prólogo », in Olivan (A.), *De la Administración Pública en relación a España, préc.*, pp. 24-25.

[1907] A tel point que l'on considère qu'ils procèdent quasiment à une analyse dénationalisée du droit administratif. Cf. *supra*, n° 322-326.

[1908] « El Robinson del Derecho administrativo », NIETO GARCÍA (A.), « Apuntes para una historia de los autores de derecho administrativo general español », *préc.*, p. 31.

[1909] GÓMEZ DE LA SERNA (P.), *Instituciones de Derecho administrativo español*, Madrid, Imprenta de D. Vicente Zalama, 1843.

[1910] NIETO GARCÍA (A.), « Apuntes para una historia de los autores de derecho administrativo general español », *préc.*, p. 31.

**572.** De plus, les auteurs faisant appel aux exemples étrangers n'ont pas abandonné l'analyse du droit espagnol. Au contraire, la volonté d'en cultiver les particularités était bien présente. Les *Eléments de droit administratif* de M. Ortiz de Zuñiga, ouvert aux influences françaises, et particulièrement à celle de C. -J. Bonnin, l'illustrent parfaitement :

> « Je ne vais pas créer une science : je n'essaie pas non plus d'approfondir sa philosophie, ni de m'élever au niveau des théories controversées, des principes à questionner. Mon intention est très limitée. J'accepte la législation administrative telle qu'elle existe aujourd'hui, telle qu'elle régit aujourd'hui l'Espagne, avec ses rares succès et ses innombrables erreurs ; mais cependant, je veillerai à rendre cohérents ses différents éléments, à rendre méthodique son étude, à offrir un peu de clarté dans ce chaos qui fait reculer l'esprit le plus tenace et le plus persévérant ; et parfois, je serai forcé d'indiquer les défauts de ces lois, lorsque celles-ci seront peu en accord avec les principes constitutifs de notre société et avec les doctrines les plus accréditées en matière d'Administration »[1911].

**573.** La modestie de l'auteur, s'excusant de ne pas avoir les capacités de faire œuvre théorique, laisse sous-entendre une hiérarchie entre étude théorique et étude plus orientée vers la pratique. Sans entrer dans le débat de la supériorité de l'une de ces approches sur l'autre, il est cependant clair qu'à cette période, l'étude à vocation pratique s'intéressait moins, *a priori*, aux droits étrangers, pour se concentrer avant tout sur la mise en ordre du droit positif espagnol. Il n'est d'ailleurs pas anodin qu'A. Nieto García ait classé ces auteurs parmi les « systématisateurs »[1912] du droit administratif espagnol. Les exemples français, et en particulier de la doctrine de C.-J. Bonnin,

---

[1911] « No voy pues a crear una ciencia: tampoco intento profundizar en su filosofía, ni elevarme a la región de la teorías controvertibles, a los principios cuestionables. Mi propósito es muy limitado. Yo acepto la legislación administrativa, tal cual hoy existe, cual hoy rige en España, con sus pocos aciertos, con sus innumerables errores; pero sin embargo, procuraré coordinar sus partes, metodizar su estudio, dar alguna claridad a ese caos a cuya vista se arredra el espíritu mas tenaz y perseverante; y alguna vez me será forzoso indicar los defectos de leyes, poco acordes con los principios constitutivos de nuestra sociedad y con las doctrinas mas acreditadas de Administración », ORTIZ DE ZÚÑIGA (M.), *Elementos de Derecho administrativo*, Granada, Imprenta y Librería de Sanz, T. 1, 1842, p. XVII.

[1912] NIETO GARCÍA (A.), « Influencias extranjeras en la evolución de la ciencia española del derecho administrativo », *préc.*, p. 53; NIETO GARCÍA (A.), « Apuntes para una historia de los autores de derecho administrativo general español », *préc.*, p. 29.

n'étaient pas totalement absents chez M. Ortiz de Zuñiga, mais leur proportion par rapport au droit national restait moindre. La méthode d'exposition de M. Ortiz de Zuñiga consistait à présenter dans chaque chapitre « un extrait de la législation en vigueur, commenté parfois au moyen de quelques observations critiques de bon sens, et précédé d'une réflexion essentielle d'un auteur parmi ceux déjà cités »[1913], à l'instar donc de C.-J. Bonnin.

**574.** Plus encore, c'est sans doute sur les auteurs qu'A. Nieto García a classé dans la catégorie des créateurs qu'il faut s'attarder pour véritablement comprendre que l'importation des droits étrangers n'a pas empêché le développement d'un droit administratif proprement espagnol. Son appréciation de l'œuvre de M. Colmeiro, principal représentant de ces créateurs, est éloquente : « l'œuvre de Gómez de la Serna est passée sans peine ni gloire, celle d'Ortiz de Zuñiga, avec égard […] ; le droit administratif de Colmeiro […] a dominé l'Université espagnole durant plus de trente ans. […] Avec lui se clôt l'incroyable décennie de 1840 et la science du droit administratif espagnol atteint son apogée, à une hauteur jamais atteinte depuis »[1914]. Si M. Colmeiro exposait dans l'introduction de la première édition de son *Droit administratif espagnol*, l'objectif pratique qu'il se donnait, à savoir ordonner le droit positif[1915], son rôle ne se limitait pas à cette systématisation. Contrairement à l'attitude de ses successeurs, il avertissait que son analyse serait bien « une analyse critique » dans laquelle « la théorie et la pratique seraient chaque fois mêlées », et qu'il aurait recours, pour cela, à « la science, à l'histoire et au droit »[1916]. Il confirmait ensuite cette ambition dès l'avertissement au lecteur de la quatrième édition parue en 1876[1917], se

---

1913 « Glosada en ocasiones con algunas observaciones criticas de sentido común y precedida de un pensamiento clave de un autor de los ya citados », NIETO GARCÍA (A.), « Apuntes para una historia de los autores de derecho administrativo general español », *préc.*, p. 33.

1914 « La obra de Gómez de la Serna paso sin pena ni gloria, la de Ortiz de Zuñiga, con respeto […]; el Derecho administrativo de Colmeiro […] ha dominado la Universidad espanola durante mas de treinta anos. […] Con el se cierra la increíble década de 1840 y la Ciencia del Derecho Administrativo español alcanza su apogeo en un punto cuya altura no ha vuelto ha repetirse », *Idem*, p. 40.

1915 « Mi objeto ha sido ordenar por categorías las leyes y actos administrativos para facilitar su estudió a todo el mundo, su enseñanza en las aulas y a las autoridades su aplicación », COLMEIRO (M.), *Derecho administrativo español*, T. 1, Madrid, Librerías de Don Ángel Calleja, 1ª ed., 1850, p. VII.

1916 « Una exposición crítica en la cual se hallarán a cada paso enlazadas la teoría y la práctica, habiendo consultado las tres fuentes de esta clase de doctrinas, a saber, la ciencia, la historia y el derecho », *Idem*, p. VIII.

1917 COLMEIRO (M.), *Derecho administrativo español*, T. 1, Madrid, Imprenta y Librería de Eduardo Martínez, 4ª ed., 1876, p. V.

démarquant alors véritablement de ses contemporains[1918]. De la première à la quatrième édition de son ouvrage, M. Colmeiro ne perdait donc jamais de vue le droit administratif espagnol, comme l'atteste l'avertissement réitéré en introduction du deuxième livre de son *Droit administratif espagnol* : « jusqu'à présent, nous avons considéré uniquement la science pure ou l'Administration in abstracto ; mais à partir de maintenant, nous concrétisons nos études en Espagne, et nous entreprenons l'exposition de son droit administratif »[1919].

**575.** Malgré son témoignage d'humilité, attribuant la paternité du style d'exposition à L.-M. Cormenin[1920], en particulier en ce qui concerne l'attention portée à la jurisprudence, l'objectif de présenter de manière critique le droit administratif espagnol était atteint. Chez M. Colmeiro il y avait une « solide construction dogmatique qui ne rendait pas confuse, mais au contraire améliorait, l'analyse minutieuse du droit positif »[1921]. Plus encore, cet objectif était largement dépassé, car son apport à la science du droit administratif fut considéré comme fondamental[1922]. Le retentissement de son œuvre au-delà des frontières espagnoles[1923], dont il avait lui-même conscience[1924], en atteste. Pour exemple, A. Batbie, dans l'avertissement au lecteur de son *Introduction générale au droit public et administratif*, saluait en particulier le « remarquable ouvrage de M. Colmeiro »[1925] qu'il expliquait avoir suivi afin

---

[1918] Cf. *supra*, n° 549-553.

[1919] « Hasta aquí hemos considerado únicamente la ciencia pura o la administración en abstracto; pero desde ahora concretamos nuestros estudios a la España, y emprendemos la exposición de su derecho administrativo », COLMEIRO (M.), *Derecho administrativo español*, T. 1, Madrid, Librería de Don Ángel Calleja, 1ª edición, 1850, p. 28.

[1920] L'inspiration française de Colmeiro est indéniable. Cf. *supra*, n° 320.

[1921] « Una solida construcción dogmática que no enturbía sino que realza el minucioso análisis del Derecho positivo », NIETO GARCÍA (A.), « Apuntes para una historia de los autores de derecho administrativo general español », *préc.*, p. 41.

[1922] Cf. *supra*, n° 320.

[1923] Cf. NIETO GARCÍA (A.), « Apuntes para una historia de los autores de derecho administrativo general español », *préc.*, p. 40.

[1924] Toujours dans l'avertissement au lecteur de la 4ème édition de son ouvrage, il écrivait : « » l'auteur est redevable du bon accueil que reçurent les 3 éditions précédentes, du jugement favorable que portèrent les académies et les savants étrangers sur le droit administratif espagnol et du degré d'autorité dont il jouit en dehors du royaume. Cela nous oblige à perfectionner notre travail et si nous n'y arrivons pas on ne pourra au moins pas nous accuser d'oisivité », cf. COLMEIRO (M.), *Derecho administrativo español*, T. 1, Madrid, Imprenta y Librería de Eduardo Martinez, 4ª ed., 1876, p. VI.

[1925] BATBIE (A.), *Traité théorique et pratique de droit public et administratif*, T. 1, Paris, Cotillon, 1861, p. 8.

de mener une étude comparative[1926]. Certes, dans les différents pays retenus pour cette comparaison, il citait l'Espagne au titre des peuples « qui nous ont le plus imités et dont les institutions se rapprochent le plus de leur modèle »[1927]. Mais il affirmait aussi ne pas connaître « de livre sur l'administration plus largement écrit et mieux raisonné que celui de M. Colmeiro » et avouait ainsi : « aussi ai-je cherché à m'inspirer de sa méthode, et les renseignements qu'il m'a fournis sur l'Espagne ne sont pas le seul emprunt que j'ai fait à cet excellent livre »[1928]. De la même façon, le *Droit administratif espagnol* de M. Colmeiro semblait être la source utilisée par E. Laferrière lorsqu'il s'intéressait à l'Espagne[1929], montrant une nouvelle fois l'intérêt que pouvait avoir cet ouvrage pour renseigner sur le droit administratif espagnol. Dès lors, on mesure mieux la phrase d'A. Nieto Garcia présentant l'apport de M. Colmeiro : « Le droit administratif est une science **espagnole**, bien que fortement influencée par la science française »[1930].

**576.** De façon similaire, chez les auteurs de la rénovation du droit administratif (1890-1936), si l'analyse du droit administratif était souvent dénationalisée, elle ne perdait jamais totalement de vue le droit espagnol. La description que fait A. Posada de sa propre approche méthodologique du droit administratif en est l'illustration éloquente. Entre une démarche purement théorique, oubliant le droit positif, et une démarche purement pratique, négligeant le recul nécessaire, il empruntait des voies intermédiaires : celle du droit comparé, et de l'analyse « critique d'inspiration doctrinale, qui utilise constamment les notions juridiques générales, reprises dans les théories, pour éclaircir, expliquer, censurer, corriger la formation du droit positif et promouvoir, par des opérations d'interprétation, l'élaboration de ce dernier comme Droit efficace et régulateur, propre à un Etat »[1931]. Son objet d'étude

---

1926 Il expliquait aussi s'être servi des *Institutions de droit administratif* de P. Gómez de la Serna, cité précédemment parce qu'il se concentrait sur l'étude du droit positif espagnol. Il n'est sans doute pas anodin qu'A. Batbie utilise ces auteurs qui eurent vraisemblablement l'analyse la plus « espagnole » du droit administratif. *Ibidem.*

1927 *Idem*, p. 6.

1928 *Id.*, p. 8.

1929 Cf. LAFERRIÈRE (E.), *Traité de la juridiction administrative et des recours contentieux*, Tome 1, Paris, Berger-Levrault, 2e éd., 1896, pp. 28 ; 36.

1930 Nous soulignons. « El Derecho Administrativo es una ciencia española, aunque fuertemente influenciada por la francesa ». NIETO GARCÍA (A.), « Influencias extranjeras en la evolución de la ciencia española del derecho administrativo », *préc.*, p. 60. Phrase citée précédemment, mais pour montrer au contraire l'influence française. Cf. *supra*, n° 196.

1931 « La posición crítica de inspiración doctrinal, que utiliza constantemente las nociones jurídicas generales, recogidas en las teorías, para aclarar, explicar, censurar, corregir la formación del Derecho positivo y promover, mediante operaciones de interpretación, la elaboración del mismo como un Derecho propio, eficaz y regulador de un Estado ». Cf.

était donc bien le droit espagnol, comme en attestent les références faites aux différents textes normatifs espagnols en vigueur, spécifiquement dans les chapitres consacrés au droit administratif spécial. Ses éclairages doctrinaux étaient simplement enrichis des apports théoriques étrangers. En mobilisant des doctrines étrangères pour expliquer le droit national, il procédait nécessairement à leur adaptation, et leur donnait une coloration espagnole, ne serait-ce que parce qu'extraites du contexte culturel dans lequel elles ont été pensées.

**577.** Plus encore, c'est le renouvellement provoqué par la *Revista de Administración Pública* qui confirme l'identité propre du droit administratif espagnol.

## B) Une identité espagnole renforcée à partir de 1950

**578.** Succédant à une période d'inertie, l'année 1950 marqua un véritable tournant dans le droit administratif espagnol, jusqu'à être considérée comme une seconde naissance tant la rénovation provoquée fut substantielle[1932]. Elle supposa le développement d'une identité propre de la doctrine espagnole, sans pour autant abandonner le réflexe d'ouverture sur les droits étrangers[1933]. Si paradoxal que cela puisse paraître, le regard sur l'étranger participa même du renforcement de cette identité propre. Comme le fait remarquer A. Gallego Anabitarte :

> « Bien que les références au droit administratif étranger restent fréquentes, au sein d'articles denses, dans des monographies et, ensuite, dans les grands manuels qui sont publiés au cours des décennies 1950, 1960 et 1970 [...] il n'y a aucun doute sur le fait que l'on se trouve face à un autre traitement du droit administratif. [...] l'important est avant tout la volonté de connaître et d'expliquer les institutions juridiques, leur évolution à

---

POSADA (A.), *Tratado de derecho administrativo*, Madrid, Librería general de Victoriano Suarez, 2ª ed., 1923, pp. 25-26.

1932 GALLEGO ANABITARTE (A.), « La influencia extranjera en el derecho administrativo español desde 1950 a hoy », *préc.*, pp. 95-96; ALLI ARANGUREN (J.-C.), *La construcción del concepto de derecho administrativo español*, *préc.*, pp. 215-217.

1933 Cf. *supra*, n° 311-313 ; 327-336.

partir du droit espagnol, aussi bien récent qu'ancien »[1934].

**579.** Ce renouveau est traditionnellement associé à l'apparition d'une nouvelle revue, spécialisée en droit administratif[1935] : la *Revista de Administración Pública*, à l'initiative de laquelle se trouve un groupe de jeunes juristes (1), et en particulier un auteur : E. García de Enterría (2).

### *1) Le tournant provoqué par la création de la* Revista de Administración Pública

**580.** Avec l'apparition de cette revue dont le premier numéro fut publié en 1950, le droit administratif espagnol se recentra un peu plus sur lui-même. Les jeunes auteurs à l'initiative de la revue entendaient en effet développer une nouvelle façon d'aborder le droit administratif, rompant ainsi avec leurs prédécesseurs[1936]. Les études devaient être plus clairement centrées sur le droit positif, législatif comme jurisprudentiel, offrant ainsi une variante du « chœur à deux voix »[1937] français. A. Nieto García souligne en effet qu'« il y eut dans les pages de cette Revue un dialogue constant — parfois âpre, d'autres fois stimulant, mais toujours respectueux et fructueux — entre la Doctrine et la Jurisprudence »[1938]. Il résume cette nouvelle attitude méthodologique comme

---

1934 « Aunque las citas [...] del Derecho administrativo extranjero siguen siendo frecuentes, en los densos artículos, en las monografías y, después, en los grandes manuales que se publican en la década de los 50, de los 60 y de los 70 [...], no hay la menor duda de que estamos ante otro tratamiento del derecho administrativo. [...] lo importante es el afán y el talante de conocer y explicar instituciones jurídicas, su evolución a partir del Derecho español, tanto reciente como histórico », GALLEGO ANABITARTE (A.), « La influencia extranjera en el derecho administrativo español desde 1950 a hoy », *préc.*, p. 96.

1935 Même si lors de sa création, la revue souhaitait aussi englober les sciences non juridiques de l'Administration, expliquant le choix de son nom. Cf. GARCÍA DE ENTERRÍA (E.), « Para una historia interna de la RAP », *R.A.P.*, 1999, n° 150, pp. 611-621, spéc. p. 620.

1936 Bien que cette rupture ne pût être totale, comme le signale A. Nieto García, ne serait-ce que par la présence au sein de ce projet d'auteurs de l'ancienne génération à l'instar de L. Jordana de Pozas ou S. Royo Villanova. Cf. NIETO GARCÍA (A.), « Crónica de los cien primeros números de la Revista de Administración Publica », *préc.*, pp. 70-71.

1937 RIVERO (J.), « Jurisprudence et doctrine dans l'élaboration du droit administratif », *E. D. C. E.*, 1955, pp. 27-36, spéc. p. 36.

1938 « En las páginas de esta Revista ha tenido lugar un diálogo constante -en ocasiones áspero, a veces estimulante y siempre respetuoso y fructífero- entre la Doctrina y la

« la rupture avec le manque d'esprit critique du dogmatisme formel », les auteurs de cette nouvelle génération « n'hésitant pas à casser le moule lorsque cela leur semble nécessaire » et « à rendre habituel le fait de s'inspirer du droit positif et de la jurisprudence, plus que de schémas conceptuels préconçus »[1939].

**581.** Cette nouvelle façon d'aborder le droit administratif se concrétisa évidemment dans la structure même de la Revue. Une première section était ainsi dédiée aux « Etudes », dont la prétention scientifique est la plus élevée. La seconde était consacrée à la « Jurisprudence », elle-même sous-divisée en deux. Elle contenait, d'une part, les « commentaires monographiques », qui se présentaient comme des « études doctrinales fondées sur des décisions jurisprudentielles concrètes, qui précisément en raison de leur concrétisation (et non pas pour leur prétendue praticité) peuvent s'avérer plus immédiatement utilisables par les professionnels à l'heure où ils devront aborder d'autres cas concrets dans leur vie professionnelle »[1940]. D'autre part, y figuraient les « notes », devenues peu à peu une sorte de répertoire jurisprudentiel, bien qu'ayant un apport scientifique plus déterminant initialement (la distinction entre commentaires monographiques et notes était alors plus ténue)[1941]. La troisième section, intitulée « Chronique administrative », était destinée à l'analyse des dernières dispositions récentes relatives au droit administratif et à l'activité administrative, offrant un point de vue non contentieux. La dernière section, relative à la « Bibliographie », recensait les dernières études doctrinales portant sur le droit administratif. Cette revue mêlait donc parfaitement théorie et pratique, sans jamais que l'une ne soit totalement déliée de l'autre.

---

Jurisprudencia ». Cf. NIETO GARCÍA (A.), « Crónica de los cien primeros números de la Revista de Administración Publica », *préc.*, p. 77.

1939 « El abandono del acrítismo dogmático formal. Los jóvenes autores [...] no vacilan en romper tales moldes cuando les parece necesario. En segundo lugar, acostumbran a inspirarse en el Derecho positivo y en la jurisprudencia, mejor que en esquemas conceptuales apriorísticos », *Idem*, p. 71.

1940 « Estudios doctrinales basados en decisiones concretas de los Tribunales, que precisamente por su concreción (y no por su pretendida practicidad) pueden resultar más inmediatamente utilizados por los profesionales a la hora de abordar otros casos concretos a lo largo de su vida profesional », *Id.*, p. 76.

1941 *Id.*, pp. 77-78.

**582.** Cette approche concrète du droit découlait de la composition du groupe d'auteurs à l'initiative de ce renouveau, puisqu'ils incarnaient une alliance entre praticiens et universitaires, et plus particulièrement entre l'Université et le Conseil d'Etat[1942]. Cette alliance fut ensuite entretenue et même étendue. Nombre de collaborateurs de la *Revista de Administración Pública* furent universitaires, membres du Conseil d'Etat, mais aussi fonctionnaires ou encore magistrats de la chambre administrative du Tribunal suprême.

**583.** Ce recentrage sur le droit positif espagnol a par ailleurs rapidement été conforté, en même temps qu'il l'impulsait, par l'essor de la législation administrative espagnole au cours de cette même décennie[1943]. Plusieurs auteurs de la *Revista de Administración Pública* en furent d'ailleurs les architectes[1944]. Selon J.-A Santamaría Pastor, « il est très probable que la reconstruction scientifique du droit administratif espagnol n'aurait pu se faire sans la présence de ces textes normatifs »[1945]. Parmi ces lois[1946], dont la qualité

[1942] Plus spécifiquement de jeunes *letrados*. Littéralement « lettré ». Désigne les juristes de haut niveau qui assistent les Conseillers d'État (ou, par exemple, les membres du Tribunal constitutionnel ou du Parlement) dans leur travail.

[1943] Cf. CHINCHILLA MARÍN (C.), « Dos grandes momentos en cien años de derecho administrativo : la década de los cincuenta y la Constitución de 1978 », in LÓPEZ GUERRA (L. M.), CHINCHILLA MARÍN (C.),RODRÍGUEZ MOURULLO (G.), GÓMEZ-BARREDA GARCÍA (R.), DURAN LÓPEZ (F.), PANTALEÓN PRIETO (A. F.), FERNÁNDEZ DE LA GÁNDARA (L.), VIVES RUIZ (F.), ASENCIO MELLADO (J. M.), GARRIGUES WALKER (A.) (coord.), *El derecho español en el siglo XX*, Vol. 2, Madrid, Marcial Pons, 2003, pp. 33-71, spéc. pp. 34-39.

[1944] A. Nieto García explique en effet que « les juges et les professeurs, tout comme les letrados du Conseil d'Etat, ne remirent jamais en cause l'existence du Régime, et se limitèrent à en éliminer les aspects les plus repoussants. C'est aux juristes du Régime que les espagnols doivent un niveau de sécurité juridique suffisamment acceptable, ce qui tranchait de manière évidente avec le contexte général d'arbitraire politique ». Il insistait donc sur cette position des juristes de « deuxième ligne » qui leur permit de rendre possible l'apparition de lois qui transformèrent véritablement la vie juridique du pays. Cf. NIETO GARCÍA (A.), *Estudios históricos sobre administración y derecho administrativo*, *préc.*, p. 51.

[1945] « Es muy probable que la reconstrucción científica del Derecho administrativo español no habría podido hacerse sin la presencia de estos textos normativos », SANTAMARÍA PASTOR (J. A.), « La ciencia del Derecho administrativo en España: una perspectiva histórica », *préc.*, p. 375.

[1946] Ley de 16 de diciembre de 1954, *de expropiación forzosa*, B.O.E., de 17 de diciembre de 1954, n° 351, pp. 8261-8278; Ley de 27 de diciembre de 1956, *reguladora de la jurisdicción contencioso-administrativa*, B.O.E., de 28 de diciembre de 1956, n° 363, pp. 8138-8158; Ley de 17 de julio de 1958 *sobre Procedimiento administrativo*, B.O.E., de 18 de julio de 1958, n° 171, pp. 1275-1287; Ley de 26 de diciembre de 1958, *de Régimen jurídico de las Entidades Estatales Autónomas*, B.O.E., de 29 de diciembre de 1958, n° 311, pp. 11911-11922; Ley de 28 de diciembre 1963 *de Bases de Contratos del Estado*, B.O.E., 31 de diciembre de 1963, n° 313, pp. 18230-18236; Decreto 93/1965 de 8 de abril *por el que se*

technique fut unanimement reconnue, certaines sont encore en application aujourd'hui[1947] ou n'ont fait l'objet que de simples actualisations[1948]. La spécialisation des magistrats administratifs, résultant de la création par la loi d'un concours valorisant les connaissances en droit administratif[1949], participa également de ce même mouvement. La qualité technique de la jurisprudence administrative[1950] s'en trouvait consécutivement augmentée, comme l'intérêt qui lui était porté.

**584.** Les années 1950 manifestèrent non seulement un renouveau doctrinal, mais aussi un renouveau du droit positif. Le développement de la législation administrative qu'entreprit l'Espagne par ce second mouvement de la seconde moitié du XX$^{e}$ siècle fit d'ailleurs largement sa réputation à l'étranger. D'un point de vue doctrinal, il n'était alors plus question de passer par l'étape du catalogue des doctrines étrangères pour présenter les notions clés du droit administratif[1951], ce qui n'a pas entraîné pour autant l'abandon des droits étrangers. Au contraire[1952], le besoin de remédier à l'isolement et au repli sur soi que connaissait l'Espagne franquiste était prégnant chez certains auteurs, à l'instar d'E. García de Enterría[1953]. Comme l'explique A. Nieto Garcia :

> « Aujourd'hui, les choses prennent un autre chemin. Nos juristes ne cherchent plus, comme avant, chez l'étranger,

---

*aprueba el texto articulado de Ley 198/1963 de 28 de diciembre de Bases de Contratos del Estado*, B.O.E., de 23 de abril de 1965, n° 97, pp. 5914-5924; Decreto de 15 de abril de 1964 *por el que se aprueba el texto articulado de la Ley de bases del Patrimonio del Estado*, B.O.E., de 23 de abril de 1964, n° 98, pp. 5181-5189, etc.

1947 A l'instar par exemple de la Ley de 16 de diciembre de 1954, *de expropiación forzosa*, *préc.*

1948 Cf. J.-A. Santamaría Pastor qui explique que leur grande qualité leur a permis matériellement de survivre au changement de régime politique. SANTAMARÍA PASTOR (J. A.), « La ciencia del Derecho administrativo en España: una perspectiva histórica », *préc.*, p. 374.

1949 Ce qu'exigeait l'article 21 de la loi du 27 décembre 1956. Cf. *Ley del 27 de diciembre de 1956, reguladora de la jurisdicción contencioso-administrativa*, *préc.*, p. 8145

1950 Cf. l'explication de SANTAMARÍA PASTOR (J. A.), « La ciencia del Derecho administrativo en España: una perspectiva histórica », *préc.*, p. 375.

1951 La maturité était en effet acquise puisque, comme le souligne F. Garrido Falla, « c'est seulement aux moments des balbutiements d'une discipline juridique que l'on peut tolérer que celle-ci (la partie générale) soit rédigée comme un simple résumé des principales théories développées par la dogmatique étrangère et dans le dos de notre ordre juridique positif ». GARRIDO FALLA (F.), « Prologo a la primera edición », in *Tratado de derecho administrativo*, vol. 1, Madrid, Centro de Estudios Constitucionales, 9$^{e}$ éd., 1985, p. 13.

1952 NIETO GARCÍA (A.), « Crónica de los cien primeros números de la Revista de Administración Pública », *préc.*, p. 71.

1953 Cf. *supra*, 329-331.

> et quasiment par nécessité, la source de leur inspiration, ils se limitent à les confronter à leurs propres opinions pour enrichir, le cas échéant, leurs points de vue [...]. Les administrativistes espagnols ont pris conscience de leur importance et ont retrouvé confiance. Il est toujours possible d'apprendre de l'étranger, évidemment, mais il n'est plus nécessaire de copier. Maintenant, la tendance, fondamentalement, est à la mise en perspective : l'auteur cherche une ligne argumentaire d'appui dans les institutions étrangères [...]. Il s'agit donc déjà d'importations critiques, vis-à-vis desquelles on exige une cohérence avec le système juridique espagnol »[1954].

**585.** Cette renaissance, faisait la synthèse des expériences passées, en essayant de n'en conserver que les aspects bénéfiques : l'analyse du droit positif, attestant d'un intérêt pour les réalités pratiques sans pour autant abandonner la théorie d'une part, le développement de l'identité propre espagnole, sans négliger les points de vue étrangers, d'autre part.

**586.** La nouvelle parole prêchée pas la *Revista de Administración Pública* ne se limita pas à un simple postulat, et se traduisit plus généralement dans les études portant sur le droit administratif dans les décennies suivantes. En témoigne par exemple la confession faite par J. A. Santamaría Pastor lorsque, jeune licencié en droit, préparant des concours administratifs, il découvrit ces nouvelles sources au milieu des années 1960 :

> « L'impression que me provoquèrent ces matériaux fut celle d'une absolue perplexité : bien que ne manquant pas de références normatives concrètes, ces ouvrages possédaient un ressort dogmatique particulièrement solide avec des constructions théoriques parfaitement en

[1954] « Hoy, sin embargo, las cosas van por otro lado. Nuestros juristas ya no buscan, como antes, en el extranjero, casi por necesidad, la fuente de su inspiración, sino que se limitan a contrastar sus propias opiniones y a enriquecer, en su caso, sus puntos de vista [...]. Los administrativistas españoles han tomado conciencia de su peso y recobrado su confianza. Siempre se puede aprender del extranjero, por supuesto, pero ya no es necesario copiar. Ahora a lo que se tiende, fundamentalmente, es a contrastar: el escritor busca una línea argumental de apoyo en las instituciones extranjeras. [...] Se trata ya de importaciones críticas, a las que se exige una coherencia con el sistema jurídico español », NIETO GARCÍA (A.), « Crónica de los cien primeros números de la Revista de Administración Publica », *préc.*, p. 89.

> accord avec la doctrine européenne, qu'ils maniaient avec une entière familiarité ; ils paraissaient appartenir, en somme, à des mondes distincts de celui des ouvrages qui les précédaient immédiatement, qu'ils ne citaient que par courtoisie. Je n'ai jamais recommencé à consulter un ouvrage antérieur à 1950 »[1955].

**587.** L'adoption de cette nouvelle méthode se retrouvait par exemple clairement dans le *Traité de droit administratif* de F. Garrido Falla[1956], de même que dans le *Cours de droit administratif* d'E. Garcia de Enterría et T.-R. Fernandez. Dès le prologue de leur ouvrage, ces deux auteurs confirmaient ce recentrage sur le droit espagnol en expliquant que :

> « La finalité pédagogique nous a conduits à sacrifier l'érudition et la splendeur et à aller directement au but que nous nous sommes fixé [...]. En vertu de cette ligne de conduite, nous nous sommes passés de notes bibliographiques ; les références qui apparaissent à la fin de chaque chapitre, limitées aux auteurs espagnols, n'essaient pas de justifier ou d'étayer le texte, mais seulement d'offrir au lecteur la possibilité d'élargir ou de mettre en perspective l'étude du thème. Cependant, nous faisons un usage systématique, bien que sélectif, de la jurisprudence, en conformité avec l'idée du Droit de laquelle nous partons »[1957].

---

1955 « La impresión que estos materiales me produjeron fue de absoluta perplejidad: aun sin carecer de referencias normativas concretas, aquellas obras poseían un nervio dogmático muy solido con construcciones teóricas perfectamente en línea con la doctrina europea, que manejaban con completa familiaridad; parecían pertenecer, en suma, a mundos distintos al de las obras inmediatamente precedentes, solo citadas en ellas de manera cortes. Jamás volví a consultar una obra de fecha anterior a 1950 », SANTAMARÍA PASTOR (J. A.), « La ciencia del Derecho administrativo en España: una perspectiva histórica », *préc.*, p. 371.

1956 GARRIDO FALLA (F.), « Prologo a la primera edición », *préc.*, p. 13.

1957 « La finalidad docente nos ha llevado a sacrificar erudición y lucimiento y a ir por derecho a la línea que hacemos propia [...]. Por virtud de este planteamiento, hemos prescindido de notas bibliográficas; las referencias que se hacen al final de cada capitulo, limitadas a los autores españoles, no intentan justificar o apoyar el texto sino solo ofrecer al lector la posibilidad de ampliar o contrastar el estudio del tema. Sin embargo, hacemos un uso sistemático, aunque selectivo, de la jurisprudencia, supuesta la idea del Derecho con la que operamos », GARCÍA DE ENTERRÍA (E.), FERNÁNDEZ (T.-R.), *Curso de Derecho administrativo*, T. 1, Madrid, Civitas, 1974, 1ª ed., p. 9.

**588.** Cet avertissement était confirmé tant par l'organisation générale de l'ouvrage que par les éléments bibliographiques introductifs, révélateurs en eux-mêmes. En effet, en premier lieu était citée une liste d'ouvrages généraux espagnols portant sur le droit administratif, puis venaient les textes légaux et jurisprudentiels, soulignant leur importance dans les sources du droit administratif espagnol, et enfin, apparaissaient des revues espagnoles. Cette bibliographie se terminait tout de même par une sélection d'ouvrages généraux étrangers français, italiens, allemands, américains et latino-américains.

**589.** Le « travail constructif » de cette nouvelle génération de professeurs de droit administratif fut unanimement reconnu comme « exceptionnel »[1958]. Le droit administratif espagnol gagna donc sa pleine maturité[1959] grâce à l'élan de la *Revista de Administración Pública*, à tel point que l'on distingue clairement un « avant » et un « après » *Revista de Administración Pública.* Derrière cette revue il y eut plus précisément un homme, qui joua un rôle fondamental : E. García de Enterría, initialement jeune *letrado* du Conseil d'Etat[1960].

### *2) Le rôle fondamental joué par E. García de Enterría à partir de 1950*

**590.** Ce fut en particulier E. Garcia de Enterría qui encouragea cette grande rénovation du droit administratif espagnol et forgea sa réputation à l'étranger. Autour de lui se forma une véritable Ecole, déterminante pour la science du droit administratif espagnol, dont se réclament encore aujourd'hui nombre d'administrativistes[1961]. C. Mialot, en observateur français, souligne en effet

---

[1958] SANTAMARÍA PASTOR (J. A.), « La ciencia del Derecho administrativo en España: una perspectiva histórica », *préc.*, p. 377. Cf. également GARRIDO FALLA (F.), « Prologo a la primera edición », *préc.*, p. 11.

[1959] Cf. GARRIDO FALLA (F.), *Tratado de derecho administrativo*, vol. 1, Madrid, Centro de Estudios Constitucionales, 1985, 9ª ed., p. 223; CHINCHILLA MARÍN (C.), « Dos grandes momentos en cien anos de derecho administrativo : la década de los cincuenta y la Constitución de 1978 », *préc.*, pp. 34-46.

[1960] Cf. GARCÍA DE ENTERRÍA (E.), « Para una historia interna de la RAP », *R. A. P.*, n° 150, 1999, pp. 611-621, spéc. pp. 611-614.

[1961] Le séminaire qu'il créa à l'Université de Valladolid en 1957 perdure encore aujourd'hui, même après sa mort. F. Sainz Moreno explique en effet que l'Ecole de droit administratif du Professeur García de Enterría regroupe aujourd'hui plus de 70 universitaires, qui sont toujours fidèles à leur maître. Cf. SÁINZ MORENO (F.), « Semblanza del profesor Eduardo

qu'« Eduardo García de Enterría a su fédérer autour de lui des juristes de tous bords et de tous horizons »[1962], sans pour autant les contraindre à une uniformisation de propos[1963]. La quantité d'hommages, d'abord nationaux, qui lui furent rendus à sa mort, mais aussi du temps de son vivant en témoigne[1964]. Mais il faut surtout noter que sa réputation dépassa largement les frontières espagnoles[1965], confortant alors l'idée d'un droit administratif espagnol à l'identité reconnue. Cette renommée internationale, les Espagnols s'en félicitèrent et s'en félicitent encore puisqu'avec celle d'E. García de Enterría c'est aussi celle de leur science qui est reconnue. C'est ce que rappelle par exemple R. Parada, l'un des premiers élèves d'E. García de Enterría dans un témoignage peu de temps après son décès :

> « Tous ceux qui depuis son décès ont commenté l'œuvre de ce grand espagnol qu'était Eduardo García de Enterría, ont insisté sur le fait que l'immense travail de ce juriste ne connaissait pas les frontières. C'était remarquable, car la science juridique espagnole, depuis le temps des grands juristes du XVI^e^ siècle qui assirent les bases du Droit international (Victoria, de Soto, Suarez), n'avait trouvé que peu d'écho dans le panorama juridique international. Notre faible poids juridique face à la science européenne a gagné en importance ces derniers temps grâce à son effort et nous a permis d'être reconnus et valorisés là où nous étions auparavant inconnus. Nous le percevons dans les échanges de plus en plus fréquents avec des professeurs européens et latino-américains. Nous le ressentons encore plus

---

García de Enterría », *Revista Peruana de Derecho Publico*, 2006, n° 13, reproduit in *Eduardo García de Enterría. Semblanza de su vida y de su obra*, Madrid, Civitas, 2014, pp. 226-254, spéc. pp. 242-246. Cf. également, LOPERENA (D.), « Los nietos discípulos de la escuela de Enterría », *Diario Vasco*, 15 de octubre de 2013, reproduit in *Eduardo García de Enterría. Semblanza de su vida y de su obra*, Madrid, Civitas, 2014, pp. 375-376; FERNANDEZ FARRERES (G.), « Los juristas y la lucha por el derecho: el legado del profesor Eduardo García de Enterría », *R.A.P.*, 2014, n° 195, pp. 11-53. Cf. cependant J.-A. Santamaria Pastor, qui est plus nuancé sur la persistance de cette Ecole, l'estimant plus formelle que réelle. SANTAMARÍA PASTOR (J. A.), « La ciencia del Derecho administrativo en España: una perspectiva histórica », *préc.*, pp. 378-380.

1962 MIALOT (C.), « Eduardo García de Enterría, un géant du droit public », *A.J.D.A.*, 2014, n° 25, pp. 1431-1435, spéc. p. 1434

1963 Cf. SANTAMARÍA PASTOR (J. A.), « La ciencia del Derecho administrativo en España: una perspectiva histórica », *préc.*, p. 379.

1964 Ils sont nombreux à être reproduits au sein d'un ouvrage : *Eduardo Garcia de Enterría. Semblanza de su vida y de su obra*, Madrid, Civitas, 2014.

1965 Cf. MODERNE (F.), « Laudatio du professeur Eduardo Garcia de Enterría », in *Revue européenne de droit public*, 2013, pp. 27-32, spéc. p. 27.

> lorsque, emplis de fierté et d'émotion, nous assistons à son investiture comme Docteur honoris causa à la Sorbonne et à l'Université de Bologne »[1966].

**591.** Cet avis est également partagé par J.-L. Piñar Mañas qui considère que « Sans aucun doute Garcia de Enterría est le juriste espagnol le plus remarquable du XXe et du début du XXIe siècle, et figure parmi les juristes les plus prestigieux et reconnus en Europe et en Amérique latine »[1967]. Son « magistère »[1968] fut tel que rares sont ceux qui doutent que ses idées lui survivent après sa mort, en Espagne comme ailleurs :

> « Son œuvre, son immense œuvre le maintiendra présent et actif parmi nous longtemps, un "nous" assurément très large, car il comprend sans la moindre exception, non seulement la totalité de la communauté juridique espagnole, mais aussi la communauté juridique ibérico américaine de langues espagnole et portugaise et une bonne partie de la communauté juridique européenne

---

1966 « Todos los que desde su fallecimiento han glosado la figura de este gran español que fue Eduardo García de Enterría han destacado al jurista que ha trascendido con su ingente obra nuestras fronteras. Un caso extraordinario, pues la ciencia jurídica española, desde los tiempos de los grandes juristas del siglo XVI, que sentaron las bases del Derecho internacional (Victoria, De Soto, Francisco Suárez), no había tenido apenas eco en el panorama jurídico internacional. Nuestra pobre balanza jurídica con la ciencia europea remontó algo en nuestros días gracias a su esfuerzo y nos hizo ser reconocidos y valorados allí donde antes éramos desconocidos. Así lo percibimos en nuestras, gracias a él, cada vez más frecuentes relaciones con profesores europeos y latinoamericanos y, especialmente cuando, llenos de orgullo y emoción, asistimos a su investidura como Doctor honoris causa por la Sorbona y la Universidad de Bolonia », PARADA (R.), « El maestro García de Enterría, Ultimo libro, ultima lección », *R.A.P.*, 2013, n° 192, p. 27.

1967 « Sin duda García de Enterría es el jurista español mas sobresaliente del siglo XX y de lo que llevamos del XXI, y de los mas prestigiosos y reconocidos en Europa e Iberoamérica », PIÑAR MAÑAS (J.-L.), « Eduardo García de Enterría. Humanista del derecho », *Revista del consejo general de la abogacía española*, 2013, n° 82, reproduit in *Eduardo García de Enterría. Semblanza de su vida y de su obra*, Madrid, Civitas, 2014, pp. 408-412.

1968 Pour reprendre l'expression utilisée par F. Moderne, dans l'hommage rendu à E. Garcia de Enterría. Cf. MODERNE (F.), « Laudatio du professeur Eduardo Garcia de Enterría », in *Revue européenne de droit public*, 2001, pp. 27-32, spéc. p. 27. Expression également utilisée par L. Vandelli : « Les centaines de juristes, de plusieurs générations, qui – en Espagne et ailleurs – se rappellent de son enseignement sont le meilleur témoignage de la généreuse fécondité de son magistère », cf. VANDELLI (L.), « Laudatio du professeur Eduardo García de Enterría », *Revue européenne de droit public*, 2001, pp. 33-37, spéc. p. 35.

auprès de laquelle arrivèrent en français, italien et portugais plusieurs de ses livres »[1969].

**592.** Plus significativement encore, les éloges les plus appuyés viennent sans doute des juristes étrangers qui n'hésitent pas à admettre le poids déterminant d'E. García de Enterría dans le droit administratif moderne. G. Braibant s'adressait par exemple directement à lui en ces termes :

> « Permettez-moi de vous dire, cher Ami, que vous êtes un très grand juriste, l'un des plus grands de notre Europe. Dans le domaine du droit administratif, vous avez été le maître d'une école prestigieuse, comme on en trouvait dans la Grèce antique en philosophie [...]. Votre rayonnement dans cette discipline a largement dépassé les frontières de votre pays, et je me suis aperçu que j'étais moi-même un de vos disciples sans le savoir »[1970].

**593.** Pour ne reproduire que quelques-uns de ces éloges, E. García de Enterría fut considéré comme un « géant »[1971] du droit administratif et plus largement du droit public, doté « d'un esprit extrêmement suggestif et fertile » auquel « se rattache une école de professeurs de droit administratif qui, en termes de qualité, de prestige et de dimension, n'a pas son pareil en Europe » ni « dans le monde »[1972]. Bref, E. García de Enterría n'était « pas seulement un juriste espagnol [...], mais bien un juriste de stature mondiale »[1973], dont l'œuvre a supposé un renversement de perspective jusqu'en Amérique latine.

**594.** Cette reconnaissance n'est pas restée cantonnée dans des discours ; elle s'est aussi concrétisée par la remise de distinctions honorifiques. Par

---

1969 FERNANDEZ (T.-R.), « In memoriam Eduardo Garcia de Enterría », *R.F.D.A.*, 2013, n° 5, pp. 921-922, spéc. p. 921.

1970 BRAIBANT (G.), « Laudatio du professeur Eduardo Garcia de Enterría », *Revue européenne de droit public*, 2013, pp. 43-45, spéc. pp. 43-44.

1971 BON (P.), « Témoignage », in *Eduardo García de Enterría. Semblanza de su vida y de su obra*, Madrid, Civitas, 2014, pp. 447-449, spéc. p. 447; MIALOT (C.), « Eduardo García de Enterría, un géant du droit public », *préc.*, p. 1431.

1972 VANDELLI (L.), « Laudatio du professeur Eduardo Garcia de Enterría », *Revue européenne de droit public*, 2001, pp. 33-37, spéc. p. 35.

1973 MIALOT (C.), « Eduardo García de Enterría, un géant du droit public », *préc.*, p. 1431.

exemple, il reçut par l'Université de Florence le titre de « protagoniste de la culture juridique européenne », en raison de « la profondeur et l'originalité de sa pensée, la valeur et la transcendance de son œuvre scientifique et de sa notoriété au-delà des frontières nationales [qui] constituent un point de référence culturel, en particulier pour les juristes européens des anciennes comme des nouvelles générations »[1974]. E. Garcia de Enterría fut d'ailleurs le premier juriste espagnol à recevoir cette distinction et même le premier administrativiste en Europe[1975]. De même, de nombreuses universités lui ont décerné le titre de docteur *honoris causa*[1976].

**595.** Tous ces témoignages montrent que le droit administratif espagnol est reconnu dans le monde, en particulier grâce à l'œuvre d'E. García de Enterría, bâtissant ainsi son identité propre, tout en conservant sa culture d'ouverture sur les droits étrangers[1977]. Le droit administratif espagnol s'est notamment démarqué par le tournant subjectiviste pris dans les années 1950[1978]. Il est désormais envisagé avant tout « comme un droit de défense contre l'administration, un droit centré sur la justice administrative et les libertés, un droit prenant aussi sa source dans des questions très concrètes qui se posent au praticien comme au théoricien »[1979]. Cette conception du droit administratif a ensuite été confortée par l'adoption de la Constitution du 29 décembre 1978.

---

1974 « La profundidad y la originalidad de su pensamiento, el valor y la trascendencia de su obra científica y su notoriedad fuera de los limites nacionales (que) constituyen un punto de referencia cultural, en particular para los juristas europeos de las viejas y nuevas generaciones », « Jornada de estudios organizada en honor de Eduardo García de Enterría por la universita degli studi de Florencia (Italia) en el marco de su programa "I protagonisti della cultura giuridica europea" (2003) », reproduit in *Eduardo García de Enterría. Semblanza de su vida y de su obra*, Madrid, Civitas, 2014, pp. 207-254, spéc. p. 207.

1975 « Jornada de estudios organizada en honor de Eduardo García de Enterría por la universita degli studi de Florencia (Italia) en el marco de su programa "I protagonisti della cultura giuridica europea" (2003) », *préc.*

1976 « Une vingtaine d'universités dans le monde dont, en France, l'université de Paris Sorbonne en 1977 » comme le fait remarquer C. Mialot. Cf. MIALOT (C.), « Eduardo García de Enterría, un géant du droit public », *préc.*, p. 1431.

1977 Paradoxe d'ailleurs évoqué par C. Mialot. *Idem*, pp. 1433-1434.

1978 Cf. MODERNE (F.), « Sous le signe du subjectivisme juridique. Regards sur l'œuvre d'Eduardo Garcia de Enterría. Conférence prononcée lors de la journée d'études organisée en l'honneur d'Eduardo Garcia de Enterría par l'Università degli Studi de Florence (Italie), dans le cadre de son programme *I protagonisti della cultura giuridica europea*, le 25 octobre 2003 », reproduit in *A.J.D.A.*, 2004, n° 1, pp. 101-108; ALLI ARANGUREN (J.-C.) *La construcción del concepto de derecho administrativo español*, *préc.*, pp. 215-281.

1979 MIALOT (C.), « Eduardo García de Enterría, un géant du droit public », *préc.*, p. 1434.

**596.** Le bilan est cependant un peu plus contrasté aujourd'hui, selon l'avis de certains auteurs, qui déplorent le fait que la doctrine administrativiste se soit quelque peu perdue dans l'hyperspécialisation du droit administratif, négligeant ainsi les études d'ensemble. En outre, elle cultiverait moins ce qui fait partie de son identité : l'ouverture sur les droits étrangers[1980]. Les héritiers de la *Revista de Administración Pública* ne seraient donc pas parfaitement fidèles à E. García de Enterría.

**597.** Malgré ce bémol, l'identité propre du droit administratif espagnol ne fait pas de doute. Même syncrétique, il n'a jamais perdu son caractère national. Il est certain par ailleurs que la volonté des administrativistes espagnols d'exporter leur droit nuance plus fortement encore sa seule présentation sous l'angle de l'importateur.

## *Section 2: Les tendances exportatrices du droit administratif espagnol*

**598.** Le droit administratif espagnol n'est pas seulement importateur, car il fut, lui-même, exportateur. Du moins, l'analyse des discours à l'œuvre à partir du début du XX^e^ siècle montre qu'il eut de fortes prétentions à l'être. Ainsi, si la *Junta para la Ampliación de Estudios e investigaciones científicas* avait pour vocation première de régénérer la science espagnole, en lui permettant de dialoguer avec ses homologues européens, dans une perspective très claire d'ouverture sur le monde[1981], elle eut également pour objectif la diffusion de la culture et de la science espagnole, permettant d'inverser les rôles d'exportateur et d'importateur. Bien *qu'a priori* moins préparée à cette seconde fonction, elle participa néanmoins à la mise en œuvre d'une véritable « propagande extérieure »[1982], notamment à destination des anciennes colonies espagnoles. L'Amérique latine était à cet égard dans une situation particulière, du fait de son histoire commune avec l'Espagne, faisant d'elle un importateur privilégié (§ 1). Toutefois, cette prétention à l'exportation eut aussi une visée

---

1980 SANTAMARÍA PASTOR (J. A.), « La ciencia del Derecho administrativo en España: una perspectiva histórica », *préc.*, 381-382.

1981 NARANJO OROVIO (C.), « Los caminos de la JAE en América Latina: redes y lazos al servicio de los exiliados republicanos », *Revista de Indias*, 2007, n° 239, pp. 283-306, spéc. pp. 284-285.

1982 « Propaganda exterior », SEPÚLVEDA (I.), « La JAE en la política cultural de España hacia América », *Revista de Indias*, 2007, n° 239, pp. 59-80, spéc. p. 74.

plus générale, en particulier lors de périodes bien identifiées, celle de la seconde République, et celle du Franquisme (§ 2).

### §1) La diffusion du droit administratif espagnol favorisée par la colonisation : la situation particulière de l'Amérique latine

**599.** Si l'Espagne du XIX^e^ siècle accusait un retard dans le développement de son droit administratif, notamment en raison de sa rupture plus lente avec l'Ancien Régime[1983], elle devançait ses homologues européens au XV^e^ siècle en étant à l'avant-garde des grandes découvertes et surtout des expansions coloniales outre-mer[1984]. Cette supériorité perdura jusqu'au XVII^e^ siècle. Avec le Portugal, elle forma le premier empire colonial occidental. Son implantation dans les Caraïbes, en Amérique centrale et du Sud pendant près de trois siècles, voire quatre siècles sur certains territoires insulaires[1985], explique les relations entretenues ensuite entre l'Espagne et ses anciennes colonies dans le domaine juridique, même après leur indépendance. Les droits administratifs de ces anciennes colonies, en partie fruits d'une politique importatrice, constituent un « stigmate de la colonisation espagnole »[1986], et confirment, de nouveau, l'idée selon laquelle un modèle juridique s'impose en premier lieu par la force (A). Le droit devient ensuite, éventuellement, un réflexe culturel dans le pays au sein duquel il fut imposé[1987], spécialement si un discours actif de diffusion de la part de l'ex-colon l'y encourage (B).

---

1983 Cf. *supra*, n° 87-105.

1984 Et en réalité essentiellement le royaume de Castille. Cf. J. Perez qui explique que « dans le dernier tiers du XV^e^ siècle, la péninsule Ibérique cesse d'être un territoire en marge de la chrétienté », et que grâce à son unification politique, « elle se hisse au premier rang en Europe et elle conserve cette place jusqu'au milieu du XVII^e^ siècle ». PEREZ (J.), *Histoire de l'Espagne*, *préc.*, p. 149. Plus spécifiquement sur « la prépondérance espagnole », cf. *idem*, pp. 223-225.

1985 A l'instar de Cuba ou Puerto Rico.

1986 Cf. C. CERDA-GUZMAN à propos du Chili, mais dont le constat peut s'élargir à la plupart des anciennes colonies espagnoles. CERDA-GUZMAN (C.), « Importation d'objets juridiques et cohérence de l'ordre juridique administratif chilien », *R.I.D.C.*, 2007, n° 2, pp. 307-332, spéc. p. 316.

1987 Sur l'évocation de ces phénomènes de colonisation pour expliquer « la détermination des distances et des rapports entre lieux de production et lieux de réception », cf. RODRÍGUEZ VILLABONA (A. A.), « La circulation des modèles juridiques : l'exemple de la réception en Colombie de la doctrine de Duguit au début du XX^e^ siècle », *préc.*, p. 595.

## A) Le droit espagnol imposé en Amérique latine

**600.** En s'établissant en Amérique centrale et du Sud, les Espagnols imposèrent leur droit aux nations indigènes qui disposaient pourtant de leurs propres systèmes juridiques. Ils diffusèrent la littérature juridique *jusnaturaliste* castillane, culminant à son apogée au XVI<sup>e</sup> siècle, grâce aux célèbres représentants de l'Ecole de Salamanque qu'étaient F. de Vitoria, D. Soto, J. Gines de Sepúlveda ou encore F. Suarez. Les conquistadores admirent cependant qu'il fallait adapter ce droit aux particularités des territoires sur lesquels ils se trouvaient et aux populations qui y vivaient avant eux. Ce droit, d'inspiration espagnole, et aux origines romano-canoniques, néanmoins adapté, constituait ce que l'on appelle le droit indien[1988]. Quand bien même ce système juridique était adapté, il demeurait l'œuvre des Espagnols, qu'il soit créé depuis la péninsule ibérique ou directement sur le territoire sud-américain par les créoles. A ce titre, il apparaissait « très semblable au droit castillan, comme deux branches sorties du même tronc »[1989]. Toutefois, un minimum de droits indigènes put continuer à s'appliquer, à tel point que certains auteurs admettent en ce sens « une attitude positive de la couronne »[1990]. Toutefois, cette bienveillance vis-à-vis des coutumes autochtones fut surtout vérifiée au début de l'ère colonisatrice. Pour résumer, et reprendre ainsi le schéma proposé par A. Levaggi pour décrire le système juridique appliqué dans l'empire colonial espagnol, un « système exogène », de culture européenne (réunissant droit castillan et droit indien) et canonique, était combiné avec un « système endogène » de culture autochtone (rassemblant plusieurs droits indigènes)[1991]. Bien sûr, l'implantation durable du système juridique exogène fut réussie avant tout parce que les fonctionnaires en charge de l'appliquer étaient espagnols[1992] et veillaient à son strict respect. Néanmoins, outre son application pratique, « l'enracinement du système européen »[1993] sur les terres américaines fut également favorisé par son enseignement dans les universités américaines dès le XVI<sup>e</sup> siècle.

---

[1988] Il faut se souvenir que C. Colomb pensait trouver les Indes orientales lorsqu'il accosta sur les territoires caribéens.

[1989] LEVAGGI (A.), « La réception du système espagnol par les systèmes indigènes en Amérique », in DOUCET (M.), VANDERLINDEN (J.) (dir.), *La réception des systèmes juridiques : implantations et destins*, Bruxelles, Bruylant, 1994, pp. 331-379, spéc. p. 350.

[1990] *Idem*, p. 344.

[1991] *Id.*, p. 362

[1992] *Id.*, pp. 362-365.

[1993] *Id.*, p. 365.

**601.** Le cas de Cuba, qui resta sous la domination de l'Espagne jusqu'en 1898, est éclairant, spécifiquement à l'égard du droit administratif. L'apparition d'un droit administratif et d'une science du droit administratif était par principe dépendante de ce qui se faisait en métropole à compter de la rupture avec l'Ancien Régime. Le développement d'une législation administrative au sens moderne du terme, et l'éclosion d'une véritable science chargée de l'étudier entre 1840 et 1850 en Espagne, trouvèrent ainsi leur prolongement à Cuba. L'origine du régime juridico-administratif cubain fut donc espagnole[1994]. Inévitablement, Cuba étant seulement perçu comme une partie du territoire espagnol, le traitement de la science du droit administratif fut alors essentiellement espagnol :

> « Si c'était en Espagne que se trouvaient nos législateurs, si c'était de là-bas que l'on procédait aux nominations de fonctionnaires en charge de l'Administration publique à Cuba [...], et si c'était aussi depuis Madrid que l'on désignait nos magistrats et juges, en réalité, il manquait ici un climat propice à ce que nous, les Cubains, nous puissions étudier notre vie publique, dans laquelle nous n'intervenions qu'exceptionnellement, et il était logique que nous ne nous préoccupions pas d'étudier des problèmes pour les solutions desquels nous ne pouvions peu, voire pas intervenir »[1995].

**602.** La science du droit administratif était dès lors assez uniformisée. Ce constat mérite toutefois d'être nuancé. L'œuvre du dominicain J. M. Morilla[1996], publiée en 1847, le démontre. Il commença ses études dans la première Université du Nouveau Monde[1997] avant de venir s'installer rapidement à Cuba, où il fut le premier professeur de droit administratif depuis

---

[1994] MATILLA CORREA (A.), *Los primeros pasos de la ciencia del derecho administrativo en Cuba*, *préc.*, pp. 157-158.

[1995] « Si en España se encontraban nuestros legisladores: si de allí procedía el nombramiento de funcionarios que en Cuba debieran realizar la Administración pública, [...] y si también desde Madrid se designaban nuestros Magistrados y Jueces, en verdad, faltaba aquí ambiente para que los cubanos estudiásemos nuestra vida pública, en la que solo por excepción interveníamos y era lógico que no nos preocupásemos de estudiar problemas en cuya solución poco o nada habíamos de intervenir », CARRERA JÚSTIZ (F.), « La Asociación de doctores en Derecho Público », *Revista Jurídica*, T. I, 1912, p. 482. Cité par MATILLA CORREA (A.), *Los primeros pasos de la ciencia del derecho administrativo en Cuba*, *préc.*, pp. 158-159.

[1996] Sur lequel A. Matilla Correa centre d'ailleurs son étude.

[1997] L'Université Santo Tomas de Aquino en République Dominicaine.

l'autonomie de la matière consacrée par le plan d'études de 1842. S'il y avait une très nette tendance à l'uniformisation du droit sur les territoires d'outre-mer, conséquence de la logique impériale espagnole, tout particularisme n'était pas absent, comme cela a été rappelé plus généralement pour les territoires américains sous domination espagnole. Ayant constaté l'absence de traitement spécifique du droit administratif espagnol appliqué sur les territoires d'outre-mer et plus précisément à Cuba, J. M. Morilla entreprit d'en faire l'étude[1998]. Cette lacune fut alors comblée par son *Traité*[1999]. Sa volonté de centrer les études et les enseignements du droit administratif à Cuba sur ces spécificités ne visait pas pour autant à « remettre en cause le fait qu'en tant que possession d'outre-mer, elle faisait partie d'un ordre juridique administratif supérieur »[2000]. Par ailleurs, quand bien même son objet d'étude prétendait faire état des particularités du droit administratif appliqué à Cuba[2001], il admettait l'origine essentiellement espagnole de ses sources doctrinales censées donner les cadres d'appréciation du droit positif, à l'instar de J. de Burgos, d'A. Oliván, de F. A. Silvela, de M. Ortiz de Zuñiga, de P. Gómez de la Serna, et plus tard de J. Posada Herrera. Il avouait également l'influence française, en particulier celle de C. J. Bonnin, de la même façon que nombre d'auteurs espagnols du milieu du XIXe siècle[2002]. Pour résumer, le Traité de J. M. Morilla était « à mi-chemin entre deux postures : celle d'être une étude générale du droit administratif espagnol, et celle d'être une œuvre cubaine de droit administratif »[2003].

---

1998 Cf. NIETO GARCÍA (A.), « Apuntes para una historia de los autores del derecho administrativo general español », *préc.*, p. 37.

1999 MORILLA (J. M.), *Breve Tratado de derecho administrativo español general del reino y especial de la isla de Cuba*, Habana, Tipografía de Don Vicente de Torres, 1847.

2000 « Sin soslayar la perspectiva de que, como posesión ultramarina, era parte de un orden jurídico-administrativo mayor », MATILLA CORREA (A.), *Los primeros pasos de la ciencia del derecho administrativo en Cuba*, *préc.*, p. 166.

2001 Nécessité qu'il explique dès les premières pages de son prologue: Cf. MORILLA (J. M.), *Breve Tratado de derecho administrativo español del Reino y especial de la isla de Cuba*, *préc.*, pp. VI-VII. Cf. également, MATILLA CORREA (A.), *Los primeros pasos de la ciencia del derecho administrativo en Cuba*, *préc.*, p. 299. Mais pas uniquement, puisqu'il s'agissait aussi d'une étude plus générale sur le droit administratif espagnol, comme en témoigne le titre de son traité.

2002 MORILLA (J. M.), *Breve Tratado de derecho administrativo español del Reino y especial de la isla de Cuba*, *préc.*, p. VI.

2003 « A medio camino entre dos líneas: la de ser un estudio general de Derecho Administrativo español y la de ser una obra cubana de Derecho Administrativo », MATILLA CORREA (A.), *Los primeros pasos de la ciencia del derecho administrativo en Cuba*, *préc.*, p. 296.

**603.** Le rayonnement du droit administratif espagnol, positif comme doctrinal, grandement facilité par l'empire, se mesure donc pleinement à travers l'exemple de Cuba, comme cela fut également le cas avec Puerto Rico, deux territoires caribéens restés sous domination espagnole jusqu'à la fin du XIX^e^ siècle. En conséquence, même après l'indépendance, des liens solides entre l'Espagne et ses anciennes colonies perdurèrent.

### B) Les liens conservés entre l'Espagne et ses anciennes colonies

**604.** Pour reprendre l'exemple de Cuba, ce lien ne se rompit pas au moment de son accession à l'indépendance. En effet, la science espagnole garda le statut de « valeur référentielle »[2004]. Par habitude, l'administrativiste se tournait naturellement vers la science espagnole, habitude qu'il ne délaissa pas, malgré l'indépendance. Même si la situation de Cuba est un peu spécifique en ce qu'elle fut l'un des derniers territoires à obtenir son indépendance, ce constat peut se généraliser. Alors même que l'empire colonial espagnol se délite au cours des deux premières décennies du XIX^e^ siècle[2005], c'est-à-dire avant qu'un droit administratif espagnol, entendu au sens moderne du terme, n'apparaisse, ce passé laissa une trace importante dans les anciennes colonies américaines dominées par l'Espagne. La rupture politique avec l'Espagne ne fut en effet pas radicale[2006]. Au contraire, seules « les normes qui s'opposaient à la liberté et à l'indépendance »[2007] furent rejetées, et le reste du « système juridique castillano-indien »[2008] fut conservé. Cette absence de rupture brutale avec le système juridique européen peut s'expliquer, comme le soulignent certains historiens, par le fait que « l'émancipation de l'Amérique espagnole n'est pas un phénomène de décolonisation »[2009], mais plutôt une simple rupture des liens avec la métropole. C'est en effet « l'oligarchie créole »[2010] qui continua à constituer la

---

2004 « Valor referencial », *Idem*, p. 171.

2005 Cf. PEREZ (J.), *Histoire de l'Espagne*, *préc.*, pp. 531-553 ; BON (P.), « L'Etat en Amérique latine », *Pouvoirs*, 2001, n° 3, pp. 17-36, spéc. pp. 18-21.

2006 Cf. CERDA-GUZMAN (C.), « Importation d'objets juridiques et cohérence de l'ordre juridique administratif chilien », *préc.*, p. 316.

2007 LEVAGGI (A.), « La réception du système espagnol par les systèmes indigènes en Amérique », *préc.*, p. 376.

2008 *Ibidem*.

2009 PEREZ (J.), *Histoire de l'Espagne*, *préc.*, p. 531. Cf. également LEVAGGI (A.), « La réception du système espagnol par les systèmes indigènes en Amérique », *préc.*, pp. 377-378.

2010 *Idem*, p. 531.

classe dominante et à exploiter les populations indigènes. Sa culture et ce faisant, le droit national qu'elle créa, restaient ainsi d'inspiration européenne et plus particulièrement espagnole[2011]. Les liens entre l'Espagne et ses anciennes colonies d'Amérique Latine restèrent donc étroits du point de vue de la culture juridique.

**605.** Ce constat dressé à l'égard du système juridique général est-il applicable au droit administratif ? La question mérite d'être posée, car le droit administratif espagnol moderne n'avait pas encore vu le jour en Espagne et *a fortiori* n'avait pu s'appliquer dans les colonies. La conservation de ces liens ne fut pas seulement un phénomène passager au cours des premières décennies suivant les indépendances. Non seulement, à partir du milieu du XIX^e^, une émigration économique espagnole vers l'Amérique latine se développa[2012], mais en plus, la *Junta para la Ampliación de Estudios* s'intéressa finalement de très près[2013], au début du XX^e^ siècle, aux républiques latino-américaines anciennement sous domination espagnole. Le but était de construire des réseaux d'intellectuels, en s'appuyant justement sur les communautés d'émigrés installées sur ces territoires[2014], territoires qui jusqu'à présent n'avaient que peu entretenu des liens culturels avec leur pays d'origine. En 1910, le ministère de l'Instruction Publique reconnut d'ailleurs officiellement la *Junta para la Ampliación de Estudios* comme organe chargé du développement des relations culturelles avec les Républiques américaines.

**606.** Les liens conservés entre l'Argentine et l'Espagne sont ainsi topiques de cette démarche[2015], car c'est en Argentine que les premières relations scientifiques furent développées par des universitaires délégués par la *Junta*

---

2011 *Id.*, pp. 540-542.

2012 Et principalement à partir de 1880. Cette émigration se concentra essentiellement vers l'Argentine et Cuba.

2013 Alors même qu'au départ, les responsables de la *Junta para la Ampliación de Estudios* ne tournaient que peu leur regard vers les territoires d'Amérique Latine, ils restaient concentrés sur l'Europe. Finalement, lorsqu'ils s'intéressèrent aux républiques américaines, ce fut surtout comme « terrain de projection mais non d'apprentissage ». Cf. SEPÚLVEDA (I.), « La JAE en la política cultural de España hacia América », *préc.*, p. 74.

2014 Cf. NARANJO OROVIO (C.), « Los caminos de la JAE en América Latina: redes y lazos al servicio de los exiliados republicanos », *préc.*, p. 288.

2015 Cf. LÓPEZ SÁNCHEZ (J. M.), « La Junta para la Ampliación de Estudios y su proyección americanista: la institución cultural española en Buenos Aires », *Revista de Indias*, n° 239, 2007, pp. 81-102, spéc. pp. 84-88 ; 99-100.

*para la Ampliación de Estudios*[2016]. Outre la visite de l'historien du droit R. de Altamira à l'Université de La Plata en 1909[2017], ce fut A. Posada qui vint passer plusieurs mois en Argentine, pour y dispenser un cycle de conférences en 1910[2018] avant de continuer son périple au Chili, au Paraguay[2019] et en Uruguay. Il encourageait lui aussi fortement les liens entre l'Université de La Plata et l'Espagne[2020] et attribuait un rôle fondamental à l'Espagne[2021], celui

---

2016 NARANJO OROVIO (C.), « Los caminos de la JAE en América Latina: redes y lazos al servicio de los exiliados republicanos », *préc.*, p. 285.

2017 Il dispensa dans cette université un cours de méthodologie de l'histoire à l'occasion duquel il évoqua la nécessité de renforcer les liens hispano-argentins dans le cadre d'un mouvement culturel progressiste, notamment par l'analyse scientifique de l'histoire commune de l'Argentine et de l'Espagne et de l'influence qu'eut cette dernière sur l'Argentine y compris après l'indépendance. Sur cette question, cf. ORTIZ (E. L.), « Las relaciones científicas entre Argentina y España a principios de este siglo », in SÁNCHEZ RON (J. M.)(coord.), *1907-1987, La Junta para Ampliación de Estudios e investigaciones científicas 80 anos después*, Vol. II, Madrid, Consejo Superior de Investigaciones Científicas, 1988, pp. 119-158, spéc. pp. 131-137.

2018 Sur cette question, cf. ORTIZ (E. L.), « Las relaciones científicas entre Argentina y España a principios de este siglo », *préc.*, pp. 138-152.

2019 A propos de son voyage au Paraguay, cf. MORALES RAYA (E.), « La experiencia americana de Adolfo Posada en Paraguay (1910) », *Temas Americanistas*, 2014, n° 32, pp. 111-126.

2020 Ces relations devaient se concrétiser par des échanges entre étudiants, le financement de bourses d'études pour que des espagnols se rendent en Argentine, mais également par des voyages de professeurs, en favorisant la publication en Espagne d'ouvrages portant sur l'Amérique, en particulier de pensionnaires financés par la *Junta para Ampliación de Estudios*. C'est ce que rappelait le Real Orden de 16 de abril de 1910, « La Junta de ampliación de estudios e investigaciones científicas devra favoriser les échanges universitaires entre les nations latino-américianes et les centres d'enseignement espagnol », Gaceta de Madrid, n° 108, de 18 de abril de 1910, pp. 142-143. Cf. POSADA (A.), *En América. Una campaña: relaciones científicas con América, Argentina, Chile, Paraguay y Uruguay*, Madrid, Librería F. Beltran, 1911, pp. 8-9. Les résultats ne furent cependant pas tout à fait à la hauteur des ambitions affichées, ce que signale I. Sepúlveda. SEPÚLVEDA (I.), « La JAE en la política cultural de España hacia América », *préc.*, p. 71.

2021 Comme le fait remarquer J. M. López Sánchez, A. Posada semblait réellement voir l'Espagne comme un « instrument d'échange, intermédiaire entre la culture européenne et américaine », mais il rejetait *a priori* la vision d'une Espagne paternaliste, avide de conquêtes. Cf. LÓPEZ SÁNCHEZ (J. M.), « La Junta para la Ampliación de Estudios y su proyección americanista: la institución cultural española en Buenos Aires », *préc.*, p. 87. Cf. également SEPÚLVEDA (I.), « La JAE en la política cultural de España hacia América », *préc.*, p. 70-71. Le paternalisme rattrapa cependant rapidement la *Junta para la Ampliación de Estudios e investigaciones científicas*, « seulement trois étudiants pensionnaires se rendirent en Amérique latine, alors que le nombre de professeurs qui voyagèrent là-bas pour dispenser des conférences ou des cours fut bien supérieur. De manière générale, la JAE comprit que entre l'Espagne et l'Amérique il était possible d'établir une relation analogue à celle qui était supposée exister entre l'Espagne et l'Europe, mais en inversant le courant ». Cf. LÓPEZ SÁNCHEZ (J. M.), « La Junta para la Ampliación de Estudios y su proyección americanista: la institución cultural espanola en Buenos Aires », *préc.*, p. 88. Il faut dire aussi qu'un véritable « courant parallèle », voire parfois « superposé », et de tendance conservatrice était également à l'œuvre, identifiant l'Amérique à « la grandeur historique

d'assumer « une noble fonction d'intermédiaire qui semble naturelle entre l'esprit européen et les préoccupations intellectuelles et culturelles des nouveaux peuples hispano-américains »[2022]. Il rappelait en effet que « l'Amérique constitue la zone naturelle pour l'expansion de nos idées et de nos produits spirituels et naturels »[2023]. Cette conception de l'Espagne en tant qu'intermédiaire n'était pas uniquement celle d'A. Posada, elle était également partagée par de nombreux intellectuels espagnols à l'image du philosophe J. Ortega y Gasset qui transmit les théories allemandes à l'Université de La Plata. Comme le souligne E. L. Ortiz, « ces intellectuels espagnols réussirent alors à faire passer par l'Espagne l'influence intellectuelle que l'Allemagne avait en Argentine dans de nombreuses branches de la science et de la philosophie »[2024]. Le droit administratif espagnol servit donc d'intermédiaire entre l'Amérique latine et d'autres cultures juridiques européennes. Ce rôle est conceptualisé par A. Rodriguez Villabona, comme troisième option entre les « lieux de production »[2025] du droit et les « lieux de réception » du droit. Il explique en effet que :

---

de l'Espagne, avec sa mission religieuse dans le monde », vision qui se propagea notamment à partir des années 1930 avec « la doctrine de l'Hispanité », reprise ensuite par le franquisme. Cf. DELGADO GÓMEZ ESCALONILLA « Un siglo de diplomacia cultural española: de la Junta para Ampliación de Estudios al Instituto Cervantes », *Documento de Trabajo 12/2014*, 9 de octubre de 2014, Real Instituto Elcano, pp. 7-8.

2022 « Una noble función de intermediaria al parecer natural entre el espíritu europeo y las ansiedades y necesidades culturales de los pueblos nuevos hispano-americanos », POSADA (A.), *En América. Una campaña: relaciones científicas con América, Argentina, Chile, Paraguay y Uruguay*, Madrid, Librería F. Beltran, 1911, p. 87.

2023 « América constituye la zona natural para la expansión de nuestras ideas y de nuestros productos espirituales y naturales », *Idem*, p. 98.

2024 « Aquellos intelectuales españoles consiguieron entonces hacer pasar por España la influencia intelectual que Alemania tenia en Argentina en varias ramas de la ciencia o la filosofía », ORTIZ (E. L.), « Las relaciones científicas entre Argentina y España a principios de este siglo », in SÁNCHEZ RON (J. M.)(coord.), *1907-1987, La Junta para Ampliación de Estudios e investigaciones científicas 80 anos después*, vol. II, Madrid, Consejo Superior de Investigaciones Científicas, 1988, pp. 119-158, spéc. p. 148.

2025 Appelé ainsi par A. A. Rodriguez Villabona : ce qui distingue les deux, c'est « la capacité d'influer ». « La capacité d'influence juridique des lieux de production est due non seulement à la qualité de leurs produits juridiques, mais aussi et principalement à leur évidente hégémonie politique, économique et culturelle par rapport aux lieux de réception. A l'autre extrême, le droit et les idées juridiques des lieux de réception n'ont pas la persuasion et la large circulation des produits de lieux de production et leur caractère particulier ou local est toujours mis en relief ». Cf. RODRIGUEZ VILLABONA (A. A.), « La circulation des modèles juridiques : l'exemple de la réception en Colombie de la doctrine de Duguit au début du XXe siècle », in MELIN-SOUCRAMANIEN (F.) (dir.), *Espaces du service public. Mélanges en l'honneur de Jean du Bois de Gaudusson*, Pessac, Presses Universitaires de Bordeaux, 2013, pp. 587-628, spéc. pp. 593-594. Logique de présentation aussi partagée par AUSTIN (J.), *The province of jurisprudence determined, and The use of the study of jurisprudence*, Indianapolis, Hackett Pub, 1998, p. 373 ; LOPEZ MEDINA (D. E.),

> « ces “lieux intermédiaires” remplissent une fonction de diffusion et de traduction tout à fait essentielle afin de déterminer la capacité d'influencer des lieux de production et pour comprendre l'accueil, l'adaptation et les transformations dans les lieux de réception. Ils ont cette nature intermédiaire parce que, d'un côté, ils ne sont pas reconnus comme membres de plein droit du groupe exclusif des pays producteurs de culture juridique de tendance universelle, mais, de l'autre côté, comme ils permettent la propagation de cette culture, ils ne sont pas rabaissés au rang de simples récepteurs »[2026].

**607.** Il précise par ailleurs que c'est en particulier l'Espagne dans ses rapports avec l'Amérique latine qui lui a inspiré ce concept de « lieux intermédiaires »[2027]. Le droit administratif espagnol, lui-même influencé principalement par le droit français d'abord, puis allemand et italien ensuite, a, à son tour, influencé les droits de ses anciennes colonies. Ainsi, si au moment des indépendances, les droits administratifs d'Amérique latine élargissaient leurs sources d'influence à la France, l'Allemagne, l'Italie, ou encore l'Amérique du Nord[2028], c'est principalement par le biais des ouvrages espagnols qu'ils le faisaient. Langue et histoire communes ont très certainement favorisé ce passage obligé par l'intermédiaire de l'Espagne, quand bien même il y avait une certaine volonté de rompre avec l'ancien colon.

**608.** La doctrine espagnole ne pouvait cependant être un intermédiaire neutre, un passeur inactif par lequel les idées se contentent de transiter. Mises à part les simples traductions en langue espagnole des ouvrages doctrinaux étrangers, et à la condition de partir du principe que la traduction est fidèle

---

*Teoria impura del derecho: la transformacion de la cultura juridical latinoamericana*, Bogota, Legis, 2004, p. 16.

2026 RODRIGUEZ VILLABONA (A. A.), « La circulation des modèles juridiques : l'exemple de la réception en Colombie de la doctrine de Duguit au début du XXe siècle », in MELIN-SOUCRAMANIEN (F.) (dir.), *Espaces du service public. Mélanges en l'honneur de Jean du Bois de Gaudusson*, Pessac, Presses Universitaires de Bordeaux, 2013, pp. 587-628, spéc. pp. 595-596.

2027 *Idem*, p. 596 et 619.

2028 Le cas de l'Amérique du Nord est peut-être un peu différent en raison d'un facteur de proximité géographique, mais sans doute aussi d'un facteur symbolique, celui d'être précurseur du mouvement d'indépendance vis-à-vis de l'Europe sur le continent américain

aux propos originaux, c'était souvent la lecture espagnole et avec elle, l'interprétation espagnole, de ces droits administratifs étrangers qui circulaient en Amérique latine. En Colombie, c'est par exemple par l'intermédiaire d'A. Posada[2029] que l'œuvre de L. Duguit a d'abord été introduite, par la voie de sa traduction à l'espagnol, et de son explication. C'est ensuite L. Duguit[2030], en personne, qui s'est rendu en Argentine pour faire état de ses idées, sans qu'il y ait besoin, cette fois, d'un intermédiaire. Le rôle de ces auteurs espagnols, à l'instar d'A. Posada, reste néanmoins déterminant dans la transmission, adaptée, de la pensée administrativiste française, et plus généralement, de la pensée administrativiste européenne.

**609.** Par ailleurs, l'Espagne n'avait pas pour objectif de se limiter à ce rôle d'intermédiaire. Elle cherchait à étendre son propre rayonnement scientifique en Amérique latine. E. Morales Raya explique ainsi qu'« une grande partie des intellectuels espagnols de cette époque qui s'intéressa aux questions relatives à l'Amérique, considéra l'action de la JAE comme étant une stratégie bénéfique, non seulement pour renforcer les relations culturelles entre l'Espagne et ces Républiques, mais aussi pour le renouveau culturel et scientifique de l'Espagne »[2031].

**610.** De nombreux intellectuels latino-américains voyagèrent à leur tour en Espagne, après avoir reçu la visite d'intellectuels espagnols. A ce moment-là, « ils ne pouvaient soupçonner que quelques années plus tard ils seraient les hôtes de leurs collègues espagnols »[2032]. En effet, ces liens culturels entre intellectuels espagnols et ibéro-américains, encouragés par la *Junta para la Ampliación de Estudios*, firent que pour nombre de juristes espagnols, républicains, l'Amérique ibérique fut la terre d'exil après la guerre civile. Ils

---

[2029] Dont le rôle de traducteur et introducteur principal de l'œuvre de L. Duguit a été expliqué précédemment. Cf. *supra*, n° 239 ; 350.

[2030] Cf. *supra*, n° 228.

[2031] « Gran parte de la intelectualidad española de aquel momento que se interesó por las cuestiones relativas a América, consideró la acción de la JAE como una estrategia beneficiosa, no únicamente para fortalecer las relaciones cultuales entre España y aquellas Repúblicas, sino también para el renacer cultural y científico de España », MORALES RAYA (E.), « La experiencia americana de Adolfo Posada en Paraguay (1910) », *Temas Americanistas*, *préc.*, p. 125.

[2032] « No podían sospechar que unos años después iban a ser los anfitriones de sus colegas españoles », DOSIL MANCILLA (F. J.), « La JAE peregrina », *préc.*, p. 311.

y furent facilement intégrés dans les diverses institutions académiques[2033] au sein desquelles ils avaient parfois été conférenciers quelques années auparavant. Ce fut le cas, dans un premier temps, du Mexique[2034], avec l'Université nationale autonome de Mexico[2035]. Y fut d'ailleurs créée en 1938 la *Casa de España*[2036] pour héberger les réfugiés espagnols qui refirent pour la plupart leur vie professionnelle en Amérique Latine. Depuis leurs terres d'adoption, ils continuèrent à promouvoir la science espagnole, concurrente de la science officielle franquiste qui s'imposait sur la péninsule ibérique. La *Unión de Profesores Universitarios Españoles en el Extranjero (UPUEE)*, créée à Paris en 1939, vit son siège définitivement installé à Mexico à partir de 1943, date à laquelle se tint la première conférence des professeurs universitaires espagnols en exil à l'Université de La Havane, accueillie par la délégation cubaine[2037]. Cette association de professeurs exilés publia d'ailleurs régulièrement ses propres revues à l'instar du *Boletín informativo de la Unión de Profesores españoles universitarios en el extranjero*[2038], relayant leurs études dans de multiples domaines (sciences naturelles, sciences humaines, sciences sociales, etc.), ou encore la revue *Ciencia*, créée dès 1940, qui s'inscrivait également dans la même démarche, et qui parut quant à elle jusqu'en 1975[2039]. Il s'agissait de promouvoir un autre type de relation avec

---

[2033] Cf. NARANJO OROVIO (C.), « Los caminos de la JAE en América Latina: redes y lazos al servicio de los exiliados republicanos », *préc.*; MORALES RAYA (E.), « La experiencia americana de Adolfo Posada en Paraguay (1910) », *préc.*, p. 126.

[2034] Cf. A. Granados qui explique que le Mexique fut en particulier choisi comme terre d'exil grâce aux liens développés par la *Junta para la Ampliación de Estudios*. GRANADOS (A.), « La corriente cultural de la JAE en México: el instituto hispano mexicano de intercambio universitario, 1925-1931 », *Revista de Indias*, n° 239, 2007, pp. 103-124. Ce sont également des affinités politiques entre le gouvernement de l'époque et les républicains espagnols qui expliquent l'accueil par le Mexique de réfugiés. Cf. LÓPEZ SÁNCHEZ (J. M.), « El exilio científico republicano en México: la respuesta a la depuración », in OTERO CARVAJAL (L. E.)(dir.), *La destrucción de la ciencia en España. Depuración universitaria en el franquismo*, Madrid, Editorial Complutense, 2006, pp. 177-239, spéc. pp. 177-182; NARANJO OROVIO (C.), « Los caminos de la JAE en América Latina: redes y lazos al servicio de los exiliados republicanos », *préc.*, p. 298.

[2035] Cf. BLASCO GIL (Y.), « Los costes del franquismo para la Universidad española y para los profesores exiliados. El caso de Pere Bosch-Gimpera », *Historiografías*, n° 3, 2012, pp. 45-61.

[2036] Dont est héritier le « Colegio de México », qui lui succède en 1940, et qui existe toujours aujourd'hui comme institution publique d'enseignement supérieur et de recherche en sciences humaines et sociales.

[2037] OTERO CARVAJAL (L. E.), « La destrucción de la ciencia en España. Las consecuencias del triunfo militar de la España franquista », *Historia y Comunicación Social*, 2001, n° 6, pp. 149-186, spéc. p. 168.

[2038] Dont l'existence fut cependant courte puisque publié entre 1943 et 1944. Cf. COBOS BUENO (J. M.), PULGARÍN GUERRERO (A.), CARAPETO SIERRA (C.), « El *Boletín informativo* de la Unión de Profesores españoles universitarios en el extranjero », *LLULL*, 2004, pp. 27-60.

[2039] *Idem*, pp. 29-30.

l'Amérique latine, théoriquement plus égalitaire, plus fraternelle que celle aux caractéristiques profondément impérialistes défendue par le franquisme à cette époque avec le concept d'*Hispanidad*[2040].

**611.** A côté de ces revues, l'implantation même d'universitaires espagnols, titulaires de chaires, dans les universités ibérico-américaines favorisa le rayonnement de la science espagnole. Les exilés espagnols apportèrent à la fois ce qu'ils jugeaient de « plus précieux de la culture espagnole »[2041], fruit notamment de la rénovation culturelle que connaissait l'Espagne au début du XX^e^ siècle, ainsi que « le meilleur de la culture européenne, qu'ils avaient assimilé par leurs études sur l'Allemagne, la France, la Grande-Bretagne ou l'Italie »[2042]. De la même façon qu'avec les échanges de la *Junta para la Ampliación de Estudios* quelques années auparavant, la particularité des apports des exilés espagnols était sans doute « cette lecture des théories d'avant-garde européennes réalisée depuis une perspective proprement espagnole »[2043].

**612.** Ce constat général portant sur les universitaires espagnols exilés en Amérique latine peut s'étendre à l'ensemble des branches du droit public. Le cas de M. García Pelayo, spécialiste de droit constitutionnel[2044], exilé en Argentine et à Puerto Rico, avant de s'installer durablement au Vénézuéla, devenu par la suite le premier président du Tribunal constitutionnel sous l'Espagne démocratique, est particulièrement connu[2045]. Moins connus, mais de grande importance, sont les exemples de F. F. Montiel Giménez et surtout d'A. Moles Caubet, pour le droit administratif. F. F. Montiel Giménez, député socialiste, et initialement professeur auxiliaire de droit administratif à

---

[2040] Cf. LÓPEZ SÁNCHEZ (J. M.), « El exilio científico republicano en México: la respuesta a la depuración », *préc.*, pp. 221-236.

[2041] « Lo más valioso de la cultura española », DOSIL MANCILLA (F. J.), « La JAE peregrina », *préc.*, p. 314.

[2042] « Lo mejor de la cultura europea, que asimilaron en países como Alemania, Francia, Gran Bretaña o Italia », *Ibidem*.

[2043] « Esta lectura de las teorías de vanguardia europeas realizada desde una óptica propiamente española », *Ibid.*

[2044] Le nombre de professeurs de droit politique exilés est d'ailleurs particulièrement conséquent. Cf. OTERO CARVAJAL (L. E.), « La destrucción de la ciencia en España. Las consecuencias del triunfo militar de la España franquista », *préc.*

[2045] Cf. PEÑA GONZÁLEZ (J.), « Del destierro interior a la recuperación del exilio (el caso del profesor Don Manuel García Pelayo) », in CASAS SÁNCHEZ (J. L.), DURÁN ALCALÁ (F.) (coord.), *Los exilios en Espana (siglos XIX y XX): III Congreso sobre el Republicanismo*, Cordoba, Patronato Niceto Alcalá-Zamora y Torres, 2005, pp. 143-149.

l'Université de Murcie, s'exila ainsi à Cuba, où il intégra l'Université *de Oriente* créée en 1947 à Santiago de Cuba. A partir de 1958, il s'installa au Pérou, comme professeur de droit public à l'Université *Nacional de San Marcos*[2046]. Plus emblématique encore est la trajectoire suivie par A. Moles Caubet, initialement professeur de droit public et de science politique à l'Université de Barcelone, exilé d'abord au Mexique, puis au Panama, avant de rejoindre le Vénézuéla en 1947. Il suffit de lire les propos d'A. R. Brewer Carias, dans l'hommage qu'il rendit à A. Moles Caubet, pour comprendre le rôle qu'a dû jouer ce dernier dans le développement du droit administratif au Vénézuéla : « on peut dire que le développement des études de droit administratif dans notre pays, a commencé avec l'arrivée dans notre faculté du professeur Antonio Moles Caubet »[2047]. Il insistait ensuite sur le fait que « l'incorporation d'Antonio Moles au personnel enseignant de notre Faculté fut une chance. [...] »[2048] et il remarquait que « le travail du professeur Moles provoqua un changement total dans l'enseignement du droit administratif vénézuélien »[2049].

**613.** Finalement, l'Amérique latine garda toujours un regard tourné vers l'Espagne, même après s'en être détachée politiquement, phénomène favorisé par l'installation de professeurs espagnols qui maintenaient inévitablement le lien avec la culture espagnole. Ce réflexe culturel s'inscrivit dans la durée, comme en témoigne notamment l'attention avec laquelle les auteurs latino-américains ont suivi ensuite la renaissance du droit administratif espagnol provoquée par la génération de la *Revista de Administración Pública.* Pour ne choisir qu'un exemple, la loi du 17 juillet 1958 sur la procédure administrative fut une référence dans de nombreux pays ibérico-américains souhaitant développer leur législation en ce sens[2050].

---

2046 Cf. « Montiel Giménez, Francisco Felix », in PELAEZ (M. J.)(dir.), *Diccionario critico de juristas españoles, portugueses y latinoamericanos*, vol. II, Barcelona, Talleres, 2006, pp. 509-511.

2047 « El desarrollo de los estudios de derecho administrativo en nuestro país, puede decirse que comenzó con la incorporación a nuestra Facultad del profesor Antonio Moles Caubet », BREWER CARIAS (A. R.), « Presentación », in *Libro-Homenaje al Profesor Antonio Moles Caubet*, T. 1, Caracas, Universidad Central de Venezuela, 1981, p. 5.

2048 « La incorporación de Antonio Moles al personal docente de nuestra Facultad fue un hecho afortunado », *ibidem*.

2049 *Idem*, p. 6.

2050 Cf. BREWER CARIAS (A.), *Les principes de la procédure administrative non contentieuse. Etudes de droit comparé (France, Espagne, Amérique latine)*, Paris, Economica, 1992, pp. 11-17; GÓNZALEZ PÉREZ (J.), « Principios del procedimiento administrativo en América Latina », in *El derecho público a comienzos del siglo XXI. Estudios en homenaje al profesor Allan R. Brewer Carias*, T. II, Madrid, Civitas, 2003 pp. 1507-1517, spéc. pp. 1512-1517.

**614.** Au-delà du contexte particulier des anciens territoires d'Amérique et des Caraïbes sous domination espagnole, il existe un discours de diffusion du droit espagnol en général et du droit administratif espagnol en particulier, révélateur d'une prétention plus systématique à l'exportation. Si ce discours n'a pas forcément connu une concrétisation à la hauteur de ses ambitions, sa seule existence conduit à relativiser l'appréhension de l'Espagne comme simple importateur.

## §2) La prétention plus générale à l'exportation du droit administratif espagnol dans le reste du monde

**615.** Le droit administratif espagnol connut des périodes au cours desquelles le discours d'exportation fut exacerbé. S'ils ne sont pas de même nature, les discours véhiculés sous la 2de République (A) et sous le franquisme (B) œuvrèrent néanmoins tous deux à l'exportation du droit administratif espagnol.

### A) Une prétention à l'exportation sous la 2de République (1931-1939[2051])

**616.** La prétention expansionniste de la science espagnole était arrivée à son point culminant au moment de la 2de République qui concentra essentiellement ses efforts sur les questions d'éducation et de recherche. La modernité de l'Université espagnole de l'époque, résultat des innovations inspirées des propositions de la *Institución Libre de Enseñanza*, est notable. Au moment de la 2de République, « l'Université espagnole est sans doute l'une des meilleures du monde »[2052], largement reconnue à l'étranger. La création de l'*Université Internationale d'été de Santander* en 1932 en est une bonne illustration, étant entendue que « cette fois, c'est l'Espagne qui invite les étrangers à venir écouter les leçons de ses professeurs et à dialoguer avec

[2051] Même si dès 1936, une partie de l'Espagne était sous domination franquiste, l'Espagne cumulant alors deux ordres juridiques.

[2052] PEREZ (J.), *Histoire de l'Espagne*, *préc.*, p. 715.

eux »[2053]. Elle fut en effet la première en Espagne à dispenser des cours d'été, centrés sur la culture espagnole, à destination notamment d'un public étranger.

**617.** La création de la *Junta de Relaciones culturales*[2054] en 1926, qui connut un réel essor à partir de la 2de République, participa pleinement de cette politique expansionniste de la science espagnole, en quête de reconnaissance. En 1931, l'objectif du philologue R. Menéndez Pidal, nommé président de cette institution, était de promouvoir « l'expansion culturelle de l'Espagne en établissant des délégations et des centres d'étude et d'enseignement à l'étranger »[2055]. S'il précisait que cette expansion devait se faire en premier lieu vers les pays hispano-américains, pour les raisons expliquées précédemment[2056], son discours avait également une prétention plus large. Il s'agissait en effet de hisser l'Espagne à la hauteur des puissances européennes jugées modernes, pour venir les concurrencer sur le terrain scientifique, et rattraper ainsi le retard accumulé. Le soutien économique apporté aux centres de recherches et universitaires à l'étranger, chargés d'étudier et de promouvoir la culture espagnole, fut notamment un des moyens mis en œuvre par la *Junta de Relaciones culturales*, de même que l'envoi de conférenciers espagnols à l'étranger afin de propager la science espagnole, ou encore l'offre de bourses d'études à des universitaires étrangers qui viendraient étudier dans les

---

2053 *Ibidem.*

2054 Dans la lignée de la *Junta para la Ampliación de Estudios e investigaciones científicas*, qu'elle ne remplace pas pour autant puisque les deux institutions agissent de manière complémentaire. L. Delagado Gomez-Escalonilla explique qu'il s'agit d'« une politique culturelle qui a été élaborée essentiellement par les intellectuels réformistes de l'Institución qui étaient à la tête de la Junta de relaciones culturales depuis l'instauration de la seconde république. A travers celle-ci, ils donnèrent une nouvelle impulsion aux actions développées auparavant par la Junta para la Ampliación de Estudios. Finalement, ils ont réussi à élaborer et à mettre en oeuvre un programme d'actions précis qui a permis d'élargir sensiblement le rayonnement culturel de l'Espagne à l'étranger alors même qu'ils disposaient de moyens économiques insufisants pour une œuvre d'une telle ampleur », DELAGADO GÓMEZ-ESCALONILLA (L.), « Las relaciones culturales de España en tiempo de crisis: de la II Republica a la Guerra Mundial », *Espacio, Tiempo y Forma*, 1994, pp. 259-294, spéc. p. 264.

2055 « La expansión cultural de España estableciendo delegaciones y centros de estudio y enseñanza en el extranjero », concrétisé par Orden de 23 de julio de 1931, *aprobando el Reglamento, que se inserta, de la Junta de Relaciones Culturales,* Gaceta de Madrid, de 25 de julio de 1931, n° 206, p. 712.

2056 Cf. *supra*, n° 599.

universités espagnoles[2057], afin de les rendre plus attractives encore. Tout convergeait pour « renforcer le prestige du pays à l'étranger »[2058].

**618.** Les liens que l'Espagne voulut tisser avec les Etats-Unis, grâce à la médiation particulièrement active de F. de Onís Sánchez, écrivain espagnol réputé, en sont un bon exemple. Il défendit en effet avec ferveur les œuvres des écrivains et poètes espagnols sur le sol nord-américain afin que ces derniers y soient publiés. L'idée était donc d'étendre l'influence espagnole au-delà de la seule Amérique latine. Le résultat de cette politique expansionniste fut plutôt une réussite, puisque l'Espagne du milieu des années 1930 « paraissait avoir réussi à réduire la distance qui la séparait, du point de vue culturel, des nations les plus avancées d'Europe »[2059]. Pour ce faire, elle s'était inspirée des logiques expansionnistes de ses homologues européens, à l'exemple de la France dont la culture fut notamment véhiculée par l'intermédiaire de l'Alliance française, ou de l'Office des œuvres françaises à l'étranger.

**619.** La volonté de diffusion du droit administratif espagnol s'inscrivait donc dans cette logique plus générale de diffusion de la culture espagnole durant la période de la 2[de] République. Elle est principalement l'œuvre d'intellectuels réformistes progressistes, qui envisageaient ensemble exportation de la science espagnole et réception des sciences étrangères, dans un objectif, à première vue, d'apports mutuels. La stratégie employée de manière continue par la *Junta para la Ampliación de Estudios* entre 1907 et 1936 en est l'illustration.

**620.** On ne peut cependant en dire autant du discours expansionniste à l'œuvre sous le franquisme.

---

2057 DELGADO GÓMEZ-ESCALONILLA (L.), « Las relaciones culturales de España en tiempo de crisis: de la II Republica a la Guerra Mundial », *préc.*, pp. 260-262.

2058 *Idem*, p. 262.

2059 « Parecía haber logrado reducir la distancia que la separaba en el plano cultural de las naciones más avanzadas de Europa », *id.*, p. 264.

## B) Une prétention à l'exportation sous le franquisme

**621.** Le discours porté par le régime franquiste fut également un discours que l'on peut qualifier d'expansionniste. Son objectif était cependant différent de celui de la 2de République, car il prétendait à la supériorité de l'Espagne sur les autres nations. Nostalgique d'un passé où l'Espagne était censée régner sur le monde (notamment avec son puissant empire colonial), la propagande franquiste s'évertua à le restaurer. Regrettant l'Espagne universelle, celle du XVIe siècle, il lui fallait défendre au XXe siècle la spécificité de l'Espagne, la seule à être restée fidèle à la tradition catholique, et la seule à ne pas s'être perdue dans les affres de la modernisation, contrairement aux autres puissances européennes. Il ne fallait donc pas discuter avec l'Europe, mais au contraire s'opposer à elle, en alimentant « le thème du complot étranger anti-espagnol »[2060].

**622.** L'exposé des motifs de la loi réformant l'Université illustre parfaitement cette nostalgie d'une culture espagnole universelle : « lorsque vient le temps de l'unité nationale et que sonne l'heure universelle de l'Espagne, notre Université, représentée par la glorieuse tradition de Salamanque et par l'illustre fondation du Cardinal Cisneros, apparaît dans la plénitude de son concept pour servir les idéaux de son destin impérial »[2061]. Soulignant que l'Université impériale « fut le siège des meilleurs professeurs d'Europe, et d'une science qui domina le monde »[2062], l'Université franquiste devait en être sa digne héritière. L'Université hispanique était la seule à même de « défendre la science », en réalité la seule à même de défendre la bonne science contre la science hérétique. Selon le législateur espagnol, l'Université devait ainsi continuer sur cette voie en multipliant en Europe et ailleurs les « fiefs de notre pensée scientifique »[2063].

---

2060 BARRACHINA (M.-A), *Propagande et culture dans l'Espagne franquiste (1936-1945)*, Grenoble, Ellug, 1998, p. 208.

2061 « Cuando adviene la unidad nacional y suena la hora universal de España, nuestra Universidad, representada junto a la gloriosa tradición de Salamanca por la egregia fundación del Cardenal Cisneros aparece en la plenitud de su concepto para servir los ideales de su destino imperial », Ley de 29 de julio de 1943 *sobre ordenación de la Universidad Española*, *préc.*, p. 7406.

2062 « Sede de los mejores maestros de Europa, produce una ciencia que se enseñorea del mundo y educa y forma hombres que, en frase del mismo Cardenal, honren a España y sirvan a la Iglesia », *Ibidem*.

2063 « Feudo de nuestro pensamiento científico », *Ibid.*

**623.** La loi du 24 novembre 1939 créant le Conseil supérieur d'investigation scientifique poursuivait aussi ce même objectif. L'exposé de ses motifs expliquait la chose suivante : « dans les moments les plus décisifs de son histoire, l'hispanité concentra son énergie spirituelle sur la création d'une culture universelle. Cela doit être, aussi, l'ambition la plus noble de l'Espagne actuelle »[2064], renouant alors, encore une fois, avec sa « glorieuse tradition scientifique »[2065]. La recherche scientifique espagnole devait assumer ses fonctions essentielles, celle « de contribuer à la culture universelle » et de « former un corps professoral recteur de la pensée hispanique »[2066]. Rappelant cependant que « la recherche requiert comme condition primordiale la communication et l'échange avec les autres centres de recherche dans le monde »[2067], la réforme franquiste semblait suivre ici la même logique que celle adoptée par la *Junta para la Ampliación de Estudios e investigaciones científicas* (qu'elle avait remplacé par le *Consejo Superior de Investigación Científica*). Elle maintenait en particulier le système de bourses d'études et de résidences universitaires afin de faciliter les échanges, qu'il s'agisse, pour les Espagnols, de séjourner à l'étranger, ou, pour les universitaires étrangers, de venir étudier en Espagne. L'esprit de cette loi n'était cependant pas exactement le même que celui de la *Junta para la Ampliación de Estudios e investigaciones científicas*. Il s'agissait avant tout pour l'Espagne d'afficher sa supériorité : « l'Espagne doit maintenir, avec l'importance qui correspond à sa grandeur, les relations de contribution et d'assimilation que suppose la vie culturelle ; de façon générale avec tous les pays, et de façon plus spécifique avec ceux sur lesquels elle projette de manière indélébile sa domination spirituelle »[2068]. Concrétisation de ces déclarations d'intention au ton grandiloquent, typique des exposés des motifs des lois franquistes, l'article 8 de cette même loi disposait alors que : « le Conseil instituera des Prix et des distinctions pour ceux des chercheurs qui, ayant élevé le prestige de la science

2064 « En las coyunturas más decisivas de su historia concentró la hispanidad sus energías espirituales para crear una cultura universal. Esta ha de ser, también, la ambición más noble de la España del actual momento », Ley de 24 de noviembre de 1939 *creando el Consejo Superior de Investigaciones Científicas*, B.O.E., de 28 de noviembre de 1939, n° 332, pp. 6668-6671, spéc. p. 6668.

2065 « Gloriosa tradición científica », *ibidem.*

2066 « Elaborar una aportación a la cultura universal », « formar un profesorado rector del pensamiento hispánico », *ibid.*

2067 « La investigación requiere como condición primordial la comunicación e intercambio con los demás centros investigadores del mundo », *idem*, p. 6669.

2068 « España tiene que mantener, con el relieve que conviene a su grandeza, las relaciones de aportación y asimilación que la vida cultural implica; de modo general con todos los países, de modo especialísimo con aquéllos sobre los que proyecta los indelebles caracteres de su señorío espiritual », *Ibidem.* On suppose qu'ici sont visés les territoires d'Amérique latine, à propos desquels le discours franquiste assume totalement la supériorité de l'Espagne.

espagnole dans le monde, offrent au pays un progrès technique ou un apport culturel méritoire »[2069].

**624.** Ce contexte scientifique général, une fois encore, trouva, dans une certaine mesure, son prolongement dans le champ scientifique du droit, et plus précisément du droit administratif[2070]. Dans son discours d'ouverture de l'année académique 1944-1945, J. Gascón y Marín, rappelait la nécessité de commémorer ses prédécesseurs et saluait la publication d'une œuvre entièrement destinée à honorer les pères fondateurs de la science juridique administrative espagnole. A cette occasion, il expliquait qu'il faudrait défendre cette science « au-delà des frontières pour que soit connue la façon dont les maîtres cités ont compris les problèmes de méthodologie, à l'instar d'Oliván, ou de systématisation, à l'instar d'Ortiz de Zuñiga, La Serna, Colmeiro »[2071]. Il s'agissait donc de revaloriser les premiers administrativistes espagnols, dignes d'être connus et reconnus à l'étranger en raison de leurs apports substantiels à la science du droit administratif qu'ils contribuèrent à créer.

**625.** Dans ce même discours de rentrée universitaire, décrivant l'évolution de la science juridique administrative, J. Gascón y Marín rappelait aussi la nécessité de mentionner les auteurs d'Amérique latine, pour leur valeur, certes, mais aussi — ici les termes utilisés ne sont pas anodins — « en raison de l'estime de ceux-ci vis-à-vis de nos œuvres et parce que dans celles-ci nous avons la preuve de l'universalité du mouvement scientifique, que souligne ce discours »[2072]. Il ne faisait en revanche pas partie de ces auteurs qui n'accordaient, par principe, aucun intérêt à ce qui provenait de l'étranger[2073]. Au contraire, il admettait qu'en tant qu'administrativistes ils avaient « mené

[2069] « El Consejo instituirá premios y distinciones para aquellos investigadores que, elevando el prestigio de la ciencia española en el mundo, proporcionen al país un progreso técnico o una meritoria aportación cultural », art. 8, Ley de 24 de noviembre de 1939 *creando el Consejo Superior de Investigaciones Científicas*, *préc.*, pp. 6668-6671.

[2070] Le ton employé par les auteurs universitaires est cependant beaucoup moins pompeux que celui du législateur et les intentions plus modestes.

[2071] « Más allá de las fronteras para que sea conocido cómo los maestros citados se dieron cuenta de los problemas desde el metodológico, véase Olivan, al de sistematización Ortiz de Zuñiga, La Serna, Colmeiro », GASCÓN Y MARÍN (J.), *La evolución de la ciencia jurídico-administrativa española durante mi vida académica. Discurso correspondiente a la apertura del curso académico 1944-1945*, Madrid, Estades. Artes graficas, 1944, p. 30.

[2072] « Por el aprecio por ellos hecho de nuestras obras y porque en ellas hallamos comprobación de la universalidad del movimiento científico que acusa este discurso », *Idem*, p. 100.

[2073] Cf. *supra*, n° 350-352.

des études hors de l'Espagne et maintenu, comme il relevait de notre devoir, des relations avec des collègues étrangers, en collaborant avec eux dans des centres de recherche ou des institutions scientifiques au-delà de nos frontières. Nous avons suivi pas à pas la progression de notre science et les apports réalisés à l'étranger [...] »[2074]. Cela prouvait alors que les juristes espagnols n'étaient pas restés à la marge des évolutions scientifiques européennes. Cependant, il laissait apparaître dans le même temps l'espoir d'exporter la science espagnole en raison de sa valeur notable. Il concluait donc : « Nous n'avons pas oublié que nous étions avant tout Espagnols, que notre Patrie a également contribué et contribue toujours par de précieux apports que j'ai volontiers eu l'occasion de mettre en évidence hors d'Espagne », et que « nous pouvions nous sentir fiers de nos textes juridiques et politiques »[2075].

**626.** J. Gascón y Marín, comme nombre d'auteurs à cette époque, faisaient donc valoir que le droit administratif espagnol était digne d'être reconnu à travers le monde. Cela confirme que le nationalisme de l'ère franquiste induisit presque automatiquement un discours prétendant exporter la science espagnole, dont la science du droit administratif.

---

[2074] « Hemos realizado estudios fuera de España y hemos mantenido, como era nuestro deber, relaciones con colegas extranjeros, colaborando con ellos en Centros y Corporaciones científicas más allá de nuestras fronteras. Hemos seguido paso a paso el crecer de nuestra ciencia y las aportaciones extranjeras [...] », GASCÓN Y MARÍN (J.), *La evolución de la ciencia jurídico-administrativa espanola durante mi vida académica. Discurso correspondiente a la apertura del curso académico 1944-1945*, *préc.*, p. 134.

[2075] « No hemos olvidados que éramos españoles, que también nuestra Patria hecho antes y ahora valiosa aportación, que, gustoso, he cuidado poner de relieve fuera de España », « sentirnos orgullosos de nuestros textos jurídicos y políticos », *ibidem*.

## Conclusion du second chapitre

**627.** La présentation du droit administratif espagnol comme droit importateur, ou comme droit récepteur, en donne une vision imparfaite, incomplète. Le droit administratif espagnol ne peut être réduit uniquement à la figure de celui qui imite, et ce, y compris depuis sa naissance. Il est certainement possible de le percevoir comme un droit à plus grande tradition d'ouverture que d'autres, mais dès lors que l'on veut en faire une analyse historique, depuis son apparition jusqu'à nos jours, il est illusoire d'espérer trouver une lecture continue, sans rupture.

**628.** Le premier élément de relativisation tient au fait que le droit administratif espagnol n'a jamais cessé d'être lui-même, de cultiver ses caractéristiques propres. Le droit administratif espagnol est donc également proprement national. Cela est évident à certaines périodes au cours desquelles ce droit était recentré sur lui-même, peu enclin à s'inspirer des droits étrangers. Cette attitude s'explique par diverses raisons, qu'il s'agisse d'une conséquence d'un changement dans la façon d'étudier le droit administratif, plus centrée sur la pratique, ou d'un repli identitaire, parfois teinté d'autarcie, comme ce fut le cas au début du franquisme. A côté de ces périodes de repli, qui viennent déjà nuancer l'idée d'un droit administratif espagnol uniquement importateur, il faut se garder de croire que lorsque le droit administratif espagnol imitait, il en perdait consécutivement son caractère proprement espagnol. L'imitation est souvent vue en effet comme peu digne d'intérêt puisqu'elle se réduirait à la copie. Or, le processus d'imitation induit la plupart du temps une adaptation, une réappropriation, et à terme, une création : l'objet « reçu » devenant alors un objet « propre ». Certains auteurs espagnols ont d'ailleurs acquis une renommée telle, très au-delà des frontières espagnoles, qu'il semble encore plus difficile de maintenir l'idée d'une « science copie », ne valant pas la peine d'être étudiée. Par ailleurs, les auteurs espagnols ne perdaient en réalité jamais totalement[2076] de vue l'objet de leur étude, à savoir, le droit espagnol, à l'amélioration duquel ils annonçaient quasiment tous vouloir contribuer.

**629.** Le deuxième élément de relativisation est plus important encore : le droit administratif espagnol n'est pas seulement importateur parce qu'il est parfois exportateur, ou à tout le moins, il développe une prétention à l'être.

[2076] Cela est plus ou moins prégnant chez certains auteurs, et selon les différentes périodes.

L'Espagne disposa en effet d'un puissant empire colonial, à même de favoriser l'expansion et l'imposition de son droit hors de ses frontières naturelles. En témoigne sa relation particulière avec les pays d'Amérique latine. Certains Etats colonisés par l'Espagne connurent d'ailleurs l'application sur leur territoire du droit administratif espagnol moderne, à l'instar des derniers territoires caribéens maintenus sous la tutelle de l'Espagne, à savoir Cuba ou encore Puerto Rico. Cependant, même dans les pays qui ne connurent pas l'application du droit administratif espagnol, la relation de domination laissa une empreinte après les indépendances. En effet, la plupart des anciennes colonies gardèrent l'Espagne, et dès lors, le droit administratif espagnol, comme référent privilégié. Bien entendu, ce phénomène fut grandement facilité par plusieurs facteurs. Outre le fait que l'absence de véritable décolonisation de l'Amérique Latine ne pouvait que conduire au maintien de certains liens minimum, ces relations furent aussi largement encouragées par l'Espagne elle-même qui, par le biais d'un discours expansionniste assumé, contribua au rayonnement de son propre droit administratif sur ces territoires. L'exemple de l'action de la *Junta para la Ampliación de Estudios* en est une bonne illustration. De même, l'exil d'universitaires républicains favorisa l'influence du droit administratif espagnol sur les droits administratifs latino-américains. Au-delà de cette relation particulière avec l'Amérique latine, le droit administratif espagnol fit plus largement l'objet d'un discours de promotion, discours d'exportation, donc, que l'on retrouva particulièrement sous la 2^de^ République puis sous le franquisme, bien que les esprits qui les animaient furent différents.

**630.** Ces deux éléments de relativisation viennent remettre en cause la dichotomie traditionnelle entre droit exportateur et droit importateur, ou entre lieux de production du droit et lieux de réception du droit. Cette dichotomie traditionnellement utilisée dès lors qu'il s'agit d'analyser les rapports entre les droits a le défaut d'accentuer exagérément les traits des postures en réduisant l'imitateur à la copie, et en classant souvent les droits dans l'une ou l'autre de ces deux catégories. En réalité les deux postures sont loin d'être exclusives l'une de l'autre : elles peuvent être adoptées alternativement — le droit espagnol connût ainsi des périodes où il importa puis des périodes où il exporta —, mais ces attitudes peuvent également être simultanément retenues — le droit administratif espagnol réussit à importer en même temps qu'il exportait.

# Conclusion du premier titre

**631.** L'étude de l'histoire du rapport des droits administratifs français et espagnol aux droits administratifs étrangers, depuis leur émergence au XIX^e^ siècle jusqu'aux années 1980, démontre les faiblesses d'une présentation en termes d'opposition — soit exportateur, soit importateur —, dès lors qu'elle suppose l'exclusivité d'une démarche ou de l'autre. Les protagonistes des droits administratifs français et espagnol ont en effet été alternativement voire simultanément, exportateurs et importateurs. G. Jèze en France et E. García de Enterría en Espagne en sont les illustrations les plus topiques, ni l'un, ni l'autre, ne pouvant être réduits à une seule posture. Le rapport aux droits étrangers est en réalité très largement dépendant du contexte, notamment politique, entourant le droit administratif national. Les rapports entre les juristes français et allemands ont par exemple été tributaires des relations politiques qu'entretenaient les deux pays. La défaite de 1870, puis la 1^re^ guerre mondiale ont ainsi redéfini le rapport du droit administratif français au droit administratif allemand. En Espagne, les premières années du franquisme ont conduit à un repli du droit administratif sur lui-même, faisant fi de son ouverture sur les cultures étrangères. Les rares sources d'inspiration admises se limitaient aux droits allemands et italiens, pour des raisons politiques. Le choc de la Seconde Guerre mondiale a ensuite rendu impérieux le besoin de coopération entre les peuples, y compris dans le domaine scientifique. Il n'y a finalement pas de véritable *continuum*, dans le rapport du droit administratif national aux droits administratifs étrangers.

**632.** Pour conclure, cette analyse dans le temps révèle l'irréductibilité des droits administratifs français et espagnol à une seule et unique posture. Plus encore aujourd'hui, à l'heure de la globalisation, la présentation du rapport aux droits étrangers en termes d'exportation et d'importation apparaît non seulement exagérée, mais également dépassée.

# TITRE 2. UNE CONVERGENCE CONTEMPORAINE : L'OPPOSITION DÉPASSÉE DES DROITS ADMINISTRATIFS FRANÇAIS ET ESPAGNOL DANS LEUR RAPPORT AUX DROITS ADMINISTRATIFS ÉTRANGERS

**633.** Le plein essor de la globalisation à la fin des années 1980 a sensiblement modifié le rapport du droit national aux droits étrangers. Les conventions internationales portant sur des objets traditionnellement régis par le droit administratif se sont multipliées et obligent à composer à plusieurs. Par ailleurs, la facilité de circulation de l'information, des marchandises, des capitaux, et dans une moindre mesure, des personnes, implique nécessairement des relations juridiques d'un nouveau genre. Pour exemple, les situations transnationales relevant de plusieurs ordres juridiques, jusqu'alors classiques en droit privé, se multiplient et atteignent désormais les domaines régis par le droit public, traditionnellement à l'écart de ces problématiques en raison de la prégnance du principe de territorialité[2077]. Le juge administratif y compris peut désormais être obligé de tenir compte d'un élément d'extranéité pour résoudre les litiges qui se présentent devant lui, forcé d'analyser le droit étranger qu'il doit éventuellement appliquer[2078].

**634.** Ce phénomène est plus encore vérifié dans les communautés de droit régionales[2079]. Car la globalisation, contrairement à ce que pourrait sembler évoquer le terme, ne se limite pas à des phénomènes d'ordre global, mondial. Elle connaît en effet plusieurs « étages »[2080], si bien que l'européanisation du droit peut être appréhendée comme un niveau régional de la globalisation[2081].

---

[2077] Cf. DUBOS (O.), « Le droit administratif et les situations transnationales : des droits étrangers au droit comparé », in MELLERAY (F.) (dir.), *L'argument de droit comparé en droit administratif français*, Bruxelles, Bruylant, 2007, pp. 69-90 ; GAUTIER (M.), « Acte administratif transnational et droit de l'Union européenne », *préc.*, pp. 1303-1315 ; GAUTIER (M.), « Une autre traversée du Rhin. A propos de l'acte administratif transnational », *A.J.D.A.*, 2015, n° 20, pp. 1139-1143 ; BRENET (F.), « Contrat administratif international et droit international privé », *A.J.D.A.*, 2015, n° 20, pp. 1144-1149.

[2078] Cf. LEGEAIS (R.), « L'utilisation du droit comparé par les tribunaux », *R.I.D.C.*, 1994, n° 2, pp. 348-358 ; GAUTIER (M.), « Le dépassement du caractère national de la juridiction administrative française : le contentieux Schengen », *préc.*, pp. 7-11.

[2079] Dans le système de l'Union européenne, le principe de reconnaissance mutuelle en est un exemple topique.

[2080] AUBY (J.-B.), *La globalisation, le droit et l'Etat*, *préc.*, p. 27.

[2081] Conception partagée par J.-C. Alli Aranguren. Cf. ALLI ARANGUREN (J.-C.), *Derecho administrativo y globalización*, Madrid, Civitas, 2004, pp. 272-282.

Elle est même particulièrement révélatrice de ce phénomène et de ses incidences dans le droit administratif national[2082], en ce que la construction européenne constitue un véritable « creuset juridique »[2083]. Il suffit de lire les objectifs, inscrits dans les différents préambules, que se sont assignés les Etats signataires des traités fondateurs des communautés européennes comme de la Convention européenne des droits de l'Homme, pour comprendre qu'ils appelaient nécessairement un rapprochement entre les droits[2084]. Les droits administratifs nationaux ont dû s'adapter aux exigences croissantes du droit européen dès lors que les Etats européens faisaient le choix d'appartenir à ces communautés de droit. L'adaptation est d'abord contrainte, puisqu'en raison de la nature même de ces sources supra-étatiques[2085], les Etats membres ont l'obligation de les intégrer dans leurs droits nationaux. C'est ainsi que sous l'effet cumulé du droit communautaire, devenu droit de l'Union européenne et du droit de la Convention européenne des droits de l'homme, les droits administratifs français et espagnols ont du se renouveler afin d'être en

---

2082 AUBY (J.-B.), « La bataille de San Romano. Réflexions sur les évolutions récentes du droit administratif », *préc.*, p. 913.

2083 *Idem*, p. 922. Cf. également AUBY (J.-B.), DUTHEIL DE LA ROCHÈRE (J.), « Introduction », in AUBY (J.-B.), DUTHEIL DE LA ROCHÈRE (J.), *Traité de droit administratif européen*, *préc.*, pp. 21-39, spéc. p. 25.

2084 L'exemple des communautés régionales a été pris parce qu'il illustre bien ce phénomène. Mais le même constat peut également être fait avec les organisations internationales chargées de protéger un domaine en particulier. L'organisation mondiale du commerce pousse aussi les acteurs nationaux à harmoniser leurs droits.

2085 Il peut paraître curieux d'aborder ensemble droit communautaire et droit de la convention européenne des droits de l'homme, au titre des sources supra-étatiques du droit administratif. Si cela ne pose pas de difficulté avec le droit des Communautés européennes, dont on a très vite admis les particularités vis-à-vis du droit international classique (puisque se présentant comme « un nouvel ordre juridique de droit international », cf. C.J.C.E., 5 février 1963, *Van Gend en Loos*, Rec. p. 3, un « ordre juridique propre, intégré au système juridique des Etats membres » Cf. C.J.C.E., 15 juillet 1964, *Costa c/ ENEL*, Rec. p. 1141 ; tout en restant autonome, à la fois du droit international, mais aussi des droits nationaux. Sur la spécificité du droit de l'Union européenne par rapport au droit international, cf. PESCATORE (P.), *Le droit de l'intégration*, Leiden, A. W. Sijthoff, 1972), cela semble moins évident, de prime abord, en ce qui concerne le droit de la Convention européenne. Nombreux sont cependant les auteurs à reconnaître aussi une certaine spécificité à ce droit, notamment grâce aux divers protocoles qui l'ont complété (Cf. MARCOU (G.), « Intégration juridique et logiques nationales », in MARCOU (G.) (dir.), *Les mutations du droit de l'Administration en Europe. Pluralisme et convergences*, Paris, L'Harmattan, 1995, pp. 11-62, spéc. p. 20. Cf. Egalement, M. Delmas-Marty qui considère qu'« en pratique, l'ensemble des normes déterminées par la Convention et la jurisprudence des instances de Strasbourg ressemble de plus en plus à un système suffisamment autonome pour que l'on puisse le définir comme un "ordre juridique" », cf. DELMAS-MARTY (M.), *Pour un droit commun*, *préc.*, p. 226).

conformité avec les grandes lignes directrices de la construction européenne[2086].

**635.** La doctrine, le juge ou encore le législateur ont pris alors conscience, plus rapidement en Espagne qu'en France, de l'intérêt de ne pas recevoir passivement ces normes supra-étatiques, mais au contraire, d'être actif dans leur intégration. La relation entre le droit européen et les droits administratifs nationaux s'inscrit certes « dans le cadre d'obligations juridiques »[2087], mais ces dernières « n'en tarissent pas complètement la spontanéité »[2088]. La réception contrainte du droit européen a rapidement été accompagnée d'une adaptation volontaire des droits administratifs espagnols et français à ce dernier, puisqu'ils n'ont pas hésité à étendre son champ d'application originel, ou à anticiper ses effets.

**636.** Le sentiment d'invasion par un droit « venu d'ailleurs »[2089], ressenti en particulier par les juristes français, a cédé lorsque ceux-ci constatèrent finalement que le droit européen se nourrissait aussi « de l'humus des droits nationaux »[2090]. Effectivement, les exemples sont nombreux qui attestent que tel principe général du droit communautaire est inspiré de la tradition juridique de tel ou tel Etat membre, que l'on pense au principe de sécurité juridique et

---

[2086] Par exemple, ils ont été obligés d'intégrer la logique de libéralisation des échanges promue par le droit communautaire, objectif plutôt étranger, de prime abord, à un droit administratif traditionnel soucieux de protéger l'intérêt général au moyen d'un régime exorbitant du droit commun. Ils ont également dû satisfaire l'impératif d'une meilleure protection du citoyen dans ses relations avec l'administration, insufflé par le droit communautaire et le droit de la Convention européenne, dont la traduction concrète passe en premier lieu par une procédure, contentieuse comme non contentieuse, minutieusement développée. Cet objectif de protection du citoyen n'était cette fois pas étranger au droit administratif traditionnel. Cela réclamait cependant quelques ajustements afin que les droits administratifs français et espagnols se hissent au niveau des standards du droit européen.

[2087] DUTHEIL DE LA ROCHÈRE (J.), « Conclusions », in *Droits nationaux, droit communautaire : influences croisées, En hommage à Louis Dubouis*, Paris, La documentation française, 2000, pp. 179-186, spéc. p. 181.

[2088] *Ibidem.*

[2089] CARBONNIER (J.), *Droit et passion du droit sous la Ve République*, Paris, Flammarion, 1996, pp. 44-57, spéc. pp. 47-57.

[2090] Si ce constat est surtout fait pour le droit communautaire (Cf. DUBOUIS (L.), « Introduction », in *Droits nationaux, droit communautaire : influences croisées, En hommage à Louis Dubouis*, Paris, La documentation française, 2000, pp. 7-15, spéc. p. 12), il peut être étendu au droit européen en général.

« sa face subjective et concrète »[2091], le principe de confiance légitime, aux principes de proportionnalité, dont l'origine germanique est reconnue[2092], ou de transparence, en provenance des pays nordiques. En se les appropriant et en les répercutant dans les différents Etats membres, le droit européen joue un rôle de « médiation »[2093] entre les Etats. Cette relation verticale d'un droit administratif national vers le droit européen, puis du droit européen vers les autres droits administratifs nationaux, devait nécessairement encourager les échanges horizontaux entre les Etats membres eux-mêmes, et cette fois, sans intermédiaire. Le droit européen favorise donc la comparaison entre les droits, afin d'éviter, comme l'exprimait J. Rivero dès 1972, à l'époque où la Communauté européenne n'était composée que de six Etats membres, que la « réfraction du droit communautaire dans les droits nationaux ne soit une déformation et n'aboutisse à sept droits communautaires différents »[2094]. Il rappelait qu'« il y a nécessairement […] des mises en harmonie des droits administratifs internes les uns par rapport aux autres, de façon à arriver à donner une image ou une traduction fidèles du droit communautaire dans le droit interne »[2095].

---

[2091] FROMONT (M.), « Le principe de sécurité juridique », *A.J.D.A.*, 1996, n° spécial, pp. 178-188, spéc. p. 180.

[2092] Cf. FROMONT (M.), « Le principe de proportionnalité », *A.J.D.A.*, 1995, n° spécial, pp. 156-166 ; GREWE (C.), « Les influences du droit allemand des droits fondamentaux sur le droit français : le rôle médiateur de la jurisprudence de la Cour européenne des droits de l'homme », *R.U.D.H.*, 2004, n° 1-4, pp. 26-32 ; JOUANJOUAN (O.), *Le principe d'égalité devant la loi en droit allemand*, Paris, Economica, 1992 ; FROMONT (M.), « Le principe de sécurité juridique », *préc.*, pp. 178-188 ; SOULAS DE ROUSSEL (D.), RAIMBAULT (P.), « Nature et racines du principe de sécurité juridique : une mise au point », *R.I.D.C.*, 2003, n° 1, pp. 85-103. Cf. cependant, PLESSIX (B.), « Sécurité juridique et confiance légitime », *R.D.P.*, 2016, n° 3, pp. 799-814.

[2093] GONOD (P.), « Über den Rechtsexport des deutschen Verwaltungsrechts aus französischer Sicht », *préc.*, spec. p. 350.

[2094] Point de vue qu'il exprime en réaction au propos de R. Drago au colloque portant sur les Communautés européennes et le droit administratif français, organisé à Strasbourg en 1971. Cf. *Les Communautés européennes et le droit administratif français*, Paris, L.G.D.J., 1972, p. 210.

[2095] *Ibidem*.

**637.** Dans ce contexte, on observe par conséquent une intensification très nette des recours « spontanés »[2096] à la démarche comparative par les Etats membres de l'Europe. Les solutions aux problèmes juridiques circulent, sans qu'il soit aisé d'en déterminer la véritable origine, phénomène qu'il est courant de dénommer « cross-fertilisation »[2097]. L'analyse en termes d'exportateur ou d'importateur pour caractériser le droit apparaît donc dépassée.

**638.** Il y a certes toujours eu des formes d'échange entre les droits nationaux, mais ces échanges se sont tellement multipliés et intensifiés aujourd'hui qu'ils appellent une analyse renouvelée[2098]. Le propre des échanges à l'œuvre dans un monde globalisé est notamment la logique de réseaux, qui facilite très clairement la circulation des droits, spécialement administratifs (chapitre 1). L'utilitarisme domine cependant ces échanges. En effet, les autorités normatives comme la doctrine perçoivent avant tout les droits étrangers comme des instruments leur permettant de modifier le droit national (chapitre 2).

---

[2096] Cf. DUTHEILLET DE LAMOTHE (O.), « Comparative Law as an Essential Feature of French Public Law. The Influence of the European Union and of the European Convention on Human Rights », in ANDENAS (M.), FAIRGRIEVE (D.), *Courts and comparative law*, Oxford, Oxford University Press, pp. 235-241, spec. p. 238. Cf. également LICHERE (F.), « The use of Comparative Law before the French Administrative Law Courts. Or the Triumph of Castles over Pyramids », in ANDENAS (M.), FAIRGRIEVE (D.), *Courts and comparative law*, Oxford, Oxford University Press, pp. 253-265, spec. p. 256; GONZALEZ-VARAS IBAÑEZ (S.), « Presente, pasado y futuro del derecho comparado », *Revista Chilena de Derecho*, 1999, n° 3, pp. 649-685, spéc. p. 649.

[2097] Le terme provient d'abord de la doctrine anglo-saxonne. Cf. BELL (J.), « Mechanisms for Cross-fertilisation of Administrative Law in Europe », in BEATSON (J.), TRIDIMAS (T.), *New directions in European Public Law*, Oxford, Hart Publishing, 1998, pp. 147-167; BELL (J.), « The argumentative status of foreign legal arguments », *Utrecht Law Review*, 2012, n° 2, pp. 8-19. Littéralement, on peut le traduire par fertilisation croisée ou encore par enrichissement mutuel.

[2098] Pour une proposition d'analyse renouvelée, dès 1999, et dont les conclusions sont largement confirmées aujourd'hui, cf. GLENN (H. P.), « Vers un droit comparé intégré ? », *R.I.D.C.*, 1999, n° 4, pp. 841-852.

# Chapitre 1: La logique des échanges en réseaux, caractéristique de la globalisation du droit

**639.** La logique de réseau est caractéristique de la période contemporaine[2099]. Elle est un phénomène généralisé qui a également des répercussions sur le droit administratif, puisque les relations entre Etats se sont clairement renforcées. Par l'intermédiaire des réseaux, les échanges sont démultipliés, voire rendus systématiques (section I). Leur entrecroisement, vertical comme horizontal, brouille les sens de direction, si bien qu'il est peu aisé d'identifier l'exportateur ou l'importateur. Désormais, les droits circulent et s'hybrident au fur et à mesure de leur circulation. Les réseaux permettent alors aussi bien de s'enrichir des expériences étrangères, que de faire rayonner le droit national. Leur finalité est donc ambivalente (section II).

## *Section 1: La réalité des réseaux : la diversité des lieux de l'échange*

**640.** Depuis la fin du XX^e^ siècle, les réseaux juridiques se multiplient et se caractérisent par leur diversité. Ils se sont d'abord principalement développés, sous l'impulsion de l'Union européenne, entre les producteurs de normes. En effet, les politiques européennes devant principalement être mises en œuvre au niveau national[2100], par les Etats membres eux-mêmes, ces derniers étaient et sont toujours fortement encouragés à collaborer entre eux, afin d'assurer une application harmonieuse du droit de l'Union européenne. La logique de réseaux était donc inhérente au système de l'Union européenne. Les premiers réseaux se caractérisaient principalement par leur verticalité, les instances européennes en constituant l'épicentre[2101] ; ils s'entremêlent désormais avec

---

2099 OST (F.), VAN DE KERCHOVE (M.), *De la pyramide au réseau? Pour une théorie dialectique du droit*, Bruxelles, Facultés universitaires Saint-Louis, 2002.

2100 Sur cette question, cf. ZILLER (J.), « Les concepts d'administration directe, d'administration indirecte et de co-administration et les fondements du droit administratif européen », in AUBY (J.-B.), DUTHEIL DE LA ROCHÈRE (J.), *Traité de droit administratif européen*, Bruxelles, Bruylant, 2e éd., 2014, pp. 327-334 ; FRANCHINI (C.), « Les notions d'administration indirecte et de coadministration », in AUBY (J.-B.), DUTHEIL DE LA ROCHÈRE (J.), *Traité de droit administratif européen*, Bruxelles, Bruylant, 2e éd., 2014, pp. 335-355.

2101 Cf. SAURON (J.-L.), « Les réseaux d'administration nationale et de l'Union européenne », in AUBY (J.-B.), DUTHEIL DE LA ROCHÈRE (J.), *Traité de droit administratif européen*, Bruxelles, Bruylant, 2e éd., 2014, pp. 401-413.

des réseaux purement horizontaux d'autorités nationales productrices de normes, dépassant même le champ géographique européen (§1). Outre ces réseaux développés entre producteurs de normes, ce sont également des réseaux scientifiques qui ont progressivement vu le jour (§2).

## §1) Le développement des réseaux du « jurislateur »[2102]

**641.** Le développement de réseaux dans la production du droit positif concerne aussi bien le législateur et les administrations (A), que le juge (B).

### A) Les réseaux de producteurs du droit législatif et réglementaire

**642.** La source législative est une source importante du droit administratif. Si ce constat n'est guère surprenant en ce qui concerne le droit administratif espagnol, il l'est nettement plus pour le droit administratif français. Pourtant, la source législative concurrence aujourd'hui largement la source traditionnelle du droit administratif français : la jurisprudence[2103]. Bien sûr, la loi n'a jamais été absente en droit administratif, qu'on songe par exemple à la loi du 28 pluviôse an VIII, mais il est certain que depuis les années 1970, il y a eu un « rééquilibrage des sources écrites et jurisprudentielles internes du

[2102] L'expression est empruntée à R. Chapus et désigne « l'autorité créatrice de la norme » pour englober tous ceux qui produisent le droit (législateur, pouvoir réglementaire, juge…). Cf. CHAPUS (R.), *Droit administratif général*, T. I, Paris, Montchrestien, 15e éd., 2001, spéc. p. 27.

[2103] Cf. VEDEL (G.), « Le droit administratif peut-il être indéfiniment jurisprudentiel ? », *E.D.C.E.*, 1979-1980, n° 31, pp. 31-44 ; THÉRON (S.), « La substitution de la loi à la jurisprudence administrative : la jurisprudence codifiée ou remise en cause par la loi », *R.F.D.A.*, 2004, n° 2, pp. 230-241 ; MELLERAY (F.), « Le droit administratif doit-il redevenir jurisprudentiel ? Remarques sur le déclin paradoxal de son caractère jurisprudentiel », *A.J.D.A.*, 2005, n° 12, pp. 637-643 ; Cf. cependant, GONOD (P.), JOUANJAN (O.), « A propos des sources du droit administratif. Brèves notations sur de récentes remarques », *A.J.D.A.*, 2005, n° 18, pp. 992-994. Pour une synthèse, cf. WACHSMANN (P.), « La jurisprudence administrative », in GONOD (P.), MELLERAY (F.), YOLKA (P.), *Traité de droit administratif*, T. 1, Paris, Dalloz, 2011, pp. 563-598.

droit administratif »[2104], rééquilibrage également provoqué par la nécessaire transcription des exigences du droit de l'Union européenne, souvent le fait du législateur[2105]. Nombreuses sont donc aujourd'hui les lois prises dans le champ du droit administratif, y compris dans des domaines où la construction jurisprudentielle était autrefois reine ; le succès de la codification en est par ailleurs l'illustration topique. En Espagne, la loi a toujours été, et reste encore aujourd'hui, la source principale du droit administratif. Il est donc nécessaire de s'attarder sur les échanges entre les acteurs de la confection de la loi en raison de son importance en tant que source du droit administratif.

**643.** Il faut néanmoins rappeler que le législateur fait partie des « acteurs traditionnels de la migration juridique »[2106]. En Espagne, mais également en France, l'étude des législations étrangères pour l'aider dans sa tâche d'élaboration de la norme n'est pas un phénomène nouveau, puisque l'on en faisait déjà le constat dès le XIX^e^ siècle[2107]. Ce phénomène a cependant pris une autre ampleur à l'heure de la globalisation. Plus qu'un changement qualitatif dans le travail législatif, il s'agit donc d'un changement quantitatif, que l'on constate en France comme en Espagne. Dans ces deux pays, le Parlement n'est pas le seul à intervenir dans la confection de la loi. Le Gouvernement y joue en effet un rôle fondamental en étant la plupart du temps à l'origine du processus d'élaboration de la norme législative[2108]. Parlement et Gouvernement sont donc tous deux, dans les faits, coauteurs de la loi. Par ailleurs, les sources réglementaires du droit administratif ne sont pas non plus à négliger en ce qu'elles sont de plus en plus élaborées en concertation avec les autres Etats. Il faudra donc s'intéresser autant aux réseaux parlementaires (1) qu'aux réseaux de nature administrative que mobilise le gouvernement (2).

---

2104 LARZUL (T.), *Les mutations des sources du droit administratif*, Lyon, L'Hermès, 1994, p. 275 ; Cf. également LARZUL (T.), « Retour aux sources », in L'intérêt général. Mélanges en l'honneur de Didier Truchet, Paris, Dalloz, 2015, pp. 289-305.

2105 La transposition des directives en France doit respecter la répartition des matières entre la loi et le règlement, telle qu'elle résulte des articles 34 et 37 de la Constitution.

2106 LE QUINIO (A.), *Recherche sur la circulation des solutions juridiques : le recours au droit comparé par les juridictions constitutionnelles*, Paris, Fondation Varenne, 2011, p. 65.

2107 Cf. *supra*, n° 413-424.

2108 Cf. articles 87 et 88 de la Constitución de 27 de diciembre de 1978 ; article 39 de la Constitution du 4 octobre 1958.

### 1) *Les réseaux parlementaires*

**644.** Le phénomène de réseau parlementaire n'est pas une totale nouveauté : il existait, par exemple, dès 1889, *l'Union interparlementaire*, organisation internationale réunissant les Parlements des Etats souverains. Toujours en activité aujourd'hui, elle se donne pour mission d'œuvrer « en vue de la paix et de la coopération entre les peuples et en vue de l'affermissement des institutions représentatives »[2109], grâce, notamment, à « l'échange d'expériences entre les Parlements et les parlementaires de tous les pays ». Les Parlements espagnol et français en sont membres depuis sa création. Le phénomène de réseau s'est cependant largement intensifié depuis les années 1970, dans le cadre des activités internationales des Parlements. Le lien avec le développement de la construction européenne est évident, et se concrétise par la création en 1975 de la *Conférence des Présidents des Parlements européens* instituée toujours dans le même but, d'échanges d'opinions, d'informations et d'expériences. Suivant la formation choisie (petite ou grande conférence), elle réunit les présidents des Parlements des Etats membres de l'Union européenne et le président du Parlement européen, ou les présidents des Parlements des quarante-sept Etats membres du Conseil de l'Europe et les présidents de l'Assemblée parlementaire du Conseil de l'Europe, de l'Assemblée de l'Union de l'Europe occidentale et du Parlement européen. Les échanges entre Parlements nationaux sont d'autant plus facilités dans le cadre européen que depuis 1977, un Centre européen de recherche et de documentation parlementaire a été créé par cette conférence, dans l'« objectif de promouvoir les échanges d'informations, d'idées, d'expériences et de bonnes pratiques entre les administrations des Parlements d'Europe sur des sujets d'intérêt commun, de renforcer l'étroite coopération entre les services parlementaires dans tous les domaines de l'administration, de la législation, de l'information, des études et de la documentation parlementaires ; et de recueillir, échanger et diffuser les études réalisées par les services parlementaires »[2110]. Outre les Parlements des Etats membres (lorsqu'ils sont bicaméraux, chacune des deux chambres est membre à part entière), le Parlement européen et l'Assemblée parlementaire du Conseil de l'Europe sont membres d'office. Les Parlements extérieurs à l'Europe peuvent également, s'ils le souhaitent, y participer. Ce centre européen joue le rôle de « plateforme »[2111], par la transmission des demandes des Parlements souhaitant obtenir des informations sur le droit d'autres Etats. Les

---

2109 Cf. article 1 des statuts de l'Union interparlementaire, adoptés en 1976, largement révisés en octobre 1983 et modifiés en avril 2003, octobre 2013 et mars 2016.

2110 Cf. article 1 des statuts du C.E.R.D.P.

2111 Site du C.E.R.D.P., https://ecprd.secure.europarl.europa.eu/ecprd/pub/about.do, consulté le 03/08/2016.

sollicitations n'ont d'ailleurs cessé d'augmenter depuis sa création[2112]. Les chambres des Parlements français et espagnol sont évidemment membres de ce réseau.

**645.** Il ne s'agit cependant pas de l'unique lieu d'échange. Une des particularités du phénomène de réseaux est l'entrecroisement des liens. Ainsi, une association propre aux Sénats européens, *l'Association des Sénats d'Europe*, existe également depuis 2000, pour la défense du bicamérisme. Plus spécifiquement à l'Espagne, en raison de l'autonomie régionale qui la caractérise, les assemblées législatives des communautés autonomes sont membres de la *Conférence des Assemblées législatives régionales européennes*, fondée en 1997, qui, outre la défense des Parlements régionaux, promeut la coopération et l'échange d'expériences. Enfin, en France comme en Espagne il existe aussi des échanges dans le cadre de relations bilatérales, par l'intermédiaire de « groupes d'amitié », permettant de tisser des liens entre parlementaires étrangers.

**646.** En plus des réseaux parlementaires, dont on constate la multiplication, des réseaux administratifs connaissent le même développement.

### *2) Les réseaux administratifs*

**647.** En France comme en Espagne, la majorité des lois sont issues de projets gouvernementaux. Plus encore, l'écriture de la loi — plus précisément de l'avant-projet de loi — revient en réalité majoritairement à l'Administration[2113], qui joue un rôle important dans l'orientation de l'action

2112 Pour un compte-rendu sur une période donnée, cf. C.E.R.D.P., Rapport d'activité 2012-2013.

2113 En France, le constat de F. Monnier et G. Thuillier est sans appel : « contrairement à ce que l'opinion publique pense ordinairement, c'est l'administration qui crée le droit, et non pas le Parlement ou le gouvernement ». MONNIER (F.), THUILLIER (G.), *Administration. Vérités et Fictions*, Paris, Economica, 2007, p. 214. Cf. également P. Avril qui explique que le Gouvernement dispose du « concours des administrations centrales », concours non négligeable, AVRIL (P.), « Qui fait la loi ? », *Pouvoirs*, 2005, n° 3, pp. 89-99, spéc. p. 92 ; GONOD (P.), « L'administration et l'élaboration des normes », in GONOD (P.), YOLKA (P.), MELLERAY (F.), *Traité de droit administratif*, T. 1, Paris, Dalloz, 2011, pp. 529-561. En Espagne, qu'il s'agisse de l'Administration générale de l'Etat ou de l'Administration des communautés autonomes, cf. RUBIO LLORENTE (F.), « El procedimiento legislativo en España. El lugar de la ley entre las fuentes del derecho », *Revista Española de Derecho*

publique[2114]. Les services administratifs des différents ministères interviennent ensuite dans la rédaction des normes réglementaires, qui, pour l'essentiel, ont vocation à appliquer la loi. Depuis plusieurs années, des réseaux administratifs se tissent, notamment dans le cadre européen[2115]. Le *Réseau de coopération législative des ministères de la Justice de l'Union européenne* a ainsi été créé par une résolution de 2008 du Conseil de l'Union européenne et des représentants des gouvernements des Etats membres[2116] afin de mettre en place une entraide législative entre les Etats membres. Grâce à son site LEGICOOP[2117], véritable plateforme d'échanges, les membres de ce réseau peuvent accéder aux informations législatives et jurisprudentielles de leurs homologues, et mettent également en commun les études de droit comparé qu'ils ont réalisées.

**648.** Il existe également un *Réseau des administrations publiques européennes*, qui met en relation les fonctionnaires des ministères chargés de la fonction publique et de la réforme de l'Etat, de l'ensemble des Etats membres de l'Union européenne, soucieux d'échanger leurs expériences. Ce réseau permet des coopérations à plusieurs niveaux : le niveau « politique,

---

*Constitucional*, 1986, n° 16, pp. 83-113, spéc. pp. 87-88. Cf. également SEGOVIA MARCO (A.), « La técnica legislativa en la elaboración de anteproyectos de leyes », *Gabilex. Revista del Gabinete jurídico de Castilla-la Mancha*, 2015, n° 1, pp. 5-44.

2114 J. Chevallier explique en effet que « les services administratifs occupent [...] une place centrale dans le processus de production des normes juridiques : leur rôle ne se réduit pas à un simple travail technique de rédaction ; la mise en forme des textes leur donne bel et bien la possibilité d'influer sur leur contenu, dans une mesure cependant variable et difficile à évaluer compte tenu du contexte d'interaction dans lequel se déroule le processus », CHEVALLIER (J.), « La place de l'administration dans la production des normes », *Droit et société*, 2011, n° 3, pp. 623-636, spéc. p. 635. Plus généralement, cf. les autres contributions de ce numéro de *Droit et société*, intitulé : « Le rôle des administrations centrales dans la fabrication des normes ». En France cependant, ce sont parfois les cabinets ministériels qui élaborent une grande partie de l'avant-projet, notamment lorsqu'il s'agit de projets de loi « à forte connotation politique », « le directeur d'administration centrale est alors réduit à une fonction de correspondant pour des tâches annexes en quelque sorte comme sous-traitant et prestataire de services ainsi qu'à la gestion quotidienne et répétitive des affaires courantes », SCHRAMECK (O.), *Dans l'ombre de la République. Les cabinets ministériels*, Paris, Dalloz, 2006, p. 89.

2115 En Espagne, l'appartenance à ces réseaux est expressément encouragée par la loi. Cf. Article 43 de la Ley 11/2007, de 22 de junio de 2007, *de acceso electrónico de los ciudadanos a los Servicios Públicos*, B.O.E., de 23 de junio de 2007, n° 150, pp. 27150-27166.

2116 Cf. Résolution du Conseil et des représentants des gouvernements des Etats membres, réunis au sein du Conseil, *sur l'institution d'un réseau de coopération législative des ministères de la justice de l'Union européenne*, J.O.U.E., du 20/12/2008, C 326, pp. 0001-0002.

2117 Cf. http://www.legicoop.eu/.

entre les ministres et le commissaire responsable de la fonction publique »[2118] ; celui de « la gestion, entre les directeurs généraux ou les responsables de l'administration »[2119] ; et enfin le niveau « technique, dans le cadre de groupes de travail "ressources humaines", "services publics novateurs", "administration en ligne" et réunions d'experts sur "mieux réglementer" »[2120].

**649.** Le développement de réseaux entre producteurs du droit écrit est donc un phénomène qui s'est nettement amplifié, de même que les réseaux de juges.

## B) Les réseaux de juridictions

**650.** Le système européen, qu'il s'agisse du droit de l'Union européenne ou de la Convention européenne des droits de l'homme, a fait du juge national, tout particulièrement, un acteur central de sa mise en œuvre[2121]. Si le juge administratif français était déjà accoutumé à assumer un rôle de premier rang au sein du système national, ce n'était pas le cas du juge espagnol, qui, jusqu'à récemment, ne bénéficiait que d'une place secondaire, dans un système de droit administratif dans lequel la source législative était prépondérante. Les juges nationaux ont alors rapidement mesuré la nécessité de l'instauration d'un dialogue, avec les juges européens (Cour de justice de l'Union européenne et Cour européenne des droits de l'Homme), mais également avec leurs homologues. Ce dialogue des juges[2122], outre la diversité des

---

2118 Cf. http://ec.europa.eu/civil_service/audience/nat_admin/epan_fr.htm, consulté le 03/08/2016.

2119 Cf. http://ec.europa.eu/civil_service/audience/nat_admin/epan_fr.htm, consulté le 03/08/2016.

2120 Cf. http://ec.europa.eu/civil_service/audience/nat_admin/epan_fr.htm, consulté le 03/08/2016.

2121 Cf. COSTA (J.-P.), « Le rôle des juges », in MARCOU (G.) (dir.), *Les mutations du droit de l'Administration en Europe. Pluralisme et convergences*, Paris, L'Harmattan, 1995, pp. 315-329.

2122 Cf. en France, celui qui a donné sa notoriété à cette expression fut, *a priori*, B. Genevois, dans ses conclusions sur C.E., 22 décembre 1978, *Cohn Bendit*, rec. p. 524. A propos du dialogue des juges, cf. MARKESINIS (B.), FEDTKE (J.), « The Judge as Comparatist », *Tulane Law Review*, 2005, pp. 11-168 ; BRIBOSIA (E.), SCHEECK (L.), ÚBEDA DE TORRES (A.) (dir.), *L'Europe des Cours. Loyautés et résistances*, Bruxelles, Bruylant, 2010 ; BOUABDALLAH (S.), « La comparaison des droits », in DEUMIER (P.) (dir.), *Le raisonnement juridique. Recherche sur les travaux préparatoires des arrêts*, Paris, Dalloz, 2013, pp. 199-215 ; MENETRY (S.), HESS (B.), *Les dialogues des juges en Europe*, Bruxelles, Larcier, 2014. Plus généralement, sur « l'intensification des échanges entre juges », cf. LE QUINIO (A.),

interlocuteurs, est par ailleurs protéiforme, pouvant revêtir la voie de l'échange direct dans le cadre de réseaux formels ou informels, ou la voie de l'échange plus indirect par le biais de citations interposées dans les décisions jurisprudentielles.

**651.** L'échange est d'abord favorisé au stade de la formation des juges, entre les différents organismes de formation professionnelle nationaux. Depuis 2000, la Commission européenne coordonne en effet le *Réseau européen de formation judiciaire* qui œuvre, d'une part, à l'uniformisation des formations par la fixation de standards et, d'autre part, aux échanges de savoirs et de pratiques entre magistrats européens, pour une meilleure connaissance des différents systèmes judiciaires européens. L'une des actions les plus développées de ce réseau est par exemple le Programme d'échanges des autorités judiciaires, mis en place depuis 2005, qui propose notamment des stages au sein des juridictions ou des organismes de formation des différents Etats membres. Depuis 2013, le réseau a instauré un programme d'échanges spécifique aux futurs, ou jeunes magistrats, ce qui leur permet de faire connaissance avec d'autres droits avant même d'exercer en France. Il est d'ailleurs expressément envisagé que ce programme favorise la construction de liens entre ces futurs magistrats et leurs homologues étrangers, « pour leur vie professionnelle future »[2123]. Nul doute que ces initiatives depuis 2000 commencent déjà à porter leurs fruits (et cela devrait se confirmer dans les années à venir)[2124], et à instiller une culture du réseau dans les pratiques professionnelles des jeunes magistrats. Ce réseau est cependant généraliste, et sans doute plus orienté vers les échanges entre des magistrats judiciaires. En France, seule l'Ecole Nationale de la Magistrature en est membre, et de manière générale, les Etats qui réservent une formation spécialisée pour les magistrats administratifs ne participent à ce réseau que pour la formation des magistrats « ordinaires »[2125]. Mais pour les autres, parmi lesquels l'Espagne, qui ont fait le choix d'une formation commune aux magistrats administratifs et ordinaires, les échanges peuvent avoir lieu y compris entre magistrats qui se destinent au droit administratif.

---

*Recherche sur la circulation des solutions juridiques : le recours au droit comparé par les juridictions constitutionnelles*, *préc.*, pp. 175-179.

2123 Cf. http://www.ejtn.eu/fr/-propos/Nouveaux-Projets-et-Programmes/, consulté le 10/08/2016.

2124 Comme en témoigne l'essor des références aux droits étrangers dans la préparation des arrêts. Cf. *infra*, n° 708-716.

2125 Terme utilisé par le réseau lui-même lorsqu'il répertorie les organismes de formation membres et qu'il détaille leurs fonctions.

**652.** Un réseau équivalent, mais cette fois encouragé par le Conseil de l'Europe, est le *Réseau de Lisbonne*, fondé en 1995 dans le cadre des programmes de coopération juridique « pour apprendre aux différentes structures chargées de la formation judiciaire en Europe à mieux se connaître, à échanger sur des thèmes d'intérêt commun ainsi qu'à soutenir, à travers ce dialogue, la création ou le développement de structures de formation judiciaire dans les Etats membres du Conseil de l'Europe »[2126]. Depuis 2011, ses activités sont intégrées au sein de la Commission européenne pour l'efficacité de la justice. Encore une fois, la France n'y participe que par l'intermédiaire de l'Ecole Nationale de la Magistrature, et l'Espagne avec le Conseil général du pouvoir judiciaire. C'est donc principalement les magistrats administratifs espagnols qui bénéficient de ces réseaux. Le Conseil général du pouvoir judiciaire, outre son appartenance à des réseaux européens, est également membre du réseau latino-américain des écoles judiciaires, dont les missions sont très similaires à celles des réseaux mentionnés précédemment.

**653.** Enfin, et surtout, pour permettre le dialogue, des associations de juridictions se sont multipliées, auxquelles le Conseil d'Etat français comme le Tribunal suprême espagnol ont adhéré. *L'Association des Conseils d'Etat et des juridictions administratives suprêmes de l'Union européenne (l'ACA-Europe)* en est un exemple significatif. Elle fut créée officiellement en 1998, mais avait une existence informelle depuis 1964 sous l'impulsion des Conseils d'Etat belge et italien. Si elle permet avant tout un dialogue entre la Cour de justice de l'Union européenne et les juridictions administratives suprêmes des Etats membres dans un but d'application uniforme du droit de l'Union européenne, elle favorise aussi le dialogue entre les juridictions administratives suprêmes elles-mêmes. Ses statuts déclarent expressément qu'elle « a pour objet de favoriser, dans les limites de ses possibilités financières, les échanges d'idées et d'expériences sur les questions relatives à la jurisprudence, à l'organisation et au fonctionnement de ses membres dans l'exercice de leurs fonctions, qu'elles soient juridictionnelles ou consultatives, particulièrement au regard du droit communautaire »[2127]. Son rôle est fondamental pour l'harmonisation européenne, ainsi que l'explique R. Alonso García : « les colloques et séminaires organisés par l'Association, ainsi que la publication sur le site web des rapports produits lors de ces rencontres, revêtent une importance essentielle dans la mesure où ils nous permettent de connaître, par le biais des juridictions nationales suprêmes, les problèmes concrets qui se posent aux pouvoirs publics nationaux à l'heure de mettre en

---

[2126] Cf. http://www.coe.int/t/dghl/cooperation/cepej/Lisbon/default_fr.asp, consulté le 10/08/2016

[2127] Article 3 des Statuts de l'ACA-Europe, adoptés en 2000.

œuvre le droit communautaire dans leur pays respectif»[2128]. L'association utilise plusieurs voies de transmission des informations afin de remplir sa mission. L'une des plus anciennes est l'organisation de colloques sur des thématiques données, réunissant les juges des différentes juridictions suprêmes, à intervalle de deux années. Ces colloques permettent aux juges nationaux de connaître la façon dont leurs homologues étrangers résolvent un même problème juridique suscité par le droit de l'Union européenne, problèmes aussi variés que la protection de la vie privée, la régulation économique, la mise en œuvre de la Charte des Droits fondamentaux de l'Union européenne ou encore la prévention des arriérés dans la justice administrative[2129]. La manière de procéder est systématiquement la même : une fois la thématique de l'année déterminée, les juridictions suprêmes reçoivent un questionnaire minutieusement préparé par les organisateurs du colloque, lesquels produisent un rapport général de synthèse après réception. Par le développement de son site internet, *l'ACA-Europe* est par ailleurs devenue une plateforme d'échanges de documents. Les juridictions membres de l'association peuvent ainsi partager leur rapport public annuel. L'association a aussi mis en place des banques de données, à l'instar de la DEC-NAT qui regroupe les décisions nationales en matière de droit de l'Union de 1959 à nos jours, ainsi que des références aux notes et commentaires doctrinaux relatifs aux décisions nationales et aux arrêts préjudiciels de la Cour de justice. Enfin, un forum, à usage purement interne, a été instauré pour permettre à l'ensemble des magistrats et des membres des services d'études et de documentation d'échanger des informations ou de

---

2128 ALONSO GARCÍA (R.), « L'interprétation du droit des Etats conforme au droit communautaire : exigences et limites d'un nouveau critère herméneutique », in Séminaire sur La convergence des juridictions administratives suprêmes dans l'Union européenne pour l'application du droit communautaire, Santander, 8-10 septembre 2008, p. 3, consulté sur http://www.aca-europe.eu/seminars/Santander2008/Alonso_fr.pdf, le 21/07/2016.

2129 Par exemple : 25e Colloque du 29 au 31 mai 2016 à Prague, « Communiquer ou protéger ? Cours administratives : naviguer entre Scylla (droit d'accès) et Charybde (protection de la vie privée) » ; 24e Colloque du 16 juin 2014 à Paris, « Régulation économique sectorielle dans L'Union européenne » ; 23e Colloque du 25 au 26 juin 2012 à Madrid, « Mise en œuvre de la Charte des Droits fondamentaux de L'Union européenne » ; 22e Colloque du 7 au 8 juin 2010 à Luxembourg « Prévenir des arriérés dans la justice administrative » ; 21e Colloque du 15 au 16 juin 2008 à Varsovie, « Conséquences de l'incompatibilité de décisions administratives définitives et de jugements définitifs des juridictions administratives des États membres avec la législation européenne » ; 20e Colloque du 29 au 30 mai 2006 à Leipzig, « Planification nationale des infrastructures routières et droit européen de l'environnement - Etude de cas – » ; 19e Colloque du 14 au 15 juin 2004 à La Haye, « La qualité de la législation communautaire, sa mise en œuvre et son application dans l'ordre juridique national » ; 18e Colloque du 20 au 21 mai 2002 à Helsinki, « Le renvoi préjudiciel à la Cour de Justice des Communautés européennes » ; 17e Colloque du 8 au 10 mai 2000 à Vienne, « Les conséquences de l'article 6 (1) de la Convention européenne de sauvegarde des droits de l'homme et des libertés fondamentales pour le travail des Conseils d'Etat et des juridictions administratives suprêmes ».

poser des questions. Ce forum permet la constitution d'un réseau de correspondants identifiés dans des domaines spécialisés, et accélère ainsi la circulation de l'information. Les modalités d'échanges sont donc variées, qu'elles revêtent la voie du discours officiel lors d'un colloque, ou celle de la discussion informelle entre juges réunis en un même lieu.

**654.** *L'ACA-Europe* soutient par ailleurs diverses formes d'échanges entre ses membres, à l'instar de stages, ou de visites d'études organisés spontanément. Elle soutient par exemple l'échange bilatéral entre le Conseil d'Etat français et le Tribunal suprême espagnol mis en place depuis 2009 qui se concrétise notamment par des séminaires de travail. Le dernier en date s'est tenu à Madrid le 8 juillet 2016 et a abordé les questions d'accès des requérants à la justice ainsi que le traitement de l'engorgement des tribunaux par des mécanismes de filtrage et de sélection des pourvois ; des problématiques liées au droit de la commande publique, ou encore à la conciliation de la protection de la vie privée et de la liberté d'expression à l'heure des réseaux numériques.

**655.** Avec un champ géographique plus large, *l'Association internationale des hautes juridictions administratives*, fondée en 1983 sous l'impulsion de l'Institut international des sciences administratives, regroupe les juridictions administratives suprêmes de plus de 100 pays répartis dans le monde. Elle vise également à développer la communication entre ses membres et l'échange d'expériences sur des questions substantielles, ou intéressant l'organisation et le fonctionnement des juridictions. Elle organise tous les trois ans des congrès sur des thématiques variées[2130], par exemple, la question des modes alternatifs de règlements des différends en matière administrative, l'application par le juge administratif du droit de l'environnement, le contrôle des actes administratifs, ou encore, le statut des magistrats administratifs. Elle publie aussi un recueil de jurisprudence comparée, confrontant les décisions des juridictions membres, dans le prolongement du thème débattu lors de son congrès triennal.

[2130] 2016 - XII^e^ Congrès à Istanbul (Turquie), « Les modes alternatifs de règlements des différends en matière administrative » ; 2013 - XI^e^ Congrès à Carthagène (Colombie) « Le juge administratif et le droit de l'environnement » ; 2010 - X^e^ Congrès à Sydney (Australie) « Le contrôle des actes administratifs par les Cours et Tribunaux administratifs » ; 2007 - IX^e^ Congrès à Bangkok (Thaïlande) « Le statut des magistrats administratifs » ; 2004 - VIII^e^ Congrès à Madrid (Espagne), « L'exécution des décisions de la juridiction administrative ; 2001 - VII^e^ Congrès à Dakar (Sénégal), « La protection des droits et libertés de l'individu par le juge administratif » ; 1998 - VI^e^ Congrès à Lisbonne (Portugal), « L'application du droit international par le juge administratif ».

**656.** Enfin, très récemment, et dans la lignée du protocole n° 16 à la Convention européenne des droits de l'homme du 2 octobre 2013[2131], entré en vigueur le 1er août 2018 à l'égard des Etats l'ayant signé, un réseau d'échange d'information sur la jurisprudence entre la Cour européenne des droits de l'Homme et les juridictions suprêmes a été mis en place, réseau que les juridictions françaises suprêmes, Cour de cassation et Conseil d'Etat, ont été les premières à intégrer[2132], pour une phase d'essai. L'institutionnalisation du dialogue des juges concerne donc aussi les Etats signataires de la Convention européenne des droits de l'homme.

**657.** Les phénomènes de réseaux ne se limitent évidemment pas aux autorités normatives, il s'étend plus logiquement encore à la science du droit.

## §2) Le développement des réseaux scientifiques

**658.** Ces réseaux scientifiques sont aussi bien des réseaux de professeurs de droit (A), que des réseaux de revues (B) spécialisés en droit administratif.

### A) Les réseaux de professeurs de droit administratif

**659.** Les universitaires de façon générale — les professeurs de droit administratif y compris — ont toujours entretenu des relations avec leurs homologues étrangers, qu'il s'agisse d'échanges épistolaires ou de déplacements lors de congrès internationaux, de séjours d'études, ou de cours professés à l'étranger. Aujourd'hui cependant, ces relations se sont intensifiées, facilitées par les possibilités de mobilité offertes par les universités, mais elles se sont surtout institutionnalisées, grâce au phénomène de réseau.

---

2131 Ce protocole permet aux juridictions suprêmes nationales d'adresser à la Cour européenne des Droits de l'Homme des demandes d'avis consultatifs sur des questions de principe relatives à l'interprétation ou à l'application des droits et libertés définis par la Convention ou ses protocoles.

2132 Cf. Protocole d'accord sur la participation au Réseau des cours supérieures, signé entre le Conseil d'Etat et la Cour européenne des droits de l'homme, le 5 octobre 2015.

**660.** Les réseaux d'universitaires sont particulièrement développés en Espagne. *L'Association Espagnole des Professeurs de Droit Administratif* est exemplaire de ce point de vue. Créée en 2004 sous cette forme[2133], son objet principal est de promouvoir les relations scientifiques entre les professeurs de droit administratif d'Espagne et des autres pays. Elle entretient des liens privilégiés avec l'Italie d'une part et le Portugal d'autre part, grâce à l'institutionnalisation d'un colloque hispano-italien et hispano-portugais, se tenant périodiquement, et consacré à des thématiques d'actualité du droit administratif. Avec l'association italienne, les problématiques de réglementation du tourisme, des services publics locaux ou plus généralement, les perspectives actuelles du droit administratif ont par exemple été abordées[2134]. Avec l'association portugaise, les intervenants des deux pays ont pu notamment partager sur la régulation économique, le droit administratif de l'énergie ou sur la recherche en droit administratif[2135]. Des projets de moins grande envergure, mais qui participent également à l'entretien des relations avec les administrativistes étrangers, sont régulièrement organisés, comme des journées d'études ou séminaires[2136]. Il faut dire aussi que le lien entre les professeurs de droit administratif italiens et espagnols est assez ancien puisqu'ils se réunissent depuis 1966, date du premier colloque organisé avec *l'Association Italienne des Professeurs de Droit Administratif*[2137].

**661.** La France est un peu en retard sur cette question par rapport à l'Espagne. En effet, si l'*Association Française pour la recherche en Droit Administratif*, créée en 2006, dispose dans ses statuts que son but est « de conduire et d'encourager des études et des recherches ainsi que d'organiser

---

[2133] Car elle succède visiblement à une association qui portait le même nom, créée au début des années 1960, qui entretenait déjà des relations avec une association italienne. Cf. ARIAS SENOSEAÍN (M.), « Primer Congreso ítalo-español de profesores de derecho administrativo », *R.A.P.*, 1966, n° 50, pp. 280-281, spéc. p. 280.

[2134] Thématiques abordées lors du dernier congrès italo-espagnol. Cf. XXI Congreso ítalo-español de profesores de derecho administrativo, Alicante/Benidorm, 26, 27 y 28 de mayo de 2016.

[2135] Dont les actes ont par ailleurs fait l'objet de publications : REBOLLO PUIG (M.), *La regulación económica. En especial la regulación bancaria. Actas del IX Congreso Hispano-Luso de Derecho Administrativo*, Madrid, Iustel, 2012; RIVERO ORTEGA (R.), RASTROLLO SUÁREZ (J. J.) (dir.), *Actas del XI Coloquio Hispano-Portugués de Derecho Administrativo*, Salamanca, Universidad de Salamanca, 2014.

[2136] Pour un exemple de projet régulier, auquel s'associe l'Association Espagnole de Professeurs de Droit Administratif, cf. *Curso de análisis económico del derecho*, organisé par la Fondation *Rafael del Pino* à l'école de droit de l'Université de Harvard. Le dernier en date s'est tenu du 12 au 16 octobre 2015.

[2137] Cf. ARIAS SENOSEAÍN (M.), « Primer Congreso ítalo-español de profesores de derecho administrativo », *préc.*

des manifestations scientifiques dans le domaine du droit administratif en France et à l'étranger »[2138], et « de constituer et de participer à des réseaux scientifiques œuvrant dans le même domaine »[2139], la réalité semble un peu en deçà de l'ambition initiale[2140]. *L'Association Française pour la recherche en Droit Administratif* n'a, *a priori*, pas de relation privilégiée avec une association étrangère équivalente. Les liens avec les chercheurs étrangers ne sont cependant pas absents, puisqu'ils sont régulièrement sollicités pour intervenir lors du congrès annuel de l'association[2141], même s'ils ne le sont pas systématiquement[2142]. Le constat est cependant plus positif en ce qui concerne une autre structure, la Chaire *Mutations de l'Action publique et du Droit Public* de *Sciences Po* Paris qui a tout particulièrement intégré la logique de réseau. L'illustre tout particulièrement le réseau scientifique *Contrats publics dans la globalisation juridique*[2143], qui réunit des spécialistes européens et non européens des contrats publics. Par son intermédiaire, de nombreuses rencontres ont été organisées depuis 2008[2144], au rythme de deux par année[2145].

---

2138 Cf. article 2 des Statuts de *l'Association Française pour la recherche en Droit Administratif.*

2139 *Ibidem.*

2140 Cf. GONOD (P.), « Über den Rechtsexport des deutschen Verwaltungsrechts aus französischer Sicht », *préc.*, p. 360.

2141 Il faut noter, pour le colloque annuel de 2013 portant sur le service public, la présence des professeurs P. Moor de l'Université de Lausanne et G. Della Cananea de l'Université de Rome II ; pour celui de 2012 sur la responsabilité administrative, la présence du professeur L. Karam Boustany, de l'Université Saint-Joseph de Beyrouth ; pour celui de 2009 sur la doctrine, la présence du professeur L. Mannori, de l'Université de Florence. Et il faut distinguer en particulier celui de 2010 portant sur les droits publics subjectifs des administrés, qui a consacré une demi-journée à la « comparaison », en invitant les professeurs M. Ruffert, de l'Université Friedrich-Schiller d'Iéna, B. Sordi, de l'Université de Florence et T. -R. Fernández Rodriguez de l'Université Complutense de Madrid

2142 Ils ne le furent pas ces trois dernières années, lors du colloque de 2016 sur les controverses, de 2015 sur le juge judiciaire, et de 2014, portant sur les procédures administratives, thématique pourtant particulièrement fertile du point de vue du droit comparé. Lors de ce dernier congrès, les expériences étrangères sont étudiées, mais par des chercheurs français. Lors des congrès de 2011 sur la puissance publique, de 2008 sur la compétence, ou de 2007 sur la personnalité publique, les universitaires étrangers furent également absents.

2143 Plus généralement sur le réseau, cf. http://www.public-contracts.org/, consulté le 15/08/2016.

2144 Les premières rencontres s'attachant à des perspectives générales : « Droit comparé des contrats publics », 12 et 13 juin 2008, Viterbe ; « Droit européen des contrats publics », 12 décembre 2008, Paris.

2145 Pour les exemples les plus récents, cf. « Droit comparé des biens publics : les biens publics comme leviers de développement économique - partie II », 11 décembre 2015, Paris ; « Droit comparé des biens publics : les biens publics comme leviers de développement économique », 22 mai 2015, Barcelone ; « Contrôles et litiges dans l'activité contractuelle de l'administration (II) », 12 décembre 2014, Paris ; « Contrôles et litiges dans l'activité contractuelle de l'administration publique (I) », 16 mai 2014, Florence ; « L'exécution des

**662.** Elle a également contribué à la création du Réseau *Research Network on EU Administrative Law*[2146], chargé de mettre en commun les réflexions européennes sur le droit administratif européen, la codification de la procédure administrative ou encore la simplification du droit.

**663.** Outre ces échanges facilités entre universitaires, ce sont également les directeurs de revues (souvent universitaires eux aussi) qui ont décidé de fonder des réseaux.

## B) Les réseaux de revues de droit administratif

**664.** Avant même l'institutionnalisation de réseaux de revues de droit administratif, ces dernières ouvraient depuis longtemps leurs pages, parfois de manière régulière[2147], à des auteurs étrangers. En France, cette pratique est toujours d'actualité, ainsi qu'en témoignent les liens des principales revues de droit administratif, telles que *L'Actualité Juridique Droit Administratif*[2148], *La Revue Française d'Administration Publique*[2149] ou encore *Droit Administratif* avec S. Cassese[2150], ou encore de la *Revue Française de Droit Administratif* avec E. Schmidt-Assmann[2151]. Néanmoins, l'échange d'informations est

---

contrats administratifs (II) », 13 décembre 2013, Paris ; « L'exécution des contrats administratifs (I) », 7 juin 2013, Lisbonne.

2146 Dont l'abréviation est ReNEUAL. Pour plus de détails, cf. http://www.reneual.eu/, consulté le 15/08/2016.

2147 La *R.D.P.* et son réseau de collaborateurs étrangers en est un bon exemple. Cf. *supra*, n° 429.

2148 CASSESE (S.), « L'expérience italienne », *A.J.D.A.*, 1997, n° 6, pp. 143-149 ; CASSESE (S.), « Une des formes de l'État nouveau du monde », *A.J.D.A.*, 1995, numéro spécial, pp. 167-172.

2149 CASSESE (S.), « Le nouveau régime de la haute fonction publique en Italie: Une modification constitutionnelle », *R.F.A.P.*, 2002, n° 104, pp. 677-688 ; CASSESE (S.), « Les services du Président du Conseil des Ministres italien », *R.F.A.P.*, 1997, n° 83, pp. 459-465 ; CASSESE (S.), « Les succès et les échecs de la modernisation de l'administration italienne L'expérience du Gouvernement Ciampi », *R.F.A.P.*, 1995, n° 75, pp. 377-386 ; CASSESE (S.), « Le système administratif italien, ou l'art de l'arrangement », *R.F.A.P.*, 1993, n° 67, pp. 335-339.

2150 Cf. CASSESE (S.), « Le droit administratif global : une introduction », *Droit Administratif*, 2007, n° 5, pp. 17-26 ; CASSESE (S.), « Les transformations du droit administratif du XIXe au XXIe siècle », *Droit administratif*, 2002, n° 10, pp. 6-9.

2151 Cf. SCHMIDT-ASSMANN (E.), « Le modèle de "l'administration composée" et le rôle du droit administratif européen », *R.F.D.A.*, 2006, n° 6, pp. 1246-1255 ; SCHMIDT-ASSMANN (E.), « Principes de base d'une réforme du droit administratif (Partie 1) », *R.F.D.A.*, 2008, n° 3,

aujourd'hui plus rapide, plus systématique, grâce à la collaboration des principales revues européennes consacrées au droit administratif. Une illustration de ce phénomène est la revue *Ius Publicum*. Fondée en 2010 à l'initiative des professeurs italiens A. Romano et R. Cavallo Perin, cette revue des revues, publiée en ligne, réunit notamment les revues *Diritto Amministrativo*, la *Revue française de droit administratif*, la *Public Law*, la *Revista de Administración Pública* et enfin *Die Verwaltung*, afin de donner une perspective européenne des évolutions du droit public. Si des échanges occasionnels avaient déjà sans doute lieu entre les responsables de ces revues, ils prennent ici une autre dimension en étant institutionnalisés. Cette revue des revues vient ainsi combler une lacune, répondre à un « besoin »[2152] puisqu'il n'existait pas de « formule qui unisse de manière permanente et systématique »[2153] les principaux travaux en droit administratif d'auteurs européens. Outre l'accès facilité aux sites nationaux des revues en question, la revue *Ius Publicum* publie des études réalisées par des collaborateurs de chaque pays membre du réseau. Elle met également à disposition de manière périodique, dans sa section « Nouvelles et documentation », le dernier état du droit en vigueur en Italie, en Espagne, en Allemagne, au Royaume-Uni et en France et publie des décisions de jurisprudence, des extraits de législations, et plus généralement tout document considéré comme utile par les membres du réseau.

**665.** Dans la même veine, depuis 2013, le réseau *Contrats publics dans la globalisation juridique*, en s'associant avec l'*Instituto Brasileiro de Direito Público*, a étendu son projet à la publication d'une revue électronique dont le comité scientifique est coordonné par le français J.-B. Auby, le brésilien P. Modesto, et l'italien S. Torricelli. La *Revue internationale des Contrats Publics (The International Journal of Public Contract)* se donne ainsi pour objectif « de créer de nouvelles opportunités de dialogue, de stimuler le débat scientifique, de promouvoir la participation de nouveaux acteurs, mais aussi de faciliter l'accès à des analyses comparatives et de diffuser la connaissance. En bref, […] de donner à la réflexion scientifique une plus large dimension, correspondant au spectre de plus en plus ample des phénomènes étudiés »[2154].

---

pp. 427-448 ; SCHMIDT-ASSMANN (E.), « Principes de base d'une réforme du droit administratif (Parties 2 et 3) », *R.F.D.A.*, 2008, n° 4, pp. 667-687.

2152 Cf. DELVOLVÉ (P.), « Pour la Revue française de droit administratif », *Ius Publicum. Network Review*, 2011, n° 1, pp. 1-3, spéc. p. 1.

2153 *Ibidem*.

2154 Cf. AUBY (J.-B.), MODESTO (P.), TORRICELLI (S.), « Editorial », *Revue internationale de Contrats Publics*, 2013, n° 1, http://www.direitodoestado.com/revista/02_RICP-01-Editorial-Frances.pdf, consulté le 15/08/2016.

**666.** Les échanges entre autorités normatives et entre universitaires ont donc largement été renforcés et semblent poursuivre une double finalité qui remet en cause une distinction trop étanche entre exportation et importation de solutions juridiques.

## *Section 2: Le but des réseaux : entre enrichissement et rayonnement*

**667.** Les réseaux doivent avoir des répercussions concrètes sur les droits administratifs nationaux. Ils sont ainsi un instrument efficace pour connaître les droits administratifs étrangers et, le cas échéant, s'inspirer de certaines de leurs solutions. Mais s'il est désormais admis que s'enrichir de l'expérience des droits étrangers est une nécessité, cela n'implique pas, au contraire, que le droit national renonce à les influencer. On saisit alors toute l'ambivalence d'un échange, ou d'un dialogue, qui appelle la réciprocité. Désormais des services spécialisés dans l'information sur les droits étrangers, qui se servent activement de ces réseaux, se développent afin d'apporter une aide au travail de confection de la norme (§1). Mais les réseaux sont également l'occasion, dans un contexte où les droits sont mis en concurrence, de promouvoir une solution nationale susceptible d'inspirer d'autres droits (§2).

### §1) La nécessité de s'enrichir de l'expérience étrangère

**668.** La prise de conscience de la nécessité, aujourd'hui, d'enrichir le droit national de l'expérience des droits administratifs étrangers se traduit aussi bien dans la confection du droit positif (A) que dans la réflexion doctrinale (B).

## A) L'enrichissement pour confectionner le droit positif

**669.** Le développement des réseaux est allé de pair avec une certaine institutionnalisation des études sur les droits étrangers dans les enceintes de production du droit[2155]. Cette institutionnalisation passe souvent par la création de services spécialisés pour venir en aide au Parlement et au Gouvernement (1), comme au juge (2).

### *1) Pour la confection du droit écrit*

**670.** Ce constat se vérifie aussi bien au Parlement (a), qu'au Gouvernement (b).

#### a) Au Parlement

**671.** En France aujourd'hui, dans le cadre des travaux préparatoires, les députés comme les sénateurs ont un aperçu presque systématique des législations étrangères dans le domaine dans lequel ils vont être appelés à légiférer. Des services au sein des deux chambres du Parlement sont en effet spécialement dédiés à la réalisation de travaux comparatifs, de rapports sur les législations étrangères, informations dont ils bénéficient grâce aux liens entretenus avec leurs homologues étrangers par l'intermédiaire des réseaux[2156]. Des « Etudes de Législation comparée » sont ainsi publiées chaque année pour assister les parlementaires et les groupes politiques dans la rédaction des propositions de loi ainsi qu'à l'occasion des débats. Ces documents de travail ne sont censés avoir qu'une valeur informative, permettant aux parlementaires de contextualiser une question nationale dans son environnement européen essentiellement, bien qu'ils ne soient pas limités à cette aire géographique. C'est tout particulièrement au Sénat que cette

---

[2155] Le constat fait par J.-B. Auby en 2007, selon lequel « aucun réflexe d'examen systématique des droits étrangers ne se constate dans la préparation des textes de droit administratif. Les juges administratifs sont dans l'ensemble assez indifférents au monde extérieur », est démenti, presque 10 ans plus tard. Il semblait cependant bien envisager que les choses allaient changer dans les années à venir. Cf. AUBY (J.-B.), « Introduction », in MELLERAY (F.) (dir.), *L'argument de droit comparé en droit administratif français*, *préc.*, pp. 1-10, spéc. p. 2, puis pp. 5 ; 10.

[2156] Cf. *supra*, n° 644-646.

démarche trouve à se développer[2157]. Ce dernier fut en effet précurseur dans le domaine des études comparatives puisque dès 1990, une division de législation comparée fut créée au sein de la direction de l'initiative parlementaire et des délégations. Il faut cependant attendre 1995 avant que ces études soient systématiquement mobilisées dans le travail parlementaire[2158]. A l'Assemblée nationale, la démarche comparative sera moins rapidement intégrée. Depuis 2004 cependant, la division des études européennes et du droit comparé, au sein du service des affaires européennes, lui-même rattaché à la Commission des affaires européennes[2159], compte parmi ses missions celle de procéder à des études documentaires sur les pays européens et leur législation. La liaison entre intensification de la construction européenne et renforcement des échanges entre Etats membres semble ici évidente.

**672.** En Espagne, les parlementaires espagnols peuvent aussi compter sur un service qualifié leur permettant d'avoir une information rapide et synthétique sur les droits administratifs étrangers, service intégré au secrétariat général adjoint aux affaires parlementaires. Au Congrès des députés, au sein de la direction de la documentation, de la bibliothèque et des archives, le département de la documentation offre ainsi une assistance pour les travaux parlementaires. Il fut créé, sous cette forme, en 1984, même si un

---

[2157] Pour exemple, l'une des dernières études de législation comparée s'est intéressée aux différents régimes d'état d'urgence en Allemagne, Belgique, Espagne, Italie, au Portugal et au Royaume-Uni, publiée le 3 mars 2016. Disponible sur https://www.senat.fr/notice-rapport/2015/lc264-notice.html.

[2158] A propos des justifications de ces études de législation comparée, la plupart du temps centrées sur des questions d'actualité, cf. RUEDA (F.), « Les "Etudes de Législation Comparée" des Assemblées parlementaires françaises : une utilisation pédagogique du droit comparé dans le travail législatif ? », in RAIMBAULT (P.) (dir.), *La pédagogie au service du droit*, Toulouse, Paris, Presses de l'Université Toulouse 1 Capitole, L.G.D.J., 2011, pp. 391-401, spéc. pp. 393.

[2159] Les services de l'Assemblée nationale ont fait l'objet d'une refonte à compter du 1er janvier 2006. Avant cette refonte cependant, les études de droit comparé, dans l'Union européenne et hors Union européenne étaient essentiellement effectués par le service des relations internationales et celui des affaires européennes. Le service des affaires internationales s'occupe désormais « du suivi, du contrôle et des études en matière de relations internationales et d'organisation générale de la défense et met en œuvre et coordonne les relations et les actions de coopération entre l'Assemblée nationale et les Parlements des pays autres que ceux de l'Union européenne ». Sur cette question, cf. la Fiche de synthèse n° 73 : « Les pôles fonctionnels », http://www2.assemblee-nationale.fr/decouvrir-l-assemblee/role-et-pouvoirs-de-l-assemblee-nationale/l-administration-de-l-assemblee-nationale/les-poles-fonctionnels, consulté le 25/07/2016.

service équivalent existait déjà auparavant[2160]. Ce département est divisé en plusieurs services, parmi lesquels le service de diffusion de l'information, lui-même scindé en deux unités spécialisées, l'une en matière de documentation espagnole, l'autre dans le domaine de la documentation étrangère et des organismes internationaux. Les documents étrangers centralisés ne sont pas uniquement les normes de rang législatif adoptées à l'étranger, bien qu'elles en représentent une part importante. Le service recueille aussi les principales solutions jurisprudentielles étrangères. Il communique également aux parlementaires des articles de revues étrangères, considérés comme utiles au travail législatif, car ils offrent souvent une synthèse permettant de comprendre les droits étrangers. Depuis sa création, le rôle de ce service n'a cessé de prendre de l'ampleur, en raison d'une sollicitation croissante[2161]. Au Sénat, l'organisation est similaire. La Direction de la documentation compte un département spécifique à la documentation, divisé en deux services, celui de la documentation espagnole et étrangère, et celui de la documentation bibliographique. Les échanges sont particulièrement étroits avec l'Allemagne, les Etats-Unis, la France, l'Italie, le Portugal et le Royaume-Uni, pays pour lesquels le département bénéficie d'un accès aux bases de données juridiques.

**673.** Comme producteur de normes, le Gouvernement peut également compter sur de tels services.

### b) Au Gouvernement

**674.** En France, comme en Espagne, certains ministères (mais ils font exception) se sont dotés d'un service législatif spécialisé, à l'instar du ministère de la Justice. En Espagne, ce dernier peut en effet compter sur un Secrétariat général technique qui se divise en plusieurs sous-directions, dont l'une est spécifiquement dédiée à la politique législative. Elle a notamment pour mission d'élaborer les projets de lois en matière civile, pénale et processuelle, ainsi que les projets de loi résultant de la transposition des directives communautaires ou de l'exécution de traités internationaux conclus

2160 Sur cette question, cf. GARCÍA DE LA OLIVA (A.), MARTÍN GONZÁLEZ (A.), « El documentalista al servicio del Parlamento », *Boletín de la ANABAD*, 1981, n° 4, pp. 715-722.

2161 Pour un constat identique fait, déjà en 2002, par une archiviste et bibliothécaire du département de la documentation, cf. GARCÍA SÁNCHEZ (I.), « El departamento de documentación del congreso de los diputados y la documentación parlamentaria », *Revista General de Información y Documentación*, 2002, n° 1, pp. 163-174, spéc. pp. 168-170.

par l'Espagne. On peut supposer que ce service mobilise des spécialistes des droits étrangers. Il ne s'agit d'ailleurs pas que d'une hypothèse en ce qui concerne le ministère de la justice français puisqu'il s'est, depuis longtemps, illustré par sa sensibilité comparative. Il dispose désormais d'un service des affaires européennes et internationales, créé par arrêté du 1er octobre 1991, à l'intérieur duquel prend place un bureau de droit comparé[2162], très probablement héritier du Comité de législation étrangère fondé en 1876[2163]. Ce service est rattaché depuis un arrêté du 9 juillet 2008[2164] au secrétariat général et « coordonne l'activité européenne et internationale du ministère de la Justice pour les questions impliquant plusieurs directions ou services du ministère »[2165]. Ses missions révèlent les enjeux de circulation des solutions juridiques puisqu'il « établit ou fait établir des études de droit comparé »[2166] et « participe aux actions [...] de connaissance des droits étrangers »[2167].

**675.** Plus généralement, les ministres français et espagnols, lorsqu'ils doivent justifier le projet de loi dont ils sont les porteurs, font un détour par les droits administratifs étrangers, détour dont la presque systématicité implique certainement que des services spécialisés leur viennent régulièrement en aide. En France, depuis la révision constitutionnelle du 23 juillet 2008 et la loi organique du 15 avril 2009 l'accompagnant, le Gouvernement doit présenter ses projets de lois accompagnés d'une étude d'impact, visant à définir les objectifs poursuivis, à justifier la nécessité d'une nouvelle loi, à exposer l'état actuel du droit dans le domaine visé, son articulation avec le droit européen, ses modalités d'application ainsi que l'évaluation des conséquences économiques, financières, sociales et environnementales des dispositions du projet[2168]. Très souvent, c'est à l'occasion de l'exposé de l'état du droit que des développements sont consacrés aux droits étrangers. Si, d'après la circulaire du 15 avril 2009, c'est

---

2162 Sur cette question, cf. les précisions apportées par V. Turcey, chef du service des affaires européennes et internationales du ministère de la Justice : TURCEY (A.), « Le droit comparé, une discipline d'avenir », in FAUVARQUE-COSSON (B.), *Le droit comparé au XXIe siècle. Enjeux et défis. Journées internationales de la Société de législation comparée, 8-9 avril 2015*, Paris, Société de législation comparée, 2015, pp. 121-125, spéc. pp. 121-124.

2163 Cf. *supra*, n° 419.

2164 Cf. Arrêté du 9 juillet 2008, *fixant l'organisation en services du secrétariat général du ministère de la justice*, J.O.R.F., du 11 juillet 2008, n° 0161, texte n° 22.

2165 Article 9 Arrêté du 9 juillet 2008, *fixant l'organisation en services du secrétariat général du ministère de la justice*, J.O.R.F., du 11 juillet 2008, n° 0161, texte n° 22.

2166 *Ibidem.*

2167 *Ibid.*

2168 Cf. Article 8 de la Loi organique n° 2009-403 du 15 avril 2009, *relative à l'application des articles 34-1, 39 et 44 de la Constitution*, J.O.R.F., du 16 avril 2009, n° 0089, p. 6528.

*a priori* le ministre porteur du projet de loi qui assume la responsabilité de l'étude d'impact, cette même circulaire « se montre assez elliptique s'agissant de la façon dont les services ministériels sont mis à contribution »[2169]. Néanmoins, étant donné les compétences requises, ne serait-ce que linguistiques, pour mener des études sur les droits étrangers, le ministre est très probablement assisté par des spécialistes pour mener cette recherche. En Espagne, une obligation similaire existe, résultant de l'article 22.2 de la Loi du 27 novembre 1997 relative au Gouvernement[2170], modernisée sous le nom de « rapport d'analyse de l'impact législatif »[2171] par le décret royal du 3 juillet 2009[2172]. Les droits administratifs étrangers y sont parfois mentionnés.

**676.** En France, il est aussi possible que les études sur les droits administratifs étrangers soient externalisées, notamment à des Groupements d'Intérêt Public[2173]. C'est ainsi que depuis 1992, le *Juriscope* favorise l'accès aux droits étrangers grâce à des études de droit comparé. Son « hypothèse de travail »[2174], plutôt innovante pour l'époque, était précisément l'utilisation de réseaux pour obtenir l'information recherchée[2175]. Le ministère de la Justice, malgré son service spécialisé[2176], fait partie de ceux sollicitant le plus le Juriscope pour ses études. A côté de sa fonction d'expertise, ce dernier s'est désormais surtout spécialisé dans la traduction de textes juridiques[2177], et notamment des lois étrangères, publiées dans la collection *La lettre des lois*,

---

2169 Cf. COMBRADE (B.-L.), *L'obligation d'étude d'impact des projets de loi*, Paris, Dalloz, p. 61.

2170 Cf. Ley 50/1997 de 27 de noviembre de 1997, *del Gobierno*, B.O.E., de 28 de noviembre de 1997, n° 285, pp. 35082-35088.

2171 « Memoria del análisis del impacto legislativo ».

2172 Real Decreto 1083/2009, de 3 de julio, *por el que se regula la memoria del análisis de impacto normativo*, B.O.E., de 18 de julio de 2009, n° 173, pp. 60174-60177.

2173 Institués par l'article 21 de la loi du 15 juillet 1982 *d'orientation et de programmation pour la recherche et le développement technologique de la France*, pour les besoins du secteur de la recherche. Ils ont été ensuite étendus à d'autres domaines.

2174 Cf. LEGEAIS (R.), « Le Juriscope du GIP "Droit et médias". Une expérience française pour faciliter l'information sur le droit européen, le droit international et les droits étrangers », *R.I.D.C.*, 1996, n° 2, pp. 395-402, spéc. p. 396.

2175 *Ibidem*.

2176 Mais il faut rappeler que l'article 9 de l'arrêté du 9 juillet 2008, *fixant l'organisation en services du secrétariat général du ministère de la Justice*, précise que le service des affaires européennes et internationales a le choix entre établir lui même ou faire établir des études de droit comparé.

2177 Dans l'exposé de ses missions, il est rappelé que « Juriscope œuvre à travers ses recherches scientifiques consacrées à la traduction juridique à l'élaboration d'une méthodologie de la traduction des textes juridiques ». Cf. http://www.juriscope.org/, consulté le 10/08/2016.

si bien qu'il agit principalement comme opérateur de traduction pour le compte du Gouvernement.

**677.** Enfin, l'allié traditionnel du Gouvernement qui, le cas échéant, lui permet d'avoir une connaissance précise des droits étrangers lorsqu'il élabore ses projets de loi, d'ordonnances ou de décrets, est évidemment le Conseil d'Etat dans ses formations consultatives[2178]. Les sections administratives peuvent en effet compter sur le centre de recherches et de diffusion juridiques du Conseil d'Etat[2179], service qui a pour mission d'« expliquer, synthétiser, hiérarchiser, et diffuser la jurisprudence et l'information juridique utiles aux membres du Conseil d'Etat et aux magistrats des tribunaux et des cours »[2180]. Depuis 2008, une cellule dédiée au droit comparé a été intégrée à ce centre. Même si cette dernière est plus orientée vers le contentieux administratif[2181], elle offre aussi ses services aux membres des sections administratives, en rédigeant des études, sur demande du rapporteur en charge du projet de texte examiné par la section. L'expertise technique du Conseil d'Etat est reconnue, voire particulièrement recherchée[2182]. Il peut même être, en quelque sorte, à l'origine d'un projet de loi. En effet, il n'intervient plus seulement au cours du processus législatif, puisque sa section du rapport et des études permet d'attirer l'attention du Gouvernement sur certains points d'actualité et éventuellement lui faire des propositions qui aboutissent souvent à des réformes[2183]. Cette section se présente alors comme un véritable « laboratoire d'idées »[2184]. Pour ce faire, elle n'hésite pas à mobiliser les exemples étrangers. Pour citer un exemple récent, sur demande du 1er ministre, le Conseil d'Etat a réalisé une étude en février 2016 sur l'état du droit relatif à la protection des lanceurs d'alertes, qui a abouti à un certain nombre de propositions. Parmi les annexes jointes à l'étude, une quinzaine de pages,

---

2178 Sa consultation est obligatoire pour les projets de loi et d'ordonnance. Cf. articles 38, 39 de la Constitution du 4 octobre 1958.

2179 Autrefois centre de documentation et de coordination, créé en 1953.

2180 DOMINO (X.), BRETONNEAU (A.), BOKDAM-TOGNETTI (E.), LESSI (J.), « Que fait le centre ? », *A.J.D.A.*, 2014, n° 2, pp. 81-86, spéc. p. 81.

2181 Cf. *infra*, n° 680.

2182 Depuis la révision du 23 juillet 2008, le Conseil d'Etat peut d'ailleurs être saisi pour avis par les Présidents de l'Assemblée nationale ou du Sénat à propos d'une proposition de loi (Cf. article 39a5 de la Constitution du 4 octobre 1958).

2183 Sur cette question, cf. GONOD (P.), « La Section du rapport et des études, instrument d'un repositionnement institutionnel du Conseil d'État ? Le redéploiement de la participation à l'élaboration des normes », *R.F.D.A.*, 2015, n° 2, pp. 249-253.

2184 VIGOUROUX (C.), JÉGOUZO (Y.), LACABARATS (A.), LASVIGNES (S.), PAYRE (R.), « La Section du rapport et des études : quel laboratoire d'idées ?, Table ronde », *R.F.D.A.*, 2015, n° 2, pp. 242-248.

consacrées au « droit comparé »[2185], font apparaître « les dispositifs d'alerte de cinq pays — les Etats-Unis, le Royaume-Uni, l'Irlande, l'Italie et les Pays-Bas — [...] plus particulièrement examinés »[2186] afin d'enrichir ces propositions[2187].

**678.** En Espagne, le Conseil d'Etat, organe uniquement consultatif, apporte aussi son expertise juridique au Gouvernement. Ses membres semblent sensibilisés aux droits étrangers puisque, depuis l'adoption de son règlement organique en 1980, la connaissance des systèmes de droit comparé fait partie des qualités requises pour devenir *letrado*[2188]. Plus encore, depuis une réforme de 2004[2189], sa fonction consultative a été enrichie. Il peut désormais, en plus d'émettre des avis, réaliser des études et des rapports, ainsi qu'élaborer des textes pouvant servir de base aux projets législatifs ou de réforme constitutionnelle. Pour mener à bien ces nouvelles tâches, son organisation interne a été revue et une Commission des études a vu le jour[2190]. En application de cette loi, le règlement organique du Conseil d'Etat a été réformé afin d'intégrer cette refonte de son organisation interne. En son article 134 relatif à l'élaboration et à la formulation de ces travaux, il est expressément mentionné que la Commission des études pourra tenir compte « des expériences du droit comparé, des études doctrinales en la matière, des précédents législatifs, de la jurisprudence et de la doctrine constitutionnelle »[2191]. L'analyse des différents rapports et études démontre

2185 CONSEIL D'ETAT, *Le droit d'alerte : signaler, traiter, protéger*, Paris, La documentation française, 2016, pp. 97-110.

2186 *Idem*, p. 97.

2187 Un détour par le droit allemand, belge, italien et américain avait également été fait dans le cadre de l'étude sur l'application du nouveau principe « silence vaut acceptation » du 30 janvier 2014. Cf. C.E., L'application du nouveau principe « silence de l'administration vaut acceptation », Paris, La documentation française, 2014, pp. 115-140.

2188 Cf. article 48 du Real Decreto 1674/1980, de 18 de julio de 1980, *por el que se aprueba el Reglamento Orgánico del Consejo de Estado*, B.O.E., de 30/08/1980, n° 209, pp. 19557 a 19566.

2189 Ley Orgánica 3/2004, de 28 de diciembre de 2004, *por la que se modifica la Ley Orgánica 3/1980, de 22 de abril, del Consejo de Estado*, B.O.E., de 29 de diciembre de 2004, n° 313, pp. 42199-42202.

2190 Pour le développement de ces nouvelles tâches, les expériences étrangères ont été prises en exemple, et tout particulièrement celles de la section du rapport et des études du Conseil d'Etat français et de la section de législation du Conseil d'Etat belge. Cf. SALVADOR MARTÍNEZ (M.), « El Consejo de Estado ante la reforma constitucional », *Teoría y realidad constitucional*, 2005, n° 16, pp. 467-484, spéc. pp. 474-477.

2191 Cf. « En la elaboración de los trabajos a que se refiere esta sección podrán tenerse en cuenta, entre otros criterios, las experiencias del Derecho comparado, los estudios doctrinales en la materia, los antecedentes legislativos, la jurisprudencia y la doctrina constitucional », article 134 du Real Decreto 1674/1980, de 18 de julio de 1980, *por el que se aprueba el*

que le Conseil d'Etat espagnol n'hésite pas à mobiliser les expériences du droit comparé[2192]. Ce constat est très net à propos de son rapport de 2008 sur l'insertion du droit européen dans l'ordre juridique espagnol[2193]. Dans la plupart de ses développements, un panorama du droit comparé est réalisé, afin d'informer sur la façon dont les différents Etats membres résolvent cette question. Ce recours au droit comparé est également notable dans des études relatives à des questions plus spécifiques, à l'instar de la protection des aires marines[2194].

**679.** On retrouve cette même spécialisation dans les études de droits étrangers pour la confection de la décision jurisprudentielle.

### *2) Pour la confection de la décision de justice*

**680.** En France, si les exemples étrangers n'étaient pas totalement absents de la réflexion juridictionnelle du juge administratif français, ils restaient tout de même rares dans les années 1990[2195]. Leur étude était plus le fait de personnes, prises isolément, en raison d'une sensibilité particulière pour la démarche comparative[2196]. Actuellement, le Conseil d'Etat, comme juridiction administrative suprême, se veut au contraire exemplaire quant à la mobilisation du droit comparé : « Il est indispensable d'examiner les modes de fonctionnement et la jurisprudence de nos partenaires européens, et de conforter les pratiques par le biais d'échanges nourris, soutenus et réguliers avec eux. L'intégration progressive des ordres juridiques des Etats membres de l'Union européenne passe nécessairement par une collaboration étroite et

---

*Reglamento Orgánico del Consejo de Estado*, modifié par Real Decreto 449/2005, de 22 de abril de 2005, *por el que se modifica el Reglamento Orgánico del Consejo de Estado*, B.O.E., de 26 de abril de 2005, n° 99, pp. 14065-14073.

2192 Comme pour les études de l'Assemblée nationale et du Sénat, et en raison des mêmes préoccupations de transparence, les travaux du Conseil d'Etat espagnol sont désormais publiés sur son site, grâce à l'interface *portal de transparencia*.

2193 Cf. *Informe del Consejo de Estado sobre la inserción del derecho europeo en el ordenamiento español*, 14 de febrero de 2008, n° E 1/2007.

2194 Cf. *Informe sobre las competencias de las distintas administraciones territoriales y órganos de la administración general del Estado en materia de protección de hábitats y especies marinas y de declaración y gestión de áreas marinas protegidas*, del 19 de julio de 2006, n° E 2/2005.

2195 Cf. LEGEAIS (R.), « L'utilisation du droit comparé par les tribunaux », *préc.*, pp. 348-358.

2196 Cf. *supra*, n° 436-441 ; 456-462.

incontournable des juges »[2197]. Pour ce faire, l'étude des droits étrangers a été institutionnalisée au sein de la Haute juridiction, grâce aux efforts conjoints de B. Stirn et de J.-M. Sauvé. Une cellule de droit comparé[2198] a en effet été créée en 2008 au sein du centre de recherches et de diffusion juridiques. Elle réunit des juristes spécialisées dans des aires géographiques déterminées[2199], parfois français, parfois étrangers, pour répondre aux demandes des juges sur des problématiques précises, et produit aussi des notes de recherche (faisant la synthèse des différentes aires géographiques représentées) sur les droits étrangers. Elle dispose désormais de ressources substantielles pour accomplir sa mission[2200] ce qui lui permet d'apporter une aide efficace aux juges dans leur travail préparatoire à la décision jurisprudentielle. Ce sont d'ailleurs, en premier lieu, les rapporteurs qui sollicitent la cellule, suivis des rapporteurs publics et des présidents de sous-section[2201]. Les responsables du centre de recherches et de diffusion juridiques, qui sont eux-mêmes maîtres des requêtes, sont chargés de faire l'interface entre les membres de la cellule et les juges, afin d'identifier les besoins des seconds pour faciliter la recherche de la cellule, puis d'orienter la rédaction de la réponse de la cellule afin qu'elle puisse être directement mobilisée par le juge qui en a fait la demande. Le Centre de recherches et de diffusion juridiques procède aussi à une veille doctrinale, dans laquelle il inclut des résumés d'articles de revues étrangères, ainsi qu'à une veille jurisprudentielle comportant une rubrique droit comparé, qui consiste en une sélection des décisions des Cours suprêmes étrangères, européennes et américaine. Il les diffuse ensuite aux membres du Conseil

---

2197 Cf. Le descriptif officiel des enjeux des activités internationales sur le site du Conseil d'Etat : http://www.conseil-etat.fr/Conseil-d-Etat/Relations-internationales/Enjeux-des-activites-internationales, consulté le 25/07/2016. Egalement, SAUVÉ (J.-M.), « La justice européenne en réseau, élément indispensable d'une justice de qualité », discours prononcé le 27 mars 2017 à l'occasion du soixantième anniversaire du traité de Rome, disponible sur http://www.conseil-etat.fr/Actualites/Discours-Interventions/La-justice-europeenne-en-reseau-element-indispensable-d-une-justice-de-qualite, consulté le 11 juin 2018.

2198 Nous adressons nos chaleureux remerciements à A. Bretonneau et X. Domino, responsables du centre de recherches et de diffusion juridiques entre février 2011 et septembre 2013, pour les informations qu'ils ont bien voulu nous livrer sur le fonctionnement de cette cellule lors d'un entretien.

2199 En 2016, il y avait par exemple un juriste spécialisé en droit anglo-saxon, en provenance de *Cornell University*, un autre en droit germanique, et enfin un dernier concentré sur les droits méditerranéens. Ils sont par ailleurs assistés de stagiaires maitrisant une ou plusieurs langues étrangères.

2200 Comparativement à ce dont elle disposait à ses débuts. Cf. SAUVÉ (J.-M.), « Allocution d'ouverture », *R.I.D.C.*, 2015, n° 2, pp. 281-291, spéc. p. 289 ; BRETONNEAU (A.), DAHAN (S.), FAIRGRIEVE (D.), « L'influence grandissante du droit comparé au Conseil d'État : vers une procédure juridictionnelle innovante ? », *R.F.D.A.*, 2015, n° 4, pp. 855-860, spéc. p. 856.

2201 BRETONNEAU (A.), DAHAN (S.), FAIRGRIEVE (D.), « L'influence grandissante du droit comparé au Conseil d'État : vers une procédure juridictionnelle innovante ? », *préc.*, p. 857.

d'Etat, mais également à ceux des tribunaux administratifs et des cours administratives d'appel qui en font la demande. Bien sûr, la Cellule s'appuie largement sur les réseaux dont elle dispose, et notamment celui de l'ACA-Europe[2202]. Pour accéder à l'information, les membres de la Cellule disposent d'une liste de spécialistes étrangers par domaine du droit administratif qu'ils peuvent contacter pour une question précise. L'obtention de l'information est dès lors rapide et efficace.

**681.** En Espagne, le Tribunal suprême espagnol est doté depuis 1985 d'un « cabinet technique »[2203], rattaché à la présidence, qui assume de nombreuses tâches, à la fois juridictionnelles (ou plus exactement préjuridictionnelles), mais également de gestion (il répartit par exemple les différents recours entre les chambres), parmi lesquelles une assistance d'ordre technique aux magistrats. Il leur met à disposition, par l'intermédiaire de *letrados* affectés aux différentes chambres et sous la responsabilité de magistrats, tout matériau législatif, jurisprudentiel, ou doctrinal pouvant être utile à la prise de décision. Il réalise ainsi des études ou des rapports sur demande de la présidence ou de l'une des chambres. L'impératif d'information sur les droits étrangers est clairement inscrit dans le rapport annuel du Tribunal suprême, et plus particulièrement de la chambre administrative, qui réclame d'ailleurs une augmentation des moyens humains au sein du cabinet technique, précisément justifiée par le fait qu'« en l'état actuel de la Troisième chambre, l'appui que l'on attend du Cabinet réside dans l'examen de questions juridiques complexes réclamant la recherche d'antécédents et de précédents en droit comparé dont l'étude préventive facilite énormément la délibération et contribue tout autant à la résolution la plus appropriée de l'affaire »[2204]. Ce même impératif est ensuite rappelé par une voie de communication officielle de l'institution : la *Revista del poder judicial*. Le Tribunal suprême y fait ainsi passer le message suivant : « il est chaque jour plus nécessaire de connaître ce qui se passe chez les autres, de prévoir les menaces et les problèmes qui

---

[2202] Cf. *supra*, n° 653-654.

[2203] Real Decreto 489/1985, de 2 de abril de 1985, *por el que se crea el Gabinete Técnico del Tribunal Supremo*, B.O.E., de 15 de abril de 1985, n° 90, pp. 9915-9915, modifié par Ley Orgánica 7/2015, de 21 de julio de 2015, *por la que se modifica la Ley Orgánica 6/1985, de 1 de julio, del Poder Judicial*, B.O.E., de 22 de julio de 2015, n° 174, pp. 61593-61660.

[2204] « En la situación actual de la Sala Tercera el apoyo que se requiere del Gabinete pasa por abordar el examen de cuestiones jurídicas complejas con búsqueda de antecedentes y precedentes en Derecho comparado cuyo estudio detenido con carácter previo facilita enormemente la deliberación y contribuye sobremanera a la más acertada resolución del asunto », cf. Memoria del Tribunal Supremo, 2013, http://www.poderjudicial.es/cgpj/es/Poder-Judicial/Tribunal-Supremo/Actividad-del-TS/Memoria-del-TS/Memoria-2013-TRIBUNAL-SUPREMO, spéc. p. 68, consulté le 02/08/2016/

commencent à les affecter, d'être au courant des expériences et solutions étrangères et de compter sur l'appui et la collaboration externes. Parce que tout ce qui affecte les autres nous concerne tous directement, il est essentiel de compter sur des espaces et des réseaux d'échanges permanents pour partager de meilleures pratiques, des informations et des expériences ainsi que gérer les connaissances. Pour toutes ces raisons, l'ouverture et la communication avec l'extérieur sont nécessaires, inéluctables et souhaitables »[2205].

**682.** La connaissance des droits administratifs étrangers est donc aujourd'hui un impératif pour les producteurs de normes. Cet enrichissement est aussi nécessaire pour la réflexion scientifique.

## B) L'enrichissement de la réflexion scientifique

**683.** Dans le domaine de la science du droit administratif, le besoin d'institutionnaliser les études sur les droits administratifs étrangers s'est également fait ressentir. Cette institutionnalisation passe notamment par l'instauration, dans les revues, d'une rubrique consacrée au droit comparé ou aux droits étrangers. L'Espagne avait pris une nette avance en la matière, forte de la tradition d'ouverture de sa doctrine. Le projet de la *Revista de Administración Pública* en est l'exemple topique[2206], et d'autres revues suivent son modèle. La nécessité d'enrichir la réflexion scientifique des apports étrangers était donc déjà largement perceptible. La France a, quant à elle, progressivement rattrapé son retard[2207]. Comme l'explique P. Delvolvé, relayant le projet des fondateurs[2208] de la *Revue française de droit*

---

2205 « Cada vez es más necesario conocer lo que pasa, prever las amenazas y los problemas que comienzan a afectar a otros, saber de las experiencias y soluciones ajenas, y contar con el apoyo y colaboración externa. Porque todo lo que afecta a los demás nos concierne directamente a todos, resulta imprescindible contar con espacios y redes de intercambio permanente donde compartir mejores prácticas, transferir información y experiencias y gestionar el conocimiento. Por todo ello, la apertura y comunicación al y con el exterior es necesaria, ineludible y conveniente », *Revista del poder judicial*, 2013, n° 95.

2206 Cf. *supra*, n° 333-335.

2207 En tout cas, le retard qu'elle avait creusé à partir du premier tiers du 20e siècle, tournant positiviste de la doctrine française qui délaisse alors l'étude doctrinale des droits étrangers.

2208 Parmi lesquels, F. Moderne, dont la spécialisation en droit comparé est connue.

*administratif*[2209], il y avait une volonté « dès l'origine » [2210] de dédier une « rubrique propre au droit administratif comparé et étranger, ainsi que, le cas échéant, des dossiers sur des sujets comportant des analyses pour différents pays »[2211]. Cette nécessité de s'enrichir des savoirs étrangers a pu également transformer quelque peu la ligne éditoriale de certaines revues déjà existantes. Ce fut par exemple le cas de la revue *Droit administratif*, fondée en 1962 par G. Liet-Vaux, et succédant à la *Revue pratique de droit administratif*. Si initialement, elle se limitait surtout à « un simple bulletin d'actualisation du JurisClasseur auquel elle était liée le JurisClasseur Administratif — »[2212], sous l'impulsion de J.-B. Auby qui en a pris la direction à partir de 1990, le comité de rédaction s'est attaché « à ouvrir la revue aux vents nouveaux de l'européanisation et de l'internationalisation, à orienter un peu son regard vers le droit comparé »[2213]. Il est encore trop tôt pour savoir si le récent changement de direction, assuré désormais par J-H Stahl, P. Lignières et B. Plessix, modifiera cet angle d'approche[2214].

**684.** Les réseaux permettent donc d'enrichir le point de vue des administrativistes français et espagnols grâce aux droits étrangers. Dans le même temps, ils leur permettent aussi de faire la promotion de leurs solutions, révélant ainsi l'ambivalence du but qui leur est assigné.

### §2) L'opportunité de promouvoir les solutions nationales

**685.** L'idée de dialogue, ou d'échange, impliquant la réciprocité, les autorités nationales (A), comme la doctrine en droit administratif (B), ne se contentent pas de percevoir les droits administratifs étrangers comme une source d'enrichissement, mais les envisagent comme des réceptacles potentiels de solutions du droit national. Le droit national emprunte les mêmes

---

2209 Dont le premier numéro est paru en 1985.

2210 Cf. DELVOLVÉ (P.), « Pour la Revue française de droit administratif », *préc.*, p. 2

2211 Cf. *idem*, p. 3.

2212 AUBY (J.-B.), « Aux lecteurs de Droit administratif », *Droit Administratif*, 2015, n° 12, Edito.

2213 AUBY (J.-B.), « Aux lecteurs de Droit administratif », *Droit Administratif*, 2015, n° 12, Edito.

2214 PLESSIX (B.), « Inhabituellement excessive, la doctrine, pourquoi ne le serait-elle pas ? », *Droit administratif*, 2016, n° 3, pp. 1-2.

voies de circulation que les droits étrangers, et notamment celle de la traduction. L'échange passe en effet par la communicabilité du droit national, qui est d'autant plus facilitée dans le cadre de réseaux, la circulation de l'information y étant plus rapide.

### A) La valorisation du droit positif

**686.** Les services chargés de faire connaître les droits étrangers aux producteurs du droit administratif assument souvent, dans le même temps, la tâche de faire circuler les solutions du droit national. La description des relations internationales entretenues par ces services témoigne de la réciprocité de l'échange. Les services parlementaires français et espagnol, en charge de l'activité internationale, ont ainsi vocation, par le développement d'une diplomatie parlementaire[2215], à mettre en avant le droit national à l'étranger à l'occasion des relations nouées avec leurs homologues. Le rôle des missions effectuées par les groupes interparlementaires d'amitié est ainsi expliqué sur le site du Sénat français : elles « permettent de mieux connaître la situation concrète des pays visités, mais aussi, le cas échéant, de favoriser le rayonnement de notre pays, notamment en matière économique, commerciale et culturelle »[2216]. Elles sont vraisemblablement perçues de la même façon par les chambres parlementaires espagnoles. Il y a plus encore cette idée de promotion, d'un savoir-faire national cette fois, dans le développement de la coopération interparlementaire consistant, pour les chambres parlementaires françaises et espagnoles à apporter une aide technique aux Parlements sollicitant leur appui. Un même objectif de rayonnement anime les Gouvernements espagnol et français. Par exemple, le service des affaires européennes et internationales du ministère de la Justice français, outre les missions précitées visant à faciliter l'accès aux droits étrangers, « détermine la politique de rayonnement et la présence du ministère de la Justice à l'étranger [...] et participe aux actions de diffusion du droit français [...] »[2217]. De même, le Groupement d'intérêt public *Juriscope* vise « à promouvoir le droit français et les droits d'inspiration française à l'étranger »[2218].

---

[2215] Le terme fait son apparition aussi bien en France qu'en Espagne, la diplomatie parlementaire s'inscrivant dans la continuité de la diplomatie d'Etat.

[2216] Cf. http://www.senat.fr/international/gs_pres.html, consulté le 10/08/2016.

[2217] Article 9 Arrêté du 9 juillet 2008, *fixant l'organisation en services du secrétariat général du ministère de la Justice, préc.*

[2218] Cf. http://www.juriscope.org/, consulté le 10/08/2016.

**687.** Le juge administratif saisit aussi l'occasion de faire rayonner le droit national. Le descriptif de la dimension internationale de son activité par le Conseil d'Etat français affiche clairement ce double enjeu de l'échange. Rappelant la « responsabilité du juge administratif » dans la « convergence des droits publics nationaux », « l'émergence d'un droit public européen » et « l'application homogène du droit public existant », il conclut qu'« il est logique que le droit administratif français s'enrichisse et s'inspire aussi de modèles étrangers sans pour autant renoncer à servir de modèle »[2219]. De même, la Présidence du Tribunal suprême espagnol ne néglige pas ses relations avec ses homologues étrangers, assisté pour cela par le Cabinet technique. Plus généralement, c'est le Conseil général du pouvoir judiciaire qui investit le champ des relations internationales, et de la représentation de l'Espagne, insistant sur la nécessité de renforcer sa « présence et sa projection internationale »[2220] ainsi que celles « des juges et magistrats espagnols dans les forums et événements en lien avec la Justice »[2221]. L'Espagne doit elle aussi apporter sa contribution aux « processus de réforme, de modernisation, de renforcement institutionnel et d'organisation du pouvoir judiciaire des pays de son environnement géographique, politique, linguistique, historique et socioéconomique »[2222], ainsi qu'à « la consolidation de l'Espace Judiciaire Européen et à la diffusion du droit communautaire dans le domaine judiciaire »[2223]. Œuvrer à la diffusion du droit de l'Union européenne peut être l'occasion de valoriser l'adaptation espagnole des exigences européennes. De la marge de manœuvre potentiellement laissée aux Etats membres dans l'intégration du droit de l'Union européenne, notamment par la technique de la directive, il résulte en effet plusieurs déclinaisons nationales du droit européen, lesquelles sont ensuite évaluées dans la compétition, de fait, qui

---

2219 Cf. http://www.conseil-etat.fr/Conseil-d-Etat/Relations-internationales/Enjeux-des-activites-internationales, consulté le 10/08/2016.

2220 « Fortaleciendo la presencia y proyección internacional del CGPJ y de los jueces y magistrados españoles en los foros y eventos relacionados con la Justicia ». Cf. http://www.poderjudicial.es/cgpj/es/Temas/Relaciones-internacionales/Relaciones-internacionales-institucionales/Informacion-general/Informacion-general, consulté le 12/08/16

2221 « Fortaleciendo la presencia y proyección internacional del CGPJ y de los jueces y magistrados españoles en los foros y eventos relacionados con la Justicia ». Cf. http://www.poderjudicial.es/cgpj/es/Temas/Relaciones-internacionales/Relaciones-internacionales-institucionales/Informacion-general/Informacion-general, consulté le 12/08/2016.

2222 « Los procesos de reforma, modernización, y de fortalecimiento institucional y organizativo de los poderes judiciales de los países de nuestro entorno geográfico, político, lingüístico, histórico y socioeconómico », cf. http://www.poderjudicial.es/cgpj/es/Temas/Relaciones-internacionales/Presentacion/, consulté le 12/08/2016.

2223 « la consolidación del Espacio Judicial Europeo y a la difusión del Derecho Comunitario entre el colectivo judicial », cf. http://www.poderjudicial.es/cgpj/es/Temas/Relaciones-internacionales/Presentacion/, consulté le 12/08/2016.

règne entre les droits nationaux. Désormais, plus que de mettre en avant un modèle national de droit administratif, comme cela pouvait se faire classiquement dans une démarche d'exportation, il s'agit de faire la promotion d'une interprétation nationale du droit de l'Union européenne[2224].

**688.** Par ailleurs, les possibilités de circulation du droit national sont plus grandes lorsqu'on en facilite la communicabilité, grâce à la traduction. En Espagne, depuis 2010, le Secrétariat général technique du ministère de la Justice propose sur son site une traduction en anglais et en français des principales lois espagnoles, à l'instar de la loi sur la juridiction administrative. En France, les traductions du droit national sont accessibles sur le site Légifrance[2225], qui est le service public de la diffusion du droit par internet. En 1999, et à la demande du gouvernement, un programme de traduction du droit français avait été mis en place par les responsables du Secrétariat général du Gouvernement, du ministère de la Justice, du ministère des Affaires étrangères et du *Juriscope* pour « favoriser la diffusion du droit national vers les droits étrangers »[2226]. Le *Juriscope*, chargé de la conduite de ces traductions avait notamment traduit les principaux codes français (on y trouve par exemple le Code de l'environnement), mais également certaines lois ou ordonnances (à l'instar de celle du 17 juin 2004 relative aux contrats de partenariat[2227]). Le site Légifrance relaie désormais de nouvelles traductions, réalisées par d'autres sites institutionnels français qui, progressivement, ont également décidé de diffuser le droit français. Le Conseil d'Etat a, par exemple, fait traduire le Code de justice administrative. Il entreprend également, depuis décembre 2014, de faire traduire des décisions jurisprudentielles qu'il souhaite mettre en avant. Les arrêts traduits (principalement en anglais et espagnol, mais également en arabe ou chinois, sans doute dans des perspectives différentes) sont sélectionnés par les responsables du Centre de recherches et de diffusion juridiques. Dans son

---

[2224] M. Delmas-Marty décrit ainsi la stratégie allemande consistant « à intégrer la norme internationale en droit interne, ce qui permet ensuite de proposer le droit allemand comme modèle d'intégration », et conclut qu'« après tout, il n'est sans doute pas illégitime que les pays qui ont fait un premier effort pour intégrer la norme internationale, donc qui ont accepté une certaine réciprocité impliquant une modification du droit national, contribuent ensuite de façon active au processus d'hybridation ». Cf. DELMAS-MARTY (M.), *Le pluralisme ordonné*, Paris, Editions du Seuil, 2006, pp. 110-111.

[2225] On peut y trouver des traductions en arabe, en allemand, en anglais, en espagnol, en italien, en chinois, en portugais ou en turc, mais ce sont principalement l'anglais, l'espagnol et l'allemand qui sont langues de traduction.

[2226] Cf. présentation faite sur le site du juriscope, http://www.juriscope.org/les-traductions/traductions-de-lois-francaises.htm

[2227] Cf. Ordonnance n° 2004-559 du 17 juin 2004, *sur les contrats de partenariat*, J.O.R.F., du 19 juin 2004, n° 141, p. 10994.

communiqué de presse du 20 septembre 2016, le Conseil d'Etat précise d'ailleurs très explicitement les finalités recherchées par cette entreprise de traduction, entre enrichissement et rayonnement : « cette initiative s'inscrit dans le cadre d'un projet ambitieux qui vise à rendre accessible au plus grand nombre la jurisprudence administrative française et à promouvoir ainsi le droit continental. La volonté de traduire, en cinq langues et dans leur intégralité, une sélection de décisions récentes répond aux attentes exprimées par les interlocuteurs étrangers du Conseil d'État et à la volonté de s'inscrire dans une logique d'ouverture et de respect des diversités culturelles et linguistiques »[2228]. Depuis très récemment, ce sont d'ailleurs les communiqués de presse du Conseil d'Etat qui font également l'objet de traductions. La Commission nationale de l'informatique et des libertés elle aussi, comme d'autres autorités administratives indépendantes, offre sur son site la traduction de la loi du 6 janvier 1978, relative à l'informatique, aux fichiers et aux libertés[2229] ainsi que de son décret d'application[2230].

**689.** La volonté de faire valoir le droit administratif national ne se limite par ailleurs pas uniquement au droit positif.

## B) La valorisation de la science du droit

**690.** Les avancées de la science du droit administratif doivent aussi être valorisées dans une perspective d'échange. Cette valorisation utilise principalement le canal des revues en ligne, en raison de la facilité d'accès du support, que ce soit d'un point de vue technique — la rapidité des échanges

---

2228 CONSEIL D'ETAT, « Une sélection de décisions du Conseil d'Etat accessibles en 5 langues », *Communiqué du 20 septembre 2016*, disponible sur http://www.conseil-etat.fr/Actualites/Communiques/Une-selection-de-decisions-du-Conseil-d-Etat-accessibles-en-5-langues, consulté le 24/09/2016. Dans une partie consacrée aux indicateurs de l'activité du Conseil d'Etat et des juridictions administratives en 2016, le rapport public de 2017 fait état de 202 traductions de décisions juridictionnelles : 79 en anglais, 22 en allemand, 28 en espagnole, 21 en arabe et 52 en chinois. Pour l'année 2017, le rapport public de 2018 fait état de 133 traductions de décisions juridictionnelles : 50 en anglais, 28 en allemand, 19 en espagnol, 22 en arabe et 14 en chinois.

2229 Loi n° 78-17 du 6 janvier 1978, *relative à l'informatique, aux fichiers et aux libertés*, J.O.R.F., du 7 janvier 1978, p. 227.

2230 Décret n° 2005-1309 du 20 octobre 2005 pris pour l'application de la loi n° 78-17 du 6 janvier 1978, *relative à l'informatique, aux fichiers et aux libertés*, J. O. R. F., du 22 octobre 2005, n° 247, p. 16769. Elle est cependant codifiée désormais dans le titre III du *Code des relations entre le public et l'administration*, entré en vigueur le 1er janvier 2016.

par les nouvelles voies de communication n'étant plus à démontrer — ou d'un point de vue substantiel — le format de la revue offrant une synthèse du droit national dont l'appréhension est plus aisée que celle d'un essai ou d'un traité.

**691.** La valorisation du droit national est très clairement l'autre versant de l'enjeu du réseau *Ius Publicum*. S'il permet d'accéder aux dernières études étrangères portant sur le droit administratif, il concourt aussi nécessairement à faire connaître l'état de la science nationale du droit administratif. La rubrique « Articles » publie ainsi en ligne « la consultation des contributions de ceux qui souhaitent porter les résultats de leur recherche scientifique à la connaissance des autres cultures nationales »[2231]. Les études sont d'ailleurs souvent publiées en anglais pour en assurer une diffusion plus large. Bien que la doctrine italienne soit celle qui publie le plus en anglais sur le réseau *Ius Publicum* (excepté, bien entendu, les auteurs britanniques) les auteurs espagnols semblent le faire de plus en plus, à la différence notable des auteurs français. Néanmoins, d'autres initiatives existent permettant à la doctrine française de publier ses écrits en anglais. La *Henri Capitant Law Review* en est un exemple. Ses numéros sont rédigés en français et en anglais afin, notamment, de s'adresser aux juristes de *Common Law*, en créant avec eux « un courant d'échanges féconds »[2232]. Cette revue, bien que généraliste et plutôt orientée vers le droit privé, a pu ainsi publier un numéro consacré à la distinction entre droit public et droit privé[2233]. Dans la même veine, la toute récente *Monstesquieu Law Review* concourt à la diffusion du droit français, et revendique la « mise en valeur du meilleur de la recherche juridique académique »[2234], en traduisant des articles écrits initialement, et la plupart du temps, en français par leurs auteurs[2235].

---

2231 Cf. http://www.ius-publicum.com/pagina.php?lang=fr&pag=articoli, consulté le 12/08/2016.

2232 Cf. http://henricapitantlawreview.org/, consulté le 12/08/2016.

2233 Cf. Numéro 5, 30 décembre 2012.

2234 Cf. http://montesquieulawreview.eu/about.htm, consulté le 12/08/2016.

2235 Par exemple, pour le premier numéro, deux articles sont consacrés au droit administratif : BRISSON (J.-F.), « Recent changes in administrative litigation concerning contracts: on third-party remedies against administrative contracts », *Montesquieu Law Review*, 2015, n° 1, pp. 7-14 ; ROUYÈRE (A.), « The Dieudonné case: freedom of expression, freedom of assembly and public order requirements », *Montesquieu Law Review*, 2015, n° 1, pp. 15-22.

**692.** En résumé, les attitudes de la France et de l'Espagne sont globalement convergentes en ce qui concerne l'opportunité de promouvoir le droit administratif national dans une perspective d'échanges. Plusieurs nuances peuvent toutefois être apportées. Il n'aura d'abord pas échappé que l'idée d'échange, de réciprocité concerne en premier lieu des relations avec les autres droits européens, ou d'Amérique du Nord, perçus alors comme des homologues. La relation est sans doute plus unilatérale lorsqu'on s'écarte de ce périmètre géographique. La posture du modèle d'exportation (ou de l'ancien modèle d'exportation) n'est ainsi pas totalement effacée lorsqu'il s'agit des liens que la France entretient avec les pays du Maghreb ou plus généralement d'Afrique francophone, ou bien ceux que l'Espagne garde avec les pays d'Amérique latine. Enfin, l'investissement dans le versant rayonnement de l'échange est sans doute plus marqué en France qu'en Espagne, la culture de l'exportation y étant plus solidement ancrée. La globalisation du droit, en même temps qu'elle encourageait à décentrer les juristes de leur perspective strictement nationale, en s'inspirant des expériences étrangères, a également provoqué chez certains des réactions plus défensives[2236], inquiets sans doute de voir le modèle français perdre de son influence[2237], voire même son identité propre dans un univers compétitif[2238]. L'étude du Conseil d'Etat français parue en 2001 sur l'influence internationale du droit français en témoigne[2239]. Le rapport *Doing Business* produit par la

---

[2236] Cf. A. Le Quinio qui souligne « l'approche dialectique de la mondialisation, la recherche de l'homogénéité entraînant une montée de l'hétérogénéité ». Cf. LE QUINIO (A.), *Recherche sur la circulation des solutions juridiques : le recours au droit comparé par les juridictions constitutionnelles*, *préc.*, p. 35.

[2237] Ce n'est d'ailleurs pas propre au droit public, comme en témoigne R. Wintgen à propos du droit des obligations. Selon lui, « aujourd'hui, les enjeux de la concurrence entre les droits nationaux ont changé. Il ne s'agit plus, ou plus seulement, de faire rayonner une culture juridique nationale au-delà des frontières, mais il s'agit d'assurer la survie de cette culture face aux mouvements d'unification européenne et internationale du droit ». Cf. WINTGEN (R.), « La concurrence au sein du système juridique continental : l'exemple franco-allemand. Le droit des obligations, champ de concurrence entre droit allemand et droit français », in DU BOIS DE GAUDUSSON (J.), FERRAND (F.)(dir.), *La concurrence des systèmes juridiques*, Aix-en-Provence, P.U.A.M., 2008, pp. 87-95, spéc. p. 90.

[2238] Cette crainte s'est tout particulièrement exprimée vis-à-vis de l'Union européenne à partir des années 1970, lorsque son droit a commencé à avoir des incidences très concrètes sur le droit administratif français. Terminée l'époque où les juristes français célébraient les conquêtes du droit administratif, ces derniers, comme le rappelle L. Dubouis, percevaient au contraire le droit communautaire comme « rebelle à la réception des concepts et principes de notre droit administratif », mais en plus, prêt à en compromettre « la survie jusque sur leur terre de naissance ». Cf. DUBOUIS (L.), « Droit administratif et droit communautaire : deux cultures juridiques ? », in *Droit et politique à la croisée des cultures, Mélanges Philippe Ardant*, Paris, L.G.D.J., 1999, pp. 443-452, spéc. p. 449.

[2239] Notamment la troisième partie de l'étude intitulée « éléments d'une stratégie d'influence juridique ». Cf. CONSEIL D'ETAT, *L'influence internationale du droit français*, *préc.*, pp. 79-127.

Banque mondiale qui met en compétition les droits en fonction de leur performance a, semble-t-il, provoqué un choc bien plus important chez les juristes français[2240] que chez les juristes espagnols, si l'on considère les articles qui ont été publiés[2241] et les initiatives développées en réaction, que l'on pense par exemple à la *Fondation pour le droit continental*[2242] et à sa production scientifique[2243].

---

2240 Pour O. Dubos, « les temps ne sont plus au messianisme de la culture française, fut-elle juridique, mais plutôt au syndrome obsidional : dès lors le droit administratif ne se perçoit plus comme conquérant, mais comme conquis. Le droit administratif français sous les assauts conjugués des droits européens, de la globalisation, de l'idéologie de la régulation notamment subirait un terrible mouvement de déculturation-acculturation. Ce constat n'est pas erroné, mais il est assurément exagéré. Il s'agit plutôt d'une adaptation ». Cf. DUBOS (O.), « Le droit administratif et les situations transnationales : des droits étrangers au droit comparé », *préc.*, p. 69.

2241 Pour un exemple au titre explicite, cf. GARAPON (A.), « Nous devons bâtir une stratégie de défense de notre droit », *L.P.A.*, 2004, n° 87, pp. 3-7.

2242 Cette fondation a été créée en 2007 et résulte d'un partenariat entre pouvoirs publics, professions juridiques et entreprises internationales. Elle œuvre à la défense du droit romano-germanique à travers le monde, face au modèle de *common-law* auquel elle s'oppose.

2243 Cf. par exemple, DU MARAIS (B.), *Des indicateurs pour mesurer le droit ? Les limites méthodologiques des rapports Doing Business*, Paris, La documentation française, 2006 ; DU MARAIS (B.), *Agences de notation, immobilier, contrats publics : contributions sur l'attractivité économique du droit*, Paris, La documentation française, 2007.

## Conclusion du premier chapitre

**693.** La globalisation juridique a transformé le rapport du droit administratif national aux droits administratifs étrangers. Le développement des systèmes juridiques supranationaux à l'instar de celui de l'Union européenne a supposé une interconnectivité croissante des normes qui « oblige les juristes à modifier leur façon de penser et à accepter l'idée d'un espace polycentrique »[2244]. La logique de réseaux, verticaux, mais également horizontaux, domine désormais[2245]. Les interactions entre systèmes juridiques nationaux, d'abord contraintes, ont cédé la place à une coopération volontaire. Les autorités nationales institutionnalisent leurs relations et les inscrivent dans la permanence. Des réseaux parlementaires, administratifs, ou encore juridictionnels se tissent dans un objectif de partage d'expérience dans la production de la norme. De la même manière, des réseaux scientifiques se multiplient pour mettre en commun les avancées de la science du droit administratif. Ainsi, le droit administratif, positif ou scientifique, circule, s'adapte et se réadapte, rendant obsolète une analyse du phénomène en termes d'export ou d'import. C'est en effet la réciprocité qui caractérise la logique des réseaux. Leur finalité est ambivalente, parce qu'elle offre la possibilité aux droits nationaux à la fois de s'enrichir de l'expérience étrangère, mais également de promouvoir leurs solutions. S'enrichir de l'expérience étrangère apparaît aujourd'hui comme une nécessité et dépasse la vertueuse ouverture sur l'étranger, par simple curiosité de l'autre. Les producteurs de normes l'ont bien compris en rendant de plus en plus systématique l'étude des droits administratifs étrangers lors du processus d'élaboration de la norme. Mais la globalisation est également un univers concurrentiel, dans lequel s'inspirer de l'autre n'est pas renoncer à l'influencer à son tour, en se servant des mêmes canaux de transmission que ceux utilisés pour s'enrichir des solutions juridiques offertes par les droits étrangers. Les droits administratifs français et espagnol illustrent tous deux cette ambivalence, partageant, plus encore aujourd'hui, un même rapport aux droits administratifs étrangers.

---

[2244] LE QUINIO (A.), *Recherche sur la circulation des solutions juridiques : le recours au droit comparé par les juridictions constitutionnelles*, *préc.*, p. 36.

[2245] Cf. MAGNETTE (P.), REMACLE (E.) (dir.), *Le nouveau modèle européen*, T. 1, Bruxelles, Editions de l'Université de Bruxelles, 2000, pp. 10-16, spéc. pp. 13-14.

# Chapitre 2 : L'appréhension utilitariste des droits administratifs étrangers, caractéristique de la globalisation du droit

**694.** L'enrichissement poursuivi par les échanges entre droits administratifs nationaux et étrangers est avant tout utilitariste. Depuis la fin des années 1980, les autorités normatives procèdent à ce que l'on a coutume d'appeler dans le langage managérial un « étalonnage concurrentiel », ou *benchmarking*, consistant à évaluer les droits pour déterminer celui qui est le plus performant, digne en cela d'être source d'inspiration. La mesure de la performance est avant tout économique. En effet, l'idéologie néolibérale, qui sous-tend cette globalisation, repose sur « la croyance que les principes du marché libre et compétitif conduisent à l'ordre économique le plus efficient et rationnel »[2246]. Dans ce contexte, le droit, et qui plus est le droit public, ne doit pas être un frein. Dès lors, les droits administratifs potentiellement sources d'inspiration sont ceux qui ont le plus intégré la logique économique et qui facilitent les échanges. La performance peut aussi s'évaluer en termes de protection des droits de l'homme[2247], dont les standards sont de plus en plus fixés par les systèmes de droit supranationaux. Le droit devient donc « une marchandise comme une autre »[2248]. En réalité, plus qu'un droit pris dans son ensemble, ce sont certains aspects de ce droit qui sont évalués[2249] : une réglementation particulière, une technique précise, une institution, ou encore un principe. Ce n'est donc plus tant le droit administratif allemand, le droit administratif italien, dont il faut éventuellement s'inspirer, ce ne sont désormais que des « pièces détachées »[2250] de ces droits : la procédure administrative allemande, les agences anglo-saxonnes, etc. La globalisation et plus encore l'européanisation « ont transformé l'enjeu et les logiques du regard de droit comparé »[2251]. Parce que les droits des Etats membres de

---

2246 AMIN (S.), ARRIGHI (G.), CHESNAIS (F.), HARVEY (D.), ITOH (M.), KATZ (C.), « Qu'est-ce que le néolibéralisme ? », *Actuel Marx*, 2006, n° 2, pp. 12-23, spéc. p. 13.

2247 Cf. DELMAS-MARTY (M.), *Pour un droit commun*, *préc.*, pp. 186-195

2248 HUBRECHT (H.-G.), « Peut-on toujours faire du droit comparé ? Le droit administratif comparé à l'épreuve de la globalisation et du management public », in MELLERAY (F.) (dir.), *L'argument de droit comparé en droit administratif français*, Bruxelles, Bruylant, 2007, pp. 39-53, spéc. p. 41.

2249 Cf. DELMAS-MARTY (M.), « Préface », in DELMAS-MARTY (M.) (dir.), *Critique de l'intégration normative*, Paris, P.U.F., 2004, pp. 13-23, spéc. p. 20.

2250 GARAPON (A.), « Nous devons bâtir une stratégie de défense de notre droit », *préc.*, spéc. p. 3-7.

2251 AUBY (J.-B.), « La bataille de San Romano. Réflexions sur les évolutions récentes du droit administratif », *préc.*, p. 922.

l'Europe sont « embarqués dans des radeaux juridiques communs »[2252], il devient particulièrement utile pour les juristes de connaître la façon dont leurs homologues étrangers résolvent une même difficulté juridique qui se présente devant eux[2253]. Les systèmes juridiques étrangers sont dorénavant, et essentiellement, des « alternatives pratiques »[2254]. Ce « déplacement des enjeux du droit comparé »[2255] est constaté par les juristes français, mais également espagnols, dont la tradition d'érudition dans la connaissance théorique des droits étrangers était pourtant particulièrement marquée[2256]. La conception majoritaire de la comparaison juridique se veut, maintenant, « loin de toute érudition inutile et destinée, de façon beaucoup plus efficace, à mettre à profit les réponses données par les ordres juridiques les plus proches à des problèmes similaires ou communs »[2257]. En France comme en Espagne, l'usage des droits administratifs étrangers est donc essentiellement utilitariste, car ces derniers sont, avant tout, utilisés par les producteurs du droit administratif pour la fabrique du droit positif national (section I). De même, les études doctrinales sur les droits administratifs étrangers poursuivent majoritairement cette même finalité (section II).

## *Section 1: L'utilisation des droits administratifs étrangers par les autorités normatives*

**695.** Rendre compte du retentissement des droits étrangers dans la fabrique de la norme administrative n'est pas chose aisée, car il est toujours difficile d'avoir la certitude que l'argument de droit comparé a été déterminant dans

2252 *Ibidem.*

2253 DELMAS-MARTY (M.) (dir.), *Critique de l'intégration normative*, *préc.*, p. 20.

2254 AUBY (J.-B.), « La bataille de San Romano. Réflexions sur les évolutions récentes du droit administratif », *préc.*, p. 922.

2255 DELMAS-MARTY (M.) (dir.), *Critique de l'intégration normative*, *préc.*, p. 20.

2256 Cf. *supra*, n° 301-355.

2257 « Alejada ya de toda erudición inútil y dirigida, mucho más eficazmente, a aprovechar las respuestas que los Ordenamientos jurídicos más cercanos han venido dando a problemas similares o comunes », CARRO FERNÁNDEZ-VALMAYOR (J.-L), « Reflexiones sobre las transformaciones actuales del derecho público, en especial del derecho administrativo », *R.A.P.*, 2014, n° 193, pp. 11-44, spéc. pp. 13-14. Sur la dimension pratique du droit comparé, cf. également REQUEJO ISIDRO (M.), OTERO CRESPO (M.), « Comparative Law before the Spanish Private Law Courts in the 21st Century », in ANDENAS (M.), FAIRGRIEVE (D.) (dir.), *Courts and Comparative Law*, Oxford, Oxford University Press, 2015, pp. 552-568, spéc. p. 555.

l'orientation de la solution[2258]. Néanmoins, il est possible d'analyser les finalités que leur usage semble poursuivre. Le recours aux droits étrangers peut ainsi revêtir plusieurs fonctions. L'une d'elles est heuristique, les droits étrangers permettant de découvrir une solution que le producteur de la norme ne parvenait pas à trouver dans le contexte national[2259]. Mais la fonction la plus courante est celle de légitimer « une solution donnée et prédéfinie »[2260], les droits étrangers servant d'argument d'autorité, parfois « quasi péremptoire »[2261]. A l'évidence, ces deux fonctions se distinguent, voire sont opposées. La seconde voie est plus encore utilitariste, et tend parfois à l'instrumentalisation[2262]. Globalement, les droits administratifs étrangers sont souvent utilisés, par le producteur de droit écrit, pour justifier sa réforme (§1), ou par le juge pour appuyer sa solution (§2).

## §1) Les droits administratifs étrangers comme justification de la réforme législative et réglementaire

**696.** Le producteur de normes écrites, qu'il s'agisse du Parlement ou du Gouvernement, utilise les droits administratifs étrangers principalement comme argument permettant de justifier sa position. Ce constat se vérifie aussi bien en France (A) qu'en Espagne (B).

---

2258 RIVERO (J.), « Droit administratif français et droits administratifs étrangers », *préc.*, pp. 484-485.

2259 F. Rueda parle d'usage des enquêtes comparatives « de façon "ouverte", pour s'enquérir de ce qui se fait à l'étranger face à un problème donné – comme source d'idées "neuves" ». Cf. RUEDA (F.), « Les "Etudes de Législation Comparée" des Assemblées parlementaires françaises : une utilisation pédagogique du droit comparé dans le travail législatif ? », *préc.*, p. 400.

2260 *Ibidem.*

2261 LE QUINIO (A.), *Recherche sur la circulation des solutions juridiques : le recours au droit comparé par les juridictions constitutionnelles*, *préc.*, p. 74.

2262 C'est ce qu'explique J.-B. Auby en introduisant l'ouvrage collectif *L'argument de droit comparé en droit administratif français* : « on ne peut qu'être frappé par le tableau très négatif que dressent les différents contributeurs. Il en ressort que l'argument de droit comparé est toujours sélectif, souvent déformé, très souvent instrumentalisé, auto-justificateur ». Cf. AUBY (J.-B.), « Introduction », in MELLERAY (F.) (dir.), *L'argument de droit comparé en droit administratif français*, *préc.*, pp. 1-10, spéc. p. 5. La critique faite par J. Carbonnier est également particulièrement connue : « A beau mentir qui vient de loin, ou le mythe du législateur étranger », CARBONNIER (J.), *Essais sur les lois*, Paris, Répertoire du notariat Defrénois, 2e éd., 1995, pp. p. 227-238.

## A) En France

**697.** L'utilisation pratique des droits étrangers dans la construction de la norme législative trouve de nombreuses illustrations, particulièrement aujourd'hui, car l'analyse comparatiste relève du réflexe. Du point de vue méthodologique, la démarche comparative employée par le Sénat semble plus rigoureuse que celle de l'Assemblée nationale, et révèle « un souci d'analyse et de synthèse qui dépasse de loin de simples études de droit étranger, et produit de véritables outils d'aide à la décision pour les sénateurs »[2263]. Dans les deux chambres cependant, l'analyse statistique montre que le recours aux arguments de droit comparé par les parlementaires a très sensiblement augmenté depuis qu'elles procèdent à ces études de manière systématique[2264]. Parmi les exemples anciens, souvent cités pour illustrer la circulation des solutions juridiques, il y a celui de l'ex-Médiateur[2265], créé en 1973[2266] sur le modèle de l'*Ombudsman* suédois[2267], institution ayant essaimé à travers le monde notamment après la Seconde Guerre mondiale[2268]. Le Médiateur français s'inscrivait ainsi dans le modèle traditionnel scandinave de supervision de l'Administration : une institution non juridictionnelle et indépendante chargée de résoudre les problèmes rencontrés par les administrés du fait des dysfonctionnements de l'Administration[2269]. Mais la source d'inspiration était à l'époque tue[2270]. Cet exemple est néanmoins particulièrement emblématique du point de vue des inspirations étrangères, puisque ces dernières sont à la fois officieusement instigatrices de sa

---

2263 RUEDA (F.), « Les "Etudes de Législation Comparée" des Assemblées parlementaires françaises : une utilisation pédagogique du droit comparé dans le travail législatif ? », *préc.*, p. 398.

2264 *Ibidem.*

2265 Devenu Médiateur de la République à partir de 1989. Cf. Loi n° 89-18 du 13 janvier 1989, *portant diverses mesures d'ordre social*, J.O.R.F., du 14 janvier 1989, p. 542.

2266 Créé par la Loi n° 73-6 du 3 janvier 1973, *instituant un médiateur*, J.O.R.F., du 4 janvier 1973, p. 164.

2267 LEGRAND (A.), « Médiateur ou Ombudsman », *A.J.D.A.*, 1973, pp. 229-236.

2268 Ce qui ne signifie pas, comme le précise D. Löhrer, que le modèle initial soit resté intact : « l'ombudsman, au contact de différentes cultures et des spécificités de chaque système juridique, a, en effet, connu de multiples remaniements institutionnels ». Cf. LÖHRER (D.), *La protection non juridictionnelle des droits fondamentaux en droit constitutionnel comparé : l'exemple de l'Ombudsman spécialisé portugais, espagnol et français*, Clermont-Ferrand, Institut universitaire Varennes, 2014, p. 26. Cf. également, LEGRAND (A.), « Une institution universelle : l'Ombudsman? », *R.I.D.C.*, 1973, n° 4, pp. 851-861.

2269 Aussi bien de l'Etat, que des collectivités territoriales, des établissements publics, ou de tout autre organisme investi d'une mission de service public.

2270 Alors même que l'inspiration suédoise est particulièrement claire. Cf. LEGRAND (A.), « Médiateur ou Ombudsman », *préc.*, p. 230.

création[2271], puis officiellement[2272] à l'origine de sa réforme plus de trente ans plus tard. En effet, le Médiateur de la République fut absorbé, avec d'autres autorités administratives indépendantes[2273], par une institution nouvelle, traduisant un « changement de perspectives »[2274], sans pour autant renier tout « lien de parenté »[2275] avec son prédécesseur : le Défenseur des droits. Ce dernier, créé par la révision constitutionnelle du 23 juillet 2008 et développé par la loi organique du 29 mars 2011[2276] et la loi ordinaire du 29 mars 2011[2277], assume toujours une mission de surveillance des pouvoirs publics, « mais dans une perspective renouvelée de défense des droits de la personne humaine »[2278].

**698.** Il rejoint ainsi la déclinaison ibérique de l'*Ombudsman* scandinave, dont les fonctions ont été adaptées pour devenir l'*Ombudsman* spécialisé[2279]. L'impératif de réforme sur le modèle espagnol[2280] était expressément évoqué par le rapport du Comité Balladur[2281], comité d'experts chargé de réfléchir à

---

2271 Les droits administratifs étrangers servent alors de source d'inspiration non avouée.

2272 En 2008, l'exemple étranger est parfaitement assumé, signe d'un changement dans la manière de se servir des droits étrangers.

2273 En plus des attributions du Médiateur de la République, le Défenseur des droits intègre les missions du Défenseur des enfants, de la HALDE et de la Commission nationale de déontologie de la sécurité.

2274 LÖHRER (D.), *La protection non juridictionnelle des droits fondamentaux en droit constitutionnel comparé : l'exemple de l'Ombudsman spécialisé portugais, espagnol et français*, *préc.*, p. 28.

2275 *Ibidem*. H. Simonian-Gineste y voit une réforme « dans la continuité de l'évolution de l'institution », orientée depuis le milieu des années 2000 vers la protection des droits fondamentaux. Cf. SIMONIAN-GINESTE (H.), « Du Médiateur de la République au Défenseur des Droits », *Revue Miroirs* [En ligne], 2015, n° 2, pp. 66-83, spéc. p. 70, http://www.revuemiroirs.fr/links/3/article4.pdf, consulté le 23/07/2016.

2276 Loi organique n° 2011-333 du 29 mars 2011, *relative au Défenseur des droits*, J.O.R.F., du 30 mars 2011, n° 0075, p. 5497.

2277 Loi n° 2011-334 du 29 mars 2011, *relative au Défenseur des droits*, J.O.R.F., du 30 mars 2011, n° 0075, p. 5504.

2278 LÖHRER (D.), *La protection non juridictionnelle des droits fondamentaux en droit constitutionnel comparé : l'exemple de l'Ombudsman spécialisé portugais, espagnol et français*, *préc.*, p. 27.

2279 Pour une analyse détaillée, cf. LÖHRER (D.), *La protection non juridictionnelle des droits fondamentaux en droit constitutionnel comparé : l'exemple de l'Ombudsman spécialisé portugais, espagnol et français*, *préc.*, pp. 35-38.

2280 Sur cette question, cf. GÉLY (D.), « Le défenseur du peuple espagnol en modèle », *A.J.D.A.*, 2008, n° 27, pp. 1481-1482.

2281 COMITÉ DE RÉFLEXION ET DE PROPOSITION SUR LA MODERNISATION ET LE RÉÉQUILIBRAGE DES INSTITUTIONS DE LA V^E^ RÉPUBLIQUE, *Une Ve République plus démocratique*, Paris, La documentation française-Fayard, 2007.

une réforme d'ampleur des institutions[2282]. En effet, face aux insuffisances du Médiateur de la République et à la complexification institutionnelle de la protection non juridictionnelle des droits fondamentaux, par la multiplication d'autorités administratives indépendantes, le Comité, « inspiré par le succès rencontré en Espagne par le Défenseur du Peuple mentionné à l'article 55 de la Constitution »[2283], proposait plusieurs recommandations visant à mettre en place une institution semblable. La référence à l'Espagne était expéditive, et sans effort de justification[2284], mais elle était reconnue. L'analyse comparative fut cependant plus approfondie à l'occasion de l'étude d'impact accompagnant le projet de loi organique du 29 mars 2011, puisqu'un titre était spécialement dédié aux « institutions équivalentes chargées de la défense des droits et libertés à l'étranger »[2285]. L'exposé des motifs du projet de loi précise ensuite qu'« en instituant le Défenseur des droits par sa norme suprême, la France manifeste l'autorité qu'elle entend lui reconnaître, rejoignant ainsi les États membres de l'Union européenne qui ont donné un rang constitutionnel à leurs ombudsmen tels que le Defensor del pueblo espagnol, les Ombudsmen suédois et finlandais ou encore le Provedor de Justiça portugais ». A l'arrivée, et comparativement à ce que proposait le rapport Balladur, la solution retenue[2286] se différencie de ses sources d'inspiration[2287], même si l'on peut évidemment constater des similitudes, ne serait-ce que s'agissant de sa constitutionnalisation et de sa spécialisation. Il

[2282] Lettre annexée au Décret n° 2007-1108 du 18 juillet 2007, *portant création d'un comité de réflexion et de proposition sur la modernisation et le rééquilibrage des institutions de la Cinquième République*, J.O.R.F., du 19 juillet 2007, n° 165, p. 12158.

[2283] COMITÉ DE RÉFLEXION ET DE PROPOSITION SUR LA MODERNISATION ET LE RÉÉQUILIBRAGE DES INSTITUTIONS DE LA V^E^ RÉPUBLIQUE, *Une Ve République plus démocratique*, *préc.*, p. 92.

[2284] D'autant que le contexte de création du défenseur du peuple espagnol, celui du retour à la démocratie et de réaction aux abus commis sous le régime franquiste, n'est absolument pas semblable au contexte français au moment de la création du défenseur des droits, « radicalement étranger à celui d'une transition démocratique ». Cf. LÖHRER (D.), *La protection non juridictionnelle des droits fondamentaux en droit constitutionnel comparé : l'exemple de l'Ombudsman spécialisé portugais, espagnol et français*, *préc.*, p. 40. Cf. également RENAUDIE (O.), « La genèse complexe du défenseur des droits », *R.F.A.P.*, 2011, n° 3, pp. 397-408, spéc. pp. 400-401.

[2285] Etude d'impact portant sur le projet de loi organique relatif à la création du Défenseur des droits, septembre 2009, pp. 23-24 et 62-63. Disponible en ligne : https://www.senat.fr/leg/pjl08-610.html, consulté le 29/07/2016.

[2286] Cf. VERPEAUX (M.), « Il est né le Défenseur des droits : à propos des lois du 29 mars 2011 », *J.C.P.G.*, 25 avril 2011, n° 17, pp. 823-828, spéc. pp. 827-828.

[2287] Cette différenciation se remarque tant dans la loi constitutionnelle du 23 juillet 2008, que dans les lois du 29 mars 2011. Pour une analyse des modifications gouvernementales et parlementaires, cf. RENAUDIE (O.), « La genèse complexe du défenseur des droits », *préc.*, pp. 402-407.

n'en demeure pas moins que les exemples étrangers ont joué ici un rôle fondamental.

**699.** D'autres exemples sont également révélateurs du rôle désormais important joué par les droits étrangers[2288], notamment depuis les années 2000, et en particulier lorsqu'il s'agit d'inciter à la réforme législative. La généralisation[2289] par l'ordonnance du 17 juin 2004 de la nouvelle catégorie des contrats de Partenariats Public-Privé[2290], distincts des délégations de service public et des marchés publics, a ainsi fait l'objet de nombreuses études cherchant à déterminer la part véritable d'influences étrangères, en particulier anglo-saxonne, dans son instauration, étant donné le fort *lobbying*[2291] de ses promoteurs en faveur de ce dernier modèle[2292]. Il en va de même en ce qui concerne la multiplication des autorités administratives indépendantes, qui, si elles sont désormais encouragées par les institutions européennes, trouve souvent leur origine dans les droits américain et anglo-saxon. Et, « s'il est un domaine où tout le monde s'accorde à voir l'influence des modèles étrangers, c'est bien celui-là »[2293], quand bien même la fonction de ces modèles fut avant tout de légitimer la réforme, plus que d'inspirer concrètement la réglementation de ces nouvelles formes de contrôle[2294].

---

[2288] Pour une analyse d'ensemble, cf. MELLERAY (F.) (dir.), *L'argument de droit comparé en droit administratif français, préc.*

[2289] Car certaines réglementations, sectorielles, dans le domaine de la sécurité, de la justice ou encore de la santé, avaient déjà consacré un tel instrument.

[2290] Ordonnance n° 2004-559 du 17 juin 2004, *sur les contrats de partenariat*, J.O.R.F., du 19 juin 2004, n° 141, p. 10994.

[2291] INSTITUT DE LA GESTION DÉLÉGUÉE, « Pour une initiative française en faveur des PPP », *Le Moniteur*, 4 octobre 2002, n° 5158.

[2292] Cf. MARTOR (B.), THOUVENOT (S.), « Le contrat de partenariat ou la renaissance du partenariat public privé à la française », *Revue de Droit des Affaires Internationales/International Business Law Journal*, 2004, n° 2, pp. 111-149 ; BRACONNIER (S.), « Le modèle français de la concession : conquête ou concurrence ? », *J.C.P.A.*, 2007, 16 avril 2007, n° 16-18 ; BRENET (F.), « L'argument de droit comparé et les contrats de partenariat de l'ordonnance du 17 juin 2004 », in MELLERAY (F.) (dir.), *L'argument de droit comparé en droit administratif français*, Bruxelles, Bruylant, 2007, pp. 111-132.

[2293] LE MESTRE (M.-A.), « L'argument de droit comparé et les autorités administratives indépendantes », in MELLERAY (F.) (dir.), *L'argument de droit comparé en droit administratif français*, Bruxelles, Bruylant, 2007, pp. 133-150, spéc. p. 134.

[2294] Pour une analyse détaillée, cf. *idem*, pp. 133-150.

**700.** A plus forte raison aujourd'hui, ce constat du rôle d'impulsion des réformes législatives attribué aux droits étrangers se confirme. L'analyse comparative des producteurs de la norme conduit souvent à mettre en exergue un retard de la France qu'il convient de rattraper. Parmi les derniers exemples en date, celui de la codification de la procédure administrative non contentieuse est révélateur[2295]. Plus que le contenu des règles, puisqu'il s'agissait en réalité d'ordonner et de simplifier des règles éparses et issues de sources diverses déjà existantes, c'est le procédé de codification, comme gage d'une plus grande sécurité et d'une meilleure protection des citoyens, qui fut inspiré des droits étrangers. Ce n'était pas la première tentative d'instauration d'un tel code, plusieurs ayant déjà échoué auparavant[2296], mais la nécessité de « remettre à l'écheveau la codification des règles de la procédure administrative »[2297] se justifia par le constat du « splendide isolement de la France quasi-seule, parmi les pays développés, à ne pas disposer de texte général de procédure administrative »[2298]. Pour ce faire, la loi du 12 novembre 2013 habilita le gouvernement à adopter un tel code par voie d'ordonnance[2299]. L'étude d'impact l'ayant précédé ne manqua pas de procéder à un tour d'horizon des législations étrangères, soulignant que l'Espagne et l'Autriche étaient précurseurs en la matière[2300]. Par ailleurs, durant la période de gestation du *Code relatif aux relations entre le public et les administrations*[2301], la

---

[2295] Cf. les dossiers : « La *lex generalis* des relations entre le public et l'administration », *A.J.D.A.*, 2015, n° 43, pp. 2421-2440, *A.J.D.A.*, 2015, n° 44, pp. 2485-2494 ; « Le code des relations entre le public et l'administration », *R.F.D.A.*, 2016, n° 1, pp. 1-73.

[2296] D'ailleurs, on peut considérer que le thème de la codification de la procédure administrative est un *leitmotiv*, tant il est revenu de manière cyclique, à la fois sur l'agenda politique, mais également dans le champ scientifique, notamment avec l'Allemagne comme exemple. Cf. par exemple LANGROD (G.), *La doctrine allemande et la procédure administrative non contentieuse*, Bruxelles, Institut international des sciences administratives, 1961 ; FROMONT (M.), « République fédérale d'Allemagne, La codification du droit administratif par la loi du 25 mai 1976 », *R.D.P.*, 1977, n° 6, pp. 1283-1321.

[2297] VIALETTES (M.), BARROIS DE SARIGNY (C.), « La fabrique d'un code », *R.F.D.A.*, 2016, n° 1, pp. 4-8, spéc. p. 4.

[2298] *Ibidem*. Cf. également, GONOD (P.), « Codification de la procédure administrative. La fin de "l'exception française" ? », *A.J.D.A.*, 2014, n° 7, pp. 395-399.

[2299] Loi n° 2013-1005, du 12 novembre 2013, *habilitant le Gouvernement à simplifier les relations entre l'administration et les citoyens*, J.O.R.F., du 13 novembre 2013, n° 0263, p. 18407.

[2300] Etude d'impact du 29 avril 2013, disponible dans les dossiers législatifs accompagnant la Loi n° 2013-1005, du 12 novembre 2013, *habilitant le Gouvernement à simplifier les relations entre l'administration et les citoyens*, J.O.R.F., du 13 novembre 2013, n° 0263, p. 18407.

[2301] Ordonnance n° 2015-1341 du 23 octobre 2015 *relative aux dispositions législatives du code des relations entre le public*, J.O.R.F., du 25 octobre 2015, n° 0248, p. 19872 ; et Décret n° 2015-1342 du 23 octobre 2015 *relatif aux dispositions réglementaires du code des relations entre le public et l'administration*, J.O.R.F., du 25 octobre 2015, n° 0248, p. 19895.

mission de codification *ad hoc*[2302], mise en place spécialement pour l'occasion, n'a eu de cesse de rester attentive aux expériences étrangères de codification, sans pour autant renier l'héritage français[2303]. La mission de recherche Droit et Justice, grâce à la contribution de la chaire *Mutation de l'Action publique et du Droit public*, a largement contribué, par ses études, à rendre accessibles ces expériences étrangères, attestant du travail collaboratif que fut cette entreprise de codification.

**701.** Des exemples similaires illustrent ce même phénomène en Espagne.

## B) En Espagne

**702.** Les exemples sont nombreux, d'autant plus que le droit administratif espagnol est traditionnellement ouvert aux influences étrangères. La loi du 13 juillet 1998 relative à la juridiction administrative[2304] est un bon exemple d'influences combinées du droit communautaire, dont elle traduit certains impératifs, et des droits étrangers dont elle s'inspire volontairement. En effet, cette loi concrétisa la subjectivisation du procès administratif, déjà amorcée par la législation antérieure[2305]. Plusieurs auteurs espagnols (mais également français, en tant qu'observateurs extérieurs) supposent une influence allemande à compter de cette nouvelle réforme (bien qu'elle ne soit pas expressément revendiquée par le législateur)[2306], même si quelques

---

[2302] Sous l'autorité du secrétaire général du gouvernement et en lien avec la Commission supérieure de codification.

[2303] Comme en témoignent les maîtres des requêtes M. Vialettes et C. Barrois de Sarigny, membres de la mission de préparation du Code relatifs aux relations entre le public et les administrations, qui expliquent qu'en janvier 2013 « le choix a alors été fait de prendre le temps de mettre en perspective le projet de code. Par rapport au passé, en consultant les grands écrits sur la codification de la procédure administrative et en tirant le bilan des deux échecs des précédentes tentatives de codification [...]. Par rapport aux autres systèmes juridiques, en prenant connaissance des dispositifs existants ou promus dans d'autres pays ou dans les enceintes européennes. Par rapport aussi à l'histoire de la codification et aux mutations de la "codistique" ». Cf. VIALETTES (M.), BARROIS DE SARIGNY (C.), « La fabrique d'un code », *préc.*, p. 4.

[2304] Cf. *Ley 29/1998 del 13 de julio, reguladora de la jurisdicción Contencioso-administrativa*, B.O.E., de 14 de julio de 1998, n° 167, pp. 23516-23551.

[2305] Cf. *supra*, n° 370-379.

[2306] Notamment, FROMONT (M.), *Droit administratif des Etats européens*, *préc.*, pp. 184-187 ; GALLEGO ANABITARTE (A.), « La influencia extranjera en el derecho administrativo español desde 1950 a hoy », *préc.*, p. 112 ; GARCÍA MACHO (R.), « Acotaciones a la influencia de la ley de la justicia administrativa alemana en la jurisdicción contencioso-administrativa

caractéristiques de l'emprunt au modèle français perdurent[2307]. Dans l'exposé des motifs, le législateur espagnol expliquait que cette réforme « est à la fois dans la continuité, tout en étant profondément novatrice »[2308]. Il confirmait le maintien de la « nature strictement judiciaire »[2309] de la juridiction administrative, ainsi que le caractère de véritable « procès entre parties »[2310] du recours contentieux administratif, dont la « double finalité est la garantie individuelle et le contrôle de la soumission de l'Administration au droit »[2311]. Cette réforme n'en restait pas moins innovante, car elle se devait de s'adapter aux changements radicaux qu'avait supposé le passage du régime franquiste au régime constitutionnel espagnol. Il était dès lors difficile pour le législateur d'agir par « simples retouches de la législation antérieure »[2312]. Plus concrètement, la loi du 13 juillet 1998, en proclamant dès son article 1er que « les tribunaux de l'ordre administratif connaîtront des **prétentions** relatives à l'action des Administrations publiques soumises au Droit administratif »[2313], assume pleinement, par le vocabulaire employé, la plus grande subjectivisation du procès administratif espagnol, confirmée par la multiplication des cas où une personne privée peut saisir le juge administratif[2314]. Cela se traduit en particulier par ce postulat de principe : « quiconque, personne physique ou juridique, privée ou publique, qui possède

---

española », in ABERASTURY (P.) (dir.), *Ley de la justicia administrativa alemana. Análisis comparado y traducción*, Buenos Aires, AbeledoPerrot, 2009, pp. 69-89.

2307 Par exemple, l'ouverture du recours en annulation contre les règlements, qui n'existe pas en Allemagne et qui est caractéristique du droit administratif français. Cf. article 1er, *Ley 29/1998 del 13 de julio, reguladora de la jurisdicción Contencioso-administrativa*, B. O. E., del 14 de julio de 1998, n° 167.

2308 « Es a la vez continuista y profundamente renovadora », cf. *Ley 29/1998 del 13 de julio, reguladora de la jurisdicción Contencioso-administrativa*, *préc.*, p. 23518.

2309 « Naturaleza estrictamente judicial », *ibidem.*

2310 « Juicio entre partes », *ibid.*

2311 « Doble finalidad de garantía individual y control del sometimiento de la Administración al derecho », *ibid.*

2312 « Simples retoques de la legislación anterior », ibid.

2313 « Los Juzgados y Tribunales del orden contencioso-administrativo conocerán de las **pretensiones** que se deduzcan en relación con la actuación de las Administraciones públicas sujeta al Derecho Administrativo ». Nous soulignons.

2314 Parmi les nouveautés introduites par cette loi, on trouve notamment en son article 25 l'élargissement du recours contre les règlements administratifs, contre les voies de fait ou encore contre l'inaction de l'Administration. Sur cette dernière question d'ailleurs, le législateur avoue une fois encore qu'il a entendu l'appel de la doctrine et utilise même l'argument de droit comparé pour justifier cette ouverture du recours. Cf. *Ley 29/1998 del 13 de julio, reguladora de la jurisdicción Contencioso-administrativa*, B.O.E., de 14 de julio de 1998, n° 167, p. 23520. Plusieurs commentateurs de la loi du 13 juillet 1998 ont d'ailleurs souligné, notamment sur cette question, l'influence du contentieux administratif allemand. Par exemple, GALLEGO ANABITARTE (A.), « La influencia extranjera en el derecho administrativo español desde 1950 a hoy », *préc.*, p. 112.

la capacité juridique requise et qui est titulaire d'un intérêt légitime à protéger, concept plus large que les droits publics subjectifs[2315], ne peut se voir privé d'accès à la justice »[2316]. Le législateur espagnol explique que l'objectif de la réforme est bien de « dépasser la conception traditionnelle et restreinte du recours contentieux administratif comme une révision judiciaire des actes administratifs préalables, c'est-à-dire, comme un recours contre un acte, et d'ouvrir définitivement les portes pour l'obtention d'une justice face à n'importe quel comportement illicite de l'Administration »[2317]. Mais une disposition en particulier est révélatrice du regard porté par le législateur espagnol sur les droits étrangers (et l'on peut suppose que le droit administratif allemand figure parmi les premiers examinés). Il s'agit de la question de la justiciabilité des actes de gouvernement[2318]. En effet l'article 2, a) de la loi du 13 juillet 1998 mit fin à la totale immunité des actes de gouvernement[2319], puisqu'il dispose que « l'ordre juridictionnel administratif connaîtra des questions concernant la protection juridictionnelle des droits fondamentaux, les compétences liées et la détermination des indemnisations correspondantes, le tout en relation avec les actes du Gouvernement ou des Conseils de Gouvernement des Communautés autonomes, quelle que soit la nature desdits

[2315] Cette conception large des droits subjectifs est d'ailleurs celle de la Constitution allemande, rompant ainsi avec la conception jusqu'alors traditionnelle en Allemagne de droit subjectif lésé, interprétée de manière restrictive. Cf. GARCÍA DE ENTERRÍA (E.), *Las transformaciones de la Justicia Administrativa: de excepción singular a la plenitud jurisdiccional. ¿Un cambio de paradigma?*, *préc.*, pp. 135-138.

[2316] « Nadie, persona física o jurídica, privada o pública, que tenga capacidad jurídica suficiente y sea titular de un interés legítimo que tutelar, concepto comprensivo de los derechos subjetivos pero más amplio, pueda verse privado del acceso a la justicia »; Cf. *Ley 29/1998 del 13 de julio, reguladora de la jurisdicción Contencioso-administrativa*, *préc.*, p. 23519.

[2317] « Superar la tradicional y restringida concepción del recurso contencioso-administrativo como una revisión judicial de actos administrativos previos, es decir, como un recurso al acto, y de abrir definitivamente las puertas para obtener justicia frente a cualquier comportamiento ilícito de la Administración », *idem*, p. 23519.

[2318] « Actos políticos » en espagnol. Même si la loi du 27 décembre 1956 faisait quant à elle référence aux « *Actes de Gouvernement* », utilisant une terminologie identique à celle employée en France. Cela permit à certains juges de faire preuve d'une certaine audace pour contrecarrer l'utilisation extensive de ces actes qu'en faisait le régime franquiste, en en ayant une interprétation très restrictive, les actes de Gouvernement étant alors uniquement ceux adoptés en Conseil des ministres, en raison de la majuscule utilisée pour désigner le gouvernement, et dès lors limités aux actes **du** Gouvernement. Cf. GARCÍA DE ENTERRÍA (E.), *Las transformaciones de la Justicia Administrativa: de excepción singular a la plenitud jurisdiccional. Un cambio de paradigma?*, *préc.*, p. 75.

[2319] Et de manière plus générale, la loi du 13 juillet 1998 confirme la réduction de ce qu'E. García de Enterría nommait les « cercles d'immunités » du pouvoir, à l'instar par exemple du pouvoir discrétionnaire, processus initié par la loi du 27 décembre 1956. Cf. GARCÍA DE ENTERRÍA (E.), « La lucha contra las inmunidades del poder en el derecho administrativo (poderes discrecionales, poderes de gobierno, poderes normativos) », *R.A.P.*, 1962, n° 38, pp. 159-205.

actes »[2320]. Sur cette question justement, le législateur espagnol, dans l'exposé des motifs de cette loi, usait expressément de l'argument de droit comparé, en remarquant que « le concept même "d'acte politique" est aujourd'hui en retrait en droit public européen »[2321] et en soulignant l'incompatibilité de « la reconnaissance de toute catégorie générique d'acte d'autorité – qu'ils se nomment actes politiques, de Gouvernement, ou de direction politique – exclue par essence du contrôle juridictionnel »[2322] avec l'esprit de la nouvelle Constitution, et plus généralement, avec tout Etat de droit[2323]. Sans l'avouer expressément, l'influence semble une fois encore allemande, conséquence de la consécration, par l'article 19.4 de la Constitution allemande, du droit fondamental à la protection juridictionnelle de tout droit, qui supposa également la disparition des actes de gouvernement. La référence est cependant noyée dans l'expression « en droit public européen », qui suggère qu'une analyse d'ensemble a été faite.

**703.** On remarquera que l'argument de droit comparé est toujours mentionné de manière assez vague, mais il est néanmoins expressément reconnu dans les exposés des motifs des lois récemment adoptées. Il vise clairement à appeler à la réforme. L'exposé des motifs de la loi du 9 décembre 2013 relative à la transparence[2324] commence par une allusion aux « pays au plus haut niveau en matière de transparence et de normes de bonne gouvernance »[2325], dont l'Espagne doit vraisemblablement suivre la voie. En effet, il souligne que « depuis la perspective du droit comparé, aussi bien

---

[2320] « El orden jurisdiccional contencioso-administrativo conocerá de las cuestiones que se susciten en relación con la protección jurisdiccional de los derechos fundamentales, los elementos reglados y la determinación de las indemnizaciones que fueran procedentes, todo ello en relación con los actos del Gobierno o de los Consejos de Gobierno de las Comunidades Autónomas, cualquiera que fuese la naturaleza de dichos actos ».

[2321] « El propio concepto de "acto político" se halla hoy en franca retirada en el Derecho público europeo », *Ley 29/1998 del 13 de julio, reguladora de la jurisdicción Contencioso-administrativa, préc.*, p. 23519.

[2322] « El reconocimiento de cualquier categoría genérica de actos de autoridad —llámense actos políticos, de Gobierno, o de dirección política— excluida "per se" del control jurisdiccional », *ibidem*.

[2323] L'exposé des motifs semble toutefois un peu plus ambitieux que le texte. L'avancée est certaine, mais il ne faut pas non plus l'exagérer. Cf. MELLERAY (F.), « L'immunité juridictionnelle des actes de gouvernement en question le droit français confronté aux développements récents du droit espagnol », *R.F.D.A.*, 2001, n° 5, pp. 1086-1100, spéc. p. 1095.

[2324] Ley 19/2013, de 9 de diciembre, *de transparencia, acceso a la información pública y buen gobierno*, B.O.E. de 10 de diciembre de 2013, n° 295, pp. 97922-97952.

[2325] « Los países con mayores niveles en materia de transparencia y normas de buen gobierno », *idem*, p. 97924.

l'Union européenne que la majorité de ses Etats membres disposent déjà dans leur ordre juridique d'une législation spécifique à la transparence et au droit d'accès à l'information publique »[2326]. En conclusion, « l'Espagne ne pouvait rester plus longtemps à la marge et, en prenant exemple sur les modèles que [lui] offrent les pays qui [l'] entourent »[2327], devait réformer sa législation. La loi vise ainsi à hisser l'Espagne au niveau des standards des démocraties actuelles, supposant d'importants changements, même si elle ne « comble pas un vide absolu »[2328].

**704.** Depuis 2013, il est plus aisé de déterminer la source d'inspiration des différentes réformes grâce à la publication, dans un souci de plus grande transparence, des documents de travail ayant servi à l'élaboration de la loi[2329]. Dans une logique de *benchmarking,* une sélection des exemples étrangers pouvant être utiles à la fabrique de la norme semble systématique. Les droits administratifs étrangers viennent renforcer la justification de la loi, ce que l'on peut mesurer aussi bien dans les études d'impact mobilisant l'argument de droit comparé[2330], que dans les documents publiés utilisés par les parlementaires. Un exemple emblématique, parce qu'il est un révélateur du phénomène d'influences réciproques et successives entre les Etats, européens

2326 « Desde la perspectiva del Derecho comparado, tanto la Unión Europea como la mayoría de sus Estados miembros cuentan ya en sus ordenamientos jurídicos con una legislación específica que regula la transparencia y el derecho de acceso a la información pública », *idem*, p. 97925.

2327 « España no podía permanecer por más tiempo al margen y, tomando como ejemplo los modelos que nos proporcionan los países de nuestro entorno », *ibidem.*

2328 « Ni colma un vacío absoluto », *ibid.*

2329 Depuis la Ley 19/2013, de 9 de diciembre de 2013, *de transparencia, acceso a la información pública y buen gobierno*, *préc.*, ils sont publiés en ligne sur les sites du Congrès des députés et du Sénat, par l'intermédiaire du « portal de transparencia » et consultables par tout citoyen.

2330 Cf. par exemple le *Borrador de la memoria del análisis de impacto normativo del proyecto de orden por la que se determina la composición, organización y funcionamiento de la oficina nacional de evaluación*, de 2 de junio de 2016, publié sur le site du Ministère des finances et des administrations publiques, qui, pour motiver l'opportunité du projet, explique que « nombreux sont les pays voisins qui ont déjà abordé cette problématique, optant pour différentes solutions, mais qui ont toutes un élément en commun : la nécessité d'instaurer un organe chargé de cette coordination et de ce suivi qui veille à l'efficience, la pérennité et la viabilité des projets d'investissement. En particulier, la majorité des pays européens ont opté pour la création d'organismes publics, comme c'est le cas de la Belgique, de la France, de la Grèce et de l'Italie […] ». Evaluant ensuite les différents systèmes mis en œuvre, l'étude conclut que « dans la lignée des autres pays européens, avec ce texte l'Espagne aussi met en œuvre sa propre solution pour continuer à approfondir l'amélioration de la planification et de l'exécution des projets de collaboration public/privé ». Les droits étrangers servent donc clairement à impulser le principe de la réforme, plus que son contenu.

notamment, est celui de la procédure administrative non contentieuse. L'avance de l'Espagne dans ce domaine est communément admise, puisqu'elle a fait partie des premiers pays à codifier sa procédure administrative[2331]. Malgré cela, le législateur n'a pas hésité à étudier les solutions offertes par les dernières législations allemande, finlandaise, française, italienne, néerlandaise et portugaise avant d'adopter les lois du 1er octobre 2015 relatives respectivement à *la procédure administrative commune*[2332] et *au régime juridique du secteur public*[2333]. Est par exemple citée la loi française du 12 novembre 2013 *habilitant le gouvernement à simplifier les relations entre l'administration et les citoyens* qui, elle-même, vantait les mérites de la législation espagnole. Après avoir pris conscience de l'impact des nouvelles technologies dans les relations administratives — et de la multiplication des textes —, la législation espagnole devait être entièrement refondue en poursuivant le double objectif de modernisation et de simplification[2334]. Ces deux lois espagnoles de 2015 procèdent alors à une réforme intégrale de l'organisation et du fonctionnement des administrations, autour de deux axes majeurs : les relations *ad extra* des administrations avec les citoyens d'une part, et les relations *ad intra*, caractérisant le fonctionnement interne de chaque administration, d'autre part[2335]. La solution espagnole est originale, ce qui ne l'a pas empêchée de se nourrir des exemples étrangers.

**705.** Par ailleurs, les exemples ne manquent pas en ce qui concerne les normes jurisprudentielles, le juge devenant également un acteur majeur de la circulation des solutions étrangères.

---

[2331] Cf. *supra*, n° 395 ; 547.

[2332] Ley 39/2015, de 1 de octubre, *del Procedimiento Administrativo Común de las Administraciones Públicas*, B.O.E., de 2 de octubre de 2015, n° 236, pp. 89343-89410.

[2333] Ley 40/2015, de 1 de octubre, *de Régimen Jurídico del Sector Público*, B.O.E., de 2 de octubre de 2015, n° 236, pp. 89411-89530

[2334] Cf. exposición de motivos de la Ley 39/2015, de 1 de octubre, *del Procedimiento Administrativo Común de las Administraciones Públicas*, *préc.*, pp. 89343-89350.

[2335] Cf. Ley 39/2015, de 1 de octubre, *del Procedimiento Administrativo Común de las Administraciones Públicas*, *préc.*, pp. 89343-89350; Ley 40/2015, de 1 de octubre, *de Régimen Jurídico del Sector Público*, *préc.*, pp. 89411-89423.

## §2) Les droits administratifs étrangers comme justification de la décision de justice

**706.** Le juge utilise également les droits administratifs étrangers de la même manière que le Parlement ou le Gouvernement : la stratégie argumentative s'appuie sur le droit comparé pour justifier une solution. De façon générale, en France (A), comme en Espagne (B), les droits administratifs étrangers sont mobilisés pour les affaires jugées d'importance[2336]. Les affaires jugées d'importance sont particulièrement celles qui ont trait à des sujets politiques, voire plus largement sociétaux, souvent sensibles. Ce sont également les problématiques impliquant des rapports de systèmes. En effet, il y a un lien fort entre rapports verticaux obligatoires avec les droits supranationaux et échanges horizontaux volontaires avec les droits étrangers. Ce n'est pas sans rappeler le constat déjà fait par V. Constantinesco lorsqu'il analysait l'influence du droit allemand sur le droit français : « la compréhension des notions du droit communautaire implique donc […] un détour obligé par le droit allemand »[2337]. Les exemples étrangers sont avant tout recherchés par le juge administratif français ou espagnol afin d'analyser la manière dont ses homologues résolvent une même question juridique. Ils sont ainsi mobilisés dans la démarche interprétative[2338].

---

[2336] En France par exemple, les responsables du centre de recherches et de diffusion juridiques et membres de la cellule expliquent que la démarche comparative est utilisée quasiment automatiquement pour les affaires susceptibles de faire jurisprudence. Cf. BRETONNEAU (A.), DAHAN (S.), FAIRGRIEVE (D.), « L'influence grandissante du droit comparé au Conseil d'État : vers une procédure juridictionnelle innovante ? », *préc.*, p. 856.

[2337] CONSTANTINESCO (V.), « L'influence allemande sur la doctrine française de droit communautaire », in BEAUD (O.), HEYEN (E. V.), *Eine deutsch-französische Rechtswissenschaft ? Kritische Bilanz und Perspektiven eines kulturellen Dialogs. Une science juridique franco-allemande ? Bilan critique et perspectives d'un dialogue culturel*, Baden-Baden, Nomos, 1999, pp. 341-350, spéc. p. 349.

[2338] En France, les conclusions de B. Dacosta expliquent par exemple que « la solution envisagée est également "euro-compatible" », »[2338], et qu'en s'engageant sur cette voie, le Conseil d'Etat « ne singularisera pas la France » au regard des autres Etats membres. Cf. DACOSTA (B.), « La candidature d'une collectivité territoriale à l'attribution d'un contrat de commande publique. Conclusions sur C.E., Ass., 30 décembre 2014, *Société Armor SNC* », *R.F.D.A.*, 2015, n° 1, pp. 57-65. Cf. également VON COESTER (S.), « Aspects de droit français : le cas d'une sanction administrative inconventionnelle. Conclusions sur C.E., Ass., 30 juillet 2014, *Vernes* », *R.F.D.A.*, 2014, n° 5, pp. 945-953. En Espagne, cf. ATS 1534/2016 de 17 de febrero de 2016.

## A) En France

**707.** La présence de plus en plus marquée des droits administratifs étrangers dans la fabrique de la décision jurisprudentielle est aujourd'hui clairement illustrée (1). Il est alors intéressant de s'attarder plus précisément sur leur usage par le juge (2).

### *1) Illustration*

**708.** Le recours aux droits étrangers par le juge administratif n'est pas, en lui-même, chose nouvelle. Dans les années 1970 déjà[2339], certains membres des juridictions administratives commençaient à rapporter avec étonnement ce phénomène, à l'instar du conseiller d'Etat L. Fougère. : « N'est il pas un fait surprenant et considérable qu'il arrive aujourd'hui que, dans un délibéré, on entende évoquer la solution allemande, la solution italienne ou la solution néerlandaise ? »[2340]. D'autres au contraire revendiquaient expressément cette utilisation, comme le fit le conseiller d'Etat M. Letourneur[2341]. Il semblait en effet reconnaître l'origine suisse de la technique de contrôle de l'erreur manifeste d'appréciation, réceptionnée par la jurisprudence du Tribunal administratif de l'Organisation internationale du Travail — tribunal dont il fut membre[2342] — avant d'apparaître dans celle du Conseil d'Etat français[2343]. Si aucune indication expresse n'apparaissait dans les conclusions du commissaire du gouvernement[2344], l'aveu d'un membre même de l'institution

---

[2339] Le phénomène commence à véritablement émerger dans les années 1970, mais il est possible de trouver quelques précédents dès la fin du XIX$^{e}$ siècle. Cf. par exemples les conclusions J. Romieu sur l'arrêt C.E., 21 juin 1895, *Cames*, Rec. pp. 509-514, dans lesquelles il faisait référence, au moment d'évoquer la question de la responsabilité du patron envers l'ouvrier d'après le droit commun, les solutions retenues par la Cour de cassation de Belgique, ainsi que la Cour suprême de justice du Luxembourg.

[2340] FOUGÈRE (L.), « Rapport sur les incidences des communautés européennes sur le contentieux administratif français », in *Les Communautés européennes et le droit administratif français*, Paris, L.G.D.J., 1972, pp. 399-422, spéc. p. 412.

[2341] LETOURNEUR (M.), « L'influence du droit comparé sur la jurisprudence du Conseil d'Etat français », *in Livre du centenaire de la Société de législation comparée*, T. 2, Paris, L.G.D.J., 1971, pp. 211-218.

[2342] Cf. *supra*, n° 279.

[2343] LETOURNEUR (M.), « Une jurisprudence administrative originale : la jurisprudence du tribunal administratif de l'Organisation internationale du Travail », *préc.*, p. 456 ; LETOURNEUR (M.), « L'influence du droit comparé sur la jurisprudence du Conseil d'Etat français », *préc.*, p. 216.

[2344] CE, Sect., 15 février 1961, *Lagrange*, Rec. p. 121.

semble cependant en être la preuve incontestable[2345]. Il est également possible de trouver, dès 1970, des conclusions invoquant les droits étrangers au renfort de la solution qu'elles préconisent[2346], dont le nombre ira croissant. Cette croissance explique que ce phénomène ait fait l'objet d'analyses successives ces dernières années, visant à quantifier ces références, mais surtout à les expliquer[2347].

**709.** C'est cependant depuis l'institutionnalisation de la recherche sur les droits étrangers au Conseil d'Etat, avec la cellule de droit comparé, qu'une nette augmentation des références aux droits étrangers par le juge administratif a eu lieu. Le droit comparé semble désormais être un outil habituel du Conseil d'Etat, pour rendre sa décision. Son usage s'est « banalisé »[2348], et relève désormais du réflexe, démontrant l'utilité pratique qui lui est assignée[2349]. Ainsi, 80 % des décisions prises par le Conseil d'Etat en formation supérieure de jugement (Section ou Assemblée) bénéficient aujourd'hui de l'éclairage du

---

2345 Pour R. Drago en tout cas, l'expérience de M. Letourneur au Tribunal administratif de l'Organisation internationale du Travail fut largement la cause de l'introduction dans la jurisprudence administrative française du principe de proportionnalité et de l'erreur manifeste d'appréciation et plus généralement de l'intensification du contrôle juridictionnel. DRAGO (R.), « Nécrologie : Maxime Letourneur », *R.I.D.C.*, 1981, n° 1, pp. 115-116.

2346 Par exemple, L. Bertrand fait référence à la Belgique et à l'Italie notamment, dans ses conclusions sur CE, Sect., 11 décembre 1970, *Crédit foncier de France c/ Demoiselle Gaupillat et Dame Ader*, Rec. p. 750.

2347 Pour un recensement entre 1970 et 2007, cf. MELLERAY (F.), « L'utilisation du droit étranger par le Conseil d'Etat statuant au contentieux », in *Le dialogue des juges. Mélanges en l'honneur du Président Bruno Genevois*, Paris, Dalloz, 2009, pp. 779-793. Pour des exemples jusqu'en 2009, cf. MIALOT (C.), « L'utilisation du droit comparé par le Conseil d'Etat : un changement dans la fabrique du droit », *A.J.D.A.*, 2010, n° 26, pp. 1462-1464, et enfin, pour une actualisation jusqu'en 2014, cf. SAUVÉ (J.-M.), « Comprendre et réguler le droit globalisé ou comment dompter la chimère ? Conférence inaugurale du cycle de conférence "droit comparé et territorialité du droit", organisé par le Conseil d'Etat en association avec la Société de législation comparée (SLC) et l'Institut français des sciences administratives (IFSA) » Conseil d'Etat, le 20 mai 2015, disponible sur http://www.conseil-etat.fr/Actualites/Discours-Interventions/Comprendre-et-reguler-le-droit-globalise-ou-comment-dompter-la-Chimere, le 11/06/2018.

2348 SAUVÉ (J.-M.), « Comprendre et réguler le droit globalisé ou comment dompter la chimère ? Conférence inaugurale du cycle de conférence "droit comparé et territorialité du droit", organisé par le Conseil d'Etat en association avec la Société de législation comparée (SLC) et l'Institut français des sciences administratives (IFSA) », *préc.*

2349 Cf. BRETONNEAU (A.), DAHAN (S.), FAIRGRIEVE (D.), « L'influence grandissante du droit comparé au Conseil d'État : vers une procédure juridictionnelle innovante ? », *préc.*, p. 855 ; DRAGO (R.), « Droit Comparé », in ALLAND (D.), RIALS (S.) (dir.), *Dictionnaire de la culture juridique*, Paris, P.U.F., 2003, pp. 453-457, spéc. p. 455.

droit comparé offert par ce service spécialisé[2350]. Mobilisé pour les affaires susceptibles de faire jurisprudence, il y a une présomption forte de l'intérêt du droit comparé, et plus particulièrement de la jurisprudence comparée.

**710.** Malgré sa banalisation, l'usage des droits étrangers n'est toujours pas formellement traduit dans les motifs de l'arrêt[2351], dont les exigences de concision restreignent nécessairement tout élément jugé superflu[2352]. De nouveau surgit la difficulté de mesurer le rôle effectif du droit comparé, car comme l'explique J.-M. Sauvé, « l'usage du droit comparé se fait discret, comme un exercice préparatoire au jugement, sur le fondement des prérogatives inquisitoriales du juge ; il se réalise dans la coulisse et dans le secret des délibérés »[2353]. C'est donc essentiellement dans les conclusions des anciens commissaires du gouvernement, désormais rapporteurs publics, qu'il est possible de mesurer l'usage des droits étrangers. Très souvent publiées, elles constituent en effet la « partie visible des "travaux préparatoires" de la décision de justice »[2354].

---

[2350] Cf. BRETONNEAU (A.), DAHAN (S.), FAIRGRIEVE (D.), « L'influence grandissante du droit comparé au Conseil d'État : vers une procédure juridictionnelle innovante ? », *R.F.D.A.*, 2015, n° 4, pp. 855-860, spéc. p. 856 ; SAUVÉ (J.-M.), « Allocution d'ouverture », *préc.*, pp. 283-287.

[2351] B. Markesinis et J. Fedtke présentent les juges français et italiens parmi ceux qui utilisent les droits étrangers sans l'admettre officiellement. Cf. MARKESINIS (B.), FEDTKE (J.), « The Judge as Comparatist », *Tulane Law Review*, 2005, pp. 11-168, spec. pp. 7-8. Les exemples qui font exception sont très rares. Il est cependant possible de mentionner l'avis de l'assemblée du contentieux – en ayant conscience de la particularité des avis – : C.E., Avis Ass. 16 février 2009, *Mme Hoffman-Glemane*, Rec. p. 43. Dans cet avis, une allusion aux législations européennes apparaît dans les motifs, reprenant les conclusions de F. Lenica. Cf. LENICA (F.), « La responsabilité de l'État du fait de la déportation de personnes victimes de persécutions antisémites. Conclusions sur C.E., Ass., 16 février 2009, *Mme Hoffman Glemane* », *R.F.D.A.*, 2009, n°, 2, pp. 316-328.

[2352] Sur le style rédactionnel du Conseil d'Etat, cf. BRUNET (P.), « Le style déductif du Conseil d'Etat et la ligne de partage des mots », *Droit et société*, 2015, n° 3, pp. 545-561, spéc. pp. 547-556 ; et plus généralement, des décisions de justice françaises, cf. MALHIÈRE (F.), *La brièveté des décisions de justice (Cour de cassation, Conseil d'Etat, Conseil constitutionnel) : Contribution à l'étude des représentations de la justice*, Paris, Dalloz, 2013.

[2353] SAUVÉ (J.-M.), « Comprendre et réguler le droit globalisé ou comment dompter la chimère ? Conférence inaugurale du cycle de conférence "droit comparé et territorialité du droit", organisé par le Conseil d'Etat en association avec la Société de législation comparée (SLC) et l'Institut français des sciences administratives (IFSA) », *préc.*,

[2354] Cf. Martin (P.), Rapport du Groupe de travail sur la rédaction des décisions de la juridiction administrative, Paris, Conseil d'Etat, 2012, p. 12.

**711.** Certes, parmi les décisions dont les travaux préparatoires ont nécessité un éclairage du droit comparé, toutes les conclusions des rapporteurs publics n'en rendent pas formellement compte, mais cela ne signifie pas pour autant que le droit comparé n'a pas été utile. On observe cependant que les conclusions des rapporteurs publics font de plus en plus fréquemment l'aveu de leur source. Pour ne citer que des exemples récents, les conclusions d'O. Henrard sur l'arrêt du 13 juillet 2016, *Czabaj*[2355], à propos de la création d'un délai raisonnable pour contester la légalité des décisions individuelles dont les voies et délais de recours n'ont pas été mentionnés lors de la notification ; les conclusions d'A. Bretonneau sur l'arrêt du 31 mai 2016, *Mme Gonzalez-Gomez*[2356], relatif aux inséminations post-mortem, les conclusions de S. Von Coester sur l'arrêt du 21 mars 2016, *Société Fairvesta International GmbH et autres*[2357], en ce qui concerne le régime juridique des actes de droit souple ; les conclusions de X. Domino sur l'arrêt du 9 décembre 2015, *M. C... et Mme A.*[2358], à propos des obligations de l'Etat dans le contrôle du départ des mineurs hors des frontières ; les conclusions de R. Keller sur l'arrêt du 30 décembre 2014, *Bonnemaison*[2359], relatif au contrôle de cassation sur les sanctions disciplinaires des médecins ou encore les conclusions de X. Domino sur l'arrêt du 12 décembre 2014, M. *Larrivé et autres*[2360], relatif à la question de la gestation pour autrui ; font toutes appel aux droits étrangers.

**712.** Outre les conclusions de rapporteurs publics, quelques indices supplémentaires permettent de confirmer que les droits étrangers ont joué un rôle, plus ou moins important, dans la décision. C'est par exemple le cas, depuis le début des années 2000, de l'inclusion de références à des jurisprudences étrangères dans la mention « *Rappr.* » figurant dans la table

---

2355 HENRARD (O.), « Le délai raisonnable de recours contre une décision individuelle irrégulièrement notifiée. Conclusions sur CE, Ass. 13 juillet 2016, *Czabaj* », *R.F.D.A.*, 2016, n° 5, pp. 927-941.

2356 BRETONNEAU (A.), « Droits subjectifs contre interdit législatif. Conclusions sur C.E., Ass. 31 mai 2016, *Mme Gonzalez-Gomez* », *R.F.D.A.*, 2016, n° 4, pp. 740-752.

2357 VON COESTER (S.), « Les communiqués. Conclusions sur C.E., Ass., 21 mars 2016, *Société Fairvesta International GmbH et autres* », *R.F.D.A.*, 2016, n° 3, pp. 497-506.

2358 DOMINO (X.), « Contrôle du départ de mineurs hors des frontières : quelles obligations et quelle responsabilité pour l'Etat ? Conclusions sur C.E., 9 décembre 2015, *M. C... et Mme A.* », *A.J.D.A.*, 2016, n° 6, pp. 332-335.

2359 KELLER (R.), « Sanction disciplinaire : contrôle de cassation et proportionnalité. Conclusions sur C.E., Ass., 30 décembre 2014, *M. Bonnemaison* », *R.F.D.A.*, 2015, n° 1, pp. 67-77.

2360 DOMINO (X.), « Gestation pour autrui, enfants nés à l'étranger et certificats de nationalité française. La circulaire du garde des Sceaux du 25 janvier 2013. Conclusions sur C.E., 12 décembre 2014, *M. Larrivé et autres* », *R.F.D.A.*, 2015, n° 1, pp. 163-173.

analytique des matières du Recueil Lebon. Cette mention, qui peut sembler « ésotérique »[2361], est l'abréviation du terme « rapprocher ». Elle vise à insister sur le lien avec « une décision intervenue dans un contexte juridique différent de celui de la décision analysée, mais dans laquelle a été retenue une solution juridique analogue »[2362]. C'est cette mention que l'on trouve dorénavant lorsque la solution s'est inspirée des droits étrangers[2363]. Par ailleurs, le Conseil d'Etat communique de plus en plus sur son usage des références aux droits étrangers, et plus généralement sur sa manière de faire du droit comparé[2364], que cela soit par le biais de membres en particulier[2365], ou par la voie officielle des communiqués de presse.

### *2) Usage*

**713.** D'un point de vue quantitatif, certaines conclusions développent particulièrement les aspects de droit comparé, révélant les affinités comparatistes de certains membres du Conseil d'Etat. Ainsi, sont particulièrement révélatrices les conclusions de M. Guyomar (mais on pourrait également citer A. Bretonneau et X. Domino)[2366] sur les arrêts du 8 février 2007, *Société Arcelor Atlantique et Lorraine*[2367], du 14 décembre 2007, *Garde des Sceaux, ministre de la Justice c/ Boussouar et Planchenault*[2368], et

---

2361 MAUGÜE (C.), STAHL (J.-H.), « Sur la sélection des arrêts du Recueil Lebon », *R.F.D.A.*, 1998, n° 4, pp. 768-779, spéc. p. 772.

2362 *Idem*, p. 773. Cf. également DOMINO (X.), BRETONNEAU (A.), BOKDAM-TOGNETTI (E.), LESSI (J.), « Que fait le centre ? », *préc.*, pp. 85-86 ; CASSIA (P.), « Une autre manière de dire le droit administratif : le "fichage" des décisions du Conseil d'État au *Recueil Lebon* », *R.F.D.A.*, 2011, n° 4, pp. 830-841.

2363 Cf. MODERNE (F.), DELVOLVÉ (P.), « Entretien avec le Président Genevois », *R.F.D.A.*, 2007, n° 1, pp. 1-5, spéc. pp. 4-5.

2364 Cf. BRETONNEAU (A.), DAHAN (S.), FAIRGRIEVE (D.), « L'influence grandissante du droit comparé au Conseil d'État : vers une procédure juridictionnelle innovante ? », *préc.*

2365 Dans des chroniques de jurisprudence publiées dans les principales revues de droit administratif, à l'occasion de colloques, organisés par la section du rapport et des études.

2366 On peut supposer que la direction du centre de recherches et de diffusion juridiques a sensiblement influé sur leur réflexe comparatiste.

2367 GUYOMAR (M.), « Le contrôle de constitutionnalité d'un règlement transposant une directive communautaire. Conclusions sur CE, Ass., 8 février 2007, *Société Arcelor Atlantique et Lorraine et autres* », *R.F.D.A.*, 2007, n° 2, pp. 384-401.

2368 GUYOMAR (M.), « Limites des mesures d'ordre intérieur en matière pénitentiaire : déclassements d'emploi et changements d'affectation des détenus. Conclusions sur C.E., Ass., 14 décembre 2007, *M. Planchenault et Garde des sceaux, ministre de la Justice c/ M. Boussouar* », *R.F.D.A.*, 2008, n° 1, pp. 87-103.

plus encore, du 30 octobre 2009, *Mme Perreux*[2369]. En concluant sur ce dernier arrêt, le rapporteur public expliquait notamment que, « s'agissant de l'application du traité, nous croyons nécessaire, comme nous vous l'avons déjà dit, de nous intéresser non seulement à la jurisprudence de celle qui en constitue le gardien naturel, mais également aux solutions retenues par les juridictions suprêmes des autres États de l'Union européenne, pratiquant ce faisant ce que l'on pourrait qualifier, pour emprunter à la terminologie de la Cour de Luxembourg, de dialogue des juges "horizontal" »[2370]. Il mobilisait de nombreux exemples, de l'Allemagne à l'Italie en passant par la Belgique, l'Espagne, la Grèce, le Portugal et le Royaume-Uni, afin de démontrer l'existence d'un « consensus jurisprudentiel »[2371] sur l'effet direct vertical ascendant des directives communautaires, et d'appeler ainsi à la fin de « l'isolement »[2372] du Conseil d'Etat français. Toutes les conclusions faisant référence aux droits étrangers n'en font cependant pas une exposition aussi détaillée.

**714.** Malgré un usage fortement banalisé, qui pourrait laisser croire que ce qui est de l'ordre du réflexe n'est pas réfléchi, se développe une certaine conscience, qui paraît de plus en plus répandue, de l'usage nécessairement précautionneux de l'argument de droit comparé[2373]. M. Guyomar le confirme en terminant sa présentation des solutions étrangères en expliquant qu'« il n'emporte pas à lui seul la solution, l'air du temps, même lorsqu'il émane du concert des juridictions européennes, ne valant jamais argument de droit »[2374]. De même, plus récemment, V. Daumas rappelle que « le tour d'horizon ne serait pas complet sans un coup d'œil à ce que jugent vos homologues dans des systèmes juridictionnels voisins », mais que « comme toujours, l'exercice de droit comparé est délicat et il ne faut s'y engager qu'avec prudence »[2375]. Ce faisant, il justifie précisément le choix des pays soumis à la comparaison.

---

[2369] GUYOMAR (M.), « L'abandon de la jurisprudence Cohn-Bendit. Conclusions sur C.E., Ass., 30 octobre 2009, *Mme Perreux* », *R.F.D.A.*, 2009, n° 6, pp. 1125-1151.

[2370] *Idem*, pp. 1132-1133.

[2371] *Id.*, p. 1134.

[2372] *Ibidem*.

[2373] Pour des exemples, cf. BRETONNEAU (A.), DAHAN (S.), FAIRGRIEVE (D.), « L'influence grandissante du droit comparé au Conseil d'État : vers une procédure juridictionnelle innovante ? », *R.F.D.A.*, 2015, n° 4, pp. 855-860, spéc. p. 858.

[2374] GUYOMAR (M.), « L'abandon de la jurisprudence Cohn-Bendit. Conclusions sur C. E., Ass., 30 octobre 2009, *Mme Perreux* », *préc.*, spéc. p. 1134.

[2375] DAUMAS (V.), « Liberté et loyauté de la preuve devant le juge administratif. Conclusions sur C.E., Sect., 16 juillet 2014, *Ganem* », *R.F.D.A.*, 2014, n° 5, pp. 924-934.

**715.** D'un point de vue plus qualitatif cette fois, la référence aux exemples étrangers peut être source de légitimité ou au contraire, servir de contre-exemple. Dans les deux cas, elle révèle la capacité, que poursuit le rapporteur public[2376], à emporter l'adhésion. Elle est le plus souvent légitimante, et permet de renforcer la justification d'une solution déjà préconçue[2377], notamment lorsqu'elle fait consensus dans les autres pays. Le registre utilisé pour décrire les solutions étrangères est alors mélioratif. O. Henrard commence par exemple son exposé des solutions étrangères par la phrase suivante : « un dernier mot toutefois sur le droit comparé, pour vous préciser que la voie sur laquelle nous vous proposons de vous engager trouve des échos dans les droits nationaux de plusieurs grands pays européens »[2378]. Dans la même logique de renforcement de l'autorité persuasive de la démonstration, l'argument de droit comparé peut aussi être instrumentalisé lorsqu'il s'avère être une sélection des seuls exemples allant dans le sens de cette solution, technique nommée *cherry-picking* par les Anglo-saxons. Il ne faut cependant pas croire qu'une solution préconçue ne peut pas céder à la suite de sa confrontation avec les exemples étrangers. Parfois, les juges s'aventurent sur les terres du comparatisme lorsqu'ils n'ont justement aucune conviction qui l'emporte sur un sujet donné. Le droit comparé permet alors d'éclairer une question jusqu'alors obscure. A l'inverse, les exemples étrangers peuvent jouer de temps à autre le rôle de repoussoir, pour maintenir la spécificité de la solution française. Le vocabulaire employé pour les décrire est, dans cette hypothèse, volontairement disqualifiant. Tel est le cas des conclusions de R. Keller sur l'arrêt du 30 décembre 2014, *M. Bonnemaison* :

> « Le législateur n'a pas voulu permettre au médecin de franchir le fossé existant entre le fait de laisser la mort faire son œuvre, lorsque plus rien ne peut l'empêcher, et celui de l'infliger directement par l'administration d'un produit létal. En autorisant le médecin à interrompre un traitement, ou à ne pas l'entreprendre, mais non à tuer, la loi lui permet de rester fidèle à l'un des engagements les plus forts du serment d'Hippocrate : “Je ne provoquerai jamais la mort délibérément”. L'euthanasie ou le suicide assisté sont admis dans une poignée de

---

[2376] Plus généralement sur la stratégie de la persuasion employée par les rapporteurs publics, antérieurement commissaires du gouvernement, cf. GENEVOIS (B.), « Le commissaire du gouvernement devant le Conseil d'Etat statuant au contentieux ou la stratégie de la persuasion », *R.F.D.A.*, 2000, n° 6, pp. 1207-1218. Le droit comparé constitue alors un argument supplémentaire.

[2377] Pour une analyse générale, cf. BELL (J.), « The argumentative status of foreign legal arguments », *Utrecht Law Review*, 2012, n° 2, pp. 8-19.

[2378] HENRARD (O.), « Le délai raisonnable de recours contre une décision individuelle irrégulièrement notifiée. Conclusions sur CE, Ass. 13 juillet 2016, *Czabaj* », *préc.*

> petits États ; ce n'est pas la voie que la France a choisie, c'est au contraire celle qu'elle a expressément écartée. Notre pays a décidé de porter "un autre regard" sur la fin de vie, et la proposition de loi qui sera débattue dans un mois au Parlement s'inscrit dans la même ligne »[2379].

**716.** Les exemples étrangers ne sont donc pas présentés de manière neutre et appartiennent bien à une stratégie rhétorique d'argumentation. Le constat est sensiblement le même en Espagne.

## B) En Espagne

**717.** En Espagne, la présence des droits administratifs étrangers dans la fabrique de la décision jurisprudentielle est plus encore visible qu'en France (1), et révèle des usages similaires (2).

### *1) Illustration*

**718.** L'argument de droit comparé est souvent employé par le juge espagnol au sein même de la motivation de la décision. Il suffit en effet de chercher l'expression « derecho comparado » dans le moteur de recherche jurisprudentielle du Conseil général du pouvoir judiciaire, en restreignant la recherche à la chambre administrative du Tribunal suprême, pour se convaincre définitivement de l'usage très courant des droits étrangers par le juge rapporteur, lequel magistrat est chargé de l'instruction de l'affaire et de l'orientation de la solution avant le vote, et de la rédaction de la décision. L'argument de droit comparé apparaît également dans les opinions séparées, comme l'autorise l'article 157 de la loi organique relative au pouvoir judiciaire[2380], qui permettent à un ou plusieurs magistrats en désaccord, soit

---

[2379] KELLER (R.), « Sanction disciplinaire : contrôle de cassation et proportionnalité. Conclusions sur C. E., Ass., 30 décembre 2014, *M. Bonnemaison* », *préc.*, spéc. p. 75. Il n'y a pas de précisions ici, sur ce qui est entendu par « poignée de petits Etats », mais l'on suppose que cela sous-entend une hiérarchie entre les Etats méritant d'être suivis et ceux qui ne le sont pas. Reste alors à savoir les critères pour entrer dans l'une ou l'autre de ces deux catégories, hormis la question de la taille.

[2380] Ley Orgánica 6/1985, de 1 de julio, *del Poder Judicial*, B.O.E., de 2 de julio de 1985, n° 157, pp. 20632-20678.

avec la solution elle-même (opinion dissidente), soit avec l'argumentation ayant mené à ladite solution (opinion concurrente), d'exprimer sa position propre. Cet usage spontané du droit comparé par le juge administratif pour étayer sa motivation, ou pour répondre aux parties au litige[2381], est de plus en plus répandu depuis les années 1990[2382], et ne cesse de croître. Le constat n'est d'ailleurs pas propre à la chambre administrative du Tribunal suprême. En 2004, J. Martin Canivell, membre de la deuxième chambre (pénale) du Tribunal suprême, rapportait ainsi l'expérience des juges des chambres civile et pénale[2383]. Il expliquait en effet que, malgré la charge de travail supplémentaire que cela suppose, nombreux sont les juges à consulter désormais la doctrine ou la législation étrangères, estimant que cela constitue une nécessité impérieuse[2384].

**719.** Le contexte actuel, faisant du réflexe comparatiste une « bonne pratique », n'est pas la seule raison susceptible d'expliquer cet usage récurrent du droit comparé par le juge espagnol. Une autre explication de la présence de l'argument de droit comparé au sein de la décision elle-même tient d'abord au style rédactionnel adopté par le Tribunal suprême espagnol, lequel se prête plus à ce genre de développements par rapport à celui du Conseil d'Etat français[2385]. Désormais rédigées en style direct, les décisions de justice

---

2381 Ce sont en effet également le demandeur ou le défendeur qui usent de l'argument de droit comparé. Pour un exemple dans lequel l'Avocat général de l'Etat l'utilise. Cf. S.T.S. 3369/2010, de 21 de junio de 2010.

2382 On peut toutefois trouver quelques décisions antérieures, faisant références aux droits administratifs étrangers. Par exemple, pour des allusions à la « doctrine italienne » ou encore à la « doctrine du Conseil d'Etat français », cf. S.T.S. 1678/1979, de 18 de diciembre de 1979.

2383 Ce qui ne l'empêche pas de faire quelques allusions à la pratique de la chambre administrative du Tribunal suprême. Cf. MARTÍN CANIVELL (J.), « Comparative law Before the Spanish Courts », in CANIVET (G.), ANDENAS (M.), FAIRGRIEVE (D.), *Comparative Law before the Courts*, London, British Institute of International and Comparative Law, 2004, pp. 211-216, spec. pp. 214-215. Ce constat est d'ailleurs confirmé dix ans plus tard par l'étude de M. Requejo Isidro et M. Otero Crespo qui précisent à propos de la chambre civile du Tribunal suprême que les références aux droits étrangers se sont banalisées à partir des années 1990. Cf. REQUEJO ISIDRO (M.), OTERO CRESPO (M.), « Comparative Law before the Spanish Private Law Courts in the 21st Century », in ANDENAS (M.), FAIRGRIEVE (D.) (dir.), *Courts and Comparative Law*, Oxford, Oxford University Press, 2015, pp. 552-568, spéc. p. 554.

2384 Cf. MARTÍN CANIVELL (J.), « Comparative law Before the Spanish Courts », *préc.*, p. 214.

2385 Afin d'enrichir la réflexion sur l'utilité de modifier le style rédactionnel de juridiction administrative française, la cellule de droit comparé du Conseil d'Etat français a d'ailleurs réalisé une analyse comparative des styles rédactionnels adoptés par les juridictions étrangères, au rang desquelles figure le Tribunal suprême espagnol. Cf. MARTIN (P.),

espagnoles sont assez longues et détaillées, le parallèle pouvant être fait avec le style adopté par la Cour de Justice des Communautés européennes ou par la Cour européenne des droits de l'homme. Le recours aux précédents est plutôt courant, puisque des parties entières de décisions sont parfois reproduites littéralement, reprenant alors l'argument de droit comparé déjà utilisé. Une autre explication, avancée d'ailleurs par J. Martín Canivell, est la particularité du parcours professionnel de certains juges du Tribunal suprême[2386]. Les passages de l'Université à la magistrature sont en effet courants en Espagne. Or la culture comparatiste des universitaires espagnols, qui n'est plus à prouver, a très certainement rejailli sur la fonction juridictionnelle qu'ils ont ensuite assumée[2387]. Par exemple, l'actuel président de la chambre administrative du Tribunal suprême, L. Díez-Picazo, fut professeur de droit public et avocat, avant d'intégrer la carrière judiciaire en 2008 par la voie réservée aux juristes reconnus ayant plus de quinze années d'exercice[2388]. Il en va de même pour J. Suay Rincón, professeur de droit administratif nommé membre du Tribunal suprême en 2013.

**720.** Le juge administratif espagnol se réfère donc souvent aux droits administratifs étrangers. Il faut désormais apporter quelques précisions sur l'usage qu'il en fait.

### *2) Usage*

**721.** D'un point de vue quantitatif, si la référence aux droits administratifs étrangers apparaît expressément dans la motivation du juge, elle se limite souvent à une simple évocation, assez vague, par l'emploi de l'expression générique « en droit comparé », sans que ne soient précisés les pays objets de la comparaison et encore moins les références juridiques étrangères utilisées,

---

*Rapport du Groupe de travail sur la rédaction des décisions de la juridiction administrative*, Paris, Conseil d'Etat, 2012.

2386 MARTÍN CANIVELL (J.), « Comparative law Before the Spanish Courts », *préc.*, p. 214.

2387 C'est ce qu'avance notamment J. Bengoetxea pour expliquer les raisons pour lesquelles un juge est plus enclin à faire appel aux exemples étrangers. Cf. BENGOETXEA (J.), « Judicial and interdisciplinary dialogues in European law », in HESS (B.), MENETRY (S.), *Le dialogue des juges en Europe*, Bruxelles, Larcier, 2014, pp. 19-49 ; BENGOETXEA (J.), « Diálogos Judiciales e Interdisciplinarios en el Derecho Europeo », *Sortuz. Oñati Journal of Emergent Socio-legal Studies*, 2015, n° 1, pp. 160-183, spec. p. 173.

2388 Cf. articles 301a5 et 567 de la Ley Orgánica 6/1985, de 1 de julio, *del Poder Judicial*, B.O.E., de 2 de julio de 1985, n° 157, pp. 20632-20678.

législatives ou jurisprudentielles. Néanmoins, il est tout de même possible de trouver des exemples de décisions exposant de manière plus précise la ou les références étrangères utilisées au titre de l'argument de droit comparé. Par exemple, à propos de l'obligation de poser une question préjudicielle à la Cour de Justice de l'Union européenne, la jurisprudence française relative à la théorie de l'acte clair est toujours mentionnée aujourd'hui[2389], alors même que la Cour de Justice de l'Union européenne elle-même a depuis longtemps admis cette hypothèse[2390].

**722.** D'un point de vue qualitatif, les exemples étrangers sont classiquement utilisés pour emporter l'adhésion[2391]. Littéralement le « droit comparé » semble alors faire office d'argument d'autorité[2392]. Il est par ailleurs parfois accompagné d'une référence à la « doctrine »[2393] entendue de manière générale — ce qui laisse supposer qu'elle forme un ensemble homogène — offrant alors une double autorité à la solution qu'il conforte[2394]. Mais il semblerait que la référence explicite à un droit étranger soit aussi mentionnée afin de préciser ou rappeler l'origine étrangère d'une règle adoptée par le droit administratif espagnol[2395], soit directement[2396], soit par

---

[2389] Cf. ATS 1534/2016 de 17 de febrero de 2016.

[2390] Cf. C.J.C.E., 6 octobre 1982, *CILFIT*, Rec., p. 03415.

[2391] Que la référence soit jurisprudentielle, par exemple, à propos de la valeur juridique à accorder aux circulaires, une référence est faite à la jurisprudence du Conseil d'Etat français, cf. S.T.S. 15591/1990, de 14 de febrero de 1990; ou doctrinale, par exemple, pour une allusion à la doctrine italienne, cf. S.T.S. 6673/2001 de 27 de julio de 2001.

[2392] Cf. par exemple dans la motivation de la S.T.S. 4147/2011 de 30 de mayo de 2011. Cf. également dans une opinion séparée à propos d'une affaire relative au déclassement d'informations protégées par le secret d'Etat, à l'occasion de laquelle le magistrat fait part du consensus sur une question : Cf. S.T.S., Sala 3ª, de 4 de abril de 1997.

[2393] Ce qui confirme que la référence au droit étranger est « rangé au même titre que la doctrine, c'est-à-dire qu'il est classé avec les sources relevant de la justification autoritaire et non de la justification substantielle ». Cf. PONTHOREAU (M.-C.), « L'argument fondé sur la comparaison dans le raisonnement juridique », *préc.* p. 541 (M.-C. Ponthoreau reprenant ici la distinction faite par AARNIO (A.), *Le rationnel comme raisonnable*, Bruxelles, Story-Scientia, 1992, p. 116).

[2394] Par exemple, dans la S.T.S. 1330/2000, de 22 de febrero de 2000, on trouve l'expression « Existe, en efecto, una notable tendencia en la doctrina y en el derecho comparado a admitir que […] ».

[2395] Par exemple, pour rappeler l'origine allemande du principe de confiance légitime, repris par le droit de l'Union européenne : S.T.S. 5777/2013 de 18 de noviembre de 2013.

[2396] Par exemple, sur l'inspiration française de la distinction entre recours en annulation et de pleine juridiction, cf. S.T.S. 1954/2010, de 12/04/2010. Ou encore, sur l'inspiration de la jurisprudence du Conseil d'Etat français, C.E., 11 mars 1910, *Cie générale française des Tramways* : S.T.S. 1170/1998, 21/02/1998. Et pour un exemple du Tribunal Supérieur de Justice de la Communauté valencienne, cf. S.T.S.J. C.V. 3735/2014, de 6 de junio de 2014,

l'intermédiaire d'un droit supranational tel que le droit de l'Union européenne ou celui de la Convention européenne des droits de l'homme.

**723.** L'usage essentiellement pratique des droits administratifs étrangers semble logique dès lors qu'ils sont mobilisés par les autorités normatives. Alors qu'au contraire on aurait pu s'attendre à une approche plus désintéressée de la part des universitaires, on retrouve un usage similaire, essentiellement utilitariste, dans la production scientifique.

## *Section 2: L'orientation essentiellement technique des études doctrinales portant sur les droits administratifs étrangers*

**724.** En France, et plus encore en Espagne, la tradition de la recherche spéculative sur les droits administratifs étrangers persiste. Leur étude, et l'analyse comparative qui peut en résulter, est en effet une démarche de connaissance qui vise l'enrichissement scientifique, culturel. Néanmoins, si elle persiste (§1), elle est minoritaire. En effet, les études doctrinales portant sur les droits administratifs étrangers et qui font appel à la démarche comparative adoptent aujourd'hui majoritairement une approche « normative »[2397], en ce qu'elles recherchent une utilité pratique. Ceci explique alors leur approche technicienne, centrée avant tout sur l'analyse du droit positif étranger. En réalité, la transformation de la fonction dominante attribuée à la démarche comparative n'est que le reflet de l'évolution[2398], plus générale qu'elle soit constatée en France ou en Espagne[2399] de la « manière

---

faisant explicitement référence à l'arrêt T.C., 8 avril 1935, *Action française*, Rec. p. 1226 et à M. Hauriou, pour des éléments de définition de la voie de fait.

[2397] Pour reprendre la qualification utilisée par P. Jestaz et C. Jamin. Cf. JESTAZ (P.), JAMIN (C.), *La doctrine*, *préc.*, p. 213.

[2398] En France, on peut attribuer l'amorce de cette rupture à M. Waline. Cf. BIENVENU (J.- J.), « Remarques sur quelques tendances de la doctrine contemporaine en droit administratif », *Droits*, 1985, n° 1, pp. 153-160, spéc. p. 154 ; CHEVALLIER (J.), « La fin des écoles ? », *R.D.P.*, 1997, n° 3, pp. 679-700, spéc. p. 690 ; BEAUD (O.), « L'État », in GONOD (P.), MELLERAY (F.), YOLKA (P.), *Traité de droit administratif*, T. 1, Paris, Dalloz, 2011, pp. 207-267., spéc. pp. 224-226. En Espagne, la rupture est quant à elle amorcée avec les auteurs de la génération de la *Revista de Administración Pública*, qui s'orientent vers la technique.

[2399] Cf. pour l'Espagne, GARCÍA CANTERO (G.), « L'enseignement du droit comparé en Espagne : aperçu historique et état actuel », in *L'avenir du droit comparé. Un défi pour les juristes du nouveau millénaire*, Paris, Société de législation comparée, 2000, pp. 123-138 ;

contemporaine de faire du droit administratif »[2400] : le « positivisme techniciste »[2401] (§2).

### §1) La persistance d'études spéculatives sur les droits administratifs étrangers

**725.** Il existe toujours des études qui cherchent à étudier les droits administratifs étrangers « de l'intérieur, en eux-mêmes et pour eux-mêmes »[2402], à les contextualiser et les classifier, ou à apporter un regard plus distancié, plus critique, sur le droit national[2403]. Leur objet est souvent plus large, il s'agit d'études d'ensemble, plus exhaustives. Leur utilité immédiate est moins revendiquée, car elles ne prétendent pas orienter les autorités normatives. La persistance de ce type d'études se constate aussi bien en France (A) qu'en Espagne (B).

#### A) En France

**726.** Même si dans la plupart des revues spécialisées en droit administratif, « le positivisme règne [...] en maître »[2404], il leur arrive parfois de publier des articles consacrés aux droits administratifs étrangers dont la finalité n'est pas

---

SANTAMARÍA PASTOR (J. A.), « La ciencia del Derecho administrativo en España : una perspectiva histórica », *préc.*, pp. 381-382.

2400 MELLERAY (F.), « Marcel Waline et la manière française contemporaine de faire du droit administratif », *R.F.D.A.*, 2014, n° 1, pp. 145-150 ; MELLERAY (F.), « Charles Eisenmann et la manière contemporaine de faire du droit administratif », *R.D.P.*, 2016, n° 2, pp. 375-385. L'auteur prolonge au domaine du droit administratif l'expression employée par P. Jestaz et C. Jamin. Cf. JESTAZ (P.), JAMIN (C.), *La doctrine*, préc., p. 16.

2401 Ce dernier « entend rendre compte le plus fidèlement possible des dispositifs juridiques existants et construire les cadres d'interprétation indissociables des mécanismes de production et d'application du droit ». Cf. CHEVALLIER (J.), « La fin des écoles ? », *R.D.P.*, 1997, n° 3, pp. 679-700, spéc. p. 688.

2402 ZOLLER (E.), « Qu'est-ce que faire du droit constitutionnel comparé ? » *Droits*, 2000, n° 32, pp. 121-134, spéc. p. 134.

2403 SACCO (R.), *La comparaison juridique au service de la connaissance du droit*, Paris, Economica, 1991 ; MUIR-WATT (H.), « La fonction subversive du droit comparé », *R.I.D.C.*, 2000, n° 3, pp. 503-527.

2404 LOCHACK (D.), « Les revues de droit public », in ARNAUD (A.-J.), *La culture des revues juridiques françaises*, Milan, Giuffré, 1988, pp. 47-57, spéc. p. 50.

normative, ou du moins pas uniquement. Par exemple, la *Revue Française de Droit Administratif* publie parfois des dossiers de droit administratif comparé[2405], dont la mise en perspective est nécessairement plus ambitieuse, ou des articles revendiquant expressément leur but non utilitariste[2406]. Par ailleurs, les thèses de droit administratif étranger ou de droit comparé se sont multipliées, et parmi elles, certaines ont une approche purement spéculative[2407].

**727.** Ensuite, l'étude des auteurs étrangers n'est pas délaissée, et semble même se développer ces dernières années. On peut ainsi recenser quelques articles consacrés à des auteurs étrangers[2408], ou plus généralement à la science du droit étrangère[2409], ou à des approches théoriques précises[2410]. Certaines revues, certes non spécialisées en droit administratif, dédient l'une de leurs rubriques à des recensions d'ouvrages afin d'être au fait des dernières actualités littéraires étrangères, y compris en droit administratif. La *Revue internationale de droit comparé*, revue spécialisée en droit comparé, en est un bon exemple. Il faut par ailleurs noter la création d'une nouvelle collection chez Dalloz, depuis 2008, intitulée « rivages du droit » ayant expressément pour ambition de « rendre accessibles les œuvres juridiques étrangères afin de contribuer à l'essor de la pensée juridique contemporaine »[2411], par leur traduction par des juristes français. Le caractère généraliste de cette collection

---

2405 Par exemple, « Des réformes de collectivités territoriales en Europe », *R.F.D.A.*, 2015, n° 4, pp. 683-716 ; « Le contentieux des contrats publics en Europe », *R.F.D.A.*, 2011, n° 1, pp. 6-88.

2406 Cf. par exemple, SCHNEIDER (F.), « La fiducie publique, cousine d'Amérique de la domanialité publique », *R.F.D.A.*, 2014, n° 5, pp. 907-917; CASSESE (S.), « Les transformations du droit administratif du XIXe au XXIe siècle », *Droit administratif*, 2002, n° 10, pp. 6-9.

2407 Par exemple, GAILLET (A.), *L'individu contre l'Etat : essai sur l'évolution des recours de droit public dans l'Allemagne du XIXe siècle*, Paris, Dalloz, 2012 ; JACQUEMET-GAUCHÉ (A.), *La responsabilité de la puissance publique en France et en Allemagne. Etude de droit comparé*, Paris, L. G. D. J., 2013 ; PERROUD (T.), La fonction contentieuse des autorités de régulation en France et au Royaume-Uni, Paris, Dalloz, 2013 ; GABAYET (N.), *Les contrats publics à l'épreuve de l'aléa en droit anglais et français*, Paris, L.G.D.J., 2015.

2408 Par exemple, MIALOT (C.), « Eduardo García de Enterría, un géant du droit public », *A.J.D.A.*, 2014, n° 25, pp. 1431-1435 ; MALAKHOV (L.), « Le professeur Sergueï Korf et l'idée de la justice administrative en Russie », *R.F.D.A.*, 2008, n° 6, pp. 1253-1263.

2409 SANDULLI (A.), « La tradition nationale du droit administratif en Italie », *R.F.D.A.*, 2012, n° 4, pp. 773-786.

2410 GAUTIER (M.), « Une autre traversée du Rhin. A propos de l'acte administratif transnational », *préc.*

2411 Présentation sur le site internet de Dalloz. Cf. http://www.editions-dalloz.fr/ouvrages-universitaires/approfondir/rivages-du-droit.html, consulté le 12/08/2016.

n'empêche pas la publication d'ouvrages de droit administratif, ainsi qu'en témoigne le premier ouvrage publié, qui fut celui de S. Cassese, *Culture et politique du droit administratif*[2412].

**728.** Enfin, mais dans une perspective un peu différente, il faut noter que le Conseil d'Etat français fait preuve d'ambitions de plus en plus importantes sur le terrain scientifique, comme en témoigne la multiplication de conférences, colloques ou séminaires[2413], notamment en droit administratif comparé, organisés par la section du Rapport et des études[2414], avec le soutien de la Cellule de droit comparé. Depuis 2015, un cycle de conférences intitulé « droit comparé et territorialité du droit » est organisé par le Conseil d'Etat en association avec la Société de législation comparée et l'Institut français des sciences administratives. Il en va de même avec le colloque de clôture de la recherche sur la procédure administrative en Europe, soutenue par la Mission Droit et justice, avec la collaboration de la chaire Mutations de l'action publique et du droit public et du Conseil d'Etat, qui s'est tenu le 5 décembre 2014. Cette recherche était initialement pragmatique, servant en premier lieu l'objectif de réforme du droit administratif français. Son utilité devait donc être immédiate. Pourtant, elle est par la même occasion devenue un objet scientifique, dépassant le simple rôle d'instrument entre les mains du producteur de normes. Elle s'est d'ailleurs soldée par la publication d'un ouvrage, intitulé *Codification of administrative procedure*[2415], paru en 2014.

---

2412 Cf. CASSESE (S.), *Culture et politique du droit administratif*, traduit de l'italien par M. Morabito, Paris, Dalloz, 2008.

2413 Cf. GONOD (P.), « La Section du rapport et des études, instrument d'un repositionnement institutionnel du Conseil d'État ? Le redéploiement de la participation à l'élaboration des normes », *préc.*, spéc. p. 252.

2414 Le constat général selon lequel ce renouvellement de l'activité du Conseil d'Etat traduit « une autopromotion […] en tant que producteur d'idées nouvelles », démontrant qu'il « se considère comme mieux armé que la doctrine juridique, voire les "grandes intellectuels" traditionnels, pour "lire le monde où intervient l'Etat" » peut s'illustrer plus précisément dans le domaine du droit administratif comparé, qui semble presque devenir l'apanage du Conseil d'Etat. A propos du constat initial, cf. CAILLOSSE (J.), « Le discours de la réforme administrative », in MBONGO (P.), RENAUDIE (O.) (dir), *Le rapport public annuel du Conseil d'Etat. Entre science du droit et discours institutionnel, Actes du colloque organisé le 27 mars 2009 par le Centre d'Etudes et de Recherches de Sciences Administratives et Politiques*, Paris, Cujas, 2010, pp. 125-144, spéc. p. 126.

2415 Cf. AUBY (J.-B.) (dir.), *Codification of administrative procedure*, Bruxelles, Bruylant, 2014.

**729.** En Espagne, ce dernier phénomène n'est pas constaté, mais l'on remarque que les administrativistes espagnols n'ont pas totalement abandonné leur tradition de connaissance érudite des droits administratifs étrangers.

## B) En Espagne

**730.** La rubrique « Etudes » de la *Revista de Administración Pública*, moins utilitariste par principe, laisse parfois une place à l'analyse des droits administratifs étrangers[2416]. Mais ce sont également des monographies qui sont publiées[2417], notamment sur l'européanisation des différents secteurs des droits administratifs nationaux[2418].

**731.** Plus encore qu'en France, les études de la pensée juridique étrangères subsistent. Même si cette caractéristique de la doctrine espagnole est sans doute moins visible qu'auparavant[2419], les auteurs étrangers sont toujours étudiés par les administrativistes. La plupart des revues spécialisées en droit administratif, à la différence de la France, consacrent systématiquement une rubrique à la recension d'ouvrages, parmi lesquels apparaissent souvent des ouvrages étrangers. Ce constat est rapidement fait à la lecture des sommaires de la *Revista de Administración Pública*[2420]. La *Revista española de derecho*

---

2416 Par exemple, MEILÁN GIL (J. L.), « Un *meeting point* de los ordenamientos jurídicos sobre contratación pública », *R.A.P.*, 2015, n° 198, pp. 43-73 ; MUSUCCI (A.), « Formación y evolución del Derecho administrativo en Francia y Alemania », *R.A.P.*, 2011, n° 184, pp. 9-39.

2417 Par exemple, LÓPEZ-RAMÓN (F.), VIGNOLO CUEVA (O.) (dir.), *El dominio público en Europea y América Latina*, Lima, Circulo de derecho administrativo, 2015.

2418 Par exemple, SÁNCHEZ MORÓN (M.) (dir.), *El derecho de los contratos públicos en la Unión Europea*, Valladolid, Lex Nova, 2011.

2419 Les manuels, par exemple, ne ressemblent plus guère à ceux du début du XX^e^ siècle et sont avant tout centrés sur l'étude du droit positif espagnol.

2420 Par exemple, entre 2010 et 2016 : SOSA WAGNER (F.), « Häberle, Peter; Kilian, Michael, y Wolff, Heinrich Amadeus (Hrsg.): *Staatsrechtslehrer des 20. Jahrhunderts* », *R.A.P.*, 2015, n° 197, pp. 415-419 ; BOUAZZA ARINO (O.), « Romano, Santi: *El ordenamiento jurídico* », *R.A.P.*, 2014, n° 194, pp. 547-551; SOSA WAGNER (F.), « Stolleis, Michael: *Öffentliches Recht in Deutschland. Eine Einführung in seine Geschichte* », *R.A.P.*, 2014, n° 194, pp. 551-552; CODINA GARCÍA-ANDRADE (X.), « Trybus, M.; Caranta, R., y Edelstam, G. (Eds.): *EU Public Contract Law. Public Procurement and Beyond* », *R.A.P.*, 2014, n° 194, pp. 558-560 ; CODINA GARCÍA-ANDRADE (X.), « Dragos, Dacian; Caranta, Roberto (Eds.): *Outside the EU Procurement Directives - Inside the Treaty?* », *R.A.P.*, 2014, n° 193, pp. 471-473 ; ALMEIDA CERREDA (M.), « Wahl, Rainer: *Los últimos cincuenta años de Derecho administrativo alemán* », *R.A.P.*, 2013, n° 192, pp. 449-454; ESTEVE PARDO (J.),

*administrativo* dispose elle aussi d'une rubrique nommée « bibliographie », dans laquelle elle fait état des dernières actualités littéraires en droit administratif, aussi bien espagnoles qu'étrangères. Certains auteurs ont par ailleurs fait de l'étude de la pensée juridique étrangère, leur spécialité. C'est par exemple le cas de F. Sosa Wagner qui a consacré plusieurs ouvrages à la doctrine allemande[2421]. On notera cependant que la doctrine classique a plus de succès que la doctrine contemporaine. Par exemple, Léon Duguit fait toujours l'objet d'une attention particulière au regard des articles récemment publiés, et consacrés à son apport scientifique à la science espagnole[2422].

**732.** Malgré ces exemples, l'étude portant sur les droits administratifs étrangers est globalement technique, poursuivant une fonction normative.

« Colaço Antunes, Luís Filipe: *A Ciência Jurídica Administrativa. Noções Fundamentais* », *R.A.P.*, 2013, n° 191, pp. 514-517; ESTEVE PARDO (J.), « Jestaedt, M., Lepsius, O., Möllers, Ch., Schönberger, Ch.: *Das entgrenzte Gericht (Eine kritische Bilanz nach sechzig Jahren Bundesverfassungsgericht)* », *R.A.P.*, 2012, n° 189, pp. 503-507 ; SANTIAGO IGLESIAS (D.), « Rossi, Giampaolo: *Principi di Diritto Amministrativo* », *R.A.P.*, 2011, n° 186, pp. 515-517 ; NIETO GARRIDO (E.), « Galera, Susana (Ed.): *Judicial review. A comparative analysis inside the European legal system* », *R.A.P.*, 2011, n° 184, pp. 365-366; EMBID TELLO (A. E.), « FELDMAN, Robin: *The Role of Science in Law (El rol de la Ciencia en el Derecho).* », *R.A.P.*, 2010, n° 181, pp. 438-440.

2421 Cf. SOSA WAGNER (F.), *Maestros alemanes del derecho público*, T. 1, Madrid, Marcial Pons, 2002; SOSA WAGNER (F.), *Maestros alemanes del derecho público*, T. 2, Madrid, Marcial Pons, 2004; SOSA WAGNER (F.), *Carl Schmitt y Ernst Forsthoff : coincidencias y confidencias*, Madrid, Marcial Pons, 2008; SOSA WAGNER (F.), *Juristas y enseñanzas alemanas, 1945-1975. Con lecciones para la España actual*, Madrid, Marcial Pons, 2013

2422 Trois articles lui ont été consacrés depuis 2010 : Cf. RODRÍGUEZ-ARANA MUÑOZ (J.), « Sobre las transformaciones del derecho público, de Léon Duguit », *R.A.P.*, 2013, n° 190, pp. 61-100; PACTEAU (B.), « Duguit ¡El Estado reencontrado! », *R.A.P.*, 2011, n° 185, pp. 345-363; FERNÁNDEZ RODRIGUEZ (T.-R.), « Léon Duguit en España y en español », *R.A.P.*, 2010, n° 183, pp. 31-49 (ce dernier article étant la version espagnole de sa contribution au colloque français commémoratif du 150e anniversaire de Léon Duguit organisé à Bordeaux en 2009, cf. MELLERAY (F.) (dir.), *Autour de Léon Duguit*, Bruxelles, Bruylant, 2011).

## §2) La prédominance d'études normatives sur les droits administratifs étrangers

**733.** En France (A) comme en Espagne (B), les études portant sur les droits administratifs étrangers, et qui adoptent le plus souvent une démarche comparative, recherchent en premier lieu un effet utile, « stratégique »[2423]. Elles analysent le droit positif applicable à l'étranger, et servent d'intermédiaires pour rendre plus accessibles les droits étrangers aux autorités normatives, et ce faisant, être force de proposition, ou d'orientation. Elles prétendent en effet souvent inciter à la réforme, parce qu'elles se considèrent comme « partie prenante au processus de production du droit »[2424]. Les droits administratifs étrangers constituent ainsi simplement un outil supplémentaire[2425] pour exercer leur ministère d'influence. Ceci est d'autant plus vrai en Espagne, car la doctrine juridique universitaire bénéficie d'une position importante « dans l'ordre social et politique »[2426]. Depuis les années 1950, de nombreux universitaires ont en effet orienté fortement le contenu de certaines grandes lois du droit administratif espagnol, si bien que leur nom est associé à ces dernières[2427]. En France, si la doctrine universitaire spécialisée en droit administratif partage les mêmes ambitions, elle a néanmoins une « influence limitée »[2428], ou du moins, plus limitée.

---

2423 Cf. FAUVARQUE-COSSON (B.), « « Le droit comparé : art d'agrément ou entreprise stratégique ? », *préc.*

2424 CHEVALLIER (J.), « Doctrine juridique et science juridique », *préc.*, p. 105. Cf. PACTEAU (B.), « La doctrine, auteurs, acteurs du droit administratif… », in HECQUARD-THÉRON (M.) (dir.), *Les Facultés de Droit, inspiratrices du droit ?*, Toulouse, Presses Universitaires de Toulouse, 2004, pp. 7-19. Plus généralement, sur « la présence des juristes dans l'espace public », et l'évocation de la figure du « juriste militant », cf. CHEVALLIER (J.), LOCHAK (D.), « Les juristes dans l'espace public », *Droit et société*, 2016, n° 2, pp. 359-374.

2425 On s'éloigne ainsi du constat fait par J.-B. Auby qui considérait en 2010 que la doctrine administrativiste française « s'investit peu dans le droit comparé, faute d'avoir encore acquis cette conviction qu'il comporte aujourd'hui des enjeux très concrets – et non pas seulement théoriques – dérivant du fait que nos droits administratifs sont inéluctablement embarqués dans des phénomènes de compétition et de brassage, en particulier dans la sphère européenne ». Cf. AUBY (J.-B.), « Les spécificités de la doctrine administrativiste française », in A.F.D.A., *La doctrine en droit administratif*, Paris, Litec, 2010, pp. 33-40, spéc. p. 39.

2426 CHEVALLIER (J.), « Doctrine juridique et science juridique », *préc.*, p. 109.

2427 Cf. SANTAMARÍA PASTOR (J. A.), « La ciencia del Derecho administrativo en España : una perspectiva histórica », *préc.*, pp. 373-375.

2428 Cf. AUBY (J.-B.), « Les spécificités de la doctrine administrativiste française », *préc.*, pp. 36-37.

## A) En France

**734.** Les principales revues françaises spécialisées en droit administratif qui font une place aux droits administratifs étrangers confirment cette orientation prédominante. La *Revue française de droit administratif*, pourtant classée par l'éditeur dans la catégorie des « revues fondamentales »[2429], et décrite comme « revue de réflexion et d'approfondissement en droit public »[2430], en est un exemple. La rubrique « droit administratif comparé et étranger » a ainsi une dimension plutôt pratique, puisqu'elle vise en premier lieu à donner accès aux droits administratifs étrangers aux juristes français : à l'universitaire, mais aussi, au juge ou au législateur[2431]. Ces études peuvent être réalisées par des Français ou par des nationaux du pays dont le droit est étudié. Les thématiques abordées portent souvent sur une question juridique précise relevant du champ d'application du droit européen[2432]. Preuve de cette orientation technique des études, les correspondants étrangers, chargés d'informer les lecteurs de la revue à propos de leur droit administratif sont souvent sollicités en raison de leur qualité de juge[2433]. La recherche de leur point de vue, ou plutôt de leur interprétation authentique[2434] devient même

---

2429 Cf. http://www.dalloz-revues.fr/revues/RFDA-20.htm, consulté le 06/08/2016.

2430 Cf. http://www.dalloz-revues.fr/revues/RFDA-20.htm, consulté le 06/08/2016.

2431 Par exemple, « le contentieux administratif espagnol a suffisamment de points communs avec le contentieux administratif français pour que l'étude de leurs différences puisse **enrichir utilement les réflexions actuelles sur la réforme de la justice administrative** ». Cf. PELISSIER (G.), « Aperçus sur le contentieux administratif espagnol », *R.F.D.A.*, 2008, n° 4, pp. 825-837, spéc. p. 825 (Nous soulignons).

2432 ZAGORSKI (W.), « Le droit public polonais dans l'Union européenne », *R.F.D.A.*, 2013, n° 3, pp. 681-687; RENDERS (D.), GORS (B.), « Origine et contours des principes généraux de bonne administration en droit belge », *R.F.D.A.*, 2012, n° 4, pp. 763-772; IANNELLO (C.), « La réforme des services publics locaux à caractère économique en Italie », *R.F.D.A.*, 2012, n° 3, pp. 573-579; GERMAIN (J.), « Les recours juridictionnels ouverts au concurrent évincé contre un marché public communautaire après sa conclusion en France et en Allemagne », *R.F.D.A.*, 2009, n° 1, pp. 49-60.

2433 Par exemple, L. Donnay et M. Pâques sont tous deux membres du Conseil d'Etat belge. Cf. DONNAY (L.), PÂQUES (M.), « L'attribution au Conseil d'État belge de la réparation du dommage causé par un acte administratif illégal », *R.F.D.A.*, 2015, n° 5, pp. 1055-1062. P. Nihoul, s'il est initialement professeur de droit, écrit néanmoins au titre de sa qualité de juge à la Cour constitutionnelle de Belgique. C'est en tout cas ce qui est mis en avant lors de la présentation de l'auteur en en-tête des articles publiés. Cf. NIHOUL (P.), « La modulation dans le temps des effets d'un arrêt d'annulation du Conseil d'État belge », *R.F.D.A.*, 2013, n° 6, pp. 1301-1307 ; NIHOUL (P.), « Les autorités administratives indépendantes en Belgique », *R.F.D.A.*, 2013, n° 4, pp. 897-902.

2434 En France, en ce qui concerne la chronique jurisprudentielle tenue par les membres du Centre de Recherches et de diffusion juridiques du Conseil d'Etat et publiée à l'A.J.D.A., X. Domino, A. Bretonneau, E. Bokdam-Tognetti et J. Lessi expliquent que « les interprétations, souvent poliment formulées en termes de conjectures dans la chronique, ne sont rien d'autre que la bonne interprétation qu'il convient d'avoir d'une décision. Non pas

systématique, ainsi qu'en atteste, depuis le troisième numéro de l'année 2015, l'accord entre le vice-président français du Conseil d'Etat, J.-M. Sauvé, et le président de la Cour administrative fédérale d'Allemagne, K. Rennert, d'assurer la « publication à intervalles réguliers dans des revues spécialisées de décisions rendues par les juridictions administratives suprêmes de ce côté-ci et de l'autre côté du Rhin, respectivement par le Conseil d'État et le Bundesverwaltungsgericht »[2435]. Au rythme de trois fois par an[2436], la *Revue française de droit administratif* consacre ainsi désormais un dossier « centré sur une thématique donnée et illustré par une sélection d'un petit nombre de décisions emblématiques de l'actualité jurisprudentielle récente »[2437]. D'ailleurs, depuis quelques années, sont de plus en plus publiés dans certaines revues, les résultats des recherches comparatives menées par les services affectés à cette tâche du Parlement ou du Conseil d'Etat, alors même qu'elles avaient au départ un usage purement interne. La *Revue internationale de droit comparé*, offre depuis 2012, un espace dans ses colonnes pour des chroniques du Sénat, issues des études de législation comparée, ainsi que des veilles de jurisprudences étrangères réalisées par la Cellule de droit comparé du Conseil d'Etat, faisant alors de l'étude purement pratique un objet potentiellement scientifique si des chercheurs s'en saisissent. En France, donner tribune dans une revue à l'analyse pratique d'un membre du Conseil d'Etat n'est pas une nouveauté. Il s'est en effet toujours immiscé dans la fonction doctrinale[2438], ce qui a conduit à la distinction entre doctrine universitaire et doctrine

---

que les responsables du centre soient des esprits supérieurs qui auraient toujours raison, mais simplement parce que leur mission est précisément de savoir ce qui s'est tramé, ce qui s'est dit, bref, de connaître le pourquoi du comment d'une décision, au besoin en prenant, même après le délibéré, toutes les précautions pour s'assurer que leur compréhension est bien la bonne. A cet égard, et contrairement à ce que les juristes même les plus avertis peuvent parfois croire, lorsque deux interprétations d'une décision sont possibles et que les responsables en ont donné une, il n'y pas de doute à avoir : c'est la bonne ». Cf. DOMINO (X.), BRETONNEAU (A.), BOKDAM-TOGNETTI (E.), LESSI (J.), « Que fait le centre ? », *préc.*, spéc. p. 82.

[2435] Cf. SAUVÉ (J.-M.), RENNERT (K.), « Avant-Propos », in BICK (U.), « Jurisprudence de la Cour administrative fédérale d'Allemagne », *R.F.D.A.*, 2015, n° 3, pp. 429-431, spéc. p. 429.

[2436] Cf. BICK (U.), « Jurisprudence de la Cour administrative fédérale d'Allemagne : le droit d'accès à l'information », *R.F.D.A.*, 2015, n° 5, pp. 1064-1072 ; BICK (U.), « Jurisprudence de la Cour administrative fédérale d'Allemagne – L'étendue du contrôle du juge administratif », *R.F.D.A.*, 2016, n° 1, pp. 181-188; BICK (U.), « Le recours juridictionnel en référé (Eilrechtsschutz) », *R.F.D.A.*, 2016, n° 3, pp. 627-636.

[2437] SAUVÉ (J.-M.), RENNERT (K.), « Avant-Propos », in BICK (U.), « Jurisprudence de la Cour administrative fédérale d'Allemagne », *R.F.D.A.*, 2015, n° 3, pp. 429-431, spéc. p. 429.

[2438] Cf. RIVERO (J.), « Jurisprudence et doctrine dans l'élaboration du droit administratif », *E.D.C.E.*, 1955, pp. 27-36, spéc. pp. 29-31 ; DEGUERGUE (M.), « Les commissaires du gouvernement et la doctrine », *Droits*, 20, 1994, pp. 125-132 ; STAHL (J.-H.), STIRN (B.), « Les commissaires du gouvernement et la doctrine », *Revue administrative*, 1997, n° spécial, pp. 41-44.

organique[2439]. L'extension de cet espace de parole, ou plutôt d'écriture, à une doctrine organique que l'on pourrait qualifier d'étrangère ne paraît donc pas si surprenant. Pour une revue à vocation plus pratique, telle que l'*Actualité juridique droit administratif*, décrite dans sa présentation éditoriale comme étant « à destination des administrations et collectivités territoriales »[2440], le constat se confirme évidemment en ce qui concerne les analyses portant sur les droits administratifs étrangers[2441], même si ces dernières sont moins systématiques. Mais ce constat a tout de même ses limites, en ce que les revues les plus orientées vers un public de praticiens ne consacrent pas de pages aux droits administratifs étrangers[2442]. Comme hypothèse explicative, on pourra supposer que l'utilité des droits administratifs étrangers n'est pas aussi immédiate que celle de la législation ou de la jurisprudence nationale pour le praticien. Les droits administratifs étrangers ne sont susceptibles d'intéresser que les autorités normatives.

---

[2439] Cf. BIENVENU (J.-J), « Remarques sur quelques tendances de la doctrine contemporaine en droit administratif », *préc.*, p. 155 ; CHEVALLIER (J.), « Changement politique et droit administratif », in C.U.R.A.P.P., *Les usages sociaux du droit*, Paris, P.U.F., 1989, pp. 293-326, spéc. pp. 309-310 : DEGUERGUE (M.), « Doctrine universitaire et doctrine organique », in A.F.D.A., *La doctrine en droit administratif*, Paris, Litec, 2010, pp. 41-57 ; RIVOLLIER (V.), « La doctrine organique », in DEUMIER (P.) (dir.), *Le raisonnement juridique. Recherche sur les travaux préparatoires des arrêts*, Paris, Dalloz, 2013, pp. 105-133. Cf. aussi X. Domino qui explique que la chronique tenue par les conseillers d'Etat « ne fait pas partie de la doctrine », mais qu'elle « remplit toutefois certaines fonctions analogues à celles de la doctrine ». Cf. DOMINO (X.), « La chronique de jurisprudence à l'AJDA. Le point de vue du chroniqueur », in CAILLOSSE (J.) ; RENAUDIE (O.) (dir.), *Le Conseil d'Etat et l'Université*, Paris, Dalloz, 2015, pp. 147-152, spéc. p. 147.

[2440] Cf. http://www.dalloz-revues.fr/revues/AJDA-27.htm, consulté le 06/08/2016. Même si elle ne prétend pas s'adresser uniquement à destination des professionnels du droit.

[2441] Cf. par exemple, MARTHINET (L.), « L'introduction de l'astreinte dans le droit italien », *A.J.D.A.*, 2015, n° 35, pp. 1968-1973 ; GIOVAGNOLI (R.), THIELLAY (J.-P.), « Des codes de justice administrative en Italie et en France », *A.J.D.A.*, 2011, n° 31, pp. 1772-1775.

[2442] La récente revue *Actualité juridique Collectivités territoriales*, classée par l'éditeur Dalloz parmi les « revues professionnelles », l'illustre. Elle prétend en effet être un « véritable outil de travail pour les professionnels des collectivités territoriales », et se concentre pour ce faire sur l'actualité juridique intéressant les collectivités territoriales et ses implications pour les praticiens. Pour plus de détails, cf. http://www.dalloz-revues.fr/revues/AJ_Collectivit%C3%A9s_territoriales-149.htm; PASTOR (J.-M.), « Les collectivités territoriales ont leur AJ ! », *A. J. Collectivités Territoriales*, 2010, n° 1, p. 1. En revanche, la très récente « transformation douce » de *l'Actualité juridique Fonctions Publiques* s'oriente vers l'ouverture à la comparaison « au droit interne du travail dans l'accompagnement des mouvements à l'œuvre, et aux droits de pays proches géographiquement ou culturellement, ce qu'est destinée à faciliter l'arrivée récente d'universitaires étrangères au conseil scientifique de la revue ». Pour autant, il est rappelé l'ambition de la Revue au moment de sa création : « être utile », ambition conservée, mais peut-être de manière différente. Cf. FORTIER (C.), « 20 ans, une nouvelle robe », *A.J.F.P.*, 2016, n° 3, p. 125.

**735.** L'orientation actuelle des études comparatives mobilisant les droits administratifs étrangers est plus encore vérifiée dans la mesure où elle atteint aussi le champ de la recherche dite fondamentale. En effet, les thèses en droit administratif étranger ou en droit administratif comparé sont souvent dédiées à une institution ou une technique particulière. Elles entendent alors apporter leur contribution à l'amélioration du droit positif, en étant aussi parfois force de proposition grâce au droit étranger[2443], même si elles ne se limitent pas qu'à cette fonction.

**736.** En Espagne aussi, les études doctrinales consacrées aux droits administratifs étrangers ont adopté cette orientation.

## B) En Espagne

**737.** Si l'on prend l'exemple de la *Revista de Administración Pública*, celle-ci a toujours été ouverte aux droits étrangers[2444]. Le projet qui animait ses créateurs était de développer une revue alliant études théoriques et analyses pratiques[2445]. Même si les droits administratifs étrangers font parfois l'objet d'études à la dimension théorique importante, ils font désormais plus régulièrement l'objet d'analyses pratiques. Dans cette revue, il y a principalement deux rubriques dans lesquelles figurent de telles analyses, de manière presque systématique.

---

[2443] Par exemple, BLANDIN (A.), *La responsabilité du fait des lois méconnaissant des normes de valeur supérieure. Le droit espagnol, un modèle pour le droit français ?*, Paris, Dalloz, 2016 ; KAPSALI (V.), *Le droit des administrés dans la procédure administrative non contentieuse. Etude comparée des droits français et grec*, Paris, L.G.D.J., 2015 ; POINTEL (J.-B.), *Le système administratif des pays nordiques, un modèle pour la France ?*, Thèse, dactyl., Rouen, 2015.

[2444] Cf. *supra*, n° 333-336.

[2445] Cf. *supra*, n° 581-583.

**738.** La « chronique administrative espagnole et de l'Union européenne », existant sous cette forme depuis 1999[2446], recense les dernières dispositions récentes relatives au droit administratif et à l'activité administrative espagnole, ainsi que leurs interactions avec le droit de l'Union européenne. Elle sélectionne également des dispositions des autres Etats membres, offrant alors de nouvelles perspectives juridiques permettant de faire face à un problème connu en Espagne[2447], souvent en matière de mise en œuvre des exigences européennes[2448]. Certaines analyses appellent d'ailleurs expressément par leur titre à ce que le droit administratif espagnol s'inspire de l'expérience étrangère[2449]. Si certaines d'entre elles synthétisent les dispositions législatives ou réglementaires étrangères qu'elles examinent, d'autres n'hésitent pas à en traduire des extraits entiers, et à en faire le commentaire par le biais de notes de bas de page[2450].

**739.** La même logique anime la rubrique « documents et avis », dont la création est postérieure aux autres rubriques[2451]. Elle publie aussi des textes juridiques annotés. La « chronique administrative étrangère », qui existe

[2446] Intitulée « chronique administrative espagnole » jusqu'au numéro 148 de l'année 1999. Avant cette date cependant, les développements relatifs à la chronique administrative relevant de l'Europe semblaient apparaître plutôt dans la chronique administrative étrangère. Cf. par exemple SÁNCHEZ FERNÁNDEZ DE GATTA (D.), « La política ambiental comunitaria: su evolución y su futuro », *R.A.P.*, 1986, n° 111, pp. 425-440; par exemple, RUIZ-NAVARRO PINAR (J.-L.), « Las OPAS: El proyecto de directiva de la Comunidad Europea y la nueva Reglamentación francesa », *R.A.P.*, 1990, n° 121, pp. 415-477; BACIGALUPO (M.), « El sistema de tutela cautelar en derecho alemán tras la reforma de 1991 », *R.A.P.*, 1992, n° 128, pp. 413-45; GUILLÉN CARAMÉS (J.), FUENTETAJA PASTOR (J.-A.), « El acceso de los ciudadanos comunitarios a los puestos de trabajo en las Administraciones Públicas de los Estados miembros », *R.A.P.*, 1998, n° 146, pp. 467-500.

[2447] Par exemple en ce qui concerne la pollution des océans par les navires, cf. PERNAS GARCÍA (J.-J.), « La prevención, el control y la represión de los vertidos de buques en el derecho francés », *R.A.P.*, 2005, n° 167, pp. 441-474.

[2448] Par exemple : CODINA GARCÍA-ANDRADE (X.), « Tutela judicial y sistemas de recursos en la contratación pública inglesa », *R.A.P.*, 2014, n° 195, pp. 337-361;

[2449] PRIETO ÁLVAREZ (T.), « Las cajas de ahorro francesas cambian su estatuto jurídico (elementos de reflexión para el caso español) », *R.A.P.*, 2001, n° 155, pp. 417-431; FERNÁNDEZ-RAMOS (S.), « La transparencia administrativa en Portugal. Una referencia para el derecho administrativo español », *R.A.P.*, 2004, n° 163, pp. 431-463.

[2450] Cf. par exemple, FERNÁNDEZ GARCÍA (Y.), « La ley francesa sobre los derechos de los ciudadanos en sus relaciones con las administraciones públicas », *R.A. P.*, 2002, n° 159, pp. 435-458; GARCÍA DE ENTERRÍA (E.), « El nuevo Código portugués del proceso de los tribunales administrativos », *R.A.P.*, 2003, n° 162, pp. 421-495.

[2451] Cf. NIETO GARCÍA (A.), « Crónica de los cien primeros números de la Revista de Administración Pública », in NIETO GARCÍA (A.), *34 artículos seleccionados de la Revista de Administración Pública con ocasión de su centenario*, Madrid, I.N.A.P., 1983, pp. 69-95, spéc. p. 79.

depuis la création de la revue, se consacre quant à elle essentiellement aux Etats hors Europe[2452]. Les études portant sur les droits administratifs étrangers sont néanmoins majoritairement réalisées par des universitaires, espagnols, à la différence de la France qui les confient souvent[2453] à des juges, français ou étrangers[2454].

**740.** Les autres revues espagnoles spécialisées en droit administratif, qui se sont multipliées à partir de la fin des années 1970 (que l'on pense, par exemple aux revues régionales, telles que la *Revista Vasca de Administración Pública*, ou la *Revista Catalana de Dret Públic*), ont souvent été organisées sur ce même schéma ou adoptent une organisation s'en rapprochant. Par exemple, la *Revista española de derecho administrativo*, fondée en 1974 par E. García de Enterría, et concentrée globalement sur le droit administratif positif, publie sept numéros par an : quatre numéros qualifiés de « doctrinaux », et trois consistant en une chronique jurisprudentielle par matière du droit administratif. Les numéros doctrinaux sont divisés en plusieurs rubriques. La première, intitulée « études », dont la prétention théorique, supposée en raison de son titre, doit être la plus élevée, semble analyser en premier lieu le droit espagnol. Les deux rubriques suivantes sont consacrées respectivement aux « commentaires de jurisprudence » (des différents tribunaux ou chambres spécialisées dans le contentieux administratif, du Tribunal constitutionnel, de la Cour de justice de l'Union européenne et de la Cour européenne des droits de l'Homme), et aux « commentaires de législation », et prennent pour principal objet le droit national. Dans la quatrième rubrique cependant, intitulée « chronique », on retrouve la même logique que celle de la *Revista de Administración Pública.* Dans cette rubrique, les droits administratifs étrangers ont leur place.

**741.** Les matériaux d'étude pour les chercheurs sont constitués essentiellement du droit positif, alors même que la tradition comparative de la doctrine espagnole se caractérisait plutôt par sa connaissance précise des auteurs étrangers. Un bon exemple, qui corrobore ce constat, est la mise à

---

[2452] Et en particulier d'Amérique du Nord. Cf. par exemple, MOLINA GIMÉNEZ (A.), « Mercados ambientales aplicados a la calidad del agua. Transmisión de cuotas de contaminación entre vertidos directos y difusos en el derecho americano », *R.A.P.*, 2013, n° 191, pp. 481-510; BOTO ÁLVAREZ (A.), « La continuidad de los servicios jurídicos en la administración ante una huelga de fiscales y abogados del estado: la experiencia de Quebec », *R.A.P.*, 2013, n° 192, pp. 401-422.

[2453] Cela n'est évidemment pas systématique. Cf. *supra*, n° 726-727.

[2454] Cf. *supra*, n° 734.

disposition des chercheurs, par le département de documentation juridique du Centre d'études politiques et constitutionnelles[2455] d'une base de données, nommée DOCEX, offrant une sélection de dispositions législatives d'Allemagne, de Belgique, de France, d'Italie, du Portugal et du Royaume-Uni. D'ailleurs, comme en France, les récentes thèses en droit administratif comparé semblent aussi avoir adopté cette orientation[2456].

---

2455 Organisme dépendant du *Ministerio de la Presidencia*, chargé, en tant qu'organisme de recherche, d'étudier le développement du droit public.

2456 HUIDOBRO SALAS (R. G.), *Los derechos fundamentales del militar en España y Chile (estudio comparativo del ordenamiento jurídico español y chileno)*, Tesis, Alicante, 2016; DREYER (F.), *Relación laboral en la administración pública y en las entidades instrumentales de derecho privado en los derechos español y brasileño*, Tesis, Burgos, 2016 ; RINCÓN CARDENAS (E.), *El principio de equivalencia funcional y su aplicación al procedimiento administrativo electrónico colombiano*, Tesis, Universidad Europea de Madrid, 2016 ; GASNELL ACUÑA (C.), *El acto administrativo y el acceso a la jurisdicción contencioso-administrativo en Panamá*, Tesis, Madrid, 2015 ; CANTOS MARTÍN (R.), *La intervención administrativa en el turismo y el impacto de sus normativas en las políticas turísticas: una visión conjunta de los ordenamientos español y italiano*, Tesis, Universidad de Granada, 2015 ; GARCÍA AMEZ (J.), *La responsabilidad por daños ambientales*, Tesis, Universidad de Oviedo, 2014 ; MEIX CERECEDA (P.), *Análisis normativo y competencial de la educación en dos modelos políticos descentralizados: España y Alemania (un estudio de derecho comparado a la luz del derecho europeo*, Tesis, Universidad de Cantabria, 2012 ; OCHOA FIGUEROA (R.), *La regulación para la competencia en el sector eléctrico: régimen europeo, alemán y español*, Tesis, Universidad Complutense de Madrid, 2010.

## Conclusion du second chapitre

**742.** Le pragmatisme anime le rapport du droit administratif national aux droits administratifs étrangers dans un monde globalisé. C'est ce que démontre l'analyse de la situation en France et en l'Espagne.

**743.** En effet, l'enrichissement que recherche le droit administratif national grâce aux droits administratifs étrangers est avant tout à finalité pratique. Ces derniers sont perçus comme un instrument dans la fabrique du droit, qu'ils aident à trouver une solution inédite, ou qu'ils permettent au droit national de se perfectionner. C'est en tout cas la fonction qui leur est assignée. L'analyse de leur usage révèle qu'ils sont souvent employés, par les producteurs de normes, comme argument rhétorique pour justifier une réforme, pour motiver une décision. Que l'utilitarisme anime les producteurs de normes dans leur rapport aux droits administratifs étrangers n'est cependant pas réellement surprenant.

**744.** Il peut cependant être moins attendu, *a priori*, dans les études doctrinales. Pourtant, ces dernières ont une orientation essentiellement technique aujourd'hui, parce qu'elles visent à participer au processus de production de la norme. Elles se concentrent alors sur l'analyse du droit positif étranger, et plus souvent sur un de ses aspects en particulier, offrant un matériau directement mobilisable par l'autorité normative. Elles peuvent ainsi utilement servir d'intermédiaire entre les droits étrangers et le producteur de normes. Cette orientation prédominante, qu'il faut réinscrire dans le contexte plus large du positivisme techniciste des études doctrinales, coexiste cependant toujours avec des études descriptives, spéculatives, portant sur les droits administratifs étrangers. Les deux types d'études sont d'ailleurs souvent complémentaires. Il est vraisemblable qu'ils le restent dans le futur, compte tenu des réformes actuelles des formations universitaires en droit[2457], en France comme en Espagne. En effet, celles-ci intègrent de plus en plus des cours de droits étrangers (y compris de droit administratif)[2458], voire proposent

[2457] Pour la vision canadienne, ayant largement précédé les formations européennes, puisque l'enseignement canadien s'est engagé sur cette voie depuis les années 1960, cf. GLENN (H. P.), « Vers un droit comparé intégré ? », *R.I.D.C.*, 1999, n° 4, pp. 841-852, spéc. pp. 850-851.

[2458] En France, l'Université de Bordeaux propose par exemple depuis 2016 un cours obligatoire de « droit administratif étranger » en Licence 2, hors formation bilingue. Mais globalement, il s'agit plus souvent de cours de systèmes juridiques comparés. Cf. par exemple, l'unité

des cursus bilingues[2459]. Ajouté au succès déjà florissant des échanges *Erasmus* (pour les étudiants) et *Socrates* (pour les enseignants), il est probable que ces initiatives portent leurs fruits dans les années à venir, et rééquilibrent le rapport entre les études dites utilitaristes, à vocation normative, et celles dites scientifiques, à visée spéculative.

---

d'enseignement optionnelle « systèmes juridiques comparés » en Licence 2 de l'Université de Montpellier. De même en Espagne l'Université Complutense à Madrid a intégré un cours optionnel de systèmes juridiques comparés dans l'offre de formation en droit. A l'Université Autonome de Madrid, les mentions « droit international et communautaire » et « droit et société » proposent des matières telles que « systèmes juridiques contemporains », « systèmes constitutionnels comparés dans l'Union européenne », « histoire des cultures juridiques ».

2459 En France, l'Université Paris 1 Panthéon-Sorbonne est précurseur sur la question depuis les années 1990. Il existe ainsi des diplômes « Droit français et étranger » : *Droit français-allemand, Droit français-américain, Droit français-anglais, Droit français-espagnol, Droit français-italien.* Ces programmes sont organisés de la manière suivante : les deux premières années de formation sont dispensées par l'université partenaire, et les deux dernières, par l'université Paris 1. Pour plus de détails, cf. http://www.univ-paris1.fr/ufr/ufr07/diplomes-droits-francais-et-etranger/; FROMONT (M.), « La formation d'étudiants de haut niveau en droit étranger à l'Université Paris 1 Panthéon-Sorbonne », *Ordnung Der Wissenschaft*, 2015, n° 2, pp. 175-178. Des parcours semblables se sont ensuite développés dans les autres universités. Sans que la liste ne soit exhaustive, *Licence Droit-Langues* de l'Université François Rabelais de Tours ; *Licence mention Droit, Parcours droit français et droit anglo-saxon* ou *Parcours droit et monde hispanique* de l'Université Toulouse 1 Capitole ; *Licence mention Droit, Parcours type Droit-Anglais* de l'Université de Picardie Jules Verne ; *Licence Droit-Langues* de l'Université de Bordeaux. En Espagne, l'Université *Complutense de Madrid* est partenaire avec l'Université Paris 1 Panthéon-Sorbonne pour le parcours *Droit espagnol-français*. Les étudiants espagnols étudient donc lors de leurs deux premières années en France. De même, l'Université Autónoma de Barcelona offre ce type de parcours en association avec l'Université de Toulouse 1 Capitole ou avec l'Université Paris 2 Panthéon-Assas. L'université de Séville propose quant à elle un double *diplôme hispano-allemand* en collaboration avec l'Université de Bayreuth. L'Université européenne de Madrid offre un double diplôme Droit et LL. B Bachelor of Law en association avec la Dublin business School.

# Conclusion du second titre

**745.** Le plein essor de la globalisation à la fin des années 1980 oblige à repenser la question du rapport du droit administratif national aux droits administratifs étrangers et à dépasser l'opposition classique entre droit exportateur et droit importateur. C'est par le prisme du réseau, ou plutôt des réseaux, qu'il faut désormais envisager ce rapport. Les relations internormatives qui se sont tissées dans le cadre de l'Europe en particulier[2460] — qu'il s'agisse du « cercle de l'Union européenne »[2461] ou du « cercle de la Convention européenne des droits de l'homme »[2462] — ont rendu impérieuse l'institutionnalisation des échanges entre droits administratifs. Les « jurislateurs »[2463] des différents pays se concertent de plus en plus, et mettent en commun leurs matériaux de travail, pour la production de la norme. Des réseaux de parlementaires, d'administrations, ou encore de juges administratifs se sont ainsi multipliés. Cette institutionnalisation des échanges est également une préoccupation de ceux qui concourent au développement de la science du droit administratif. Réseaux d'universitaires et d'universités, de revues, ont récemment vu le jour. Dans ce contexte de réseaux qui se croisent et s'entrecroisent, les droits administratifs circulent sans que l'on identifie véritablement un exportateur ou un importateur. Les protagonistes du droit administratif cherchent simultanément à enrichir leur propre droit des expériences étrangères comme à faire rayonner le droit national.

**746.** Ces échanges sont par ailleurs guidés par une logique de *benchmarking*. Les composantes (une institution, une règle, une technique, une notion, une théorie) des droits administratifs sont évaluées et mises en concurrence. Dans ce cadre, le rapport du droit national aux droits administratifs étrangers est essentiellement pragmatique, utilitariste. La connaissance des droits étrangers n'est plus un luxe d'érudition, mais un besoin pratique. L'analyse comparative devient alors un instrument au service du perfectionnement technique du droit administratif national. Le jurislateur

---

2460 M. Delmas-Marty envisage elle-aussi plusieurs types de relations internormatives : « relation duale entre l'un des systèmes européens et les systèmes nationaux (Europe/Etats) ; relation triangulaire entre chacun des systèmes européens et les systèmes nationaux (Europes/Etats) ; enfin relation duale, mais supranationale, des systèmes européens entre eux (Europe/Europe) », auxquelles on peut ajouter les relations entre les droits nationaux eux-mêmes. Cf. DELMAS-MARTY, *Pour un droit commun*, *préc.*, p. 241.

2461 Cf. STIRN (B.), *Vers un droit public européen*, Paris, L.G.D.J., 2015, p. 12.

2462 *Ibidem*.

2463 Pour reprendre l'expression de R. Chapus afin de désigner les autorités normatives. CHAPUS (R.), *Droit administratif général*, T. I, *préc.*, p. 27.

s'en est largement saisi depuis quelques années, et tout particulièrement le juge, figure centrale dans l'espace juridique européen. Mais c'est également la doctrine qui y a recours. Les études sur les droits étrangers ont elles aussi une vocation utilitariste en ce qu'elles cherchent à influer sur la production de la norme en utilisant l'exemple étranger au renfort de leur argumentation. Si des études purement spéculatives sur les droits administratifs étrangers existent toujours, les études normatives semblent être prédominantes aujourd'hui.

# Conclusion de la seconde partie

**747.** La présentation classique du droit administratif français exportateur et du droit administratif espagnol importateur doit être relativisée.

**748.** Leur rapport aux droits administratifs étrangers n'est d'abord pas aussi opposé, ainsi que le révèle l'analyse historique. Ni le droit administratif français, ni le droit administratif espagnol, ne sont réductibles à une seule posture, l'exportation ou l'importation. Au XIX$^{e}$ siècle par exemple, les juristes français ont développé d'importants moyens permettant une meilleure connaissance des droits étrangers, dans l'objectif, notamment, de s'en servir comme outils de légistique. La Société de Législation comparée, instaurée en 1869, est sans doute l'exemple le plus connu, mais il n'est pas le seul. Un bureau de législation étrangère avait par exemple été créé dès 1801. Même si l'argument comparatif n'a pas toujours mené à l'emprunt d'une technique ou d'une institution étrangère, il a au moins contribué au débat réformateur. Du point de vue scientifique, le XIX$^{e}$ siècle s'est aussi caractérisé par la multiplication des revues ouvertes sur les droits étrangers, à l'instar de la *Revue étrangère de législation et d'économie politique* ou de la *Revue du droit public et de la science politique en France et à l'étranger*. Certains auteurs, qu'ils soient conseillers d'Etat ou universitaires, se sont révélés être particulièrement favorables à la diffusion des droits administratifs étrangers en France. Au début du XX$^{e}$ siècle, alors même que cette période est décrite comme l'âge d'or doctrinal du droit administratif français, dès lors propice à l'exportation, les grands théoriciens français ont enrichi leur réflexion d'exemples étrangers, soit qu'ils décident de les adopter, soit qu'ils construisent leurs théories dans l'opposition. Dans les deux hypothèses néanmoins, les droits étrangers ont été déterminants. Le XIX$^{e}$ siècle en Espagne s'avère être également ambivalent du point de vue du rapport du droit national aux droits étrangers. L'ouverture sur les droits étrangers y est en effet cyclique. Pour preuve, des périodes de fermeture du droit administratif espagnol sur l'étranger peuvent être identifiées, qu'elles traduisent un repli des juristes sur la pratique et l'analyse du droit positif, ou qu'elles soient le fait d'un repli identitaire, comme ce fut le cas sous le premier franquisme. Réduire ensuite le droit administratif espagnol à la seule importation des exemples étrangers en période d'ouverture néglige le développement de l'identité propre du droit administratif espagnol, dont la génération de la *Revista de Administración Pública* est l'illustration la plus évidente. Enfin, si le droit administratif espagnol n'a pas été seulement importateur, il a également été, ou prétendu être, exportateur, notamment à destination des pays d'Amérique latine. On comprend donc que l'opposition des droits administratifs français et espagnol a été exagérée du point de vue historique. Plus encore aujourd'hui, il est possible de considérer qu'elle est dépassée. Le contexte de globalisation, en supposant une interconnexion normative croissante, a bouleversé les rapports des droits nationaux aux droits étrangers. Dans l'espace juridique européen en particulier, les Etats membres ont rapidement intégré la nécessité de se mettre en relation avec leurs homologues étrangers afin de pouvoir mettre en œuvre le droit de l'Union européenne, et de satisfaire aux standards de protection de la Convention européenne des droits de l'homme. Les relations verticales imposées entre les systèmes supranationaux et les droits nationaux ont ouvert la voie aux relations horizontales volontaires entre droits nationaux. Pour appréhender ces phénomènes de circulation des solutions juridiques, techniques ou théoriques, la grille de lecture exportateur/importateur ne convient plus. Il faut lui préférer une logique de réseaux, ces derniers étant de plus en plus institutionnalisés, entre producteurs de normes, mais également entre universitaires.

# Conclusion générale

**749.** L'analyse du rapport du droit administratif national aux droits administratifs étrangers en France et en Espagne a le mérite d'offrir de nouvelles perspectives. Proposer un regard distancié est déjà un avantage inhérent à toute démarche comparative. Mais cette analyse permet aussi de présenter un point de vue différent en faisant le choix de s'attarder sur une question peu traitée en tant que telle, mais souvent considérée comme acquise. Nombreuses sont en effet les études françaises qui rappellent que le droit administratif français est un exportateur et les analyses espagnoles qui précisent que le droit administratif espagnol a largement emprunté à ses homologues étrangers. Droit exportateur d'une part, droit importateur d'autre part, tels étaient les présupposés de la recherche. Les droits administratifs français et espagnols pouvaient-ils cependant être réduits à ces deux postures ? Une réponse négative s'est imposée.

**750.** Pour parvenir à cette réponse, il fallait de prime abord s'interroger sur les justifications d'une telle présentation du rapport aux droits étrangers des droits administratifs français et espagnol, entendus dans leur double acception de corps de règles spécifiques et de science. Cette présentation est confirmée par deux constats. En premier lieu, le droit administratif français s'est effectivement construit comme modèle, parce qu'il était précurseur. Ce positionnement en tant que modèle a par ailleurs été renforcé par une forme de chauvinisme des juristes français, ces derniers ayant largement fait la promotion de leur droit, en taisant souvent ses éventuels défauts. Un tel discours n'envisage alors les droits administratifs étrangers que comme réceptacle de l'influence française. A l'inverse, le facteur temporel a été moins favorable au droit administratif espagnol, ce qui explique sa position d'importateur. Le retard de son émergence, mais également de son développement, l'ont conduit à se tourner vers les expériences étrangères, notamment française. A cela s'ajoute une ouverture culturelle revendiquée par les juristes espagnols, qu'ils présentent souvent comme une marque d'identité : « le droit administratif espagnol n'est ainsi pas exclusivement espagnol, car être exclusivement espagnol est contraire à la tradition espagnole »[2464].

---

[2464] « El derecho administrativo español no es con ello extraordinariamente español, pues ser extraordinariamente español va contra la tradición española ».VILLAR PALASÍ (J.-L.), *Derecho administrativo*, T. 1, *préc.*, p. 220.

**751.** En second lieu, de nombreuses manifestations d'exportation du droit administratif français et d'importation du droit administratif espagnol accréditent ces présupposés. Le droit administratif français a parfois été imposé par la force dans les territoires conquis par l'empire napoléonien. A défaut de l'imposer, les juristes français ont mené une entreprise active de persuasion, vantant les mérites de leur droit afin qu'il circule au-delà des frontières nationales. La justice administrative constitue l'illustration la plus topique de ces deux attitudes. C'est aussi le droit administratif sous forme de science qui a été exporté, grâce aux conférences dispensées à l'étranger par des représentants de la doctrine française, ou par la publication d'écrits en langues étrangères permettant de le rendre accessible à un public non français. L. Duguit, M. Hauriou ou encore G. Jèze, ont ainsi œuvré à la diffusion de leur pensée dans de nombreux pays. Le droit administratif espagnol s'est quant à lui enrichi des expériences étrangères. Cela est manifeste dans les écrits des administrativistes espagnols. L'étude du droit administratif y apparaît comme dénationalisée, en raison du syncrétisme de ses analyses. La manière espagnole d'étudier le droit administratif se caractérise par les détours qu'elle fait par la pensée étrangère, offrant une place importante aux auteurs allemands, français et italiens notamment. Le droit positif porte également la marque des influences étrangères que le législateur espagnol a mobilisées. L'organisation de la justice administrative en est un exemple éloquent, alternant entre importation française puis allemande, comme l'est la législation relative aux services publics, inspirée de l'exemple italien.

**752.** Si l'opposition entre le droit administratif français et le droit administratif espagnol importateur s'avère pour partie fondée, elle doit néanmoins être relativisée pour deux raisons. Elle apparaît, d'une part, trop réductrice, car supposant l'exclusivité de l'une ou de l'autre des deux postures. Pour caractériser le rapport aux droits étrangers, les droits administratifs sont classés soit dans la catégorie « exportateur », soit dans celle « importateur », alors que cette présentation est historiquement inexacte. Les droits administratifs français et espagnol ont alterné, voire cumulé, ces deux postures depuis le XIX$^{e}$ siècle. Quand bien même le rapport aux droits étrangers dépend des qualités intrinsèques du droit national (son avance ou son retard par rapport à ses homologues, sa culture de l'ouverture ou de la fermeture), il résulte aussi du contexte, notamment politique, qui l'entoure. Les deux guerres mondiales ont par exemple été déterminantes dans le rapport des droits administratifs français et espagnol aux droits étrangers, soit qu'elles poussent au rejet du droit étranger, comme ce fut le cas du droit administratif français vis-à-vis du droit administratif allemand, soit qu'elles rendent impérieux les échanges dans l'objectif de poursuivre la paix politique sur le terrain scientifique, ce qui fut caractéristique de l'après Seconde Guerre mondiale. La nature du régime politique a pu également avoir une influence sur le rapport aux droits étrangers, à l'image du régime franquiste qui, à ses débuts, a conduit à un repli sur lui-même du droit administratif espagnol.

**753.** Une telle présentation est, d'autre part, dépassée aujourd'hui, à l'heure de la globalisation. Cette dernière appelle en effet à un renouvellement de l'appréhension du rapport du droit national aux droits étrangers, compte tenu de l'intensification des échanges. Rendus nécessaires, *a fortiori* dans l'espace juridique européen, ils se sont banalisés et ne sont plus seulement un luxe d'érudition. Le jurislateur et la doctrine composent avec leurs homologues étrangers. La logique qui anime ces échanges dans un univers globalisé est désormais celle du réseau, ou plutôt des réseaux qui s'entrecroisent. Pour cette raison, il est difficile d'identifier des exportateurs et des importateurs puisque tous les droits le sont cumulativement. Les sens de circulation sont brouillés et l'origine d'une institution ou d'une règle souvent plurielle. Ceci a d'ailleurs conduit à s'interroger sur l'émergence d'un droit administratif européen[2465], substrat commun, ou synthèse d'ensemble des droits nationaux. Il faut alors admettre l'ambivalence qui caractérise le rapport aux droits étrangers : ils sont tout à la fois perçus comme un nécessaire instrument de perfectionnement du droit national, dans une perspective tout à fait pragmatique, et comme possibles réceptacles de l'influence du droit national.

---

[2465] Cf. par exemple STIRN (B.), *Vers un droit public européen*, Paris, L.G.D.J., 2015 ; AUBY (J.-B.), DUTHEIL DE LA ROCHÈRE (J.), *Traité de droit administratif européen*, Bruxelles, Bruylant, 2e éd., 2014, pp. 1282-1284 ; RUFFERT (M.), « Le droit administratif européen », in GONOD (P.), YOLKA (P.), MELLERAY (F.), *Traité de droit administratif*, T. 1, Paris, Dalloz, 2011, pp. 733-772 ; CASSESE (S.), « Le problème de la convergence des droits administratifs vers un modèle administratif européen ? », in *L'Etat de droit, Mélanges en l'honneur de Guy Braibant*, Paris, Dalloz, 1996, pp. 47-55 ; SACCO (R.) (dir.), *El desenvolupament del dret administratiu europeu*, Barcelona, Generalitat de Catalunya, Escola de Adminitració Pública de Catalunya, 1993 ; MARTÍNEZ LÓPEZ-MUÑIZ (J. L.), « Vers une droit administratif commun européen », in DE WITTE (B.), FORDER (C.) (dir.), *Common Law of Europe and the future of legal education. Le droit commun de l'Europe et l'avenir de l'enseignement juridique*, Maastricht, Kluwer, 1992, pp. 149-159 ; RIVERO (J.), « Vers un droit commun européen : nouvelles perspectives en droit administratif », in CAPPELLETTI (M.) (dir.), *Nouvelles perspectives d'un droit commun de l'Europe*, Bruxelles, Bruylant, 1978, p. 389, reproduit in *Pages de doctrine*, T. 2, Paris, L.G.D.J., 1980, pp. 489-502. Pour une mesure des différentes critiques, DELLA CANANÉA (G.), « Grands systèmes de droit administratif et globalisation du droit », in GONOD (P.), MELLERAY (F.), YOLKA (P.), *Traité de droit administratif*, T. 1, Paris, Dalloz, 2011, pp. 772-806, spéc. pp. 793-806 ; MARCOU (G.) (dir.), *Les mutations du droit de l'Administration en Europe. Pluralisme et convergences*, Paris, L'Harmattan, 1995, pp. 331-341.

**754.** Quels enseignements plus généraux est-il possible de retirer de cette étude ? Tout d'abord, l'analyse du rapport du droit administratif national aux droits administratifs étrangers sur une période longue montre son caractère erratique. Il est dès lors difficile de le caractériser de manière linéaire. Historiquement, une approche en termes de périodes pourrait être préférable, en distinguant dans un premier temps les périodes d'intérêt ou de désintérêt pour les droits étrangers, puis, au sein des périodes d'intérêt, celles traduisant une volonté d'enrichissement grâce aux droits étrangers ou de rayonnement sur les droits étrangers. Une telle approche, plus fidèle au caractère nécessairement contingent du rapport du droit administratif national, aurait cependant toujours le défaut de n'envisager ce rapport que sous forme d'alternatives. Or les volontés d'enrichissement et de rayonnement, cela a été démontré, peuvent très bien se cumuler, et ce, plus encore aujourd'hui. Il paraît donc nécessaire de distinguer, parmi les périodes d'intérêt pour les droits étrangers, celles qui alternent de celles qui cumulent enrichissement et rayonnement.

**755.** Ensuite, la perception des droits administratifs étrangers comme source d'enrichissement conduit à s'interroger sur la manière de faire du droit comparé au sein de la science du droit administratif. Des similitudes peuvent être constatées, aussi bien en France qu'en Espagne, entre le XIX^e^ siècle et aujourd'hui. Les droits administratifs étrangers y sont majoritairement envisagés comme outil de fabrication de la norme (de la norme législative, réglementaire ou encore de la décision de justice), la doctrine administrativiste cherchant à orienter le jurislateur en se servant de l'argument de droit comparé.

**756.** Cette proximité n'a rien de surprenant si elle est réinscrite dans la manière, plus générale, de faire du droit administratif. Plusieurs temps peuvent en effet être identifiés, et font l'objet en France d'une classification qui distingue les « praticiens », des « théoriciens », puis des « techniciens »[2466]. Cette classification peut, dans une certaine mesure, être étendue à l'Espagne.

---

[2466] Cf. MELLERAY (F.), « Doctrine parisienne et doctrine de province », in A.F.D.A., *La doctrine en droit administratif, préc.*, pp. 65-67. Cette classification peut être considérée comme le prolongement de réflexions sur la manière de faire du droit administratif, menées par F. Burdeau qui identifie un « temps des cathédrales » dans la science du droit administratif, BURDEAU (F.), *Histoire du droit administratif, préc.*, p. 323 ; P. Amselek, et les « démarches technologiques », AMSELEK (P.), « La part de la science dans les activités des juristes », *Recueil Dalloz*, 1997, n° 39, pp. 337-342 ; ou encore J. Chevallier sur le « positivisme techniciste », CHEVALLIER (J.), « La fin des écoles ? », *préc.*

Le XIX^e siècle est essentiellement celui des praticiens, dans le sens où ce sont surtout des conseillers d'Etat, des avocats ou des administrateurs qui développèrent l'étude du droit administratif (que l'on pense à L.-A. Macarel, L. Aucoc ou encore E. Laferrière). En Espagne, le profil des auteurs de l'époque est plutôt semblable. Ceux qui écrivent sur le droit administratif sont en même temps les acteurs du droit administratif (il suffit de se pencher sur le cas des pères fondateurs du droit administratif espagnol, à l'instar de J. de Burgos ou de F.-A. Silvela, ou de ceux qui leur ont succédé, comme V. Santamaría de Paredes). Au tournant du XX^e siècle, les praticiens cèdent la place aux théoriciens, moment qui constitue une véritable rupture dans la manière de concevoir l'étude du droit administratif. Les auteurs s'attèlent à la construction d'une approche scientifique du droit administratif, ce qui explique les nombreux développements sur les questions de méthode. Le profil de ces auteurs est majoritairement universitaire, en France comme en Espagne. Leur préoccupation principale est la recherche d'un « système global d'appréhension et de compréhension »[2467] du droit administratif, dont ils sont les « architectes »[2468]. Enfin, depuis le deuxième tiers, et plus encore la deuxième moitié du XX^e siècle[2469], les techniciens ont succédé aux théoriciens, et se concentrent sur l'analyse « technologique »[2470] du droit positif. Ils sont également, pour la plus grande partie d'entre eux, universitaires. Si les trois temps de cette périodisation sont bien distingués, des parallèles peuvent tout de même être faits entre les praticiens et les techniciens[2471], du point de vue de l'utilité qu'ils assignent à leurs études. Sans doute, le théoricien espère-t-il aussi, grâce à son travail de systématisation — dont il souhaite qu'il rende compte le plus fidèlement possible du droit existant —, influencer de façon « indirecte »[2472] le producteur de normes en lui proposant de nouvelles représentations. Mais il est moins animé par le

---

2467 MELLERAY (F.), « Doctrine parisienne et doctrine de province », *préc.*, p. 66.

2468 GILBERT (S.), « Les écoles doctrinales », in A.F.D.A., *La doctrine*, Paris, Litec, 2010, pp. 89-123.

2469 L'identification du tournant techniciste fait débat. Cf. MELLERAY (F.), « Achille Mestre ou les débuts du droit administratif moderne », in *Confluences. Mélanges en l'honneur de Jacqueline Morand-Deviller*, Paris, Montchrestien, 2007, pp. 443-455 ; LACHAUME (J.-F.), « De quelques préfaces de précis et manuels de l'entre-deux-guerres », in *Etudes en l'honneur du professeur Jean-Arnaud Mazères*, Paris, Litec, 2009, pp. 447-465 ; GONOD (P.), « L'actualité de la pensée de Léon Duguit en droit administratif ? », in MELLERAY (F.) (dir.), *Autour de Léon Duguit*, Bruxelles, Bruylant, 2011, pp. 333-348 ; BEAUD (O.), « L'œuvre de Gaston Jèze signifie-t-elle un repli de la doctrine publiciste française sur la technique juridique ? », *préc.*

2470 AMSELEK (P.), « La part de la science dans les activités des juristes », *préc.*, pp. 338-341.

2471 Cette proximité entre la manière de faire du droit au XIXe siècle et aujourd'hui a été notamment soulignée par J. Chevallier. Cf. CHEVALLIER (J.), « Doctrine juridique et science juridique », *préc.*

2472 *Idem*, p. 109.

pragmatisme que ne le sont le praticien et le technicien du droit administratif, qui s'inscrivent plutôt dans la science appliquée. Ces derniers recherchent une utilité plus immédiate grâce à leurs études. Derrière la finalité qu'ils attribuent à leurs études se dessine leur conception du rôle de la doctrine administrativiste. Les techniciens n'ont certes pas la même autorité dont bénéficiaient les praticiens en leur temps, qui faisaient à la fois œuvre doctrinale, en même temps qu'ils étaient partie prenante au processus de production des normes. Mais les techniciens désirent encore aujourd'hui influencer la fabrique de la norme[2473] et revendiquent pour ce faire une certaine « expertise juridique »[2474]. Cette expertise est plus reconnue en Espagne, où les professeurs de droit sont davantage consultés et impliqués dans le processus de production de la norme, notamment depuis le milieu du XX^e^ siècle, que ne le sont les universitaires français[2475]. Si elle est plus discrète, la doctrine technicienne française revendique également cette expertise, souhaitant souvent passer « du rôle d'interprète à celui d'auteur »[2476]. Les techniciens cherchent pour ce faire à asseoir leur autorité en se présentant comme « ceux qui savent »[2477], dès lors susceptibles d'influencer « ceux qui décident »[2478]. D'une certaine façon, ils espèrent renouer avec la position dont jouissaient les jurisconsultes du XIX^e^ siècle dans l'ordre social et politique. C'est donc de la place du juriste universitaire dans la Cité dont il est question. Dans ce contexte, le recours au droit comparé ne pouvait que s'adapter aux finalités assignées aux études de droit administratif. La même classification périodique peut être transposée à la manière de faire du droit comparé, et en traduit les différents mouvements. Le XIX^e^ siècle est ainsi essentiellement celui des praticiens comparatistes, qui, empreints de pragmatisme, font surtout de la législation comparée. Le tournant du XX^e^ siècle est également une rupture fondamentale, en raison de la construction d'une véritable science du droit administratif, pour laquelle la pensée juridique étrangère est largement mobilisée, afin d'en poser les fondations. Concomitamment d'ailleurs, les réflexions méthodologiques s'étendent au domaine du droit comparé, qu'il s'agit d'ériger en science. A partir de la

---

2473 Cf. DECOCQ (G.), « Réflexions sur l'influence doctrinale », in *Libres propos sur les sources du droit. Mélanges en l'honneur de Philippe Jestaz*, Paris, Dalloz, 2006, pp. 111-118.

2474 *Ibidem.*

2475 Cf. le constat fait par J.-B. Auby de l'influence limitée de la doctrine, AUBY (J.-B.), « Les spécificités de la doctrine administrativiste française », *préc.*, pp. 36-37 ; également le regret de D. Truchet face au même constat, qui considère même que la doctrine est « éloignée du processus normatif », TRUCHET (D.), « Quelques remarques sur la doctrine en droit administratif », in *Mélanges Paul Amselek*, Bruxelles, Bruylant, 2005, pp. 769-777, spéc. p. 776.

2476 *Ibid.*

2477 JESTAZ (P.), JAMIN (C.), *La doctrine*, *préc.*, p. 4.

2478 *Ibidem.*

seconde moitié du XXe siècle, le repli techniciste concerne aussi la manière de faire du droit comparé, les études renouant avec une finalité avant tout utilitariste. Dans ce contexte, l'argument de droit comparé donne une autorité supérieure à l'expertise du technicien. Finalement, aujourd'hui comme au XIXe siècle, les auteurs administrativistes font avant tout du droit positif comparé (ou plutôt de la législation comparée en ce qui concerne ceux du XIXe siècle), quand au début du XXe siècle, ils s'intéressaient davantage à la pensée juridique comparée. Entre « art d'agrément »[2479] et « entreprise stratégique »[2480], le droit comparé a oscillé, et oscille toujours, bien que la deuxième voie soit majoritairement celle choisie par la doctrine administrativiste comparatiste contemporaine.

---

[2479] FAUVARQUE-COSSON (B.), « Le droit comparé : art d'agrément ou entreprise stratégique ? », *préc.*

[2480] *Ibidem.*

# Bibliographie

## Bibliographie en langue française

### I. Ouvrages généraux et spécialisés, thèses, manuels et traités

#### A

**ANCEL (M.),** Utilité et méthodes du droit comparé, Neuchâtel, Editions Ides et Calendes, 1971.

**ASHLEY (P.),** *Le pouvoir central et les pouvoirs locaux : Angleterre, France, Prusse, Etats-Unis*, Paris, Giard, 1920.

**ASSOCIATION HENRI CAPITANT,** *Travaux de l'association Henri Capitant des amis de la culture juridique française*, T. 1, Paris, Dalloz, 1946.

**AUBY (J.-B.),** *La globalisation, le droit et l'Etat*, Paris, L.G.D.J., 2e éd., 2010.

**AUCOC (L.),**

- *Conférences sur l'Administration et le droit administratif faites à l'école impériale des ponts et chaussées*, T. 1, Paris, Dunod, 1ère éd., 1869.
- *Les études de législation comparée en France*, Paris, Alphonse Picard, 1889.

**AUTEXIER (C.),** *Introduction au droit public allemand*, P.U.F., 1997.

## B

**BARRACHINA (M.-A),** *Propagande et culture dans l'Espagne franquiste (1936-1945)*, Grenoble, Ellug, 1998.

**BARROT (O.),** *Etudes contemporaines. De la centralisation et de ses effets*, Paris, H. Dumineray, 1861.

**BATBIE (A.),**

- *Introduction générale au droit public et administratif*, Paris, Cotillon, 1861.
- *Traité théorique et pratique de droit public et administratif contenant l'examen de la doctrine et de la jurisprudence. La comparaison de notre législation avec les principales lois politiques et administratives de l'Angleterre, des Etats-Unis, de la Belgique, de la Hollande, des principaux Etats de l'Allemagne et de l'Espagne. La comparaison de nos institutions actuelles avec celle de la France avant 1789*, T. 1, Paris, Cotillon, 1861.
- *Traité théorique et pratique de droit public et administratif*, T. 3, Paris, Cotillon, 1862.
- *Traité théorique et pratique de droit public et administratif contenant l'examen de la doctrine et de la jurisprudence. La comparaison* de *notre législation avec les principales lois politiques et administratives de l'Angleterre, des Etats-Unis, de la Belgique, de la Hollande, des principaux Etats de l'Allemagne et de l'Espagne. La comparaison de nos institutions actuelles avec celle de la France avant 1789*, T. 4, Paris, Cotillon, 1863.
- *Traité théorique et pratique de droit public et administratif*, T. 7, Paris, Cotillon, 1868

**BECHARD (F.),**

- *Essai sur la centralisation administrative*, Paris, Hivert, 1836.
- *De l'Administration intérieure de la France*, T. 1, Paris, D. Giraud et J. Dagneau, 1851.
- *Lois municipales des Républiques de la Suisse et des Etats-Unis d'Amérique*, Paris, D. Giraud et J. Dagneau, 1852.

**BEN ACHOUR (R.), LAGHMANI (S.) (dir.),** *Droit international et droits internes, développements récents*, Paris, Pedone 1998.

**BERLIA (G.),** *Gérando*, Paris, L.G.D.J., 1942.

**BERRAMDANE (A.),** *La hiérarchie des droits. Droits internes et droits européen et international*, Paris L'Harmattan, 2002, pp. 17-28.

**BIGOT (G),**

- *Introduction historique au droit administratif depuis 1789*, Paris, P.U.F., 2002.
- *L'Administration française. Politique, droit et société*, 1789-1870, T. 1, Paris, Litec, 2010.

**BLANCHET (S.-A.),** *Code administratif ou recueil méthodique des lois et ordonnances actuellement en vigueur sur l'administration et le contentieux*, Paris, Chez Paul Dupont et Cie, Chez Joubert, Chez Treuttel et Wurts, 1839.

**BLANDIN (A.),** *La responsabilité du fait des lois méconnaissant des normes de valeur supérieure. Le droit espagnol, un modèle pour le droit français ?*, Paris, Dalloz, 2016.

**BLANQUER (J.-M.), MILET (M.),** *L'invention de l'Etat. Léon Duguit, Maurice Hauriou et la naissance du droit public moderne*, Paris, Odile Jacob, 2015.

**BLOCK (M.),** *Les communes et la liberté. Etude d'administration comparée*, Paris, Berger-Levrault, 1876.

**BONNARD (R.),**

- *De la responsabilité civile des personnes publiques et de leurs agents en Angleterre, aux Etats-Unis et en Allemagne*, Paris, V. Giard et E. Brière, 1914.
- *Le contrôle juridictionnel de l'Administration*, Paris, Delagrave Editions, 1934, réimpr. Paris, Dalloz, 2006.
- *Le droit et l'Etat dans la doctrine nationale-socialiste*, Paris, L.G.D.J., 2e éd., 1939.

**BONNIN (C.-J.),** *Principes d'Administration publique pour servir à l'étude des lois administratives*, Paris, Clament, 2e éd., 1809.

**BOUCHENE-LEFER (A.-G.-D.),** *Droit public et administratif français*, Paris, Imprimerie Royale, 1835.

**BOURGET (R.),** *La science juridique et le droit financier fiscal. Etude historique et comparative du développement de la science juridique fiscale (fin XIXe et XXe siècles)*, Paris, Dalloz, 2012.

**BOUVIER (P.),** *La naissance du Conseil d'Etat de Belgique : une histoire française ?*, Bruxelles, Bruylant, 2012.

**BRÉCHON-MOULENES (C.),** *Les régimes législatifs de responsabilité publique*, Paris, L.G.D.J., 1974.

**BREWER CARIAS (A.),** *Les principes de la procédure administrative non contentieuse. Etudes de droit comparé (France, Espagne, Amérique Latine)*, Paris, Economica, 1992.

**BRIBOSIA (E.), SCHEECK (L.), UBEDA DE TORRES (A.) (dir.),** *L'Europe des Cours. Loyautés et résistances*, Bruxelles, Bruylant, 2010.

**BURDEAU (F.),**

- *Libertés, Libertés locales chéries*, Paris, Editions Cujas, 1983.
- *Histoire du droit administratif*, Paris, P.U.F., 1re éd., 1995.

**BUSAAL (J.-B.),** *Le spectre du jacobinisme. L'expérience constitutionnelle française et le premier libéralisme espagnol*, Madrid, Casa de Velázquez, 2012.

## C

**CARBONNIER (J.),**

- *Sociologie juridique. D'après les notes prises en cours et avec l'autorisation de Monsieur Jean Carbonnier, 1972-1973*, Paris, Université de droit, d'économie et de sciences sociales de Paris II, 1973.
- *Droit et passion du droit sous la Ve République,* Paris, Flammarion, 1996.

**CASSESE (S.),**

- *La construction du droit administratif. France et Royaume-Uni*, Paris, Montchrestien, 2000.
- *Culture et politique du droit administratif*, Paris, Dalloz, 2008.

**CHAMPEIL-DESPLATS (V.),** *Méthodologies du droit et des sciences du droit*, Paris, Dalloz, 2014.

**CHAPOUTOT (J.),** *Fascisme, nazisme et régimes autoritaires en Europe (1918-1945)*, Paris, P.U.F., 2013.

**CHAPUS (R.),**

- *Responsabilité publique et responsabilité privée. Les influences réciproques des jurisprudences administrative et judiciaire*, Paris, L.G.D.J., 1954, réimpr., Paris, La Mémoire du Droit, 2010.
- *Droit administratif général*, T. 1, Paris, Montchrestien, 15e éd., 2001.
- *Droit du contentieux administratif*, Paris, Montchrestien, 13e éd., 2008.

**CHAUBET (F.),** *Histoire intellectuelle de l'entre-deux-guerres*, Paris, Nouveau Monde, 2006.

**CHAUVEAU (A.),** *Principes de compétence et de juridiction administratives*, T. 1, Paris, Cotillon, Durand, 1841.

**CHERFOUH (F.),** *Le juriste entre science et politique : la Revue générale du droit, de la législation et de la jurisprudence en France et à l'étranger (1877-1938)*, Thèse, dactyl., Bordeaux IV, 2010.

**CHEVALLIER, (J.),** *L'élaboration historique du principe de séparation de la juridiction administrative et de l'Administration active*, Paris, L.G.D.J., 1970.

**COHEN (D.),** *La Cour de cassation et la séparation des autorités administrative et judiciaire*, Paris, Economica, 1987.

**COMBRADE (B.-L.),** *L'obligation d'étude d'impact des projets de loi*, Paris, Dalloz, 2017.

**CONSTANTINESCO (L.-J.),** *Traité de droit comparé*, Paris, L.G.D.J., 1974.

**CORMENIN (L.- M.),**

- *Eléments de jurisprudence administrative*, Paris, Dondey-Dupré, 1818.
- *Questions de droit administratif*, Paris, Ridler, 1re éd., 1822.

## D

**DAVID (R.), GORÉ (M.), JAUFFRET-SPINOSI (C.),** *Les grands systèmes de droit contemporains*, Paris, Dalloz, 12e éd., 2016.

**DE GERANDO (J.-M.),** *Institutes du droit administratif français*, Paris, Nêve, 1re éd., 1829-1830

**DE GIRARDIN (E.),** *De l'instruction publique*, Paris, A. Desrez, 1838

**DE LA SERVE (C.),** *De la royauté, selon les lois divines révélées, les lois naturelles et la charte constitutionnelle*, Paris, Chez Baudoin frères, 1819, Madrid, Imprenta de I. Sancha, 1821.

**DELMAS-MARTY (M.),**

- *Pour un droit commun*, Paris, Editions du Seuil, 1994.
- *Critique de l'intégration normative*, Paris, P.U.F., 2004.
- *Le pluralisme ordonné*, Paris, Editions du Seuil, 2006.

**DICEY (A.-V.),** *Introduction à l'étude du droit constitutionnel*, Paris, V. Giard et E. Brière, 1902.

**DIGEON (C.),** *La crise allemande de la pensée française. 1870-1914*, Paris, P.U.F., 1re éd., 1959, réimpr., Paris, P.U.F., 1992.

**DU MARAIS (B.),**

- *Des indicateurs pour mesurer le droit ? Les limites méthodologiques des rapports Doing Business*, Paris, La documentation française, 2006.
- *Agences de notation, immobilier, contrats publics : contributions sur l'attractivité économique du droit*, Paris, La documentation française, 2007.

**DUEZ (P.), DEBEYRE (G.),** *Traité de droit administratif*, Paris, Librairie Dalloz, 1952.

**DUEZ (P.),** *La responsabilité de la puissance publique*, Paris, Librairie Dalloz, 2e éd., 1938, réimpr., Paris, Dalloz, 2012.

**DUGUIT (L.),**

- *L'Etat, le droit objectif et la loi positive*, Paris, Fontemoing, 1901, réimpr. Dalloz, 2003.
- *Le suffrage des femmes*, Coimbra, F. França Amado, 1910.

- *Les transformations générales du droit privé depuis le Code Napoléon*, Paris, Félix Alcan, 1912.
- *Souveraineté et Liberté (Leçons faites à l'Université de Columbia New York 1920-1921)*, Paris, Felix Alcan, 1922.
- *Le pragmatisme juridique*, Coimbra, Universidade de Coimbra, 1924.
- *Leçons de Droit public général faites à la Faculté de Droit de l'Université égyptienne pendant les mois de Janvier, Février et Mars 1926*, Paris, E. De Boccard, 1926.
- *Traité de droit constitutionnel*, T. 1, Paris, E. de Boccard, 3e éd., 1927, réimpr. Éditions Cujas, 1970.
- *Traité de droit constitutionnel*, T. 2, Paris, De Boccard, 3e éd., 1928, réimpr. Éditions Cujas, 1970.
- *Traité de droit constitutionnel*, T. 3, Paris, De Boccard, 2e éd., 1923, réimpr. Editions Cujas, 1970.
- *Traité de droit constitutionnel*, T. 4, Paris, De Boccard, 2e éd., 1924, réimpr. Éditions Cujas, 1975.
- *Traité de droit constitutionnel*, T. 5, Paris, De Boccard, 2e éd., 1925, réimpr. Éditions Cujas, 1979.

**DURKHEIM E.**, *Les règles de la méthode sociologique*, Paris, Felix Alcan, 1895.

## E

**EISENMANN (C.)**, *Cours de droit administratif*, T. I, Paris, L.G.D.J., 1982, réimpr. Paris, L.G.D.J., 2014.

**ESCARRAS (J.-C.)**, *Les expériences belges et italiennes d'unité de juridiction*, Paris, L.G.D.J., 1972.

## F

**FERRAND (F.)(dir.),** *La concurrence des systèmes juridiques*, Aix-en-Provence, P.U.A.M., 2008.

**FERRAND (J.),** *Les institutions administratives en France et à l'étranger. Des réformes à apporter sur la commune et le département*, Paris, Cotillon, 1879.

**FLACH (J.),** *Le droit de la force et la force du droit* Paris, Librairie de la société du recueil Sirey, 1915.

**FORSTHOFF (E.),** *Traité de droit administratif allemand*, Bruxelles, Bruylant, 1969, traduit par FROMONT (M.)

**FORTSAKIS (T.),** *Conceptualisme et empirisme en droit administratif français*, Paris, L.G.D.J., 1987.

**FOUCART (E.-V.),** *Eléments de droit public et administratif*, Paris, Videcoq, 2e éd., 1839.

**FOUGÈRE (L.) (dir.),** *Le Conseil d'Etat : son histoire à travers les documents d'époque, 1799-1974*, Paris, C.N.R.S. Editions, 1974.

**FRACHON (H.),** *Ecrire l'histoire du droit administratif*, Thèse, dactyl., Université Paris Ouest Nanterre La Défense, 2013.

**FRIER (P.-L.), PETIT (J.),** *Droit administratif*, Paris, Montchrestien, 10e éd., 2015.

**FROMONT (M.),**

- *Droit administratif des Etats européens*, Paris, P.U.F., 1re ed., 2006.
- *Grands systèmes de droits étrangers*, Paris, Dalloz, 7e éd., 2013.

## G

**GABAYET (N.),** *Les contrats publics à l'épreuve de l'aléa en droit anglais et français*, L.G.D.J., 2015.

**GAILLET (A.),** *L'individu contre l'Etat : essai sur l'évolution des recours de droit public dans l'Allemagne du XIXe siècle*, Paris, Dalloz, 2012.

**GAMBARO (A.), SACCO (R.), VOGEL (L.),** *Le droit de l'Occident et d'ailleurs*, Paris, L.G.D.J., 2011.

**GAUDEMET (J.),** *Les naissances du droit. Le temps, le pouvoir et la science au service du droit*, Paris, Montchrestien, 2006.

**Gaudemet (Y.),** *Droit administratif*, Paris, L.G.D.J., 21e éd., 2015.

**Gazier (F.),** *La fonction publique dans le monde*, Paris, Editions Cujas, 1972.

**Gleizal (J.-J.),** *Le droit politique de l'Etat*, P.U.F., 1980.

**Godechot (J.),** *La grande nation. L'expansion révolutionnaire de la France dans le monde de 1789 à 1799*, Paris, Aubier, 2004.

**Gonod (P.),** *Edouard Laferrière un juriste au service de la République*, Paris, L.G.D.J., 1997.

**Goodnow (F.-J.),** *Les principes du droit administratif des Etats-Unis*, Paris, V. Giard et E. Brière, 1907.

**Graff (F.),** *Otto Mayer (1846-1924) et la théorie du droit administratif français en Allemagne*, thèse, dactyl., Strasbourg III, 1989.

## H

**Hakim (N.), Melleray (F.),** *Le renouveau de la doctrine française. Les grands auteurs de la pensée juridique au tournant du XXe siècle*, Paris, Dalloz, 2009.

**Halperin (J.-L.), Audren (F.),** *La culture juridique française. Entre mythes et réalités XIX-XXe siècle*, Paris, C.N.R.S. Editions, 2013.

**Hauriou (M.),**

- *Précis de droit administratif contenant le droit public et le droit administratif*, Paris, L. Larose et Forcel, 1re éd., 1892.
- *Précis de droit administratif contenant le droit public et le droit administratif*, Paris, L. Larose et Forcel, 2e éd., 1893.
- *Précis de droit administratif et de droit public*, Paris, Librairie de la société du Recueil Sirey, 5e éd., 1903.
- *Précis de droit administratif et de droit public*, Paris, Recueil Sirey, 6e éd., 1907.
- *Précis de droit administratif et de droit public*, Paris, Librairie de la société du Recueil Sirey, 8e éd., 1914.
- *Précis de droit administratif et de droit public*, Paris, Librairie de la société du Recueil Sirey, 9e éd., 1919.
- *Précis de droit administratif et de droit public*, Paris, Sirey, 10e éd., 1921.

- *Précis de droit administratif et de droit public*, Paris, Recueil Sirey, 11e éd., 1927.
- *La gestion administrative : étude théorique de droit administratif*, Paris, L. Larose, 1899, réimpr. Paris, Dalloz, 2012.
- *Principes de droit public*, Paris, Librairie de la société du Recueil Sirey, 2e éd., 1916.
- *La jurisprudence administrative de 1892 à 1929*, T. 1, Paris, Librairie du Recueil Sirey, 1929.
- *Aux sources du droit : le pouvoir, l'ordre et la liberté*, Paris, Librairie Bloud et Gay, 1933, réimpr. Caen, Centre de philosophie politique et juridique, 1986.

## J

**JACQUEMET-GAUCHÉ (A.),** *La responsabilité de la puissance publique en France et en Allemagne. Etude de droit comparé*, Paris, L.G.D.J., 2013.

**JESTAZ (P.), JAMIN (C.),** *La doctrine*, Paris, Dalloz, 2004.

**JEZE (G.),**

- *Traité des sciences financières. Le budget*, Paris, Giard, 1910.
- *Les principes généraux du droit administratif*, T. 1, Paris, Berger-Levrault, 1ère éd., 1904.
- *Les principes généraux du droit administratif*, T. 1, Paris, V. Giard et E. Brière, 2e éd., 1914.
- *Les principes généraux du droit administratif*, T. 1, Paris, V. Giard et E. Brière, 3e éd., 1925, réimpr., Paris, Dalloz, 2005.
- *Les contrats administratifs de l'Etat, des départements, des communes et des établissements publics*, Paris, Giard, 1927.

**JOUANJAN (O.),**

- *Le principe d'égalité devant la loi en droit allemand*, Paris, Economica, 1992
- *Une histoire de la pensée juridique en Allemagne (1800-1918). Idéalisme et conceptualisme chez les juristes allemands du XIXe siècle*, Paris, P.U.F., 2005.

## K

**KAPSALI (V.),** *Le droit des administrés dans la procédure administrative non contentieuse. Etude comparée des droits français et grec*, Paris, L.G.D.J., 2015.

**KODJO-GRANDVAUX (S.), KOUBI (G.),** *Droit et colonisation*, Bruxelles, Bruylant, 2005.

## L

**LABAND (P.),**

- *Le droit public de l'Empire allemand*, T. 1, Paris, V. Giard et E. Brière, 1900.
- *Le droit public de l'Empire allemand*, T. 2, Paris, V. Giard et E. Brière, 1901.
- *Le droit public de l'Empire allemand*, T. 3, Paris, V. Giard et E. Brière, 1902.
- *Le droit public de l'Empire allemand*, T. 4, Paris, V. Giard et E. Brière, 1903.
- *Le droit public de l'Empire allemand*, T. 5, Paris, V. Giard et E. Brière, 1903.
- *Le droit public de l'Empire allemand* T. 6, Paris, V. Giard et E. Brière, 1904.

**LABOULAYE (E.),** *Le Parti libéral, son programme et son avenir*, Paris, Charpentier, 1863.

**LAFERRIERE (E.),**

- *Traité de la juridiction administrative et des recours contentieux*, T. 1, Paris, Berger-Levrault, 1ère éd., 1887.
- *Traité de la juridiction administrative et des recours contentieux*, T. 2, Paris, Berger-Levrault, 1ère éd., 1888.
- *Traité de la juridiction administrative et des recours contentieux*, T. 1, Paris, Berger-Levrault, 2e éd., 1896.
- *Traité de la juridiction administrative et des recours contentieux*, T. 2, Paris, Berger-Levrault, 2e éd., 1896.

**LAFERRIÈRE (F.),**

- *Cours de droit public et administratif mis en rapport avec les lois nouvelles et précédé d'une introduction historique*, T. 1, Paris, Cotillon, 5e éd., 1860.
- *Cours théorique et pratique de droit public et administratif*, T. 1, Paris, Cotillon, 3e éd., 1850.

**LANGROD (G.),** *La doctrine allemande et la procédure administrative non contentieuse*, Bruxelles, Institut international des sciences administratives, 1961.

**LARZUL (T.),** *Les mutations des sources du droit administratif*, Lyon, L'Hermès, 1994.

**LE QUINIO (A.),** *Recherche sur la circulation des solutions juridiques : le recours au droit comparé par les juridictions constitutionnelles*, Paris, Fondation Varenne, 2011.

**LEGEAIS (R.),** *Grands systèmes de droit contemporains*, Paris, LexisNexis, 3e éd., 2016

**LEGENDRE (P.),** *Histoire de l'administration de 1750 à nos jours*, Paris, P.U.F., 1968.

**LEROY-BEAULIEU (P.),** *L'administration locale en France et en Angleterre*, Paris, Guillaumin et cie, 1872.

**LEWALLE (P.),** *Contentieux administratif*, Bruxelles, Larcier, 3e éd., 2008.

**LÖHRER (D.),** *La protection non juridictionnelle des droits fondamentaux en droit constitutionnel comparé : l'exemple de l'Ombudsman spécialisé portugais, espagnol et français*, Clermont-Ferrand, Institut universitaire Varennes, 2014.

## M

**MACAREL (L.-A.),**

- *Eléments de jurisprudence administrative*, Paris, Dondey-Dupré, 1re éd., 1818.
- *Cours d'administration et de droit administratif,* T. 1, Paris, Librairie de jurisprudence de Plon frères, 2e éd., 1852.

**MAGNETTE (P.), REMACLE (E.) (dir.),** *Le nouveau modèle européen*, T. 1, Bruxelles, Editions de l'Université de Bruxelles, 2000.

**MALHERBE (M.),** *La faculté de droit de Bordeaux (1870-1970)*, Talence, Presses Universitaires de Bordeaux, 1996.

**MAYER (O.),** *Le droit administratif allemand*, Paris, V. Giard et E. Brière, 1903.

**MELIN-SOUCRAMANIEN (F.), MELLERAY (F.),** *Le professeur Jean Rivero ou la liberté en action*, Paris, Dalloz, 2012.

**MELLERAY (F.),** *Essai sur la structure du contentieux administratif français : pour un renouvellement de la classification des principales voies de droit ouvertes devant les juridictions à compétence générale*, Paris, L.G.D.J., 2001.

**MENETRY (S.), HESS (B.),** *Les dialogues des juges en Europe*, Bruxelles, Larcier, 2014.

**MIALOT (C.),** *Les nouveaux pouvoirs du juge administratif en France et en Espagne*, thèse, dactyl., Paris 1, 2003.

**MICHOUD (L.),**

- *Des actes de gouvernement*, Grenoble, Imprimerie et Lithographie F. Allier père et fils, 1889.
- *La théorie de la personnalité morale et son application au droit français, Notion de personnalité morale, classification et création des personnes morales*, T. 1, Paris, L.G.D.J., 1906.

**MILET (M.),**

- *La Faculté de droit de Paris face à la vie politique. De l'affaire Scelle à l'affaire Jèze*, 1925-1936, Paris, L.G.D.J., 1996
- *Les professeurs de droit citoyens. Entre ordre juridique et espace public, contribution à l'étude des interactions entre les débats et les engagements des juristes français (1914-1995)*, thèse, dacytl., Paris II, 2000,

**MONNIER (F.), THUILLIER (G.),** *Administration. Vérités et Fictions*, Paris, Economica, 2007.

**MONTESQUIEU (C.),** *De l'Esprit des Lois*, Livre 1, Genève, Barillot et fils, 1748, reproduit dans *Montesquieu, Œuvres complètes*, Paris, Editions du Seuil, 1964.

**MOTTE (O.),**

- *Lettres inédites de juristes français du XIXe siècle conservées dans les archives et bibliothèques allemandes*, T. 1, Bonn, Bouvier, 1989.
- *Lettres inédites de juristes français du XIXe siècle conservées dans les archives et bibliothèques allemandes* T. 2, Bonn, Bouvier, 1990.

## N

**NOGUELLOU (R.), STELKENS (U.),** *Droit comparé des Contrats Publics. Comparative Law on Public Contracts*, Bruxelles, Bruylant, 2010.

## O

**OST (F.), VAN DE KERCHOVE (M.),** *De la pyramide au réseau ? Pour une théorie dialectique du droit*, Bruxelles, Facultés universitaires Saint-Louis, 2002.

## P

**PAPACHRISTOS (A. C.),** *La réception des droits privés étrangers comme phénomène de sociologie juridique*, Paris, L.G.D.J, 1975.

**PEREZ (J.),** *Histoire de l'Espagne*, Paris, Fayard, 1996, réimpr. Fayard, 2004.

**PERROUD (T.),** *La fonction contentieuse des autorités de régulation en France et au Royaume-Uni*, Paris, Dalloz, 2013.

**PESCATORE (P.),** *Le droit de l'intégration*, Leiden, A. W. Sijthoff, 1972.

**PINTO-REICH (N.),** *Recherches sur le Conseil de Préfecture de la Meurthe. Contributions à l'histoire de la juridiction administrative (an VIII-1870)*, Nancy, Thèse, dactyl., 2008.

**Plessix (B.),** *L'utilisation du droit civil dans l'élaboration du droit administratif*, Paris, Panthéon Assas, 2003.

**Pointel (J.-B.),** *Le système administratif des pays nordiques, un modèle pour la France ?*, thèse, dactyl., Rouen, 2015.

**Poitou (E.),** *La liberté civile et le pouvoir administratif en France*, Paris, Charpentier et Cie, 1869.

**Ponthoreau (M.-C.),** *Droit(s) constitutionnel(s) comparé(s)*, Paris, Economica, 2010.

**Portiez de l'Oise (L.),** *Cours de législation administrative*, Paris, Imprimerie de Testu, imprimeur de l'Empereur, 1808.

**Proudhon (J.-B. V.),** *Traité du domaine public ou de la distinction des biens considérés principalement par rapport au domaine public*, T. 1, Dijon, Victor Lagier, 1833.

**Puget (H.),**

- *Le gouvernement local en Espagne*, Paris, Sirey, 1920.
- *Les institutions politiques et administratives de l'Europe continentale*, Paris, Centre de documentation universitaire, 1943.
- *Les institutions politiques et administratives de l'Europe contemporaine. Etats totalitaires et régimes de liberté*, Paris, Centre de documentation universitaire, 1944.
- *Les institutions administratives étrangères et la vie administrative à l'étranger*, Paris, Les cours de droit, 1955.
- *Bibliographie des principaux ouvrages et articles relatifs au droit de l'énergie atomique publiés en français, en anglais et en allemand*, Paris, Institut de droit comparé, 1957.
- *Essai de bibliographie des principaux ouvrages de droit public (droit public général, droit constitutionnel, droit administratif) de Science Politique et de Science Administrative qui ont paru hors de France de 1945 à 1958*, Paris, Les éditions de l'Epargne, 1961.
- *Le nouveau droit de l'énergie atomique : caractères généraux, organismes administratifs*, Paris, Centre français de droit comparé, 1958 ; *Aspects du droit de l'énergie atomique*, T. 2, Paris, Ed. du centre national de la recherche scientifique, 1967.

## R

**RAMBAUD (T.),** *Introduction au droit comparé. Les grandes traditions juridiques dans le monde*, Paris, P.U.F., 2014

**REDOR (M.-J.),** *De l'Etat légal à l'Etat de droit. L'évolution des conceptions de la doctrine publiciste française*, 1879-1914, Paris, Economica, 1992.

**RENARD-PAYEN (O.),** *L'expérience marocaine d'unité de juridiction et de séparation des contentieux*, Paris, L.G.D.J., 1964.

**RICHARD (E.),** *L'Esprit de lois. Droit et sciences sociales à l'Académie royale des sciences morales et politiques d'Espagne (1857-1923)*, thèse, dactyl., Paris 1, 2008.

**RIVERO (J.),**

- *Cours de droit administratif comparé : diplôme d'études supérieures de droit public, 1954-1955, rédigé d'après les notes et avec l'autorisation de M. Rivero. Recherches sur la notion de système juridique appliquée au droit administratif comparé,* Paris, Les cours de droit, 1955.
- *Cours de droit administratif comparé : diplôme d'études supérieures de droit public, 1955-1956, rédigé d'après les notes et avec l'autorisation de M. Rivero, Le contrôle juridictionnel de la légalité des actes de l'Administration*, Paris, Les cours de droit, 1956.
- *Cours de droit administratif comparé : diplôme d'études supérieures de droit public, 1956-1957, rédigé d'après les notes et avec l'autorisation de M. Rivero. Recherche sur la puissance publique dans les principaux systèmes de droit administratif*, Paris, Les cours de droit, 1957.
- *Cours de droit administratif comparé : diplôme d'études supérieures de droit public, 1957-1958, rédigé d'après les notes et avec l'autorisation de M. Rivero., Le contrôle juridictionnel de la légalité dans l'Europe des six*, Paris, Les cours de droit, 1958.
- *Droit administratif*, 1re éd., Paris, Dalloz, 1960, réimpr., Dalloz, 2011.

**ROSANVALLON (P.),** *L'Etat en France de 1789 à nos jours*, Paris, Editions du Seuil, 1993.

## S

**SACCO (R.),** *La comparaison juridique au service de la connaissance du droit*, Paris, Economica, 1991.

**SACRISTE (G.),** *La République des constitutionnalistes. Professeurs de droit et légitimation de l'Etat en France (1870-1914)*, Paris, Presses de la Fondation nationale des sciences politiques, 2011.

**SAINT-BONNET (F.), SASSIER (Y.),** *Histoire des institutions avant 1789*, Paris, Montchrestien, 2011.

**SAMB (S.),** *Le droit de la commande publique en Afrique noire francophone : contribution à l'étude des mutations du droit des contrats administratifs au Sénégal, au Burkina Faso, en Côte d'Ivoire et au Cameroun*, thèse, dactyl., Bordeaux, 2015.

**SCHWARZE (J.),** *Droit administratif européen*, Bruxelles, Bruylant, 2e éd., 2009.

**SFEZ (L.),** *Essai sur la contribution du doyen Hauriou au droit administratif français*, Paris, L.G.D.J., 1966.

**SUN (X.),** *De la relation entre service public et fonction publique. Etude comparée des droits français et chinois*, thèse, dactyl., Besançon, 2014.

## T

**TANGO (C.),** *L'Espagne : Franquisme, transition démocratique et intégration européenne 1939-2002*, Genève, Institut européen de l'Université de Genève, 2006.

**TOCQUEVILLE (A.),** *De la Démocratie en Amérique*, T. 1, Paris, Librairie de Charles Gosselin, 1835.

**TOUZEIL-DIVINA (M.),** *La doctrine publiciste 1800-1880*, Paris, La Mémoire du droit, 2009.

**TRUCHET (D.),** *Droit administratif*, Paris, P.U.F., 6e éd., 2015.

## V

**VIVIEN (A.-F.)**, *Etudes administratives*, Paris, Guillaumin, 1845.

## W

**WEIDENFELD (K.)**, *Histoire du droit administratif. Du XIV^e^ siècle à nos jours*, Paris, Economica, 2010.

**WEIL (P.), POUYAUD (D.)**, *Le droit administratif*, Paris, P.U.F., 24^e^ éd., 2013.

## II. Articles de revues, contributions dans des ouvrages collectifs

### A

**AGUILA (Y.),** « La justice administrative, un modèle majoritaire en Europe. Le mythe de l'exception français à l'épreuve des faits », *A.J.D.A.*, 2007, n° 6, pp. 290-294.

**AKOUN (E.),** « Roger Bonnard, directeur de la Revue de droit public », *R.F.D.A.*, 2015, n° 1, pp. 202-211.

**ALONSO GARCIA (R.),** « L'interprétation du droit des Etats conforme au droit communautaire : exigences et limites d'un nouveau critère herméneutique », in Séminaire sur La convergence des juridictions administratives suprêmes dans l'Union européenne pour l'application du droit communautaire, Santander, 8-10 septembre 2008, p. 3, consulté sur http://www.aca-europe.eu/seminars/Santander2008/Alonso_fr.pdf, le 21/07/2016.

**AMIN (S.), ARRIGHI (G.), CHESNAIS (F.), HARVEY (D.), ITOH (M.), KATZ (C.)**, « Qu'est-ce que le néolibéralisme ? », *Actuel Marx*, 2006, n° 2, pp. 12-23.

**AMSELEK (P.),** « La part de la science dans les activités des juristes », *Recueil Dalloz*, 1997, n° 39, pp. 337-342.

**ANCEL (M.),** « Politique législative et droit comparé », in *Mélanges offerts à Jacques Maury, T. II, Droit comparé. Théorie générale du droit et droit privé*, Paris, Dalloz, 1960, pp. 9-23.

**ARNAUD (A.-J.),** « Du bon usage du discours juridique », *Langages*, 1979, n° 53, pp. 117-124.

**AUBY (J.-B.),**

- « Aux lecteurs de Droit administratif », *Droit Administratif*, 2015, n° 12, Edito.
- « Introduction », in MELLERAY (F.) (dir.), *L'argument de droit comparé en droit administratif français*, Bruxelles, Bruylant, 2007, pp. 1-10.
- « La bataille de San Romano. Réflexions sur les évolutions récentes du droit administratif », *A.J.D.A.*, 2001, n° 11, pp. 912-925.
- « Le droit administratif français vu du droit comparé », *A.J.D.A.*, 2013, pp. 407-410.

- « Les spécificités de la doctrine administrativiste française », in A.F.D.A., *La doctrine en droit administratif*, Paris, Litec, 2010, pp. 33-40.

**AUBY (J.-B.), DUTHEIL DE LA ROCHÈRE (J.),** « Introduction », in AUBY (J.-B.), DUTHEIL DE LA ROCHÈRE (J.), *Traité de droit administratif européen*, Bruxelles, Bruylant, 2e éd., 2014, pp. 21-39.

**AUBY (J.-B.), MODESTO (P.), TORRICELLI (S.),** « Editorial », *Revue internationale des Contrats Publics*, 2013, n° 1, http://www.direitodoestado.com/revista/02_RICP-01-Editorial-Frances.pdf, consulté le 15/08/2016.

**AUCOC (L.),**

- « De l'usage et de l'abus en matière de législation comparée », *Revue critique de législation et de jurisprudence*, 1892, t. XXI, pp. 25-41.
- « Les controverses sur la décentralisation administrative. Etude historique », *Revue Politique et Parlementaire*, n° 10, 1895, pp. 7-34 et n° 11, 1895, pp. 227-254.
- « Une page de l'histoire du droit administratif. M. Boulatignier », *Revue Critique de Législation et de jurisprudence*, 1895, pp. 302-313.

**AUDREN (F.), HALPÉRIN (J.-L.),** « La science juridique entre politique et sciences humaines (XIXème-XXème siècles), *Revue d'histoire des sciences humaines*, n° 4, 2001, pp. 3-7.

**AUDREN (F.), NAVET (G.),** « Note sur la carrière d'Eugène Lerminier au collège de France (1831-1849) », *Revue d'Histoire des Sciences Humaines*, 2001, n° 4, pp. 57-67.

**AVRIL (P.),** « Qui fait la loi ? », *Pouvoirs*, 2005, n° 3, pp. 89-99.

## B

**BALZAC (H. DE),** « Les employés ou la Femme supérieure », in *Œuvres complètes : La Comédie humaine*, vol. 11, Scènes de la vie parisienne, Paris, Furne, 1844.

**BARAV (A.),** « Le commissaire du gouvernement près le Conseil d'Etat français et l'avocat général près la Cour de justice des communautés européennes », *R.I.D.C.*, 1974, pp. 809-826.

**BEAUD (O.),**

- « Carré de Malberg, juriste alsacien. La biographie comme élément d'explication d'une doctrine constitutionnelle », in BEAUD (O.), WACHSMANN (P.), *La science juridique française et la science juridique allemande de 1870 à 1918*, Strasbourg, Presses Universitaires de Strasbourg, 1997, pp. 219-253.
- « L'État », in GONOD (P.), MELLERAY (F.), YOLKA (P.), *Traité de droit administratif*, T. 1, Paris, Dalloz, 2011, pp. 207-267.
- « L'œuvre de Gaston Jèze signifie-t-elle un repli de la doctrine publiciste française sur la technique juridique ? », *Jus Politicum*, 2013, n° 11, pp. 1-36.

**BELLAGAMBA (U.),** « Le contentieux administratif en Italie au XIXe siècle : modèles et pratique », in HAUTEBERT (J.), SOLEIL (S.) (dir), *Modèles français, enjeux politiques et élaboration des grands textes de procédure en Europe*, T. I, Paris, Editions juridiques et techniques, 2007, pp. 247-262.

**BENABDALLAH (M. A.),** « L'évolution du recours pour excès de pouvoir au Maroc », *Revue marocaine d'administration locale et de développement*, 2007, n° 74, pp. 9-22.

**BERTHÉLÉMY (H.),**

- « Préface », in MAYER (O.), *Le droit administratif allemand*, T. 1, Paris, V. Giard et E. Brière, coll. Bibliothèque internationale de droit public, 1903, pp. I-XII.
- « De l'exercice de la souveraineté par l'autorité administrative », *R.D.P.*, 1904, pp. 209-227.
- « Le fondement de l'autorité politique », *R.D.P.*, 1915, pp. 663-682.
- « Le fondement de l'autorité politique. Lettre du professeur Berthélémy », *R.D.P.*, 1916, pp. 21-24.
- « Comparaison des principes du droit administratif français aux pratiques administratives des pays anglo-saxons », *Revue critique de législation et de jurisprudence*, 1931, pp. 59-70.
- Allocution, in *Cérémonie de l'Inauguration, le 22 avril 1931, du monument élevé par souscription à Maurice Hauriou, doyen de la Faculté de droit de l'Université de Toulouse*, Paris, Librairie du Recueil Sirey, 1931, pp. 24-27.

**BICK (U.),**

- « Jurisprudence de la Cour administrative fédérale d'Allemagne : le droit d'accès à l'information », *R.F.D.A.*, 2015, n° 5, pp. 1064-1072.

- « Jurisprudence de la Cour administrative fédérale d'Allemagne – L'étendue du contrôle du juge administratif », *R.F.D.A.,* 2016, n° 1, pp. 181-188.
- « Le recours juridictionnel en référé (Eilrechtsschutz) », *R.F.D.A.,* 2016, n° 3, pp. 627-636.

**BIDART (P.),** « L'influence du philosophe allemand F. Krause dans la formation des sciences sociales en Espagne », *Revue germanique internationale*, 2004, pp. 133-147.

**BIELSA (R.),** « Le professeur Gaston Jèze. Quelques réflexions que suggère son œuvre », *R.D.P.*, 1953, pp. 891-903.

**BIENVENU (J.-J.),**

- « Remarques sur quelques tendances de la doctrine contemporaine en droit administratif », *Droits*, 1985, n° 1, pp. 153-160.
- « Les origines et le développement de la doctrine », *R. A.*, 1997, n° spécial, p. 13-17.
- « Brève histoire du droit public comparé », *R.I.D.C.*, 2015, n° 2, pp. 293-297.

**BIGOT (G.)**

- « Les mythes fondateurs du droit administratif », *R.F.D.A.*, 2000, n° 3, pp. 527-536, spéc. p. 527.
- « Le Conseil d'État, juge gouvernemental », in BLUCHE (F.) (dir.), *Le Prince, le peuple et le droit. Autour des plébiscites de 1851 et 1852*, Paris, P.U.F., 2000, pp. 171-188.
- « La dictature administrative au XIX^e^ siècle : théorie historique du droit administratif (Définir le droit administratif/2) », *R.F.D.A.*, 2003, n° 3, pp. 435-441.
- « La difficile distinction droit public/droit privé dans l'ancien droit : l'exemple du droit administratif », *Droits*, 2003, n° 38, pp. 97-111.
- « Vichy dans l'œil de la Revue de Droit Public », in DURAND (B.), LE CROM (J.-P.), SOMMA (A.), *Le droit sous Vichy*, Klostermanne, Frankfurt, 2006, pp. 415-465.
- « Bonnard Roger », in ARABEYRE (P.), HALPÉRIN (J.-L.), KRYNEN (J.), *Dictionnaire historique des juristes français. XII-XX^e^ siècle*, Paris, P.U.F., 2015, pp. 137-138.
- « Personnalité publique et puissance publique », in A.F.D.A., *La personnalité publique*, Paris, LexisNexis, 2007, pp. 17-34.

**BIGOT-PRÉAMENEU**, « Discours devant le Corps Législatif à l'occasion de la nouvelle édition du Code, le 22 août 1807 », in FENET (P.-A.), *Recueil complet des travaux préparatoires du Code civil,* T. 1, Paris, Videcoq, 1836, p. CXIX et s.

**BLANQUER (J.-M.),** « Hauriou Maurice », in ARABEYRE (P.), HALPÉRIN (J.-L.), KRYNEN (J.), *Dictionnaire historique des juristes français. XII-XXe siècle*, Paris, P.U.F., 2015, pp. 516-519.

**BON (P.),**

- « L'Etat en Amérique latine », *Pouvoirs*, 2001, pp. 17-36.
- « Témoignage », in *Eduardo García de Enterría. Semblanza de su vida y de su obra*, Madrid, Civitas, 2014, pp. 447-449.

**BONNARD (R.),**

- « Léon Duguit, ses œuvres, sa doctrine », *R.D.P.*, 1929, pp. 5-47.
- « La conception matérielle de la fonction juridictionnelle », in *Mélanges R. Carré de Malberg*, Paris, Sirey, 1933, réimpr. Vadus, Topos Verlag AG, Paris, E. Duchemin, pp. 3-22.
- « A nos lecteurs », *R.D.P.,* 1940, pp. 141-142.

**BOUABDALLAH (S.),** « La comparaison des droits », in DEUMIER (P.) (dir.), *Le raisonnement juridique. Recherche sur les travaux préparatoires des arrêts*, Paris, Dalloz, 2013, pp. 199-215.

**BOUCARD (M.), JÈZE (G.),** « Notre programme », *Revue de science et de législation financières*, 1903, pp. 1-3.

**BOULATIGNIER (J.),**

- « coup d'œil sur les publications administratives récentes », in *Mémoires de l'Académie impériale des sciences, arts et belles-lettres de Caen*, Caen, Chez Hardel, 1863, pp. 210-226.
- « De l'origine, des progrès et de l'enseignement du droit administratif en France », *Revue étrangère et française de législation et d'économie politique*, 1839, pp. 81-95.

**BOULOUIS (J.),** « La France et la Cour de justice des communautés européennes », in *L'internationalité dans les institutions et le droit, convergences et défis. Etudes offertes à Alain Plantey*, Paris, Pedone, 1995, pp. 127-132.

**BOUVIER (E.),** « Etudes et documents sur le droit public américain », *Revue critique de législation et de jurisprudence*, T. XXXI, 1902, pp. 35-62.

**BOYE (A. J.),** « Souvenirs personnels sur Léon Duguit », *Revue juridique et économique du Sud-Ouest, Série juridique*, 1959, n° 3-4, pp. 115-128.
**BRACONNIER (S.),** « Le modèle français de la concession : conquête ou concurrence ? », *J.C.P. A.*, 2007, n° 16-18.

**BRAIBANT (G.),** « Introduction », *R.I.D.C.*, 1989, n° 4, pp. 849-851.

**BRENET (F.),**

- « L'argument de droit comparé et les contrats de partenariat de l'ordonnance du 17 juin 2004 », in MELLERAY (F.) (dir.), *L'argument de droit comparé en droit administratif français*, Bruxelles, Bruylant, 2007, pp. 111-132.
- « Les contrats administratifs », in GONOD (P.), MELLERAY (F.), YOLKA (P.), *Traité de droit administratif*, T. 2, Paris, Dalloz, 2011, pp. 217-281.
- « Contrat administratif international et droit international privé », *A.J.D.A.*, 2015, n° 20, pp. 1144-1149.

**BRETONNEAU (A.), DAHAN (S.), FAIRGRIEVE (D.),** « L'influence grandissante du droit comparé au Conseil d'État : vers une procédure juridictionnelle innovante ? », *R.F.D.A.*, 2015, n° 4, pp. 855-860.

**BRETONNEAU (A.),** « Droits subjectifs contre interdit législatif. Conclusions sur CE, Ass. 31 mai 2016, Mme Gonzalez-Gomez », *R.F.D.A.*, 2016, n° 4, pp. 740-752.

**BRUNET (P.),** « Le style déductif du Conseil d'Etat et la ligne de partage des mots », *Droit et société*, 2015, n° 3, pp. 545-561.

**BURDEAU (F.),**

- « Naissance d'un droit », in *Nonagesimo anno. Mélanges en hommage à Jean Gaudemet*, Paris, P.U.F., 1999, pp. 521-540.
- « Droit administratif », in ALLAND (D.) et RIALS (S.), *Dictionnaire de la culture juridique*, Paris, Lamy, P.U.F., coll. Quadrige-Dicos poche, 2003, pp. 423-431.

**BURDEAU (G.),** « Préface », in CARRÉ DE MALBERG (R.), *La loi, expression de la volonté générale*, Paris, Librairie du Recueil Sirey, 1931, réimpr., Paris, Economica, 1984, pp. VII-VIII.

# C

**Caetano (M.)**, « L'influence française sur l'évolution du droit administratif portugais », in Conseil d'Etat, *Livre jubilaire publié pour commémorer son cent cinquantième anniversaire*, Paris, Recueil Sirey, 1949, pp. 535-537.

**Cagnon (G.)**, « Georges Vedel, le préfacier », *R.F.D.A.*, 2016, n° 2, pp. 382-390.

**Caillet (L.)**, « Le modèle français et la réforme administrative de l'Espagne au XVIIIe siècle », in *Nonagesimo anno. Mélanges en l'honneur de Jean Gaudemet, textes réunis par Claude Bontems*, Paris, P.U.F., 1999, pp. 779-795.

**Caillosse (J.)**,

- « Droit et politique : vieilles lunes, nouveaux champs », *Droit et Société*, 1994, n° 26, pp. 127-154.
- « Le discours de la réforme administrative », in Mbongo (P.), Renaudie (O.) (dir), *Le rapport public annuel du Conseil d'Etat. Entre science du droit et discours institutionnel, Actes du colloque organisé le 27 mars 2009 par le Centre d'Etudes et de Recherches de Sciences Administratives et Politiques*, Paris, Cujas, 2010, pp. 125-144.

**Calafat (G.), Fossier (A.), Thévenin (P.)**, « Droit et sciences sociales : les espaces d'un rapprochement », *Tracés. Revue de Sciences humaines*, 2014, n° 2, pp. 7-19.

**Calvié (L.)**, « Le modèle révolutionnaire français et l'Allemagne », in Knopper (F.) et Mondot (J.), *L'Allemagne face au modèle français de 1789 à 1815*, Toulouse, Presses Universitaires du Mirail, 2008, pp. 13-29.

**Cananéa (G. Della)**, « Grands systèmes de droit administratif et globalisation du droit », in Gonod (P.), Melleray (F.), Yolka (P.), *Traité de droit administratif*, T. 1, Paris, Dalloz, 2011, pp. 772-806.

**Carbonnier (J.)**, « L'apport du droit comparé à la sociologie juridique », in Société de législation comparée, *Livre du centenaire de la Société de législation comparée*, T. 1, Paris, L.G.D.J., 1969, pp. 75-87.

**Cassese (S.)**,

- « Le système administratif italien, ou l'art de l'arrangement », *R.F.A.P.*, 1993, n° 67, pp. 335-339.
- « Une des formes de l'État nouveau du monde », *A.J.D.A.*, 1995, numéro spécial, pp. 167-172.

- « Les succès et les échecs de la modernisation de l'administration italienne L'expérience du Gouvernement Ciampi », *R.F.A.P.*, 1995, n° 75, pp. 377-386.
- « Le problème de la convergence des droits administratifs vers un modèle administratif européen ? », in *L'Etat de droit, Mélanges en l'honneur de Guy Braibant*, Paris, Dalloz, 1996, pp. 47-55.
- « Les services du Président du Conseil des Ministres italien », *R.F.A.P.*, 1997, n° 83, pp. 459-465.
- « Le service public : l'expérience italienne », *A.J.D.A.*, 1997, n° spécial, pp. 143-149.
- « Le nouveau régime de la haute fonction publique en Italie : Une modification constitutionnelle », *R.F.A.P.*, 2002, n° 104, pp. 677-688.
- « Les transformations du droit administratif du XIX^e au XXI^e siècle », *Droit administratif*, 2002, n° 10, pp. 6-9.
- « Le droit administratif global : une introduction », *Droit Administratif*, 2007, n° 5, pp. 17-26.

**CASSIA (P.),** « Une autre manière de dire le droit administratif : le "fichage" des décisions du Conseil d'État au *Recueil Lebon* », *R.F.D.A.*, 2011, n° 4, pp. 830-841.

**CASSIN (R.),** « Henry Puget », *R.I.D.C.*, 1967, n° 2, pp. 486-488.

**CAVARE (L.),** « Le recours pour excès de pouvoir en droit international public », in *L'évolution du droit public, Etudes offertes à Achille Mestre*, Paris, Sirey, 1956, pp. 63-72.

**CAZABAN (F.),** « Jean Rivero, comparatiste », *R.F.D.A.*, 2009, n° 5, pp. 1066-1079.

**CERDA-GUZMAN (C.),** « Importation d'objets juridiques et cohérence de l'ordre juridique administratif chilien », *R.I.D.C.*, 2007, n° 2, pp. 307-332.

**CHAMOCHO (M. A.),**

- « La genèse normative de la procédure du contentieux administratif provincial en Espagne au XIX^e siècle », in HAUTEBERT (J), SOLEIL (S.), *La procédure et la construction de l'Etat en Europe (XVIe-XIXe siècle)*, Rennes, Presses Universitaires de Rennes, 2011, pp. 827-849.
- « Le contentieux administratif en Espagne au XIX^e siècle : entre particularisme et importation du modèle français », in HAUTEBERT (J.), SOLEIL (S.) (dir), *Modèles français, enjeux politiques et élaboration des grands textes de procédure en Europe*, T. I, Paris, Editions juridiques et techniques, 2007, pp. 219-262.

**CHAMOCHO CANTUDO (M.-A.)**, « La circulation du modèle administratif français en Espagne : entre nationalisme juridique et fonds juridique commun », in LE YONCOURT (T.), MERGEY (A.), SOLEIL (S.), *L'idée de fonds juridique commun dans l'Europe du XIXe siècle. Les modèles, les réformateurs, les réseaux*, Rennes, P.U.R., 2014, pp. 125-161.

**CHARLE (C.)**,

- « L'élite universitaire française et le modèle universitaire allemand (1880-1900) », in ESPAGNE (M.), WERNER (M.), *Transferts. Les relations interculturelles dans l'espace franco-allemand*, Paris, Edition Recherche sur les civilisations, 1988, pp. 346-358.
- « Les références étrangères des universitaires. Essai de comparaison entre la France et l'Allemagne, 1870-1970 », *Actes de la recherche en sciences sociales*, 2003, n° 148, pp. 8-19.

**CHAUFFOUR (V.)**, « Appréciation de la littérature juridique française en Allemagne », *Revue de législation et de jurisprudence*, 1845, pp. 277-283.

**CHEVALLIER (J.)**

- « Changement politique et droit administratif », in C.U.R.A.P.P., *Les usages sociaux du droit*, Paris, P.U.F., 1989, pp. 293-326.
- « La fin des écoles ? », *R.D.P.*, 1997, pp. 679-700.
- « Mondialisation du droit ou droit de la mondialisation », in MORAND (C.-A.) (dir.), *Le droit saisi par la mondialisation*, Bruxelles, Bruylant, 2001, pp. 37-61.
- « Doctrine juridique et science juridique », *Droit et société*, 2002, n° 1, pp. 103-120, spéc. p. 105.
- « La place de l'administration dans la production des normes », *Droit et société*, 2011, n° 3, pp. 623-636.

**CHEVALLIER (J.), LOCHAK (D.)**, « Les juristes dans l'espace public », *Droit et société*, 2016, n° 2, pp. 359-374.

**COINTET (M.)**, « Les juristes sous l'occupation : la tentation du pétainisme et le choix de la résistance », in GUESLIN (A.)(dir.), *Les Facs sous Vichy. Etudiants, Universitaires et Universités de France pendant la Seconde Guerre mondiale*, Clermont-Ferrand, Institut d'Etudes du Massif Central, 1994, pp. 51-64.

**COLLIARD (C. A.)**, « Le régime disciplinaire des fonctionnaires publics allemands », *R.D.P.*, 1942, pp. 1-45.

**CONSTANTINESCO (V.)**, « L'influence allemande sur la doctrine française de droit communautaire », in BEAUD (O.), HEYEN (E. V.), *Eine deutsch-*

*französische Rechtswissenschaft ? Kritische Bilanz und Perspektiven eines kulturellen Dialogs. Une science juridique franco-allemande ? Bilan critique et perspectives d'un dialogue culturel*, Baden-Baden, Nomos, 1999, pp. 341-350.

**COSTA (J.-P.),** « Le rôle des juges », in MARCOU (G.) (dir.), *Les mutations du droit de l'Administration en Europe. Pluralisme et convergences*, Paris, L'Harmattan, 1995, pp. 315-329.

## D

**DACOSTA (B.),** « La candidature d'une collectivité territoriale à l'attribution d'un contrat de commande publique. Conclusions sur C. E., Ass., 30 décembre 2014, *Société Armor SNC* », *R.F.D.A.*, 2015, n° 1, pp. 57-65.

**DAUMAS (V.),** « Liberté et loyauté de la preuve devant le juge administratif. Conclusions sur C. E., Sect., 16 juillet 2014, *Ganem* », *R.F.D.A.*, 2014, n° 5, pp. 924-934.

**DECOCQ (G.),** « Réflexions sur l'influence doctrinale », in *Libres propos sur les sources du droit. Mélanges en l'honneur de Philippe Jestaz*, Paris, Dalloz, 2006, pp. 111-118.

**DEFFIGIER (C.),** « Les effets des décisions du juge administratif en Europe », *R.F.D.A.*, 2008, n° 2, pp. 234-240.

**DEGUERGUE (M.),**

- « Les commissaires du gouvernement et la doctrine », *Droits*, 1994, n° 20, pp. 125-132.
- « Doctrine universitaire et doctrine organique », in A.F.D.A., *La doctrine en droit administratif*, Paris, Litec, 2010, pp. 41-57.

**DELAUNAY (B.),** « Droit de la responsabilité administrative et droit comparé », in A.F.D.A., *La responsabilité administrative*, Paris, Litec, 2013, pp. 45-64.

**DELMAS-MARTY (M.),** « Préface », in DELMAS-MARTY (M.) (dir.), *Critique de l'intégration normative*, Paris, P.U.F., 2004, pp. 13-23.

**DELPEUCH (T.),** « Une critique de la globalisation juridique de style civiliste. Etat des réflexions latines sur la transnationalisation du droit à partir du *Dictionnaire de la globalisation* », *Droit et Société*, 2012, n° 82, pp. 733-761.

**DELVOLVÉ (P.),** « Pour la Revue française de droit administratif », *Ius Publicum. Network Review*, 2011, n° 1, pp. 1-3.

**DESCHANEL (P.),** « Préface », in BERTHELEMY (H.), GARÇON (E.), LARNAUDE (F.), PILLET (A.), TISSIER (A.), THALLER (E.), TRUCHY (H.), GENY (F.), *Les méthodes juridiques. Leçons faite au Collège libre des Sciences sociales en 1910*, Paris, Giard et Brière, 1911, pp. V-XII.

**DESLANDRES (M.),** « La crise de la science politique. Le problème de la méthode. La méthode juridique », *R.D.P.*, 1900, pp. 435-469.

**DICEY (A. V.),**

- « Préface de l'édition française », », in DICEY (A. V*.), Introduction à l'étude du droit constitutionnel*, Edition française complétée par l'Auteur, Paris, V. Giard et E. Brière, 1902, pp. XXIX-XXXXII.
- « Préface de la première édition anglaise », in DICEY (A. V*.), Introduction à l'étude du droit constitutionnel*, Edition française complétée par l'Auteur, Paris, V. Giard et E. Brière, 1902, pp. XXI-XIV.
- « Préface de la troisième édition anglaise », in DICEY (A. V*.), Introduction à l'étude du droit constitutionnel*, Edition française complétée par l'Auteur, Paris, V. Giard et E. Brière, 1902, pp. XXV-XXVI.

**DIEZ-PICAZO (L. M.),** « La générosité de la responsabilité "objective" de l'administration en droit espagnol », *R.F.A.P.*, 2013, n° 147, pp. 653-664.

**DOMINO (X.),**

- « Gestation pour autrui, enfants nés à l'étranger et certificats de nationalité française. La circulaire du garde des Sceaux du 25 janvier 2013 », *R.F.D.A.*, 2015, n° 1, pp. 163-173.
- « La chronique de jurisprudence à l'AJDA. Le point de vue du chroniqueur », in CAILLOSSE (J.), RENAUDIE (O.) (dir.), *Le Conseil d'Etat et l'Université*, Paris, Dalloz, 2015, pp. 147-152.
- « Contrôle du départ de mineurs hors des frontières : quelles obligations et quelle responsabilité pour l'Etat ? Conclusions sur C. E., 9 décembre 2015, *M. C… et Mme A.* », *A.J.D.A.*, 2016, n° 6, pp. 332-335.

**DOMINO (X.), BRETONNEAU (A.), BOKDAM-TOGNETTI (E.), LESSI (J.),** « Que fait le centre ? », *A.J.D.A.*, 2014, n° 2, pp. 81-86.

**DONNAY (L.), PÂQUES (M.),** « L'attribution au Conseil d'État belge de la réparation du dommage causé par un acte administratif illégal », *R.F.D.A.*, 2015, n° 5, pp. 1055-1062.

**DRAGO (R.),**

- « Droit Comparé », in ALLAND (D.), RIALS (S.) (dir.), *Dictionnaire de la culture juridique*, Paris, P.U.F., 2003, pp. 453-457.
- « Nécrologie : Maxime Letourneur », *R.I.D.C.*, 1981, n° 1, pp. 115-116.

**DUBOS (O.),** « Le droit administratif et les situations transnationales : des droits étrangers au droit comparé », in MELLERAY (F.) (dir.), *L'argument de droit comparé en droit administratif français*, Bruxelles, Bruylant, 2007, pp. 69-90.

**DUBOUIS (L.),**

- « Introduction », in *Droits nationaux, droit communautaire : influences croisées, En hommage à Louis Dubouis*, Paris, La documentation française, 2000, pp. 7-15.
- « Droit administratif et droit communautaire : deux cultures juridiques ? », in *Droit et politique à la croisée des cultures, Mélanges Philippe Ardant*, Paris, L.G.D.J., 1999, pp. 443-452.

**DUGUIT (L.),**

- « Préface », in WILSON (W.), *L'Etat : éléments d'histoire et de pratique politique*, T. 1, Paris, V. Giard, E. Brière, 1902, pp. VII-XXV, spéc. pp. VII-XII
- « Les services publics et les particuliers », in *Premier congrès international des sciences administratives à l'exposition universelle et internationale de Bruxelles 1910*, T. III, Bruxelles, Goemaere, 1910, pp. 1-13.
- « Jean-Jacques Rousseau, Kant et Hegel », *R.D.P.*, 1918, pp. 173-211 et pp. 349-377.
- « La doctrine allemande de l'autolimitation de l'Etat », *R.D.P.*, 1919, pp. 161-190.
- « Théorie générale de l'acte juridique », *R.D.P.*, 1919, pp. 313-337.
- « Préface de la deuxième édition », in *Traité de droit constitutionnel*, T. 1, Paris, E. de Boccard, 2e éd., 1921, pp. V-XI, spéc. p. X.
- « Les doctrines juridiques objectivistes », *R.D.P.*, 1927, pp. 537-573.
- « Préface de la troisième édition », in *Traité de droit constitutionnel*, T. 1, Paris, E. de Boccard, 3e éd., 1927, p. XV.

**DULLION (V.),** « Textes juridiques », in CHEVREL (Y.) D'HULST (L.), LOMBEZ (C.), *Histoire des traductions en langues françaises, XIXe siècle (1815-1914)*, Lagrasse, Verdier, 2012, pp. 1067-1105.

**DUTHEIL DE LA ROCHÈRE (J.),** « Conclusions », in *Droits nationaux, droit communautaire : influences croisées, En hommage à Louis Dubouis*, Paris, La documentation française, 2000, pp. 179-186.

## E

**EMYGDIO DA SILVA (F.),** « L'homme et sa renommée mondiale », *Revue de science et de législation financières*, 1954, pp. 245-248.

**ESMEIN (A.),** « Le droit comparé et l'enseignement du droit », *Nouvelle revue historique de droit français et étranger*, 1900, pp. 489-498

## F

**FALCONIERI (S.),** « Apprendre l'antisémitisme à la faculté de droit de Paris (1940-1944) », *Clio@Themis*, n° 7, http://www.cliothemis.com/Clio-Themis-numero-7.

**FAUVARQUE-COSSON (B.),** « « Le droit comparé : art d'agrément ou entreprise stratégique ? », in *De tous horizons. Mélanges Xavier Blanc-Jouvan*, Paris, Société de législation comparée, 2005, pp. 69-90.

**FERNANDEZ (T.-R.),** « Duguit lu : l'Espagne », in MELLERAY (F.) (dir.), *Autour de Léon Duguit*, Bruxelles, Bruylant, 2011, pp. 255-275.

**FERRAND (J.),** « La réforme municipale en France et en Italie », *Bulletin de la Société de législation comparée*, n° 4, 1881, pp. 266-307.

**FÉVRIER (J.-M.),**

- « Les juristes et la défaite de 1870 (l'exemple de la doctrine publiciste) », *Revue administrative*, 2002, n° 329, pp. 479-486.

**FILLON (C.),** « L'enseignement du droit, instrument et enjeu de la diplomatie culturelle française. L'exemple de l'Egypte au début du XX^e^ siècle », *Mil neuf cent. Revue d'histoire intellectuelle*, n° 24, 2011, pp. 123-143.

**FISCHER (A.),** « Aspects historiques : l'évolution de la justice administrative en Allemagne et en France au XIX^e^ et au XX^e^ siècle et les influences réciproques sur cette évolution », *Revue administrative*, numéro spécial 7, 1999, pp. 6-23.

**FOELIX (J.-J.),** « Du système et de l'objet du Journal », *Revue étrangère de législation et d'économie politique*, 1834, n° 1, pp. 1-7.

**FORTIER (C.),** « 20 ans, une nouvelle robe », *A.J.F.P.*, 2016, n° 3, p. 125.

**FOULQUIER (N.),** « Maurice Hauriou, constitutionnaliste (1856-1929) », in HAKIM (N.), MELLERAY (F.), *Le renouveau de la doctrine française*, Paris, Dalloz, 2009, pp. 281-306.

**FOULQUIER (N.), SACRISTE (G.),** « Avant-propos : un constitutionnaliste oublié, le privatiste Raymond Saleilles », in SALEILLES (R.), *Le droit constitutionnel de la Troisième République*, Paris, Dalloz, pp. 9-54.

**FOYER (J.),** « Le droit communautaire, droit de professeurs français ? », *Revue d'Histoire des facultés de droit et de la science juridique*, 1992, n° 13, pp. 201-216.

**FRANCHINI (C.),** « Les notions d'administration indirecte et de coadministration », in AUBY (J.-B.), DUTHEIL DE LA ROCHÈRE (J.), *Traité de droit administratif européen*, 2e éd., Bruxelles, Bruylant, 2014, pp. 335-355.

**FROMONT (M.),**

- « République fédérale d'Allemagne, La codification du droit administratif par la loi du 25 mai 1976 », *R.D.P.*, 1977, pp. 1283-1321.
- « La justice administrative en Europe. Convergences », in *Mélanges René Chapus*, Paris, Montchrestien, 1992, pp. 197-208.
- « Le principe de proportionnalité », *A.J.D.A.*, 1995, n° spécial, pp. 156-166.
- « Le principe de sécurité juridique », *A.J.D.A.*, 1996, n° 6, pp. 178-188.
- « Les pouvoirs d'injonction du juge administratif en Allemagne, Italie, Espagne et France. Convergences », *R.F.D.A.*, 2002, pp. 551-560.
- « La justice administrative en Europe : différences et convergences », *R.F.D.A.*, 2008, n° 2, pp. 267- 271.

## G

**GAILLET (A.),** « Léon Michoud et la doctrine allemande », in DUPRÉ DE BOULOIS (X.), YOLKA (P.), *Léon Michoud*, Paris, Institut Universitaire Varenne, 2014, pp. 109-130.

**GALLEGO ANABITARTE (A.),** « Les facultés espagnoles et l'influence française, en particulier dans le domaine du droit public au XVIII^e^ et du XIX^e^ siècles », *Revue d'histoire des facultés de droit et de la science juridique*, 1994, n° 15, pp. 113-148.

**GARAPON (A.),** « Nous devons bâtir un stratégie de défense de notre droit », *L. P. A.*, 30 avril 2004, n° 87, pp. 3-7.

**GARCIA CANTERO (G.),** « L'enseignement du droit comparé en Espagne : aperçu historique et état actuel », in *L'avenir du droit comparé. Un défi pour les juristes du nouveau millénaire*, Paris, Société de législation comparée, 2000, pp. 123-138.

**GASCÓN Y MARÍN (J.),** « La doctrine administrative en Espagne », *R.I.S.A.*, 1956, pp. 5-10.

**GAUDEMET (P. M.),** « Paul Laband et la doctrine française de droit public », *R.D.P.*, 1989, pp. 957-979.

**GAUDEMET (Y.),**

- « Le droit administratif en France », *R.I.D.C.*, 1989, n° 4, pp. 899-905.
- « L'exportation du droit administratif français. Brèves remarques en forme de paradoxe », in *Droit et politique à la croisée des cultures : Mélanges Philippe Ardant*, Paris, L.G.D.J., 1999, pp. 431-441.

**GAUTIER (M.),**

- « Le dépassement du caractère national de la juridiction administrative française : le contentieux Schengen », *Droit Administratif*, 2005, n° 5, pp. 7-11.
- « Les normes communautaires », in GONOD (P.), YOLKA (P.), MELLERAY (F.), *Traité de droit administratif*, T. 1, Paris, Dalloz, 2011, pp. 455-489.
- « Acte administratif transnational et droit de l'Union européenne », in AUBY (J.-B.), DUTHEIL DE LA ROCHÈRE (J.), « Introduction », in AUBY (J.-B.), DUTHEIL DE LA ROCHÈRE (J.), *Traité de droit administratif européen*, 2^e^ éd., Bruxelles, Bruylant, 2014, pp. 1303-1315.

- « Une autre traversée du Rhin. A propos de l'acte administratif transnational », *A.J.D.A.*, 2015, n° 20, pp. 1139-1143.

**GÉLY (D.),** « Le défenseur du peuple espagnol en modèle », *A.J.D.A.*, 2008, n° 27, pp. 1481-1482.

**GENEVOIS (B.),** « Le commissaire du gouvernement devant le Conseil d'Etat statuant au contentieux ou la stratégie de la persuasion », *R.F.D.A.*, 2000, n° 6, pp. 1207-1218.

**GERMAIN (J.),** « Les recours juridictionnels ouverts au concurrent évincé contre un marché public communautaire après sa conclusion en France et en Allemagne », *R.F.D.A.*, 2009, n° 1, pp. 49-60.

**GIACUZZO (J.-F.),** « Un regard sur les publicistes montés au "front intellectuel" », *Jus Politicum*, 2014, n° 12, pp. 1-33.

**GILBERT (S.),**

- « Aux origines doctrinales du droit administratif : Portiez de l'Oise (1765-1810) », *R.H.D.*, 2007, pp. 247-272.
- « Rapport de M. de Tocqueville sur le Cours de droit administratif de M. Macarel (1846) », *R.F.D.A.*, 2007, n° 5, pp. 1115-1121.
- « Présentation », in DUGUIT (L.), *Le pragmatisme juridique*, Paris, La mémoire du droit, 2008, pp. 5-115.
- « Les écoles doctrinales », in A.F.D.A., *La doctrine*, Paris, Litec, 2010, pp. 89-123.
- « Léon Michoud et la doctrine publiciste française de son temps », in DUPRÉ DE BOULOIS (X.), YOLKA (P.), *Léon Michoud*, Paris, Institut Universitaire Varenne, 2014, pp. 85-108.

**GIOVAGNOLI (R.), THIELLAY (J.-P.),** « Des codes de justice administrative en Italie et en France », *A.J.D.A.*, 2011, n° 31, pp. 1772-1775.

**GIRARDET (R.),** « Pour une introduction à l'histoire du nationalisme français », *Revue française de science politique*, n° 3, 1958, pp. 505-528.

**GLENN (H. P.),**

- « Vers un droit comparé intégré ? », *R.I.D.C.*, 1999, n° 4, pp. 841-852.
- « La tradition juridique nationale », *R.I.D.C.*, 2003, n° 2, pp. 263-278.

**GONOD (P.),**

- « Le Conseil d'Etat républicain (de 1872 à nos jours) », in PALEOLOGO (G.), *Il consigli di Stato di Francia e d'Italia*, Milan, Giuffré, 1998, pp. 49-70.
- « L'administration et l'élaboration des normes », in GONOD (P.), YOLKA (P.), MELLERAY (F.), *Traité de droit administratif*, T. 1, Paris, Dalloz, 2011, pp. 529-561.
- « L'actualité de la pensée de Léon Duguit en droit administratif ? », in MELLERAY (F.) (dir.), *Autour de Léon Duguit*, Bruxelles, Bruylant, 2011, pp. 333-348.
- « Les tendances contemporaines de la responsabilité administrative en France et à l'étranger : quelles convergences ? », *R.F.A.P.*, n° 147, 2013, pp. 719-724.
- « Codification de la procédure administrative. La fin de "l'exception française" ? », *A.J.D.A.*, 2014, n° 7, pp. 395-399.
- « La Section du rapport et des études, instrument d'un repositionnement institutionnel du Conseil d'État ? Le redéploiement de la participation à l'élaboration des normes », *R.F.D.A.*, 2015, n° 2, pp. 249-253.

**GONOD (P.), JOUANJAN (O.),** « A propos des sources du droit administratif. Brèves notations sur de récentes remarques », *A.J.D.A.*, 2005, n° 18, pp. 992-994.

**GORE (M.),** « La traduction, instrument de droit comparé », in CORNU (M.), MOREAU (M.) (dir.), *Traduction du droit et droit de la traduction*, Paris, Dalloz, 2011, pp. 109-115.

**GREWE (C.),** « Les influences du droit allemand des droits fondamentaux sur le droit français : le rôle médiateur de la jurisprudence de la Cour européenne des droits de l'homme », *R. U. D. H.*, 2004, n° 1-4, pp. 26-32.

**GRUNEBAUM-BALLIN (P.),**

- « De l'utilité de l'instauration d'une juridiction spéciale pour le règlement des litiges intéressant les services de la Société des Nations », *Revue de droit international et de législation comparée*, 1921, pp. 67-82.
- « Comment Bonaparte, premier consul, fonda le premier organisme français d'étude des législations étrangères et du droit comparé », *R.I.D.C.*, 1953, n° 2, pp. 267-273.

**GUGLIELMI (G.),** « Vu par ses pères fondateurs, le droit administratif », in C.U.R.A.P.P., *Le droit administratif en mutation*, Paris, P.U.F., 1993, pp. 41-49.

**GUILLAUME (G.),** « La France et la Cour internationale de justice », in *L'internationalité dans les institutions et le droit, Convergences et défis. Etudes offertes à Alain Plantey*, Paris, Editions A. Pedone, 1995, pp. 119-126.

**GUYOMAR (M.),**

- « Le contrôle de constitutionnalité d'un règlement transposant une directive communautaire. Conclusions sur CE, Ass., 8 février 2007, *Société Arcelor Atlantique et Lorraine et autres* », *R.F.D.A.*, 2007, n° 2, pp. 384-401.
- « Limites des mesures d'ordre intérieur en matière pénitentiaire : déclassements d'emploi et changements d'affectation des détenus. Conclusions sur C.E., Ass., 14 décembre 2007, *M. Planchenault et Garde des Sceaux, ministre de la Justice c/ M. Boussouar* », *R.F.D.A.*, 2008, n° 1, pp. 87-103.
- « L'abandon de la jurisprudence Cohn-Bendit. Conclusions sur C. E., Ass., 30 octobre 2009, *Mme Perreux* », *R.F.D.A.*, 2009, n° 6, pp. 1125-1151.

## H

**HAKIM (N.), MELLERAY (F.),** « La belle époque de la pensée juridique française », in HAKIM (N.), MELLERAY (F.), *Le renouveau de la doctrine française*, Paris, Dalloz, 2009, pp. 1-12.

**HALPÉRIN (J.-L.),**

- « L'approche historique et la problématique du jus commune », *R.I.D.C.*, 2000, n° 4, pp. 717-731.
- « Est-il temps de déconstruire les mythes de l'histoire du droit français ? », *Clio@Thémis*, n° 5, 2012, http://www.cliothemis.com/Est-il-temps-de-deconstruire-les, consulté le 05/07/2014.
- « Saleilles et les droits étrangers », in AUDREN (F.), MATHEY (N.), VERGNE (A.) (dir.), *Raymond Saleilles et au-delà*, Paris, Dalloz, 2013, pp. 159-170.

**HAURIOU (A.),** « Avant-propos », in SFEZ (L.), *Essai sur la contribution du doyen Hauriou au droit administratif français*, Paris, LG.D.J., 1966, pp. VIII-IX.

**HAURIOU (M.),**

- « De la formation du droit administratif français depuis l'an VIII », *Revue générale d'Administration*, 1892, T. II, pp. 385- 403 et *R.G.A.*, 1892, T. III, pp. 15-28.
- « Les actions en indemnité contre l'Etat pour préjudices causés dans l'administration publique », *R.D.P.*, 1896, pp. 51-65, spéc. p. 51.
- « De la personnalité morale comme élément de la réalité sociale », *Revue générale du droit, de la législation et de la jurisprudence en France et à l'étranger*, 1898, T. XXII, pp. 5-23 ; 119-140.
- « Le fondement de l'autorité politique. Lettre du professeur Hauriou », *R.D.P.*, 1916, pp. 20-21.
- « Notice sur les œuvres de Léon Michoud », *R.D.P.*, 1916, T. 33, pp. 483-530.
- « Le droit naturel et l'Allemagne », *Le Correspondant*, 25 septembre 1918, réimpr. HAURIOU (M.), *Aux sources du droit : le pouvoir, l'ordre et la liberté*, Caen, Centre de philosophie politique et juridique, 1986, pp. 13-71.
- « Note sous T.C., 17 juin 1918, *Greslé c. L'Etat* », in HAURIOU (M.), *La jurisprudence administrative française de 1892 à 1929*, T. 1, Paris, Sirey, 1929, pp. 208-211
- « La théorie de l'institution et de la fondation (Essai de vitalisme social) », *Cahiers de la Nouvelle Journée*, 1925, réimpr. HAURIOU (M.), *Aux sources du droit : le pouvoir, l'ordre et la liberté*, Caen, Centre de philosophie politique et juridique, 1986, pp. 89-128.

**HAURIOU (M.), BERTHÉLÉMY (H.),** « Le fondement de l'autorité politique », *R.D.P.*, 1916, pp. 20-25.

**HAURIOU (M.), MESTRE (A.),** « L'Etat, le droit objectif et la loi positive, par Léon Duguit », *R.D.P.*, 1902, T. XVI, pp. 346-366.

**HENRARD (O.),** « Le délai raisonnable de recours contre une décision individuelle irrégulièrement notifiée. Conclusions sur CE, Ass. 13 juillet 2016, *Czabaj* », *R.F.D.A.*, 2016, n° 5, pp. 927-941.

**HUBRECHT (H.-G.),** « Peut-on toujours faire du droit comparé ? Le droit administratif comparé à l'épreuve de la globalisation et du management public », in MELLERAY (F.) (dir.), *L'argument de droit comparé en droit administratif français*, Bruxelles, Bruylant, 2007, pp. 39-53.

## I

**IANNELLO (C.)**, « La réforme des services publics locaux à caractère économique en Italie », *R.F.D.A.*, 2012, n° 3, pp. 573-579.

## J

**JACQUEMET-GAUCHÉ (A.)**, « Gaston Jèze et les droits étrangers », *R.F.D.A.*, 2012, n° 1, pp. 153-160.

**JALUZOT (B.)**, « Méthodologie du droit comparé : bilan et prospective », *R.I.D.C.*, 2005, n° 1, pp. 29-48.

**JAMIN (C.)**,

- « Le vieux rêve de Saleilles et Lambert revisité. A propos du centenaire du congrès international de droit comparé de Paris », *R.I.D.C.*, 2000, n° 4, pp. 733-751.
- « Dix-neuf cent : crise et renouveau dans la culture juridique », in ALLAND (D.), RIALS (S.), *Dictionnaire de la culture juridique*, Paris, Lamy-PUF, 2003, pp. 380-384.

**JEZE (G.)**,

- « Le recours pour excès de pouvoir », in *Premier congrès international des sciences administratives à l'exposition universelle et internationale de Bruxelles 1910*, T. III, Organisation générale des services publics, Bruxelles, Goemaere, 1910.
- « De l'utilité pratique des études théoriques de jurisprudence pour l'élaboration et le développement de la science du droit public. Rôle du théoricien dans l'examen des arrêts des tribunaux », *R.D.P.*, 1914, pp. 311-321.
- « La notion de travaux publics et de domaine public, note sous C. E., 20 juin 1921, Commune de Monségur », *R.D.P.*, 1921, pp. 361-377.
- « L'influence de Léon Duguit sur le droit administratif français », *Archives de Philosophie du droit et de Sociologie juridique*, 1932, pp. 135-151.

- « Les libertés individuelles », in *Annuaire de l'Institut International de droit public*, Paris, P.U.F., 1929, pp. 162-186, spéc. p. 180.
- « Préface de la deuxième édition », in JEZE (G.), *Les principes généraux du droit administratif*, 3e éd., T. 1, Paris, Giard, 1925, réimpr., Paris, Dalloz, 2005, p. IX.

**JORDANA DE POZAS (L.),** « Le Conseil d'Etat espagnol et les influences françaises au cours de son évolution », in CONSEIL D'ETAT, *Livre jubilaire publié pour commémorer son cent cinquantième anniversaire, 4 Nivôse an VII, 24 décembre 1949*, Paris, Recueil Sirey, 1952, pp. 521-534.

**JOUANJAN (O.),**

- « Carl Friedrich Gerber et la constitution d'une science du droit public allemand », in BEAUD (O.), WACHSMANN (P.), *La science juridique française et la science juridique allemande de 1870 à 1918*, Strasbourg, Presses Universitaires de Strasbourg, 1997, pp. 11-63.
- « De la vocation de notre temps pour la science du droit : modèles scientifiques et preuve de la validité des énoncés juridiques », *Revue européenne des sciences sociales*, n° 128, 2003, pp. 129-144.
- « Duguit et les allemands », in MELLERAY (dir.), *Autour de Léon Duguit*, Bruxelles, Bruylant, 2011, pp. 195-224.
- « Remarque sur l'histoire du droit public en Allemagne (1800-1914) : pourquoi lire Michael Stolleis en France ? », *Jus Politicum*, n° 12, 2014, p. 5, http://juspoliticum.com/Remarques-sur-l-Histoire-du-droit.html, consulté le 01/07/2015.

**JULLIOT DE LA MORANDIÈRE (L.),** « Préface », PUGET (H.), *Aspect du droit de l'énergie atomique.* T. II, Paris, Editions du Centre national de la Recherche scientifique, 1967, reproduit in *Henry Puget 1894-1966 : Conseiller d'Etat Honoraire. Grand officier de la Légion d'Honneur, Hommages, Notices nécrologiques, bibliographie*, Paris, Faculté de droit de Paris, 1969, pp. 22-24.

## K

**KELLER (R.),** « Sanction disciplinaire : contrôle de cassation et proportionnalité. Conclusions sur C. E., Ass., 30 décembre 2014, M. Bonnemaison », *R.F.D.A.*, 2015, n° 1, pp. 67-77.

**KOENIGSWARTER (L.-J.),** « Revue des recueils étrangers », *Revue critique de législation et de jurisprudence*, t. 5, 1854, pp. 579-595.

**KOHEN (M. G.),** « Internationalisme et mondialisation », in MORAND (C.-A.) (dir.), *Le droit saisi par la mondialisation*, Bruxelles, Bruylant, 2001, pp. 107-130.

# L

**L'HUILLIER (J.),** « Une conquête du droit administratif français : le contentieux de la CECA », *Dalloz*, 1953, chronique XII, pp. 63-66.

**LABAND (P.),**

- « Préface à la deuxième édition allemande », *Le droit public de l'Empire allemand*, t. 1, trad. fr. Gandilhon, Paris, 1900, p. 9.
- « Extrait de la préface de la première édition allemande », in *Le droit public de l'Empire allemand*, T. 1, Paris, V. Giard et E. Brière, 1900, pp. 1-5, spéc. pp. 4-5.

**LABORDE-LACOSTE (M.),** « La vie et la personnalité de Léon Duguit », *Revue juridique et économique du Sud-Ouest, Série juridique*, n° 3-4, 1959, pp. 93-114.

**LABOULAYE (E.),**

- « De l'enseignement et du noviciat administratif en Allemagne », *Revue de législation et de jurisprudence*, T. XVIII, 1843, pp. 513-611.
- « Discours d'ouverture (8 mai 1849) », in LABOULAYE (E.), *Trente ans d'enseignement au Collège de France (1849-1882). Cours inédits de Monsieur Édouard Laboulaye publiés par ses fils avec le concours de Monsieur Marcel Fournier*, Paris, L. Larose et Forcel, 1888, pp. 1-22.

**LACHAUME (J.-F.),**

- « De quelques préfaces de précis et manuels de l'entre-deux-guerres », in *Etudes en l'honneur du professeur Jean-Arnaud Mazères*, Paris, Litec, 2009, pp. 447-465.
- « La définition du droit administratif », in GONOD (P.), MELLERAY (F.), YOLKA (P.), *Traité de droit administratif*, T. 1, Paris, Dalloz, 2011, pp. 101-143

**LAFERRIÈRE (F.),**

- « De l'enseignement administratif dans les facultés de droit et d'une école spéciale d'administration », *Revue de législation et de jurisprudence*, Janvier-Avril 1849, pp. 104-136.
- « Introduction historique à la table collective des revues de droit et de jurisprudence », in MILLION (C.), COIN-DELISLE (J.-B.-C.), VERGÉ (C.) et LAFERRIÈRE (F.), *Tables analytiques de la Revue de législation et de la Revue critique de législation et de jurisprudence, précédées des tables de la Thémis et de la Revue de droit français et étranger, suivies d'une liste des principaux travaux de droit et de législation contenus dans les Séances et travaux de l'Académie des sciences morales et politiques*, Paris, Cotillon, 1860, pp. III-LXIII, spéc. pp. VI-XVI.

**LAGRANGE (M.),**

- Conclusions sur CJCECA, 11 février 1955, *ASSIDER c/ Haute Autorité*, Aff. n° 3-54, Rec. 1954-1955, pp. 146-175.
- Conclusions sur CJ CECA, 17 décembre 1959, *F.E.R.A.M. c/ Haute Autorité*, aff. n° 23-59, Rec. pp. 523-531.
- « La Cour de Justice des Communautés européennes », *E.D.C.E.*, 1963, pp. 55-79.

**LAMBERT (E.),**

- « Une réforme nécessaire des études de droit civil », *Revue internationale de l'enseignement*, 1900, T. 40, pp. 216-243.
- « Conception générale, définition, méthode et histoire du droit comparé. Le droit comparé et l'enseignement du droit », in *Congrès international de droit comparé, tenu à Paris du 31 juillet au 4 août 1900. Procès verbaux des séances et documents*, Vol. I, Paris, LGDJ, 1905, pp. 26-61.
- « Le droit comparé et la formation d'une conscience juridique internationale », *Revue de l'université de Lyon*, 1929, pp. 441-463.

**LANDOWSKI (E.),** « Introduction. Le discours juridique. Langage, signification et valeurs », *Droit et société*, 1988, n° 8, pp. 9-12.

**LANGROD (G.),** « L'influence des idées de Léon Duguit sur la théorie générale du droit », *Revue juridique et économique du Sud-Ouest. Série juridique*, 1959, n° 3/4, pp. 129-155.

**LARNAUDE (F.),**

- « Notre programme », *R. D. P.*, n° 1, 1894, pp. 1-14.
- « Préface », in LABAND (P.), *Le droit public de l'Empire allemand*, T. 1, trad. fr. Gandilhon, Paris, 1900, pp. VII-XIX.
- « Droit comparé et droit public », *R.D.P.*, 1902, pp. 5-21.
- « La théorie de la personnalité morale et son application au doit français. Par Léon Michoud. Première partie. Paris, 1906, in-8, 484 p. Prix, 10 fr. », *R.D.P.*, 1906, pp. 576-583.
- « La théorie de la personnalité morale et son application au doit français. Par Léon Michoud. Seconde partie. Paris, 1909, in-8, 548 p. Prix, 10 fr. », *R.D.P.*, 1910, pp. 381-391.
- « Le droit public. Sa conception. Sa méthode », in BERTHELEMY (H.), GARÇON (E.), LARNAUDE (F.), PILLET (A.), TISSIER (A.), THALLER (E.), TRUCHY (H.), GENY (F.), *Les méthodes juridiques. Leçons faite au Collège libre des Sciences sociales en 1910*, Paris, Giard et Brière, 1911, pp. 1-61.

**LASKI (H.),** « La conception de l'Etat de Léon Duguit », *Archives de Philosophie du droit et de Sociologie juridique*, 1932, pp. 121-134.

**LATOURNERIE (M.-A.),** « Tahar Khalfoune, *Le domaine public en droit algérien : réalité et fiction* », *R.I.D.C.*, 2005, n° 2, pp. 547-550.

**LAUBADERE (A. DE),** « Contribution à l'étude de l'accès des personnes privées aux juridictions internationales : le recours des entreprises pour détournement de pouvoir contre les mesures générales édictées par la haute autorité de la C.E.C.A. », in *Hommage d'une génération de juristes au Président Basdevant*, Paris, Pedone, 1960, pp. 328-345.

**LE BRAS (G.),** « Les origines canoniques du droit administratif », in *L'évolution du droit public. Etudes offertes à Achille Mestre*, Paris, Sirey, 1956, pp. 395-412.

**LE DIVELLEC (A.),** « La fondation et les débuts de la Revue du droit public et de la science politique en France et à l'Etranger », *R.D.P.*, 2011, pp. 521-553.

**LE MESTRE (M.-A.),** « L'argument de droit comparé et les autorités administratives indépendantes », in MELLERAY (F.) (dir.), *L'argument de droit comparé en droit administratif français*, Bruxelles, Bruylant, 2007, pp. 133-150.

**LEGAZ LACAMBRA (L.),** « L'influence du Doyen Maurice Hauriou dans les pays latins et latino-américains », *Annales de la Faculté de droit et de sciences économiques de Toulouse*, 1968, pp. 241-254.

LEGEAIS (R.),

- « L'utilisation du droit comparé par les tribunaux », *R.I.D.C.*, 1994, n° 2, pp. 348-358.
- « Le Juriscope du GIP "Droit et médias". Une expérience française pour faciliter l'information sur le droit européen, le droit international et les droits étrangers », *R.I.D.C.*, 1996, n° 2, pp. 395-402.

LEGEAIS (R.), LEGENDRE (P.), « La facture historique des systèmes. Notations pour une histoire comparative du droit administratif français », *R.I.D.C.*, 1971, n° 1, pp. 5-47.

LEGRAND (A.),

- « Médiateur ou Ombudsman », *A.J.D.A.*, 1973, pp. 229-236.
- « Une institution universelle : l'Ombudsman ? », *R.I.D.C.*, 1973, n° 4, pp. 851-861.

LENICA (F.), « La responsabilité de l'État du fait de la déportation de personnes victimes de persécutions antisémites. Conclusions sur C. E., Ass., 16 février 2009, *M^me Hoffman Glemane* », *R. F. D. A.*, 2009, n°, 2, pp. 316-328.

LEROY-BEAULIEU (P.), « La réforme municipale en France. La commune et le self-government », *Revue des Deux Mondes*, n° 6, 1871, pp. 248-279.

LETOURNEUR (M.),

- « Marcus Lefébure. Le pouvoir d'action unilatérale de l'administration en droit anglais et français, Paris, Librairie Générale de Droit et de Jurisprudence, 1961 », *R.I.D.C.*, n° 3, 1961, pp. 676-677.
- « L'influence du droit comparé sur la jurisprudence du Conseil d'Etat français », *in Livre du centenaire de la Société de législation comparée*, T. 2, Paris, L.G.D.J., 1971, pp. 211-218.
- « Une jurisprudence administrative originale : la jurisprudence du tribunal administratif de l'Organisation internationale du Travail », *in Mélanges offerts à Paul Couzinet*, Toulouse, Université des Sciences sociales de Toulouse, 1974, pp. 449-462, spéc. p. 450.

LEVAGGI (A.), « La réception du système espagnol par les systèmes indigènes en Amérique », in DOUCET (M.), VANDERLINDEN (J.) (dir.), *La réception des systèmes juridiques : implantations et destins*, Bruxelles, Bruylant, 1994, pp. 331-379.

**LINDITCH (F.),** « La réception de la théorie allemande de la personnalité morale de l'Etat dans la doctrine française », in BEAUD (O.), WACHSMANN (P.), *La science juridique française et la science juridique allemande de 1870 à 1918*, Strasbourg, Presses Universitaires de Strasbourg, 1997, pp. 179-217.

**LOCHAK (D.),**

- « Les revues de droit public », in ARNAUD (A.-J.), *La culture des revues juridiques françaises,* Milan, Giuffré, 1988, pp. 47-57.
- « Présentation », in C.U.R.A.P.P., *Les usages sociaux du droit*, Paris, P.U.F., 1989, pp. 5-9.
- « La doctrine sous Vichy ou les mésaventures du positivisme », in C.U.R.A.P.P., *Les usages sociaux du droit*, Paris, P.U.F., 1989, pp. 252-285.

**LOISELLE (M.),** « L'analyse du discours de la doctrine juridique. L'articulation des perspectives interne et externe », in *Les méthodes au concret : démarches, formes de l'expérience et terrains d'investigation en science politique*, Paris, P.U.F., 2000, pp. 187-209.

**LOPEZ RODO (L.),** « Le recours contentieux administratif en Espagne », *R.I.S.A.*, 1953, pp. 162-177.

**LUIS (J.-P.),**

- « L'influence du modèle napoléonien en Espagne (1814-1845) », *Annales historiques de la Révolution française* [en ligne], 336, avril-juin 2004, mis en ligne le 15 juillet 2007 ; consulté le 10/09/2014, http://ahrf.revues.org/1732, pp. 1-16.
- « Une utopie réactionnaire : l'épuration de l'administration durant la dernière décennie du règne de Ferdinand VII (1823-1832) », *Mélanges de la Casa de Velázquez*, T. 30-3, 1994, pp. 7-35.

## M

**MACAREL (L. A.),**

- « Appendice. Note B », in *Eléments de droit politique*, Paris, Nève, 1833, pp. 510-516.

**MALAKHOV (L.),** « Le professeur Sergueï Korf et l'idée de la justice administrative en Russie », *R.F.D.A.*, 2008, n° 6, pp. 1253-1263.

**MALARET GARCÍA (E.),** « Le service public : l'expérience espagnole », *A.J.D.A.*, n° spécial, 1997, pp. 136-142.

**MANNORI (L.),** « Une histoire de la doctrine en droit administratif », in A.F.D.A., *La doctrine en droit administratif*, Paris, Litec, 2010, pp. 13-24.

**MARCOU (G.),**

- « Intégration juridique et logiques nationales », in MARCOU (G.) (dir.), *Les mutations du droit de l'Administration en Europe. Pluralisme et convergences*, Paris, L'Harmattan, 1995, pp. 11-62.
- « L'administration publique en France et en Allemagne. Des systèmes différents, des valeurs communes », *R.F.A.P.*, 1996, n° 78, pp. 357-373.
- « Le droit administratif allemand dans la science juridique française », in BEAUD (O.), HEYEN (E. V.), *Eine deutsch-französische Rechtswissenschaft ? Kritische Bilanz und Perspektiven eines kulturellen Dialogs. Une science juridique franco-allemande ? Bilan critique et perspectives d'un dialogue culturel*, Baden-Baden, Nomos, 1999, pp. 257-278.

**MARTHINET (L.),** « L'introduction de l'astreinte dans le droit italien », *A.J.D.A.*, 2015, n° 35, pp. 1968-1973.

**MARTIN CANIVELL (J.),** « Comparative law Before the Spanish Courts », in CANIVET (G.), ANDENAS (M.), *Comparative Law before the Courts*, London, British Institute of International and Comparative Law, 2004, pp. 211-216.

**MARTÍNEZ LÓPEZ-MUÑIZ (J. L.),** « Vers une droit administratif commun européen », in DE WITTE (B.), FORDER (C.) (dir.), *Common Law of Europe and the future of legal education. Le droit commun de l'Europe et l'avenir de l'enseignement juridique*, Maastricht, Kluwer, 1992, pp. 149-159.

**MARTOR (B.), THOUVENOT (S.),** « Le contrat de partenariat ou la renaissance du partenariat public privé à la française », *Revue de Droit des Affaires Internationales/International Business Law Journal*, n° 2, 2004, pp. 111-149.

**MASLARSKI (D.),** « La conception de l'Etat de Gaston Jèze », *Jus Politicum*, n° 3, 2009, spéc. pp. 19-21, http://www.juspoliticum.com/La-conception-de-l-Etat-de-Gaston.html?artpage=19-21, consulté le : 22/09/2014.

**MATHIEU (B.),** « Les rapports normatifs entre le droit communautaire et le droit national », *R.F.D.C.*, 2007, n° 4, pp. 675-693.

**MAUGÜE (C.), STAHL (J.-H.),** « Sur la sélection des arrêts du Recueil Lebon », *R.F.D.A.*, 1998, n° 4, pp. 768-779.

**MAYER (O),** « Préface de l'édition française », in MAYER (O.), *Le droit administratif allemand*, T. 1, Paris, V. Giard et E. Brière, coll. Bibliothèque internationale de droit public, 1903, pp. XIII-XV, spéc. pp. XIV-XV.

**MELLERAY (F.),**

- « Ecole de Bordeaux, école du service public et école duguiste », *R.D.P.*, 2001, pp. 1887-1905.
- « L'immunité juridictionnelle des actes de gouvernement en question le droit français confronté aux développements récents du droit espagnol », *R.F.D.A.*, 2001, pp. 1086- 1100.
- « Le droit administratif doit-il redevenir jurisprudentiel ? Remarques sur le déclin paradoxal de son caractère jurisprudentiel », *A.J.D.A.*, 2005, n° 12, pp. 637-643.
- « Les trois âges du droit administratif comparé ou comment l'argument de droit comparé a changé de sens en droit administratif français », in MELLERAY (F.) (dir..), *L'argument de droit comparé en droit administratif français*, Bruxelles, Bruylant, 2007, pp. 13-22.
- « Achille Mestre ou les débuts du droit administratif moderne », in *Confluences. Mélanges en l'honneur de Jacqueline Morand-Deviller*, Paris, Montchrestien, 2007, pp. 443-455.
- « L'utilisation du droit étranger par le Conseil d'Etat statuant au contentieux », in *Le dialogue des juges. Mélanges en l'honneur du Président Bruno Genevois*, Paris, Dalloz, 2009, pp. 779-793.
- « Léon Duguit. L'Etat détrôné », in HAKIM (N.), MELLERAY (F.), *Le renouveau de la doctrine française*, Paris, Dalloz, 2009, pp. 215-262.
- « Doctrine parisienne et doctrine de province », in A.F.D.A., *La doctrine en droit administratif*, Paris, Litec, 2010, pp. 59-67.
- « La gestion administrative, pierre angulaire du droit administratif ? A propos d'une brochure de Maurice Hauriou (1899) », in *Histoire, théorie et pratique du droit. Etudes offertes à Michel Vidal*, Bordeaux, Presses Universitaires de Bordeaux, 2010, pp. 789-796.
- « Existe-t-il un critère du droit administratif ? *A propos de deux articles de Jean Rivero* », in MELIN-SOUCRAMANIEN (F.), MELLERAY (F.), *Le professeur Jean Rivero ou la liberté en action*, Paris, Dalloz, 2012, pp. 55-74.
- « Marcel Waline et la manière française contemporaine de faire du droit administratif », *R.F.D.A.*, 2014, n° 1, pp. 145-150.
- « Charles Eisenmann et la manière contemporaine de faire du droit administratif », *R.D.P.*, 2016, pp. 375-385.

**MESTRE (J.-L.),**

- « Les fondements historiques du droit administratif français », *E.D.C.E.*, 1982-1983, n° 34, p. 65.
- « La connaissance des droits administratifs étrangers en France entre 1815-1869 », *Annuaire Européen d'Administration Publique*, 1985, pp. 711-729.
- « Le rayonnement en France des facultés de droit et d'administration de Tübingen sous la monarchie de juillet », *Revue de la Recherche Juridique*, 1988, pp. 85-111.
- « La connaissance des droits administratifs allemands en France entre 1830 et 1869 à partir de la "Revue étrangère" de Foelix », *Jahrbuch für Europäische Verwaltungsgeschichte. Annuaire d'histoire administrative européenne*, T. 2, 1990, pp. 193-212.
- « Aux origines de l'enseignement du droit administratif : le *Cours de législation administrative* de Portiez de l'Oise (1808) », *R.F.D.A.*, 1993, n° 2, pp. 239-246.
- « L'histoire du droit administratif », in GONOD (P.), MELLERAY (F.), YOLKA (P.), *Traité de droit administratif*, T. 1, Paris, Dalloz, 2011, pp. 4-58.

**MIALOT (C.),**

- « L'utilisation du droit comparé par le Conseil d'Etat : un changement dans la fabrique du droit », *A.J.D.A.*, 2010, n° 26, pp. 1462-1464.
- « Eduardo García de Enterría, un géant du droit public », *A.J.D.A.*, 2014, n° 25, pp. 1431-1435.

**MICHOUD (L.),**

- « De la responsabilité de l'Etat à raison des fautes de ses agents », *R.D.P.*, 1895, pp. 401-429.
- « La personnalité et les droits subjectifs de l'Etat dans la doctrine française contemporaine », *R. G. A.*, 1911, T. 3, pp. 257-277.
- « Raymond Saleilles et le droit public », *R.D.P.*, 1912, pp. 369-.378.

**MILET (M.),**

- « Duguit Léon », in ARABEYRE (P.), HALPÉRIN (J.-L.), KRYNEN (J.), *Dictionnaire historique des juristes français. XII-XX^e^ siècle*, Paris, P.U.F., 2015, pp. 358-361.

- « Jèze Gaston », in ARABEYRE (P.), HALPÉRIN (J.-L.), KRYNEN (J.), *Dictionnaire historique des juristes français. XII-XX^e siècle*, Paris, P.U.F., 2015, pp. 554-557.
- « La doctrine juridique pendant la guerre : à propos de Maurice Hauriou et de Léon Duguit », *Jus Politicum*, 2016, n° 15, pp. 1-20.

**MIRKINE GUÉTZÉVITCH (B.),** « L'institut international de droit public », *Le Temps*, 7 juillet 1927, p. 2.

**MODERNE (F.),**

- « La notion de service public (servicio público) en Espagne », in MODERNE (F.), MARCOU (G.), *L'idée de service public dans le droit des Etats de l'Union européenne*, Paris, L'Harmattan, 2001, pp. 313-363.
- « Sous le signe du subjectivisme juridique. Regards sur l'œuvre d'Eduardo García de Enterría », *A.J.D.A.*, 2004, n° 1, pp. 101-108.

**MODERNE (F.), DELVOLVÉ (P.),** « Entretien avec le Président Genevois », *R.F.D.A.*, 2007, n° 1, pp. 1-5.

**MORLOT-DEHAN (C.),** « La protection provisoire devant les juridictions administratives dans l'Union européenne. L'exemple de l'Allemagne, de la Belgique, de l'Espagne, de la France, de la Grèce et de l'Italie », *R.I.D.C.*, n° 2, 2004, pp. 459-474.

**MUIR-WATT (H.),** « La fonction subversive du droit comparé », *R.I.D.C.*, 2000, n° 3, pp. 503-527.

## N

**NEUMARK (F.),** « Gaston Jèze et la science des finances en Allemagne », *Revue de science et de législation financières*, 1954, pp. 252-254.

**NIGON DE BERTY (L.),** « Les droits et devoirs des fonctionnaires publics en Prusse et en France », *Revue étrangère de législation et d'économie politique*, 1840, pp. 810-817.

**NIHOUL (P.),**

- « Les autorités administratives indépendantes en Belgique », *R.F.D.A.*, 2013, n° 4, pp. 897-902.
- « La modulation dans le temps des effets d'un arrêt d'annulation du Conseil d'État belge », *R.F.D.A.*, 2013, n° 6, pp. 1301-1307.

## O

**OLSON (T.),** « Justice administrative et Constitution en Europe : état des lieux », *Nouveaux cahiers du Conseil constitutionnel*, n° 37, 2012, pp. 141-146.

**OST (F.),** « Mondialisation, globalisation, universalisation : s'arracher, encore et toujours, à l'état de nature », in MORAND (C.-A.) (dir.), *Le droit saisi par la mondialisation*, Bruxelles, Bruylant, 2001, pp. 5-36.

**OST (F.), VAN DE KERCHOVE (M.),**

- « Comment concevoir aujourd'hui la science du droit ? », *Déviance et société*, 1987, n° 2, pp. 183-193.
- « De la scène au balcon. D'où vient la science du droit ? », in CHAZEL (F.), COMMAILLE (J.) (dir.), *Normes juridiques et régulation sociale*, Paris, L.G.D.J., 1991, pp. 67-80.

## P

**PACTEAU (B.),**

- « La doctrine, auteurs, acteurs du droit administratif… », in HECQUARD-THÉRON (M.) (dir.), *Les Facultés de Droit, inspiratrices du droit ?*, Toulouse, Presses Universitaires de Toulouse, 2004, pp. 7-19.
- « Colonisation et justice administrative », in KODJO-GRANDVAUX (S.), KOUBI (G.), *Droit et colonisation*, Bruxelles, Bruylant, 2005, pp.255-277, spéc. p. 277.
- « Les conseils de préfecture au XIXe siècle. Installation, implantation et interrogations », in GOJOSSO (E.), *Les conseils de préfecture (an VIII-1953)*, Paris, L.G.D.J., 2005, pp. 3-42.
- « Léon Duguit à Bordeaux, un doyen dans sa ville », *R.D.P.*, 2010, pp. 505-521.

**PASTOR (J.-M.),** « Les collectivités territoriales ont leur AJ ! », *A.J. Collectivités Territoriales*, 2010, n° 1, p. 1.

**PAYRE (R.),** « L'Etat vu d'en haut : la réforme de l'Etat au sein des espaces internationaux de la science administrative dans l'entre-deux-guerres », *R.F.A.P.*, 2006, n° 120, pp. 651-666.

**PELAEZ (M. J.),** « L'influence juridique de la Troisième République dans le droit de l'Espagne », in STORA-LAMARRE (A.), HALPERIN (J.-L.), AUDREN

(F.), *La République et son droit (1870-1930)*, Besançon, Presses universitaires de Franche-Comté, 2011, pp. 331-358.

**PELISSIER (G.),** « Aperçus sur le contentieux administratif espagnol », *R.F.D.A.*, 2008, n° 4, pp. 825-837.

**PEREZ (J.),** « Deux Espagnes », in *Manuel Azaña et la question laïque*, Azaña Hors-série n° 3, *Arkheia*, 2009, http://www.arkheia-revue.org/Deux-Espagnes.html, consulté le 07/11/2014.

**PEREZ BOTIJA (E.),** « Sur la notion de service public », *R.I.S.A.*, 1956, pp. 67-77.

**PICOT (G.), DAGUIN (F.),** « Circulaire », in *Congrès international de droit comparé tenu à Paris du 31 juillet au 4 août 1900. Procès-verbaux des séances et documents*, T. I, Paris, LGDJ, 1905, pp. 7-9.

**PILLET (A.),** « Le droit international public. Ses éléments constitutifs, son domaine, son objet », *Revue générale de droit international public*, 1894, T. 1, pp. 1-32.

**PLESSIX (B.),**

- « Nicolas Delamare ou les fondations du droit administratif français », *Droits*, n° 38, 2003, pp. 113-133.
- « Léon Michoud », in HAKIM (N.), MELLERAY (F.), *Le renouveau de la doctrine française*, Paris, Dalloz, 2009, pp. 307-330.
- « Inhabituellement excessive, la doctrine, pourquoi ne le serait-elle pas ? », *Droit administratif*, 2016, n° 3, pp. 1-2.
- « Sécurité juridique et confiance légitime », *R.D.P.*, 2016, pp. 799-814.

**PONTHOREAU (M.-C.),**

- « Le droit comparé en question(s). Entre pragmatisme et outil épistémologique », *R.I.D.C.*, 2005, n° 1, pp. 7-27.
- « Trois interprétations de la globalisation juridique. Approche critique des mutations du droit public », *A.J.D.A.*, 2006, n° 1, pp. 20-25.
- « L'argument fondé sur la comparaison dans le raisonnement juridique », in LEGRAND (P.) (dir.), *Comparer les droits, résolument*, Paris, P.U.F., 2009, pp. 537-560.

**PROCHASSON (C.),** « Les Congrès, lieux de l'échange intellectuel. Introduction », *Cahiers Georges Sorel*, 1989, n° 7, pp. 5-8.

**PUGET (H.),**

- « Le Conseil d'Etat espagnol et son prédécesseur le Conseil de Castille », *Revue des sciences politiques*, 1925, pp. 535-558.
- « Le nouveau Conseil d'Etat belge », *E.D.C.E.*, 1948, Fasc. 2, pp. 105-118.
- « Le Conseil d'Etat de la République italienne », *Revue internationale des sciences administratives*, 1952, n° 1.
- « Préface », in SCHWARTZ (B.), *Le droit administratif américain. Notions générales*, Paris, Librairie du recueil Sirey, 1952.

**PUGET (H.), LEVY (D.),** « Le Conseil d'Etat néerlandais », *E.D.C.E.*, 1949, Fasc. 3, p. 150-164.

## R

**RENAUDIE (O.),** « La genèse complexe du défenseur des droits », *R.F.A.P.*, 2011, n° 3, pp. 397-408.

**RENDERS (D.), GORS (B.),** « Origine et contours des principes généraux de bonne administration en droit belge », *R.F.D.A.*, 2012, n° 4, pp. 763-772.

**RIBOT (A.),** « Préface », in DICEY (A. V.), *Introduction à l'étude du droit constitutionnel*, Edition française complétée par l'Auteur, Paris, V. Giard et E. Brière, 1902, pp. V-XIX.

**RIVAROL (A.),** « Discours sur l'universalité de la langue française, couronné à l'Académie de Berlin en 1783 », in DE LA PLATIERE (S.), *Vie philosophique, politique et littéraire de Rivarol*, T. 2, Paris, Barba, 1802, pp. 38-154.

**RIVERO (J),**

- « Existe-t-il un critère du droit administratif ? », *R.D.P.*, 1953, pp. 279-296.
- « Jurisprudence et doctrine dans l'élaboration du droit administratif », *E.D.C.E.*, 1955, pp. 27-36, spéc. pp. 29-31.
- « Hauriou et l'avènement de la notion de service public », in *Mélanges Achille Mestre*, Paris, Sirey, 1956, pp. 461-471.
- « Le problème de l'influence des droits internes sur la Cour de Justice de la C. E. C. A. », *Annuaire français de droit international*, 1958, pp. 295-308.

- « Le Huron au Palais-Royal ou réflexions naïves sur le recours pour excès de pouvoir », *D.* 1962, chron., pp. 37-40, réimpr. *Pages de doctrine*, T. 2, Paris, L.G.D.J., 1980, pp. 329-334.
- « Le système français de protection des citoyens contre l'arbitraire administratif à l'épreuve des faits », in *Mélanges en l'honneur de Jean Dabin*, T. 2, Bruxelles, Bruylant, Paris, Sirey, 1963, pp. 813-836.
- « Maurice Hauriou et le droit administratif », *Annales de la Faculté de droit de Toulouse*, 1968, n° 2, pp. 141-155.
- « Droit administratif français et droits administratifs étrangers », in *Livre du centenaire de la société de législation comparée*, 1969, pp. 199-209, reproduit in DE LAUBADERE (A.), MATHIOT (A.), RIVERO (J.), VEDEL (G.), *Pages de doctrine*, T. 2, Paris, L.G.D.J., 1980, pp. 475-485.
- « Les phénomènes d'imitation des modèles étrangers en droit administratif », in *Miscellanea W. J. Ganshof Van Der Meersch : studia ab discipulis amicisque in honorem egregii professoris edita*, T. 3, Bruxelles, Bruylant, Paris, L.G.D.J., 1972, pp. 619-659.
- « Réflexions sur l'étude comparée des sources des droits administratifs », in *Mélanges en l'honneur du Professeur Michel Stassinopoulos*, Paris, L.G.D.J., 1974, pp. 135-146 ;
- « Droit administratif et méthode comparative », *Revista de la facultad de derecho y ciencias sociales de Montevideo*, 1975, n° 3-4, pp. 375-380.
- « Vers un droit commun européen : nouvelles perspectives en droit administratif », *in* CAPPELLETTI (M.) (dir.), *Nouvelles perspectives d'un droit commun de l'Europe*, Bruxelles, Bruylant, 1978, p. 389, reproduit in *Pages de doctrine*, T. 2, Paris, L.G.D.J., 1980, pp. 489-502.
- « Contrôle juridictionnel et nouvelles protection de l'administré » *Annuaire européen d'administration publique*, 1983, pp. 325-336.
- « Rapport final », in ASSOCIATION TUNISIENNE DES SCIENCES ADMINISTRATIVES, *Le centenaire du décret beylical du 27 novembre 1888 et le contentieux administratif*, Tunis, Centre d'études, de recherches et de publication, Université de droit, d'économie et de gestion, Tunis III, 1988.
- « Le droit administratif en droit comparé : rapport final », *R.I.D.C.*, 1989, n° 4, pp. 919-926.
- « Présentation du droit administratif », *Revue Etudes Juridique*, n° 15.

**RIVOLLIER (V.),** « La doctrine organique », in DEUMIER (P.) (dir.), *Le raisonnement juridique. Recherche sur les travaux préparatoires des arrêts*, Paris, Dalloz, 2013, pp. 105-133.

**ROCHER (G.),** « Type idéal », in ARNAUD (A.-J.), *Dictionnaire encyclopédique de théorie et de sociologie du droit*, Paris, L.G.D.J., 2e éd., 1993, pp. 628-630

**RODRIGUEZ VILLABONA (A. A.),** « La circulation des modèles juridiques : l'exemple de la réception en Colombie de la doctrine de Duguit au début du XXe siècle », in MELIN-SOUCRAMANIEN (F.) (dir.), *Espaces du service public. Mélanges en l'honneur de Jean du Bois de Gaudusson*, T. 1, Pessac, Presses Universitaires de Bordeaux, 2013, pp. 587-628.

**ROLIN-JAEQUEMYNS (G.),** « De l'étude de la législation comparée et du droit international », *Revue de droit international et de législation comparée*, 1869, T. 1, pp. 1-17.

**ROMIEU (J.),** « De la séparation des pouvoirs administratif et judiciaire », *Annales de l'Ecole libre des sciences politiques*, 1886, pp. 364-376.

**RUEDA (F.),** « Les "Etudes de Législation comparée" des Assemblées parlementaires françaises : une utilisation pédagogique du droit comparé dans le travail législatif ? », in RAIMBAULT (P.) (dir.), *La pédagogie au service du droit*, Toulouse, Paris, Presses de l'Université Toulouse 1 Capitole, L.G.D.J., 2011, pp. 391-401.

**RUFFERT (M.),** « Le droit administratif européen », in GONOD (P.), YOLKA (P.), MELLERAY (F.), *Traité de droit administratif*, T. 1, Paris, Dalloz, 2011, pp. 733-772, spéc. p. 734.

## S

**SACCO (R.),**

- « Droit commun de l'Europe et composantes du droit », in Cappelletti (M.) (dir.), *New perspectives for a common law of Europe. Nouvelles perspectives d'un droit commun de l'Europe*, 1978, pp. 95-109
- « Rapport de synthèse », in ASSOCIATION HENRI CAPITANT, *Travaux de l'Association Henri Capitant. La circulation du modèle juridique français*, T. XLIV, Paris, Litec, 1994, pp. 5-14.

**SALEILLES (R.),**

- « Conception et objet de la science du droit comparé », *Bulletin de la Société de législation comparée*, 1900, pp. 383-405.
- « Allocution », in BERTHELEMY (H.), GARÇON (E.), LARNAUDE (F.), PILLET (A.), TISSIER (A.), THALLER (E.), TRUCHY (H.), GENY (F.), *Les méthodes juridiques. Leçons faite au Collège libre des Sciences sociales en 1910*, Paris, Giard et Brière, 1911, pp. XV-XXIV.

**SANDULLI (A.),** « La tradition nationale du droit administratif en Italie », *R.F.D.A.*, 2012, n° 4, pp. 773-786.

**SAURON (J.-L.),** « Les réseaux d'administration nationale et de l'Union européenne », in AUBY (J.-B.), DUTHEIL DE LA ROCHÈRE (J.), *Traité de droit administratif européen*, 2e éd., Bruxelles, Bruylant, 2014, pp. 401-413.

**SAUVÉ (J.-M.),**

- « Propos introductifs », in L'avenir du modèle français de droit public en Europe, Colloque organisé par la chaire Mutations de l'action et du droit public de Science Po sous le patronage du Conseil d'Etat avec le soutien de la Mission de recherche droit et justice, 11 mars 2011, disponible sur http://www.sciencespo.fr/chaire-madp/sites/sciencespo.fr.chaire-madp/files/texte_jm_sauve.pdf.
- « Clôture » de la 4e édition des Etats généraux du droit administratif, L'actualité du contentieux des contrats publics, 27 juin 2014, p. 2. http://www.conseil-etat.fr/Actualites/Discours-Interventions/L-actualite-du-contentieux-des-contrats-publics, consulté le 11/05/2015.
- « Allocution d'ouverture. Colloque Droit comparé et droit public », *R.I.D.C.*, 2015, n° 2, pp. 281-291 ;

- « Comprendre et réguler le droit globalisé ou comment dompter la chimère ? Conférence inaugurale du cycle de conférence "droit comparé et territorialité du droit", organisé par le Conseil d'Etat en association avec la Société de législation comparée (SLC) et l'Institut français des sciences administratives (IFSA) » Conseil d'Etat, le 20 mai 2015, consulté sur http://www.conseil-etat.fr/Actualites/Discours-Interventions/Comprendre-et-reguler-le-droit-globalise-ou-comment-dompter-la-Chimere, le 12/07/2016.
- « Ouverture », in *L'ordre juridique national en prise avec le droit européen et international : questions de souveraineté ? Colloque organisé par le Conseil d'Etat et la Cour de cassation*, 10 avril 2015, p. 1. Disponible sur http://www.conseil-etat.fr/Actualites/Discours-Interventions/L-ordre-juridique-national-en-prise-avec-le-droit-europeen-et-international-questions-de-souverainete.

**SAUVÉ (J.-M.), RENNERT (K.),** « Avant-Propos », in BICK (U.), « Jurisprudence de la Cour administrative fédérale d'Allemagne », *R.F.D.A.*, 2015, n° 3, pp. 429-431.

**SCHMIDT-ASSMANN (E.),**

- « Le modèle de "l'administration composée" et le rôle du droit administratif européen », *R.F.D.A.*, 2006, n° 6, pp. 1246-1255.
- « Principes de base d'une réforme du droit administratif (Partie 1) », *R.F.D.A.*, 2008, n° 3, pp. 427-448.
- « Principes de base d'une réforme du droit administratif (Parties 2 et 3) », *R.F.D.A.*, 2008, n° 4, pp. 667-687.

**SCHNEIDER (F.),** « La fiducie publique, cousine d'Amérique de la domanialité publique », *R.F.D.A.*, 2014, n° 5, pp. 907-917.

**SCHNUR (R.),** « L'influence du Doyen Maurice Hauriou dans les pays germaniques », *Annales de la Faculté de droit et des sciences économiques de Toulouse*, 1968, T. XVI, fasc. n° 2, pp. 255-270.

**SCHÖNBERGER (C.),** « Penser l'Etat dans l'Empire et la République : Critique et réception de la conception juridique de l'Etat de Laband chez Carré de Malberg », in BEAUD (O.), WACHSMANN (P.), *La science juridique française et la science juridique allemande de 1870 à 1918*, Strasbourg, Presses Universitaires de Strasbourg, 1997, pp. 255-271.

**SENÉ (A.),** « Jacques Flach et la Première Guerre mondiale : l'histoire du droit au service de la Patrie », HAKIM (N.) (dir.), *L'histoire du droit, entre science et politique*, 2016, à paraître.

**SHOUP (C. S.),** « Gaston Jèze et Edwin R. A. Seligman », in Hommage de la pensée étrangère à Gaston Jèze, *Revue de science et de législation financières*, 1954, pp. 249-251.

**SIMONIAN-GINESTE (H.),** « Du Médiateur de la République au Défenseur des Droits », *Revue Miroirs* [En ligne], 2015, n° 2, pp. 66-83, spéc. p. 70, http://www.revuemiroirs.fr/links/3/article4.pdf, consulté le 23/07/2016.

**SOLEIL (S.),**

- « Le modèle juridique français : recherches sur l'origine d'un discours », *Droits*, n° 38, 2003, pp. 83-95, spéc. p. 84.
- « Le code civil de 1804 a-t-il été conçu comme un modèle juridique pour les nations ? », in GAUVARD (C.) (coord.), *Les penseurs du code civil*, La documentation française, Paris, 2009, pp. 225-241.
- « Une étape dans la construction des droits fondamentaux : l'universalisme révolutionnaire français (1789-1790) », in HENNEBEL (L.) et TIGROUDJA (H.), *En hommage au Professeur Jean DHOMMEAUX, Humanisme et droit*, Paris, A. Pedone, 2013, pp. 115-134.
- « "Ces sages lois que les autres peuples s'empressent à l'envie d'adopter…". Le recours à l'étranger dans la formation du concept de "modèle juridique français" », *R.H.D.*, 2008, n° 2, pp. 225-244.

**SOULAS DE ROUSSEL (D.), RAIMBAULT (P.),** « Nature et racines du principe de sécurité juridique : une mise au point », *R.I.D.C.*, 2003, n° 1, pp. 85-103.

**STAHL (J.-H.), STIRN (B.),** « Les commissaires du gouvernement et la doctrine », *Revue administrative*, 1997, n° spécial, pp. 41-44.

**STORA-LAMARRE (A.),** « La guerre au nom du droit », *Revue d'histoire du XIXe siècle [En ligne], 30 | 2005, mis en ligne le 01 avril 2008, consulté le 09 janvier 2016*, p. 4.

## T

**TEBOUL (G.),** « Ordre juridique international et ordre juridique interne. Quelques réflexions sur la jurisprudence du juge administratif », *R.D.P.*, 1999, n° 3, pp. 697-718.

**THÉRON (S.),** « La substitution de la loi à la jurisprudence administrative : la jurisprudence codifiée ou remise en cause par la loi », *R.F.D.A.*, 2004, n° 2, pp. 230-241.

**THUILLIER (G.),** « Comment Balzac voyait l'Administration », *La Revue administrative*, n° 46, 1955, pp. 384-397.

**TOCQUEVILLE (A. de),** « Rapport de M. de Tocqueville sur le Cours de droit administratif de M. Macarel (1846) », in *Séances et travaux de l'Académie des sciences morales et politiques*, T. IX, 1846, pp. 105-120.

**TOUZEIL-DIVINA (M.),** « Maurice Hauriou, mystificateur ou héros mythifié », in TOUZEIL-DIVINA (dir.), *Miscellanées Maurice Hauriou*, Le Mans, éd. L'Epitoge, coll. Histoire(s) du Droit) 2013, pp. 83-123.

**TRUCHET (D.),**

- « Quelques remarques sur la doctrine en droit administratif », in *Mélanges Paul Amselek*, Bruxelles, Bruylant, 2005, pp. 769-777.
- « Office du juge et distinction des contentieux : renoncer aux "branches" », *R.F.D.A.*, 2015, pp. 657-661.

**TURCEY (A.),** « Le droit comparé, une discipline d'avenir », in Fauvarque-Cosson (B.), *Le droit comparé au XXIe siècle. Enjeux et défis. Journées internationales de la Société de législation comparée, 8-9 avril 2015*, Paris, Société de législation comparée, 2015, pp. 121-125.

## U

**UNESCO,** « Hommage à la mémoire de M. Henry PUGET, président du Conseil d'appel de l'UNESCO », in *Henry Puget 1894-1966 : Conseiller d'Etat Honoraire. Grand officier de la Légion d'Honneur, Hommages, Notices nécrologiques, bibliographie*, Paris, Faculté de droit de Paris, 1969.

## V

**VALETTE (A.),** « Nécrologie. Foelix », *Revue critique de législation et de jurisprudence*, 1854, T. 4, pp. 86-92.

**VAUTHIER (M.), MOUREAU (V.),** « Etude sur l'influence exercée, en Belgique, par le Conseil d'Etat de France », in CONSEIL D'ETAT, *Livre jubilaire publié pour commémorer son cent cinquantième anniversaire*, Paris, Recueil Sirey, 1949, pp. 481-491.

**VAUTROT-SCHWARZ (C.),** « La définition du droit administratif dans les Cours de Charles Eisenmann », *R.D.P.*, 2016, pp. 427-447.

**VEDEL (G.),**

- « La loi des 16-24 août 1790 : Texte ? Prétexte ? Contexte ? », *R.F.D.A.*, 1990, pp. 698-711.
- « Le droit administratif peut-il être indéfiniment jurisprudentiel ? », *E.D.C.E.*, 1979-1980, n° 31, pp. 31-44.
- « Discontinuité du droit constitutionnel, continuité du droit administratif : le rôle du juge », in *Mélanges offerts à Marcel Waline. Le juge et le droit public*, T. 2, Paris, L.G.D.J., 1974, pp. 777-793.

**VENEZIA (J.-C.),** « Jean Rivero, les thèses et leurs préfaces », *R.F.D.A.*, 2011, n° 5, pp. 1053-1056.

**VENTRE-DENIS (M.),** « L'administration publique comme matière d'enseignement à la Faculté de droit de Paris dans le premier tiers du 19e siècle », *Jahrbuch für Europäische Verwaltungsgeschichte, Annuaire d'histoire administrative européenne*, 1989, T. 1, pp. 105-122.

**VERPEAUX (M.),** « Il est né le Défenseur des droits : à propos des lois du 29 mars 2011 », *J.C.P.A.*, 25 avril 2011, n° 17, pp. 11-15.

**VIALETTES (M.), BARROIS DE SARIGNY (C.),** « La fabrique d'un code », *R.F.D.A.*, 2016, n° 1, pp. 4-8.

**VIGOUROUX (C.), JÉGOUZO (Y.), LACABARATS (A.), LASVIGNES (S.), PAYRE (R.),** « La Section du rapport et des études : quel laboratoire d'idées ?, Table ronde », *R.F.D.A.*, 2015, n° 2, pp. 242-248.

**VON COESTER (S.),**

- « Aspects de droit français : le cas d'une sanction administrative inconventionnelle. Conclusions sur C. E., Ass., 30 juillet 2014, *Vernes* », *R.F.D.A.*, 2014, n° 5, pp. 945-953.
- « Les communiqués. Conclusions sur C. E., Ass., 21 mars 2016, *Société Fairvesta International GmbH et autres* », *R.F.D.A.*, 2016, n° 3, pp. 497-506.

**VON MOHL (R.),** « Du droit administratif en France. Examen des ouvrages de MM. Laferrière, Chauveau, Dufour et Macarel », *Revue de législation et de jurisprudence*, 1845, t. II, pp. 365-388.

## W

**Wachsmann (P.)**, « La jurisprudence administrative », in Gonod (P.), Melleray (F.), Yolka (P.), *Traité de droit administratif*, T. 1, Paris, Dalloz, 2011, pp. 563-598.

**Waline (M.)**, « L'œuvre de Gaston Jèze en droit public », *R.D.P.*, 1953, pp. 879-890.

**Woehrling (J.-M.)**, « Otto Mayer, un acteur de la coopération interculturelle juridique franco-allemande », *La Revue administrative*, 1999, n° 7, pp. 24-27.

**Wolowski (L.)**, « Des conditions d'admission et d'avancement dans les fonctions publiques. Création des facultés des sciences administratives », *Revue de législation et de jurisprudence*, janvier-avril 1845, pp. 203-219.

**Wroblewski (J.)**, « Les langages juridiques : une typologie », *Droit et société*, 1988, n° 8, pp. 13-27

## Y

**Yolka (P.)**, « Propos introductifs », in A.F.D.A., *La doctrine en droit administratif*, Paris, Litec, 2010, pp. XVII-XXIII.

**Yusta Rodrigo (M.)**, « Le premier franquisme "vu d'en bas". Résistance armée et résistances quotidiennes (1939-1952) », *Vingtième Siècle. Revue d'Histoire*, 2015, n° 127, pp. 231-244.

## Z

**Zagorski (W.)**, « Le droit public polonais dans l'Union européenne », *R.F.D.A.*, 2013, n° 3, pp. 681-687.

**Ziller (J.)**, « Les concepts d'administration directe, d'administration indirecte et de co-administration et les fondements du droit administratif européen », in Auby (J.-B.), Dutheil de la Rochère (J.), *Traité de droit administratif européen*, 2e éd., Bruxelles, Bruylant, 2014, pp. 327-334.

**Zoller (E.)**, « Qu'est-ce que faire du droit constitutionnel comparé ? » *Droits*, 2000, n° 32, pp. 121-134.

## III. Dictionnaires et encyclopédies

**ARABEYRE (P.), HALPÉRIN (J.-L.), KRYNEN (J.),** *Dictionnaire historique des juristes français. XII-XX^e siècle*, Paris, P.U.F., 2^e éd., 2015.

**ALLAND (D.) et RIALS (S.),** *Dictionnaire de la culture juridique*, Paris, Lamy/P.U.F., 2003.

**BLOCK (M.),** *Dictionnaire de l'Administration française*, Paris, Berger-Levrault, 1856.

**ROBERT (A.), COUGNY (G.),** *Dictionnaire des Parlementaires français*, Paris, Bourloton, 1889.

*Encyclopædia Universalis* [en ligne], http://www.universalis-edu.com/encyclopedie/mondialisation-histoire-de-la-mondialisation/.

## IV. Rapports, études, documents officiels, sites institutionnels

**COMITÉ DE RÉFLEXION ET DE PROPOSITION SUR LA MODERNISATION ET LE RÉÉQUILIBRAGE DES INSTITUTIONS DE LA V^E RÉPUBLIQUE,** *Une Ve République plus démocratique*, Paris, La documentation française-Fayard, 2007.

**CONSEIL D'ETAT,** *L'influence internationale du droit français*, Paris, La documentation française, 2001.

**CONSEIL D'ETAT**, *Le droit d'alerte : signaler, traiter, protéger*, Paris, La documentation française, 2016.

**MINISTÈRE DES AFFAIRES ETRANGÈRES,** *Rapport de la délégation française sur le Traité instituant la Communauté européenne du Charbon et de l'Acier et la Convention relative aux dispositions transitoires signés à Paris le 18 avril 1951*, Paris, octobre 1951.

**Site de l'ACA-Europe** : http://www.aca-europe.eu/index.php/fr/

**Site de l'Assemblée nationale française** : http://www.assemblee-nationale.fr/

**Site de l'association des Sénats d'Europe** : http://www.senateurope.org/

**Site de l'Organisation international du travail, Histoire de l'Organisation internationale du travail** : http://www.ilo.org/public/french/support/lib/century/index3.htm

**Site de l'Union parlementaire** : http://www.ipu.org/french/home.htm

**Site du CERDP**, https://ecprd.secure.europarl.europa.eu/ecprd/pub/about.do

**Site du Conseil d'Etat français** : http://www.conseil-etat.fr/

**Site du Juriscope** : http://www.juriscope.org/

**Site du Réseau de coopération législative des ministères de la justice de l'Union européenne** : http://www.legicoop.eu/

**Site du Réseau de Lisbonne du Conseil de l'Europe** : http://www.coe.int/t/dghl/cooperation/cepej/Lisbon/default_fr.asp

**Site du Réseau européen de formation judiciaire** : http://www.ejtn.eu/fr/

**Site du Sénat français** : http://www.senat.fr/

# Bibliographie en langue espagnole

## I. Ouvrages généraux et spécialisés, thèses, manuels et traités

### A

**ABELLA Y BLAVE (F.)**, *Manual teórico-práctico de lo contencioso-administrativo y del procedimiento especial en los asuntos de hacienda*, Madrid, Imprenta de E. de la Riva, 1882.

**ABOS SANTABÁRBARA (A. L.)**, *La Historia que nos enseñaron (1937-1975)*, Madrid, Foca, 2003.

**ALBI CHOLBI (F.)**, *Tratado de los modos de gestión de las corporaciones locales*, Madrid, Aguilar, 1960.

**ALLI ARANGUREN (J.-C.)**,

- *Derecho administrativo y globalización*, Madrid, Civitas, 2004.
- *La construcción del concepto de derecho administrativo español*, Madrid, Civitas, 2006.

**ARTOLA GALLEGO (M.)**, *Los afrancesados*, Madrid, Sociedad de estudios y publicaciones, 1953, reed., Madrid, Alianza editorial, 2008.

### B

**BONNIN (C.-J. B.)**, *Compendio de los principios de Administración,* traducido por D. J. M. Saavedra, Madrid, Imprenta de Don José Palacios, 1834.

**BOURBON-LEBLANC (G.)**, *Filosofía política o elementos de la ciencia de gobierno y de administración*, traducido por D. E. de S. P, Madrid, Imprenta de D. Miguel de Burgos, 1ª ed., 1824 ; 2ª ed., 1834.

**BURGOS (J. DE)**,

- *Exposición dirigida al señor don Fernando VII desde Paris en 24 de enero de 1826 sobre los males que aquejaban a España en aquella época y medidas que debía adoptar el Gobierno para remediarlas*, Cadix, Librería de Feros, 1834.

# C

**Cantos Martín (R.),** *La intervención administrativa en el turismo y el impacto de sus normativas en las políticas turísticas: una visión conjunta de los ordenamientos español y italiano*, tesis, Universidad de Granada, 2015.

**Carré de Malberg (R.),** *Teoría general del Estado*, traducido por J. Lion Depetré, Mexico, FCE, 1948.

**Cassese (S.),** *Las bases del derecho administrativo*, Madrid, I.N.A.P., 1994, traducido por L. Ortega.

**Castán Tobeñas (J.),** *Los sistemas jurídicos contemporáneos del mundo occidental*, Madrid, 1ª ed., 1956.

**Colmeiro (M.),**

- *Derecho administrativo español*, T. 1, Madrid, Librerías de Don Ángel Calleja, 1ª ed., 1850.
- *Derecho administrativo español*, T. 2, Madrid, Librerías de Don Ángel Calleja, 1850.
- *Derecho administrativo español*, Madrid, Librerías de Don Ángel Calleja, 2ª ed., 1858.
- *Derecho administrativo español*, T. 1, Madrid, Imprenta y Librería de Eduardo Mártinez, 4ª ed., 1876.

**Consejo editorial Civitas,** *Eduardo García de Enterría. Semblanzas de su vida y de su obra*, Madrid, Civitas, 2014.

**Cosculluela Montaner (L.),** *Manual de derecho administrativo*, Pamplona, Civitas, 21ª ed., 2010.

**Cos-Gayón (F.), Canovas del Castillo (E.),** *Diccionario manual de Derecho administrativo Español, para uso de los funcionarios de los Ministerios de Gobernación y Fomento y de los Alcaldes y Ayuntamientos*, Madrid, Imprenta de los herederos de Vallejo, 1860.

## D

**Descalzo González (A.)**, *La noción de derecho administrativo en España: algunas cuestiones de reciente actualidad*, Bogotá, Universidad Externado de Colombia, 2011.

**Díaz García (E.)**, *Pensamiento español en la era de Franco (1939-1975)*, Madrid, Tecnos, 1983.

**Díaz-Ufano y Negrillo (J.)**, *Tratado teórico-práctico de materias contencioso-administrativas en la península y ultramar*, Madrid, Imprenta de Manuel Minuesa, 1866.

*Diccionario de catedráticos españoles de derecho (1847-1943)*, [en ligne], consulté sur: http://portal.uc3m.es/portal/page/portal/instituto_figuerola/programas/phu/diccionariodecatedraticos.

**Dreyer (F.)**, *Relación laboral en la administración pública y en las entidades instrumentales de derecho privado en los derechos español y brasileño*, tesis, Burgos, 2016.

**Duguit (L.)**,

- *La transformación del Estado. Traducción seguida de un estudio sobre la nueva orientación del derecho político, por Adolfo Posada*, Madrid, Francisco Beltrán, 1909.
- *Las transformaciones generales del Derecho privado desde el Código de Napoleón. Traducción de C. G. Posada*, Madrid, Blassi y Cia, 1913.
- *Las transformaciones del derecho público. Traducción de A. Posada y R. Jaén*, Madrid, Francisco Beltrán, 1917.
- *Manual de Derecho constitucional. Traducción con prólogo y apéndice sobre La representación proporcional por J. G. Acuña*, Madrid, Francisco Beltrán, 1921 ;
- *El pragmatismo jurídico. Conferencias pronunciadas en la Universidad de Madrid recogidas y traducidas por Agustín de Lázaro Álvarez, Santiago Magariños Torres, Tomas Díaz García y Miguel López-Roberts y de Chávarri, alumnos del doctorado, con un estudio preliminar de Quintiliano Saldaña*, Madrid, Francisco Beltrán, 1924 ;
- *Soberanía y Libertad. Traducción y Prólogo por J. G. Acuña*, Madrid, Francisco Beltrán, 1924.
- *Manual de derecho constitucional*, Granada, Comares, 2005.

- *Las transformaciones del derecho público y privado. Estudio preliminar, "Objetivismo y teoría de los derechos en Leon Duguit", a cargo de J. L. Monereo Perez y J. Calvo González*, Granada, Comares, 2007.
- *Soberanía y Libertad*, Granada, Comares, 2013.

## E

**ENTRENA CUESTA (R.),** *Curso de derecho administrativo*, Madrid, Tecnos, 13ª ed., 1999.

## F

**FERNÁNDEZ TORRES (J. R.),** *La formación histórica de la jurisdicción contencioso-administrativa (1845-1868)*, Madrid, Civitas, 1998.

**FORSTHOFF (E.),** *Tratado de derecho administrativo*, traducido por L. Legaz Lacambra, F. Garrido Falla et R. Gómez de Ortega y Junge, Madrid, Instituto de Estudios políticos, 1958,

## G

**GALLEGO ANABITARTE (A.),**

- *Administración y Jueces: Gubernativo y Contencioso. Reflexiones sobre el Antiguo Régimen y el Estado Constitucional, y los fundamentos del Derecho Administrativo español*, Madrid, IEA, 1971.
- *Formación y enseñanza del derecho público en España (1769-2000). Un ensayo crítico*, Madrid, Marcial Pons, 2002.

**GANDILLOT (M. R.),** *Curso de derecho administrativo*, traducido por D. J. M. Saavedra Madrid, José Espinosa, 1835.

**GARCÍA AMEZ (J.),** *La responsabilidad por daños ambientales*, tesis, Universidad de Oviedo, 2014.

**GARCÍA DE ENTERRÍA (E.),**

- *Revolución francesa y Administración contemporánea*, Madrid, Taurus, 1981.
- *La batalla por las medidas cautelares: derecho comunitario europeo y proceso contencioso-administrativo español*, Madrid, Civitas, 1ª ed., 1992.

- *La lengua de los derechos : la formación del derecho público europeo tras la revolución francesa*, Madrid, Civitas, 3ª ed.
- *Las transformaciones de la Justicia administrativa. De excepción singular a la plenitud jurisdiccional. ¿ Un cambio de paradigma ?*, Madrid, Thomson Civitas, 2007.

**GARCÍA DE ENTERRÍA (E.), FERNÁNDEZ (T.-R.),** *Curso de Derecho administrativo*, T. 1, Madrid, Civitas, 1ª ed., 1974.

**GARCÍA MADARIA (J.),** *El pensamiento administrativo de P. Sáinz de Andino 1829-1848. Introducción y notas*, Madrid, INAP, 1982.

**GARCÍA-TREVIJANO FOS (J.-A.),** *Tratado de derecho administrativo*, T. 1, Madrid, Editorial Revista de Derecho Privado, 1964.

**GARRIDO FALLA (F.),**

- *Tratado de derecho administrativo*, Madrid, Instituto de estudios políticos, 1ª ed., 1958 ;
- *Tratado de derecho administrativo*, T. 1, Madrid, Centro de estudios constitucionales, 9ª ed., 1985.

**GASCÓN Y MARÍN (J.),**

- *Tratado de derecho administrativo*, Madrid, Imprenta Clásica española, 1ª ed., 1917.
- *Estudio jurídico de la municipalización de servicios en España*, Madrid, Librería General de Victoriano Suárez, 1919.
- *Tratado de derecho administrativo*, T. 1, Madrid, Bermejo, 1931 ;
- *Discurso correspondiente a la apertura del curso académico 1944-1945 por el catedrático de derecho administrativo Excmo. Sr. D. José Gascón y Marín*, Madrid, Estades-Artes gráficas, 1944.
- *La evolución de la ciencia jurídico-administrativa española durante mi vida académica. Discurso correspondiente a la apertura del curso académico 1944-1945*, Madrid, Estades. Artes gráficas, 1944.

**GIANNINI (M. S.),** *Derecho administrativo*, Madrid, I.N.A.P., 1991, traducido por ORTEGA (L.).

**GÓMEZ DE LA SERNA (P.),** *Instituciones de Derecho administrativo español*, Madrid, Imprenta de D. Vicente Zalama, 1843.

**GÓMEZ-ACEBO Y CORTINA (J.),** *Diccionario general de Jurisprudencia contencioso-administrativa. Colección, por orden alfabético de materias, de todas las Sentencias dictadas en asuntos contencioso-administrativos, desde la creación del Consejo de Estado hasta 1888 inclusive*, Madrid, Tipografía de los Huérfanos, 1889.

**González Leonor (M. C.),** *El pensamiento de los primeros administrativistas españoles y su plasmación en la estructura de la administración del Estado*, tesis, Universidad Complutense de Madrid, 2004.

## H

**Hauriou (M.),**

- *Principios de Derecho Público y constitucional*, traducido por C. Ruiz del castillo, Madrid, Reus, 1927.
- *La teoría de la institución y de la fundación (ensayo de vitalismo social)*, prólogo y bibliografía del autor por Sampay (A. E.), Buenos Aires, Abeledo-Perrot, 1968.
- *Obra escogida*, traducido por J.A. Santamaría Pastor y S. Muñoz Machado, Madrid, Instituto de Estudios Administrativos, 1976.
- *Principios de derecho público y constitucional*, edición al cuidado de Monereo Pérez (J. L.), traducción, estudio preliminar, notas y adiciones de C. Ruiz del Castillo, Granada, Comares, 2003.

**Huidobro Salas (R. G.),** *Los derechos fundamentales del militar en España y Chile (estudio comparativo del ordenamiento jurídico español y chileno)*, Tesis, Alicante, 2016.

## J

**Jellinek (G.),**

- *La declaración de los derechos del hombre y del ciudadano*, traducido por A. Posada, Madrid, Librería General de Victoriano Suárez, 1908.
- *Teoría general del Estado*, traducido por F. de los Ríos, Madrid, Librería General de Victoriano Suarez, 1914.

**Jeze (G.),**

- *Las finanzas públicas de la República argentina : conferencias dadas en la Facultad de ciencias económicas de la Universidad de Buenos Aires y en el Instituto popular de conferencias de « La Prensa » bajo los auspicios del Instituto de la Universidad de Paris en Buenos Aires*, Buenos Aires, Le Courrier de la Plata, 1924.
- *Los principios generales del derecho administrativo*, traducido por C. García Oviedo, Madrid, Reus, 1928.

- *Principios Generales del Derecho Administrativo*, T. 1 et II, traducido por J. N. San Míllan Almagro, Buenos Aires, Editorial Depalma, 1948-1949.
- *Principios generales del derecho administrativo*, Buenos Aires, Depalma, 1948-1950.

**JIMÉNEZ-LANDI (A.),** *La Institución Libre de Enseñanza y su ambiente, Los orígenes de la Institución*, T. 1, Madrid, Editorial Complutense, 1996.

## L

**LABAND (P.),** *El derecho Presupuestario*, traducido por J. Zamit, Madrid, Instituto de Estudios Fiscales, 1979.

**LAUBADÈRE (A. DE),** *Manual de derecho administrativo*, traducido por J. Villamizar Herrera

Bogotá, Temis, 1984.

**LINDE PANIAGUA (E.),** *Fundamentos de derecho administrativo. Del derecho del poder al derecho de los ciudadanos*, Madrid, Uned, Colex, 2009.

**LISSARRAGUE NOVOA (S.),** *El concepto de institución en el Derecho Público de Hauriou: su alcance filosófico-social*, Madrid, Facultad de derecho, 1941.

**LÓPEZ IBOR (J. J.),**

- *Discurso a los universitarios españoles*, Salamanca, Cultura española, 1ª ed., 1938 ;
- *Discurso a los universitarios españoles*, Madrid, Rialp, 4ª ed., 1964.

**LÓPEZ MEDINA (D. E.),** *Teoría impura del derecho : la transformación de la cultura jurídica latinoamericana*, Bogotá, Legis, 2004.

## M

**Macarel (L. A.),** *Elementos de derecho político*, traducido por F. Enciso Castrillón, Madrid, Imprenta de Yenes, 1838.

**Machado Gasnell Acuña (C.),** *El acto administrativo y el acceso a la jurisdicción contencioso-administrativa en Panamá*, tesis, Madrid, 2015.

**Magaldi Mendaña (N.),** *Los orígenes de la municipalización de servicios en España. El tránsito del Estado liberal al Estado social a la luz de la municipalización de servicios públicos*, Madrid, INAP, 2012.

**Marañon (G.),** *Españoles fuera de España*, Madrid, Espasa-Calpe, 6ª ed., 1968.

**Martín Descalzo (A.),** *Notas para una historia del derecho administrativo (España, Francia, Italia y Alemania)*, Valladolid, Editorial, Imprenta y Librería Miñón, 1952.

**Martínez Alcubilla (M.),** *Diccionario de la Administración Española peninsular y ultramárina: compilación ilustrada de la novísima legislación de España en todos los ramos de la Administración pública*, T. 1, Madrid, Imprenta de A. Peñuelas, 2ª ed., 1868.

**Martínez Neira (M.),** *El estudio del derecho: libros de textos y planes de estudio en la universidad contemporánea*, Madrid, Dykinson, 2001.

**Matilla Correa (A.),** *Los primeros pasos de la ciencia del derecho administrativo en Cuba*, Madrid, Dykinson, 2011.

**Mayer (O.),** *Derecho administrativo alemán*, traducido por H. Heredia y E. Krotoschin,

Buenos Aires, Depalma, 1949.

**Meilán Gil (J. L.),**

- *El proceso de la definición del Derecho administrativo*, Madrid, E.N.A.P., 1967.
- *Lectura de clásicos del derecho administrativo*, Madrid, Andavira, 2012.
- *Lectura de clásicos del derecho administrativo*, Santiago de Compostela, Andavira, 2012.

**Meix Cereceda (P.),** *Análisis normativo y competencial de la educación en dos modelos políticos descentralizados: España y Alemania (un estudio de derecho comparado a la luz del derecho europeo*, tesis, Universidad de Cantabría, 2012.

**MESA SEGURA (A.),** *Labor administrativa de Javier de Burgos*, Madrid, Publicaciones del Instituto de estudios de administración local, 1946.

**MEYER (J.),** *La Administración y la organización administrativa (Inglaterra, Francia, Alemania y Austria)*, traducido por A. Posada, Madrid, La España moderna, 1892,

**MOREY JUAN (A.),** *Lecciones de derecho administrativo*, Valencia, Fundación universitaria San Pablo, C.E.U., 1998.

**MORILLA (J. M.),** *Breve Tratado de derecho administrativo español general del reino y especial de la isla de Cuba*, La Habana, Tipografía de Don Vicente de Torres, 1847.

**MUÑOZ MACHADO (S.),** *Tratado de derecho administrativo y de derecho público general*, T. 1, Madrid, Iustel, 3ª ed., 2011.

## N

**NIETO GARCÍA (A.),**

- *Estudios históricos sobre Administración y Derecho Administrativo*, Madrid, INAP, 1986 ;
- *Los primeros pasos del Estado constitucional. Historia administrativa de la Regencia de María Cristina de Borbón*, Barcelona, Ariel, 1996.
- *Estudios de derecho y Ciencia de la Administración*, Madrid, Centro de estudios políticos y constitucionales, 2001.

## O

**OCHOA FIGUEROA (R.),** *La regulación para la competencia en el sector eléctrico : régimen europeo, alemán y español*, tesis, Universidad Complutense de Madrid, 2010.

**OLIVÁN (A.),**

- *Ensayo imparcial sobre el gobierno del Rey D. Fernando VII, escrito en Madrid por un español en mayo del presente año, y dado a la luz en Versalles por un amigo del autor*, Paris, Jacobo de Versalles, 1824.
- *De la Administración Pública con relación a España*, Madrid, Boix Editor, 1843.

**ONÍS (F. de),** *Ensayos sobre el sentido de la cultura española*, Madrid, Publicaciones de la Residencia de Estudiantes, 1932.

**ORLANDO (V. E.),** *Principios de Derecho Administrativo*, traducido por A Rodríguez Bereijo, Madrid, INAP, 1978.

**ORTIZ DE ZUÑIGA (M.),** *Elementos de derecho administrativo*, T. 1, Granada, Imprenta y Librería de Sanz, 1842-1843.

## P

**PANTOJA (J. M.),** *Repertorio de la jurisprudencia administrativa española, compilación completa, metódica y ordenada por orden alfabético de las diversas reglas de jurisprudencia sentadas en las sentencias, decisiones de competencia y de autorización para procesar que se han dictado a consulta del Consejo Real, del Tribunal Supremo contencioso-administrativo y del Consejo de Estado desde la instalación del primero en 1846 hasta la supresión de la jurisdicción contencioso-administrativa en 1868*, Madrid, Imprenta de la Revista de Legislación, 1869.

**PARADA VÁZQUEZ (R.),** *Derecho administrativo*, T. II, Madrid, Marcial Pons, 8ª ed., 1994.

**PELÁEZ (M. J.)** (dir.), *Diccionario crítico de juristas españoles, portugueses y latinoamericanos*, Vol. II, Barcelona, Talleres, 2006.

**POSADA (A.),**

- *En América. Una campaña: relaciones científicas con América, Argentina, Chile, Paraguay y Uruguay*, Madrid, Librería F. Beltrán, 1911 ;
- *Tratado de derecho administrativo*, Madrid, Librería general de Victoriano Suárez, 2ª ed., 1923.

**POSADA HERRERA (J.),** *Lecciones de Administración*, Madrid, Establecimiento tipográfico, 1843, reimpr. Madrid, I.N.A.P., 2ª ed., 1988.

## R

**RAMÓN (F.), VIGNOLO CUEVA (O.) (dir.),** *El dominio público en Europa y América Latina*, Lima, Círculo de derecho administrativo, 2015.

**REBOLLO PUIG (M.),** *La regulación económica. En especial la regulación bancaria. Actas del IX Congreso Hispano-Luso de Derecho Administrativo*, Madrid, Iustel, 2012.

**RINCÓN CÁRDENAS (E.),** *El principio de equivalencia funcional y su aplicación al procedimiento administrativo electrónico colombiano*, tesis, Universidad Europea de Madrid, 2016.

**Rivero Ortega (R.), Rastrollo Suárez (J. J.) (dir.),** *Actas del XI Coloquio Hispano-Portugués de Derecho Administrativo*, Salamanca, Universidad de Salamanca, 2014.

**Rodríguez-Arana Muñoz (J.),** *La suspensión del acto administrativo (en vía de recurso)*, Madrid, Montecorvo, 1986.

**Romano (S.),** *El ordenamiento jurídico*, traducido por L. Martín-Retortillo y S. Martín-Retortillo, Madrid, Instituto de Estudios políticos, 1963.

**Ros Biosca (J. M.),** *Procedimientos contencioso-administrativos y competencias entre las autoridades administrativas y judiciales*, Valencia, Imprenta de José Domenech, 1877.

**Royo Villanova (A.),** *Elementos de derecho administrativo*, Valladolid, Librería Santarén, 21ª ed., 1948.

## S

**Sáinz de Andino (P.), Arrazola (L.), Puche y Bautista (M.) Romero Giner (J.), Valor (V.), Collado (M. A.), Navarro Zamorano (R.),** *Enciclopedia Española de Derecho y Administración*, Madrid, Tipografía general de D. Antonio Rius y Rossell, 1848.

**Sánchez Morón (M.) (dir.),**

- *El derecho de los contratos públicos en la Unión Europea*, Valladolid, Lex Nova, 2011 ;
- *Derecho administrativo*, Madrid, Tecnos, 9ª ed., 2013.

**Santamaría de Paredes (V.),** *Curso de derecho administrativo según sus principios generales y la legislación actual de España*, Madrid, Ricardo Fé, 1891.

**Santamaría Pastor (J.-A.),**

- *Fundamentos de derecho administrativo*, T. 1, Madrid, Ceura, 1988 ;
- *Sobre la génesis del derecho administrativo español en el siglo XIX (1812-1845)*, Madrid, Iustel, 2006.

**Silvela (F. A.),** *Colección de proyectos, dictámenes, leyes orgánicas o estudios prácticos de Administración*, Madrid, Imprenta Nacional, 1839.

**Sierra (S. de la),** *Una metodología para el Derecho Comparado europeo*, Madrid, Civitas, 2004

**Soria Moya (M.),** *Adolfo Posada : teoría y práctica política en la España del siglo XIX*, tesis., Universitat de Valencia, 2003.

**Sosa Wagner (F.),**

- *Maestros alemanes del derecho público*, T. 1, Madrid, Marcial Pons, 2002.
- *Maestros alemanes del derecho público*, T. 2, Madrid, Marcial Pons, 2004.
- *Carl Schmitt y Ernst Forsthoff: coincidencias y confidencias*, Madrid, Marcial Pons, 2008.
- *Juristas en la Segunda República*, Madrid, Marcial Pons, 2009.
- *Juristas y enseñanzas alemanas, 1945-1975. Con lecciones para la España actual*, Madrid, Marcial Pons, 2013.

**SUNYÉ (J.)**, *Jurisprudencia administrativa. Colección razonada de resoluciones del gobierno a consulta del Consejo Real en materias de Administración*, T. 1, Madrid, Imprenta de la publicidad, 1847.

## T

**TORRE Y PEÑALOSA (C. DE LA)**, *Recopilación por materias de la jurisprudencia contencioso-administrativa*, Madrid, Sordo-Mudos, 1864.

## U

**UN ESPAÑOL**, *Sobre modificar la Constitución*, Madrid, Imprenta de la Calle de Atocha, 1823.

## V

**VEDEL (G.)**, *Derecho administrativo*, traducido por J. Rincón Jurado, Madrid, Aguilar, 1980.

**VILLAR PALASI (J. L.)**,

- *Derecho administrativo. Introducción y Teoría de las normas*, Madrid, Facultad de derecho, 1968 ;
- *Derecho administrativo*, T. 1, Madrid, Facultad de derecho, 1968.

**VIVIEN (A.-F. A.)**, *Estudios administrativos*, traducido por A. Hernández Amores et J. López Somalo, Madrid, Imprenta Luis García, 1854.

**VON IHERING (R.)**,

- *Teoría de la Posesión. El fundamento de la protección posesoria*, versión española con el retrato del autor, aumentada con notas críticas, traducido por A. Posada, Madrid, Imprenta de la Revista de Legislación, 1892.

- *La lucha por el derecho*, traducido por A. Posada, Madrid, Librería general de Victoriano Suárez, 1881.
- *Cuestiones jurídicas*, traducido por A Posada, Madrid, La España moderna, 1893.

**V.V.A.A.**, *Centenario de los iniciadores de la ciencia jurídico-administrativa española*, Madrid, Instituto de estudios de administración local, 1944.

## W

**WEIL (P.)**, *Derecho administrativo*, traducido por L. Rogriguez Zuñiga, Madrid, Civitas, 1986.

## Z

**ZANOBINI (G.)**, *Curso de derecho administrativo*, traducido por H. Masnatta y F. Ponce Buenos Aires, Arayu, 1954.

## II. Articles de revues, contributions dans des ouvrages collectifs

### A

**ALMEIDA CERREDA (M.)**, « Wahl, Rainer: Los últimos cincuenta años de Derecho administrativo alemán », *R.A.P.*, 2013, n° 192, pp. 449-454.

**ARIAS SENOSEAÍN (M.)**, « Primer Congreso ítalo-español de profesores de derecho administrativo », *R.A.P.*, 1966, n° 50, pp. 280-281.

**ARIÑO ORTIZ (G.)**, « Derecho del rey, derechos del pueblo », in *Actos del II Simposium de Historia de Administración*, 1971, pp. 37-93.

### B

**BACIGALUPO (M.)**, « El sistema de tutela cautelar en derecho alemán tras la reforma de 1991 », *R.A.P.*, 1992, n° 128, pp. 413-445.

**BACOLLA (N.)**, « La visita de Jèze a Argentina en 1923. Circulación de ideas y claves de recepción: entre las experiencias de la Tercera República y la reforma política argentina », *Cuadernos del Ciesal*, 2013, n° 12, pp. 51-72.

**BALDÓ LACOMBA (M.)**, « Represión franquista del profesorado universitario », *Cuadernos del Instituto Antonio de Nebrija*, 2011, n° 14, pp. 31-51.

**BALLARÍN MARCIAL (A.)**,

- « Aspectos del Derecho Administrativo Agrario en Francia. El remembrement o concentración parcelaria », *R.A.P.*, 1950, n° 2, pp. 257-270.
- « La reforma agraria en Italia », *R.A.P.*, 1951, n° 5, pp. 299-324.

**BENGOETXEA (J.)**, « Diálogos Judiciales e Interdisciplinarios en el Derecho Europeo », *Sortuz. Oñati Journal of Emergent Socio-legal Studies*, 2015, n° 1, pp. 160-183.

**BIDAU (E.L.)**, « Palabras pronunciadas por el decano de la Facultad, el doctor Eduardo L. Bidau, al presentar al Profesor Duguit », *Anales de la Facultad de derecho y ciencias sociales de Buenos Aires*, T. 1, 1911, pp. 608-618, reproduit dans GILBERT (S.), « Présentation », in DUGUIT (L.) *Le pragmatisme juridique*, Paris, La mémoire du droit, 2008, p. 1.

**Blasco Gil (Y.),**

- « Primeras oposiciones a cátedras de derecho administrativo en la postguerra », in *Derecho, Historia y universidades, Estudios dedicados a Mariano Peset*, Valencia, Universitat de Valencia, 2007, pp. 243-252.
- « Soporte jurídico de las depuraciones », in Cuesta (J.) (dir.), *La depuración de funcionarios bajo la dictadura franquista (1936-1975)*, Madrid, Fundación Francisco Largo Caballero, 2009, pp. 29-49.
- « Los costes del franquismo para la Universidad española y para los profesores exiliados. El caso de Pere Bosch-Gimpera », *Historiografías*, 2012, n° 3, pp. 45-61.

**Boquera Oliver (J.),** « La caracterización del contrato administrativo en la reciente jurisprudencia francesa y española », *R.A.P.*, 1957, n° 23, pp. 193-201.

**Boto Álvarez (A.),** « La continuidad de los servicios jurídicos en la administración ante una huelga de fiscales y abogados del estado: la experiencia de Quebec », *R.A.P.*, 2013, n° 192, pp. 401-422.

**Bouazza Ariño (O.),** « Romano, Santi: El ordenamiento jurídico », *R.A.P.*, 2014, n° 194, pp. 547-551.

**Box Valera (Z.),** « Secularizando el Apocalipsis. Manufactura mítica y discurso nacional franquista: la narración de la Victoria », *Historia y política*, 2004, n° 12, pp. 133-160.

**Brewer Carías (A. R.),** « Presentación », in *Libro-Homenaje al Profesor Antonio Moles Caubet*, T. 1, Caracas, Universidad Central de Venezuela, 1981, p. 5.

**Burgos (J. de)**, « Ideas de Administración », *La Alhambra. Periódico de Ciencias, Literatura y Bellas Artes*, 1841, pp. 37-41, 52-55, 61-66, 73-82, 109-117, 157-163, reproduit dans Mesa Segura (A.), *Labor administrativa de Javier De Burgos*, Madrid, Instituto de Estudios de Administración Local, Imprenta C. Bermejo, 1946, pp. 220-280.

## C

**CARRO FERNÁNDEZ-VALMAYOR (J.-L),** « Reflexiones sobre las transformaciones actuales del derecho público, en especial del derecho administrativo », *R.A.P.,* 2014, n° 193, pp. 11-44.

**CASSESE (S.),** « El surgimiento y el desarrollo del estado administrativo en Europa », in VON BOGDANDY (A.), MIR PUIGPELAT (O.), *Ius Publicum Europaeum. El derecho administrativo en el espacio jurídico europeo*, Valencia, Tirant Lo Blanch, col. Tratados, Comentarios y Prácticas Procesales 2013, pp. 25-57.

**CHINCHILLA MARÍN (C.),**

- « Reflexiones en torno a la polémica sobre el origen del derecho administrativo », in CHINCHILLA MARÍN (C.), LOZANO CUTANDA (B.), DEL SAZ (S.), *Nuevas perspectivas del derecho administrativo: tres estudios*, Madrid, Editorial Civitas, col. Monografías Civitas, 1992, pp. 21-57.
- « Dos grandes momentos en cien años de derecho administrativo : la década de los cincuenta y la Constitución de 1978 », in LÓPEZ GUERRA (L. M.), CHINCHILLA MARÍN (C.), RODRÍGUEZ MOURULLO (G.), GÓMEZ-BARREDA GARCÍA (R.), DURÁN LÓPEZ (F.), PANTALEÓN PRIETO (A. F.), FERNÁNDEZ DE LA GÁNDARA (L.), VIVES RUIZ (F.), ASENCIO MELLADO (J. M.), GARRIGUES WALKER (A.) (coord.), *El derecho español en el siglo XX*, Vol. 2, Madrid, Marcial Pons, 2003, pp. 33-71.

**CLAVERO ARÉVALO (M. F.),** « La inalienabilidad del dominio público », *R.A.P.*, 1958, n° 25, pp. 11-84.

**COBOS BUENO (J. M.), PULGARÍN GUERRERO (A.), CARAPETO SIERRA (C.),** « El *Boletín informativo* de la Unión de Profesores españoles universitarios en el extranjero », *Llull*, 2004, pp. 27-60.

**CODINA GARCÍA-ANDRADE (X.),** « Tutela judicial y sistemas de recursos en la contratación pública inglesa », *R.A.P.,* 2014, n° 195, pp. 337-361.

## D

**DELGADO GÓMEZ-ESCALONILLA (L.),**

- « Las relaciones culturales de España en tiempo de crisis: de la II República a la Guerra Mundial », *Espacio, Tiempo y Forma*, 1994, pp. 259-294.
- « Un siglo de diplomacia cultural española: de la Junta para Ampliación de Estudios al Instituto Cervantes », Documento de Trabajo 12/2014, 9 de octubre de 2014, Real Instituto Elcano, pp. 7-8, consulté sur http://www.realinstitutoelcano.org/.

**DÍAZ HERNÁNDEZ (O.),** « Las revistas culturales en la España de la postguerra (1939-1951): una aproximación », *Cuadernos del Instituto Antonio Nebrija*, 2007, n° 10, pp. 201-224.

**DOSIL MANCILLA (F. J.),** « La JAE peregrina », *Revista de Indias*, 2007, n° 239, pp. 307-332.

## E

**ENTRENA CUESTA (R.),** « El concepto de Administración pública en la doctrina y el derecho positivo españoles », *R.A.P.*, 1960, n° 32, pp. 55-73.

**ESTEVE PARDO (J.),** « Colaço Antunes, Luís Filipe: *A ciência jurídica administrativa*: *noções fundamentais* », *R.A.P.*, 2013, n° 191, pp. 514-517.

**ESZLARY (C.),** « Los Órganos de la Administración Local Húngara », *R.A.P.*, 1960, n° 33, pp. 305-313.

## F

**FERNÁNDEZ CARVAJAL (R.),** « Las empresas públicas en Rusia », *R.A.P.*, 1950, n° 3, pp. 435-471.

**FERNÁNDEZ DE VELASCO (R.),**

- « Naturaleza jurídica del dominio público, según Hauriou. Aplicación de su doctrina a la legislación española », *Revista de Derecho Privado*, 1921, n° 94-95, pp. 230-236.
- « Maurice Hauriou », *Revista de Derecho Privado*, 1929, n° 190-191, pp. 225-227.

**Fernández Farreres (G.)**, « Los juristas y la lucha por el derecho: el legado del profesor Eduardo García de Enterría », *R.A.P.*, 2014, n° 195, pp. 11-53.

**Fernández García (Y.)**, « La ley francesa sobre los derechos de los ciudadanos en sus relaciones con las administraciones públicas », *R.A.P.*, 2002, n° 159, pp. 435-458.

**Fernández Rodríguez (T.-R.)**, « Léon Duguit en España y en español », *R.A.P.*, 2010, n° 183, pp. 31-49.

**Fernández-Ramos (S.)**, « La transparencia administrativa en Portugal. Una referencia para el derecho administrativo español », *R.A.P.*, 2004, n° 163, pp. 431-463.

**Fueyo Álvarez (F.)**, « El "Hoover report" sobre reforma de la Administración Federal en Estados Unidos », *R.A.P.*, 1950, n° 1, pp. 261-276.

## G

**Gallego Anabitarte (A.)**,

- « Las asignaturas del derecho político y administrativo: el destino del derecho público español », *R.A.P.*, 1983, n° 100-102, pp. 705-804.
- « La influencia extranjera en el derecho administrativo español desde 1950 a hoy », *R.A.P.*, 1999, n° 150, pp. 75-114.
- « Influencias nacionales y foráneas en la creación del derecho administrativo español », in *Posada Herrera y los orígenes del derecho administrativo español*, Seminario de Historia de la Administración, Madrid, I.N.A.P., 2001, pp. 31-76.

**García de Enterría (E.)**,

- « Dos regulaciones orgánicas de la contratación administrativa », *R.A.P.*, 1953, n° 10, pp. 241-281.
- « Prólogo », in Oliván (A.), *De la Administración Pública en relación a España*, Madrid, Instituto de Estudios Políticos, 1954, reproduit dans García de Enterría (E.), *La Administración española*, Madrid, Instituto de Estudios Políticos, 1961, pp. 23-39.
- « La lucha contra las inmunidades del poder en el derecho administrativo (poderes discrecionales, poderes de gobierno, poderes normativos », *R.A.P.*, 1962, n° 38, pp. 159-205.

– « La figura del contrato administrativo », *R.A.P.*, 1963, n° 41, pp. 99-128.

– « La formación histórica del principio de auto tutela de la Administración », *Moneda y Crédito: Revista de Economía*, 1974, n° 128, pp. 59-87.

– « El concepto de personalidad jurídica en el derecho público », *R.A.P.*, 1992, n° 129, pp. 195-207.

– « Un punto de vista sobre la nueva ley de régimen jurídico de las administraciones públicas y de procedimiento administrativo común de 1992 », *R.A.P.*, 1993, n° 130, pp. 205-219.

– « Para una historia interna de la RAP », *R.A.P.*, 1999, n° 150, pp. 611-621.

– « Contencioso administrativo objetivo y contencioso administrativo subjetivo a finales del siglo XX. Una visión histórica y comparatista », *R.A.P.*, 2000, n° 152, pp. 93-105.

– « El nuevo Código portugués del proceso de los tribunales administrativos », *R.A.P.*, 2003, n° 162, pp. 421-495.

– « Sobre la formación del derecho administrativo español contemporáneo », *R.A.P.*, 2007, n° 174, pp. 23-29.

– « La formación y el desarrollo en Europa de la jurisdicción contencioso-administrativa », *R.A.P.*, 2009, n° 179, pp. 167-183.

– « Revista de Administración Publica », *Ius publicum Network Review*, 2010, n° 1, p. 6.

– « Mi propia semblanza », in *Eduardo García de Enterría. Semblanzas de su vida y de su obra*, Madrid, Civitas, 2014, pp. 55-63.

**García de Enterría (E.), Borrajo Iniesta (I.),** « Estado, Administración y derecho administrativo en España », in Von Bogdandy (A.), Mir Puigpelat (O.), *Ius Publicum Europaeum. El derecho administrativo en el espacio jurídico europeo*, Valencia, Tirant Lo Blanch, col. Tratados, Comentarios y Practicas Procesales 2013, pp. 127-194.

**García de la Oliva (A.), Martín González (A.),** « El documentalista al servicio del Parlamento », *Boletín de la ANABAD*, 1981, n° 4, pp. 715-722.

**García Oviedo (C.),**

– « La teoría del servicio público », en *Revista General de Legislación y Jurisprudencia,* 1923, n° 142-143, pp. 5-41, 118-153 y 238-245.

- « Prólogo », in JÈZE (G.), *Los principios generales del derecho administrativo*, traducción de la segunda edición francesa por C. García Oviedo, Madrid, Reus, 1928, pp. 5-16.
- « Hacia la emancipación del derecho administrativo », *Revista general de Legislación y Jurisprudencia*, 1930, pp. 170-212.
- « Los orígenes del derecho administrativo español », *Revista general de legislación y jurisprudencia*, 1943, n° 6, pp. 577-600.
- « El intervencionismo de Estado en los administrativistas clásicos españoles », in *Centenario de los iniciadores de la ciencia jurídico-administrativa española*, Madrid, Instituto de estudios de administración local, 1944, pp. 96-105.

**GARCÍA SÁNCHEZ (I.),** « El departamento de documentación del congreso de los diputados y la documentación parlamentaria », *Revista General de Información y Documentación*, 2002, n° 1, pp. 163-174.

**GARCÍA-TREVIJANO FOS (J. A.),**

- « Titularidad y afectación demanial en el ordenamiento jurídico español », *R.A.P.*, 1959, n° 29, pp. 11-57.
- « Hacia un nuevo sistema de justicia administrativa en España », *R.A.P.*, 1961, n° 34, pp. 293-310.

**GARRIDO FALLA (F.),**

- « Sobre el derecho administrativo y sus ideas cardinales », *R.A.P.*, 1952, pp. 11-50.
- « Reflexiones sobre una reconstrucción de los limites formales del Derecho Administrativo español », *R.A.P.*, 1982, n° 97, pp. 7-30.
- « Prólogo a la octava edición », in *Tratado de derecho administrativo*, 9ª ed., Madrid, Centro de estudios constitucionales, 1985, p. 29.
- « Prólogo a la primera edición », in *Tratado de derecho administrativo*, vol. 1, 9ª ed., Madrid, Centro de Estudios Constitucionales, 1985, p. 13.
- « El concepto de servicio público en Derecho español », *R.A.P.*, 1995, n° 135, pp. 7-36.

**GASCÓN HERNÁNDEZ (J.),**

- « Apostillas a "Los contratos administrativos" de Fernández de Velasco », *Revista de Estudios de la Vida Local*, 1946, n° 26, pp. 235-247.

– « La Administración de la economía dirigida en Inglaterra », *R.A.P.*, 1950, n° 2, pp. 247-255.

– « Evolución y panorama actual del derecho administrativo », *Revista de la real academia de jurisprudencia y legislación*, 1954, n° 9, pp. 5-30.

**GASCÓN Y MARÍN (J.),** « Oliván y la ciencia de la Administración », in *Centenario de los iniciadores de la ciencia jurídico-administrativa española*, Madrid, Instituto de estudios de administración local, 1944, pp. 9-22.

**GONZÁLEZ PÉREZ (J.),**

– « Consideraciones sobre el contencioso francés », *R.A.P.*, 1954, n° 15, pp. 11-90.

– « Las sociedades de economía mixta y las empresas del Estado en la legislación argentina », *R.A.P.*, 1950, n° 3, pp. 495-500.

– « La ley de expropiación forzosa del 16 de diciembre de 1954 », *R.A.P.,* 1954, n° 15, pp. 279-280.

– « El contencioso-administrativo en los pueblos árabes », *R.A.P.*, 1955, n° 16, pp. 287-296.

– « Evolución de la legislación contencioso-administrativa », *R.A.P.*, 1999, n° 150, pp. 209-237.

– « Principios del procedimiento administrativo en América Latina », in *El derecho público a comienzos del siglo XXI. Estudios en homenaje al profesor Allan R. Brewer Carías*, T. II, Madrid, Civitas, 2003 pp. 1507-1517.

**GONZÁLEZ-VARAS IBÁÑEZ (S.),** « Presente, pasado y futuro del derecho comparado », *Revista Chilena de Derecho*, 1999, n° 3, pp. 649-685.

**GRANADOS (A.),** « La corriente cultural de la JAE en México : el instituto hispano mexicano de intercambio universitario, 1925-1931 », *Revista de Indias*, 2007, n° 239, pp. 103-124.

**GUILLÉN CARAMÉS (J.), FUENTETAJA PASTOR (J.-A.),** « El acceso de los ciudadanos comunitarios a los puestos de trabajo en las Administraciones Públicas de los Estados miembros », *R.A.P.,* 1998, n° 146, pp. 467-500.

## H

**HAURIOU (M.),** « La teoría del riesgo imprevisible y los contratos influidos por instituciones sociales », *Revista de derecho privado*, 1926, n° 148, pp. 1-13.

**HUGUET (M.),** « Las publicaciones universitarias de Madrid y el primer franquismo », *Investigaciones históricas*, 2010, n° 30, pp. 169-188.

## I

**IBN AZZUZ HAQUIM (M.),** « La Administración local en Marruecos antes y después del Protectorado », *R.A.P.*, 1952, n° 7, pp. 261-279.

## J

**JELLINEK (W.),** « Alemania como Estado de Derecho », *R.A.P.*, 1951, n° 6, pp. 347-352.

**JORDANA DE POZAS (L.),**

- « El principio de unidad y sus consecuencias políticas y administrativas », *Revista de Estudios Políticos*, 1941, n° 3-4, pp. 621-640 ; 1942, n° 5, pp. 33-53.
- « Los cultivadores españoles de la ciencia de la policía », in *Centenario de los iniciadores de la ciencia jurídico-administrativa española*, Madrid, Instituto de estudios de administración local, 1944, pp. 133-155.
- « Discurso ante las Cortes presentando el dictamen sobre la ley orgánica del Consejo de Estado », *Diario de las Sesiones de las Cortes Españoles*, 22 de noviembre de 1944, reproduit dans JORDANA DE POZAS (L.), *Estudios en homenaje a Jordana de Pozas*, Madrid, Instituto de Estudios Políticos, 1961, pp. 91-103
- « Ensayo sobre una teoría del fomento en derecho administrativo », *Revista de estudios políticos*, 1949, n° 48, pp. 41-54.
- « El Consejo de Estado español y las influencias francesas a lo largo de su evolución », in *Estudios de Administración local y general*, Madrid, Instituto de estudios de Administración local, 1961, pp. 71-90.

## L

**LETOURNEUR (M.),** « El control de los hechos por el Consejo de Estado francés », *R.A.P.*, 1952, n° 7, pp. 219-227.

**LOPERENA (D.),** « Los nietos discípulos de la escuela de Enterría », Diario Vasco, 15 de octubre de 2013, reproduit in *Eduardo García de Enterría. Semblanza de su vida y de su obra*, Madrid, Civitas, 2014, pp. 375-376.

**LÓPEZ SÁNCHEZ (J. M.),**

- « El exilio científico repúblicano en México: la respuesta a la depuración », in OTERO CARVAJAL (L. E.) (dir.), *La destrucción de la ciencia en España. Depuración universitaria en el franquismo*, Madrid, Editorial Complutense, 2006, pp. 177-239.
- « La Junta para la Ampliación de Estudios y su proyección americanista: la institución cultural española en Buenos Aires », *Revista de Indias*, 2007, n° 239, pp. 81-102.

**LOZANO IRUESTE (J. M.),** « Sobre el Estatuto belga de funcionarios », *R.A.P.*, 1950, n° 1, pp. 297-301.

## M

**MAGALDI MENDAÑA (N.),** « La primera doctrina española sobre la municipalización de servicios públicos: en particular, la recepción de la doctrina extranjera por el profesor Gascón y Marín », *Revista Aragonesa de Administración pública*, 2012, n° 39-40, pp. 165-219.

**MALARET GARCÍA (E.),**

- « Servicios públicos, funciones públicas, garantías de los derechos de los ciudadanos: perennidad de las necesidades, transformación del contexto », *R.A.P.*, 1998, n° 145, pp. 49-87.
- « Servicio público, actividad económica y competencia. ¿Presenta especificidades la esfera local? », *Revista de Estudios de la Administración Local y Autonómica*, 2003, n° 291, pp. 567-608.

**MARICHAL (J.),** « La europeización de España (1898-1936) », *Sistema*, 1988, n° 86-87, pp. 53-60.

**MARTÍN MATEO (R.),** « La sustantividad del Derecho Administrativo », *R.A.P.*, 1967, n° 53, pp. 35-71.

**MARTÍN REBOLLO (L.),** « De nuevo sobre el servicio público: planteamientos ideológicos y funcionalidad técnica », *R.A.P.*, 1983, n° 100-102.

**MARTÍNEZ ALCUBILLA (M.),** « Advertencia », in *Diccionario de la Administración Española peninsular y ultramarina: compilación ilustrada de la novísima legislación de España en todos los ramos de la Administración pública*, T. 1, 2nda ed., Madrid, Imprenta de A. Peñuelas, 1868.

**MARTÍNEZ NEIRA (M.),** « Relevancia del derecho administrativo francés en la educación jurídica española », *Forum historiae iuris*, 27 mai 2005, http://www.forhistiur.de/zitat/0505neira.htm, consulté le 14/08/2014.

**MARTÍN-RETORTILLO BAQUER (L.),** « La configuración jurídica de la Administración pública y el concepto de *Daseinsvorsorge* », *R.A.P.*, 1962, n° 38, pp. 35-65.

**MARTÍN-RETORTILLO Y BAQUER (S.),** « Alejandro Oliván: notas a su vida y a su pensamiento administrativo », *Argensola: Revista de Ciencias Sociales del Instituto de Estudios Altoaragoneses*, 1956, pp. 127-152.

**MEILÁN GIL (J. L.),** « Un *meeting point* de los ordenamientos jurídicos sobre contratación pública », *R.A.P.,* 2015, n° 198, pp. 43-73.

**MESA SEGURA (A.),**

- « De Javier de Burgos a Ortiz de Zúñiga. Iniciación de los estudios de derecho administrativo con carácter sistemático en España », in *Centenario de los iniciadores de la ciencia jurídico-administrativa española*, Madrid, Instituto de estudios de administración local, 1944, pp. 23-37.
- « Don Francisco Javier de Burgos y Olmo, animador del Derecho Administrativo en España durante la primera mitad del siglo XIX », *Revista de la Facultad de Derecho de Madrid*, 1942, n° 8-11, pp. 169-180.

**MIR PUIGPELAT (O.),**

- « El concepto de derecho administrativo desde una perspectiva lingüística y constitucional », *R.A.P.*, 2003, n° 162, pp. 47-87.
- « El derecho administrativo español en el actual espacio jurídico europeo », in VON BOGDANDY (A.), MIR PUIGPELAT (O.), *El derecho administrativo en el espacio jurídico europeo*, Valencia, Tirant lo blanch, 2013, pp. 195-290.

**MOLINA GIMÉNEZ (A.),** « Mercados ambientales aplicados a la calidad del agua. Transmisión de cuotas de contaminación entre vertidos directos y difusos en el derecho americano », *R.A.P.*, 2013, n° 191, pp. 481-510.

**MORALES RAYA (E.),** « La experiencia americana de Adolfo Posada en Paraguay (1910) », *Temas Americanistas*, 2014, n° 32, pp. 111-126.

**MORO SERRANO (S.)**, « Ley alemana de funcionarios federales », *R.A.P.*, 1957, n° 22, pp. 305-358.

**MUÑOZ LLINAS (J. I.)**, « La carrera administrativa en los orígenes del constitucionalismo moderno (1812-1918) », *Revista de derecho UNED*, 2003, n° 12, pp. 595-618.

**MUÑOZ MACHADO (S.)**, « Las concepciones del derecho administrativo y la idea de participación en la Administración », *R.A.P.*, 1977, n° 84, pp. 519-535.

**MURILLO FERROL (F.)**, « El régimen jurídico de la administración inglesa », *R.A.P.*, 1950, n° 1, pp. 39-77.

**MUSUCCI (A.)**, « Formación y evolución del Derecho administrativo en Francia y Alemania », *R.A.P.*, 2011, n° 184, pp. 9-39.

## N

**NARANJO OROVIO (C.)**, « Los caminos de la JAE en América Latina : redes y lazos al servicio de los exiliados republicanos », *Revista de Indias*, 2007, n° 239, pp. 283-306.

**NIETO GARCÍA (A.)**

- « Sobre algunas remuneraciones ajenas al sueldo en los funcionarios franceses », *R.A.P.*, 1959, n° 28, pp. 309-317.
- « Nueva ordenación de la jurisdicción contencioso-administrativa en la República Federal Alemana », *R.A.P.*, 1960, n° 31, pp. 353-360.
- « Influencias extranjeras en la evolución de la ciencia española del derecho administrativo », *Anales de la Facultad de derecho de la Laguna*, 1965-1966, pp. 43-68.
- « Apuntes para una historia de los autores del derecho administrativo general español », in NIETO GARCÍA (A.), *34 artículos seleccionados de la Revista de Administración Pública con ocasión de su centenario*, Madrid, INAP, 1983, pp. 17-67.
- « Crónica de los cien primeros números de la Revista de Administración Pública », in NIETO GARCÍA (A.), *34 artículos seleccionados de la Revista de Administración Pública con ocasión de su centenario*, Madrid, INAP, 1983, pp. 69-95.

**NIETO GARRIDO (E.)**, « Galera, Susana (Ed.): *Judicial review. A comparative analysis inside the European legal system* », *R.A.P.*, 2011, n° 184, pp. 365-366.

## O

**Ortiz (E. L.),** « Las relaciones científicas entre Argentina y España a principios de este siglo », in Sánchez Ron (J. M.) (coord.), *1907-1987, La Junta para Ampliación de Estudios e investigaciones científicas 80 años después*, vol. II, Madrid, Consejo Superior de Investigaciones Científicas, 1988, pp. 119-158.

**Otero Carvajal (L. E.),** « La destrucción de la ciencia en España. Las consecuencias del triunfo militar de la España franquista », *Historia y Comunicación Social*, 2001, n° 6, pp. 149-186.

## P

**Pacteau (B.),** « Duguit ¡El Estado reencontrado! », *R.A.P.*, 2011, n° 185, pp. 345-363.

**Papahadjis (G. M.),** « La institución del Consejo de Estado en Grecia », *R.A.P.*, 1951, n° 6, pp. 337-345.

**Parada Vázquez (R.),**

- « Réplica a Nieto sobre los orígenes del privilegio de decisión ejecutoria y el proceso contencioso-administrativo », *R.A.P.*, 1969, n° 59, pp. 41-70.
- « El maestro García de Enterría, último libro, última lección », *R.A.P.*, 2013, n° 192, p. 27.

**Parejo Alfonso (L.),**

- « Dominio público: un ensayo de reconstrucción de su teoría general », *R.A.P.,* 1983, n° 100-102, pp. 2379-2422.
- « Introducción: surgimiento, desarrollo, consolidación y situación actual del derecho administrativo », in Parejo Alfonso (L.), Jiménez-Blanco (A.), Ortega Álvarez (L.), *Manual de derecho administrativo*, vol. 1, 5ª ed., Barcelona, Ariel, 1998, pp. 1-32.

**Peña González (J.),** « Del destierro interior a la recuperación del exilio (el caso del profesor Don Manuel García Pelayo) », in Casas Sánchez (J. L.), Durán Alcalá (F.) (coord.), *Los exilios en Espana (siglos XIX y XX): III Congreso sobre el Republicanismo*, Cordoba, Patronato Niceto Alcalá-Zamora y Torres, 2005, pp. 143-149.

**Pérez Moreno (A.),** « El método en el derecho administrativo », *Revista de estudios jurídicos*, 2009, n°9, pp. 1-30.

**PÉREZ NUÑEZ (J.),** « Francisco Agustín Silvela Blanco (1803-1857), ideólogo de la administración centralizada », *R.A.P.*, 2002, n° 157, pp. 119-156.

**PÉREZ OLEA (M.),** « La Escuela Nacional de Administración Francesa », *R.A.P.*, 1954, n° 14, pp. 241-295.

**PERNAS GARCÍA (J.-J.),** « La prevención, el control y la represión de los vertidos de buques en el derecho francés », *R.A.P.,* 2005, n° 167, pp. 441-474.

**PESET REIG (M.),**

- « Notas para una interpretación de Léon Duguit (1859-1928). Dimensión psicológica y sociológica de su obra jurídica », *Revista de Estudios políticos*, 1968, pp. 169-207.
- « La ley de ordenación universitaria de 1943 », in CARRERAS ARES (J. J.), RUIZ CARNICER (M. A.), *La Universidad española bajo el régimen de Franco (1939-1975)*, Zaragoza, Institución Fernando el Católico, 1991, pp. 125-158.

**PI SUÑER (J.),** « La obra de Ortiz de Zúñiga y sus influjos », in *Centenario de los iniciadores de la ciencia jurídico-administrativa española*, Madrid, Instituto de estudios de administración local, 1944, pp. 107-133.

**PIÑAR MAÑAS (J.-L.),** « Eduardo García de Enterría. Humanista del derecho » Revista del consejo general de la abogacía española, n° 82, 2013, reproduit in *Eduardo García de Enterría. Semblanza de su vida y de su obra*, Madrid, Civitas, 2014, pp. 408-412.

**POSADA (A.),** « Prólogo » in MEYER (J.*), La administración y la organización administrativa (Inglaterra, Francia, Alemania y Austria)*, traducido por A. Posada, Madrid, La España moderna, 1892, pp. 14-19.

**PRIETO ÁLVAREZ (T.),** « Las cajas de ahorro francesas cambian su estatuto jurídico (elementos de reflexión para el caso español) », *R.A.P.,* 2001, n° 155, pp. 417-431.

## R

**REVILLA QUEZADA (A.),** « Algunos aspectos de la administración de personal público en el Brasil y Puerto Rico », *R.A.P.*, 1955, n° 17, pp. 303-316.

**RIERA CLIMENT (C.), RIERA PALMERO (J.),** « El influjo médico extranjero en España (1850-1900) », *Llull*, 2005, n° 28, pp. 503-524.

**RIVERO (J.),** « Los principios generales del Derecho en el Derecho Administrativo francés contemporáneo », *R.A.P.*, 1951, n° 6, pp. 289-300.

**RODRÍGUEZ-ARANA MUÑOZ (J.),** « Sobre las transformaciones del derecho público, de Léon Duguit », *R.A.P.*, 2013, n° 190, pp. 61-100.

**ROSADO PACHECO (S.),** « La jurisdicción contenciosa-administrativa en España », in ROSADO PACHECO (S.) (dir.), *Modelos europeos de justicia contencioso-administrativa*, Madrid, Dykinson, 2007, p. 18.

**ROYO VILLANOVA (S.),**

- « Colmeiro y la ciencia administrativa », in *Centenario de los iniciadores de la ciencia jurídico-administrativa española*, Madrid, Instituto de estudios de administración local, 1944, pp. 74-93.
- « La responsabilidad de la Administración pública », *R.A.P.*, n° 19, 1956, pp. 11-58.

**RUBIO LLORENTE (F.),** « El procedimiento legislativo en España. El lugar de la ley entre las fuentes del derecho », *Revista Española de Derecho Constitucional*, 1986, n° 16, pp. 83-113.

**RUIZ DEL CASTILLO (C.),** « Palabras preliminares », in *Centenario de los iniciadores de la ciencia jurídico-administrativa española*, Madrid, Instituto de estudios de administración local, 1944, p. 6.

**RUIZ-NAVARRO PINAR (J.-L.),** « Las OPAS: El proyecto de directiva de la Comunidad Europea y la nueva Reglamentación francesa », *R.A.P.*, 1990, n° 121, pp. 415-477.

## S

**SÁINZ MORENO (F.),** « Semblanza del profesor Eduardo García de Enterría », *Revista Peruana de Derecho Público*, 2006, n° 13, reproduit dans *Eduardo García de Enterría. Semblanza de su vida y de su obra*, Madrid, Civitas, 2014, pp. 226-254.

**SALVADOR MARTÍNEZ (M.),** « El Consejo de Estado ante la reforma constitucional », *Teoría y realidad constitucional*, 2005, n° 16, pp. 467-484.

**SÁNCHEZ FERNÁNDEZ DE GATTA (D.),** « La política ambiental comunitaria: su evolución y su futuro », *R.A.P.*, 1986, n° 111, pp. 425-440.

**SANTAMARÍA PASTOR (J. A.),** « La ciencia del Derecho administrativo en España : una perspectiva histórica », in VON BOGDANDY (A.), MIR PUIGPELAT (O.), *El derecho administrativo en el espacio jurídico europeo*, Ius publicum europaeum II, Valencia, Tirant lo blanch, 2013, pp. 339-383.

**SEGOVIA MARCO (A.),** « La técnica legislativa en la elaboración de anteproyectos de leyes », *Gabilex. Revista del Gabinete jurídico de Castilla-la-Mancha*, 2015, n° 1, pp. 5-44.

**SEPÚLVEDA (I.),** « La JAE en la política cultural de España hacia América », *Revista de Indias*, 2007, n° 239, pp. 59-80.

**SERNA VALLEJO (M.),** « Los bienes públicos: formación de su régimen jurídico », *Anuario de Historia del derecho español*, 2005, n° 75, pp. 967-1012.

**SILVA MUÑOZ (F.),** « Estudio comparado de la legislación española y de la italiana sobre la inversión de capitales extranjeros », *R.A.P.*, 1959, n° 30, pp. 275-290.

**SILVELA (F. A.),** « Proposición de ley presentada al congreso de los diputados en la sesión del 12 de noviembre de 1838, y tomada en consideración en la del 16 del mismo », *in Colección de proyectos, dictámenes, leyes orgánicas o estudios prácticos de Administración,* Madrid, Imprenta Nacional, 1839, pp. 183-235.

## T

**TAPLAMACIOGLU (A.),** « Conflictos de atribuciones y Tribunal de Conflictos en Turquía », *R.A.P.*, 1956, n° 19, pp. 339-343.

**TENA IBARRA (J. I.),**

- « La región en la nueva Constitución italiana », *R.A.P.*, 1950, n° 1, pp. 235-260.
- « Desarrollo y perspectivas del principio de responsabilidad civil de la administración », *R.A.P.*, 1951, n° 6, pp. 177-192.

## V

**VERGARA BLANCO (A.),** « Teoría del dominio público y afectación minera », *Revista Chilena de derecho*, n° 17, 1990, pp. 135-159.

**VILLAR PALASI (J. L.),**

- « La "federal administrative procedure act", de Estados Unidos », *R.A.P.*, 1950, n° 1, pp. 277-296.
- « La actividad industrial del Estado en el derecho administrativo », *R.A.P.*, 1950, n° 3, pp. 53-129.
- « El fin del Antiguo Régimen y los orígenes del estado constitucional en España. La aparición del derecho administrativo », in *Posada Herrera y los orígenes del derecho administrativo español*, Seminario

de Historia de la Administración, Madrid, I.N.A.P., 2001, pp. 17-28, spéc. p. 28.

**VIÑAS-MEY (C.)**, « Nuevos datos para la historia de los Afrancesados », *Bulletin Hispanique*, 1924, pp. 52-67.

« Jornada de estudios organizada en honor de Eduardo García de Enterría por la universita degli studi de Florencia (Italia) en el marco de su programa "I protagonisti della cultura giuridica europea" (2003) », reproduit in *Eduardo García de Enterría. Semblanza de su vida y de su obra*, Madrid, Civitas, 2014, pp. 207-254.

## III. Dictionnaires et encyclopédies

**COS-GAYÓN (F.), CÁNOVAS DEL CASTILLO (E.)**, *Diccionario manual de Derecho administrativo Español, para uso de los funcionarios de los Ministerios de Gobernación y Fomento y de los Alcaldes y Ayuntamientos*, Madrid, Imprenta de los herederos de Vallejo, 1860.

**GÓMEZ-ACEBO Y CORTINA (J.)**, *Diccionario general de Jurisprudencia contencioso-administrativa. Colección, por orden alfabético de materias, de todas las Sentencias dictadas en asuntos contencioso-administrativos, desde la creación del Consejo de Estado hasta 1888 inclusive*, Madrid, Tipografía de los Huérfanos, 1889.

**MARTÍNEZ ALCUBILLA (M.)**, *Diccionario de la Administración Española peninsular y ultramarina: compilación ilustrada de la novísima legislación de España en todos los ramos de la Administración pública*, T. 1, Madrid, Imprenta de A. Peñuelas, 2ª ed., 1868.

**PELAEZ (M. J.) (dir.)**, *Diccionario crítico de juristas españoles, portugueses y latinoamericanos*, vol. II, Barcelona, Talleres, 2006.

**SÁINZ DE ANDINO (P.), ARRAZOLA (L.), PUCHE Y BAUTISTA (M.) ROMERO GINER (J.), VALOR (V.), COLLADO (M. A.), NAVARRO ZAMORANO (R.)**, *Enciclopedia Española de Derecho y Administración, Madrid, Tipografía general de D. Antonio Rius y Rossell*, 1848.

*Diccionario de catedráticos españoles de derecho (1847-1943)*, [en ligne], consulté sur : http://portal.uc3m.es/portal/page/portal/instituto_figuerola/programas/phu/diccionariodecatedraticos

## IV. Rapports, études, documents officiels, sites institutionnels

**DELGADO GÓMEZ ESCALONILLA,** «Un siglo de diplomacia cultural española: de la Junta para Ampliación de Estudios al Instituto Cervantes », Documento de Trabajo 12/2014, 9 de octubre de 2014, Real Instituto Elcano (consulté sur http://www.realinstitutoelcano.org/).

*Informe del Consejo de Estado sobre la inserción del derecho europeo en el ordenamiento español*, 14 de febrero de 2008, n° E 1/2007.

*Informe sobre las competencias de las distintas administraciones territoriales y órganos de la administración general del Estado en materia de protección de hábitats y especies marinas y de declaración y gestión de áreas marinas protegidas*, del 19 de julio de 2006, n° E 2/2005.

**Site du Congrès des députés espagnol** : http://www.congreso.es/portal/page/portal/Congreso/Congreso

**Site du Conseil d'Etat espagnol** : http://www.consejo-estado.es/

**Site du pouvoir judiciaire espagnol** : http://www.poderjudicial.es/cgpj/es/

**Site du Sénat espagnol** : http://www.senado.es/web/index.html

# Bibliographie en langues étrangères

## I. Ouvrages généraux et spécialisés, thèses, manuels et traités

### Allemand

**JEZE (G.),**

- *Das Verwaltungsrecht des französische Republik*, Tübingen, Mohr, 1913.
- *Allgemeine Theorie des Budgets (Deutsche Ausgabe von Fritz Neumark)*, Tübingen, Mohr, 1927.

**KELSEN (H.),** *Reine Rechtslehre : Einleitung in die rechtswissenschaftliche Problematik*, Leipzig, Wien, F. Deuticko, 1934.

**KOSCHAKER (P.),** *Europa und das römische recht,* München, Biederstein, 1947, 2e tirage sans modification, München, Beck, 1953.

**LABAND (P.),** *Das Staatsrecht des Deutschen Reiches*, Tübingen, Laupp, 1876-1882.

**MAYER (O.),**

- *Deutsches Verwaltungsrecht*, Leipzig, Duncker und Humblot, 1895-1896.
- *Theorie des französischen verwaltungsrechts*, Strasburg, K.J. Trübner, 1886.

### Anglais

**AUBY (J.-B.) (dir.),** *Codification of administrative procedure*, Bruxelles, Bruylant, 2014.

**AUSTIN (J.),** *The province of jurisprudence determined, and The use of the study of jurisprudence*, Cambridge, Hackett, 1998.

**BERRY GRAY (C.),** *The Methodology of Maurice Hauriou: Legal, Sociological, Philosophical*, New York, Rodopi B.V., 2010.

**BRODERICK (A.),** *The French institutionalists : Maurice Hauriou, Georges Renard, Joseph T. Delos*, Cambridge, Harvard University Press, 1970.

**DUGUIT (L.),** *Law in the modern State. Translated by F. and H. Laski*, New York, Kessinger, 1919, London, Allen and Unwin, 1921.

**FOUILLÉE (A.), CHARMONT (J.), DUGUIT (L.), DEMOGUE (R.),** *Modern French Legal Philosophy. Translated by Scott (F. W.) and Chamberlain (J. P.) with an editorial preface by Spencer (A. B.) and with introductions by Winslow (J. B.) and Walton (F. P.)*, coll. The modern Legal Philosophy Series, vol. 7, South Hackensack, Rothman reprints, 1968.

**ZWEIGERT (K.), KÖTZ (H),** *Introduction to comparative law*, Oxford, Clarendon Press, 2nd ed., 1992

## Italien

**CAMMEO (F.),** *Corso di diritto amministrativo*, Padova, Cedam, 1911-1914.

**DUGUIT (L.),**

- *Il Diritto Sociale, il Diritto individuale e la trasformazione dello Stato*, trad. Paradisi, Florence, Sansoni, 1950 ;
- *Le trasformazioni dello Stato : antologia di scritti*, BARBERA (A.), FARALLI (C.), PANARARI (M.) (dir.), Turin, Giappichelli, 2003.

**FORTI (U.),** *Il realismo nel diritto pubblico, a propósito di un libro recente [il primo volumen degli studi di diritto pubblico del prof. Leone Duguit intitolato l'Etat, le droit objectif et la loi positive]*, Camerino, Tip. Savini, 1903.

**HAURIOU (M.),** *Teoria dell'istituzione y della fondazione*, a cura di CESARINI SFORZA (W.), Milano, Giuffrè, 1967.

**PETRUCCI (V.),** *Alle origini della sociologia guiridica : Leon Duguit*, Napoli, Istituto italiano per gli studi filosofici, 1984.

**RANELLETTI (O.),** *Principii di diritto amministrativo*, Napoli, Pierro, 1912-1915.

**ROMANO (S.),** *Principii di diritto amministrativo italiano*, Milano, Societa editrice libraría, 1901.

**ZANOBINI (G.),** *Corso di diritto amministrativo,* vol. 1, Milan, Giuffré, 8e éd., 1958.

# II. Articles de revues, contributions dans des ouvrages collectifs


## Allemand

**GONOD (P.),** « Über den Rechtsexport des deutschen Verwaltungsrechts aus französischer Sicht », *Die Verwaltung*, 2015, n° 3, pp. 337-364.

**JEZE (G.),**

- « Die Finanzorganisation des Staatsbetriebes der Statseinsenbahnen », *Jahrbuch des öffentl. Rechts*, 1912, pp. 348-403.
- « Die technik des öffentlichen Kredits », in BLEICHER (H.), *Handbuch der Finanzwissenschaft*, Tübingen, Mohr, 1927.

**LÉONTOWITSCH (V.),** « Die Theorie der Institution bei Maurice Hauriou », in SCHNUR (R.) (dir.), *Institution und Recht*, Darmstadt, Wissenschaftliche Buchgesel, 1968, pp. 176-264;

## Anglais

**BELL (J.),**

- « Mechanisms for Cross-fertilisation of Administrative Law in Europe », in BEATSON (J.), TRIDIMAS (T.), *New directions in European Public Law*, Oxford, Hart Publishing, 1998, pp. 147-167.
- « The argumentative status of foreign legal arguments », *Utrecht Law Review*, 2012, n° 2, pp. 8-19.

**BENGOETXEA (J.),** « Judicial and interdisciplinary dialogues in European law », in HESS (B.), MENETRY (S.), *Le dialogue des juges en Europe*, Bruxelles, Larcier, 2014, pp. 19-49.

**BRISSON (J.-F.),** « Recent changes in administrative litigation concerning contracts: on third-party remedies against administrative contracts », *Montesquieu Law Review*, 2015, n° 1, pp. 7-14.

**DICEY (A. V.),** « The development of administrative law in England », *Law quaterly review*, T. XXXI, 1915, pp. 148-153.

**DUGUIT (L.),**

- « The French administrative courts », *Political Science Quaterly*, n° 3, 1914, pp. 385-407.
- « The Law and the State », *Harvard Law Review*, n° 1, 1917, pp. 1-185.
- « Objective Law », *Columbia Law Review*, n° 8, 1920, pp. 817-831
- « Objective Law II », *Columbia Law Review*, n° 1, 1921, pp. 17-34
- « Objective Law III », *Columbia Law Review*, n° 2, 1921, pp. 126-143
- « Objective Law IV », *Columbia Law Review*, n° 3, 1921, pp. 242-256.
- « The concept of public service », *The Yale Law Journal*, n° 5, 1923, pp. 425-435.

**DUTHEILLET DE LAMOTHE (O.),** « Comparative Law as an Essential Feature of French Public Law. The Influence of the European Union and of the European Convention on Human Rights", in ANDENAS (M.), FAIRGRIEVE (D.), *Courts and comparative law*, Oxford, Oxford University Press, pp. 235-241.

**GARCÍA DE ENTERRÍA (E.), ORTEGA (L.),** « Spanish report », in SCHWARZE (J.), *Le droit administratif sous l'influence de l'Europe. Une étude sur la convergence des ordres juridiques nationaux dans l'Union européenne*, Bruxelles, Bruylant, Baden-Baden, Nomos Verlagsgesellschaft, 1996, pp. 695-731.

**GLENN (P. H.),** « Aims of comparative law », in SMITH (J. M.) (dir.), *Elgar Encyclopedia of Comparative Law*, Northampton, Cheltenham, 1st ed., 2006, pp. 57-65.

**HAURIOU (M.),** « An interpretation of the principles of public law », *Harvard Law review*, vol. XXXI, avril 1918, pp. 813-821.

**HUSA (J.),** « Classification of Legal Families Today. Is it time for a memorial hymn? », *R.I.D.C.*, 2004, n° 1, pp. 11-38.

**LICHERE (F.),** "The use of Comparative Law before the French Administrative Law Courts. Or the Triumph of Castles over Pyramids", in ANDENAS (M.), FAIRGRIEVE (D.), *Courts and comparative law*, Oxford, Oxford University Press, pp. 253-265.

**MARKESINIS (B.), FEDTKE (J.),** « The Judge as Comparatist », *Tulane Law Review*, 2005, pp. 11-168.

**MARTIN CANIVELL (J.),** « Comparative law Before the Spanish Courts », in CANIVET (G.), ANDENAS (M.), *Comparative Law before the Courts*, London, British Institute of International and Comparative Law, 2004 2004, pp. 211-216.

**MERRIAM (C. E.),** « Book Reviews. Law in the modern State. By Leon Duguit », *Columbia Law Review*, n° 5, 1921, pp. 504-505.

**OSBORNE (T. R.),** « The "German Model" in France : French Liberals and the Staatswissenschaften, 1815-1848 », *Jahrbuch für Europäische Verwaltungsgeschichte. Annuaire d'histoire administrative européenne*, T. 1, 1989, pp. 123-139.

**REQUEJO ISIDRO (M.), OTERO CRESPO (M.),** « Comparative Law before the Spanish Private Law Courts in the 21st Century », in ANDENAS (M.), FAIRGRIEVE (D.) (dir.), *Courts and Comparative Law*, Oxford, Oxford University Press, 2015, pp. 552-568.

**ROUYÈRE (A.),** « The Dieudonné case: freedom of expression, freedom of assembly and public order requirements », *Montesquieu Law Review*, 2015, n° 1, pp. 15-22.

« Book Reviews. Progress of Continental Law in the nineteenth century. By Various Authors », *Harvard Law Review*, n° 2, 1920, pp. 221-222.

## Italien

**CASSESE (S.),** « Albert Venn Dicey e il diritto amministrativo », *Quaderni Fiorentini*, 1990, n° 19, pp. 5-82, spéc. pp. 6-17.

**GARCÍA DE ENTERRÍA (E.),** « Verso un concetto di diritto amministrativo como diritto statutario », *Rivista Trimestrale di Diritto Pubblico*, 1960, pp. 317-341.

**GIANNINI (M. S.),** « Profili storici della scienza del diritto amministrativo », in *Studi Sassaresi*, 1940, pp. 189-195.

**ORLANDO (V. E.),**

- « I criteri tecnici per la ricostruzione giuridica del diritto pubblico », *Archivio giuridico*, XLII, 1889.
- « Leone Duguit e la scuola del realismo giuridico », *Rivista di diritto pubblico*, Parte prima, 1929, pp. 192-198.

# Index thématique

***Les chiffres renvoient aux numéros de paragraphes***

## J



## M



## N



## O



## P



## R

## S



## T



## V

# Index des auteurs français

***Les chiffres renvoient aux numéros de paragraphes. L'index répertorie les auteurs dont le rapport aux droits étrangers a fait l'objet d'analyses***

.

## A



## B



## C



## D



## F



## G

# Index des auteurs espagnols

***Les chiffres renvoient aux numéros de paragraphes. L'index répertorie les auteurs dont le rapport aux droits étrangers a fait l'objet d'analyses.***

## A



## B



## C



## F



## G

## J



## M



## N



## O



## P

## R



## S



## T



## V

# Table des matières

## Structures éditoriales du groupe L'Harmattan


**L'Harmattan Italie**
Via degli Artisti, 15
10124 Torino
harmattan.italia@gmail.com

**L'Harmattan Hongrie**
Kossuth l. u. 14-16.
1053 Budapest
harmattan@harmattan.hu

**L'Harmattan Sénégal**
10 VDN en face Mermoz
BP 45034 Dakar-Fann
senharmattan@gmail.com

**L'Harmattan Cameroun**
TSINGA/FECAFOOT
BP 11486 Yaoundé
inkoukam@gmail.com

**L'Harmattan Burkina Faso**
Achille Somé – tengnule@hotmail.fr

**L'Harmattan Guinée**
Almamya, rue KA 028 OKB Agency
BP 3470 Conakry
harmattanguinee@yahoo.fr

**L'Harmattan RDC**
185, avenue Nyangwe
Commune de Lingwala – Kinshasa
matangilamusadila@yahoo.fr

**L'Harmattan Congo**
67, boulevard Denis-Sassou-N'Guesso
BP 2874 Brazzaville
harmattan.congo@yahoo.fr

**L'Harmattan Mali**
Sirakoro-Meguetana V31
Bamako
syllaka@yahoo.fr

**L'Harmattan Togo**
Djidjole – Lomé
Maison Amela
face EPP BATOME
ddamela@aol.com

**L'Harmattan Côte d'Ivoire**
Résidence Karl – Cité des Arts
Abidjan-Cocody
03 BP 1588 Abidjan
espace_harmattan.ci@hotmail.fr

**L'Harmattan Algérie**
22, rue Moulay-Mohamed
31000 Oran
info2@harmattan-algerie.com

**L'Harmattan Maroc**
5, rue Ferrane-Kouicha, Talaâ-Elkbira
Chrableyine, Fès-Médine
30000 Fès
harmattan.maroc@gmail.com


## Nos librairies en France


**Librairie internationale**
16, rue des Écoles – 75005 Paris
librairie.internationale@harmattan.fr
01 40 46 79 11
www.librairieharmattan.com

**Lib. sciences humaines & histoire**
21, rue des Écoles – 75005 Paris
librairie.sh@harmattan.fr
01 46 34 13 71
www.librairieharmattansh.com

**Librairie l'Espace Harmattan**
21 bis, rue des Écoles – 75005 Paris
librairie.espace@harmattan.fr
01 43 29 49 42

**Lib. Méditerranée & Moyen-Orient**
7, rue des Carmes – 75005 Paris
librairie.mediterranee@harmattan.fr
01 43 29 71 15

**Librairie Le Lucernaire**
53, rue Notre-Dame-des-Champs – 75006 Paris
librairie@lucernaire.fr
01 42 22 67 13

www.ingramcontent.com/pod-product-compliance
Lightning Source LLC
LaVergne TN
LVHW011216061026
849535LV00001BA/55
* 9 7 8 2 3 4 3 1 6 6 8 2 7 *